Uni-Taschenbücher 1651

UTB
FÜR WISSEN
SCHAFT

Eine Arbeitsgemeinschaft der Verlage

Wilhelm Fink Verlag München
Gustav Fischer Verlag Jena und Stuttgart
Francke Verlag Tübingen
Paul Haupt Verlag Bern und Stuttgart
Hüthig Verlagsgemeinschaft
Decker & Müller GmbH Heidelberg
Leske Verlag + Budrich GmbH Opladen
J. C. B. Mohr (Paul Siebeck) Tübingen
Quelle & Meyer Heidelberg · Wiesbaden
Ernst Reinhardt Verlag München und Basel
F. K. Schattauer Verlag Stuttgart · New York
Ferdinand Schöningh Verlag Paderborn · München · Wien · Zürich
Eugen Ulmer Verlag Stuttgart
Vandenhoeck & Ruprecht in Göttingen und Zürich

Wilhelm Henrichsmeyer
Heinz Peter Witzke

Agrarpolitik
Band 1
Agrarökonomische Grundlagen

155 Übersichten

Verlag Eugen Ulmer Stuttgart

Wilhelm Henrichsmeyer, geb. 24. Juli 1935. Studium der Landwirtschaft und Volkswirtschaft (Bonn 1957–1961). Research Fellow (Harvard University 1961/62). Promotion (Bonn 1965). Habilitation (Stuttgart-Hohenheim 1970). Professor (Göttingen 1970). Ord. Professor für Volkswirtschaftslehre und Agrarpolitik (Bonn 1971). Mitglied des Wissenschaftlichen Beirats des BMELF. Berater der EG-Kommission. Leiter des „European Centre for Agricultural, Regional and Environmental Research (EuroCARE)". Besondere Arbeitsgebiete: Agrar- und Entwicklungsökonomie.

Heinz Peter Witzke, geb. 6. Dezember 1960. Studium der Agrarwissenschaften (Bonn 1981–1987), Dipl. Ing. Agr. (Bonn 1987). Wissenschaftlicher Angestellter am Lehrstuhl für Volkswirtschaftslehre und Agrarpolitik (Bonn seit 1987). Besondere Arbeitsgebiete: Agrarsektormodelle, Haushaltsmodelle für Industrie- und Entwicklungsländer.

Die Deutsche Bibliothek – CIP-Einheitsaufnahme

Henrichsmeyer, Wilhelm:
Agrarpolitik / Henrichsmeyer ; Witzke. – Stuttgart : Ulmer.
NE: Witzke, Heinz Peter:

Bd. 1. Agrarökonomische Grundlagen. – 1991
(UTB für Wissenschaft : Uni-Taschenbücher ; 1651 : Agrarwissenschaften)
ISBN 3-8001-2483-1
NE: UTB für Wissenschaft / Uni-Taschenbücher

Wollgrasweg 41, 7000 Stuttgart 70 (Hohenheim)
Printed in Germany
Einbandgestaltung: Alfred Krugmann
Herstellung: Otmar Schwerdt
Druck: Offsetdruckerei K. Grammlich, Pliezhausen

Vorwort

In dem vorliegenden Band I der "Agrarpolitik" werden die agrarökonomischen Grundlagen für die Beurteilung agrarpolitischer Probleme und die Bewertung agrarpolitischer Maßnahmen gelegt. Nach einer einordnenden Übersicht (Kapitel I) geht es dabei in Kapitel II zunächst einmal - entsprechend den Darstellungen in traditionellen Lehrbüchern der Agrarpolitik - um die Vermittlung sozioökonomischer und technischer Gegebenheiten sowie der rechtlichen und institutionellen Rahmenbedingungen (Agrarverfassung und Agrarstruktur), weiterhin um die Erfassung und Analyse agrarsektoraler Produktivitäts- und Einkommensentwicklungen und schließlich um die wichtigsten Verflechtungszusammenhänge der Landwirtschaft: als Teil der Gesamtwirtschaft, der Weltmärkte und der Umwelt.

Im Mittelpunkt des Kapitels III steht der Versuch, die Grundzüge agrarsektoraler Entwicklung in fortgeschrittenen Industrieländern zu erklären und die dabei auftretenden Probleme zu analysieren (positive Theorie agrarsektoralen Wandels). Dabei geht es insbesondere um die Untersuchung der Funktionsweise der landwirtschaftlichen Produkt- und Faktormärkte sowie um die Herausarbeitung von Unvollkommenheiten der Marktmechanismen im Agrarbereich und der damit in Zusammenhang stehenden Anpassungsprobleme.

Diese Untersuchungen bilden die Grundlage für die zielbezogene Analyse und Bewertung agrarpolitischer Maßnahmen und die Herausarbeitung von Grundsätzen für die Gestaltung einer rationalen Agrarpolitik in den verschiedenen Aktionsbereichen. In Kapitel V werden die politischen Willensbildungs- und Entscheidungsprozesse auf den verschiedenen Ebenen der Agrarpolitik untersucht, und schließlich in Kapitel VI die gewonnenen Erkenntnisse zur Beurteilung der bisherigen EG-Agrarpolitik und von Reformvorschlägen zusammengeführt.

Das Gesamtwerk ist so konzipiert, daß es die wichtigsten zum Lehrgebäude der Agrarpolitik gehörenden Bereiche umfaßt. Es soll zu jedem dieser Bereiche in kompakter Form theoretisch basiertes Grundlagenwissen vermitteln, aber auch an die agrarpolitisch relevanten Fragestellungen heranführen. Das Werk richtet sich in erster Linie an Studenten der Agrarökonomie und Agrarpolitik in agrarwissenschaftlichen und (als Wahlfach) in wirtschaftwissenschaftlichen Studiengängen, daneben auch an Studenten anderer Fachrichtungen (u.a. Geographen, Politologen, Regionalstudiengänge) mit entsprechenden Studienschwerpunkten. Darüber hinaus soll es aber auch allen denen, die sich beruflich oder aufgrund besonderen Interesses mit agrarpolitischen Fragen befassen, eine zum Nachschlagen geeignete Übersichtsdarstellung bieten.

Für das agrarwissenschaftliche Studium ist das Lehrbuch so angelegt, daß es sowohl im Grundstudium (bei Ausklammerung einiger vertiefender und ergänzender Abschnitte) eingesetzt werden kann, aber gleichzeitig eine ausbaufähige Grundlage für das Hauptstudium bietet. An der Universität Bonn hat es sich bewährt, die Abfolge der Stoffvermittlung in den verschiedenen Lehrveranstaltungen des Hauptstudiums nach den Kapiteln des Lehrbuchs zu gliedern und jeweils durch spezifische "Reader" und Literaturlisten zu den einzelnen Lehrveranstaltungen zu ergänzen. Für wirtschaftswissenschaftliche und andere Studiengänge bietet das Lehrbuch vielfältige Möglichkeiten, um je nach Vorkenntnissen und Interessenlage bestimmte Schwerpunkte setzen zu können. In jedem Fall müssen jedoch Grundkenntnisse der Volkswirtschaftslehre vorausgesetzt werden.

Mit ersten Vorüberlegungen zur Konzipierung der "Agrarpolitik" wurde vor mehr als 10 Jahren begonnen. Hierbei ist den Kollegen Prof. Scheper (Kiel) und Prof. Bauer (Giessen) für lange gemeinsame Diskussionen und zahlreiche Anregungen zu danken. Teile des Gesamtwerkes wurden über mehrere Jahre hinweg schrittweise als Skripten für Lehrveranstaltungen an der Universität Bonn entwickelt und in Übungen und Seminaren fortlaufend im Hinblick auf didaktische Zweckmäßigkeit getestet. Zur schrittweisen Verbesserung der Basisskripten haben zahlreiche Mitarbeiter und studentische Hilfskräfte beigetragen. Für umfangreiche Beiträge ist insbesondere den Mitarbeitern H. Bünder, R. Gottschewski und Dr. H. Wolfgarten zu danken. Die endgültige Fassung ist druckfertig mit den Programmen Word für Windows, Excel 3.0 und Micrografx Designer erstellt worden. Bei der technischen Umsetzung der verschiedenen Versionen und zahlloser Änderungswünsche haben wir die Geduld von Frau Paffenholz, Frau Wierz und Herrn A. Heeren arg strapaziert, insbesondere verdanken wir aber dem selbstständigen und keineswegs ausschließlich technischen Engagement von Dipl.Ing.agr. Th. Heckelei, daß der erste Band noch im Jahr 1991 erscheinen kann.

Die knapp bemessenen Restzeiten eines Hochschullehrers im Forschungs- und Lehrbetrieb mit zahlreichen Sonderaufgaben erzwangen fortlaufende Verzögerungen und Unterbrechungen in der Bearbeitung des Projekts. Vervollständigung und endgültige Fertigstellung gelangen daher erst im Team aus Professor und jungem Wissenschaftler. Dennoch verlangte das Projekt phasenweise kaum erträgliche Opfer von Familie bzw. Partner. Die Autoren hoffen, daß der Nutzen des Buches die hohen Opportunitätskosten aufwiegt.

Bonn, im Herbst 1991 W. Henrichsmeyer, H.P. Witzke

Inhaltsverzeichnis

Band 2: Bewertung und Willensbildung*

Kapitel IV: Grundzüge rationaler Agrarpolitik

Kapitel V: Agrarpolitik in einer pluralistischen Gesellschaft

Kapitel VI: Das System der EG-Agrarpolitik

---

* In Vorbereitung

Kapitel I: Einführung und Einordnung

1. Gegenstand der Agrarpolitik

Die Agrarpolitik ist der Teilbereich der allgemeinen Wirtschafts- und Gesellschaftspolitik, der schwerpunktmäßig auf die Landwirtschaft und die mit ihr verbundenen Wirtschaftsbereiche und Bevölkerungsgruppen ausgerichtet ist. Wie in jedem anderen Politikbereich versuchen die Akteure (Träger) der Agrarpolitik im Sinne der von ihnen verfolgten Ziele auf das ökonomische und soziale Geschehen im Agrarsektor Einfluß zu nehmen. Wir können daher *Agrarpolitik* allgemein und umfassend *definieren* als die Gesamtheit aller Bestrebungen und Maßnahmen, die darauf abzielen, die ordnungspolitischen Rahmenbedingungen für den Agrarsektor zu gestalten und den Ablauf der ökonomischen Prozesse im Agrarsektor zu beeinflussen.

1.1. Abgrenzung des Agrarsektors

Der Agrarsektor als Objektbereich der Agrarpolitik, läßt sich unterschiedlich abgrenzen. Wir finden daher je nach Fragestellung in der Literatur und im allgemeinen Sprachgebrauch unterschiedliche Begriffsbildungen und -abgrenzungen, die kurz gekennzeichnet werden sollen.
Als landwirtschaftlicher *Produktionssektor* wird der Produktionsbereich bezeichnet, in dem durch Bodennutzung pflanzliche Produkte erstellt und durch Tierhaltung pflanzliche in tierische Produkte umgewandelt werden. Dabei kann die Abgrenzung entweder nach der Art der erstellten Produkte vorgenommen werden (Abgrenzung nach dem *Produktprinzip* oder *funktionellen* Prinzip), oder es können alle Unternehmen zugerechnet werden, die überwiegend landwirtschaftliche Produkte herstellen (Abgrenzung nach dem *institutionellen* Prinzip).

Personell sind verschiedene mit der Landwirtschaft verbundene Personengruppen (Haushalte) dem Agrarsektor zuzurechnen. Je nach der Art der Beziehung zum landwirtschaftlichen Betrieb lassen sich unterscheiden: das Betriebsleiterehepaar, mithelfende Familienangehörige, Fremdarbeitskräfte, Verpächter, Altenteiler usw. Dabei ist zur Kennzeichnung der betrieblichen und sozialen Verhältnisse die Unterscheidung der Haushalte der landwirtschaftlichen Betriebsinhaber nach der Hauptquelle der Erwerbseinkommen von Bedeutung. Nach diesem Kriterium lassen sich Haushalte mit überwiegend landwirtschaftlichem Erwerbseinkommen ("Haupterwerb") von solchen mit überwiegend außerlandwirtschaftlichem Einkommen ("Nebenerwerb") unterscheiden (Kap. II, 2.2).

In einer arbeitsteiligen Volkswirtschaft ist die Landwirtschaft in vielfältiger Weise mit vor- und nachgelagerten gewerblichen Bereichen verflochten. Sie stellt den Kern eines agrarwirtschaftlichen Komplexes dar, der im wesentlichen der Versorgung der Bevölkerung mit Nahrungsmitteln dient und der auch in den fortgeschrittenen Industrieländern noch ein beachtliches Gewicht hat (siehe Kapitel II, 5). Man bezeichnet die Gesamtheit dieser wirtschaftlichen Aktivitäten auch als "*Agri-Business-Bereich*". Wenn darüber hinaus auch noch die agrarnahen staatlichen und halbstaatlichen Institutionen (Ausbildung, Beratung, Verwaltung u.a.) einbezogen werden, spricht man gelegentlich auch von einem "*Agrarkomplex*".

Eine besondere Bedeutung haben die Landwirtschaft und die mit ihr verbundenen Aktivitäten für den *ländlichen Raum*. In den peripheren ländlichen Gebieten ist dieses vielfach der tragende Wirtschaftsbereich. Der Objektbereich der Agrarpolitik erweitert sich dann auf die Gesamtheit des ländlichen Raumes.

Die Ausweitung des Objektbereichs erstreckt sich auch auf die *Agrar-Umweltbeziehungen,* die für die Agrarpolitik eine immer größer werdende Bedeutung erlangen.

1.2. Träger der Agrarpolitik

Die Agrarpolitik wird in einer pluralistischen Gesellschaft durch die Einflußnahme zahlreicher politischer Akteure (Träger der Agrarpolitik) bestimmt, die unterschiedliche Interessen, Aufgaben und Kompetenzen haben. Nach der Rolle, die diesen Akteuren im agrarpolitischen Willensbildungsprozeß zukommt, lassen sich unterscheiden:

(1) Agrarpolitische *Entscheidungsträger*. Darunter wollen wir solche Personen und Instanzen verstehen, die durch Gesetz legitimiert sind, agrarpolitische Maßnahmen zu beschließen und/oder durchzuführen. Hierzu gehören: (a) staatliche Instanzen der Legislative und Exekutive auf den verschiedenen Entscheidungsebenen, wie Parlament, Regierung und Administration; (b) halb-staatliche Stellen, wie z.B. Landwirtschaftskammern; (c) unter Umständen private Organisationen und Verbände, sofern diesen durch Gesetz oder Verordnung bestimmte Aufgaben übertragen werden.

(2) Agrarpolitische *Einflußträger*. Diese umfassen eine Vielzahl von Organisationen und Verbänden, die weder Entscheidungs- noch Durchführungskompetenz haben, jedoch in verschiedenen Formen und teilweise mit erheblichem Gewicht auf den Prozeß der agrarpolitischen Willensbildung einwirken. Hierzu sind insbesondere Berufsvertretungen und Interessenverbände zu zählen.

Wie in jedem anderen Politikbereich auch, versuchen die verschiedenen politischen Akteure im Sinne der von ihnen verfolgten Ziele auf den agrarpolitischen Willensbildungsprozeß und damit auf das wirtschaftliche und soziale Geschehen im Agrarbereich Einfluß zu nehmen. Letztlich sind es jedoch die jeweils zuständigen agrarpolitischen Entscheidungsträger, die die Entscheidungen zu treffen haben.

1.3. Gestaltungsmöglichkeiten der Agrarpolitik

Den agrarpolitischen Entscheidungsträgern stehen verschiedene Gestaltungsmöglichkeiten (Mittel oder Instrumente) zur Verfügung, um das wirtschaftliche und soziale Geschehen im Agrarsektor zu beeinflussen. Grundsätzlich lassen sich die folgenden Ansatzpunkte staatlicher Einflußnahme unterscheiden:

(1) Die **Gestaltung der rechtlichen und institutionellen Rahmenbedingungen,** innerhalb derer sich der Wirtschaftsprozeß vollzieht (Ordnungspolitik oder Wirtschaftsverfassungspolitik). Im Bereich der Agrarpolitik bezieht sich die Ordnungspolitik insbesondere auf:

- die Gestaltung der Rechtsrahmens für die einzelnen landwirtschaftlichen Unternehmen und Haushalte (Eigentums- und Nutzungsrechte an Grund und Boden, Erbrecht, Arbeitsverfassung, soziale Sicherung, Steuersystem usw.)
- die Gestaltung des Rechtsrahmens für die Beziehungen zwischen einzelnen Unternehmen (Genossenschaften, Erzeugergenossenschaften, Kooperationen u.a.)
- die Gestaltung der rechtlichen und institutionellen Rahmenbedingungen für das Geschehen auf den Produkt- und Faktormärkten (Marktordnungen, Pachtrecht, Agrarkreditinstitutionen usw.)

(2) **Einflußnahme auf den Ablauf des Wirtschaftsprozesses** unter den bestehenden ordnungspolitischen Rahmenbedingungen (Ablaufpolitik oder Prozeßpolitik). Im Agrarbereich sind vor allem von Bedeutung:

- Agrarpreisstabilisierung und -stützung durch Außenschutzmaßnahmen (Zölle, Abschöpfungen) und Binnenmarktinterventionen (Festsetzung von Mindestpreisen)
- produkt- und faktorgebundene Subventionen
- direkte Mengensteuerung (Kontingentierung, Quoten)
- direkte Einkommensübertragungen.

(3) **Übernahme bestimmter Aktivitäten durch den Staat** (Bereitstellung von öffentlichen Gütern). Im Agrarbereich werden staatliche Leistungen insbesondere in den folgenden Bereichen angeboten:

- Ausbildung und Beratung
- Agrarforschung
- Ausbau der ländlichen Infrastruktur (Meliorationen, Flurbereinigung, Wegebau u.a.)

Die verschiedenen Ansatzpunkte und Instrumente staatlicher Agrarpolitik dürfen bei der praktischen Anwendung nicht isoliert gesehen werden. In vielen Fällen wird die Rechtsordnung erst durch Entscheidungen über den Einsatz ablaufpolitischer Instrumente oder durch die Bereitstellung öffentlicher Güter inhaltlich ausgefüllt. So ist beispielsweise die Schaffung der EG-Marktordnungen für die einzelnen Agrarprodukte in engem Zusammenhang mit der verfolgten Agrarpreispolitik zu sehen. Je nach der Dosierung der Preispolitik können die Ergebnisse und damit die Beurteilung von Marktordnungen sehr unterschiedlich ausfallen. Auch die rechtlichen Regelungen für das Ausbildungs- und Forschungssystem werden erst durch Entscheidungen über die Bereitstellung von Personalstellen und Forschungsmitteln inhaltlich ausgefüllt.

1.4. Verflechtungen mit anderen Politikbereichen

Die von den agrarpolitischen Entscheidungsträgern getroffenen Maßnahmen betreffen nicht nur den Agrarsektor, sondern haben häufig auch erwünschte oder unerwünschte Auswirkungen auf andere Wirtschaftsbereiche. Ebenso können für den Agrarsektor bedeutsame Maßnahmen außerhalb des Agrarsektors ansetzen (NIEHAUS 1976). Bei systematischer Betrachtung lassen sich die folgenden Fälle unterscheiden:

(1) Auswirkungen von im Agrarsektor ansetzenden Maßnahmen auf andere Wirtschafts- und Politikbereiche. Dabei sind zwei Fälle zu unterscheiden:

- Einmal kann es sich um (unerwünschte) Nebenwirkungen agrarpolitischer Maßnahmen handeln. So führt beispielsweise eine Agrarpreisstützung zugunsten der heimischen Landwirtschaft zu einer Erhöhung der Lebensmittelpreise und kann dadurch das allgemeine Lohnniveau und die Wettbewerbsposition der heimischen Industrie beeinflussen.
- Im Agrarsektor ansetzende Maßnahmen können aber auch bewußt zur Erreichung anderer als agrarpolitischer Ziele und Zwecke eingesetzt werden. Sie werden dann inhaltlich zu Instrumenten anderer Politikbereiche, z.B. wenn in Entwicklungsländern Exportabgaben auf Agrargüter zur Finanzierung des Statshaushalts erhoben werden.

(2) Auswirkungen anderer Politikbereiche auf die Landwirtschaft. Auch hierbei sind zwei Fälle zu unterscheiden:

- Die Politiken können an den Zielen und Zwecken anderer Bereiche orientiert sein, so daß die Auswirkungen auf die Landwirtschaft (häufig unerwünschte) Folge- und Nebenwirkungen darstellen, wie das beispielsweise bei verschiedenen umweltpolitischen Maßnahmen der Fall ist.
- In anderen Bereichen ansetzende Politiken können aber auch auf Ziele ausgerichtet sein, die in engem Zusammenhang mit agrarpolitischen Zielen stehen. Das gilt beispielsweise für Maßnahmen der allgemeinen Regionalpolitik für den ländlichen Raum. Die Schaffung von außerlandwirtschaftlichen Arbeitsplätzen hat einen bedeutenden Einfluß auf den landwirtschaftlichen Strukturwandel und kann eine Voraussetzung für den sinnvollen Einsatz spezifischer agrarpolitischer Maßnahmen

(z.B. Förderung der Arbeitsmobilität und des betrieblichen Wachstums) darstellen. Bei einigen dieser Maßnahmen wird die Politikausrichtung sogar überwiegend durch agrarpolitische Ziele und Zwecke bestimmt. Hier sind beispielsweise die Sonderregelungen anzuführen, die für die Landwirtschaft und die Nahrungsmittelversorgung im Rahmen des allgemeinen Steuersystems gelten (u.a. Einkommenssteuer, Erbschaftssteuer, Mehrwertsteuer).

Darüber hinaus bestehen Wechselbeziehungen zu anderen Politikbereichen, weil die politischen Akteure im Prozeß der politischen Willensbildung und Entscheidungsfindung vielfach Sachfragen verschiedener Politikbereiche miteinander verknüpfen. Besonders komplizierte Politikverflechtungen existieren auf der für die Agrarpolitik so bedeutsamen Ebene der EG, da sich hier Gruppeninteressen und nationale Interessen in vielfältiger Weise überlagern (siehe Kap. V, Bd. 2).

Zusammenfassend ist festzustellen, daß die Agrarpolitik ein äußerst komplexes Gebilde darstellt, das in vielfältiger Weise mit anderen Wirtschafts- und Politikbereichen verbunden ist und das sich nur schwer abgrenzen läßt. Die Einsatzstellen politischer Maßnahmen können innerhalb oder auch außerhalb des Agrarsektors liegen, und ebenso sind die politischen Akteure teilweise außerhalb des engeren Bereichs der Agrarpolitik angesiedelt.

2. Agrarsektor und Agrarpolitik

Der Agrarsektor läßt sich als Teilbereich des ökonomischen Systems und die Agrarpolitik als Teilbereich des politischen Systems auffassen. Zwischen beiden Bereichen bestehen enge wechselseitige Beziehungen. In diesem Abschnitt soll eine erste systematisierende Einordnung vorgenommen werden.

2.1. Ökonomisches und politisches System: Einordnung

Bei den folgenden Überlegungen werden die Betrachtungen eingegrenzt auf ökonomische Zusammenhänge in marktwirtschaftlichen Systemen und politische Zusammenhänge in demokratischen Systemen westlicher Ausprägung.

Unter **ökonomischem System** soll der Teilbereich gesamtgesellschaftlicher Beziehungen verstanden werden, in dem einzelne Wirtschaftseinheiten agieren und die Koordination der Wirtschaftspläne im wesentlichen durch den Preismechanismus erfolgt. Die Landwirtschaft ist in das ökonomische System durch die ihr zugehörigen Unternehmen und Haushalte eingebunden. Diese versuchen, unter den gegebenen ökonomischen und politischen Rahmenbedingungen die von ihnen verfolgten Ziele zu erreichen. Dabei stehen die einzelnen landwirtschaftlichen Wirtschaftseinheiten sowohl auf den Produkt- wie auf den Faktormärkten in Konkurrenz zueinander. Mit den vor- und nachgelagerten Bereichen sind sie durch Marktbeziehungen verbunden.

Als **politisches System** soll der Teilbereich gesellschaftlicher Beziehungen verstanden werden, in dem Staatsbürger (Wähler) und politische Akteure handeln und als Abstimmungsmechanismen politische Entscheidungsverfahren angewendet werden. Die Landwirtschaft und ihr nahestehende Bevölkerungsgruppen sind im politischen System durch engagierte Staatsbürger vertreten, die durch ihre Aktivitäten in politischen Parteien, berufsständischen Organisationen und Interessengruppen den agrarpolitischen Willensbildungsprozeß und die Entscheidungen auf der Ebene der politischen Entscheidungsträger zu beeinflussen versuchen. Im politischen Willensbildungsprozeß stehen die Landwirte - anders als am Markt - im allgemeinen nicht in Konkurrenz zueinander, sondern es ist ihr gemeinsames Anliegen, auf günstige Rahmenbedingungen für ihre privatwirtschaftlichen Aktivitäten hinzuwirken (z.B. höhere Agrarpreise oder Steuervergünstigungen). Nur in bestimmten Fällen, wenn politische Maßnahmen eine Teilgruppe der Landwirtschaft begünstigen und eine andere Teilgruppe benachteiligen (z.B. hohe Futtergetreidepreise, die für Marktfruchtbaubetriebe einen Erlös- und für Veredlungsbetriebe einen Kostenfaktor darstellen), bestehen auch zwischen den Landwirten Konkurrenzbeziehungen.

Beide Systeme stehen in enger wechselseitiger Beziehung zueinander. In jedem Fall sind durch politische Entscheidungen die *ordnungspolitischen Rahmenbedingungen* für das wirtschaftliche System festzulegen. Darüber hinaus versuchen die politischen Interessengruppen und Entscheidungsträger Einfluß zu nehmen, wenn die sich einstellenden Ergebnisse des Wirtschaftsprozesses nicht ihren Zielvorstellungen entsprechen. Sie bemühen sich dann, das wirtschaftliche Geschehen durch Eingriffe in den Wirtschaftsablauf oder durch Änderung der ordnungspolitischen Rahmenbedingungen in der von ihnen angestrebten Richtung zu beeinflussen. Die politischen Entscheidungsträger reagieren somit auf nicht zielkonforme Entwicklungen im ökonomischen System und setzen damit veränderte Rahmenbedingungen für die Abläufe im ökonomischen System (Übersicht II-1).

Derartige ökonomisch-politische Wechselbeziehungen bestehen generell in jeder Volkswirtschaft und in allen Wirtschaftsbereichen. Ausmaß und Intensität der politischen Eingriffe in das Marktgeschehen sind jedoch unterschiedlich ausgeprägt. Neben einigen anderen Sektoren (u.a. Wohnungsbau, Bergbau, Verkehr) gehört die Landwirtschaft zu den Bereichen, in denen in nahezu allen Ländern und über lange Zeitperioden hinweg in besonders starkem Maße in das Geschehen auf den Produkt- und Faktormärkten staatlich eingegriffen wird. Die ökonomischen Vorgänge im Agrarsektor lassen sich daher sowohl in den westlichen Industrieländern wie auch in vielen Entwicklungsländern nur aus dem Zusammenwirken von Marktmechanismen und politischen Entscheidungsmechanismen erklären.

Übersicht I-1: Wechselseitige Zusammenhänge zwischen Agrarsektor und Agrarpolitik

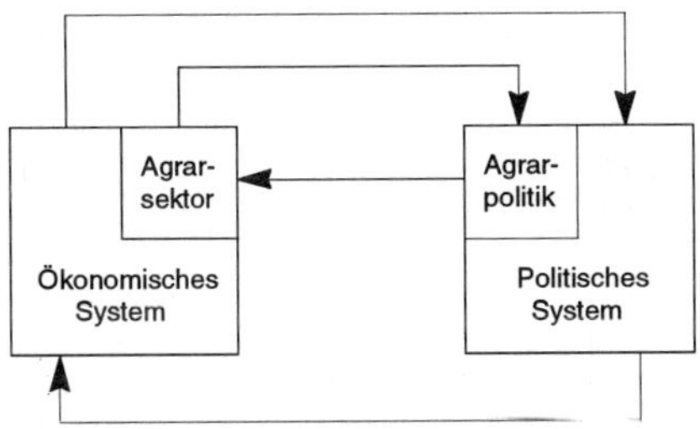

Mit dieser Betrachtungsweise sollen von Beginn an zwei Anliegen dieses Werkes deutlich gemacht werden:
- Einmal sollen die Probleme des Agrarsektors aus *gesamtwirtschaftlicher Perspektive* betrachtet werden. Hierdurch soll vermieden werden, daß die "Besonderheiten" des Agrarsektors zu sehr in den Vordergrund rücken und den Blick für eine umfassendere gesamtwirtschaftliche Problembeurteilung verstellen.
- Zum anderen soll die Agrarpolitik nicht nur als angewandte *Sektorökonomik*, sondern auch als *politische Gestaltungsaufgabe* verstanden werden. Dieses setzt voraus, daß auch die politischen Entscheidungsprozesse mit in die Analyse einbezogen werden, um eine Vorstellung von den Möglichkeiten, aber auch Grenzen agrarpolitischer Einflußnahme vermitteln zu können.

2.2. Der Agrarsektor im ökonomischen System

Die Landwirtschaft hat in den anfänglichen Phasen wirtschaftlicher Entwicklung eine dominierende Stellung innerhalb des ökonomischen Systems. Sie ist der bei weitem größte Wirtschaftsbereich, in dem die meisten Menschen beschäftigt sind und von dem viele der sonstigen wirtschaftlichen Aktivitäten abhängen. Mit beginnender Industrialisierung werden schrittweise Funktionen in vor- und nachgelagerte gewerbliche Wirtschaftsbereiche ausgelagert. Im Zuge fortschreitender Arbeitsteilung reduziert sich die Tätigkeit der landwirtschaftlichen Unternehmen mehr und mehr auf die Erstellung landwirtschaftlicher Rohprodukte auf der Basis eines fortlaufend steigenden Anteils von gewerblich produzierten Betriebsmitteln. Die Landwirtschaft wird zunehmend in das Geflecht der Marktbeziehungen integriert und in starkem Maße von gesamtwirtschaftlichen und weltweiten Entwicklungen abhängig. Gleichzeitig schwächt sich das Wachstum der Nahrungsmittelnachfrage bei steigendem Pro-Kopf-Einkommen immer mehr ab. Beide Faktoren zusammen führen zu einem fortlaufend sinkenden Anteil der Landwirtschaft am Sozialprodukt und in Verbindung mit hohen technischen Fortschritten im Agrarbereich zu einer starken Verminderung der Zahl der landwirtschaftlichen Beschäftigten und Betriebe. Allerdings darf die wirtschaftliche Bedeutung der Landwirtschaft selbst bei geringem Sozialproduktanteil nicht unterschätzt werden, da sie den Kern eines *agrarwirtschaftlichen Komplexes* darstellt, der auch in den fortgeschrittenen Industrieländern noch ein beachtliches gesamtwirtschaftliches Gewicht hat (Kap. II, 5).

Die Landwirtschaft ist in den meisten westlichen Industrieländern durch *kleinbetriebliche* Strukturen geprägt. Die meisten Unternehmen werden als Familienbetriebe geführt, ein erheblicher und im Zeitablauf zunehmender Anteil davon im Zu- oder Nebenerwerb. Die landwirtschaftlichen Betriebe haben bei fast allen Produkten so geringe Marktanteile, daß sie als klassische Lehrbuchbeispiele für Mengenanpasser und atomistische Konkurrenz gelten können. Sie sehen sich teilweise einer erheblichen Konzentration des Angebots auf der Zulieferseite (z.B. Düngemittelindustrie) sowie auf der Nachfrageseite (z.B. Molkereien, Konservenfabriken) gegenüber, so daß sie häufig eine recht schwache Marktstellung haben.

Die landwirtschaftlichen Familienbetriebe sind im allgemeinen durch eine enge Bindung der Betriebsinhaberfamilie an den häufig seit Generationen bewirtschafteten Hof gekennzeichnet. Vielfach besteht daher nur eine geringe Mobilitätsbereitschaft, selbst wenn die landwirtschaftlichen Einkommen deutlich unter denen in anderen Wirtschaftsbereichen liegen. Durch diese und andere *Mobilitätshemmnisse* (spezialisierte Ausbildung, ungünstige Altersstruktur in schrumpfenden Wirtschaftsbereichen, Irreversibilität von Investitionsentscheidungen u.a.) wird der Ablauf des landwirtschaftlichen Anpassungsprozesses erheblich beeinflußt, so daß hierin ein wichtiger Grund für die strukturellen Anpassungs- und Einkommensprobleme zu sehen ist (vgl. Kap. III, 6 und 7).

Ein weiteres wichtiges Charakteristikum landwirtschaftlicher Familienbetriebe ist die *enge Verzahnung von Unternehmen und Haushalt*, durch die sowohl die Haushalts- wie die Unternehmensdispositionen in vielfältiger Weise beeinflußt werden. Weiterhin ist die landwirtschaftliche Produktion durch eine Reihe von *produktionsspezifischen Besonderheiten* und gewichtige *externe Effekte* gekennzeichnet, die häufig für die Begründung einer Sonderstellung der Landwirtschaft im Rahmen des ökonomischen Systems angeführt werden.

Die aufgeführten produktionstechnischen und sozio-ökonomischen Bedingungen kennzeichnen bestimmte Eigenschaften landwirtschaftlicher Produktion. Sie gelten jedoch nicht allein für den Agrarsektor, sondern jede einzelne von ihnen ist auch in anderen Sektoren anzutreffen. Daher vermag keine der genannten "Besonderheiten" eine *grundsätzliche* Sonderstellung der Landwirtschaft innerhalb eines marktwirtschaftlichen Systems zu begründen. Vielmehr ergeben sich aus dem Zusammenwirken der verschiedenen genannten Faktoren bestimmte Problemschwerpunkte, die für die Landwirtschaft in den fortgeschrittenen Industrieländern charakteristisch sind und besondere Züge gegenüber den Gegebenheiten in anderen Wirtschaftssektoren aufweisen, die in Kap. III herausgearbeitet werden sollen.

2.3. Die Agrarpolitik im politischen System

In den anfänglichen Phasen wirtschaftlicher Entwicklung hat die Agrarpolitik naturgemäß eine große Bedeutung im Rahmen der Gesamtpolitik, da die Verbesserung der Nahrungsmittelversorgung im Vordergrund der politischen Bemühungen steht und die Landwirtschaft als größter Wirtschaftssektor wesentliche Beiträge zur der gesamtwirtschaftlichen Entwicklung zu leisten hat. Aber auch in den fortgeschrittenen Industrieländern hat die Agrarpolitik vielfach einen Stellenwert, der weit über das ökonomische Gewicht des Agrarsektors hinausgeht. Dieses ist einmal darauf zurückzuführen, daß - wie im vorigen Abschnitt ausgeführt - gravierende Anpassungsprobleme, bedeutende externe Effekte und gewichtige gesellschaftspolitische Ziele vorliegen können, die Maßnahmen zur Unterstützung oder Korrektur der Marktmechanismen begründen können.

Zum anderen bestehen im Bereich der Agrarpolitik jedoch häufig auch besondere institutionelle Gegebenheiten und politische Konstellationen, die auf ein hohes Maß staatlicher Einflußnahme hinwirken: Im Verlaufe der historischen Entwicklung sind vielfach besondere staatliche und halbstaatliche Institutionen für den Agrarbereich entstanden, die sich nur allmählich den sich wandelnden Verhältnissen anpassen. Vor allem haben jedoch die landwirtschaftlichen Interessenverbände in den meisten Ländern einen vergleichsweise starken Einfluß auf die agrarpolitische Willensbildung und Entscheidungsfindung. Sie versuchen daher im politischen Prozeß die Einkommensverteilungsziele zu erreichen, die sich am Markt nicht realisieren lassen.

Aus allen diesen und vielen anderen Gründen (vgl. dazu näher Bd. 2, Kapitel IV) ist das Ausmaß agrarpolitischer Interventionen in vielen fortgeschrittenen Industrieländern größer, als sich unter gesamtwirtschaftlichen Zielgesichtspunkten begründen läßt. Es kann daher nicht unbesehen davon ausgegangen werden, daß wirtschafts- und agrarpolitische Einflußnahme stets effizient im Hinblick auf allgemeine gesellschaftliche Ziele erfolgt. Bei der Abwägung der Vor- und Nachteile politischer Einflußnahme ist daher neben der Möglichkeit von "Marktversagen" auch die Möglichkeit von "Politikversagen" in die Betrachtungen einzubeziehen (siehe Bd. 2, Kap. IV).

3. Aufgaben wissenschaftlicher Agrarpolitik, zugleich Überblick über den Aufbau der beiden Bände des Gesamtwerkes

Aufgabe wissenschaftlicher Agrarpolitik ist es - allgemein formuliert - auf der Grundlage wissenschaftlicher Erkenntnisse zu mehr Sachbezogenheit und Rationalität in der Agrarpolitik beizutragen. Die mit dieser Zielsetzung verbundenen Forschungsaufgaben beziehen sich:

- einmal auf die systematische Erfassung, Erklärung und Vorhersage des wirtschaftlichen Geschehens im Agrarsektor sowie der Willensbildungs- und Entscheidungsprozesse im Bereich der Agrarpolitik (*positive Theorie*)
- und zum anderen auf die Untersuchung politischer Gestaltungsmöglichkeiten im Hinblick auf angestrebte Ziele (*normative Theorie* und *Ziel-Mittel-Analyse*).

3.1. Erklärung des Geschehens im Agrarsektor und in der Agrarpolitik

Die Erklärung und Vorhersage von Zusammenhängen und Abläufen im Agrarsektor und in der Agrarpolitik ist der zentrale Aufgabenbereich (positiver) ökonomischer und politischer Theorie. Ausgehend von einer systematischen Erfassung des jeweils interessierenden Objektbereichs wird versucht, Kausalzusammenhänge aufzudecken und Theorien zu entwickeln, auf deren Grundlage sich die beobachteten Entwicklungen erklären und (unter Vorgabe bestimmter Rahmenbedingungen) künftige Entwicklungen vorhersagen lassen. Positive Theorie versucht somit zu erklären "was ist" und vorherzusagen "was sein wird" (GIERSCH 1960).

Je nach Komplexität der betrachteten Zusammenhänge, nach dem Stand ihrer analytischen Durchdringung und auch nach Art und Umfang der verfügbaren Informationen, insbesondere auch der Quantifizierbarkeit von Variablen, sind die Vorgehensweise bei der Entwicklung von Theorien und der Grad der Präzisierung von Theorieaussagen in den verschiedenen Bereichen agrarökonomischer und -politischer Forschung unterschiedlich. So wird in zentralen Bereichen der agrarökonomischen Forschung (einzelwirtschaftliche Analyse, Marktanalyse, Sektoranalyse) in stärkerem Maße mit mathematisch formulierten, vielfach auch numerisch spezifizierten Modellen gearbeitet. Bei der Analyse komplexer sozialökonomischer Zusammenhänge wird dagegen meistens von weniger formalisierten Modellvorstellungen ausgegangen. Das Forschungsinteresse richtet sich hier häufig zunächst nur auf die Erfassung und Systematisierung von wirtschaftlichen und politischen Strukturen und Vorgängen, um Einsichten in Problemzusammenhänge zu gewinnen und eine Grundlage für darauf aufbauende Erklärungsmodelle zu schaffen. Theorieaussagen und Prognosen sind dann häufig nur in Form von Tendenz- oder "Musteraussagen" möglich (HAYEK 1972).

Darstellung positiver Theorie, überwiegend in Band 1

In dem vorliegenden Band 1 stehen die Ansätze positiver Theorie zur Erklärung des ökonomischen Geschehens im Agrarsektor im Vordergrund der Betrachtung.

In Kapitel II geht es zunächst um eine systematisierende Darstellung agrarsektoraler Strukturen und Zusammenhänge. In Verbindung damit werden einige methodische Konzepte zur systematischen Erfassung und Kennzeichnung des Sachobjekts, des Agrarsektors vorgestellt. Dieses Kapitel hat überwiegend einen quantitativ deskriptiven Charakter und dient zugleich auch als Informationshintergrund für die Darstellung der Theorieansätze in dem anschließenden Kapitel.

In Kapitel III werden die Grundzüge einer Theorie agrarsektoraler Entwicklung dargestellt. Ausgehend von einzelwirtschaftlichen Anpassungsreaktionen werden die Mechanismen der landwirtschaftlichen Produkt- und Faktormärkte untersucht, die den Prozeß der agrarsektoralen Entwicklung steuern. Die verwendeten Erklärungsansätze basieren im wesentlichen auf den Grundvorstellungen neoklassischer Theorie, teilweise ergänzt durch Bezüge zu verhaltenstheoretischen und systemanalytischen Ansätzen. Dabei spielen bei der Art der Probleme des Agrarsektors Betrachtungen von Ungleichgewichtslagen und dynamische Zusammenhänge eine größere Rolle. Bei dem einführenden Charakter dieses Buches und der gebotenen Kürze wird die Grundargumentation weitgehend verbal entwickelt, unterstützt durch graphische Darstellungen und relativ einfach gehaltene mathematische Ableitungen. Auf Ergebnisse quantitativer Analysen wird an den jeweiligen Stellen zur Unterstützung von abgleiteten Theorieausagen nur kurz hingewiesen.

In Kapitel V des 2. Bandes werden die agrarpolitischen Willensbildungs- und Entscheidungsprozesse betrachtet. Dabei können vorerst nur die Umrisse einer positiven Theorie der Agrarpolitik vorgestellt werden, die auf den Ansätzen der Neuen Politischen Ökonomie basieren. Da bislang jedoch im wesentlichen nur Skizzen möglicher Erklärungsansätze, nur in Teilbereichen analytische Ausformulierungen und noch seltener empirisch abgesicherte Theorieaussagen vorliegen, beschränken sich die inhaltlichen Ausführungen dieses Kapitels zunächst vor allem auf die Beschreibung institutioneller Strukturen und politischer Prozesse im Rahmen des vorgestellten Erklärungsansatzes, sowie die Formulierung von Hypothesen, die der weiteren Überprüfung bedürfen.

3.2. Analyse agrarpolitischer Ziel-Mittel-Zusammenhänge

Um Vorschläge für eine rationale Gestaltung der Agrarpolitik erarbeiten zu können, ist es zunächst einmal notwendig, die Ausgangssituation zu kennen, zu wissen wie die zu lösenden Probleme entstanden sind und wie sie sich bei unveränderter Politik bzw. bei alternativ in Betracht zu ziehender Politikgestaltung voraussichtlich entwickeln werden. Mit anderen Worten: Gute Kenntnisse (positiver) ökonomischer Theorie sind eine Voraussetzung für eine fundierte Politikberatung.

Zum anderen müssen sich die Überlegungen zur Politikgestaltung an den angestrebten Zielen orientieren, also dem was "sein soll". Dieser Bereich der wert- und zielbezogenen ökonomischen Überlegungen und Analysen wird auch als "*normative Ökonomik*" bezeichnet (GIERSCH 1960).

Der Aufgabenbereich zielbezogener Analyse läßt sich enger oder auch weiter fassen. In der **traditionellen Theorie der Wirtschafts- und Agrarpolitik** wird eine engere Abgrenzung vorgenommen: Die agrarpolitische Ziele werden als politisch vorgegeben betrachtet; die Frage nach den politischen Gestaltungsmöglichkeiten reduziert sich dann im wesentlichen auf die Analyse funktionaler Ziel-Mittel-Zusammenhänge. Bei diesem Ansatz ist rationale Agrarpolitik im wesentlichen angewandte Allokations- und Verteilungstheorie.

Bei einer **umfassenderen politisch-ökonomischen Betrachtung** wird der Aufgabenbereich wissenschaftlicher Agrarpolitik weiter gefaßt: Im Rahmen der positiven Analyse werden auch die politischen Willensbildungs- und Entscheidungsprozesse zum Forschungsgegenstand erhoben, und bei den politikbezogenen Überlegungen werden neben funktionalen Ziel-Mittel-Zusammenhängen auch die Fragen einer zweckmäßigen Gestaltung des Ordnungsrahmens sowie der Institutionen und Regeln politischer Willensbildung und Entscheidungsfindung in die Analyse einbezogen. Wissenschaftliche Agrarpolitik wird dann zu einer umfassenderen politischen Ökonomie des Agrarbereichs.

Darstellung zielbezogener Analyse, überwiegend in Band 2

Die Analyse agrarpolitischer Ziel-Mittelzusammenhänge erfolgt geschlossen in Band 2. In Kapitel IV wird zunächst (Abschnitt 2) dem Konzept der *traditionellen Theorie der Wirtschafts- und Agrarpolitik* gefolgt: Nach der Vorstellung einer Systematik agrarpolitischer Ziele und einer Übersicht über die instrumentellen Gestaltungsmöglichkeiten werden verschiedene Ansätze und Techniken der Ziel-Mittel-Analyse vorgestellt. Eine solche

Vorgehensweise hat den Vorteil, daß hiermit schon im ersten Zugang eine umfassende Übersicht über die Ziele und Mittel der Agrarpolitik vermittelt wird.

Im anschließenden Abschnitt 3 werden die Grundzüge der für unsere Fragestellungen relevanten Teilbereiche der *Wohlfahrtsökonomik* entwickelt und damit ein Bezugsrahmen für die Beurteilung der gesamtwirtschaftlichen Allokations- und Verteilungswirkungen agrarpolitischer Maßnahmen geschaffen. Darauf aufbauend werden Anforderungen an die Gestaltung des Ordnungsrahmens für den Bereich der Agrarpolitik diskutiert und Grundsätze für die Politikausrichtung abgeleitet.

In Kap. V werden vor dem Hintergrund der Neuen Politischen Ökonomie die Aktivitäten und Verhaltensweisen agrarpolitischer Akteure und darauf aufbauend die *agrarpolitischen Entscheidungsverfahren* und *Willensbildungsprozesse* untersucht. In Kapitel VI, werden die entwickelten Konzepte und methodischen Ansätze schließlich beispielhaft zur Analyse und Bewertung des derzeitigen *Systems der EG-Agrarpolitik* und der diskutierten Reformvorschläge angewandt.

3.3. Umsetzung wissenschaftlicher Erkenntnisse

Da die wissenschaftliche Agrarpolitik nicht direkt auf das wirtschaftliche und politische Geschehen Einfluß nehmen kann, kann sie nur indirekt durch Weitergabe von Informationen und Erkenntnissen auf eine rationale Politikgestaltung hinwirken. Grundsätzlich ist dieses auf den folgenden Wegen möglich

- durch Beratung von politischen Entscheidungsträgern (agrarpolitische Entscheidungshilfe),
- durch Information der betroffenen Wirtschaftseinheiten und Aufklärung der Öffentlichkeit
- sowie durch Vermittlung von Grundkenntnissen über ökonomische Zusammenhänge auf dem Wege der Ausbildung.

(1) Agrarpolitische Entscheidungshilfe: Bei der agrarpolitischen Beratung einzelner politischer Entscheidungsträger (z.B. des Agrarministers oder der EG-Kommission) hat sich der beratende Wissenschaftler (bzw. das Beratungsgremium) in die Entscheidungssituation des jeweils zu Beratenden hineinzuversetzen und muß sich an dessen Zielvorstellungen orientieren.

Der "Nutzen" wissenschaftlicher Politikberatung für bestimmte politische Entscheidungsträger liegt - ähnlich wie bei der Beratung privater Wirtschaftseinheiten - darin, daß diese in die Lage versetzt werden, ihre Entscheidungen besser vorzubereiten und ihre Aufgaben effizienter zu erfüllen. Dieses bedeutet jedoch nicht ohne weiteres und keineswegs zwangsläufig, daß hiermit gleichzeitig auf eine Maximierung der gesamtwirtschaftlichen Wohlfahrt hingewirkt wird, da die politischen Entscheidungsträger häufig individuelle Ziele und partikuläre Interessen verfolgen, und zudem in komplizierte Politikverflechtungen eingebunden sind, die erhebliche Koordinationsprobleme aufwerfen können (vgl. Band 2, Kapitel V).

(2) Aufklärung der Öffentlichkeit. Wegen der unter (1) genannten Probleme politischer Willensbildung besteht Bedarf für eine über den Interessenbereich einzelner politischer Entscheidungsträger hinausgehende Vertretung des Gemeinwohls. In demokratischen Gesellschaften kann man sich dieses nur durch eine verbesserte Information der Öffentlichkeit über Sachzusammenhänge und politische Gestaltungsmöglichkeiten vorstellen. Nach weit verbreiteter Auffassung ist es eine der Aufgaben wissenschaftlicher Wirtschafts- und Agrarpolitik, hierzu einen Beitrag zu leisten.

(3) Bessere ökonomische Grundausbildung. Die längerfristig wohl bedeutendste Form der Umsetzung wissenschaftlicher Erkenntnisse dürfte auf dem Wege der Ausbildung erfolgen. In komplexere wirtschaftliche Grundzusammenhänge läßt sich nur durch mehrjährige intensive Beschäftigung mit der Materie Einsicht gewinnen. Gründliche Ausbildung ist daher vielfach eine Voraussetzung für die Fähigkeit, der laufenden wirtschafts- und agrarpolitischen Argumentation inhaltlich folgen zu können. Nach einer häufig belegten Erfahrung wird auch das wirtschafts- und agrarpolitische Denken und Handeln politischer Akteure in starkem Maße durch die Grundvorstellungen geprägt, die ihnen in der Ausbildungsphase über ökonomische Zusammenhänge vermittelt worden sind.

Literaturhinweise zu Kapitel I

Die letzten **deutschsprachigen Bücher** zum Gesamtbereich der Agrarpolitik liegen einige Zeit zurück. Zwei Standardwerke der Nachkriegszeit, ABEL 1962 und DIETZE 1967, die an die lange Tradition "deutscher Werke" zum Bereich der Agrarpolitik anschließen, stellen vor allem *institutionelle und historische Aspekte* in den Vordergrund, insbesondere die Entwicklung und den Wandel von Agrarverfassung und Agrarstruktur. Es ist ein Verdienst AEREBOES 1928, für die wissenschaftliche Agrarpolitik *Bezüge zur landwirtschaftlichen Betriebslehre* - seinem eigentlichen Fachgebiet - hergestellt zu haben. Diese Anregungen wurden zwar zunächst kaum aufgenommen, weisen jedoch in die Richtung, die die Wissenschaftliche Agrarpolitik in der Nachkriegszeit verfolgt hat. Eine *auf der neoklassischen Wirtschaftstheorie basierende*, jedoch auf Teilbereiche begrenzte Darstellung gibt HERLEMANN 1961.

Internationale Lehrbücher zum Bereich der Agrarpolitik sind TWEETEN 1979, enger zum Bereich der ökonomischen Grundlagen der Agrarpolitik GULBRANDSEN, LINDBECK 1973 und recht anspruchsvoll GARDNER 1987. Mit Betonung der Situation von Entwicklungsländern ist ebenfalls recht anspruchsvoll COLMAN, RAYNER 1989. Eine didaktisch geschickt aufgebaute Einführung in die theoretischen Grundlagen der Agrarökonomie bietet RITSON 1977. Ältere internationale Standardwerke der Agrarökonomie und -politik, die einer ganzen Generation von Studenten den Einstieg in die Agrarökonomie vermittelt haben sind SCHULTZ 1945 und HATHAWAY 1963.

Grundlegendes zur Stellung der Landwirtschaft in der sozialen Marktwirtschaft findet sich bei HANAU 1958 und SCHMITT 1972. Noch heute sehr lesenswert sind auch die Aufsätze in dem Sammelband von NIEHAUS (1957), in dem insbesondere Grundpositionen neoliberaler Vorstellungen zur Ausrichtung der Agrarpolitik umrissen werden.

Zu aktuellen Problemen der Agrarpolitik bieten die Gutachten des WISSENSCHAFTLICHEN BEIRATS DES BUNDESMINISTERIUMS FÜR ERNÄHRUNG, LANDWIRTSCHAFT UND FORSTEN in unregelmäßiger Folge herausgegebene wissenschaftliche Stellungnahmen zu zentralen Themen der praktischen Agrarpolitik. Veröffentlichungen bis 1975 in: Sammelband der Gutachten des WISSENSCHAFTLICHEN BEIRATS von 1949-74. Münster-Hiltrup 1975. Ab 1975: Schriftenreihe des Bundesministeriums für Ernährung, Landwirtschaft und Forsten, *Landwirtschaft - Angewandte Wissenschaft*. Münster-Hiltrup, verschiedene Bände.

Von den **Zeitschriften** zum Bereich der Agrarpolitik seinen genannt:

Agrarwirtschaft. Hannover, erscheint monatlich (Zeitschrift für einen weiten Leserkreis in Wissenschaft und Praxis mit Beiträgen aus den Bereichen Betriebswirtschaft, Marktforschung und Agrarpolitik).

Berichte über Landwirtschaft - Zeitschrift für Agrarpolitik und Landwirtschaft. Hamburg und Berlin. Erscheint vierteljährlich. Enthält neben sozialökonomischen auch produktionstechnische Beiträge.

European Review of Agricultural Economics. Berlin, erscheint vierteljährlich. Soll vor allem über den Stand der Forschung in den verschiedenen westeuropäischen Ländern informieren

Agricultural Economics, Amsterdam, erscheint vierteljährlich. Wird von der Internationalen Konferenz der Agrarökonomen getragen; erst 1985 gegründet; interdisziplinäre Ausrichtung wird angestrebt.

American Journal of Agricultural Economics, Worcester, erscheint vierteljährlich. International bedeutende agrarökonomische Zeitschrift in den USA; stark methodisch ausgerichtet.

Food Policy. London, erscheint vierteljährlich. Interdisziplinär ausgerichtete Zeitschrift für den Bereich der Welt-Ernährungspolitik; stärker auf die Vermittlung von Übersichtswissen angelegt.

Quarterly Journal of Development Economics (vormals: Zeitschrift für ausländische Landwirtschaft). Berlin, erscheint vierteljährlich. In Deutschland herausgegebene Zeitschrift für den Bereich der Entwicklungsökonomik.

Verschiedene **Schriftenreihen**, die im wesentlichen Beiträge der Tagungen wissenschaftlicher Gesellschaften enthalten, informieren über den (aktuellen) Stand agrarökonomischer und -politischer Forschung:

Schriftenreihe der Gesellschaft für Wirtschafts- und Sozialwissenschaften des Landbaus ("GeWiSoLa"). Erscheint jährlich und enthält die Beiträge zur Konferenz des Vorjahres.

Proceedings of the Meetings of the "European Association of Agricultural Economists" (EAAE"). Der Kongress der europäischen Agrarökonomen findet im 3jährigen Turnus statt; die "Proceedings" werden als Sonderhefte des "*European Journal of Agricultural Economics*" veröffentlicht.

Proceedings of the "International Conference of Agricultural Economists" ("ICAE"). Der Weltkongress der Agrarökonomen findet ebenfalls in einem 3jährigen Turnus statt; Veröffentlichung der Tagungsbände in der Schriftenreihe der Gesellschaft.

Schriftenreihe des Dachverbandes wissenschaftlicher Gesellschaften der Agrar-, Forst-, Ernährungs-, Veterinär- und Umweltforschung e.V. ("Agrarspectrum"). Jährlich etwa 2 Vortragsveranstaltungen oder Kolloquien mit interdisziplinärem Charakter; Veröffentlichung der Beiträge in Tagungsbänden.

Kapitel II: Der Agrarsektor: Erscheinungsbild und Erfassung

1. Historischer Überblick

1.1. Der Agrarsektor im Prozeß der gesamtwirtschaftlichen Entwicklung

Die Landwirtschaft hat in den verschiedenen Phasen gesamtwirtschaftlicher Entwicklung unterschiedliches Gewicht und unterschiedliche Funktionen. Die wichtigsten Grundtendenzen lassen sich in wenigen Stichworten wie folgt kennzeichnen.

Anfangsphasen wirtschaftlicher Entwicklung
In der vorindustriellen Zeit und in den anfänglichen Phasen wirtschaftlicher Entwicklung hat die Landwirtschaft eine dominierende Rolle im ökonomischen System: Die Landwirtschaft ist der bei weitem größte Wirtschaftsbereich, in dem der überwiegende Teil der Bevölkerung Beschäftigung findet und von dem die meisten sonstigen wirtschaftlichen Aktivitäten abhängen.

Häufig liegt der Anteil der Landwirtschaft am Nettosozialprodukt über 50% und der Beschäftigungsanteil zwischen 60 und 80%. Derartige Bedingungen herrschten bis Anfang des vorigen Jahrhunderts in Deutschland und anderen europäischen Ländern vor (HENNING 1978). Sie gelten auch heute noch in vielen Entwicklungsländern.

Unter diesen Bedingungen hängt das wirtschaftliche Wohlergehen der Bevölkerung in starkem Maße von den Verhältnissen in der Landwirtschaft ab. Krisen der Landwirtschaft sind gleichzeitig allgemeine Ernährungs- und Wirtschaftskrisen. So kann eine Folge von Mißernten zu ernsthaften Versorgungsschwierigkeiten mit gravierenden gesamtwirtschaftlichen Folgen führen, während eine Reihe von guten Ernten in Verbindung mit günstigen Absatzmöglichkeiten auf überregionalen oder internationalen Märkten einen allgemeinen wirtschaftlichen Aufschwung einleiten kann.

Eine eindrucksvolle Darstellung der wechselnden Lagen agrarwirtschaftlicher und gesamtwirtschaftlicher Entwicklung im Deutschland des 18. und 19. Jahrhunderts findet sich bei W. ABEL 1978 ("Agrarkrisen und -konjunkturen"). Entsprechende Problemlagen finden wir heute in vielen Entwicklungsländern. Besonders ausgeprägte Versorgungsprobleme sind insbesondere in Ländern der Sahelzone und in verschiedenen Teilen Südasiens anzutreffen.

Langfristig wird unter diesen Bedingungen die gesamtwirtschaftliche Entwicklung entscheidend durch das Spannungsverhältnis zwischen Nahrungsmittelspielraum und Bevölkerungswachstum geprägt: Das Bevölkerungswachstum wird durch die nur allmähliche Ausweitung des agrarischen Produktionspotentials in Schranken gehalten, mit der Folge, daß weite Teile der Bevölkerung in der Nähe des ernährungswirtschaftlichen Existenzminimums leben. Dies konnte in vielen Ländern über viele Jahrhunderte hinweg beobachtet werden (in den mitteleuropäischen bis Anfang vorigen Jahrhunderts, in den ärmsten Entwicklungsländern bis heute) und bildet den Hintergrund für die Vorstellungen der "Klassiker" (RICARDO, MALTHUS, u.a.) über die langfristig erwartbaren Grundtendenzen wirtschaftlicher Entwicklung.

Phase der beginnenden Industrialisierung

Mit Beginn der Industrialisierung beginnt sich dieses Bild allmählich zu verändern. Die wirtschaftliche Struktur gerät in Bewegung als die **Einführung neuer Techniken und Organisationsformen** in der landwirtschaftlichen und gewerblichen Produktion sowie zunehmende Arbeitsteilung und Spezialisierung zu Produktivitätsfortschritten von bis dahin nicht gekanntem Ausmaß führen und die gesamtwirtschaftliche Entwicklung aus den "Fesseln abnehmender Grenzerträge des Bodens" befreien.

In Deutschland werden die Voraussetzungen hierfür durch institutionelle Reformen im Zuge der "Bauernbefreiung" (Ende des 18. bis Anfang des 19. Jahrhunderts) geschaffen. Kernstück sind die Ablösung der Grundherrschaftsverhältnisse und die Schaffung einer neuen Eigentums- und Flurverfassung (HENNING 1978). Hierdurch wurden Innovations- und Produktivkräfte freigesetzt, die zusammen mit den aufkommenden technischen Neuerungen (Einsatz von Mineraldünger, Verbesserung der Drei-Felder-Wirtschaft durch Reduktion der Brache, Einführung arbeitssparender Techniken) zu einer erheblichen Steigerung der landwirtschaftlichen Produktion beigetragen haben.

Dadurch wird es möglich, daß das Wachstum der Nahrungsmittelproduktion und auch des Sozialprodukts dauerhaft und deutlich über das Bevölkerungswachstum hinausgehen. Dieses führt zu steigenden Realeinkommen und einer Erweiterung der Konsummöglichkeiten. Die wirtschaftlichen Dispositionen der Haushalte werden nun nicht mehr weitgehend durch den Zwang zur Mindestversorgung mit Nahrungsmitteln determiniert. Die Konsumtenwünsche differenzieren sich und lösen Wachstumsimpulse in anderen Wirtschaftssektoren aus. Mit einiger zeitlicher Verzögerung schwächt sich mit steigendem Lebensstandard auch das Bevölkerungswachstum allmählich ab, was zusaätzlich zu einer Steigerung der Pro-Kopf-Einkommen beiträgt und damit die beschriebenen Prozesse verstärkt. Insgesamt gesehen erfolgt auf diese Weise ein **Übergang von einer stationären zu einer wachsenden Wirtschaft**. Wirtschaftlicher und sozialer Wandel werden zu einem beherrschenden Grundzug der volkswirtschaftlichen und gesellschaftlichen Entwicklung.

In diesem Prozeß wird die Landwirtschaft zunehmend in das Geflecht der Marktbeziehungen integriert. Schrittweise werden ursprünglich landwirtschaftliche Aktivitäten in vor- und nachgelagerte Wirtschaftsbereiche ausgelagert, während sich die landwirtschaftliche Produktion mehr und mehr auf die Produktion von Rohstoffen auf der Basis eines steigenden Anteils gewerblicher Vorleistungen reduziert.

Dabei kommen auf den **landwirtschaftlichen Sektor** in der ersten Phase der Industrialisierung vor allem die folgenden Aufgaben zu (VON URFF 1982):

- *Bereitstellung von Nahrungsmitteln* für die wachsende Bevölkerung durch die Einführung effizienterer Formen der Landbewirtschaftung, verstärkten Einsatz ertragssteigernder Betriebsmittel und die Realisierung züchterischer Fortschritte (biologisch-technischer Fortschritt).
- *Freisetzung von Arbeitskräften* für außerlandwirtschaftliche Erwerbstätigkeiten durch Einführung mechanisierter Arbeitsverfahren (mechanisch-technischer Fortschritt) sowie Ausnutzung von Vorteilen der Arbeitsteilung mit vor- und nachgelagerten gewerblichen Bereichen.
- *Beiträge zur Kapitalbildung* für den Aufbau von Industrie und Infrastruktur auf verschiedenen Wegen: durch Eigeninvestitionen in agrarnahen gewerblichen Bereichen, durch Besteuerung und erzwungene Ersparnis und auch durch die Bereitstellung von Devisen aus Agrarexporten.

Diese Funktionen der Landwirtschaft spielen in vielen Wachstumsmodellen zur Erklärung des Übergangs zu einer wachsenden Wirtschaft und auch in der aktuellen Diskussion über die Wachstumsprobleme und -strategien von Entwicklungsländern eine zentrale Rolle (DE HAEN 1982).

Fortgeschrittene Phasen wirtschaftlicher Entwicklung

In den fortgeschrittenen Industrieländern verändern sich Bedeutung und Funktionen der Landwirtschaft grundlegend. Dabei nimmt im Zuge des gesamtwirtschaftlichen Wachstum der Anteil der Landwirtschaft am Sozialprodukt und der Gesamtzahl der Beschäftigten fortlaufend ab.

Eine der treibenden Kräfte des sektoralen Strukturwandels sind dabei die veränderten Bedürfnisse der Haushalte bei steigendem Einkommen. Eine der ältesten und gesichertsten Erkenntnisse der empirischen Wirtschaftsforschung überhaupt - das sog. "*Engel'sche-Gesetz*" - besagt, daß der Anteil der Nahrungsmittelausgaben an den gesamten Konsumausgaben mit steigendem pro Kopf-Einkommen zurückgeht. In den entwickelten Volkswirtschaften steigt daher die Nachfrage nach Nahrungsmitteln im Zeitablauf nur noch wenig an, zumal sich auch das Bevölkerungswachstum allgemein abschwächt und in einigen Ländern sogar rückläufig ist.

Weiterhin trägt zur Schrumpfung des Agrarsektors bei, daß fortlaufend *Funktionen aus der Landwirtschaft ausgelagert* werden. So werden in zunehmendem Maße landwirtschaftliche Betriebsmittel durch gewerbliche ersetzt und landwirtschaftliche Produkte gewerblich weiterverarbeitet oder Dienstleistungsprozessen unterworfen. Die landwirtschaftliche Produktion wächst aus diesem Grund noch wesentlich schwächer als die Nachfrage nach Nahrungsmitteln. Die Nachfrage nach den landwirtschaftlichen

Grundprodukten steigt daher in Ländern wie der Bundesrepublik und auch der gesamten EG nur noch schwach an.

Demgegenüber sind in den letzten Jahrzehnten rapide *technische Fortschritte* in fast allen Bereichen der landwirtschaftlichen Produktion erzielt worden, die unter den Konkurrenzbedingungen der landwirtschaftlichen Betriebe auch eine zügige Realisierung in der Praxis erfahren haben. Die hohen Raten des technischen Fortschritts in der Landwirtschaft, die in den letzten Jahrzehnten deutlich über den Fortschrittsraten in der gewerblichen Wirtschaft lagen, haben in den meisten westlichen Industrieländern zu einer kräftigen Erhöhung des landwirtschaftlichen Produktionspotentials geführt, die deutlich über das Nachfragewachstums hinausgeht und einen tiefgreifenden Wandel der agrarischen Strukturen erforderlich macht.

Die *agrarpolitische Problemlage* ist nun im wesentlichen durch die säkularen Anpassungsprobleme eines schrumpfenden Sektors im Zuge des wirtschaftlichen Wachstums geprägt, die sich in allen Industrieländern in ähnlicher Form zeigen: gegenüber der allgemeinen Einkommensentwicklung zurückbleibende Agrareinkommen, Zwang zur Aufgabe kleinerer Betriebe und Abwanderung aus der Landwirtschaft, Notwendigkeit zum fortlaufenden Wachstum der verbleibenden Betriebe, tiefgreifende Veränderungen der Sozialstruktur und der Lebensgewohnheiten im ländlichen Raum.

In den folgenden Abschnitten dieses Kapitels II werden verschiedene Aspekte dieses Wandels im einzelnen quantitativ deskriptiv dargestellt. An dieser Stelle sollen nur die **langfristigen Tendenzen der Sektorentwicklung** im Zuge des Industrialisierungsprozesses am Beispiel des Deutschen Reiches bzw. der Bundesrepublik Deutschland kurz gekennzeichnet werden.

Aus Übersicht II-1 ist der fortlaufende (relative) Schrumpfungsprozeß des Agrarsektors im Verlaufe gesamtwirtschaftlichen Wachstums ersichtlich. Mitte des vorigen Jahrhunderts hatte die Landwirtschaft in Deutschland noch einen Anteil am Sozialprodukt von etwa 45% und an der Gesamtzahl der Erwerbstätigen von etwa 55%. Diese Anteile sind fortlaufend zurückgegangen, besonders kräftig in den Jahrzehnten der Nachkriegszeit. Ende der 80er Jahre beträgt der Anteil der Landwirtschaft am Sozialprodukt noch 1,3% und an der Zahl der Beschäftigten 4,5%.

Über lange Zeiträume hinweg wurde das gesamtwirtschaftliche Wachstum im wesentlichen von der Expansion von Bergbau und Industrie getragen, deren Anteil sich bis Ende der 60er Jahre fortlaufend erhöhte. Der Anteil des Dienstleistungsbereichs an Sozialprodukt und Beschäftigung nahm zunächst kaum und sodann bis in die ersten Jahrzehnte der Nachkriegszeit nur leicht zu. Erst seit den 60er Jahren hat sich der Dienstleistungsanteil fortlaufend kräftig erhöht, in den letzten Jahrzehnten auch deutlich zu Lasten des Bereichs Bergbau und Industrie, in dem verschiedene Sektoren (u.a. Kohle, Stahl, Textil) aufgrund von Sättigungserscheinungen der Nachfrage und/oder internationaler Importkonkurrenz ebenfalls einem (relativen) Schrumpfungsprozeß unterliegen. Gelegentlich wird dieses auch als Übergang in die Phase einer "Dienstleistungsgesellschaft" bezeichnet (vgl. FOURASTIE 1954).

Übersicht II-1: Anteile der Landwirtschaft, Industrie und Dienstleistungen an Beschäftigung und Sozialprodukt in Deutschland, 1855-1985

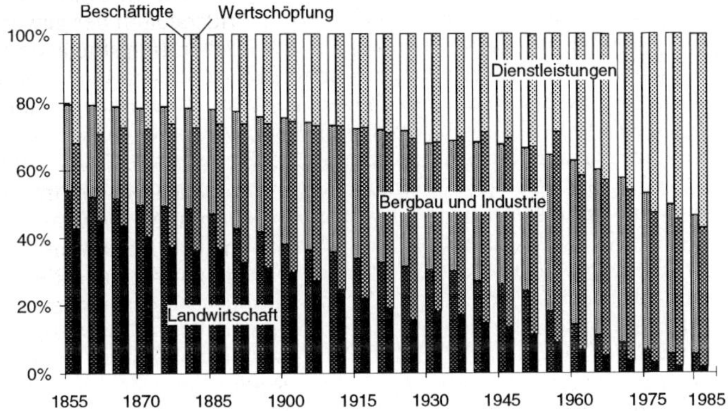

Quellen: HOFFMANN 1965, SBA, Jb. versch. Jgg.

Bei der in Übersicht II-1 dargestellten Veränderung der *relativen* Anteile der Sektoren kommt nicht zum Ausdruck, daß die *landwirtschaftliche Wertschöpfung* (in absoluten Größen zu konstanten Preisen gemessen) im Zeitablauf fortlaufend - wenn auch mit abnehmenden Zuwachsraten - *angestiegen* ist. Auch die Zahl der *in der Landwirtschaft Beschäftigten* ist trotz der hohen auch (mechanisch-)technischen Fortschritte (vgl. Abschnitt 3.2.2) im Deutschen Reich bis zum Ersten Weltkrieg noch leicht angestiegen, von rd. 8,2 Mio. Menschen um 1850 auf rd. 10,7 Mio. Menschen im Jahre 1913. Nach annähernder Konstanz während der Zwischenkriegszeit setzte erst nach dem Zweiten Weltkrieg eine drastische Abnahme der absoluten Zahl der landwirtschaftlichen Beschäftigten ein.

Landwirtschaftlicher Strukturwandel in historischer Perspektive

Diese Grundtendenzen hatten entscheidende Konsequenzen für die Art der landwirtschaftlichen Arbeitsmobilität und den Prozeß des betrieblichen Strukturwandels. Bis zum Ersten Weltkrieg impliziert die Tatsache, daß eine nur wenig veränderte Zahl von Arbeitskräften den Boden bewirtschaftete (sich die Flächen-Arbeits-Relation kaum änderte), daß kein besonderer ökonomischer Druck zur Veränderung der Betriebsgrößenstruktur ausgeübt wurde und sich diese auch tatsächlich nur wenig veränderte. Für die landwirtschaftliche Arbeitsmobilität bedeutete dieses, daß in den meisten Fällen die Hofnachfolger die ererbten landwirtschaftlichen Betriebe übernahmen und die zweiten und dritten Söhne landwirtschaftlicher Familien in andere Berufe wechselten (bzw. in die USA auswanderten).

Nach dem Zweiten Weltkrieg wurde der Anpassungsdruck für die Landwirtschaft wegen der hohen Raten technischen Fortschritts und wegen der bereits in den fünfziger Jahren einsetzenden Abschwächung des Nachfragewachstums (vgl. Übersicht III-28) wesentlich größer und hatte viel weitergehende Konsequenzen für die Veränderung der betrieblichen Strukturen. Die Zahl der landwirtschaftlichen Arbeitskräfte ging nun auch absolut in starkem Maße zurück, sie reduzierte sich von rd. 7 Mio. im Jahre 1950 auf rd. 2 Mio. im Jahre 1989, was einer durchschnittlichen jährlichen Verminderungsrate von etwa 3,3% entspricht (vgl. Übersicht II-5). Dabei betrifft die Verminderung des Arbeitskräftebestandes im Zeitablauf unterschiedliche Gruppen: In den ersten Nachkriegsjahren handelte es sich zunächst im wesentlichen um einen Abbau des kriegsbedingten Überbesatzes, in einer zweiten Phase wurden vor allem Fremdarbeitskräfte im Zuge der Mechanisierung ersetzt, und nach weitergehender Ausschöpfung dieser Möglichkeiten erfolgte dann in den 60er und 70er Jahren die Reduktion des landwirtschaftlichen Arbeitskräftebestandes im wesentlichen durch Ausscheiden von landwirtschaftlichen Familienarbeitskräften. Das Ausscheiden von Familienarbeitskräften und Betriebsinhabern setzt nun jedoch voraus, daß gleichzeitig landwirtschaftliche Betriebe aufgegeben oder zu Nebenerwerbsbetrieben umgestellt werden.

Aus diesen Überlegungen wird deutlich, daß mit der Zunahme der sektoralen Anpassungserfordernisse enge wechselseitige Beziehungen zwischen der Reduktion des Arbeitseinsatzes und dem agrarstrukturellen Wandel bestehen:

- einerseits setzt eine Reduzierung des landwirtschaftlichen Arbeitskräfteeinsatzes das Ausscheiden von Betrieben und agrarstrukturellen Wandel voraus;
- andererseits erfordert aber auch die Vergrößerung und Modernisierung landwirtschaftlicher Betriebe das Ausscheiden von Arbeitskräften, da nur auf diese Weise das für das betriebliche Wachstum erforderliche Land freigesetzt und Absatzmöglichkeiten für wachsende Betriebe geschaffen werden können.

Der agrarsektorale Strukturwandel wurde damit zu einem ziemlich komplizierten Prozeß, der Anpassungen auf verschiedenen Ebenen erfordert und in keinem der westlichen Industrieländer reibungslos abläuft.

1.2. Ideen- und Wissenschaftsgeschichte der Agrarpolitik im Überblick[1]

Das ökonomische und soziale Geschehen im Agrarsektor wird wesentlich durch das Wertsystem geprägt, das die Denkweisen der Bevölkerung und der agrarpolitische Akteure bestimmt und den agrarpolitischen Konzepten zugrunde liegt. Heutige Werthaltlungen und Einstellungen haben häufig historisch weit zurückreichende Ursprünge. Im folgenden soll daher ein skizzenhafter Überblick über die Ideengeschichte der Agrarpolitik, die eng mit der Wissenschaftsgeschichte verknüpft ist, gegeben werden.

Von den Anfängen bis zum Nationalsozialismus

Die Ideengeschichte der Agrarpolitik setzt mit ihren Vorläufern im 16. bis 18. Jahrhundert ein. Vor allem im 17. und 18. Jahrhundert entstand eine Fülle von Literatur über die Landwirtschaft, wobei zwei Hauptrichtungen zu unterscheiden sind: die sog. *Hausväterliteratur*, die - allerdings nur sehr grob - mit dem späteren betriebswirtschaftlichen Schrifttum in Verbindung zu bringen ist, und die *Kameralistik*, die eher nationalökonomisch einzuordnen ist. Basis dieser frühen Arbeiten ist die zentrale Stellung der Landwirtschaft in der damaligen Haus- bzw. Gesamtwirtschaft, die die Landwirtschaft in den Mittelpunkt rückt und sie nicht bewußt als Sektor der Gesamtwirtschaft betrachtet. Erst seit Beginn des 19. Jahrhunderts finden sich eigene Abschnitte über Agrarpolitk in den nationalökonomischen Lehrbüchern.

Die **Hausväterliteratur** gibt, ausgehend von der gutsherrlichen Agrarverfassung, Beschreibungen der Verhältnisse in den landwirtschaftlichen Betrieben und praktische Ratschläge für alle Bereiche des täglichen Lebens. Dabei werden ökonomische Fragen allerdings nur am Rande behandelt. Hauptvertreter dieser Richtung ist HOHBERG (1612-1688).

Im Gegensatz dazu betrachten die **Kameralisten** die Landwirtschaft vor allem von der fiskalischen Seite, also aus nationalökonomischer Sicht. Dogmengengeschichtlich ist der Kameralismus dem *Merkantilismus* zuzuordnen, der Handel und Gewerbe förderte, um die Macht des absolutistischen Staates durch staatliche Einnahmen zu stärken. Die deutschen Territorialstaaten waren allerdings zu klein, um hierauf in größerem Stil setzen zu können, und aufgrund des 30jährigen Krieges stand die Aufbauarbeit im Vordergrund, so daß in Deutschland vor allem der Bauernstand und die Domänen als Einnahmequellen des Staates gefördert wurden. Der deutsche Kameralismus ist deshalb auch eng mit der Verwaltungslehre verknüpft; der Begriff leitet sich von "Cameralia", der Domänenverwaltung, her. Als Hauptverteter schrieb JUSTI (1705 - 1771), daß es "für den

1) Für Teile dieses Abschnitts ist Frau R. Gottschewski zu danken.

Wohlstand eines Landes und die Macht und die Glückseligkeit eines Staates hauptsächlich auf die vollkommene Kultur des Bodens und den blühenden Zustand der Landwirtschaft ankomme".

Demgegenüber förderte der Merkantilismus besonders stark Gewerbe und Handel (insbesondere in der französischen Variante des Colbertismus), während die Landwirtschaft vernachlässigt wurde. Als Gegenreaktion, zugleich als neuer ökonomischer Ansatz, entstand die Theorie der **Physiokraten**, nach der die Urproduktion - also in erster Linie die Landwirtschaft - der einzig Überschuß erzeugende Wirtschaftssektor ist. Ihr Begründer QUESNEY (1694 bis 1774) stellte den Ackerbau in den Mittelpunkt seiner Überlegungen zum Kreislauf der Wirtschaftsgüter ("Tableau economique", 1758).

Geistesgeschichtlich wirkte sich Mitte des 18. Jahrhunderts die Aufklärung aus, in engem Zusammenhang damit auch die Naturrechtslehre. Rationalismus und Physiokratie brachten den **Liberalismus** hervor und damit die klassische Schule der modernen Nationalökonomie, deren Begründer ADAM SMITH (1733 - 1790) 1776 sein bahnbrechendes Werk über den Wohlstand der Nationen veröffentlichte. Wirtschaftspolitische Grundvorstellung ist danach nicht mehr die staatliche Förderung der Wirtschaft wie im Merkantilismus, sondern die "*Entfesselung*" der einzelnen Wirtschaftssubjekte, damit sich die Produktivkräfte in der Volkswirtschaft entfalten können. Das gilt grundsätzlich auch für die Landwirtschaft, die hiernach keine Sonderstellung einnimmt, so daß folglich auch keine spezielle Agrarpolitik mehr erforderlich erscheint. Die Mitte des 18. Jahrhunderts in Deutschland einsetzende Bauernbefreiung ist also sowohl vom merkantilistischen als auch vom liberalen Standpunkt aus zu begründen.

Eine *Gegenbewegung* entstand von zwei Seiten. Die eine ging davon aus, daß das freie Spiel der Marktkräfte wirtschaftlich gleich starke Kräfte erfordere, die erst hervorgebracht werden müßten, und zwar sowohl innerhalb einer Volkswirtschaft als auch zwischen den Volkswirtschaften. So setzte sich z.B. Freiherr VOM STEIN (1757 bis 1831) für eine Beibehaltung des Bauernschutzes ein. FRIEDRICH LIST (1789 bis 1846) forderte "Erziehungszölle" für die deutsche Industrie, meinte aber auch, daß die Industrie um der Landwirtschaft Willen zu fördern sei, wobei er keine Antagonie zwischen Landwirtschaft und Industrie sah.

Andere Grundvorstellungen hatte die **romantisch-universalistische Schule**, die anstelle der Nationalidee *das Individuum* in den Mittelpunkt ihrer Überlegungen rückte. Ideengeschichtlich hat sie ihren Ursprung in der sog. Fundamentaltheorie, deren Hauptvertreter JUSTUS MÖSER (1720 - 1794), ein Gegner des Rationalismus, war, und der auf bodenständig - bäuerlicher Grundlage eine konservative Volkserneuerung anstrebte ("Patriotische Fantasien", 1787). Wissenschaftsgeschichtlich hat MÖSER durch seine systematische, induktive Arbeit einen grundlegenden Beitrag zur späteren Agrarpolitik geleistet. Zur Ökonomie bestehen insofern Verbindungen, als sich die Hochschätzung des Bauerntums aus gesellschaftspolitischen Gründen mit den wirtschaftlichen Vorstellungen der Physiokraten deckt. Sie wurden von den Romantikern, z.B. ADAM MÜLLER (1779 - 1829) und ERNST MORITZ ARNDT (1769 - 1860) zu einer Bauerntumsideologie umgeformt, die in einem freien Bauerntum die Bewahrer der Grundwerte für die Gesamtgesellschaft erblickt. Zu Beginn des 19. Jahrhunderts erreichte die Auseinandersetzung zwischen Liberalen und Romantikern ihren Höhepunkt und kristallisierte sich in der Gegnerschaft von ADAM MÜLLER und CHRISTIAN JACOB KRAUS (1753 - 1807), der die Ideen von ADAM SMITH in Deutschland verbreitete und die Stein-Hardenbergische Reformgesetzgebung in Preußen beeinflußte.

Ebenfalls in Anlehnung an SMITH entwickelte ALBRECHT THAER (1752 - 1828), der Begründer der landwirtschaftlichen Betriebslehre, seine Vorstellungen von der *Landwirtschaft* als einem nach "Reinertrag" strebenden *Gewerbe*. Parallel dazu wurden Ende 18. und zu Beginn des 19. Jahrhunderts, von landwirtschaftlichen Problemstellungen ausgehend, bahnbrechende Beiträge zur Entwicklung der allgemeinen Nationalökonomie geleistet: MALTHUS (1766 - 1834) veröffentlichte 1798 sein Bevölkerungsgesetz, RICARDO (1772 - 1823) 1817 seine Rententheorie, und 1826 erschien THÜNENs "Der isolierte Staat in Beziehung auf Landwirtschaft und Nationalökonomie", ein Werk, das eine Grundlegung mikroökonomischer Theorie enthält.

Als sich Mitte des 19. Jahrhunderts die Situation der Landwirtschaft verschlechterte, verbreitete sich die Überzeugung, daß liberale Wirtschaftspolitik für die Landwirtschaft eine Gefahr bedeute. Die schwierige Situation der Landwirtschaft wurde wegen der dort herrschenden sozialen Not als gesellschaftliches Problem verstanden, so z.B. von RIEHL (1823 - 1897), der in seiner "Naturgeschichte des Volkes" (1851 - 1855) für ein konservativ bodenständiges Sozialgefüge eintrat. In diese Zeit fällt auch die Gründung der Deutschen Bauernvereine und der Raiffeisen-Genossenschaften. 1879 wurde schließlich mit der Einführung von Getreidezöllen eine Schutzpolitik für die Landwirtschaft eingeführt, die dieser eine durch Agrarideologien begründete Sonderstellung einräumte. Dieser **Interventionismus** wird auch als Neo-Merkantilismus bezeichnet. Doch trat hier an die Stelle des Machtinteresses des absolutistischen Staates das politische und wirtschaftliche Interesse von Bevölkerungsgruppen.

Auch die allgemeinen Nationalökonomen begannen in dieser Zeit, sich für die Sozialpolitik zu engagieren, und gründeten 1872 den "*Verein für Sozialpolitik*", der z.B. 1882 und 1893 Untersuchungen über die bäuerlichen Zustände anstellte. Diese sozialpolitisch ausgerichtete Schule, auch als *historische Schule* - im Gegensatz zur *klassischen* - bezeichnet, ist mit Namen wie HANSSEN (1809 - 1894), ROSCHER (1817 - 1894), MEITZEN (1822 - 1910), CONRAD (1839 - 1915), KNAPP (1842 - 1926), BUCHEN-

BERGER (1848 - 1904) und SERING (1857 - 1939) verbunden. Um die Jahrhundertwende begann zwischen den Vertretern der protektionistischen Agrarpolitik und liberalen Ökonomen wie z.B. WAGNER (1835 - 1917), SCHMOLLER (1838 - 1917) und insbesondere BRENTANO (1844 - 1931) eine grundlegende Diskussion um Agrar- oder Industriestaat, die dann später abgewandelt wurde zu der Frage, welche Förderung der Landwirtschaft zukommen solle.

In den **sozialistischen Agrartheorien** finden sich unterschiedliche Vorstellungen. Während der Marxismus/Leninismus, vertreten vor allem durch KAUTSKY (1854 - 1938), das Kleinbauerntum nur als Übergangsstufe zu einer industriell organisierten Landwirtschaft mit genossenschaftlichen Großbetrieben auffaßte, vertraten die Revisionisten die Sonderstellung der Landwirtschaft. Nach dem DAVIDSCHEN Werk "Sozialismus und Landwirtschaft" (1903) ist der familienbäuerliche Kleinbetrieb deshalb überlegen, weil die landwirtschaftliche Produktion im Gegensatz zur Industrie ein organischer Prozeß ist.

Im **Nationalsozialismus** schließlich wurde die Landwirtschaft im Rahmen der Autarkiepolitik besonders gefördert. DARRE (1895 - 1953) überhöhete die Blut- und Boden-Ideologie der Nazis zu der Vorstellung, daß der Bauer die Blutquelle der Nation sei.

Die neuere Ideengeschichte

Mit der Einführung der sozialen Marktwirtschaft in der Bundesrepublik Deutschland ging auch in der Agrarpolitik zu Beginn der 50er Jahre eine **ordnungspolitische Grundsatzdiskussion einher**. Im zur Konzipierung einer neuen Agrarpolitik eingesetzten "Ausschuß für landwirtschaftliche Marktordnung" wurden zwei gegensätzliche Auffassungen vertreten: Auf der einen Seite eine liberale Position mit Preisstabilisierung nach innen und Freihandel nach außen (neoliberale Agrarpolitik, insbesondere vertreten durch NIEHAUS), und auf der anderen Seite eine protektionistische Ausrichtung mit erheblichen Eingriffen in das Marktgeschehen. Hauptvertreter dieser Richtung war HAUSHOFER, der die "Eigengesetzlichkeit der landwirtschaftlichen Urproduktion" betonte. Nach längerer politischer Diskussion wurde letzlich eine Entscheidung für eine stärker protektionistische Ausrichtung der Agrarpolitik getroffen, die in den damals für die meisten Agrarprodukte geschaffenen Marktordnungen ihren Niederschlag fanden.

Als sich Mitte der 50er Jahre ein starker Anpassungsbedarf der Landwirtschaft im Zuge des zügigen gesamtwirtschaftlichen Wachstums abzeichnete, entstand eine kontrovers geführte Diskussion um die **Notwendigkeit landwirtschaftlichen Strukturwandels und die landwirtschaftliche Einkommensdisparität**. HANSMEYER (1963) hat in diesem Zusammenhang die Begriffe "konservativ-pessimistisch" kontra "fortschrittlich-optimistisch" geprägt. Die Optimisten - die meisten wissenschaftlichen Agrarpolitiker - hielten eine Lösung der Agrarprobleme durch marktwirtschaftlich gesteuerte Anpassung der Betriebe und Anhebung der Faktorproduktivität für möglich; die Pessimisten dagegen - vor allem führende Vertreter landwirtschaftlicher Interessenverbände - hielten aufgrund der natürlichen und wirtschaftlichen Unterlegenheit der Landwirtschaft dauernde Produktions- und Stützungsmaßnahmen für notwendig und wünschenswert. Ein Zwischenergebnis fand diese Diskussion mit der Verabschiedung des *Landwirtschaftsgesetzes* im Jahre 1955, in dem die Stützungsbedürftigkeit des Agrarsektors betont wurde. Im Verlauf der Zeit ist die Interpretation des Inhalts dieses Gesetztes jedoch fortlaufend den sich wandelnden Rahmenbedingungen und Einsichten angepaßt worden.

1958 fand mit HANAUs Artikel "Die Stellung der Landwirtschaft in der sozialen Marktwirtschaft" der dynamische Aspekt des Anpassungsprozesses der Landwirtschaft in einer wachsenden Volkswirtschaft Eingang in die agrarpolitische Diskussion. Hiermit wurde ein veränderter Akzent in die ordnungspolitische Diskussion eingeführt: anstelle des "ob" trat das "wie". In den Mittelpunkt (zumindest der wissenschaftlichen) Diskussion rückte die Frage, mit welchen staatlichen Maßnahmen und in welchem Maße der landwirtschaftliche Anpassungsprozeß unterstützt und sozial abgesichert werden sollte, um die angestrebten agrar-, wirtschafts- und gesellschaftspolitischen Ziele möglichst weitgehend zu erreichen (Untersuchungsgegenstand von Bd. 2, Kap. IV).

Die grundlegend verschiedenen Auffassungen der beiden oben genannten Denkrichtungen bestimmen jedoch auch heute noch die allgemeine politische Diskussion und führen zu einem Nebeneinander von Stützungs- und Anpassungspolitik. An agrarpolitischen Schlüsselfragen, wie z.B. dem Kurs der Agrarpreispolitik und der Einführung von Produktionsquoten entzündet sich diese Diskussion stets neu. Die Vertreter einer protektionistischen Agrarpolitik führen dabei immer weniger Argumente der Bauerntumsideologie ins Feld; an deren Stelle treten zunehmend Argumente des agrarischen Fundamentalismus, d.h. die Betonung der grundlegenden Bedeutung der Landwirtschaft für die gesamte Gesellschaft, auch bei abnehmender zahlenmäßiger Bedeutung.

Neuerdings beeinflußt die **Ökologie-Diskussion** in zunehmendem Maße Wertvorstellungen und Positionsbeziehungen im Bereich der Agrarpolitik. Die Grundposition der landwirtschaftlichen Interessengruppen ist dabei zwiespältig: Einerseits dienen Ökologie- und Umweltargumente zur Rechtfertigung einer konservierenden Agrarpolitik, andererseits stehen weitgehende Forderungen von Natur- und Umweltschützern im Gegensatz zu den ökonomischen Interessen der Landwirtschaft. Dagegen hat die wissenschaftliche Agrarpolitik erst mit einiger Verzögerung begonnen, die Umweltbeziehungen und Umweltziele in ihre Denkweisen und Lehrkonzepte einzubeziehen.

2. Agrarverfassung und Agrarstruktur

2.1. Begriffliche Abgrenzungen

2.1.1. Agrarverfassung und Agrarstruktur

Die Begriffe Agrarverfassung und Agrarstruktur haben in der agrarpolitischen Literatur eine lange Tradition (vgl. etwa CONZE 1956). Sie werden jedoch von den einzelnen Autoren (Historiker, Juristen, Agrarökonomen) unterschiedlich abgegrenzt und definiert.

Die hier getroffenen Begriffsbestimmungen orientieren sich an der in der Wirtschaftstheorie üblich gewordenen Unterscheidung von "Wirtschaftsordnung", "Wirtschaftsstruktur" und "Wirtschaftsprozeß".

Unter **Agrarverfassung** wollen wir den Ordnungsrahmen verstehen, innerhalb dessen sich das Geschehen in der Landwirtschaft und das Leben auf dem Lande vollzieht. Er wird bestimmt durch die rechtlichen und institutionellen Rahmenbedingungen, aber auch (neben dem formellen Recht) durch die herrschenden Sitten und Gewohnheiten. Die Agrarverfassung stellt somit den Teilbereich der Wirtschaftsordnung eines Landes dar, der sich auf den Agrarsektor und den ländlichen Raum bezieht.

Entsprechend dem Begriff Wirtschaftsordnung könnte man einen Begriff "Agrarordnung" definieren. Ein solcher Begriff ist jedoch in der Agrarpolitik nur geläufig, soweit er sich auf den Teilbereich der Märkte bezieht ("Agrarmarktordnung").

Wirtschaftliches Geschehen (d.h. der *Wirtschaftsprozeß*) äußert sich in den vielfältigen Veränderungen, die die ökonomischen Variablen (Preise, Mengen, Zahl und Größe von Betrieben, Haushalten usw.) im Zeitablauf erfahren. Zwischen den ökonomischen Größen bestehen z.T. enge Beziehungen, die definitorisch (z.B. Menge · Preis = Wert), technologisch (Produktionsfunktion) oder durch das Verhalten der Wirtschaftssubjekte (z.B. Angebotsfunktion) begründet sind und bestimmten *Relationen* von Variablen oft eine gewisse Beständigkeit verleihen, die die Einzelvariablen nicht besitzen.

Diese (relative) Beständigkeit im fortlaufenden Wandel der technischen, wirtschaftlichen und sozialen Erscheinungen eines Landes stellt auch den gemeinsamen Nenner dar, der sich bei den recht unterschiedlichen Anwendungen des vielschichtigen und schillernden Begriffs der (wirtschaftlichen) *Struktur* feststellen läßt (dazu BOMBACH 1964). Man kann die Wirtschaftsstruktur denn auch recht umfassend in einem statistischen Sinn als die Gesamtheit der Relationen (bestimmter) ökonomischer Variablen definieren. Strukturwandel liegt demnach vor, wenn sich die Relationen ändern, nicht aber, wenn sich alle Variablen proportional verändern.

Analog zum Begriff der Wirtschaftsstruktur kann man unter **Agrarstruktur** bei sehr umfassender Definition "das statistisch erfaßbare

Verhältnis der technischen, ökonomischen und sozialen Strukturelemente im agraren Bereich" verstehen, "die ihren Ausdruck in der Gesamtheit der Gliederungs- oder Beziehungszahlen im Agrarsektor findet" (LIPINSKY 1981, S. 134). Wir werden jedoch unter Agrarstruktur, entsprechend weit verbreiteter Praxis, insbesondere das Verhältnis der *betrieblichen* Kennziffern im Agrarsektor verstehen und somit die Relationen von Preisen und Mengen auf der *aggregierten* sektoralen Ebene unter einer anderen Überschrift (Abschnitt 3 und 4) betrachten.

Die Agrarstruktur ist als *Ergebnis* des Wirtschaftsprozesses von der Agrarverfassung, d.h. den rechtlichen und institutionellen *Rahmenbedingungen* zu unterscheiden, innerhalb derer sich das wirtschaftliche und soziale Geschehen im Agrarsektor vollzieht.

Wegen der Abhängigkeit der Agrarstruktur von der Agrarverfassung ist es von entscheidender Bedeutung, welche Freiheitsgrade die Agrarverfassung für den Strukturwandel bietet. Daneben ist die Konformität der Agrarverfassung mit der (in der Bundesrepublik eher liberalen) allgemeinen Wirtschaftsordnung ein wichtiges Kriterium zu ihrer Beurteilung.

2.1.2. Landwirtschaftliche Unternehmen, Betriebe und Haushalte

Als erster Einstieg zur Kennzeichnung von Agrarverfassung und Agrarstruktur sollen einige in der Landwirtschaft anzutreffende Wirtschaftseinheiten voneinander abgegrenzt werden. Wie in der allgemeinen Wirtschaftstheorie ist zwischen landwirtschaftlichen Betrieben, Unternehmen und Haushalten zu unterscheiden.

Unter einem *Betrieb* wird die an einem bestimmten Ort lokalisierte technisch-organisatorische Einheit verstanden, in der die Produktionsfaktoren eingesetzt und Güter erstellt werden. Dem Betriebsleiter obliegt in erster Linie die technische Leitung und Organisation der betrieblichen Abläufe.

Demgegenüber stellt ein *Unternehmen* eine rechtliche und finanzielle Einheit dar, die einen oder auch mehrere Betriebe umfassen kann (in der Landwirtschaft meistens in der Rechtsform der Einzelunternehmung). Der Unternehmer bestimmt die Grundausrichtung der Produktion und insbesondere auch die langfristige Unternehmensentwicklung, trägt das Unternehmensrisiko und ist häufig auch Eigentümer (zumindest eines Teils) der Produktionsfaktoren.

Ein *privater Haushalt* ist eine Gemeinschaft von Personen, die zusammen lebt (wohnt) und gemeinsam im Hinblick auf die Bedürfnisse der Mitglieder wirtschaftet. Die Entscheidungen über den Einsatz von Ressourcen und über die Verwendung von Einkommen werden dabei mehr oder weniger koordiniert getroffen (VON SCHWEIZER 1990, EGNER 1952). Typischerweise gehören die Haushaltsmitglieder zu einer Familie, wobei in der Landwirtschaft das Zusammenleben von mehreren Generationen noch eine weitaus größere Bedeutung als in der übrigen Gesellschaft hat.

Bei den in der Landwirtschaft der meisten Länder vorherrschenden Familienbetrieben fallen im allgemeinen Betriebsleiter und Unternehmer in einer Person zusammen. Es wird daher auch häufig von einem landwirtschaftlichen Betrieb und Betriebsleiter gesprochen, wenn man nach den oben gegebenen Definitionen eigentlich das landwirtschaftliche Unternehmen bzw. den Unternehmer meint.

Anders als in den meisten anderen Wirtschaftsbereichen liegt in der Landwirtschaft häufig eine *enge Verbindung zwischen Unternehmen und Haushalt* vor. Die landwirtschaftliche Familie lebt meistens auf dem landwirtschaftlichen Betrieb, und die Haushaltsdispositionen über Ausbildung, Aufnahme außerlandwirtschaftlicher Erwerbstätigkeit, Kapitalanlage, Freizeitgestaltung u.dgl. werden vielfach in engem Zusammenhang mit den Unternehmensentscheidungen über die Betriebsorganisation und die weitere betriebliche Entwicklung getroffen. Der Komplex aus Unternehmen und Haushalt wird z.T. als "Familienwirtschaft" (SCHMITT 1990) bezeichnet, oft wird aber auch der Begriff des "Familienbetriebes" (s.u.) verwandt.

2.2. Arbeitsverfassung und soziale Sicherung in der Landwirtschaft

2.2.1. Klassifikationen landwirtschaftlicher Betriebe nach Arbeitsverfassung und Erwerbscharakter

Die Arbeitsverfassung prägt in starkem Maße das Geschehen in den landwirtschaftlichen Betrieben. Sie stellt daher ein wichtiges Kriterium für die Untergliederung landwirtschaftlicher Betriebs- und Unternehmensformen dar.

In den westlichen Industrieländern hat der **landwirtschaftliche Familienbetrieb** die bei weitem größte Bedeutung. In ihm wird der betriebliche Ablauf im wesentlichen durch die Arbeitsleistung des Betriebsleiters und seiner Ehefrau geprägt. Daneben sind vielfach mithelfende Familienangehörige beschäftigt, deren Beschäftigungsverhältnis i.d.R., wie bei den Ehegatten, nicht über einen formalen Arbeitsvertrag geregelt ist. Weiterhin treten häufig in Arbeitsspitzen teilbeschäftigte Fremdarbeitskräfte und in größeren Betrieben sowie in Spezialbetrieben noch ständig beschäftigte Fremdarbeitskräfte hinzu. Nur in wenigen Betrieben werden die laufenden Arbeiten von Fremdarbeitskräften verrichtet und beschränkt sich die Tätigkeit des Betriebsleiters im wesentlichen auf Managementfunktionen.

Nach dem **Anteil der betrieblichen Arbeitsleistung**, den der landwirtschaftliche Unternehmer und seine Familie an der Gesamtarbeitsleistung des Betriebes erbringen, lassen sich unterscheiden:
- *Reine Familienbetriebe*, in denen nur die Arbeitskraft des landwirtschaftlichen Unternehmers und seiner Familienangehörigen zum Einsatz kommt.
- *Erweiterte Familienbetriebe*, in denen auch familienfremde Lohnarbeitskräfte beschäftigt werden, die Arbeitsleistung der Unternehmerfamilie jedoch überwiegt.
- *Lohnarbeitsbetriebe*, in denen der überwiegende Teil der Arbeitsstunden von familienfremden Lohnarbeitskräften erbracht wird.

Diese Unterscheidung in Familien- und Lohnarbeitsverfassung (ABEL 1958) ist in den meisten westeuropäischen Ländern mittlerweile eher von historischem Interesse. Mit dem Rückgang des Einsatzes von Lohnarbeitskräften und dem Vorherrschen der Familienarbeitsverfassung gewinnt stattdessen die Unterscheidung **nach der Aufteilung der familiären Arbeitskapazität** an Bedeutung:
- In *Vollzeitbetrieben* wird die Arbeitskapazität der Familie durch den Betrieb voll ausgeschöpft und u.U. sogar durch familienfremde Arbeitskräfte ergänzt.
- In *Teilzeitbetrieben* wird die Arbeitszeit der Familie z.T. für außerbetriebliche Erwerbstätigkeit verwandt, d.h. es liegt eine "Erwerbskombination" vor.

Wenn bei dieser Unterscheidung alle Familienmitglieder einbezogen werden, gehört der größte Teil der deutschen Landwirtschaft zur "Teilzeitlandwirtschaft" (s.u.). Meistens bezieht man die Unterscheidung nur auf die Arbeitskapazität des Betriebsinhabers bzw. des Inhaberehepaares, gelegentlich wird zusätzlich nach den Personen, deren Arbeitszeit aufgeteilt ist, differenziert (GEBAUER 1987).

Oft werden Betriebe auch **nach der Zusammensetzung der** aus mehreren Erwerbstätigkeiten resultierenden **Einkommen** klassifiziert, wobei man vom "Erwerbscharakter" bzw. von einer "sozialökonomischen Gliederung" spricht (vgl. z.B. SOHN 1989, S. 23ff.), so z.B. in der amtlichen Statistik:
- Betriebe (Haushalte) ohne außerbetriebliche Einkommen des Inhaberehepaares
- Betriebe (Haushalte), in denen außerbetriebliche Einkommen des Inhaberehepaares existieren, die jedoch kleiner als die betrieblichen Einkommen sind
- Betriebe (Haushalte), in denen die außerbetrieblichen Einkommen überwiegen.

Bei der sozialökonomischen Klassifizierung **nach dem Agrarbericht** (vgl. BMELF 1991, MB S. 19 und S. 194) werden die beiden Kriterien "Arbeitszeit" und "Einkommensquellen" kombiniert, indem definiert wird:

- In den *Haupterwerbsbetrieben* wird (a) die Arbeitszeit des Betriebsinhabers überwiegend im Betrieb eingesetzt *und* (b) die Erwerbseinkommen des Inhaberehepaares stammen überwiegend aus dem Betrieb.
  Nach der Höhe der außerbetrieblichen Erwerbseinkommen unterscheidet man die Haupterwerbsbetriebe weiter in *Vollerwerbsbetriebe*, in denen die außerbetrieblichen Einkommen maximal 10% der gesamten Erwerbseinkommen betragen und in *Zuerwerbsbetriebe* mit einem entsprechenden Anteil über 10 %, aber unter 50%.
- In den (übrigen) *Nebenerwerbsbetrieben* wird (a) die Arbeitszeit des Betriebsinhabers überwiegend außerbetrieblich genutzt *oder* (b) die außerbetrieblichen Erwerbseinkommen des Inhaberehepaares sind größer als die landwirtschaftlichen Gewinne.

In Abhängigkeit vom zugrundegelegten Klassifikationskriterium erhält man einen unterschiedlichen Eindruck von der Bedeutung der Mehrfachbeschäftigung. So waren z.B. 1986

- 49,6% der Betriebe "Vollerwerbsbetriebe" nach der Definition des Agrarberichts (BMELF, JB 1988, S. 40) aber nur
- 35% der Betriebe wurden von einem Inhaberehepaar *ohne* außerbetriebliche Einkommen geleitet (Abgrenzung der Agrarberichterstattung) und nur in
- 27,3% der landwirtschaftlichen Haushalte waren nach einer für die Bundesrepublik repräsentativen Erhebung (SOHN 1989, S. 75) weder der Haushaltsvorstand noch ein anderes Haushaltsmitglied außerbetrieblich erwerbstätig (GEBAUER-Klassifizierung).

Die letzte Zahl verdeutlicht die Bedeutung von Erwerbskombinationen in Westdeutschland, wenn man eine umfassende Definition zugrundelegt. Erwerbskombinationen haben auch in anderen EG-Ländern z.T. große Bedeutung, wie in Übersicht II-2 anhand der Anteile von außerbetrieblich erwerbstätigen, landwirtschaftlichen Arbeitskräften gezeigt wird.

Betrachtet man lediglich die Nebenerwerbstätigkeit des Betriebsleiters, so könnte man in der Bundesrepublik die EG-weit eindeutig größte Bedeutung des Nebenerwerbs feststellen. Da die Nebenerwerbstätigkeit der Ehegatten in Frankreich, Dänemark, Großbritannien und besonders Irland jedoch deutlich höher als in Deutschland, den Benelux-Staaten und in den südeuropäischen Ländern ist, gewinnt der Nebenerwerb in den erstgenannten Ländern bei Berücksichtigung *aller* Arbeitskräfte an Gewicht, so daß man z.B. zwischen Deutschland und Großbritannien in bezug auf die *gesamte* Nebenerwerbstätigkeit nur noch geringe Unterschiede konstatieren kann.

Übersicht II-2: Außerbetriebliche Erwerbstätigkeit landwirtschaftlicher Arbeitskräfte in der EG, 1987

	D	P	IRL	GR	DK	B	F	E	I	UK	NL	L
Betriebsinhaber												
Zahl in 1000	690	619	210	953	85	92	921	1601	2750	220	129	3,9
im Nebenerwerb	43%	39%	37%	33%	33%	33%	32%	30%	24%	24%	24%	19%
Ehegatten												
Zahl in 1000	425	447	72	705	67	32	498	557	1084	116	63	2,4
im Nebenerwerb	8%	-	56%	8%	44%	9%	28%	12%	14%	32%	1%	7%
übrige Fam.AK												
Zahl in 1000	410	476	82	420	4	15	274	944	1204	143	53	2,8
im Nebenerwerb	30%	39%	54%	28%	-	13%	33%	40%	34%	29%	5%	20%
insgesamt												
Zahl in 1000	1525	1542	364	2078	156	139	1693	3102	5038	479	245	9,1
im Nebenerwerb	30%	-	41%	23%	-	26%	30%	25%	21%	27%	16%	14%

Quelle: BMELF, AB 1991, MB S. 93.

2.2.2. Personengruppen im Bereich Landwirtschaft

Nach den rechtlichen oder sozialen Bindungen an den landwirtschaftlichen Betrieb lassen sich unterscheiden:

Landwirtschaftliche Betriebsinhaber

Innerhalb der Gruppe der landwirtschaftlichen Betriebsinhaber (landwirtschaftlichen Unternehmer) bestehen auch in einer weitgehend familienbetrieblich geprägten Landwirtschaft große Unterschiede hinsichtlich Ausbildung und Qualifikation, Einkommens- und Vermögenslage sowie des sozialen Status. Insbesondere bei älteren Betriebsleitern besteht oft eine starke emotionale Bindung an den vielfach über Generationen hinweg vererbten Betrieb und die Dorfgemeinschaft. Gemeinsames Kennzeichen aller landwirtschaftlichen Unternehmer ist die Möglichkeit zur freien Dispositionen über die Arbeitszeit und den Einsatz der übrigen Faktoren, wobei das diesbezügliche Geschick (Betriebsleiterfähigkeit) die Zukunft des Betriebes entscheidend beeinflussen kann.

Mithelfende und nicht mithelfende Familienangehörige

Die meisten Familienangehörigen helfen aufgrund persönlicher Beziehungen zum Betriebsinhaber im Betrieb mit: vor allem Ehegatten und Kinder, je nach gesamtwirtschaftlichem Entwicklungsstand und Arbeitsverfassung aber auch in unterschiedlichem Maße andere Verwandte. Viele von ihnen sind nur teilbeschäftigt; der Zahl nach stellen sie jedoch eine große (häufig die größte) Gruppe landwirtschaftlicher Beschäftigter dar, die einen erheblichen Teil der betrieblichen Arbeitsleistung erbringt und wesentlich zur Anpassungselastizität des Arbeitseinsatzes in landwirtschaftlichen Familienbetrieben beiträgt.

Die Familienangehörigen arbeiten häufig ohne Arbeitsvertrag. Sie zählen dann nicht zu den landwirtschaftlichen Arbeitnehmern und sind daher auch nicht als solche durch die gesetzliche Sozialversicherung geschützt, sondern allenfalls in die landwirtschaftliche Sozialversicherung einbezogen.

In den landwirtschaftlichen Haushalten leben jedoch auch viele Personen, die *nicht* im Betrieb mithelfen (nach SOHN 1989, S. 93 etwa 30%). Dennoch beeinflussen diese Familienmitglieder die Arbeitswirtschaft der landwirtschaftlichen Betriebe: Kleinkinder beanspruchen die Zeit von Familienmitgliedern, die ansonsten im Betrieb arbeiten könnten. Umgekehrt kann die Hilfe einer Person im Haushalt *Arbeitskapazitäten* anderer Personen für den Betrieb freisetzen. Eine entsprechende Argumentation gilt im übrigen auch für die *Einkommen* aller Haushaltsmitglieder (vgl. Abschnitt 4), so daß Beschreibung und Analyse der Landwirtschaft ohne diese Haushaltsmitlieder unvollständig wäre.

Landwirtschaftliche Arbeitnehmer

Als Arbeitnehmer gelten solche Personen, die im Rahmen eines Arbeitsvertrages bei einem Arbeitgeber beschäftigt sind. In den anfänglichen und mittleren Phasen wirtschaftlicher Entwicklung spielen derartige Beschäftigungsverhältnisse eine große Rolle, wobei unterschiedliche Formen anzutreffen sind: zeitweise Beschäftigte als Saison- oder Wanderarbeiter; dauerhaft Beschäftigte bei Unterkunft und Verpflegung auf dem Betrieb; ständig Beschäftigte mit eigener Wohnung auf dem Betrieb oder auch in einem besonderen Anwesen, teilweise in Arbeitsverhältnissen, die über Generationen hinweg bestehen.

Mit zunehmender Mechanisierung der landwirtschaftlichen Produktion hat sich die Anzahl der Arbeitnehmer stark reduziert. Der Typ des ledigen und/oder angelernten Landarbeiters ist kaum noch anzutreffen. Mit der Technisierung und Spezialisierung haben gleichzeitig auch die Qualifikationsanforderungen an die landwirtschaftlichen Fremdarbeitskräfte erheblich zugenommen, so daß diese heute teilweise als hochqualifizierte Facharbeitskräfte anzusehen sind (Tierpfleger, Traktorfahrer usw.).

Lange Zeit galten für die landwirtschaftlichen Arbeitnehmer sowohl arbeits- wie auch versicherungsrechtliche Sonderregelungen, die jedoch inzwischen im Zuge der Angleichung an das allgemeine System sozialer Sicherung weitgehend abgebaut wurden. Von den rd. 180.000 ständigen und nichtständigen Fremdarbeitskräften (Übersicht II-5) waren 1989 etwa 44.000 (BMELF, JB 1990, S. 57) in der Gewerkschaft für Gartenbau, Landwirtschaft und Forsten organisiert.

Altenteiler und Rentner

In den landwirtschaftlichen Betrieben ist der Mehrgenerationenhaushalt traditionell weit verbreitet. 1980 fand man in einer für die Bundesrepublik repräsentativen Erhebung noch in 32% der Haushalte 3 Generationen (MROHS 1981, S. 29ff.). Dieser Anteil lag 1965 noch bei 45%, d.h. diese Haushaltsform verliert in der Landwirtschaft wie in der Gesamtwirtschaft an Bedeutung, was auch in den durchschnittlichen Haushaltsgrößen zum Ausdruck kommt.

Übersicht II-3: Haushaltsgrößen in Haushalten mit überwiegend landwirtschaftlicher Erwerbsgrundlage und in anderen Haushaltsgruppen

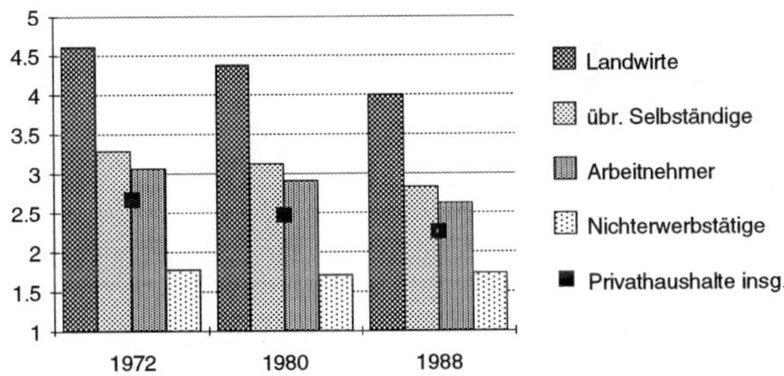

Quelle: SCHÜLER u.a. 1990, S. 147*

Für die ältere Generation bietet der Mehrgenerationenhaushalt die Möglichkeit für eine weitere - wenn auch begrenzte - Mitbeschäftigung im Betrieb sowie Unterkunft und Betreuung in der gewohnten Umgebung.

Früher herrschten informelle Regelungen der Versorgungsleistungen des Hofnachfolgers an seine Eltern (sog. *Altenteil*) vor. Dieses hatte zur Folge, daß die Hofübergabe häufig länger hinausgeschoben wurde. Um dem entgegenzuwirken, wurde die Zahlung des gesetzlichen Altersgeldes an die Voraussetzung gebunden, daß der Betrieb an den Hofnachfolger übergeben wird (vgl. Abschnitt 2.2.4). Heute werden daher meistens bei Erreichen der Altersgrenze Übergabe- oder Pachtverträge mit dem Hofnachfolger abgeschlossen.

Die derzeitige quantitative Bedeutung der verschiedenen Personengruppen und Altersklassen in der "landwirtschaftlichen" Bevölkerung ist aus den Ergebnissen einer Stichprobenerhebung (Übersicht II-4) erkennbar.

Von den durchschnittlich 4,5 Personen pro Haushalt in der Stichprobe gehörten nur etwa 13% zu den (Schwieger-) Eltern, woraus auf die weiter gesunkene Bedeutung der Mehrgenerationenhaushalte geschlossen werden kann. Die überdurchschnittliche Haushaltsgröße wird insbesondere durch den hohen Anteil von Kindern (in der Gesamtbevölkerung 1986 nur 29%, vgl. SBA, JB 1988) verursacht. Da die Gruppe der schwach besetzt ist, muß die betriebliche Arbeit bzw. allgemeiner der Einkommenserwerb heutzutage hauptsächlich vom Betriebsinhaberehepaar geleistet werden. Der Anteil der Haushaltsvorstände (Betriebsleiter) über 65 Jahre ist im Vergleich zu den selbständigen Erwerbstätigen insgesamt (6%, SBA, JB 1988, S. 101) recht günstig (niedrig) und hat sich seit 1956 deutlich verbessert (damals noch über 15% nach BMELF, JB 1960, S. 48). Vergleicht man jedoch den hohen Anteil der landwirtschaftlichen Betriebsinhaber von 45 bis 65 Jahren mit dem entsprechenden Anteil dieser Altersgruppe bei allen selbständigen Erwerbstätigen (unter 50%), so zeigt sich die "Alterslastigkeit" der Altersstruktur in der Landwirtschaft, wie sie für schrumpfende Sektoren typisch ist (vgl. Kap. III, 6.4).

Übersicht II-4: Zusammensetzung der landwirtschaftlichen Haushalte, 1986

Alter in Jahren	Haushalts-vorstand	Ehe-gatte	Kinder	(Schwieger-) Eltern	Sonst. Verw., Fremde	Insge-samt
< 15	0 %	0 %	39 %	0 %	22 %	17 %
15 - 25	3 %	2 %	49 %	0 %	19 %	21 %
25 - 35	15 %	18 %	12 %	0 %	11 %	12 %
35 - 45	17 %	20 %	0 %	0 %	2 %	8 %
45 - 55	35 %	41 %	0 %	6 %	5 %	17 %
55 - 65	26 %	17 %	0 %	26 %	14 %	13 %
> 65	4 %	2 %	0 %	68 %	27 %	12 %
	100 %	100 %	100 %	100 %	100 %	100 %
Anteile	22,1 %	19,8 %	40,0 %	13,1 %	5,0 %	100 %

Quelle: SOHN 1989, S. 78.

2.2.3. Entwicklung der Arbeitskräfte in der Landwirtschaft

Die Zusammensetzung der landwirtschaftlichen Arbeitskräfte, d.h. der in der Landwirtschaft *"Erwerbstätigen"* (Selbstständige, mithelfende Familienangehörige und sozialversicherungspflichtig Beschäftigte) ist in der Übersicht II-5 wiedergegeben. Die Zahl der in der Landwirtschaft Beschäftigten ging in den letzten 4 Jahrzehnten von fast 7 Mio. Menschen auf 2 Mio. Menschen zurück, wobei sich die Abnahme seit Mitte der 70er Jahre jedoch deutlich verlangsamt hat.

Dabei verlief die Entwicklung in verschiedenen Kategorien landwirtschaftlicher Arbeitskräfte recht unterschiedlich, so daß es zu Verschiebungen zwischen den Typen der Arbeitsverfassung kam:

- abnehmende Bedeutung von Lohnarbeitsbetrieben und erweiterten Familienbetrieben und
- zunehmende Bedeutung der Teilzeitbeschäftigung.

Übersicht II-5: Arbeitskräfte in der westdeutschen Landwirtschaft 1950/51 (1000 Personen)

	Betriebsinhaber		Mithelfende Fam.angehörige		Fremdarbeitskräfte	
	vollbeschäftigt	teilbeschäftigt	vollbeschäftigt	teilbeschäftigt	ständig	nichtständig
1950/51	1205	727	3175	453	766	450
1955	1070	735	2600	670	566	510
1960	937	744	2107	552	343	323
1965	720	357	1599	612	225	177
1970	575	395	1167	674	134	99
1975	458	435	902	683	107	122
1980	392	413	727	590	94	85
1985	356	379	629	553	102	89
1989	307	353	524	503	88	93

Quelle: Nach 1965 Angaben aus BMELF, JB versch. Jgg., z.T. durch Interpolation auf der Basis benachbarter (Wirtschafts-)Jahre. Vor 1965 bei Betriebsinhabern Angaben aus BMELF, JB. 1965 (für 1950/51 und 1965 interpoliert mit den Werten aus der Landwirtschaftszählung 1949). Vor 1965 bei Fremdarbeitskräften und mithelfenden Familienangehörigen (hier durch Differenzbildung) errechnet auf der Basis von BMELF, AB 1975, MB S. 11. Die Vergleichbarkeit der Zahlen im Zeitablauf wird beeinträchtigt durch Änderungen der unteren Erfassungsgrenze und z.T. unterschiedlichen Erhebungsmodi (Vollerhebung in der Landwirtschaftszählung, Repräsentativerhebung in der Arbeitskräftestatistik).

Die Reduktionen waren bei den Lohnarbeitskräften, insbesondere bei den ständig Beschäftigten, so groß, daß man (fast) von einem Verschwinden der Landarbeiter (s.o.) sprechen kann. Die vollbeschäftigten Familienangehörigen hatten mit einer Reduktion um etwa 2,5 Mio. Arbeitskräfte den größten Anteil an der Gesamtabnahme. Allerdings behielten zahlreiche Familienangehörige eine Teilbeschäftigung bei, die aus diesem Grund phasenweise sogar zunahm. Die Abwanderung der Betriebsinhaber ist an die Entwicklung der Betriebe gekoppelt, von denen nur etwa jeder Dritte den betrachteten Zeitraum überdauerte (s.u. Übersicht II-14). Wegen des steigenden Anteils der Teilzeitbeschäftigung (vgl. auch Übersicht II-16) nahm die Zahl der vollbeschäftigten Betriebsinhaber weit stärker ab (auf ein Viertel) als die der teilbeschäftigten Betriebsinhaber (etwa auf die Hälfte).

Das hohe Ausmaß der Teilzeitbeschäftigung in Deutschland verbietet es dabei, den tatsächlichen *Arbeitseinsatz* an der Zahl der Beschäftigten zu messen. Daher werden hierfür *(Voll-) Arbeitskraft-Einheiten (AK)* definiert, die eine Zusammenfassung von Vollzeit- und Teilzeitbeschäftigung beinhalten (vgl. Abschnitt 3.1.1).

2.2.4. Soziale Sicherung in der Landwirtschaft

Grundprinzipien für die Ausgestaltung sozialer Sicherungssysteme

Unter sozialer Sicherung lassen sich alle Institutionen verstehen, die dem einzelnen im Rahmen einer Solidargemeinschaft Schutz vor persönlichen

Risiken (Krankheit, Unfall, Erwerbslosigkeit, Alter) und ihren ökonomischen und sozialen Folgen gewähren. Dieses kann grundsätzlich geschehen im Rahmen der Familie, einer freiwilligen Versicherung, einer gesetzlichen Versicherung oder schließlich auch in der Gemeinschaft aller Staatsbürger durch staatliche Versorgungsleistungen.

Bei einer sozialen Sicherung, die über den Rahmen kleiner Gruppen, wie der Familie, hinausgeht, sind feste Regelungen über die zu erbringenden Beiträge und die zu gewährenden Leistungen zu treffen. Diese können nach unterschiedlichen Grundsätzen gestaltet werden (NEUMANN, SCHAPER 1985, S. 86ff.; WINTERSTEINER 1980, S. 10ff):

(1) Wenn man vom Versicherungsprinzip einer Privatversicherung ausgeht, sind die von den einzelnen Mitgliedern einer Versicherungsgemeinschaft aufzubringenden Beiträge nach den individuell zu erwartenden Versicherungsleistungen zu bemessen (**Äquivalenzprinzip**). Innerhalb der Versichertengemeinschaft kann dann ein interpersoneller und intertemporaler Risikoausgleich erfolgen. Bei konsequenter Anwendung dieses Prinzips ergibt sich eine sehr differenzierte Beitragsgestaltung je nach individuellem Risiko. Die allgemeine Rentenversicherung ist in der Bundesrepublik im wesentlichen an diesem Prinzip ausgerichtet, da sich die Höhe der Renten eng an den früher geleisteten Beiträgen orientiert.

(2) Wenn man von dem Gedanken der Solidaritätsgemeinschaft ausgeht, wird der enge Bezug zwischen Beitrag und Leistung gelockert oder aufgehoben. Der Einkommensstärkere hat einen höheren Beitrag zu erbringen als es der zu erwartenden Versicherungsleistung entspricht, während der Einkommensschwächere einen im Vergleich zur Leistung geringeren Beitrag aufzubringen hat (**Solidaritätsprinzip**). Eine weitgehende Ausprägung des Solidaritätsprinzips liegt vor, wenn alle Versicherten im Risikofall die gleiche Leistung erhalten, die Beiträge sich jedoch nach der Höhe des Einkommens bemessen wie etwa in der gesetzlichen Kranken- und Unfallversicherung.

(3) Die weitestgehende Form der Solidaritätsgemeinschaft liegt vor, wenn der Staat die Abdeckung bestimmter sozialer Risiken durch staatliche Versorgungsleistungen übernimmt und diese aus allgemeinen Steuermitteln finanziert (**Versorgungsprinzip**), wie z.B. bei dem Gesundheitswesen in Großbritannien oder der Volksrente skandinavischer Prägung. Wenn sich die staatlichen Leistungen nur auf *bedürftige* Teilgruppen der Bevölkerung beziehen, für die eine Mindestversorgung sichergestellt werden soll, spricht man von **Fürsorgeprinzip**, das der Sozialhilfe zugrundeliegt.

In den westlichen Industrieländern werden die verschiedenen Formen der sozialen Sicherung in unterschiedlichen Ausprägungen und Kombinationen realisiert. Ein weitgehend allgemein anerkanntes Grundprinzip ist dabei das **Subsidiaritätsprinzip**. Dies besagt, daß die Möglichkeiten der Abdeckung sozialer Risiken zunächst auf der Ebene der kleinen Gruppe, etwa der Familie, ausgenutzt werden sollten, bevor Solidargemeinschaften auf höherer Ebene oder letztlich der Staat in Anspruch genommen werden. Auf eine kurze Formel gebracht lautet dieses Prinzip: Selbsthilfe geht vor Fremdhilfe, und hier wiederum: die Hilfe freiwilliger Solidargemeinschaften geht vor Staatshilfe. Ein charakteristisches Beispiel ist die Sozialhilfe: Staatliche Fürsorgeleistungen werden nur dann gewährt, wenn die Bedürftigen weder mit eigenen Mitteln noch durch Unterstützung anderer in der Lage sind, ihren Lebensunterhalt auf einem Mindestniveau zu bestreiten. In der Regel wird davon ausgegangen, daß die Aufbringung der finanziellen Mittel für soziale Sicherungsleistungen überwiegend durch den Kreis der Versicherten erfolgen sollte, teilweise unter Berücksichtigung des Solidaritätsprinzips. Die Aufgaben *staatlicher* Wirtschafts- und Sozialpolitik für den Bereich der sozialen Sicherung werden dann im wesentlichen darin gesehen:

- den *Ordnungsrahmen* für das System der sozialen Sicherung zu gestalten
- und in Härtefällen für eine *Mindestsicherung* von Bedürftigen Sorge zu tragen.

Historischer Hintergrund der landwirtschaftlichen Sicherungssysteme
Nach der traditionellen bäuerlichen Familienverfassung zählt die Absicherung der Familienmitglieder vor sozialen Risiken, wie Krankheit, Unfall und Invalidität, sowie die Altersversorgung der älteren Generation zu den familienintern zu regelnden Angelegenheiten. Je nach den wirtschaftlichen Gegebenheiten und den herrschenden Gewohnheiten und Gebräuchen bildeten sich unterschiedliche Formen der sozialen Sicherung in der überschaubaren Familiengemeinschaft heraus, die häufig einen weitergefaßten Kreis von Familienangehörigen einbezogen, wie unverheiratete Geschwister des Betriebsinhabers oder in Not geratene sonstige Verwandte. Die soziale Sicherung in der landwirtschaftlichen Familie ist sogar eines der wesentlichen Motive für die Organisationsform der landwirtschaftlichen Familienwirtschaft (SCHMITT 1990).

Mit fortschreitender wirtschaftlicher Entwicklung jedoch sind die Kosten der Krankenversorgung stark angestiegen und haben sich auch die Einkommensansprüche der älteren Generation erhöht. Die wirtschaftliche Tragfähigkeit der meisten landwirtschaftlichen Betriebe reicht immer weniger aus, um eine angemessene soziale Absicherung der Familienangehörigen sicherzustellen. Aus diesem Grund hat im Zeitablauf der Bedarf für gesetzlich geregelte und staatlich unterstützte soziale Sicherung auch für den Kreis der landwirtschaftlichen Betriebsinhaber und ihrer Familienangehörigen immer mehr zugenommen. In den meisten westlichen Industrieländern sind in den letzten Jahrzehnten - teilweise mit erheblicher zeitlicher Verzögerung gegenüber anderen Berufsgruppen - Systeme der landwirtschaftlichen Sozialversicherung schrittweise aufgebaut worden. Dabei wurden in einigen Ländern, wie in der Bundesrepublik Deutschland, Frankreich und Italien, eigenständige Systeme für den landwirtschaftlichen Bereich entwickelt, während in anderen Ländern (z.B. Niederlande, Dänemark) auch die landwirtschaftlichen Beschäftigten in das System der allgemeinen gesetzlichen Sozialversicherung integriert wurden.

Landwirtschaftliche Altersversorgung

Die landwirtschaftliche Altersversorgung beruht traditionell auf Leistungen des Hofnachfolgers an seine Eltern, dem sog. **Altenteil**, das entweder aufgrund einer stillschweigenden Übereinkunft innerhalb der Familie erfolgt oder aufgrund eines Übergabevertrages im Rahmen der vorweggenommenen Erbfolge, in dem die Versorgungsleistungen rechtsverbindlich festgelegt sind. Es wird je nach Größe und Ertragskraft des Betriebes und den herkömmlichen Konsumgewohnheiten unterschiedlich bemessen und wird im allgemeinen zu einem großen Teil natural erbracht (Wohnung, Verpflegung, Krankenpflege).

Mit steigendem allgemeinen Lebensstandard zeigte sich im Verlaufe der 50er Jahre ein immer dringlicher werdender Ergänzungsbedarf in der landwirtschaftlichen Altersversorgung, die bis dahin allein auf dem Altenteil beruhte. Im Jahre 1957 wurde dafür in der Bundesrepublik das Gesetz über eine **Altershilfe für Landwirte** (GAL) verabschiedet, das für die landwirtschaftlichen Betriebsinhaber den Einstieg in die gesetzliche Altersversorgung bedeutete. Die Beiträge und Leistungen waren zunächst sehr niedrig angesetzt (1957: Beitrag für Verheiratete 10 DM/Monat, Bargeldzuschuß zum Altenteil 60 DM/Monat). Im Laufe der Zeit erfolgten beträchtliche Ausweitungen in bezug auf die anspruchsberechtigten Personen und die gewährten Leistungen (zur Geschichte: JANSSEN 1986, HAGEDORN 1982, S. 17ff.), so daß die Grundzüge der Altershilfe z.Z. wie folgt zu kennzeichnen sind:

Mitglieder sind die Inhaber von landwirtschaftlichen Haupt- oder Nebenerwerbsbetrieben, deren "Wirtschaftswert" (s.u., 2.4.1) eine sehr niedrige Grenze nach dem GAL überschreitet.

Beiträge sind für die Unternehmer und in halber Höhe für die (erst seit 1986 obligatorisch einbezogenen) mithelfenden Familienangehörigen abzuführen. Sie waren zunächst für alle Unternehmer einheitlich, seit 1986 wird über gestaffelte Beitragszuschüsse (nach Wirtschaftswert und außerlandwirtschaftlichem Erwerbseinkommen) faktisch eine Differenzierung in einkommensabhängige Beitragsklassen (1991: von 25 DM bis 250 DM) praktiziert.

Die wichtigsten **Leistungen** sind das Altersgeld, das den Unternehmern, Witwen und Witwern sowie den versicherten mithelfenden Familienangehörigen ab dem 65. Lebensjahr (bei Erwerbsunfähigkeit auch vorzeitig) gewährt wird. Die Höhe des Altersgeldes resultiert aus einem seit 1973 durch Anbindung an die Entwicklung der Arbeiterrenten dynamisierten Grundbetrag (1990 für Verheiratete 627 DM, für mithelfende Familienangehörige 209 DM) und von der Dauer der Beitragszahlungen abhängigen

Zuschlägen. Voraussetzungen sind i.d.R. mindestens 15 Jahre Beitragszahlungen und die Abgabe des Unternehmens an den Hofnachfolger oder familienfremde Personen. Die Absicherung der mithelfenden Familienangehörigen erscheint ungenügend, insbesondere, wenn man berücksichtigt, daß ihnen im Gegensatz zum Betriebsinhaberehepaar oft kein Altenteil zusteht. Auch die Ehegatten können z.Z. keine eigene, vollständige Absicherung erwerben (VON MAYDELL 1988, S. 27ff.; HAGEDORN 1982, S. 138ff.).

Die *Hofabgabeklausel* ist ein Beispiel für **agrarstrukturpolitische Komponenten** in der landwirtschaftlichen Alterssicherung. Sie sollte ursprünglich der Überalterung der Betriebsinhaber entgegenwirken, kann aber eine soziale Härte für die Inhaber sehr kleiner Betriebe darstellen, wenn der Inhaber auf die Weiterbewirtschaftung angewiesen ist.

Strukturpolitisch motiviert ist auch die Möglichkeit, beim Wechseln in eine andere Erwerbstätigkeit mit dem Ausscheiden aus der Altershilfe einen "*Nachentrichtungszuschuß*" für den Einstieg in die allgemeine Rentenversicherung zu beantragen, alternativ dazu ist jedoch die *freiwillige Weiterversicherung* möglich (kritisch dazu: HAGEDORN 1982, S. 161f., 226ff.).

Für die "strukturverbessernde" Abgabe von Flächen (insbesondere an Wachstumsbetriebe) wurde Landwirten ab 60 Jahren (bzw. ab 55 Jahren, wenn keine Aussicht auf eine neue Beschäftigung bestand) von 1965 bis 1983 die Beantragung einer *Landabgaberente* angeboten, die zuletzt um 175 DM über dem Grundbetrag des Altersgeldes lag. Wegen zu geringer materieller Anreize waren die strukturpolitischen Wirkungen zwar sehr begrenzt (zu Verbesserungsvorschlägen KLARE, HAGEDORN 1985), doch wurde 1989 eine "*Produktionsaufgaberente*" eingeführt, die z.Z. ab 55 Jahren bei "strukturverbessernder" Abgabe der Höhe der bereits erreichten Altersgeldanwartschaften entspricht und bei Flächenstillegung durch ertragsabhängige Zuschläge (von z.Z. 150 DM bis 600 DM je ha und Jahr) aufgestockt wird.

Die der landwirtschaftlichen Alterskasse gewährten **Bundeszuschüsse** offenbaren *einkommenspolitische Komponenten* bei der Ausgestaltung der Altershilfe (hierzu: von MAYDELL 1988, S. 82ff.; HAGEDORN 1982, S. 130ff., 162ff.): 80,3% der Geldleistungen der Altershilfe werden (gesetzlich garantiert) durch Bundeszuschüsse gedeckt, nur die übrigen Geldleistungen und sonstigen Ausgaben (Rehabilitationsmaßnahmen, Verwaltung usw.) sind durch Beiträge aufzubringen. Diese Zuschüsse gleichen zum einen die Belastungen durch die immer ungünstiger werdende Relation von Leistungsempfängern zu Beitragszahlern aus, die dadurch bedingt ist, daß letztere den Agrarsektor im Verlauf des sektoralen Schrumpfungsprozesses schneller verlassen als die Leistungsempfänger (strukturelle Komponente der Bundeszuschüsse). Zum anderen erreicht auch der volle (nicht durch die einkommensabhängigen Zuschüsse ermäßigte) Beitrag in der landwirtschaftlichen Altershilfe am Ende der 80er Jahre nicht einmal die Hälfte des Beitrags, der in der gesetzlichen Rentenversicherung für die gleichen Rentenansprüche zu zahlen wäre, d.h. die Bundeszuschüsse dienen *auch* einer einkommenspolitisch motivierten Verbesserung der *Beitrags-Leistungs-Relationen* in der landwirtschaftlichen Altershilfe.

Kritisch ist hier insbesondere die Partizipation einkommensstarker Betriebe an der Begünstigung zu beurteilen, was auch durch die seit 1986 eingeführte, einkommensabhängige Differenzierung der Beiträge nicht zufriedenstellend gelöst wird (HAGEDORN 1991, S. 217ff.).

Die Bundeszuschüsse zur Altershilfe stellen eine hohe Belastung des Agraretats mit steigender Tendenz dar (1990: 3,1 Mrd. DM bzw. 31%, BMELF, AB 1991), da

- der strukturell bedingte Zuschußbedarf zunimmt,
- die durchschnittliche Dauer der Beitragszahlungen und damit die durchschnittliche Rentenhöhe wegen der späten Einführung im Jahr 1957 noch ansteigt und
- die Altersgelder bezogen auf die gesamtwirtschaftlich bestimmte Entwicklung des allgemeinen Rentenniveaus dynamisiert wurden.

Durch den **Vergleich mit** der allgemeinen **gesetzlichen Rentenversicherung** werden neben der ungewöhnlich günstigen *Beitrags-Leistungs-Relation* weitere Kritikpunkte nahegelegt.

Die *Vermengung struktur- und einkommenspolitischer Ziele* mit den eigentlichen Hauptaufgaben einer Sozialversicherung (Schutz vor persönlichen Lebensrisiken) ist grundsätzlicher Kritik ausgesetzt, da der Einsatz öffentlicher Mittel hierdurch an Transparenz und Effizienz verliert (vgl. hierzu und zu weiteren Kritikpunkten WISSENSCHAFTLICHER BEIRAT 1979, HAGEDORN 1982, VON MAYDELL 1988).

In der gesetzlichen Rentenversicherung wird durch die Einkommensabhängigkeit von Beiträgen und Leistungen eine ausgewogene Verteilung der Lebenseinkommen auf Erwerbs- und Rentenalter angestrebt. In der Altershilfe ist das *Prinzip der Einheitlichkeit von Beiträgen und Leistungen* (und Subventionen) dagegen erst in Ansätzen durch die gestaffelten Beitragszuschüsse korrigiert worden. Einkommensschwache Betriebe werden daher weiterhin zu einem vergleichsweise hohen Einkommensverzicht zugunsten der Altersvorsorge gezwungen, während Inhaber einkommensstarker Betriebe (wenn sie sich auf die Altershilfe verlassen) als Altenteiler eine Verschlechterung ihrer relativen Einkommensposition erfahren.

Die Ausgestaltung der landwirtschaftlichen Altershilfe als Teilsicherung ist in diesem Zusammenhang zwar ebenfalls ein auffälliger Unterschied zur gesetzlichen Rentenversicherung, doch entspricht diese Besonderheit gerade einer systemkonformen und weithin anerkannten Anwendung des Subsidiaritätsprinzips.

Landwirtschaftliche Lohnarbeitskräfte einschließlich der mitarbeitenden Familienangehörigen mit Arbeitsvertrag sind Mitglieder der *gesetzlichen Rentenversicherung*. Wegen naturaler Lohnbestandteile sind die Geldlöhne und entsprechenden Rentenversicherungsbeiträge i.d.R. deutlich niedriger als außerhalb der Landwirtschaft. 1972 wurde daher aufgrund eines Tarifvertrags ein Zusatzversorgungswerk für landwirtschaftliche Arbeitnehmer eingerichtet. Die Leistungen an Arbeitnehmer, die wegen ihres Alters keine Gelegenheit zum Erwerb der entsprechenden Ansprüche hatten, werden aus Bundesmitteln unterstützt (vgl. BMELF, AB 1991, S. 53).

Landwirtschaftliche Krankenversicherung

Der medizinisch-technische Fortschritt der letzten Jahrzehnte hat nicht nur zu einer verbesserten medizinischen Versorgung, sondern auch zu einer explosionsartigen Erhöhung der mit dem Gesundheitswesen verbundenen Kosten geführt, die für die landwirtschaftlichen Betriebe im Einzelfall untragbar sein können. Daneben bedeutet die drastische Verminderung des Arbeitskräftebesatzes der landwirtschaftlichen Betriebe (s.o., Übersicht II-5), daß der krankheitsbedingte Ausfall der verbliebenen Hauptarbeitskraft (i.d.R. des Betriebsleiters) heutzutage kaum durch die traditionelle Institution der Nachbarschaftshilfe aufgefangen wird, so daß die Weiterbewirtschaftung gefährdet sein kann. Aus diesem Grund wurde 1972 durch Gesetz die **Krankenversicherung für Landwirte** mit den folgenden Grundzügen eingeführt (vgl. WISSENSCHAFTLICHER BEIRAT 1979, S. 71ff.; EGGERS 1980, S. 32ff.):

Mitglieder sind die Inhaber von landwirtschaftlichen Unternehmen (z.T. auch Kleinunternehmer, die noch unterhalb der vom GAL gezogenen Grenze liegen), hauptberuflich mitarbeitende Familienangehörige und Bezieher von GAL-Leistungen (Altenteiler), soweit sie nicht anderweitig versichert sind. Dagegen sind die Ehegatten keine Mitglieder, sondern lediglich Mitversicherte (dazu VON MAYDELL 1988, S. 103f.).

Die **Leistungen** entsprechen in etwa dem Standard der sonstigen gesetzlichen Krankenkassen (Maßnahmen zur Früherkennung, Verhütung und Behandlung von Krankheiten, Mutterschaftshilfe, Sterbegeld, Leistungen an Mitversicherte). Krankengeld erhalten allerdings nur die mitarbeitenden Familienangehörigen, während den Unternehmern bei stationärer Behandlung zur Gewährleistung der Weiterbewirtschaftung eine Ersatzkraft (*Betriebs- und Haushaltshilfe*) bewilligt werden kann.

Die **Beiträge** können auf der Basis des Wirtschaftswerts, des Arbeitsbedarfs oder eines "anderen angemessenen Maßstabs" festgesetzt werden, wobei die landwirtschaftlichen Krankenkassen i.d.R. den "Flächenwert" als Beitragsmaßstab zur Abgrenzung von (9-10) Beitragsklassen ausgewählt haben. Dieser beruht auf dem durchschnittlichen "Hektarwert" (vgl. 2.4.1) in der Gemeinde und reflektiert die tatsächliche ökonomische Leistungsfähigkeit eines Betriebes noch weniger als der

Wirtschaftswert. Die Beiträge steigen nur unterproportional bei Zunahme des Flächenwerts (bzw. des Beitragsmaßstabs) an, so daß es *prozentual* zu einer *Beitragsdegression* kommt. Einkommensstarke Betriebsinhaber werden damit weit weniger zum Solidarausgleich zwischen den Versicherten herangezogen als in der gesetzlichen Krankenversicherung mit der dort praktizierten Beitragsbemessung nach einem einheitlichen Prozentsatz vom tatsächlichen Einkommen.

Für die landwirtschaftlichen *Beschäftigten* decken die Beiträge annähernd die Kosten. Die Leistungen für die *Altenteiler* werden dagegen, anders als in der gesetzlichen Krankenversicherung, nicht durch die Beiträge, sondern (fast ausschließlich) durch **Bundeszuschüsse** finanziert. Da derzeit etwa 45% der Mitglieder zur Gruppe der Altenteiler zählen, die zudem ein höheres Krankheitsrisiko aufweisen, deckt der Bundeszuschuß 1990 49% der Gesamtausgaben (BMELF, AB 1991, MB S. 139f). Da die Beiträge mit den Einkommen (wenn auch unterproportional) ansteigen, profitieren die Unternehmen mit höheren Einkommen von einer absolut zunehmenden Beitragsentlastung, was verteilungspolitisch problematisch ist (zur Kritik an den Finanzierungsmodalitäten: WISSENSCHAFTLICHER BEIRAT 1979, S. 77ff.; HAGEDORN 1982, S. 196ff.; VON MAYDELL 1988, S. 106ff.).

Die in der Landwirtschaft beschäftigten *Fremdarbeitskräfte* sind in den gesetzlichen Krankenkassen versichert, so daß für sie die allgemeinen Regelungen gelten.

Landwirtschaftliche Unfallversicherung

Die Einrichtung einer **Unfallversicherung** erfolgte bereits sehr früh in der Entstehungsphase gesetzlicher Versicherungen im Deutschen Reich für landwirtschaftliche Arbeitnehmer (1886) und auch für die landwirtschaftlichen Betriebsinhaber und die mithelfenden Familienangehörigen (1939) noch vor dem zweiten Weltkrieg.

Heute gehören zu dem Kreis der **Mitglieder** der landwirtschaftlichen Unfallversicherung alle Personen, die in landwirtschaftlichen Unternehmen (oberhalb der Hausgartengrenze), in den zugehörigen Haushalten und in angrenzenden Bereichen (z.B. den Einrichtungen der landwirtschaftlichen Selbstverwaltung, Sozialversicherung und Fortbildung) mindestens vorübergehend tätig sind. Diese gegenüber der Altershilfe bzw. der Krankenversicherung sehr weitgefaßte Abgrenzung ist einerseits sinnvoll, um auch anderweitig Beschäftigte nicht der Gefahr eines lückenhaften Unfallversicherungsschutzes auszusetzen, andererseits ist sie bei Berücksichtigung der auch hier gezahlten öffentlichen Zuschüsse nicht unproblematisch (VON MAYDELL 1988, S. 132ff.).

Die **Leistungen** der landwirtschaftlichen Unfallversicherung umfassen die Unfallverhütung, Rehabilitationsmaßnahmen, Betriebs- und Haushaltshilfe und Rentenzahlungen im Falle einer dauerhaften Minderung der Erwerbsfähigkeit. Das Leistungsspektrum entspricht damit, ähnlich wie in der landwirtschaftlichen Krankenversicherung, der gesetzlichen Unfallversicherung. Die Rentenhöhe richtet sich bei den Unternehmern und den ohne Arbeitsvertrag mithelfenden Familienangehörigen nicht nach dem tatsächlichen individuellen Verdienst, sondern nach einem von den landwirtschaftlichen Berufsgenossenschaften festgesetzten einheitlichen "durchschnittlichen Jahresarbeitsverdienst", wodurch in die landwirtschaftliche Unfallversicherung ein stärkerer Solidarausgleich eingeführt wird als in der gesetzlichen Unfallversicherung üblich ist. Wegen der geringeren Durchschnittseinkommen in der Landwirtschaft liegen die landwirtschaftlichen Unfallrenten z.T. bedenklich unter den von der gesetzlichen Unfallversicherung gezahlten Renten (WISSENSCHAFTLICHER BEIRAT 1979, S. 93ff.).

Die **Beiträge** werden, ähnlich wie in der landwirtschaftlichen Krankenversicherung, i.d.R. vom "Flächenwert" als Beitragsmaßstab abhängig gemacht (vgl. Abschnitt 2.4.1), der jedoch weit weniger als der nur bei wenigen Berufsgenossenschaften verwendete Arbeitsbedarf mit dem Unfallrisiko korreliert ist. Diese Beitragsgestaltung steht somit in gewissem Konflikt zu den sonst üblichen Prinzipien einer Unfallversicherung (Beiträge nach dem Äquivalenzprinzip zur Sanktionierung hoher Unfallrisiken, vgl. VON MAYDELL 1988, S. 152ff).

Auch in der landwirtschaftlichen Unfallversicherung besteht ein erheblicher Teil der Einnahmen (1990: 40%, vgl. BMELF, AB 1991, MB S. 140) aus **Bundeszuschüssen**. Neben einkommenspolitischen Zielen dienen diese Mittel auch dem Ausgleich von strukturellen Nachteilen:

- Einmal ist das Unfallrisiko in der Landwirtschaft wesentlich größer. So traten beispielsweise im Jahre 1988 über 11% aller Arbeitsunfälle in der Landwirtschaft auf (SBA, JB 1990, S. 479), obwohl der Anteil der in der Landwirtschaft Erwerbstätigen an der Gesamtzahl der Erwerbstätigen lediglich 4,5% beträgt.
- Zum anderen nimmt in der landwirtschaftlichen Unfallversicherung (wie in den anderen Sparten der landwirtschaftlichen Sozialversicherung) die Anzahl der Mitglieder wesentlich stärker ab als die Anzahl der zu versorgenden Rentenfälle, deren Ansprüche zudem wie in der Altershilfe dynamisiert sind.

Die *Höhe* der Bundeszuschüsse schwankte im Zeitablauf, während das strukturell begründete Defizit ansteigende Tendenz besitzt. Für die Mitte der 70er Jahre wurde ein Überschuß der Bundeszuschüsse über das strukturelle Defizit errechnet (WISSENSCHAFTLICHER BEIRAT 1979, S. 107), während für die Mitte der 80er Jahre z.T. ein Fehlbetrag angegeben wird (JANSSEN 1986, S. 17).

Problematisch ist die intrasektorale *Verteilung* der Zuschüsse, die aus einer prozentual konstanten Beitragsentlastung für alle Unternehmen oberhalb einer Mindestbeitragsgrenze resultiert. Hiervon profitieren größere Unternehmen in höherem Umfang als kleinere Unternehmen, wodurch der von der Betriebsgröße (statt vom Unfallrisiko) abhängige Anstieg der Beiträge etwas abgemildert wird. Die geringe Partizipation einkommensschwacher Betriebe an den Zuschüssen widerspricht jedoch proklamierten einkommenspolitischen Zielen (VON MAYDELL 1988, S. 162ff.).

Sozialhilfe

Die Komponenten der landwirtschaftlichen Sozialversicherung decken nur bestimmte Risiken ab (Alter, Krankheit, Unfälle) und umfassen nicht die gesamte landwirtschaftliche Bevölkerung, z.B. wegen der unteren Erfassungsgrenzen für landwirtschaftliche Betriebe. Für landwirtschaftliche Haushalte, deren Faktoreinkommen - ergänzt um eventuelle Leistungen der Sozialversicherungsträger - nicht ausreichen, eine gewisse Mindestversorgung sicherzustellen, stehen wie für alle anderen Bürger die Leistungen der *Sozialhilfe* zur Verfügung.

Während die frühere "Sozialfürsorge" entsprechend den Ursprüngen in der "Armenhilfe" auf die Sicherung des *physischen* Existenzminimums ausgerichtet war, zielt die heutige Sozialhilfe nach dem Bundesozialhilfegesetz (1962) auch auf soziale und kulturelle Grundbedürfnisse ab (KNERR 1981, S. 39ff.). Die **Leistungen** der Sozialhilfe umfassen

- die stark auf den Einzelfall zugeschnittene "Hilfe in besonderen Lebenslagen" (Krankheit, Alter, Ausbildung, Behinderung, Mutterschaft u.a.) und
- die "Hilfe zum Lebensunterhalt", die stärker schematisiert gewährt wird als
  - laufende Leistungen für die Bedürfnisse des täglichen Lebens nach *Regelsätzen*
  - Erstattung der laufenden Kosten für Unterkunft und Heizung bzw. für das Wohnhaus
  - einmalige Leistungen für unregelmäßig anfallende Bedürfnisse (Kleidung, Hausrat u.a.).

Die Regelsätze betragen z.B. 1988 für den Haushaltsvorstand etwa 400 DM, für weitere Haushaltsmitglieder etwa 320 DM, wobei Abschläge bei Kindern und Zuschläge bei Alten, Kranken, Alleinerziehenden usw. gemacht werden (SCHULZ-GREVE 1990, S. 321f.).

Entsprechend dem **Solidaritätsprinzip** wird die Hilfe zum Lebensunterhalt nur gewährt, wenn der Bedarf höher ist als die Summe der eigenen Einkommenszuflüsse und der Ansprüche gegen Dritte. Insbesondere können Ehegatten, Eltern und Kinder, nicht dagegen Großeltern, Enkel und Geschwister zum Ersatz von Sozialhilfeleistungen herangezogen werden. Neben den u.U. durch Berufswechsel zu verbessernden eigenen Einkünften (deren Ermittlung bei landwirtschaftlichen Haushalten nicht unproblematisch ist, vgl. KNERR 1981, S. 73ff.) ist grundsätzlich auch das verwertbare Vermögen einzusetzen, soweit es nicht "*zur Aufnahme oder*

Fortsetzung der Erwerbstätigkeit unentbehrlich" ist oder ein *kleines Hausgrundstück* darstellt (§ 88 BSHG), wobei die Unentbehrlichkeit für die Erwerbstätigkeit allerdings in Verwaltungspraxis und Rechtsprechung sehr unterschiedlich ausgelegt wird (PLANKL 1990, S. 324; KNERR 1981, S. 89ff.).

Schätzungen über den Umfang der Sozialhilfebedürftigkeit sind u.a. aufgrund der Rechtsunsicherheit bezüglich verwertbarer Vermögen recht ungenau, deuten aber darauf hin, daß um 1980 bis zu 10% der Haupterwerbsbetriebe (insbesondere kleinere) als sozialhilfebedürftig anzusehen waren (KRÜLL 1984, S. 261ff., PLANKL 1988, S. 244f.).

Die tatsächliche Inanspruchnahme ist demgegenüber aufgrund verschiedener Hindernisse "verschwindend gering" (KERR 1981, S. 100ff.), wobei zu nennen sind:
- die tatsächliche oder auch nur erwartete soziale Mißbilligung und Geringschätzung des Unvermögens, den eigenen Lebensunterhalt "zu verdienen", die besonders in ländlichen Sozialstrukturen ausgeprägt sind,
- die Scheu, Angehörige zum Kostenersatz zu verpflichten,
- die Abneigung gegen Landverkäufe (SCHULZ, GREVE 1990, S. 328), insbesondere in Kombination mit der Rechtsunsicherheit bezüglich des heranzuziehenden Vermögens,
- allgemeine Unkenntnis über die geltenden Regelungen sowie mangelndes Geschick und Abneigung gegenüber dem Umgang mit Behörden, der den Betroffenen auch durch Berater bisher kaum erleichtert wird.

Obwohl gegen eine agrarsektorspezifische Mindesteinkommenssicherung grundsätzliche Bedenken vorgebracht werden (VON MAYDELL 1988, S. 224ff.), können aufgrund der genannten Hindernisse besondere Maßnahmen begründet werden (bessere Information und Beratung der Betroffenen, u.U. auch vermögensbezogene Sonderregelungen). Jedenfalls dürften sie zieladäquater sein, als eine "einkommensorientierte Preispolitik" oder auch die Zuschüsse zur landwirtschaftlichen Sozialversicherung (vgl. VON WITZKE 1980, S. 178f.).

2.3. Bodeneigentumsverfassung und Bodenordnung

2.3.1. Formen und Funktionen der Bodennutzung

Der Boden bildet die Grundlage für die land- und forstwirtschaftliche Produktion und hat darüber hinaus weitere wichtige Funktionen:
- als Standort für Gewerbe und Industrie, Wohnhäuser und Infrastrukturanlagen,
- als wichtiges Medium für die Sicherung ökologischer Kreisläufe und Ausgleichsfunktionen
- und als Lebens- und Erholungsraum, nicht nur für die Menschen im ländlichen Raum sondern für die Bevölkerung insgesamt.

Von der Gesamtfläche der Bundesrepublik dienen etwa 54% der Landwirtschaft, weitere 30% sind Waldflächen. Die Aufteilung der *landwirtschaftlich genutzten Fläche* (LF) auf einzelne Kulturarten wird in der Bodennutzungsstatistik ausgewiesen, in der jedoch die Flächen von Betrieben unter 1 ha nur in Ausnahmefällen erscheinen, so daß die LF kleiner ist als die auf der Basis von Katasterunterlagen vollständiger erfaßte "Landwirtschaftsfläche" (Übersicht II-6).

Vor 1970 wurde in der Bodennutzungsstatistik die *landwirtschaftliche Nutzfläche* (LN) ausgewiesen, die gegenüber der LF zusätzlich die nicht mehr genutzten, aber nutzbaren landwirtschaftlichen Flächen ("Sozialbrache") und private Parkanlagen, Rasenflächen und Ziergärten enthält.

Übersicht II-6: Flächennutzung in der Bundesrepublik Deutschland im Jahre 1989 in 1000 ha und in %

	in 1000 ha	in %
Gesamtfläche der Bundesrepublik	24862	100,0
darunter:		
Siedlungs- und Verkehrsfläche	3045	12,2
Waldfläche	7401	29,8
Landwirtschaftsfläche	13488	54,3
landwirtschaftlich genutzte Fläche (LF)	11885	100,0
davon:		
Ackerland	7273	61,2
Dauergrünland	4407	37,1
Rebland, Gartenland, Obstanlagen, sonstiges	206	1,7

Quelle: BMELF, JB 1990, S. 75 und S. 77.

2.3.2. Eigentumsverhältnisse und Rechtsformen der Bodennutzung

Die Bodeneigentumsordnung zählt zu den zentralen Elementen der Agrarverfassung und der allgemeinen Wirtschafts- und Rechtsordnung eines Landes. Je agrarischer eine Gesellschaft ausgerichtet ist, umso stärker sind ihre Herrschafts-, Rollen- und Wertstrukturen von der Bodenverfassung bestimmt.

In Anfangsphasen wirtschaftlicher Entwicklung spielt oft das kollektive Eigentum an Grund und Boden eine große Rolle: Weiden und Hutungen gehören vielfach der Dorfgemeinschaft ("Almende") und nur das Acker- und Gartenland befindet sich in individuellem Eigentum. In feudalistischen Systemen bestehen häufig geteilte Eigentumsrechte: Die Grundherrschaft hat eine Art "Obereigentum", und die Rechte der Bauern gelten als "Untereigentum". Derartige Verhältnisse bestimmten in weiten Teilen Westeuropas bis Anfang des 19. Jahrhunderts das Bild und sind heute noch in verschiedenen Ausprägungen in vielen Entwicklungsländern anzutreffen (VON DIETZE 1967, S. 28ff.).

Seit der Bauernbefreiung herrscht in Deutschland grundsätzlich das ungeteilte, private Eigentum vor, das fast ausschließlich in der Hand natürlicher Personen ist. In der Forstwirtschaft stehen auch heute noch etwa 58% der gesamten Forstfläche in (Privat-) Eigentum von Körperschaften des öffentlichen Rechts (BMELF, AB 1991, S. 64). In der Landwirtschaft lassen sich nach den Bodeneigentums- und Besitzverhältnissen die folgenden Gruppen von Betrieben unterscheiden:

- *Eigentumsbetriebe:* Die landwirtschaftliche Nutzfläche und die Gebäude befinden sich im Eigentum des landwirtschaftlichen Unternehmers.
- *Zupachtbetriebe:* Ein Teil der landwirtschaftlichen Nutzfläche und Gebäude gehört dem landwirtschaftlichen Unternehmer, der Rest ist zugepachtet.
- *Hofpachtbetriebe:* Der gesamte landwirtschaftliche Betrieb wird vom Eigentümer (dem Verpächter) an den landwirtschaftlichen Unternehmer (den Pächter) verpachtet.

In der Übersicht II-7 ist die hohe und zunehmende Bedeutung der Pacht erkennbar, die einerseits auf der relativen Zunahme der Anzahl der Pachtbetriebe beruht und andererseits auf den steigenden Pachtlandanteil in den Zupachtbetrieben zurückgeht.

Übersicht II-7: Pacht- und Eigentumsflächen der landwirtschaftlichen Betriebe in der Bundesrepublik Deutschland

	1960			1989		
	Betriebe (in 1000)	LN (Mio ha)	davon Pachtland	Betriebe (in 1000)	LF (Mio ha)	davon Pachtland
Betriebe insgesamt	1618	13,1	23%	665	11,8	38%
Eigentumsbetriebe	45%	5,7	-	40%	2,5	-
Zupachtbetriebe	51%	6,3	31%	53%	8,4	42%
Hofpachtbetriebe	4%	1,1	100%	7%	0,9	100%

Quellen und Erläuterungen: Werte für 1989 errechnet aus SBA, FS 3, R 2.1.6, 1989. Gesamtzahlen von Betrieben und Flächen für 1960 aus SBA, FS 3, R 2.1.1, 1990, Aufteilung auf Eigentums- und Pachtbetriebe nach Angaben bei WEHNER 1986, S. 21-26.

In der Bundesrepublik Deutschland ist die Hofpacht nur wenig verbreitet. Dagegen hat die Verpachtung von Teilflächen im Zuge des landwirtschaftlichen Strukturwandels (dazu Abschnitt 2.6) große Bedeutung (Übersicht II-8).

Übersicht II-8: Wachstum der Vollerwerbsbetriebe auf der Basis von Pacht- und Eigentumsflächen in ha

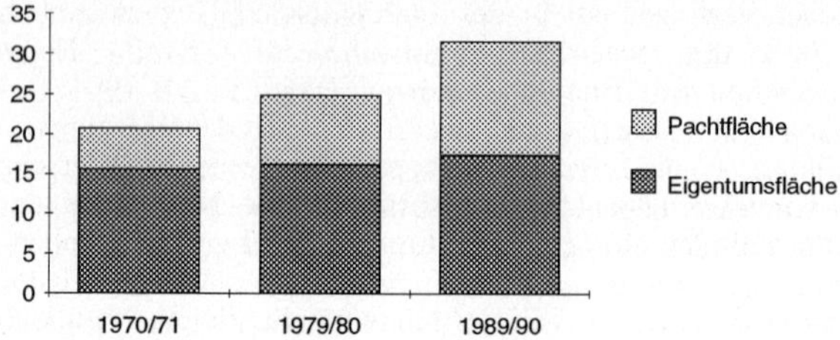

Quelle: BMELF, AB versch. Jgg.

Die wachsenden VE-Betriebe haben offenbar von den ausscheidenden Betrieben Flächen zugepachtet. Die Verpächter sind daher ganz überwiegend der Gruppe der ehemaligen Inhaber kleinerer und mittlerer landwirtschaftlicher Betriebe zuzurechnen.

2.3.3. Recht des Bodeneigentums

Mit zunehmenden staatlichen Eingriffen in das Wirtschaftsgeschehen wurden in der Zwischen- und Nachkriegszeit auch die Eigentumsrechte (Nutzungs- und Verfügungsrechte) an Grund und Boden erheblich eingeschränkt ("Sozialpflichtigkeit des Eigentums"). Diese Einschränkungen betreffen vor allem (vgl. WINKLER 1982):
- den personellen Wechsel von Bodeneigentum (Veräußerung, Vererbung),
- die Übertragung von Nutzungsrechten an andere Personen, insbesondere die Gestaltung von Pachtregelungen,
- die Nutzungsrechte der privaten Grundstückseigentümer (u.a. Bau- und Planungsrecht, Umweltrecht).

Grundstückverkehrsrecht

In nahezu allen Industrieländern bestehen gesetzliche Regelungen für den landwirtschaftlichen Grundstücksverkehr. Sie haben zum Ziel, den Grundstücksverkehr im Sinne gesellschafts- und agrarstrukturpolitischer Zielvorstellungen zu beeinflussen.

Im *Grundstückverkehrsgesetz* von 1961 wird dieses Ziel für die Bundesrepublik Deutschland z.B. dadurch zu erreichen versucht, daß Veräußerungen landwirtschaftlicher Grundstücke i.d.R. zu *genehmigen* sind. Dabei ist zu prüfen, ob
- eine "ungesunde Verteilung des Grund und Bodens",
- eine "unwirtschaftliche Verkleinerung oder Aufteilung" oder
- ein "grobes Mißverhältnis zum Wert" auftritt.

Bei Vorliegen eines dieser Gründe kann die Genehmigung der Veräußerung eines landwirtschaftlichen Grundstücks versagt werden. Gleichzeitig wird gemeinnützigen Siedlungsunternehmen ein Vorkaufsrecht eingeräumt. Für bestimmte Fälle (z.B. nach einer Härtefallklausel) hat der Gesetzgeber eine Genehmigung auch bei Vorliegen eines der genannten drei Versagungsgründe vorgesehen.

Weitgehende staatliche Eingriffe in den Grundstücksverkehr können negative Effekte haben, wenn sie die Bodenmobilität behindern, was jedoch im Fall des Grundstückverkehrsgesetzes aufgrund der recht engen Definition der Versagungsgründe und der liberalen Handhabung in der Praxis keine aktuelle Gefahr darstellt. Problematisch ist allenfalls die z.T. mit der Begründung einer "ungesunden Verteilung" praktizierte Diskriminierung von Nebenerwerbsbetrieben gegenüber Haupterwerbsbetrieben bei der Genehmigung. Da das Gesetz nur ein negatives, abwehrendes Recht gegen eine Agrarstrukturverschlechterung schafft und der Anteil der Flächen, die jährlich den Eigentümer wechseln, ohnehin sehr gering ist (1989: 0,4%, vgl. BMELF, AB 1991, S.11), konnte das Grundstückverkehrsgesetz aber auch kaum eine spürbare Agrarstrukturverbesserung bewirken (detaillierter: LIPINSKY u.a. 1982, S. 100ff.).

Pachtrecht

Unter Pacht wird allgemein die Überlassung eines Gegenstandes an einen Anderen (den Pächter) zum Gebrauch und zur Nutzung auf bestimmte Zeit gegen Entgelt (den Pachtzins) verstanden. Nach dem Pachtgegenstand, der Fristigkeit und den Formen der Entrichtung der Pacht lassen sich unterscheiden:

- *Pacht von Teilflächen* (Parzellen) und von *ganzen Betrieben* (mit oder ohne Gebäude und Inventar). Bei letzteren ist zu differenzieren in *Fremdhofpacht* und *Familienhofpacht* (oft als temporäre Lösung im Zuge einer vorweggenommenen Erbfolge praktiziert).
- *Kurz- und langfristige Pachtverträge.* In der Bundesrepubik werden z.Z. Verträge bei Parzellenpacht ab 12 Jahren und bei Hofpacht ab 18 Jahren als langfristig angesehen.
- *Geld- und Naturalpacht*, je nachdem, ob der Pachtzins in Geld oder Naturalien bezahlt wird. Bei der Naturalpacht wird insbesondere in den Anfangsphasen wirtschaftlicher Entwicklung (heute in Entwicklungsländern) oft ein bestimmter Prozentsatz des Ertrages als Pachtzins vereinbart ("*Teilpacht*").

In vielen Ländern wird die Vertragsfreiheit bei der Gestaltung der Pachtverträge eingeschränkt, um die im allgemeinen in einer schwächeren Verhandlungsposition befindlichen Pächter zu schützen. Stark ausgebauter Pächterschutz und weitgehende Eingriffe in das Pachtrecht können dazu führen, daß die im Hinblick auf eine Verbesserung der Agrarstruktur erwünschte Verpachtungsbereitschaft beeinträchtigt wird. In der Pachtgesetzgebung ist es daher wichtig, die Zielsetzungen des Pächterschutzes und der Förderung der Bodenmobilität in ausgewogener Weise zu berücksichtigen.

Das deutsche Landpachtrecht ist seit 1952 vergleichsweise liberal mit gewissen Elementen des Pächterschutzes ausgestaltet (vgl. LIPINSKY 1970, WEHNER 1986):

- Jede der Vertragsparteien kann unter bestimmten Voraussetzungen vor Gericht eine *Verlängerung der Pachtdauer* erwirken, allerdings nur bis zur Dauer eines langfristigen Vertrages (12 bzw. 18 Jahre). Auch eine gerichtliche *Überprüfung des Pachtzinses* kann in bestimmten Abständen verlangt werden.
- Für Landpachtverträge besteht eine *Anzeigepflicht* mit ähnlichen Beanstandungsgründen wie im Grundstückverkehrsgesetz ("ungesunde Verteilung", "unwirtschaftliche Verkleinerung", "Mißverhältnis von Pachtzins zum Ertrag"), die in der Vergangenheit aber vielfach ignoriert wurde.

1985 wurden bei der Neuordnung des landwirtschaftlichen Pachtrechts die Regelungen über die Möglichkeiten von Nutzungsänderungen und Investitionen sowie über den Ersatz eventueller Wertsteigerungen zugunsten der Pächter verändert. Diese Vorschriften gelten allerdings nicht bei Verträgen bis zu 3 Jahren und können außerdem vertraglich ausgeschlossen werden, so daß die an sich zu erwartende Abnahme der Verpachtungsbereitschaft begrenzt sein dürfte (LIPINSKY, WEHNER 1983, S. 341ff.).

Erbsitten und Erbrecht

Die Flur- und Besitzverteilung wird wesentlich von den historisch überkommenen Erbsitten und deren mehr und minder ausgeprägten erbrechtlichen Untermauerung beeinflußt. Die landwirtschaftliche Bodenfläche, die im Zuge der Vererbung den Eigentümer wechselt, ist in den meisten Ländern bei weitem größer als diejenige durch Veräußerung (hieraus resultiert die agrarstrukturelle Bedeutung der erbrechtlichen Regelungen). Je nach Auffassung des Eigentumsbegriffs in Anlehnung an das germanische oder römische Recht wird das unbewegliche Vermögen der Familie entweder natural (real) *geteilt* an die Hinterbliebenen oder *ungeteilt* an einen einzigen Erben (den sog. Anerben) vererbt. Dabei sind nicht nur international, sondern auch innerhalb von einzelnen Bundesländern traditionelle "Realteilungsgebiete" von "Anerbengebieten" zu unterscheiden.

Nach dem **Realteilungsmodus** wird das gesamte Vermögen des Erblassers zwischen den Erben bei der Erbauseinandersetzung natural (real) oder wertmäßig aufgeteilt. Dies ist die allgemein übliche Regelung im BGB und anderen europäischen Zivilgesetzbüchern (WINKLER 1981, S. *41). Die Erben und deren Erbteile können i.d.R. per Testament oder Erbvertrag vom Erblasser frei bestimmt werden (Testierfreiheit), ansonsten gilt die gesetzliche Erbfolge. Hiernach erbt z.B. der Ehegatte (bei gesetzlichem Güterstand) eine Hälfte, während der Rest gleichmäßig auf die Kinder aufgeteilt wird (ausführlicher z.B. LIPINSKY u.a. 1982, S. 117ff.). Mit der Anwendung der Realteilung auf *landwirtschaftliches* Eigentum sind verschiedene für die Wirtschaftskraft der Betriebe außerordentlich negative Folgen verbunden:

- eine Flurzersplitterung, die mechanische Bewirtschaftungsmethoden erheblich behindert,
- eine unwirtschaftliche Aufteilung landwirtschaftlicher Betriebe (auch wenn die einzelnen Grundstücke nicht geteilt werden), wobei die Landwirtschaftsgerichte nach dem Grundstücksverkehrsgesetz (s.o.) hierfür jedoch die Genehmigung versagen können,
- eine existenzgefährdende Verschuldung des von einem Erben übernommenen Betriebes, wenn dieser die anderen Erben nach dem Verkehrswert auszahlen muß, wie es das BGB bei Fehlen eines Testaments vorsieht.

Traditionell findet man in Realteilungsgebieten besonders geringe Betriebsgrößen. Wo außerlandwirtschaftliche Beschäftigungsmöglichkeiten vorhanden sind, nehmen die landwirtschaftlichen Familien oft Erwerbskombinationen wahr, wie es für Südwestdeutschland typisch ist. Ist diese Bedingung nicht gegeben, wird durch den resultierenden wirtschaftlichen Druck die Verpachtung bzw. Veräußerung zu kleiner Parzellen oder Betriebe erzwungen, d.h. die Bodenmobilität gesteigert. In anderen Gebieten (z.B. in Bayern) hat sich der Brauch der geschlossenen Vererbung an einen Anerben durchgesetzt (bzw. erhalten), indem die Erblasser ihre Testier- und Vertragsfreiheit ausnutzten, um von der Realteilung abweichende Regeln zu praktizieren.

Unter dem **Anerbenrecht** bzw. der Anerbensitte (dazu KREUZER 1981) wird der Hof ungeteilt an einen einzigen Erben, den Anerben übergeben, der die übrigen, "weichenden" Erben mit reduzierten Abfindungen auszahlen kann, d.h. es handelt sich um ein landwirtschaftliches Sondererbrecht. Das Anerbenrecht gilt z.T. "direkt" (unmittelbar), z.T. nur "indirekt" (mittelbar), d.h. nach Eintragung in ein öffentliches Register ("Höferolle"). In den betreffenden westdeutschen Gebieten (z.Z. ganz Westdeutschland außer Saarland, Baden und Bayern) gilt das Anerbenrecht i.d.R. nicht obligatorisch, sondern fakultativ, d.h. der Erblasser hat rechtliche Möglichkeiten, seine Anwendung auszuschließen. Das Anerbenrecht wirkt konservierend auf die Betriebsgrößenstruktur und die Flureinteilung. Um die Mobilisierung von Flächen für die Betriebsaufstockung nicht zu gefährden, wurden in den betreffenden landesrechtlichen Regelungen i.d.R. Mindestgrößen der Höfe für die Einbeziehung in das Anerbenrecht festgelegt.

Der zuletzt 1976 novellierten Nordwestdeutschen Höfeordnung für Nordrhein-Westfalen, Niedersachsen, Hamburg und Schleswig-Holstein unterliegen z.B. *direkt* (wenn die Hofeigentümer nicht das Gegenteil im Grundbuch eintragen lassen) die Höfe mit geeigneter Hofstelle ab 20.000 DM "Wirtschaftswert" (dazu Abschnitt 2.4.1), während Höfe von 10.000 - 20.000 DM in die Höferolle eingetragen werden *können*.

Sofern der Anerbe nicht testamentarisch bestimmt wurde, wird Anerbe, wem die Bewirtschaftung dauerhaft übertragen wurde oder (in zweiter Linie), wer die notwendige Qualifikation erworben hat, ansonsten gilt das Ältesten- oder Jüngstenrecht. Bei der Abfindung der weichenden Erben wird das 1 1/2fache des "Einheitswerts" (dazu ebenfalls Abschnitt 2.4.1) abzüglich bestehender Schulden (mindestens jedoch der halbe Einheitswert) als zu verteilende Masse zugrunde gelegt, wodurch der Anerbe bevorzugt wird, da der Verkehrswert i.d.R. ein Vielfaches des Einheitswerts beträgt.

Auch in Regionen ohne Anerbenrecht kann die geschlossene Vererbung praktiziert werden, wovon besonders in Gebieten ohne Anerbenrecht, aber mit **Anerbensitte** (Bayern) Gebrauch gemacht wird.

- Wenn die gesetzliche Erbfolge durch eine *testamentarische Bestimmung* der Erben ersetzt wurde, erfolgt die Abfindung nach dem Ertragswert (Vererbung von Landgütern nach § 2049 BGB), der über dem Einheitswert, aber unter dem Verkehrswert liegt.
- Wenn kein Testament vorliegt, kann ein Miterbe unter bestimmten Umständen die gerichtliche *Zuweisung* auf der Basis des Grundstücksverkehrsgesetzes verlangen, wobei die Abfindung ebenfalls auf der Basis des Ertragswerts erfolgt.
- Schon zu Lebzeiten des Erblassers kann die Erbfolge durch mehr oder weniger gut abgesicherte *Hofübergaberegelungen* (LIESENBORGHS 1981, LIPINSKY u.a. 1982, S. 134ff.) vorbereitet werden.

Die folgende Übersicht II-9 zeigt die Bedeutung der Erbgewohnheiten und der Pacht für die Entwicklung der Agrarstruktur auf (vgl. auch LIPINSKY 1983, S. 242f.).

Übersicht II-9: Durchschnittsgröße und Pachtlandanteil in Bundesländern, 1960 und 1989

	1960			1989		
	Größe in ha	in % der BRD	Pacht-anteil	Größe in ha	in % der BRD	Pacht-anteil
Schleswig-Holstein	20,5	220,4	27,5	29,3	155,9	37,9
Niedersachsen	13,0	139,8	32,3	27,8	147,9	42,5
Nordrhein-Westfalen	10,4	111,8	31,4	20,5	109,0	41,7
Hessen	6,9	74,2	23,9	16,4	87,2	43,3
Rheinland-Pfalz	6,0	64,5	31,0	13,4	71,3	51,3
Saarland	4,6	49,5	21,9	22,9	121,8	52,1
Baden-Württemberg	6,4	68,8	21,6	13,4	71,3	41,1
Bayern	9,4	101,1	12,2	15,8	84,0	27,9
BRD	9,3	100,0	24,0	18,8	100,0	38,3

Quellen: Pachtanteile 1960 nach WEHNER 1986, S. 21, für 1989 aus SBA, FS 3, R 2.1.6, 1989; Betriebsgrößen aus BMELF, AB 1989, MB S. 20 und AB 1973, MB S. 223.

Man erkennt zunächst das durch traditionelle Erbgewohnheiten bedingte Nord-Süd-Gefälle der Betriebsgrößen, wobei zu beachten ist, daß in

Rheinland-Pfalz und dem größten Teil Hessens das Anerbenrecht erst 1953 bzw. 1947 eingeführt wurde (KREUZER 1981, Sp. 263) und Bayern auch ohne Anerbengesetz ein traditionelles Anerbengebiet ist.

Der insbesondere mittels der Pacht (s.o.) stattfindende Strukturwandel hat jedoch dazu geführt, daß sich die Betriebsgrößen in den Realteilungsgebieten (besonders markant im Saarland) überdurchschnittlich erhöht haben. Dabei wurden sogar z.T. die Durchschnittsgrößen in den Anerbengebieten übertroffen. Die Bedeutung des geltenden Erbrechts sollte daher auch nicht überschätzt werden.

Bodennutzungsrecht

Neben den Regelungen für den Übergang von landwirtschaftlichem Eigentum und landwirtschaftlichem Besitz kann der Staat auch in die *Nutzung* des landwirtschaftlichen Bodens eingreifen. Diese öffentlich-rechtlichen Nutzungsbeschränkungen haben in der BR Deutschland seit den 70er Jahren insbesondere im Zusammenhang mit dem öffentlichen Bau- und Planungsrecht und dem Umweltrecht an Bedeutung gewonnen. Daneben bestehende privatrechtliche Nutzungsbeschränkungen (z.B. aus dem Nachbarrecht oder vertraglichen Vereinbarungen) können hier ausgeklammert werden.

Öffentliche Einschränkungen der privaten Verfügungsrechte über den Boden können so weit gehen, daß sie einer Enteignung nahekommen, die gemäß Art. 14 GG nur in Verbindung mit einer (Enteignungs-) Entschädigung zulässig ist. Derartige Einschränkungen werden jedoch zunehmend als Inhaltsbestimmung des Eigentums (im Sinne von Art. 14, Abs. 1(2): "Inhalt und Schranken regelt das Gesetz") angesehen, die unter Berücksichtigung der Sozialpflichtigkeit des Eigentums hinzunehmen ist. Die hieraus resultierenden Verluste müssen z.T. von den Betroffenen getragen werden, z.T. werden dafür vom Gesetzgeber *Ausgleichszahlungen* zugestanden (vgl. z.B. DESELAERS 1986, KROHN 1986). Die einzelnen Gesetze und Verordnungen können an dieser Stelle nur knapp und in Auswahl gekennzeichnet werden (umfassender: HÖTZEL 1986, HOPPE, BECKMANN 1989):

- Das **Wasserhaushaltsgesetz** von 1957 (vgl. z.B. SEIFERT 1982) verbietet unter Androhung einer Gefährdungshaftung die "Benutzung" (z.B. durch schädliche Einwirkungen auf die Wasserqualität) von Gewässern, worunter auch das Grundwasser unterhalb der landwirtschaftlichen Fläche fällt. Darüber hinaus gestattet es in Wasserschutzgebieten den Erlaß zusätzlicher Nutzungsbeschränkungen (etwa Verbote oder Beschränkungen der mineralischen und organischen Düngung) zur Sicherung der Wasserversorgung. Für letztere sind seit der 5. Novelle des WHG von 1986 Ausgleichszahlungen (auch ohne Enteignungstatbestand) nach Landesrecht möglich (hierzu CZYCHOWSKI 1988, NICK 1984).
- Das **Abfallbeseitigungsgesetz** von 1972 ermächtigt zum Erlaß von Verordnungen, die die Aufbringung von Klärschlamm und organischen

Düngern regeln. Hierauf beruht die *Klärschlammverordnung* (1982) des Bundes, die u.a. Grenzwerte von Schwermetallgehalten in aufzubringendem Klärschlamm festlegt und die Aufbringungsmengen begrenzt. Von Bedeutung sind ferner die auf dieser Basis erlassenen *Gülleverordnungen* einiger Länder, in denen die Aufbringung von Gülle zeitlich und mengenmäßig begrenzt wird (in Schleswig-Holstein auf zwei, in Nordrhein-Westfalen auf drei *Dungeinheiten* je ha, die jeweils etwa 80 kg N je ha entsprechen, vgl. zuletzt MÖKER 1989, S. 325ff.). Bei Überschreitung dieser Grenzen für das "übliche Maß der Düngung" gilt die Ausbringung von Wirtschaftsdünger als Abfallbeseitigung, für die schärfere Vorschriften gelten und u.U. Bußgelder drohen.

- Das **Bundesimmissionsschutzgesetz** von 1974 verlangt für die Errichtung von Anlagen der Schweine- und Geflügelhaltung, die bestimmte Größen überschreiten (z.B. bei Mastschweineanlagen mit Gülleverfahren: 700 Stallplätze), die Beantragung einer Genehmigung, die nur bei Vermeidung von schädlichen Umwelteinwirkungen erteilt wird (vgl. SCHLICHTER 1981).
- Im **Bundesnaturschutzgesetz** von 1976 (als Rahmengesetz) und den entsprechenden Landesnaturschutzgesetzen (dazu z.B. EBERSBACH 1982) wird die Landschaftsplanung, darüberhinaus die Ausweisung von Gebieten mit besonderen Schutzvorschriften, z.B. Natur- und Landschaftsschutzgebieten, die inzwischen mehr als ein Viertel der Gesamtfläche der Bundesrepublik einnehmen, sowie der Artenschutz geregelt. Entsprechend dem *Verursacherprinzip* hat der für negative Eingriffe Verantwortliche diese auszugleichen bzw. bei schweren Beeinträchtigungen des Naturhaushalts zu unterlassen. Nach der umstrittenen *Landwirtschaftsklausel* (vgl. § 1(3), § 8(7), dazu EBERSBACH 1981) ist die (im Sinne des BNatSchG) ordnungsgemäße landwirtschaftliche Bodennutzung nicht als "Eingriff" anzusehen. Die Landwirtschaft ist häufig dennoch von Naturschutzgesetzen betroffen, etwa wenn z.B. in Naturschutzgebieten die Entwässerung oder der Umbruch von Grünland untersagt werden, oder wenn bestimmte "zumutbare" Maßnahmen des Naturschutzes (etwa die Anpflanzung von Feldgehölzen) zu dulden sind. Die entsprechenden Landesgesetze sehen Ausgleichszahlungen bzw. Entschädigungen für *unzumutbare* bzw. *enteignende* Einschränkungen, insbesondere von vorher ausgeübten Nutzungen, vor (vgl. SCHINK 1985, 1989, NIES 1986).
- Im **Baugesetzbuch** ist die Errichtung von baulichen Anlagen geregelt. Innerhalb der Gemeinden sind die Bebauungspläne mit einer Vielzahl von Vorschriften über Abstände, Geschosse usw. zu beachten. Im Außenbereich der Ortslagen sind i.d.R. nur bestimmte privilegierte Vorhaben zulässig, um die Landschaft vor der "Zersiedlung" zu schützen. Zu diesen Vorhaben gehören auch landwirtschaftliche Wohn- und Wirtschaftsbauten, soweit ihnen nicht gewichtige öffentliche Belange

(Natur- und Landschaftsschutz, Vermeidung von Splittersiedlungen) entgegenstehen (vgl. HOPPE 1981, FRANKE 1987). Die Ausweisung von Grundstücken als Bauland im Bebauungsplan führt zu erheblichen Vermögenszuwächsen bei den betroffenen Eigentümern, die u.U. für Investitionen in landwirtschaftliche Unternehmen genutzt werden.

Die in diesen Gesetzen staatlicherseits formulierten *Ge- und Verbote* für die landwirtschaftliche Bodennutzung stellen z.T. erhebliche Eingriffe in den unternehmerischen Freiheitsspielraum dar, die agrarverfassungspolitisch problematisch sind (KLOEPFER 1986). Daneben ist zu fragen, ob die Verwendung von ökonomischen Anreizen (Steuern, Subventionen) zur Erreichung der betreffenden gesellschaftlichen Ziele nicht effizienter ist (dazu Bd. 2).

2.3.4. Flurbereinigung

Die Flurbereinigung ist ein Instrument zur Neuordnung des ländlichen Raumes, dessen Zielsetzungen vor dem Hintergrund sich ändernder wirtschaftlicher und gesellschaftlicher Anforderungen einem ständigen Wandel unterliegen (ZILLIEN 1981).

Heutzutage soll sie der "Verbesserung der Produktions- und Arbeitsbedingungen in der Land- und Forstwirtschaft" sowie der "Förderung der allgemeinen Landeskultur und Landentwicklung" dienen (§ 1 des 1976 novellierten Flurbereinigungsgesetzes). Neben der traditionell im Vordergrund stehenden Steigerung der Produktivität in Land- und Forstwirtschaft durch Zusammenlegung von zersplittertem oder unwirtschaftlich geformtem Grundbesitz und der Schaffung gemeinschaftlicher Anlagen (Wege, Straßen, Gewässer) erhält der Umwelt-, Natur- und Landschaftsschutz im Rahmen der Landeskulturpolitik zunehmendes Gewicht. In Abhängigkeit von der Ausgangssituation und der Zielsetzung bei Einleitung eines Flurbereinigungsverfahrens stehen verschiedene Verfahrensarten zur Verfügung (UHLING, 1989).

Bei der *"Regelflurbereinigung"* (§37 FlurbG) ist eine detaillierte Wertermittlung nötig, da aus kleineren Flurstücken größere gebildet werden und die Eigentümer grundsätzlich mit (neuem) Land von gleichem Wert abgefunden werden müssen. Daneben werden häufig wasserwirtschaftliche Maßnahmen und die Neuanlage des Wegenetzes durchgeführt.

Wenn die Ziele der Flurbereinigung im wesentlichen durch den Tausch von ganzen Flurstücken erreichbar sind, kommen einfachere Verfahren in Frage wie die *"Beschleunigte Zusammenlegung"* oder der *"Freiwillige Landtausch"*.

Für besondere Zielsetzungen wie Autobahn-, Straßen- oder Eisenbahnbauten können die benötigten Flächen über eine *"Unternehmensflurbereinigung"* (§§ 87ff FlurbG) oder die *"Vereinfachte Flurbereinigung"* (§ 86 FlurbG) bereitgestellt werden, um die Landverluste auf eine größere Teilnehmergemeinschaft zu verteilen.

Die Flurbereinigung greift in die Eigentümerrechte ein, da die Flurbereinigungsbehörde ihre Durchführung *anordnen* kann, wenn sie das (objektive)

Interesse der Beteiligten für gegeben hält (§ 4). Dadurch werden die Eigentümer zu Zwangsmitgliedern der Teilnehmergemeinschaft, die die Ausführungskosten (z.B. für gemeinschaftliche Anlagen, aber auch für Umweltschutzmaßnahmen "im Interesse der Teilnehmer") mitfinanzieren muß, während die Verwaltungskosten vom Land getragen werden. Zur Vermeidung nicht tragbarer Beitragsbelastungen werden Finanzierungslücken durch freiwillige kommunale Geldleistungen und im Rahmen der Gemeinschaftsaufgabe "Verbesserung der Agrarstruktur und des Küstenschutzes" durch Bund und Länder (1989: 500 Mio. DM, nach BMELF, AB 1991, S. 103) gefüllt.

Eine Verbesserung der Betriebsgrößenstruktur wird durch die Flurbereinigung nicht unbedingt erreicht, da alle Eigentümer, wenn sie nicht darauf verzichten, mit Land abzufinden sind. Darüber hinaus ist die Behandlung der Pächter als lediglich "Nebenbeteiligte" problematisch, worin die geringe Beachtung der wirtschaftlichen Einheiten (Betriebe) gegenüber den Eigentumsverhältnissen zum Ausdruck kommt.

2.4. Bewertung und Besteuerung landwirtschaftlicher Betriebe

2.4.1. Bewertung landwirtschaftlicher Betriebe

Die Bewertung des landwirtschaftlich genutzten Bodens läßt sich grundsätzlich (wie auch bei anderen Wirtschaftsgütern) auf zwei Wegen ermitteln:

- entweder anhand der (durchschnittlich) am Markt erzielbaren Preise als *Verkehrswert* (Marktwert)
- oder auf der Grundlage von *Schätzungen* nach geeigneten Bewertungsverfahren.

Die Ermittlung des **Verkehrswertes** landwirtschaftlicher Grundstücke und Betriebe stößt auf erhebliche Schwierigkeiten, da der Boden eine große sachliche und räumliche Inhomogenität aufweist, und da auf kleinregionaler Ebene häufig nur wenige Verkäufe vorliegen. In den meisten Ländern gibt es daher nur eine recht rudimentäre Bodenpreisstatistik, die für verschiedene Zwecke (insbesondere als Bemessungsgrundlage für die Besteuerung) keine hinreichend abgesicherte Datenbasis bietet. Ähnliches gilt für die Pachtpreisstatistik, die auch organisatorisch wenig entwickelt ist. Aus diesen Gründen wird die Boden- und Pachtpreisstatistik in der Regel nur als Orientierungshilfe bei Verkäufen und Verpachtungen herangezogen. Wo es auf die Ermittlung des individuellen Verkehrswertes ankommt, etwa bei der Festsetzung von Ausgleichsleistungen im Umweltrecht oder von Beleihungsgrenzen bei der Kreditvergabe, führen Sachverständige eine Schätzung durch, i.d.R. auf der Basis von Kaufpreisen vergleichbarer Grundstücke ("Wertermittlung", vgl. BLÄNKER, LIPINSKY 1990).

Für die steuerliche Bewertung landwirtschaftlicher Grundstücke und für zahlreiche andere agrarpolitische Fragen hat insbesondere die "Einheitsbewertung" große Bedeutung (KÖHNE, WESCHE 1990, S. 81ff.). Der **Einheitswert** ist prinzipiell der Ertragswert, den man durch Kapitalisierung des betrieblichen "Reinertrags" erhält, der unter den Verhältnissen eines schulden- und pachtfrei gedachten Betriebes, sowie unter der Annahme einer bestimmten Arbeitsentlohnung nachhaltig erzielbar ist. Die Ermittlung des Einheitswerts erfolgt jedoch i.d.R. nicht auf der Basis des individuellen Reinertrags, sondern in einem *vergleichenden Verfahren.* Diese vergleichende Bewertung geht von den Ergebnissen der Bodenschätzung von 1935 aus und ergibt in einem recht komplizierten Verfahren über verschiedene Zu- und Abschläge zur Berücksichtigung besonderer wirtschaftlicher Bedingungen schließlich den Einheitswert des Betriebes.

In der *Bodenschätzung* wurden die Ackerflächen nach neun Bodenarten (Sand, Lehm, Ton und Zwischenformen), fünf geologischen Entstehungsarten und sieben Zustandsstufen in einen "Ackerschätzungsrahmen" eingeordnet. Für jede Klasse wurde aufgrund von Schätzungen der Ertragsfähigkeit eine *"Bodenzahl"* festgelegt, die den Reinertrag einer Ackerfläche im Verhältnis zum besten Boden (Bodenzahl = 100) kennzeichnen soll. Ertragreiche Böden haben somit hohe, ärmere Böden eine niedrige Bodenzahl (innerhalb der Grenzen zwischen 0 und 100). Die Bodenzahlen kennzeichnen allein die Bodenverhältnisse unter durchschnittlichen sonstigen Bedingungen. Durch Zu- und Abschläge für besondere klimatische Bedingungen und Geländegestaltung erhält man die "Ackerzahlen". Die Multiplikation mit der Grundstücksfläche (gemessen in ar) ergibt die "*Ertragsmeßzahl*" des zu bewertenden Flurstücks. In ähnlicher Weise wurde auch Grünland anhand eines eigenen Schätzungsrahmens bewertet. In der Bundesrepublik sind für alle landwirtschaftlichen Grundstücke Ertragsmeßzahlen ermittelt und im Liegenschaftskataster eingetragen.

Die eigentliche Einheitsbewertung beginnt mit einer Korrektur der Ertragsmeßzahlen für seit 1935 eingetretene Verschiebungen der relativen (natürlichen) Ertragsfähigkeit der Böden. Von den so erhaltenen bereinigten Ertragsmeßzahlen werden Zu- und Abschläge für Besonderheiten der wirtschaftlichen Einflußfaktoren vorgenommen, die z.T. betriebsindividuell, z.T. nur regionsspezifisch bemessen werden, so daß man schließlich die *landwirtschaftlichen Vergleichszahlen* erhält, die die wirtschaftliche Ertragsfähigkeit im Vergleich zum Spitzenwert (= 100) reflektieren sollen. Als maximaler Einheitswert gilt derzeit (auf der Basis der letzten Aktualisierung von 1964) ein Betrag von 3.726 DM/ha, so daß die *Hektarwerte* theoretisch zwischen 0 und 3.726 DM liegen können. Durch Multiplikation mit der LN erhält man schließlich den *landwirtschaftlichen Vergleichswert*, der sich (evt. nach einer letzten Korrektur für außergewöhnliche Vieh- oder Gebäudebestände) mit den Vergleichswerten für andere Nutzungen zum *Wirtschaftswert* aufsummiert und schließlich, zusammengefaßt mit dem *Wohnwert*, den *Einheitswert* ergibt.

Mit dem Wirtschaftswert will man die Gesamtheit der Vermögenswerte eines landwirtschaftlichen Betriebes erfassen. Bei dem beschriebenen Bewertungsverfahren wird davon ausgegangen, daß mit der Fläche ein "normaler" Bestand an Besatzkapital (Wirtschaftsgebäude, Maschinen, Vieh, Vorräte) verbunden ist und durch die Bewertung abgegolten wird. Nur bei besonderen Verhältnissen (z.B. einem besonders großen Viehbestand) erfolgt eine gesonderte Bewertung, die durch einen Zu- oder Abschlag Berücksichtigung findet.

Einheitswert und *Wirtschaftswert* dienen als Bemessungsgrundlagen und Abgrenzungskriterien für die Erhebung einer Reihe von Steuern (s.u.) sowie für verschiedene andere Zwecke, wie z.B. die Festlegung von Beiträgen für Landwirtschaftskammern. Die Definition der unteren Erfassungsgrenze in Altershilfe, Krankenversicherung und Höfeordnung sowie die Beitragsentlastung in der Altershilfe auf der Basis des Wirtschaftswerts und die Beitragsbemessung durch Krankenkassen und Berufsgenossenschaften auf der Basis des "*Flächenwertes*" (Betriebsfläche mal gemeindedurchschnittlicher Hektarwert) wurden schon oben erwähnt. Ferner werden die Einheitswerte häufig als Orientierungsgrößen herangezogen, etwa beim Austausch von Flächen im Rahmen von Flurbereinigungsverfahren oder bei der Festlegung von Beleihungsgrenzen für Kredite.

Die Einheitsbewertung landwirtschaftlicher Betriebe weist in verschiedener Hinsicht *Mängel und Unzulänglichkeiten* auf. Aus heutiger Sicht werden die Bodeneigenschaften bei der Bewertung zu sehr betont, teilweise entsprechen sie angesichts der inzwischen realisierten technischen Fortschritte, aber auch aufgrund von Fehlern bei der Bodenschätzung von 1935, nicht den derzeitigen Ertragsverhältnissen. Vor allem jedoch entspricht das *Niveau* der Einheitswerte nicht annähernd den tatsächlichen Wertverhältnissen. Untersuchungen auf der Basis von einzelbetrieblichen Buchführungsunterlagen zeigen, daß die bei der Einheitsbewertung unterstellten Reinerträge deutlich unter den im Durchschnitt der Betriebe tatsächlich realisierten Reinerträgen liegen (KÖHNE, WESCHE, 1982, S. 81, SCHULZE, LAMMERS 1981). Entsprechend ist auch das Niveau der Einheitswerte unterschätzt. Diese Diskrepanz bestand bereits zum letzten Hauptfeststellungszeitraum (1964) und dürfte sich trotz der inzwischen vorgenommenen Fortschreibung der Einheitswerte eher noch vergrößert haben.

2.4.2. Besteuerung der Landwirtschaft

Die landwirtschaftlichen Unternehmen und Haushalte unterliegen in der Regel formal den gleichen Besteuerungsprinzipien und Steuergesetzen wie die übrigen Wirtschaftseinheiten. In der konkreten Ausgestaltung bestehen jedoch zahlreiche Sonder- und Ausnahmeregelungen. Dabei handelt es sich häufig um Vergünstigungen, die mit der ungünstigen Einkommenslage in der Landwirtschaft und besonderen gesellschaftlichen Zielen (Erhaltung einer "bäuerlichen Landwirtschaft") begründet werden. Daher kommt der Ausgestaltung der Besteuerung der landwirtschaftlichen Unternehmen und Haushalte auch unter agrarpolitischen Gesichtspunkten eine erhebliche Bedeutung zu. Im folgenden werden die bestehenden steuerlichen Regelungen für die Landwirtschaft in der Bundesrepublik, soweit agrarpolitisch bedeutsam, kurz skizziert. Eine ausführliche Darstellung, besonders der betriebswirtschaftlichen Aspekte, findet sich bei KÖHNE und WESCHE (1990).

2.4.2.1. Einordnung der für die Landwirtschaft wichtigsten Steuern

Die Steuern lassen sich nach der Bemessungsgrundlage allgemein den folgenden Kategorien zuordnen: Substanzsteuern, Verkehrsteuern und Ertragsteuern.

Von den **Substanzsteuern** sind für die Landwirtschaft, bedingt durch die Befreiung von der Gewerbesteuer, vor allem die Grundsteuer, daneben auch die Vermögensteuer und die Erbschaft- und Schenkungsteuer von Bedeutung. Die *Grundsteuer* ist von jedem Inhaber eines landwirtschaftlichen Betriebes zu zahlen und hat sowohl für die landwirtschaftlichen Betriebe als steuerliche Belastung wie für die ländlichen Gemeinden als Einnahmequelle ein beträchtliches Gewicht. Demgegenüber ist die *Vermögensteuer* für die meisten landwirtschaftlichen Haushalte weniger bedeutsam, da das landwirtschaftliche Vermögen nach der Einheitswertfeststellung recht niedrig bewertet wird, wohingegen die Schulden zum Nennwert berücksichtigt werden und darüber hinaus relativ hohe Freibeträge bestehen (kritisch dazu KNERR 1985, S. 142ff.).

Von den **Verkehrsteuern** ist die Umsatzsteuer (Mehrwertsteuer) für die Landwirtschaft am wichtigsten. Zwar machen die meisten Landwirte von der Möglichkeit der Pauschalierung (s.u.) Gebrauch und haben daher keine Umsatzsteuer an das Finanzamt abzuführen, aber als Instrument für Einkommenstransfers an die Landwirtschaft haben die Mehrwertsteuerregelungen für die deutsche Landwirtschaft dennoch erhebliche Bedeutung erlangt. Von den übrigen Verkehrsteuern spielt für die Landwirtschaft nur noch die Grunderwerbsteuer eine gewisse Rolle.

Zu den **Ertragsteuern** gehört die sowohl gesamtwirtschaftlich als auch für die Landwirtschaft wichtigste Steuer, die Einkommensteuer. Wegen nur teilweise verfügbarer Buchführungsunterlagen werden die landwirtschaftlichen Einkünfte nach verschiedenen Methoden erfaßt bzw. geschätzt. Damit und mit anderen Sonderregelungen sind teilweise erhebliche Vergünstigungen verbunden, die auch agrarpolitisch beachtlich sind.

2.4.2.2. Grundsteuer

Die Grundsteuer gehört zu den ältesten Steuern. Bis die industrielle Entwicklung an Gewicht gewinnt stellt sie häufig für die landwirtschaftlichen Betriebe eine große Belastung und für den Staat die wichtigste Einnahmequelle dar. Auch heute hat sie in den ländlichen Gebieten noch eine erhebliche Bedeutung für die Finanzierung der Gemeindehaushalte.

Die Grundsteuer wird auf landwirtschaftlichen Grundbesitz (Grundsteuer A) sowie auf sonstigen Grundbesitz (Grundsteuer B) erhoben. Als Bemessungsgrundlage dienen die Einheitswerte, aus denen entsprechend einer gesetzlich festgelegten *Steuermeßzahl* (derzeitig 0,6%) für landwirtschaftlichen Grundbesitz) der *Steuermeßbetrag* errechnet wird. Die einzelnen Gemeinden können dann durch Festlegung eines "*Hebesatzes*" (eines Multiplikators von i.d.R. 250% bis 400%) die Höhe der zu zahlenden Grundsteuer bemessen. Die von den landwirtschaftlichen Betrieben zu erbringende Grundsteuer ist als Belastung nicht zu vernachlässigen, jedoch im Verhältnis zum Einkommensbeitrag der Fläche nicht sehr hoch. Die je ha zu zahlende Grundsteuer bewegt sich derzeit in der Bundesrepublik in Größenordnungen von 20 bis 60 DM/ha.

Agrarpolitisch wird gelegentlich eine Senkung oder Streichung der Grundsteuer für landwirtschaftliche Betriebe gefordert. Dieses würde jedoch zum einen Probleme mit sich bringen, weil die Grundsteuer in den ländlichen Gebieten vielfach die wichtigste Gemeindesteuer darstellt, zum anderen würde eine solche Steuerausnahme (mit Subventionscharakter) die innerlandwirtschaftliche Einkommensverteilung gezielt verändern, da sie flächenstarke Betriebe begünstigen würde.

2.4.2.3. Umsatzsteuer

Die Umsatzsteuer ist eine allgemeine Verbrauchsteuer auf Waren und Dienstleistungen, die bei den Unternehmen auf den verschiedenen Stufen der Be- und Verarbeitung sowie des Handels erhoben wird. Nach der in der Bundesrepublik (und auch in den meisten westlichen Industrieländern) geltenden Bemessungsweise wird die Steuer auf jeder Stufe erhoben, wobei jedoch die bereits auf den Vorstufen entrichtete Steuer in Abzug gebracht werden kann. Man bezeichnet daher diese Steuer auch als *Mehrwertsteuer.* In der Bundesrepublik ist z.Z. noch ein Regelsteuersatz von 14% festgelegt, für bestimmte Produkte, zu denen auch Agrarprodukte gehören, gilt der halbe Satz, d.h. 7%. Bei der Regelbesteuerung hat der Unternehmer die eingenommene Umsatzsteuer und die gezahlte "Vorsteuer" getrennt von den Nettoentgelten *aufzuzeichnen* und deren Differenz an das Finanzamt abzuführen.

Die Landwirtschaft nimmt im Umsatzsteuerrecht eine Sonderstellung ein. Angesichts der Vielzahl kleiner landwirtschaftliche Betriebe wird darauf verzichtet, daß jeder einzelne Verkauf und Kauf aufgezeichnet wird. Die detaillierte Berechnung des abzuführenden Umsatzsteuersaldos wird Landwirten dadurch erspart, daß ihr "Vorsteuerabzug" gegenüber dem Finanzamt (unabhängig von den tatsächlich an die Lieferanten gezahlten Beiträgen) in der gleichen Höhe wie die eingenommene Umsatzsteuer festgesetzt wird, so daß sich ein Saldo von Null ergibt. Damit insgesamt aber für landwirtschaftliche Unternehmen wie für regelbesteuerte Unternehmen aus der Umsatzbesteuerung prinzipiell keine Wirkungen auf die Gewinne resultieren (wenn man aus einzelwirtschaftlicher Sicht die Beeinflussung der Marktpreise vernachlässigt), wird der Umsatzsteuersatz für landwirtschaftliche Unternehmen (bzw. die "Vorsteuerpauschale", z.Z. 8% vom Umsatz) gerade so festgelegt, daß die eingenommene Umsatzsteuer im Durchschnitt etwa der tatsächlich an die Lieferanten gezahlten Vorsteuer entspricht. Die beschriebene Festlegung der Umsatzsteuer bezeichnet man als **Pauschalierungsverfahren**, das von den meisten landwirtschaftlichen Betrieben angewendet wird ("pauschalierende" Betriebe). Wie bei den meisten Pauschalregelungen steht den landwirtschaftlichen Betrieben aber auch das Recht zu, für die allgemein gültige Regelbesteuerung zu optieren, wenn sie die erforderlichen Buchführungsunterlagen beibringen und bestimmte Festlegungsfristen einhalten ("optierende Betriebe").

Unter agrarpolitischen Gesichtspunkten ist die Festlegung des landwirtschaftlichen Umsatzsteuersatzes von erheblicher Bedeutung und wird z.T. kontrovers diskutiert (KÖHNE, WESCHE 1990, S. 149f). Wird er höher festgesetzt, als es der tatsächlich gezahlten Vorsteuer entspricht, so fließen den landwirtschaftlichen Betrieben per Saldo Einkommen zu, wird sie niedriger festgelegt, so ergeben sich Nettozahlungen in die Staatskasse.

Darüber hinaus ist die landwirtschaftlichen Unternehmen zufließende Umsatzsteuer verschiedentlich durch Aufschläge zur Vorsteuerpauschale erhöht worden, um hierdurch den landwirtschaftlichen Betrieben zusätzliche Einkommen zukommen zu lassen (für die optierenden Betriebe durch entsprechende Abzüge von der Umsatzsteuerschuld). Solche zusätzlichen Aufschläge zur Vorsteuerpauschale wurden in der Bundesrepublik von 1969 bis 1980 angewendet, um negative Einkommenseffekte von Agrarpreissenkungen abzumildern, die durch die Aufwertung der DM entstanden waren. Sie wurden in noch stärkerer Dosierung von 1984 bis Ende 1991 eingesetzt, um die negativen Einkommenswirkungen eines Abbaus des deutschen Grenzausgleichs teilweise zu kompensieren. Hiermit ist die Festlegung von Zuschlägen zur Vorsteuerpauschale praktisch zu einem Instrument der Einkommenspolitik geworden, das der Bundesrepublik einen gewissen nationalen Gestaltungsspielraum eröffnete. Derartige nationale Sonderregelungen sind unter integrationspolitischen Gesichtspunkten problematisch, wenn sie über den allgemein akzeptierten Ausgleich von Sonderbelastungen hinausgehen. Darüber hinaus sind Zuschläge zur Vorsteuerpauschale auch als Instrument der Einkommenspolitik *grundsätzlich* problematisch, da sie die gleichen Allokations- und Verteilungswirkungen wie produktgebundene Subventionen haben (dazu Band 2) und z.T. zu intrasektoralen Verzerrungen führen können (KÖHNE, WESCHE 1990, S. 150).

2.4.2.4. Einkommensteuer

Die Einkünfte aus Land- und Forstwirtschaft stellen eine der 7 Einkunftsarten dar, die das Einkommensteuerrecht unterscheidet. Die Abgrenzung gegenüber den anderen Einkunftsarten (insbesondere den Einkünften aus Gewerbebetrieben) ist von Bedeutung, weil teilweise unterschiedliche Gewinnermittlungsverfahren angewendet werden und weil für die Landwirtschaft oft besondere Vergünstigungen gelten. Nach dem Einkommensteuergesetz gehören zu den Einkünften aus Land- und Forstwirtschaft im wesentlichen die Einkünfte aus Betrieben der Landwirtschaft, der Forstwirtschaft, des Weinbaus sowie des Obst- und Gemüsebaus, und zwar auch aus Nebenerwerbsbetrieben. Voraussetzungen sind jedoch, daß die Betriebe *mit Gewinnerzielungsabsicht* bewirtschaftet werden (Abgrenzung gegenüber der Hobbylandwirtschaft) und daß bestimmte flächenbezogene Grenzen der Tierproduktion (in sog. "Vieheinheiten") oder ein bestimmtes Ausmaß anderer wirtschaftlicher Tätigkeit im Betrieb (z.B. Direktvermarktung, Ferienzimmervermietung) nicht überschritten werden (Abgrenzung gegenüber gewerblichen Betrieben).

Die **Ermittlung der Einkünfte** (Gewinne) aus Land und Forstwirtschaft erfolgt angesichts der unterschiedlichen Betriebsgrößenverhältnisse nach verschiedenen Methoden (siehe im einzelnen KÖHNE und WESCHE 1990, S. 193ff.).

1. Ein Betrieb ist zur Gewinnermittlung durch *Buchführung* verpflichtet, wenn die folgenden Schwellenwerte überschritten werden: Wirtschaftswert über 40.000 DM oder Gewinn über 36.000 DM pro Jahr oder Umsatz über 360.000 DM pro Jahr. Von diesen Grenzen ist in den meisten Fällen der Wirtschaftswert am wirksamsten.
2. Falls die unter 1. genannten Grenzen nicht erreicht werden, kann eine vereinfachte *Einnahmen-Ausgaben-Überschußrechnung* gewährt werden.
3. Für den Fall, daß noch niedriger gesetzte Grenzen in Bezug auf den *Ausgangswert* (etwa entsprechend dem Wirtschaftswert ohne dessen Anteile für Sonderkulturen, Forsten, Wein- und Gartenbau) und den *Viehbesatz* nicht erreicht werden, ist eine Gewinnermittlung *nach Durchschnittssätzen* möglich (Gewinnermittlung nach § 13 a EStG). Hierbei wird auf leicht erfaßbare Merkmale des Betriebes zurückgegriffen (Ausgangswert, Arbeitskräftebesatz, Pachtflächen usw.), auf deren Basis nach einem sehr pauschalen Verfahren bewertet wird.
4. Wenn ein Steuerpflichtiger bei Überschreitung der entsprechenden Grenzen seiner Pflicht zur Buchführung bzw. zur Vorlage einer Einnahmen-Ausgaben-Überschußrechnung nicht oder nicht ordnungsgemäß nachkommt, so ist eine *Schätzung des Gewinns* vorzunehmen. Dabei können sich die Finanzbehörden an den vorgelegten Buchführungsergebnissen orientieren oder den zu erwartenden Gewinn nach einer von ihnen gewählten Methode frei schätzen.

Neben den allgemein gültigen Möglichkeiten der Verminderung des steuerpflichtigen Einkommens durch die Geltendmachung von Sonderausgaben, außergewöhnlichen Belastungen u.a., bestehen für Einkünfte aus Land- und Forstwirtschaft weitere **Vergünstigungen** (vgl. KÖHNE, WESCHE 1990, S. 197ff.; KNERR 1985, S. 155ff.):

- ein (umstrittener) *allgemeiner Freibetrag* für landwirtschaftliche Einkünfte von 2.000 DM bzw. 4.000 DM für Verheiratete nach § 13, Abs. 3 EStG,
- eine erhebliche *Steuerersparnis bei* den nach *Durchschnittssätzen* veranlagten (§13a-) Landwirten, zu denen etwa die Hälfte aller Vollerwerbsbetriebe gehören, infolge der bei dieser Gewinnermittlungsmethode systematischen Unterschätzung des wahren Gewinns (KNERR 1991, S. 199)
- ein *Steuerermäßigungsbetrag* von bis zu 2.000 DM für die nicht nach Durchschnittssätzen (§ 13 a) veranlagten Unternehmen unterhalb eines Gewinns von 60.000 DM
- *Freibeträge für* die *Veräußerungsgewinne* aus Bodenverkäufen, die für Erbauseinandersetzungen und Schuldtilgungen verwendet werden
- verschiedene *Sonderabschreibungen* bzw. "Gewinnabzüge" bei § 13 a-Landwirten
- *ermäßigte Steuersätze* bzw. *Übertragungsmöglichkeiten*, wenn stille Reserven aufgelöst werden.

Für die **quantitative Bedeutung der steuerlichen Vergünstigungen** gibt es zahlreiche Indizien, z.B.:
- Bezieht man die von den Vollerwerbsbetrieben im Durchschnitt der drei Wirtschaftsjahre 1987/88 bis 89/90 gezahlte Einkommenssteuer (1.465 DM) auf die Gesamteinkommen ohne die i.d.R. nicht zu versteuernden Einkommensübertragungen (47.129 DM), so resultiert ein durchschnittlicher Steuersatz von etwa 3% (zum Vergleich der durchschnittliche Steuersatz aus der Splittingtabelle 1989: 18%).
- Über 70% der Betriebsinhaber von Vollerwerbsbetrieben zahlen überhaupt keine Einkommenssteuer (BMELF, AB 1991,MB S. 67)
- Vergleichende Berechnungen der verfügbaren Einkommen für Haushalte mit überwiegend landwirtschaftlichen Einkommensquellen und anderen Einkommensquellen weisen markante Unterschiede in der Steuerbelastung auf (vgl. Abschnitt 4.3.1).
- Der 12. SUBVENTIONSBERICHT der Bundesregierung weist für 1989 landwirtschaftliche Steuervergünstigungen bei der Einkommensbesteuerung von 970 Mio. DM aus (ohne Sonderabschreibungen, S. 144f., S. 203f.). Schätzungen von wissenschaftlicher Seite gelangen demgegenüber zu noch höheren Steuerausfällen (KOMMISSION ... 1978, S. 30ff., SCHLÖDER 1987, S. 282ff.).

Unter den Gesichtspunkten der Steuergerechtigkeit, aber auch wegen der Anstöße für eine verbesserte Unternehmensführung, sollte daher eine verstärkte Einführung der Buchführung angestrebt werden (durch Herabsetzung der Pflichtgrenzen oder durch indirekte Anreize, wie etwa eine realistische Bemessung der Durchschnittssätze). Einkommensverteilungspolitische Ziele können mit einer *generellen* Begünstigung von Landwirten bei der Einkommenssteuer kaum in Verbindung gebracht werden, da auch nach den allgemein gültigen Bemessungsprinzipien einkommensschwache Haushalte nur geringe Steuerleistungen zu erbringen haben. Untersuchungen der *intrasektoralen* Verteilungswirkungen (KNERR 1985, 1991, SCHLÖDER 1987, S. 284ff.) ergaben vielmehr höhere Steuervergünstigungen für mittlere und größere Betriebe sowie bei den Betriebsformen besondere Vorteile für Futterbaubetriebe und relativ geringe Vergünstigungen für Marktfruchtbaubetriebe.

2.5. Weitere Institutionen im Umfeld der Landwirtschaft

Der landwirtschaftliche Produktionsbereich, in dem über die Bodennutzung pflanzliche und tierische Produkte erstellt werden, stellt den Kern eines größeren Agrarkomplexes dar. Wenn wir den Betrachtungsrahmen zunächst auf die Bezugs- und Absatzbedingungen und des weiteren auf den sog. Agri-Business-Bereich ausdehnen, finden sich einige agrarspezifische Institutionen, die im Laufe der Zeit als Selbsthilfeorganisationen oder staatlich initiiert entstanden sind. Auf diese Weise sollen vor allem die Marktstellung der einzelnen landwirtschaftlichen Betriebe auf den Produkt- und Faktormärkten gestärkt und eine effiziente Versorgung mit bestimmten Gütern und Diensten (Ausbildung, Forschung, Beratung) erreicht werden. Wenn der Betrachtungsbogen noch weiter gespannt wird, sind alle institutionellen und rechtlichen Regelungen der politischen Entscheidungsfindung, Durchführung und Kontrolle agrarpolitischer Maßnahmen mit zu berücksichtigen. In den meisten entwickelten Industrieländern besteht ein vielfältiges Nebeneinander von privaten, halbstaatlichen und staatlichen Institutionen, ohne die die moderne Landwirtschaft nicht mehr vorstellbar ist.

Im folgenden werden wir auf die Versorgung der Landwirtschaft mit Kapital, die Marktgegebenheiten und das Informations- und Beratungswesen für die Landwirtschaft näher eingehen. Weitere Ergänzungen zu diesem Themenkomplex, insbesondere den politischen Institutionen und Entscheidungs- und Einflußträgern erfolgen in Band 2.

2.5.1. Agrarkredit und Finanzierung

Das in der Landwirtschaft eingesetzte Kapital wird im Vergleich zu der gewerblichen Wirtschaft in wesentlich stärkerem Maße durch Eigenkapital finanziert. So beträgt z.B. in der Bundesrepublik Deutschland der Anteil des Eigenkapitals am gesamten landwirtschaftlichen Vermögen (die Eigenkapitalquote) über 80% (Übersicht II-10) gegenüber nur etwa 30% in den deutschen Aktiengesellschaften (SBA, JB 1990, S. 131). Die Bewertung des Bodens erfolgt hierbei mit dem Ertragswert, wovon die ausgewiesene Eigenkapitalquote entscheidend abhängt. Entsprechend der großen Bedeutung langfristig gebundener Vermögensbestandteile (Boden, Gebäude) haben langfristige Kredite den höchsten Anteil am Fremdkapital.

Übersicht II-10: Finanzierungsstruktur der westdeutschen Landwirtschaft 1963 - 1990, Mrd. DM

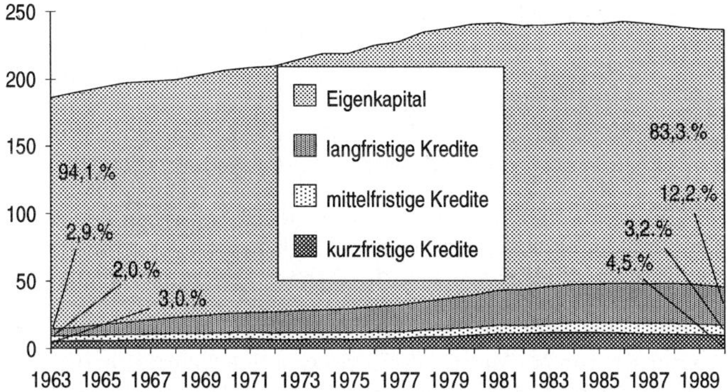

Quelle: BMELF, AB versch. Jgg. Bodenvermögen wegen veränderter Bewertung vor 1968 zurückgerechnet auf den Grundlagen von Angaben aus BMELF, AB 1974.

Die *hohe Eigenkapitalquote* dürfte auf ein eher konservatives Finanzierungsverhalten, aber auch auf vergleichsweise niedrige Renditen des eingesetzten Kapitals bei erheblichen Erlösschwankungen zurückzuführen sein. Die Erfahrung zeigt, daß sich für landwirtschaftliche Betriebe mit hohem Fremdkapitalanteil in Phasen gedrückter Preise und Erlöse gravierende Liquiditäts- und Überschuldungsprobleme ergeben können. Markante Beispiele sind etwa die "Verschuldungskrise" vor allem ostdeutscher Großbetriebe nach dem starken Verfall der Getreidepreise gegen Ende des vorigen Jahrhunderts oder die gravierende Finanzkrise in der US-Landwirtschaft Anfang der 80er Jahre (dazu BOEHLJE, EIDMAN 1983, weitere Beiträge an gleicher Stelle und HARL 1990).

Wenn man den Agrarkredit umfassend als Kredit an Unternehmen des Agrarkomplexes versteht, kann man nach dem **Verwendungszweck** insbesondere die folgenden Arten unterscheiden (PABSCH 1981):

- Investitionskredite zur Finanzierung des Anlagevermögens von landwirtschaftlichen Unternehmen, wobei Kredite für Bodenkäufe oder Erbauseinandersetzungen z.T. als (unproduktiver) "Besitzkredit" bezeichnet werden (MEINHOLD 1956),
- Betriebs- oder Umschlagskredite zur Finanzierung von Vorleistungen,
- Kredite für besondere Vorhaben wie Flurbereinigungen, Meliorationen oder Wirtschaftswegebau, die i.d.R. nicht an einzelne Betriebe gehen und
- "mittelbare" Agrarkredite an der Landwirtschaft vor- und nachgelagerte Unternehmen (Landhandel, Bezugs- und Absatzgenossenschaften).

Nach den **Sicherheiten** für die gewährten Kredite kann man Realkredite und Personalkredite unterscheiden. Bei *Realkrediten* dienen Vermögensbestandteile der Betriebe, wie Vorräte, Vieh und insbesondere Grund und Boden der Absicherung. Bewegliche Sachen können durch Eigentumsvorbehalt, Sicherungsübereignung oder Pfandrechte zur Kreditsicherung besonders bei kürzeren Fristen eingesetzt werden, wobei der Gesetzgeber z.T. landwirtschaftliche Sonderformen (Früchtepfandrecht, besitzloses Pfandrecht am Pächterinventar) geschaffen hat. Mit im Grundbuch eingetragenen Grundpfandrechten (Grundschuld, Hypothek) werden i.d.R. langfristige Kredite abgesichert. Ausgesprochene *Personalkredite*, bei denen die Beurteilung der Kreditwürdigkeit im wesentlichen von der Person und den unternehmerischen Fähigkeiten des Kreditnehmers abhängt, sind im allgemeinen nur für Pächter und expansiv ausgerichtete Jungunternehmer von Bedeutung (JONAS, PAASCH 1976, S. 160ff.).

Der hohe Bedarf für *langfristige* Kredite in der Landwirtschaft und die Realsicherung gehören zu den *Besonderheiten* des Agrarkredits. Daneben wird die niedrige Kapitalverzinsung z.T. auf sektorspezifische Nachteile (vgl. Abschnitt III, 9) zurückgeführt und so ein staatlicher Interventionsbedarf begründet (MEINHOLD 1956, S. 59). Diese Begründung ist zwar nicht unproblematisch, da intersektorale Entlohnungsdifferenzen normale Begleiterscheinungen gesamtwirtschaftlichen Strukturwandels sind und wichtige Signalfunktionen bei seiner Steuerung durch Produkt- und Faktormärkte haben (Abschnitt III, 7). Dennoch kam es nach dem 1. Weltkrieg zunehmend zu **agrarkreditpolitischen Eingriffen** des Staates, als sich die begrenzten Möglichkeiten der z.T. als Selbsthilfeorganisationen entstandenen privaten Kreditinstitutionen (z.B. Raiffeisen-Kreditgenossenschaften) zeigten (zur Geschichte: BEHRENDT, S. 32ff.).

Als *Instrumente* wurden in staatlichen Programmen besonders eingesetzt:
- öffentliche Darlehen
- Kapitalzuschüsse (verlorene Zuschüsse)
- Zinsverbilligungen
- öffentliche Bürgschaften

Die wichtigsten **Kreditgeber** im Agrarkredit haben bestimmte Schwerpunkte ihrer Tätigkeit (MEINHOLD 1956, PABSCH 1981, JONAS, PAASCH 1976):
- Die 1949 gegründete *landwirtschaftliche Rentenbank* übernimmt fast ausschließlich Refinanzierungsaufgaben für die anderen am Agrarkredit beteiligten Banken.
- Die gewerblichen und landwirtschaftlichen *Kreditgenossenschaften* (Volks- und Raiffeisenbanken mit dem Zentralinstitut Deutsche Genossenschaftsbank) sind traditionell auf den kurz- und mittelfristigen

- Die *Sparkassen* (Spitzeninstitut: Deutsche Girozentrale) stellen in stärkerem Umfang langfristige Kredite zur Verfügung.
- *Realkreditinstitute* (z.B. private Hypothekenbanken) bieten i.d.R. ausschließlich langfristige, durch Grundpfandrechte abgesicherte Kredite an.

Übersicht II-11: Beteiligung der Kreditinstitute am Agrarkredit, 1990

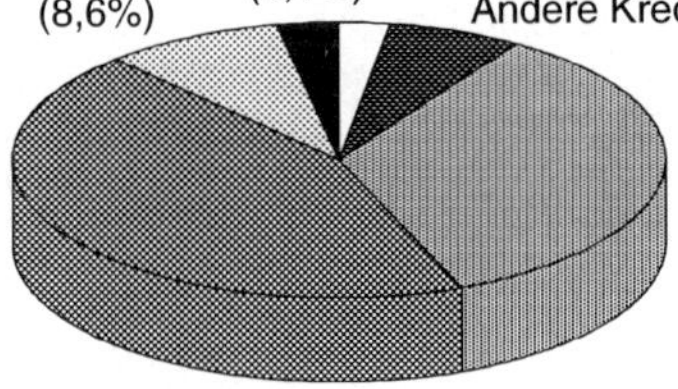

Quelle: DEUTSCHE BUNDESBANK 1991.

Neben den Kreditinstituten sind *Händler und Lieferanten* besonders am kurzfristigen Agrarkredit beteiligt, der zwar unkompliziert ist, aber für den einzelnen Landwirt oft hohe Kosten durch höhere Zinssätze, nicht ausgenutzte Skonti und Abhängigkeiten von bestimmten Lieferbeziehungen mit sich bringt.

2.5.2. Vermarktungsinstitutionen und Marktbeziehungen

Im Zuge der wirtschaftlichen Entwicklung kommt es zu einer fortschreitenden Arbeitsteilung und Auslagerung von wirtschaftlichen Funktionen aus den landwirtschaftlichen Betrieben, die von vor- und nachgelagerten Marktpartnern übernommen werden. Immer mehr Vorleistungen werden aus dem gewerblichen Bereich oder von anderen Betrieben bezogen und immer mehr Produkte werden nicht direkt, sondern über den Handel an Verbraucher abgesetzt oder industriell weiterverarbeitet. Die Bedeutung dieser **Marktpartner der Landwirtschaft** ist bei den einzelnen Produkten sehr unterschiedlich (z.B. WÖHLKEN 1984, S. 74ff., STRECKER, REICHERT, POTTEBAUM 1976, S. 290ff.):

- Bei einigen Produkten erreicht der *Direktabsatz* (z.T. über Wochenmärkte) noch größere Anteile, z.B. bei Eiern 1988/89 etwa ein Drittel (BMELF, JB 1991, S. 156).
- Häufig wird der größte Teil der Produktion vom *Erfassungshandel* aufgenommen, so z.B. bei Getreide, wo 1989/90 etwa 52% vom genos-

- Häufig wird der größte Teil der Produktion vom *Erfassungshandel* aufgenommen, so z.B. bei Getreide, wo 1989/90 etwa 52% vom genossenschaftlichen und 36% vom privaten Erfassungshandel aufgekauft wurden.
- Bei Fleisch bzw. Vieh und einigen anderen Produkten haben das *Ernährungshandwerk* (d.h. im wesentlichen Metzger und Bäcker) und die *Ernährungsindustrie* große Bedeutung.
- Direkte Lieferungen von landwirtschaftlichen Betrieben an den *Lebensmittelgroß- oder -einzelhandel* (Verteilungshandel) sind relativ selten, da dieser überwiegend vom Erfassungshandel bzw. von Ernährungsindustrie und -handwerk beliefert wird.
- Vorleistungen werden überwiegend über private oder genossenschaftliche Unternehmen an landwirtschaftliche Betriebe geliefert, die häufig auch den Erfassungshandel (s.o.) durchführen.
- *Staatliche Interventionsstellen* (in der Bundesrepublik: Bundesanstalt für landwirtschaftliche Marktordnung, BALM) kaufen im Rahmen der EG-Marktordnungen i.d.R. von der Großhandelsstufe und nur selten direkt von landwirtschaftlichen Betrieben.

Die wichtigsten **Funktionen des Handels** beziehen sich auf die Überbrückung von Divergenzen zwischen Herstellerangebot und Konsumentennachfrage
- in räumlicher Hinsicht,
- in zeitlicher Hinsicht (Lagerhaltung, Finanzierung),
- in quantitativer Hinsicht (Zusammenfasssung oder Verteilung von Gütermengen) und
- in qualitativer Hinsicht (Sortieren, Reinigen, Verarbeiten, Verpacken usw.).

Die der Landwirtschaft vor- und nachgelagerten Handelsunternehmen der ersten Hand werden unter dem Begriff des *Landwarenhandels* zusammengefaßt. Innerhalb des gesamten Landwarenhandels ging der Marktanteil des sehr heterogenen privaten Landhandels seit den 60er Jahren zugunsten der Genossenschaften zurück und betrug 1980 noch 43% (PRÜSSE 1983, S. 90).

Genossenschaften in der Rechtsform der eingetragenen Genossenschaft (e.G., dazu PAULICK 1981) sind freiwillige Zusammenschlüsse "zur Förderung des Erwerbs oder der Wirtschaft der Mitglieder" (Förderauftrag). Der Tradition als Selbsthilfeorganisation entspricht die Bedeutung von ehrenamtlicher Mitarbeit und intern gehandhabter Demokratie ("Ein Mann - eine Stimme").

Um die Entwicklung zu modernen Unternehmen zu begünstigen, wurden diese Traditionen z.T. durch Annäherungen an die Rechtsformen der GmbH bzw. der Aktiengesellschaft modifiziert (Einführung von Haftungsbegrenzung und Mehrfachstimmrechten). Dieser Entwicklung entspricht eine gewisse Entfremdung der Genossenschaften von ihren Mitgliedern, so daß ihre Vorteile gegenüber dem privaten Landhandel weniger in der demokratischen Mitbestimmung als vielmehr in günstigen Finanzierungskonditionen und der Ausnutzung von Kostendegressionen beim Verbund von (örtlichen) Primärgenossenschaften und den Zentralgenossenschaften liegen (GROSSKOPF, ALTER 1978, S. 76ff.; PRÜSSE 1983, S. 51ff.).

Bei den Marktpartnern der Landwirtschaft hat in der Vergangenheit eine sehr starke Konzentration stattgefunden. Wenn man dazu noch die regionale Zersplitterung der Absatzmärkte für landwirtschaftliche Produkte beachtet, die auf ihrer Transportkostenempfindlichkeit beruht, muß man die **Marktstellung der Landwirtschaft** gegenüber den vor- und nachgelagerten Bereichen als sehr schwach einstufen (GROSSKOPF, ALTER 1978, S. 198ff.). Zur Verbesserung dieser Marktstellung wurden 1969 das Marktstrukturgesetz und das Absatzfondsgesetz verabschiedet (dazu z.B. STRECKER, REICHERT, POTTEBAUM 1976, S. 463ff., WENDT 1990, S. 93ff.).

Das **Marktstrukturgesetz** fördert durch Beihilfen die Bildung von *Erzeugergemeinschaften*

- zur qualitativen Ausrichtung der Produktion auf die Markterfordernisse,
- zur Zusammenfassung des zersplitterten Angebots und
- zur kontinuierlichen Belieferung des Marktes.

Trotz der Zunahme ihrer Anzahl sind die Wirkungen der Erzeugergenossenschaften eher begrenzt geblieben.

Das **Absatzfondsgesetz** führte zur Bildung des *Absatzfonds* mit dem Auftrag, den Absatz und die Verwertung von Erzeugnissen der deutschen Land-, Forst- und Ernährungswirtschaft zu fördern. Die Finanzierung erfolgt seit 1981 nur noch durch Beiträge der Landwirtschaft und der Ernährungswirtschaft. Der weit überwiegende Teil der Mittel geht an die *Zentrale Marketinggesellschaft mbH* (CMA), die insbesondere mit Hilfe der Werbung und Verkaufsförderung versucht, die Marktanteile deutscher Agrarprodukte im In- und Ausland zu steigern, wobei sie aber eine Bevorzugung einzelner Produkte vermeiden muß ("Wettbewerbsneutralität").

Daneben wird aus den Mitteln des Absatzfonds auch die *Zentrale Markt- und Preisberichtstelle* GmbH (ZMP) finanziert, die die Markttransparenz im Agrarsektor erhöhen soll.

Während diese Maßnahmen im Rahmen einer (sozialen) Marktwirtschaft durchaus systemkonform sind, sind die **EG-Marktordnungen** (dazu im einzelnen etwa WÖHLKEN 1984) wesentlich kritischer zu beurteilen (Bd. 2, Kap. IV). Da sie sich nicht allein darauf beschränken, den Ordnungsrahmen festzulegen, sondern direkt reglementierend in die Marktabläufe eingreifen, ist der Begriff der "Marktregelung" eigentlich adäquater als der der "Marktordnung" (BUCHHOLZ 1977).

2.5.3. Information und Beratung

Bereits im 18. Jahrhundert finden wir in der deutschen Hausväterliteratur und in den Arbeiten der kameralistischen Lehrstühle erste Ansätze zur angewandten Forschung, Information und Beratung für die Landwirtschaft. Im 19. Jahrhundert entstanden auf Initiative von A.THAER und J. VON LIEBIG zunächst die ersten landwirtschaftlichen Akademien und Hochschulen, später dann auch die ersten Landwirtschaftsschulen für freiwillig im Winterhalbjahr teilnehmende junge Landwirte ("Winterschulen", vgl. BLOCK 1982). Heute sind die folgenden Bildungseinrichtungen Teile des landwirtschaftlichen **Ausbildungswesens**:

1) Für *Landwirtschaftliche Berufsschulen,* die die praktische Ausbildung im Rahmen der Lehrlingsausbildung zum landwirtschaftlichen Gehilfen ergänzen sollen, wurde 1938 eine Schulpflicht eingeführt.
2) Der Besuch der *Landwirtschaftlichen Fachschulen* (Landwirtschaftsschule, Höhere Landbauschule) ist dagegen freiwillig und kommt insbesondere für Betriebsleiter in Frage, die die Meisterprüfung oder die Ausbildungsbefähigung anstreben.
3) *Fachhochschulen und Universitäten* vermitteln Kenntnisse insbesondere für spätere Tätigkeiten in der landwirtschaftlichen Verwaltung und im weiteren "Agribusiness".

Übergeordnetes Ziel und Hauptaufgabe der **Beratung** ist es, die landwirtschaftlichen Unternehmerfamilien bei der Bewältigung betriebswirtschaftlicher, produktionstechnischer und sozialer Anforderungen zu unterstützen. Die jeweiligen wirtschaftlichen, sozialen und familiären Verhältnisse und Vorstellungen sind dabei entsprechend zu berücksichtigen (z.B.: VAN DEN BAN, WEHLAND 1984).

Während das landwirtschaftliche Ausbildungswesen fest in öffentlichen Händen ist, haben im Informations- und Beratungswesen neben den staatlichen Stellen schon frühzeitig private Organisationen Bedeutung erlangt. Unter den *öffentlichen Einrichtungen* sind die Landwirtschaftskammern, staatliche Ämter für Landwirtschaft sowie Pflanzenschutz- und Tierschutzämter die wichtigsten Träger der Offizialberatung. Während letztere besonders produktionstechnische Spezialgebiete betreuen, sind die Landwirtschaftskammern auch in der allgemeinen Wirtschaftsberatung und der zunehmend wichtigeren sozial-ökonomischen Beratung beteiligt, die grundlegende Entscheidungen über Betriebsaufgabe und Berufswechsel unterstützen soll (KYBURZ 1979).

Die *Landwirtschaftskammern* (dazu BENDEL 1982) sind Körperschaften des öffentlichen Rechts, die neben der Beratung z.T. Aufgaben der staatlichen Verwaltung (z.B. Genehmigungen nach dem GrdStVG) übernehmen, woraus Rollenkonflikte resultieren können (PHILLIP 1991). Sie werden in erster Linie durch staatliche Zuschüsse und daneben durch Beiträge und Umlagen der Mitglieder (Zwangsmitgliedschaft aller landwirtschaftlichen Betriebe) sowie durch Gebühren finanziert.

Neben den staatlichen Beratungs- und Informationsstellen erlangten bereits frühzeitig *private Organisationen der Landwirte* wie Versuchsringe oder Beratungsringe erheblichen Einfluß, die vielfach Erzeugergemeinschaften oder Maschinenringen angeschlossen sind. Im Zuge der wirtschaftlichen und technischen Entwicklung sowie Spezialisierung hat die *private Wirtschaftsberatung* eine steigende Bedeutung erlangt, die hauptsächlich von Betriebsmittel- und Investitionsgüteranbietern als Marketinginstrument eingesetzt wird. Größere landwirtschaftliche Betriebe nehmen darüber hinaus (vereinzelt) auch spezialisierte private Betriebsberater in Anspruch. Die Steuerberatung wird überwiegend von landwirtschaftlichen Buchstellen angeboten.

2.6. Betriebliche Strukturen

Nachdem wir die wichtigsten Elemente der Agrarverfassung betrachtet haben, soll im folgenden die Agrarstruktur gekennzeichnet werden, die sich in Deutschland und in den EG-Ländern in diesem institutionellen Rahmen entwickelt hat. Zur Charakterisierung der betrieblichen Strukturen sind zunächst jedoch einige hierfür benötigte Maßstäbe einzuführen.

2.6.1. Maßstäbe zur Kennzeichnung von Betriebsgröße und Produktionsrichtung

Die "Größe" eines Betriebes oder Betriebszweiges ist nur auf den ersten Blick ein eindeutiger Begriff. Tatsächlich gibt es verschiedene Möglichkeiten, diesen Begriff zu konkretisieren, wobei die Wahl des Maßstabs von der zu analysierenden Frage, aber auch von den zur Verfügung stehenden Daten und der verfügbaren Bearbeitungszeit abhängt (vgl. STEINHAUSER, LANGBEHN, PETERS 1982, S. 297ff.).

Physische Umfänge des Einsatzes einzelner Faktoren wie Fläche oder Arbeit

Der Umfang der dem Betrieb zur Verfügung stehenden *Fläche* war traditionell der übliche Maßstab zur Kennzeichnung der Betiebsgröße und wird auch heute noch häufig in vereinfachenden Darstellungen verwendet. Abgesehen von Unterschieden der Ertragsfähigkeit der Flächen bereitet jedoch vor allem die unterschiedliche Ausstattung des Bodens mit anderen Faktoren Probleme, da in Abhängigkeit hiervon auf gleichgroßen Flächen sehr unterschiedliche Produktionsumfänge möglich sind. Für viele Fragestellungen wird man einen Betrieb mit hoher Mastschweinehaltung als "größer" gegenüber einem viehlosen Betrieb einstufen, auch wenn beide gleichgroße Flächen bewirtschaften.

Entsprechend ist die Kennzeichnung der Betriebsgröße *durch den Arbeitseinsatz* oder andere (einzelne) Faktoren zu beurteilen. Vergleiche auf dieser Basis sind i.d.R. nur bei hinsichtlich der Faktoreinsatzstruktur ähnlichen Betrieben sinnvoll. Bei der Arbeit kommt hinzu, daß diese

Größe bei Familienunternehmen nur wenig variiert und Schwierigkeiten bei der Quantifizierung des geleisteten Arbeitsaufwandes bestehen (z.B.: PASCHER 1982).

Monetäre Aggregate: Unternehmensaufwand, Bilanzvermögen, Umsatz

Monetäre Aggregate wie Unternehmensaufwand oder Bilanzvermögen umfassen mehrere Faktoren zur Kennzeichnung der Betriebsgröße und beheben dadurch einige der soeben besprochenen Probleme. Die Bewertung der "quasifixen" (vgl. Abschnitt III, 6.1) Faktoren Arbeit, Boden und Kapital bereitet allerdings oft Schwierigkeiten, da Marktpreise nicht ohne weiteres herangezogen werden können. In dieser Hinsicht erscheint die Verwendung des Umsatzes (bzw. des Unternehmensertrages, zu den Begriffen z.B. HLBS 1981) unproblematischer, der häufig auch in der Industrie zur Kennzeichnung der Unternehmensgröße herangezogen wird.

Die genannten Größen können allerdings bei Preisschwankungen eine erhebliche Variabilität aufweisen, auch wenn die physische Produktionskapazität praktisch unverändert ist.

Einkommensgrößen: Gewinn, Standarddeckungsbeitrag, Standardbetriebseinkommen

Meistens interessiert man sich jedoch eher für die Kapazität des Betriebes zur Einkommens- als zur Umsatzerzielung. Dann ist ein Veredlungsbetrieb, der seine Futtergrundlage selbst erzeugt, "größer" als ein Veredlungsbetrieb mit zugekaufter Futterbasis, der trotz gleichen Umsatzes nur ein geringeres Einkommen erzielen kann.

Der Gewinn bietet sich als Größenmaßstab an, wenn man sich hauptsächlich für die Einkommenserzielungsmöglichkeiten interessiert. Allerdings unterliegt er ebenso wie Aufwand und Ertrag den jährlichen Preisschwankungen. Darüberhinaus hängt der tatsächlich erwirtschaftete Gewinn in hohem Maß von der Betriebsleiterfähigkeit und weiteren betriebsspezifischen Charakteristika ab.

Es erscheint daher zweckmäßig, als Maßstab zur Kennzeichnung der Größe eines Betriebes die Möglichkeiten zur Einkommenserzielung unter durchschnittlichen (standardisierten) Bedingungen zu verwenden. Mit dieser Zielsetzung wurden die beiden Maßstäbe *Standardbetriebseinkommen (StBE)* und *Standarddeckungsbeitrag (StDB)* entwickelt, nach denen auch die Gruppenbildung im "Agrarbericht" erfolgt.

Der **Standarddeckungsbeitrag** des Betriebes errechnet sich, indem die Umfänge aller Produktionsverfahren (z.B. U ha Weizen) mit den jeweiligen durchschnittlichen Deckungsbeiträgen multipliziert und anschließend aufsummiert werden (zu Details vgl. DESELAERS 1971):

(II-1) $StDB = \Sigma_i\, StDB_i \cdot U_i = \Sigma_i(P_i \cdot X_i - VSK_i) \cdot U_i$

$StDB$ = Standarddeckungsbeitrag des Betriebes
$StDB_i$ = Standarddeckungsbeitrag je Prozeßeinheit (ha oder Tier)
P_i = durchschnittlicher Preis
X_i = durchschnittlicher Ertrag
VSK_i = durchschnittliche variable Spezialkosten
U_i = Prozeßumfang (in ha oder Tieren)

Bei der Ermittlung des **Standardbetriebseinkommens** werden auch die *festen* Kosten in durchschnittlicher Höhe berücksichtigt:

(II-2) StBE = StDB + SE - FSK - GK

StBE = Standardbetriebseinkommen des Betriebes
SE = durchschnittliche, nicht prozeßgebundene Erträge (z.B. Vermietung von Maschinen)
FSK = durchschnittliche feste (Spezial-)Kosten (z.B. Abschreibungen für Zuckerrübenroder)
GK = durchschnittliche Gemeinkosten (z.B. Abschreibungen für Schlepper)

Das StBE entspricht dem Einkommen, das unter standardisierten Bedingungen für die Entlohnung der Primärfaktoren Arbeit, Boden und Kapital zur Verfügung steht. Es kennzeichnet damit indirekt den aggregierten Faktoreinsatz eines Betriebes.
Im Agrarbericht wird das StBE zur Abgrenzung von *Größenklassen* verwendet, gegenwärtig: < 40.000 DM, 40.000 DM - 60.000 DM, > 60.000 DM.

Der *Standarddeckungsbeitrag* wird zur Abgrenzung der *Betriebsformen* herangezogen. Nach der Zusammensetzung werden die folgenden Betriebsformen unterschieden:
- Marktfruchtbaubetriebe: über 50% des StDB aus dem Anbau von "Marktfrüchten" (Getreide, Zuckerrüben, Kartoffeln ...),
- Futterbaubetriebe: über 50% des StDB aus "flächenabhängiger" Tierhaltung (Rinder, Schafe, Pferde),
- Veredlungsbetriebe: über 50% des StDB aus "flächenunabhängiger" Tierhaltung (Schweine, Geflügel),
- Sonderkulturbetriebe: über 50% des StDB aus Weinbau, Obstbau und Hopfenbau und
- Gemischtbetriebe, in denen keine der genannten Produktionsrichtungen über 50% des StDB erreicht.

Obwohl sich auch bei den zuletzt genannten Maßstäben Probleme ergeben (z.B. wenn ein Betrieb infolge von Preisänderungen in eine andere Größenklasse wechselt: sog. "Fluktuationseffekte", vgl. BMELF, AB 1991, S. 21), werden sie bei einkommenbezogenen Fragen meistens zur

Klassifizierung verwendet. Für andere Fragestellungen und bei begrenzten Ressourcen an Zeit und Informationen kann (und wird) man die Betriebsgröße jedoch auch anders messen, z.B. durch den traditionellen Maßstab "LF".

2.6.2. Betriebsgruppen, betrieblicher Strukturwandel und Betriebsvergleiche

Strukturmerkmale westdeutscher Betriebsgruppen

Zunächst sollen die Strukturmerkmale verschiedener Betriebsgruppen in der derzeitigen Ausprägung vergleichend betrachtet werden. In der Übersicht II-12 sind wichtige Kennziffern für **nach Erwerbscharakter und Betriebsgröße** gegliederte Betriebsgruppen zusammengestellt.

Übersicht II-12: Strukturdaten der landwirtschaftlichen Betriebe nach Erwerbscharakter und Betriebsgröße (1990), BR Deutschland

Merkmal	Nebenerwerbsbetriebe	Haupterwerbsbetriebe						Haupt- und Nebenerwerb
		Zuerwerbsbetriebe	Vollerwerbsbetriebe				Haupterwerb gesamt	
			klein	mittel	groß	zus.		
Betr. in 1000	266,3	55,1	157,2	73,5	77,6	308,3	363,4	629,7
ha LF/ Betrieb	5,8	18,2	17,8	31,8	52,7	29,9	28,1	18,7
AK / Betrieb	0,6	1,4	1,4	1,6	1,9	1,6	1,5	1,1
Milchkühe/Betr	7	18	14	23	36	22	21	18
Schweine/Betr.	14	78	33	76	143	78	78	58
VE/ Betrieb	21	96	47	99	179	100	99	76
ha LF / AK	9,6	13,4	13,2	19,4	27,9	19,2	18,5	16,5
VE / 100 ha	139,9	162,4	158,4	193,5	175,4	173,5	172,5	-
Verteilung								
Betriebe	42,3 %	8,8 %	25,0 %	11,7 %	12,3 %	49,0 %	57,7 %	100 %
Arbeitskräfte	22,5 %	10,5 %	29,7 %	16,8 %	20,5 %	67,0 %	77,5 %	100 %
LF	13,2 %	8,5 %	23,7 %	19,8 %	34,7 %	78,3 %	86,8 %	100 %
Marktanteil	9,6 %	8,4 %	24,8 %	18,6 %	38,6 %	82,0 %	90,4 %	100 %

Quelle und Erläuterungen: BMELF, AB 1991, S. 12. Mit dem Vieheinheitenschlüssel (vgl. dort MB S. 195) wird der gesamte Viehbesatz in "Vieheinheiten" (VE) umgerechnet, wobei z.B. 1 VE einer Kuh entspricht; zu den Arbeitskrafteinheiten (AK) vgl. Abschnitt 3.1. Unterteilung der Vollerwerbsbetriebe nach StBE: Klein: unter 40.000 DM, mittel: 40.000 DM bis 60.000 DM, groß: über 60.000 DM.

Je nachdem, welchen Faktor man zur Messung heranzieht, erhält man einen unterschiedlichen Eindruck von den *Größenverhältnissen* in den Betriebsgruppen.

Charakteristisch für die *Agrarstruktur* sind insbesondere die folgenden Relationen und Anteile:

- Die Flächen-Arbeits-Relation steigt mit der Betriebsgröße und sinkt beim Übergang zum Nebenerwerb
- Der Viehbesatz pro Flächeneinheit nimmt vom Vollerwerb zum Nebenerwerb ab, da sich eine kontinuierliche Betreuung von Vieh schlecht mit außerbetrieblicher Erwerbstätigkeit vereinbaren läßt. Innerhalb der VE-Betriebe haben die (stärker als die größeren Betriebe auf "innere Aufstockung" angewiesenen) mittleren Größen den höchsten Viehbesatz.
- Die mittleren und größeren Vollerwerbsbetriebe machen zwar nur 23% der Betriebe aus, sie verfügen jedoch über 55% der LF und erzeugen mehr als 57% der Produktion.

In der Übersicht II-13 sind die Betriebe **nach der Betriebsform** gegliedert.

Übersicht II-13: Strukturdaten landwirtschaftlicher Betriebe nach der Betriebsform, 1989/90, BR Deutschland

	Marktfrucht	Futterbau	Veredlung	Dauerkultur	Gemischt	Insgesamt
Anteil der Betriebe (%)	16,9	63,5	5,9	7	6,8	100
Betriebsgröße (DM StBE/Betr.)	55649	49201	44221	49048	47041	49838
Arbeitskräfte (AK/Betrieb)	1,68	1,62	1,49	2,05	1,6	1,65
Viehbesatz (VE/Betrieb)	101,6	176,4	423,7	30,2	262,4	173,5
Betriebsgröße (ha/Betrieb)	44,95	30,58	27,49	10,8	31,7	31,52
davon Grünland (ha/Betrieb)	2,94	17,33	2,25	0,58	6,52	12,11

Quelle: BMELF, AB 1991, S. 23.

Zunächst sei auf die große Bedeutung der Futterbaubetriebe hingewiesen, die sich auch in der Zusammensetzung des sektoralen Produktionswerts (s.u., Übersicht II-24) widerspiegelt.

Weiterhin sind aus den Kennziffern der Betriebe wichtige *Bestimmungsfaktoren der Produktionsrichtung* abzulesen:

- die unterschiedlichen Acker- und Grünlandanteile bei den Marktfrucht- und Futterbaubetrieben bringen den Einfluß *natürlicher Standortbedingungen* zum Ausdruck;
- der Einfluß einer "unzureichenden" *Faktorausstattung* (bezüglich der Fläche) wird bei den Veredlungsbetrieben durch "innere Aufstockung" ausgeglichen.

Darüber hinaus wirken auf die Ausrichtung der Produktion:
- *Verkehrslage und andere ökonomische Standortbedingungen,*
- Betriebsleiterpersönlichkeit und Haushaltscharakteristika.

Der zusammengefaßte Einfluß dieser *Standortfaktoren* führt teilweise zu deutlichen *regionalen Schwerpunktbildungen*:
- Futterbaubetriebe finden sich insbesondere in den Grünlandbetrieben der Voralpen, Mittelgebirgen und Marschen.
- Veredlungsbetriebe haben Schwerpunkte in Nordwestdeutschland.
- Marktfruchtbaubetriebe herrschen auf den günstigen Böden der Börden (Hildesheimer Börde, Kölner Bucht) vor.
- Sonderkulturbetriebe sind besonders in den bekannten Wein-, Obst- und Gemüsebaugebieten zu finden.

Grundtendenzen betrieblichen Strukturwandels

Im folgenden sollen die Grundtendenzen der *Betriebsgrößenentwicklung* am Beispiel der Bundesrepublik Deutschland nachgezeichnet werden. Die Änderungen der Betriebsgrößen stehen mit Änderungen des "Erwerbscharakters" der Betriebe in engem Zusammenhang. Daneben sind Änderungen im Produktionsprogramm, wie sie in den Anteilen der Betriebsformen zum Ausdruck kommen, ein nicht zu vernachlässigendes Element des Strukturwandels.

Übersicht II-14: Betriebe nach Größenklassen in der BR Deutschland, 1949 - 1989

Jahr	Zahl der Betriebe in 1000									jährliche Veränderung
	< 2 ha	2-10 ha	10-20 ha	20-30 ha	30-50 ha: 30-40 ha	30-50 ha: 40-50 ha	50-100 ha	> 100 ha	Gesamtzahl	
1949	**597,8**	**956,8**	256,3	72,2	40,3		12,6	3,0	1939,0	
1955	553,8	869,8	262,6	76,3	41,8		13,0	2,8	1827,0	(-1,1 %)
1960	462,9	730,1	286,5	79,2	42,9		13,7	2,6	1617,9	(-2,3 %)
1965	393,2	614,3	**292,1**	89,3	45,7		14,4	2,7	1451,7	(-2,1 %)
1970	315,5	483,7	267,8	104,1	53,4		16,3	3,0	1243,8	(-3,0 %)
1975	259,4	367,6	211,7	**106,6**	47,5	22,0	22,3	3,9	1041,0	(-3,5 %)
1980	142,0	304,0	181,3	102,6	**50,5**	24,9	26,9	4,4	836,6	(-4,3 %)
1985	127,3	264,4	159,3	93,7	49,9	26,4	32,1	5,2	758,3	(-1,9 %)
1989	118,4	226,7	136,6	83,6	48,8	**27,7**	**38,6**	**6,5**	686,9	(-2,0 %)

Quellen und Erläuterungen: SBA, FS 3, R 2.1.1, außer 1955, hier Angaben aus BMELF, AB 1957, S. 57 und BMELF, JB. 1958, S. 31. Die Ergebnisse für die Klasse unter 2 ha sind wegen mehrfacher Änderungen der unteren Erfassungsgrenze nicht voll im Zeitablauf vergleichbar.

Die Betriebsgrößenentwicklung in der westdeutschen Nachkriegsgeschichte ist anhand des Maßstabs der Flächenausstattung in Übersicht II-14

dargestellt. Die Kennziffer der Fläche wurde trotz der damit verbundenen Probleme (s.o.) gewählt, weil mit anderen Meßgrößen, etwa dem StBE, eine ähnlich differenzierte Darstellung nicht oder nicht für den gesamten Zeitraum möglich wäre.
Man erkennt neben dem Ausmaß des Strukturwandels in den einzelnen Größenklassen insbesondere, daß sich die ("Wachstums-") Schwelle, oberhalb derer die Zahl der Betriebe zunimmt und unterhalb derer die Zahl der Betriebe abnimmt, laufend nach oben verschoben hat.

Außer in der ersten Hälfte der 80er Jahre, in der die Abwanderung aus der Landwirtschaft durch das ungewohnt hohe Ausmaß der Arbeitslosigkeit auf ein Minimum (vgl. Abschnitt III, 6.4) absank, ging die Reduktion des Arbeitseinsatzes (vgl. Übersicht II-19) stets über die der Betriebe hinaus, so daß der AK-Einsatz je Betrieb fortlaufend geringer wurde. Diese Reduktion des AK-Einsatzes konnte anfangs überwiegend durch das Freisetzen von Fremdarbeitskräften und mithelfenden Familienarbeitskräften erfolgen (vgl. 2.2.1), später waren weitere Reduktionen meistens nur noch in Verbindung mit Betriebsaufgaben oder Änderungen des Erwerbscharakters bei grundsätzlicher Reorganisation der Betriebe realisierbar.

Übersicht II-15: Wanderung der landwirtschaftlichen Betriebe zwischen 1979 und 1987 in der BR Deutschland

Betr.-größe ha LF	Betriebe 1979 insgesamt	Abgänge 79-87	Haupterwerb 1987				Nebenerwerb 1987				gesamt
			Betriebsgröße in ha LF								
			< 5	5 - 20	20 - 50	> 50	< 5	5 - 20	20 - 50	> 50	
	Haupterw. 1979		Anteil der Betriebe in %								
< 5	100% = 44317	30,8%	38,0%	3,2%	0,2%	0,0%	26,2%	1,5%	0,0%	0,0%	69,2% = 30670
5-20	100% = 179636	10,8%	1,5%	49,6%	10,0%	0,1%	5,3%	21,7%	1,0%	0,0%	89,2% = 160226
20-50	100% = 167898	4,8%	0,3%	4,5%	73,1%	8,1%	1,4%	2,7%	4,9%	0,2%	95,2% = 159860
> 50	100% = 28261	4,8%	0,2%	0,5%	7,4%	82,0%	0,7%	0,7%	0,9%	2,8%	95,2% = 26904
	Nebenerw. 1979										
< 5	100% = 255246	39,1%	2,3%	0,3%	0,1%	0,0%	55,0%	3,1%	0,0%	0,0%	60,9% = 155378
5-20	100% = 158743	13,4%	0,5%	7,3%	1,1%	0,1%	15,2%	61,1%	1,3%	0,0%	86,6% = 137530
20-50	100% = 10010	9,5%	0,3%	3,7%	28,1%	2,8%	3,8%	15,5%	34,8%	1,6%	90,5% = 9064
> 50	100% = 1345	12,8%	0,2%	0,6%	5,1%	38,4%	1,9%	2,0%	6,1%	32,9%	87,2% = 1173
zus.	100% = 845456	19,5%	3,2%	13,1%	17,5%	4,5%	22,3%	17,9%	1,9%	0,2%	80,5% = 680805
Zugänge 1979-1987			2592	1572	1338	533	26615	4379	495	91	37615
insgesamt 1987			29494	112632	149004	38409	215162	155317	16472	1930	718420

Quelle: BMELF, AB 1990, MB S. 19 (z.T. aggregiert). "Nebenerwerb" in der Definition der amtlichen Statistik (vgl. 2.2), d.h. nach dem Überwiegen des außerbetrieblichen Einkommens des Inhaberehepaares.

Der Ablauf des Strukturwandels in der jüngeren Vergangenheit läßt sich weiter aufhellen, wenn man genauer untersucht, wie die Veränderungen als

Saldo von Betriebsaufgaben, -neugründungen, -aufstockungen und -abstockungen zustande kamen, und dabei zusätzlich nach Haupt- und Nebenerwerb unterscheidet (BMELF, AB 1990, MB S. 19; BMELF, AB 1989, MB S. 20; SCHMITT 1989).

Hervorzuheben sind folgende Veränderungen in den einzelnen Betriebsgruppen (Übersicht 15):

- Die Verminderung der Anzahl der Betriebe um 15% von insgesamt 845456 auf 718420 kommt als Saldo der *Abgänge* von 19,5% *und* der *Zugänge* (echte Neugründungen, Betriebsteilungen, Neuvergabe von Betriebsnummern) von 4,5% zustande. Betriebsauflösungen *und* Betriebszugänge konzentrieren sich auf kleine Betriebe und den Nebenerwerb.
- Nur etwa 59% der Betriebe (gewichtetes Mittel der Anteile auf der Diagonale) haben in den 8 Jahren *nicht* die Größenklasse oder den Erwerbscharakter gewechselt oder sind aufgelöst worden. Bei feinerer Untergliederung der Größenklassen und des Erwerbscharakters würde das Ausmaß des Strukturwandels noch größer erscheinen.
- Sehr kleine (< 5 ha) HE-Betriebe wurden überwiegend aufgelöst (31%) oder wechselten in den Nebenerwerb (28%). Bei den sehr kleinen NE-Betrieben wurden sogar 39% aufgelöst, während immerhin 55% in ihrer Klasse verblieben.
- Bei den kleinen HE-Betrieben (5-20 ha) war nicht das übergangslose "Weichen"(11% Auflösungen) sondern der Übergang in den Nebenerwerb (z.T in Verbindung mit einer Abstockung) die bevorzugte Anpassung (28%), während knapp 50% in ihrer Klasse verblieben (ohne Differenzierung des Erwerbstyps hätte man für 71% keine Anpassung konstatiert). Die NE-Betriebe der gleichen Größenklasse wiesen dagegen mit 61% sogar eine überdurchschnittlich hohe Verbleibsquote auf. Allerdings wurden auch beachtliche Anteile dieser Betriebe aufgelöst (13%) bzw. abgestockt (15%).
- Mittlere HE-Betriebe (20-50 ha) stockten häufiger auf als in den Nebenerwerb zu wechseln oder sich aufzulösen. Bei den NE-Betrieben der gleichen Größenordnung spielte dagegen verständlicherweise die Aufstockung eine geringere Rolle als die Abstockung, die Auflösung und, nicht zu vernachlässigen, der Wechsel in den Haupterwerb (35%!).
- Die großen HE-Betriebe (> 50 ha) waren die stabilste Gruppe (Verbleib: 82%), während derartig große NE-Betriebe häufiger zum Vollerwerb übergingen als in ihrer Klasse zu bleiben.

Um die Veränderungen der Klassenbesetzung vollständig zu erklären, wäre eine spaltenweise Betrachtung der Wanderungen zu ergänzen, wobei die *Herkunft* der Betriebe in den Klassen des Jahres 1987 zu analysieren wäre.

Zusammenfassend lassen sich die **Grundzüge des Strukturwandels** wie folgt kennzeichnen:

- Die höchste Zahl der Betriebsauflösungen erfolgt aus der Gruppe der *sehr kleinen NE-Betriebe.* Da diesen Abgängen jedoch bedeutende Zuwanderungen von höheren Größenklassen gegenüberstehen, geht die Verminderung dieser Betriebsgruppe kaum über den Durchschnitt hinaus. Diese Klasse stellt für viele Betriebe die letzte Station vor der Betriebsauflösung dar. Bei den *kleinen NE-Betrieben* sind die Zuwanderungen (im wesentlichen aus der Gruppe der kleinen HE-Betriebe) so hoch, daß die Zahl der Betriebe in dieser Klasse nur geringfügig (um etwa 2% im oben betrachteten Zeitraum) abnimmt. Diese Zwischenstation des Strukturwandels ist somit durch ein recht stabiles Fließgleichgewicht gekennzeichnet. Zugänge und Zuwanderungen übertreffen die Abgänge und Abwanderungen in den *mittleren und größeren NE-Betrieben*, d.h. diese Klassen nehmen an Bedeutung zu. Die niedrigen Verbleibquoten der letzteren zeigen an, daß es sich bei ihnen jedoch nicht um langfristig stabile Betriebsgruppen handelt (die es bei sehr langer Frist allerdings kaum gibt).

- Ein überproportionales Zusammenschmelzen kennzeichnet die Gruppe der *sehr kleinen* (- 33%) *und kleinen* (- 37%) *HE-Betriebe*, vor allem aufgrund von Abwanderungen in den Nebenerwerb und Betriebsauflösungen. Die Übergänge in den Nebenerwerb haben dabei sicherlich oft erst die Weiterführung des Betriebes ermöglicht. In den 80er Jahren verlief die Grenze von Zunahme und Schrumpfung innerhalb der Gruppe der mittleren HE-Betriebe, d.h. die "Wachstumsschwelle" lag etwa bei 30 ha, wie sich aus der detaillierten Übersicht im Agrarbericht ergibt.
- Insgesamt waren die Abnahmeraten in den Betriebsgruppen des Haupterwerbs höher als im Nebenerwerb, so daß der Anteil der Betriebe, in denen die außerbetrieblichen Erwerbseinkommen überwiegen, von 50% auf 54% anstieg. Diese relative *Zunahme des Nebenerwerbs* entspricht durchaus dem historischen Trend (Übersicht II-16).

Übersicht II-16: Entwicklung der Anteile der Betriebe nach Erwerbscharakter

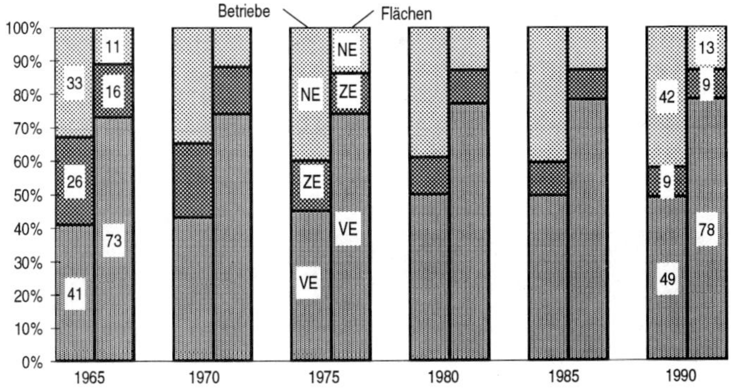

Quelle: BMELF, AB, versch. Jgg. Abgrenzung der Erwerbstypen in der Definition der Agrarberichte (vgl. 2.2)

Die Übersicht II-16 zeigt, daß der Nebenerwerb seit den 60er Jahren kontinuierlich an Gewicht gewonnen hat und zwar in bezug auf Betriebe und Flächen. Innerhalb der Haupterwerbsbetriebe haben besonders die Zuerwerbsbetriebe an Bedeutung verloren, doch geht auch der Anteil der Vollerwerbsbetriebe an der Gesamtzahl der Betriebe seit Anfang der 80er Jahre zurück, während der Flächenanteil noch marginal zunimmt.

Die Kennzeichnung des Strukturwandels mit dem Schlagwort "*Wachsen oder Weichen*" erscheint nach dem vorgestellten Befund übersimplifiziert. Für die Betriebe, die nicht auch langfristig (und bei genügend langer Frist werden dies nur wenige sein) zu den "wachsenden" Betrieben gehören, wird die Entwicklung häufig über zahlreiche Zwischenstationen verlaufen, etwa temporäre Aufstockung, partielle Abstockung, Nebenerwerb, weitere Abstockung und schließlich Auflösung. Wohin dieser Weg führt und wie schnell er über welche Zwischenstationen beschritten wird, hängt von den einzelbetrieblichen Gegebenheiten sowie den gesamtwirtschaftlichen und agrarpolitischen Rahmenbedingungen ab (vgl. zur *Erklärung* der betrieblichen Reaktionen besonders die Abschnitte III, 3.5.2 und III, 6.6.2).

Westdeutsche Betriebe im internationalen Vergleich

Wegen der engen wirtschaftlichen Austausch- und Konkurrenzbeziehungen, aber auch unter agrarpolitischen Gesichtspunkten ist es wichtig, auch die Agrarstrukturen anderer Länder vergleichend zu betrachten. Insbesondere sind die betrieblichen Agrarstrukturen in Deutschland im EG-Kontext zu sehen, wobei erhebliche Unterschiede erkennbar werden (Übersicht II-17). Diese Unterschiede haben sich im Zeitablauf als recht beständig erwiesen und sind entscheidende Bestimmungsfaktoren von Einkommensunterschieden innerhalb der EG.

Übersicht II-17: Kennzeichen der landwirtschaftlichen Betriebe in den Mitgliedsländern der EG-12, 1987

		UK	NL	DK	B	F	L	D	IRL	I	E	GR	P	EG-12
Betriebsgröße	1000 DM StDB/ Betr.	138,2	112,4	86,8	59,4	54,4	49,5	**41,5**	21,9	18,4	12,9	10,2	9,4	28,0
	ha LF je Betrieb	64,4	15,3	32,2	14,7	28,6	31,8	**16,8**	22,6	5,6	13,8	4,0	5,2	13,4
	JAE je Betrieb	2,0	1,8	1,3	1,1	1,5	1,8	**1,2**	1,2	0,8	0,9	0,9	1,5	1,1
	Schlepper je Betrieb	1,7	1,4	1,9	1,1	1,3	2,2	**2,1**	0,6	0,4	0,3	0,2	0,1	0,7
	Milchk. je Betrieb	61	40	30	24	20	31	**16**	22	10	7	4	3	15
	Schweine je Betrieb	371	406	246	222	56	78	**66**	187	21	27	10	7	50
Intensitäten	ha LF je JAE	32,0	8,6	25,0	13,6	18,9	18,1	**13,9**	19,3	7,3	15,2	4,5	3,4	12,6
	Schlepper je JAE	0,9	0,8	1,5	1,0	0,9	1,3	**1,7**	0,5	0,5	0,4	0,2	0,1	0,7

Quelle: BMELF, AB 1991, S. 56. Milchkühe und Schweine bezogen auf die Betriebe, in denen die betreffende Tierart gehalten wird.

Die (im EG-Vergleich größten) Betriebe in *Großbritannien* und den *Niederlanden* weisen StDB auf, die etwa dreimal so hoch sind wie in Westdeutschland. Dies beruht vor allem auf großen Tierbeständen, in Großbritannien zusätzlich noch auf der im EG-Vergleich höchsten Flächenausstattung der Betriebe und in den Niederlanden auch auf der Bedeutung von Sonderkulturen. Etwas kleiner, aber doch deutlich größer als im EG-Durchschnitt sind die Betriebe in den übrigen nördlichen EG-Ländern außer Irland. Dabei findet man in *Dänemark* und *Belgien* einen recht hohen Viehbesatz, wobei Betriebe in Dänemark daneben auch, ähnlich wie in *Frankreich*, reichlich mit dem Faktor Boden ausgestattet sind. Die *deutschen Betriebe* liegen bezüglich Flächen- und Viehbesatz nur knapp über dem EG-Durchschnitt, während sie mit Schleppern (insbesondere relativ zum Arbeitseinsatz) sogar besser als die flächenmäßig mehrfach größeren Betriebe in Dänemark und Großbritannien ausgestattet sind. In *Irland* ist die am StDB gemessene Betriebsgröße unterdurchschnittlich, doch finden sich hohe Anteile von kleinen Betrieben besonders in den *südeuropäischen Ländern*. Hier ist nicht nur die Flächenausstattung geringer, sondern auch der Viehbesatz um ein Mehrfaches niedriger als in Nordeuropa, was offenbar nicht durch Einkommenskapazitäten (StDB) auf der Basis von typischen Mittelmeerkulturen ausgeglichen werden kann.

Der Vergleich der Betriebsgröße ist z.T. zu modifizieren, wenn man nicht nur die Durchschnittswerte, sondern auch die *Verteilung* in den jeweiligen Ländern berücksichtigt. Bedingt durch eine ungleichmäßige Verteilung sind z.B. die Anteile der Flächen in den südeuropäischen Ländern, die von Betrieben über 100 ha bewirtschaftet werden, höher als in der Bundesrepublik (vgl. BMELF, AB 1991, S. 56f.).

Festzuhalten bleibt insgesamt:
- Zwischen den EG-Ländern bestehen erhebliche Unterschiede hinsichtlich der Betriebsgröße und der Ausstattung mit einzelnen Faktoren, die die agrarpolitische Entscheidungsfindung und Politikgestaltung erschweren können (dazu Bd. 2).
- Die deutschen Betriebe liegen zwar oberhalb des EG-Durchschnitts, im Vergleich zu den konkurrierenden Betrieben in den nördlichen EG-Ländern mit ähnlicher Produktpalette bestehen jedoch teilweise erhebliche strukturelle Nachteile.

Zu den Betrieben in außereuropäischen Ländern bestehen z.T. noch ausgeprägtere strukturelle Unterschiede, auf die hier jedoch nicht eingegangen werden kann (dazu etwa ANDREAE 1983). Beispielhaft sei jedoch die durchschnittliche Betriebsgröße in den USA von etwa 165 ha (1983) genannt, bei deren Interpretation allerdings die geringere Bewirtschaftungsintensität und die geringere Ausstattung der Fläche mit Arbeit und Kapital zu beachten ist (WINDHORST 1986).

2.7. Agrarverfassung und Agrarstruktur in der ehemaligen DDR

Agrarpolitik und Agrarsektor der ehemaligen DDR sollen in diesem Lehrbuch nur recht knapp behandelt werden, da die Situation am Anfang der 90er Jahre angesichts des dramatischen Wandels der institutionellen und betrieblichen Strukturen, wie er in den nächsten Jahren stattfinden wird, in Kürze nur noch als historische Ausnahmesituation von Interesse sein wird. Die folgende Darstellung gibt daher nur die Hauptcharakteristika wieder, während für die Details auf neuere Literatur (z.B. MERL, SCHINKE, 1991,

HENRICHSMEYER, SCHMIDT 1991 und BMELF, AB 1991) verwiesen wird.

Agrarstruktur

Die betrieblichen Strukturen am Ende der 80er Jahre waren das Ergebnis einer bewußten Politik der Kollektivierung, Industrialisierung und Spezialisierung, mit deren Hilfe die Familienbetriebe nach 1945 in mehreren Phasen fast vollständig in **spezialisierte, sozialistische Großbetriebe** der Tier- oder der Pflanzenproduktion überführt wurden (Landwirtschaftliche Produktionsgenossenschaft, LPG; Volkseigene Güter, VEG).

Übersicht II-18: Betriebliche Strukturen in der ehemaligen DDR, 1989

	Zahl der	Beschäftigte		Flächen (ha LN)		Viehbestand (GV)		Markt-
	Betriebe	je Betr.	Anteil	je Betr.	Anteil	je Betr.	Anteil	anteil
Sozialist. Landwirtschaft:	5.110	160	(99,3 %)	1.084	(89,8 %)	1.040	(91,1 %)	(91,0 %)
LPG Pflanzenproduktion	1.164	264	(37,2 %)	4.284	(80,8 %)	59	(1,2 %)	(27,4 %)
LPG Tierproduktion	2.851	121	(41,6 %)	26	(1,2 %)	1.499	(73,3 %)	(38,4 %)
VEG Pflanzenproduktion	152	304	(5,6 %)	2.684	(6,6 %)	237	(0,6 %)	(2,4 %)
VEG Tierproduktion	312	157	(6,0 %)	125	(0,6 %)	1.420	(7,6 %)	(5,9 %)
Private Landwirtschaft	3.558	1,5	(0,7 %)	94	(5,4 %)	46	(2,8 %)	(5,5 %)
Persönliche Nutzung	375.000			0,8	(4,8 %)	0,9	(6,0 %)	(3,4 %)

Quelle: Berechnet nach BMELF, AB 1991, S. 141.

Spezialisierung und Industrialisierung wurden offensichtlich in Dimensionen vorangetrieben, die weitab von denen in Westdeutschland liegen (vgl. Übersicht II-12). Aus den Zahlen der Übersicht II-18 ergibt sich ein für westdeutsche Verhältnisse sehr hoher **Arbeitskräftebesatz** von etwa 14,8 in der "sozialistischen" Landwirtschaft Beschäftigten je ha LN. Davon waren allerdings nur etwa 67% in der Tier- oder Pflanzenproduktion beschäftigt (Haupt- und Nebenproduktion, vgl. BMELF, AB 1991, S. 139), der Rest entfiel insbesondere auf Reparaturdienste, die Verwaltung und den Kultur- und Sozialbereich (Küchen, Kinderhorte und -gärten, Kulturhäuser usw.). Der Anteil der mit Reparaturdiensten Beschäftigten war in der zweiten Hälfte der 80er Jahre sogar ansteigend, da Maschinen und Gebäude zunehmend überaltert und reparaturbedürftig waren.

Agrarverfassung

Die wichtigsten wirtschaftlichen Entscheidungen wurden innerhalb des **zentralen Planungsprozesses** getroffen. Im Rahmen der jährlichen Volkswirtschaftsplanung wurden den Betrieben detaillierte Planvorgaben für die pflanzliche und tierische Produktion, die Anbauflächen, den Vorleistungseinsatz und die Investitionen gemacht. Diese Planvorgaben kamen in einem gegenläufigen Prozeß (des Aushandelns) zustande, in dem zunächst von oben Planvorschläge an die Betriebsleitungen übermittelt wurden, dort überarbeitet und an die zentralen Planungsorgane zurückgeleitet wurden und schließlich auf dieser Ebene koordiniert, genehmigt und als verbindliche Planungsauflagen für die Betriebsleitungen festgeschrieben wurden.

Die **staatlich festgesetzten Agrarpreise** waren *Verrechnungspreise*, die so festgesetzt wurden, daß in den meisten Betrieben der jeweiligen Produktionsrichtung die Kosten gedeckt wurden.

Die **Entlohnung** ergab sich in den LPGen im wesentlichen

- aus einer qualifikationsabhängigen *Grundvergütung* nach "Arbeitseinheiten",
- einer *Zusatzvergütung* für besondere Qualität oder Quantität,
- einer *Auszahlung in Abhängigkeit vom wirtschaftlichen Erfolg* der LPG (nach Abzug von Zinsen, staatlichen Abgaben, Zuweisungen an verschiedene Fonds usw.)
- und einer (zuletzt unbedeutenden) *Vergütung für den eingebrachten Grund und Boden.*

Die **Leistungsanreize** waren insgesamt sehr gering, zumal das endgültige wirtschaftliche Ergebnis der LPGen durch entsprechende Festsetzung der Planvorgaben, Zinszahlungen, Investitionen und staatlichen Abgaben, die an der "Leistungsfähigkeit" der Betriebe orientiert waren, zwischen erfolgreichen und weniger erfolgreichen LPGen stark nivelliert wurde. Die Entlohnung der Landarbeiter in den VEG unterschied sich nur unwesentlich von der in den LPGen, abgesehen von den erfolgs- und bodenabhängigen Komponenten.

Sowohl die Genossenschaftsmitglieder als auch die Landarbeiter der VEG konnten ihre Einkommen, z.T. staatlich gefördert, durch kleine, **individuelle Hauswirtschaften** (bis zu 0,5 ha) aufbessern, die bei einigen Produkten einen hohen Teil der Gesamtproduktion erzeugten (bei Eiern z.B. 1989: 34%).

Die *Einkommensentstehung* von Genossenschaftsbauern und Landarbeitern unterschied sich somit nur geringfügig. Da das einzelne Genossenschaftsmitglied wegen der Rechts- und Organisationsform der Betriebe und der zentralen Planung nur einen geringen Einfluß auf die wirtschaftlichen *Entscheidungen* hatte, besaßen die Mitglieder der LPGen eher Gemeinsamkeiten mit Lohnarbeitern als mit Genossenschaftsmitgliedern des westlichen (Raiffeisen-)Typs.

Insgesamt gesehen waren die sozialistischen Großbetriebe in der DDR, gemessen an westdeutschen Maßstäben, durch eine außerordentlich geringe Effizienz gekennzeichnet, die weiter unten in Übersicht II-50 zum Ausdruck kommt. Diese **Ineffizienz** hatte verschiedene, z.T. interdependente Ursachen:

- Mängel des zentralen Planungssystems,
- eingeschränkter Zugang zu moderner Technologie und z.T. sogar zu traditionellen Investitionsgütern,
- komplizierte und aufwendige Organisations- und Verwaltungsstrukturen (z.B. besondere "Kooperationsräte" zur Abstimmung von Tier- und

Pflanzenproduktion), die in der Betriebsgröße und der extremen Spezialisierung begründet lagen,

- Übernahme eines zu breiten Spektrums landwirtschaftlicher, handwerklicher und kommunaler Funktionen,
- aus der Rechts- und Organisationsform der LPGen resultierende Mängel:
  · geringe Leistungsanreize für die einzelnen Mitglieder,
  · geringe Anpassungsfähigkeit des Arbeitskräftebesatzes (sozialer Druck zur Weiterbeschäftigung unproduktiver Arbeitskräfte),
  · geringe Bereitschaft zu zukunftssichernden Investitionen in der LPG.

Einige dieser Probleme sind im Rahmen "reformierter" Genossenschaften lösbar. Insbesondere die zuletzt genannten Mängel der LPGen beruhen jedoch auf hohen "Transaktionskosten", die zu den grundsätzlichen Nachteilen von genossenschaftlichen Großbetrieben gegenüber Familienbetrieben gehören. Hierunter versteht man die gesamten Kosten der Koordination wirtschaftlicher Aktivitäten, zu denen insbesondere Informationskosten, Entscheidungskosten, Verhandlungskosten, Kontroll-kosten und Durchsetzungskosten zu rechnen sind. Ob diese Nachteile letztlich zur völligen Auflösung der ehemaligen LPGen führen werden, ist z.Z. noch umstritten und darüberhinaus abhängig von der agrarpolitischen Weichenstellung (HAGEDORN 1991, SCHMITT 1991, weitere Beiträge an gleicher Stelle sowie SCHRADER u.a. 1991).

3. Faktoreinsatz und Produktivität in der Landwirtschaft

Während wir in Abschnitt 2 den für die Landwirtschaft relevanten institutionellen Rahmen in knapper Form dargestellt haben, soll hier nun der mengenmäßige Faktoreinsatz und das Produktionsergebnis im Agrarsektor betrachtet werden. Den (physischen) Beziehungen von Landwirtschaft und Umwelt ist wegen ihrer besonderen Bedeutung ein gesonderter Abschnitt gewidmet. Erst später werden wir die Einkommen betrachten, die aus der Bewertung des hier darzustellenden "Mengengerüsts" mit den herrschenden Preisen resultieren.

3.1. Sektorale Betrachtung von Faktoreinsatz und Produktionsergebnis

3.1.1. Quantitative Maßstäbe zur Kennzeichnung des Faktoreinsatzes und der Produktion

Landwirtschaftlich genutzte Fläche

Nur bei oberflächlicher Betrachtung ist die Kennzeichnung des Bodeneinsatzes durch die aus der Statistik leicht zu entnehmende Größe "ha LF" unproblematisch. Tatsächlich ist der Faktor Boden jedoch sehr heterogen bezüglich der Standortfaktoren "natürliche Verhältnisse" und "Verkehrslage" (WEINSCHENCK, HENRICHSMEYER 1966, S. 201ff.). Deren Einflüsse werden später (in Abschnitt III, 3.5.2) eingehend analysiert. Hier ist vor allem relevant, daß durch die ungewichtete Summe von qualitativ sehr unterschiedlichen Teilflächen (wie sie der Statistik zu entnehmen ist) der "Bodeneinsatz" nur sehr unvollkommen gekennzeichnet werden kann.

Im Prinzip werden die unterschiedliche Bodenqualität und die Verkehrslage bei der Einheitsbewertung (vgl. Abschnitt 2.3) berücksichtigt. Man könnte den Bodeneinsatz (eines Betriebes, einer Region) also alternativ oder ergänzend zur landwirtschaftlichen Nutzfläche durch den summierten Einheitswert der Flächen charakterisieren (vgl. SCHRADER 1973, S. 105). Andere Untersuchungen versuchen bei der Messung des Bodeneinsatzes z.T. qualitative Unterschiede innerhalb der Gesamtfläche dadurch zu berücksichtigen, daß die Teilflächen unter Gewichtung mit Pacht- oder Bodenpreisen aggregiert werden (z.B. BALL 1985, S. 478).

Viele empirische Untersuchungen (z.B. BEHRENS, DE HAEN 1980, S. 13) nehmen jedoch die eingeschränkte Aussagekraft in Kauf und kennzeichnen den Bodeneinsatz einfach durch die landwirtschaftlich genutzte Fläche in ha.

Landwirtschaftlicher Arbeitseinsatz

Bei der quantitativen Kennzeichnung des landwirtschaftlichen Arbeitseinsatzes kann man oft nur auf Hilfsgrößen zurückgreifen, so z.B. bei internationalen Vergleichen auf Angaben über die *landwirtschaftlichen Arbeitskräfte* (Erwerbstätige). Diese Hilfsgröße berücksichtigt aber nicht, daß viele Erwerbstätige in der Landwirtschaft nur eine Teilzeitbeschäftigung neben der Arbeit im Haushalt und außerlandwirtschaftlicher Erwerbstätigkeit ausüben (vgl. Abschnitt 2.2.1).

Eine genauere Kennzeichnung des Arbeitseinsatzes erfordert daher die Ermittlung der tatsächlich geleisteten *Arbeitsstunden.* Die in Befragungen ermittelten Arbeitszeiten (z.B. durchschnittlich 63 Stunden pro Woche bei männlichen Selbständigen, vgl. BMELF, AB 1991, MB S. 14) sind jedoch häufig so hoch, daß man subjektive Überschätzungen, z.B. aufgrund einer fehlerhaften Zuordnung von Wegezeiten und Arbeitspausen vermuten muß (PASCHER 1982, S. 57ff.).

Selbst wenn man die Zahl der tatsächlich in der Landwirtschaft geleisteten Arbeitsstunden kennen würde, könnte damit der sektorale Arbeitseinsatz nur angenähert gekennzeichnet werden, da wie beim Boden die *Qualität der Arbeit* in Abhängigkeit von Alter, Geschlecht, Ausbildung und Beschäftigungsstatus (selbständig, angestellt) differiert. Genauer wäre eine gewichtete Aggregation der Arbeitsstunden unter Berücksichtigung der genannten effizienzbeeinflussenden Faktoren (BALL 1985, S. 476).

Nur als einen ersten Schritt in Richtung auf einen Index des Arbeitseinsatzes, der Effizienzunterschiede berücksichtigt, kann man die in empirischen Untersuchungen häufig verwendeten *(Voll-) Arbeitskraft-Einheiten (AK)* ansehen. Diese Größe wird aus (offiziellen) Erhebungen über die Arbeitszeiten errechnet, wobei 1 AK der Arbeitsleistung einer vollbeschäftigten Arbeitskraft (z.B. mindestens 2200 Stunden in EG-Statistiken) entspricht und Abschläge bei Teilzeitbeschäftigung und Erwerbsunfähigkeit sowie Altersabschläge (z.B. 1 Person über 65 Jahre entspricht 0,3 AK) vorgenommen werden. Trotz aller Probleme (dazu: SCHULTZ-BORK 1985, S. 8f.) werden auch wir diese Größe in Abschnitt 3.1.2 zur Kennzeichnung des Arbeitseinsatzes verwenden.

Vorleistungen

Vorleistungen nennt man die zugekauften Produktionsmittel, die i.d.R. im Verlaufe eines Jahres im Produktionsprozeß verbraucht werden. Dazu gehören in der Landwirtschaft

- Vorleistungen landwirtschaftlicher Herkunft wie Futtermittel, Saatgut und Vieh, die vom Handel oder direkt von anderen Landwirten gekauft oder auf dem eigenen Betrieb erzeugt ("interner Verbrauch") werden können;
- industriell erzeugte Vorleistungen wie Treib- und Schmiermittel, Heizöl, Strom, Wasser, Düngemittel und Pflanzenschutzmittel;
- Dienstleistungen, z.B. von Beratern, Tierärzten, Buchstellen oder Werkstätten.

Bei *ähnlichen* Teilkomponenten ist häufig eine Zusammenfassung *ohne Gewichtung* oder gegebenenfalls eine solche mit *physischer Gewichtung* möglich. Die Wahl und die Eignung bestimmter Gewichte hängt von der Fragestellung ab, unter der die einzelnen Vorleistungen und die aggregierte Größe betrachtet werden:

- Für einen Spediteur ist in vielen Fällen tatsächlich das Gewicht entscheidend, so daß er die zu transportierende Menge an Futtermitteln, Düngemitteln etc. einfach in *Tonnen* mißt.
- Unter pflanzlichen und ökologischen Gesichtspunkten ist die vereinfachende Kennzeichnung des gesamten Düngemitteleinsatzes durch die

Nährstoffmengen oft vertretbar, allerdings getrennt nach Stickstoff, Kali, Phosphor.

- Die Charakterisierung des Pflanzenschutzmitteleinsatzes durch die *Wirkstoffmengen* ist sowohl im Hinblick auf die Produktionstechnik als auch hinsichtlich der Umweltrelevanz unbefriedigend, aber nicht leicht durch ein anderes Gewichtsschema zu ersetzen.
- Futtermittel können über die *Nährstoffmengen* oder den *Energiegehalt* zusammengefaßt werden, wie es z.B. in Futterbilanzen (etwa gemessen in "KStE") geschieht.

Unter dem Gesichtspunkt der allgemeinen gesellschaftlichen Wertschätzung reflektieren die *Marktpreise* die "richtigen" Gewichte, da sich bei funktionierendem Wettbewerb Preise herausbilden, die der ökonomischen Knappheit entsprechen (vgl. Band 2). Abgesehen davon sind die Preise oft die einzig verfügbaren (sinnvollen) Gewichtungsfaktoren zur Bildung größerer Aggregate aus teilweise sehr unterschiedlichen Gütern wie z.B. Saatgut und Heizöl. Derartige Zusammenfassungen sind bei sektoralen Betrachtungen nötig, so daß die Aggregation hier im allgemeinen mit Preisen erfolgt. In bestimmten Fällen spiegelt sich die ökonomische Knappheit jedoch nicht in den Preisen wider, etwa wenn "externe Effekte" vorliegen (Abschnitt 5) oder wenn staatliche Maßnahmen die Preise "verzerren". In diesen Fällen können andere Gewichtungsfaktoren vorteilhafter sein.

Die Marktpreise verändern sich jedoch laufend, u.U. in erratischer Weise (vgl. Abschnitt 4.1). Damit die aggregierten Größen insbesondere die Veränderungen der Mengen wiedergeben, werden die (Vorleistungs-) Gütermengen V_{it} oft *mit den Preisen einer Basisperiode* q_{io} *aggregiert*, wobei das Ergebnis als *"Vorleistungsvolumen"* (vgl. auch HENZE 1987, S. 40f.) bezeichnet wird:

(II-3) $$V_{Vt} = \Sigma_i V_{it} q_{io}$$

Alternativ kann man den Vorleistungseinsatz durch die *realen Vorleistungsausgaben* kennzeichnen, die man erhält, wenn man die Ausgaben in laufenden Preisen *mit einem geeigneten Preisindex* P_t *deflationiert*:

(II-4) $$V_{Rt} = \Sigma_i V_{it} q_{it} / P_t$$

Volumengrößen und deflationierte Ausgabengrößen stimmen bei einigen Indexformeln auch numerisch exakt überein. Abgesehen von der Indexproblematik (dazu z.B. BAUER 1977, S. 258ff. und knappe Hinweise in Abschnitt 3.2.1) sind die Quantifizierungsprobleme bei dem Faktoraggregat Vorleistungen jedoch relativ gering, da die erforderlichen Preise bzw. Ausgabengrößen in offiziellen Statistiken (z.B. BMELF, JB) zu finden sind.

Kapital

Der Faktor "Kapital" umfaßt bei produktionsorientierter Betrachtung die Komponenten des Sachvermögens (ohne Boden), die auf der *Aktivseite der Bilanz* in bewerteter Form zusammengestellt sind:

- Wirtschaftsgebäude (z.B. Stallgebäude, Maschinen und Vorratsräume) und bauliche Anlagen (Silobauten, Wege, Hofbefestigungen), die eine Lebensdauer von z.T. über 50 Jahren haben,
- Maschinen und Einrichtungen (Schlepper und Geräte, Transportfahrzeuge usw.) mit einer Lebensdauer von 5-20 Jahren,
- Dauerkulturen wie Obst-, Reb- und Hopfenanlagen, Forstbestände, deren Erträge oft über mehrere Jahre verteilt und mit großer zeitlicher Verzögerung nach der Anpflanzung anfallen,
- Viehbestände, die je nach der Nutzungsdauer dem Umlaufvermögen (z.B. Masthähnchen) oder dem Anlagevermögen (z.B. Milchkühe) zugerechnet werden,
- Vorräte von Vorleistungen (Futter, Dünger) und Endprodukten (z.B. Getreide).

Der Bestand (Kapitalstock) und die produktiven Leistungen dieser Kapitalgüter lassen sich bei sehr differenzierter Betrachtung in physischen Einheiten ohne Gewichtung messen, z.B. die von Schleppern bestimmten Typs (Bestandsgröße) geleisteten Maschinenstunden (Stromgröße). Um jedoch Aussagen über den Einsatz von Kapitalgütern höherer Aggregationsebenen (z.B. "Maschinen") zu machen, müssen die einzelnen Kapitalgüter wie die Vorleistungen gewichtet werden.

Bei Schleppern ist etwa die Gewichtung mit der Motorleistung in PS oder KW eine geeignete Möglichkeit, um die Entwicklung dieser Einzelkomponente zu kennzeichnen (vgl. HENZE 1987, S. 133ff.). Wegen des Übergangs zu PS-stärkeren Typen (mit Allradantrieb) ist die (ungewichtete) Zahl der Schlepper demgegenüber weniger aussagekräftig.

Eine Zusammenfassung verschiedener Kapitalgüter gewichtet mit den Anschaffungspreisen findet sich in der Buchführung auf der Aktivseite der Bilanz von landwirtschaftlichen Unternehmen, so z.B. im Rahmen der Testbetriebsstatistik (vgl. Abschnitt 4.2.2). Da jedoch die in der Buchführung angesetzten Werte und in Abzug gebrachten Abschreibungen nicht unbedingt der produktiven Kapazität der Kapitalgüter entsprechen, ist die Verwendung dieser Werte zur Kennzeichnung des Kapitaleinsatzes (z.B. bei BECKER 1976) mit Problemen behaftet (dazu SCHRADER 1973, S. 107f.).

Wenn die Erfassung der *Leistungsfähigkeit* des Kapitalstocks im Vordergrund steht, werden oft gegenüber der Buchführung modifizierte Verfahren zur Berechnung des *physischen Kapitalstocks* angewendet, indem

- die Investitionen der Vergangenheit *zu konstanten Preisen* bewertet und zum Bruttoanlagevermögen kumuliert werden, und hiervon

- Abzüge entsprechend dem *technischen Verschleiß* bzw. den *tatsächlichen Abgängen* vorgenommen werden, die von den Abschreibungen (wirtschaftliche Wertminderung) abweichen können.

Die Berechnung von Kapitalstöcken nach dieser ("perpetual inventory"-) Methode ist recht aufwendig und erfordert lange Zeitreihen (in konstanten Preisen). Hierbei ist vorteilhaft, daß "automatisch" auch strukturelle Verschiebungen innerhalb der Kapitalgüter (wie bei den Schleppern), die tendenziell in veränderten Investitionswerten zum Ausdruck kommen, berücksichtigt werden. Auch aus diesem Grund werden wir den Kapitaleinsatz auf der Basis von aggregierten Kapitalstöcken betrachten.

Produktionsergebnis

Wie bei den Vorleistungen erschwert die Heterogenität der landwirtschaftlichen Produkte die Darstellung der gesamten (naturalen) landwirtschaftlichen Produktion. Bei der Betrachtung einzelner Produkte können die einzelnen landwirtschaftlichen Produkte in Gewichtseinheiten aufgeführt werden, wodurch sicherlich das genaueste Bild gezeichnet werden kann.

Weitgehend vergleichbare Produkte wie die Getreidearten können oft *ungewichtet* addiert werden, um eine interpretierbare aggregierte Größe (z.B. Getreide) zu erhalten. Bei der Bildung größerer Aggregate von z.T. sehr unterschiedlichen Produkten wird jedoch wieder eine gewichtete Zusammenfassung notwendig. Hier wird i.d.R., ähnlich wie bei den Vorleistungen, das *"Produktionsvolumen"* in konstanten Preisen zur Kennzeichnung der Mengenentwicklung verwendet.

Hier sei allerdings auch auf den *Getreideeinheitenschlüssel* hingewiesen, mit dem die pflanzlichen Produkte z.B. zur "Brutto-Bodenproduktion" in Getreideeinheiten (GE) zusammengefaßt oder auch die gesamte "Nahrungsmittelproduktion" einschließlich der tierischen Produkte in GE ausgewiesen werden können. Die pflanzlichen Produkte, die wenigstens zum Teil als Futter dienen, werden entsprechend ihrem Gehalt an (umsetzbarer) Energie gewichtet (d.h. Braugerste wird wie Futtergerste gewichtet), während sich die Gewichte für die tierischen Produkte aus dem Energiebedarf zu ihrer Erzeugung ableiten. Bei einer Gegenüberstellung von Futteraufkommen und tierischen Leistungen in Getreideeinheiten sollten beide Größen daher in etwa übereinstimmen (BECKER 1988, S. 261ff.). Im Hinblick auf Fragen der Futterwirtschaft und der Ernährungssicherung in Knappheitssituationen (wofür der Getreideeinheitenschlüssel ursprünglich konzipiert war) stellen die Getreideeinheiten nützliche Gewichte dar, die unabhängig von den evtl. verzerrten oder (bei nicht marktgängigen Futtermitteln) nur unzuverlässig zu ermittelnden Marktpreisen sind.

Problematisch ist es dagegen, wenn man zur Ausweisung der gesamten "Brutto-Bodenproduktion" oder der gesamten Nahrungsmittelproduktion auch die Produkte mit Getreideeinheiten bewerten muß, die nicht verfüttert werden und oft auch nicht verfüttert werden können, wie z.B. die Sonderkulturen. Die Getreideeinheiten für solche Produkte werden in Hilfsrechnungen mittels sog. "Vergleichskulturen" ermittelt. So werden z.B. bei BECKER (1988, S. 284) die GE für Weinbau (ebenso wie für Hopfen, Blumen, Ziergehölze, Obst und Gemüse) ermittelt, indem der (GE-) Ertrag der Vergleichskultur Futterrüben (135 dt GE/ha) auf die durchschnittliche Erntemenge in hl von Rebland (105 dt/ha) bezogen wird, so daß rechnerisch ein kg Weinmost 1,29 GE entspricht. Obwohl bei der Auswahl der Vergleichskulturen ökonomische Aspekte mitberücksichtigt werden, können die so ermittelten GE bei den Sonderkulturen erheblich von den Preisrelationen abweichen. Ähnliches gilt auch bei (potentiellen) Futtermitteln, wenn deren Wert von weiteren Bestandteilen (neben dem Energiegehalt) beinflußt wird. Für über die Futterwirtschaft und mit Einschränkungen die Ernährungssicherung hinausgehende Fragestellungen ist die Aggregation mit GE daher eher als Notlösung anzusehen (z.B. beim Vergleich der Bruttobodenproduktion in alten und neuen Bundesländern in BMELF, AB 1991, S. 143).

3.1.2. Entwicklungstendenzen des Faktoreinsatzes und des Produktionsvolumens am Beispiel der Bundesrepublik Deutschland

Faktoreinsatz

Hier sollen lediglich die großen Linien der Faktoreinsatzentwicklung nachgezeichnet werden, da die Details z.B. in den Agrarberichten der verschiedenen Jahrgänge nachzulesen sind. Differenziertere Darstellungen aus sektoraler Perspektive sind in den Literaturhinweisen benannt.

Die Entwicklung des aggregierten Faktoreinsatzes in der BR Deutschland ist in der Übersicht II-19 durch die oben diskutierten quantitativen Maßstäbe gekennzeichnet.

Wenn man vom geringen, aber beständigen Rückgang der *Nutzfläche* absieht, sind dabei unterschiedliche Phasen auszumachen: Bei der *Arbeit* gehen die jährlichen Abnahmeraten bis zur Mitte der 70er Jahre z.T. deutlich über 4% hinaus. Parallel zum Anstieg der allgemeinen Arbeitslosigkeit reduzieren sich die Abnahmeraten dann fortlaufend bis auf etwa 1,8% in der ersten Hälfte der 80er Jahre, haben sich jedoch inzwischen wieder auf Werte über 3,5% eingependelt.

Die Entwicklung des landwirtschaftlichen *Kapitalstocks* spiegelt einen logistischen (s-förmigen) Bestandsaufbau (vgl. z.B. HENZE 1987, S. 136f.) wider: Auf ein sich beschleunigendes Wachstum infolge hoher und steigender Investitionen folgte in den 70er Jahren eine Stagnationsphase, seit Beginn der 80er Jahre zeichnet sich eine geringfügige Reduktion des Kapitaleinsatzes ab.

Der aggregierte *Vorleistungseinsatz* hat sich in der Grundtendenz weitgehend parallel zum Kapitalstock entwickelt. Die erste Wachstumsphase mit hohen Zuwächsen von z.T. 5% pro Jahr wurde Mitte der 60er Jahre durch den allmählichen Übergang in eine Stagnationsphase abgelöst. Allerdings war in der zweiten Hälfte der 70er Jahre infolge deutlicher Steigerungen der Agrarpreise (im Zuge der Rohstoffhausse auf den Weltmärkten) wieder eine verstärkte Intensivierung des Vorleistungseinsatzes festzustellen. Seit dem Beginn der 80er Jahre stagniert der

Vorleistungseinsatz jedoch wieder bzw. geht wie der Kapitaleinsatz leicht zurück.

Übersicht II-19: Produktionsvolumen und Faktoreinsatz in der westdeutschen Landwirtschaft, 1950-1989

Jahr	Prod. [Mrd. DM]	Verän-derung [%]	AK (ges.) [1000]	AK (>2ha) [1000]	Verän-derung [%]	LF (ges.) [1000 ha]	LF (>2ha) [1000 ha]	Verän-derung [%]	Kap. [Mrd. DM]	Verän-derung [%]	Vorl. [Mrd. DM]	Verän-derung [%]
50/51	28,3		3882	3437		13462	12817		68,3		10,8	
1955	32,8	(+3,4)	3248	2780	(-4,6)	13388	12758	(-0,1)	71,2	(+0,9)	13,1	(+4,3)
1960	38,6	(+3,3)	2481	2146	(-5,0)	13100	12603	(-0,2)	83,8	(+3,3)	16,3	(+4,6)
1965	40,1	(+0,8)	1878	1778	(-3,7)	12980	12561	(-0,1)	106,7	(+5,0)	21,2	(+5,3)
1970	47,2	(+3,3)	1517	1446	(-4,0)	12759	12424	(-0,2)	121,9	(+2,7)	24,9	(+3,3)
1975	50,2	(+1,3)	1160	1061	(-6,0)	12559	12288	(-0,2)	125,4	(+0,6)	25,1	(+0,2)
1980	55,2	(+1,9)	980	898	(-3,3)	12192	12028	(-0,4)	130,7	(+0,8)	30,2	(+3,7)
1985	58,2	(+1,1)	897	819	(-1,8)	11951	11806	(-0,4)	128,2	(-0,4)	29,5	(-0,4)
1989	59,1	(+0,4)	775	704	(-3,7)	11809	11678	(-0,3)	124,5	(-0,7)	28,3	(-1,0)
Insges.		(+1,9)			(-4,0)			(-0,2)		(+1,6)		(+2,5)

Erläuterungen und Quellen: Werte sind z.T. Durchschnitte von Wirtschaftsjahren oder eigene Schätzungen. "Prod".: Produktionsvolumen in Preisen von 1980 (ohne MwSt.), vgl. Übersicht II-24. - "AK (ges.)": AK Einheiten in den Betrieben der alten Bundesländer der BRD (ohne Stadtstaaten) nach BMELF, AB 1972, 1991 und BMELF, JB. 1988. Wegen mehrfacher Anhebungen der unteren Erfassungsgrenze ist die folgende Reihe für die Analyse von Veränderungen aussagekräftiger. - "AK (> 2 ha)": AK-Einheiten in den Betrieben der alten Bundesländer der BRD (ohne Stadtstaaten) ab 2 ha LF. Schätzung für 1950/51 gestützt auf die Zahl der Betriebe ab 0,5 ha, für 1955 auf den AK-Einsatz in den Betrieben ab 0,5 ha. - "LF (ges.)": LF (vor 1970:LN) in den Betrieben der alten Bundesländer nach SBA, FS 3, R 2.1.1 1990 und BMELF, JB 1990, für 1955 nach BMELF, JB 1960 unter Hinzuschätzung des Saarlands, für 1950/51 interpoliert auf der Basis der Angaben für 1949. Wegen mehrfacher Anhebungen der unteren Erfassungsgrenze ist die folgende Reihe für die Analyse von Veränderungen aussagekräftiger. - "LF (> 2 ha)": LF in den Betrieben der alten Bundesländer ab 2 ha LF. - "Kap.": Nettoanlagevermögen (Bauten und Ausrüstungen) in der Landwirtschaft in Preisen von 1980, vgl. Übersicht II-22. - "Vorl.": Vorleistungen in Preisen von 1980 (ohne MwSt.), vgl. Übersicht II-21.

Insgesamt ist die *Entwicklung des landwirtschaftlichen Faktoreinsatzes* in der Bundesrepublik seit 1950 charakterisiert durch:

- eine starke Reduktion des *Arbeitseinsatzes* auf etwa ein Fünftel (um 4% jährlich),
- einen geringfügigen Rückgang der *Flächennutzung* (-0,2% jährlich),
- eine annähernde Verdopplung des *Kapitalstocks* (bzw. etwa 1,6% pro Jahr) und
- eine erhebliche Steigerung des *Vorleistungseinsatzes* (um 2,5% jährlich).

Übersicht II-20: Faktoreinsatzentwicklung in der westdeutschen Landwirtschaft, 1950-1989, Indexdarstellung

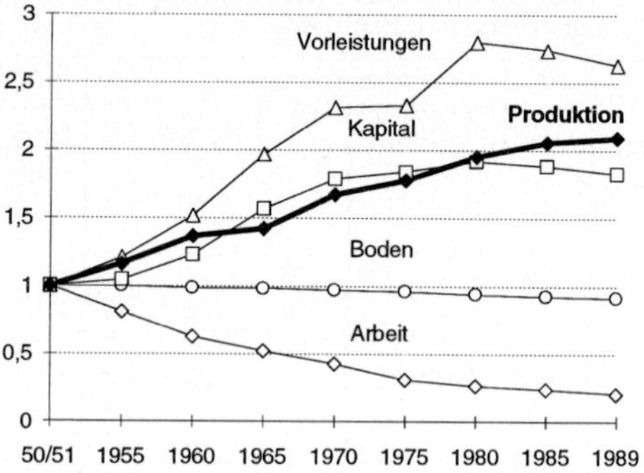

Quellen: Vgl. die Angaben zur Übersicht II-19

Da insbesondere die Faktoren Kapital und Vorleistungen sehr heterogen sind, soll bei diesen Aggregaten auch die Entwicklung wichtiger Komponenten betrachtet werden.

Übersicht II-21: Entwicklung des landwirtschaftlichen Vorleistungseinsatzes in der BR Deutschland in Mrd. DM, zu Preisen von 1980, 1950-89

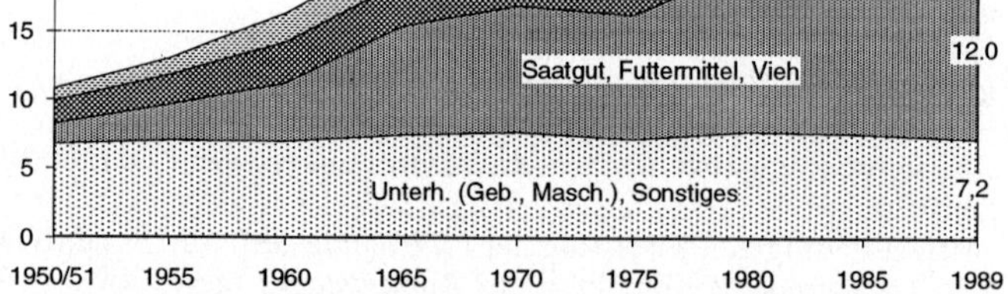

Quellen und Erläuterungen: Zur Glättung von Zufallsschwankungen wurden Durchschnitte von Kalenderjahren gebildet, z.T. auf der Basis von umbasierten Werten bzw. von Schätzungen. Vorleistungen zu Preisen von 1980 (ohne MwSt) für 1975 - 1985 entnommen aus BMELF, JB. 1988, S. 145 und KREITMEIER, SCHMIDT 1986, S. 116. Andere Werte errechnet aus den Angaben in Preisen von 1985, 1970 bzw. 1963/64 in BMELF, AB 1991, MB S. 34, BMELF, JB. 1977, 1972 und TANGERMANN 1976b, S. A3.

Die Übersicht II-21 zeigt, daß das Wachstum der Vorleistungen (durchschnittlich 2,5%) wesentlich durch die Erhöhung des Einsatzes von *Vorleistungen landwirtschaftlicher Herkunft* (überwiegend Futter) geprägt war (6%). Überdurchschnittlich entwickelte sich im Zusammenhang mit der Mechanisierung auch der *Energieverbrauch*, wobei jedoch seit den Ölkrisen der 70er Jahre eine gewisse Korrektur erkennbar ist. Der *Dünger- und Pflanzenschutzmitteleinsatz* folgt über die gesamte Periode hinweg etwa dem Durchschnitt. In den 50er Jahren gingen die Zuwächse hier jedoch, bedingt durch sehr niedrige Ausgangswerte, deutlich über den Durchschnitt hinaus, während in den 80er Jahren überdurchschnittliche Abnahmeraten zu verzeichnen waren. Die Komponente "*Unterhaltung und sonstige Vorleistungen*" weist heute in etwa das gleiche Niveau wie 1950/51 auf, wobei in der Zwischenzeit Zuwächse und Reduktionen aufeinander folgten. Die Stagnation dieser Komponente kann z.T. mit dem hohen Ausgangsniveau (z.B. im EG-Vergleich, vgl. OSTERMEYER-SCHLÖDER 1991, S. 123f.), z.T. mit den relativ hohen Kostenanstiegen bei dieser Komponente (vgl. unten Übersicht II-37) erklärt werden.

Übersicht II-22: Komponenten des landwirtschaftlichen Kapitaleinsatzes in der BR Deutschland, 1950-89

Jahr	Bauten in Mrd. DM	Jährl. Veränd. in %	Masch. u. Fahrz. in Mrd. DM	Jährl. Veränd. in %	Milchkühe in 1000	Jährl. Veränd. in %	Zuchtsauen in 1000	Jährl. Veränd. in %
1950/51	52,8		15,4		5679*		1120*	
1955	55,5	(+1,1)	18,6	(+4,3)	5722	(+0,2)	1334	(+3,6)
1960	64,8	(+3,1)	28,1	(+8,6)	5763	(+0,1)	1470	(+2,0)
1965	73,0	(+2,4)	41,9	(+8,3)	5850	(+0,3)	1750	(+3,6)
1970	74,6	(+0,4)	48,9	(+3,1)	5614	(-0,8)	2147	(+4,2)
1975	76,5	(+0,5)	50,8	(+0,8)	5377	(-0,9)	2288	(+1,3)
1980	76,5	(+0,0)	54,2	(+1,3)	5455	(+0,3)	2790	(+4,1)
1985	75,5	(-0,3)	51,7	(-0,9)	5445	(-0,0)	2875	(+0,6)
1989	75,4	(+0,0)	49,0	(-1,3)	4922	(-2,0)	2459	(-3,1)
50/51-89		(+0,9)		(+3,1)		(-0,4)		(+2,1)

Erläuterungen und Quellen: Nettoanlagevermögen (Bauten und Ausrüstungen) in der Landwirtschaft in Preisen von 1980 nach SBA, FS 18, R 1 und R S8 1986, S. 293ff. und 1989, S. 322ff.. Werte für 1960 und 1965 geschätzt auf der Basis des dort angegebenen Nettoanlagevermögens in Land- *und* Forstwirtschaft. Werte für 1950/51 und 1955 geschätzt auf der Basis der Veränderungen des bei TANGERMANN 1974 b, S. 268 angegebenen Anlagevermögens in konstanten Preisen. Viehbestände aus BMELF, JB. versch. Jgg. und BMELF, AB 1991, S. 154; i.d.R. Juni-Zählung (* = Juni 1950), bei Zuchtsauen ab 1975 August-Zählungen.

Die Übersicht II-22 zeigt, daß das Wachstum des *Gebäude- und Maschinenkapitals* ähnlich, aber nicht völlig parallel verläuft. Die

"Mechanisierungswelle" der 50er und 60er Jahre verlief bei Maschinen, ausgehend von einem recht niedrigen Ausgangsbestand, mit Wachstumsraten von z.T. über 8% deutlich stürmischer als bei Gebäuden. Der Gebäudebestand stagniert bereits seit Beginn der 70er Jahre, während der Maschinenbestand besonders in der zweiten Hälfte der 70er Jahre weiter aufgestockt wurde, was allerdings durch die deutliche Abnahme in den 80er Jahren wieder rückgängig gemacht wurde.

Die Komponenten des *Viehkapitals*, die nicht im Anlagevermögen der Übersicht II-19 enthalten sind, ergänzen das Maschinen- und Gebäudekapital. Hier sei auf die unterschiedlichen Grundtendenzen bei Milchkühen und Sauen hingewiesen, die mit den Entwicklungen der Produktionsstruktur, aber auch mit der Entwicklung der partiellen Produktivitäten der betreffenden Produktionszweige zusammenhängen. Auch beim Viehkapital sind am Ende der 70er Jahre wieder expansive Tendenzen festzustellen.

Faktorintensitäten

Setzt man die bisher jeweils für sich betrachteten Faktoreinsatzmengen zueinander in Beziehung, so gelangt man zu einer Darstellung der Faktorintensitäten, z.B.

(II-5) Arbeitsintensität (bezogen auf die Fläche)
= Arbeitseinsatz [AK]/Flächeneinsatz [ha LF]

In vielen ökonomischen Texten wird kürzer, aber auch ungenauer, z.B. von "Vorleistungsintensität" oder "Kapitalintensität" gesprochen, ohne genau zu bezeichnen, welche Faktormengen in Zähler und Nenner stehen. Bei der Zahl der möglichen Relationen und damit Intensitäten wird damit vom Leser die "richtige" Interpretation "aus dem Zusammenhang heraus" erwartet. Obwohl derartige Zweideutigkeiten in diesem Lehrbuch weitgehend vermieden werden, soll auf diese Quelle von Mißverständnissen hingewiesen werden.

Intensitäten erhöhen sich, wenn der Faktor im Zähler schneller wächst als der im Nenner, und zwar entspricht die Wachstumsrate der Intensität X/Y (approximativ) der Differenz der Wachstumsraten der Faktoren X und Y:

(II-6) $$W_{X/Y} = W_X - W_Y$$

Diese Beziehung gilt bei infinitesimalen Änderungen exakt, da sie direkt aus der Quotientenregel der Differentialrechnung folgt:

(II-7) $$W_{X/Y} = \frac{\partial(X/Y)/\partial t}{X/Y} = \frac{1}{X/Y} \cdot \frac{Y \cdot \partial X/\partial t - X \cdot \partial Y/\partial t}{Y^2} = \frac{\partial X/\partial t}{X} - \frac{\partial Y/\partial t}{Y}$$

Bei Produkten gilt dagegen, daß die Wachstumsrate des Produkts der Summe der einzelnen Wachstumsraten entspricht, was aus der Produktregel abgeleitet werden kann:

(II-8) $$W_{X \cdot Y} = W_X + W_Y$$

Bei nicht infinitesimalen Änderungen, wie es bei der Berechnung von jährlichen Wachstumsraten stets der Fall ist, treten sog. Mischeffekte auf (vgl. BAUER 1977, S. 20ff). Bei der Interpretation von Tabellen sind die Beziehungen (II-7) und (II-8) jedoch als Näherungsformeln oft sehr nützlich.

Die Intensitäten im Agrarsektor haben sich aufgrund der unterschiedlichen Entwicklung der Faktoreinsatzmengen (ablesbar z.B. aus der Indexdarstellung in Übersicht II-20) deutlich verschoben, was an einigen Beispielen in der Übersicht II-23 illustriert sei:

Übersicht II-23: Entwicklung einiger Intensitäten in der westdeutschen Landwirtschaft

Jahr	Stickstoff/ LF [kg N/ha]	Arbeit/ LF [AK/ 100 ha]	Kapital/ Arbeit [1000 DM/AK]	Vorleistung./ Arbeit [1000 DM/AK]	Vorleist./ Kapital [DM/DM]	Schlepper/ Arbeit [Schlepper/AK]
50/51	27	28,8	17,6	2,8	0,16	0,04
1970	87	11,9	80,4	16,4	0,20	0,89
1989	128	6,6	160,6	36,5	0,23	1,80

Quellen und Erläuterungen : Stickstoffmenge und Schlepperzahl nach BMELF, JB versch. Jgg. Aggregierte Faktoreinsatzmengen nach der Übersicht II-19, bei Arbeit und Boden in *allen* Betrieben.

Die auf die Fläche bezogenen Intensitäten entwickelten sich ähnlich wie die entsprechenden absoluten Größen, da sich die Flächennutzung nur geringfügig verminderte. Bei der Ausstattung der Arbeit mit Kapital und Vorleistungen führen dagegen sowohl die Steigerungen der Einsatzmengen von Kapital bzw. Vorleistungen wie auch die Verminderung des landwirtschaftlichen Arbeitseinsatzes zu erheblichen Steigerungen der jeweiligen Intensitäten, auf die bei der Erklärung von Produktivitätsentwicklungen (in Abschnitt 3.2.2) zurückzukommen sein wird. Die kapitalbezogene Vorleistungsintensität steigt nur mäßig, weil sich Kapital- und Vorleistungseinsatz ähnlich entwickelten, aber die Wachstumsdynamik der Vorleistungen geringfügig ausgeprägter war.

Produktion

Die Entwicklung der aus dem Faktoreinsatz resultierenden Produktion ist bei mittlerem Aggregationsniveau auf der Basis des Produktionsvolumens (in konstanten Preisen von 1980) in der Übersicht II-24 dargestellt. Von 1950 - 1989 wuchs die Produktion durchschnittlich um etwa 1,7% pro Jahr, wobei sich das Wachstum seit den 50er und 60er Jahren zunehmend abgeschwächt hat.

Übersicht II-24: Entwicklung des landwirtschaftlichen Produktionsvolumens in der BRD, 1950 - 1989

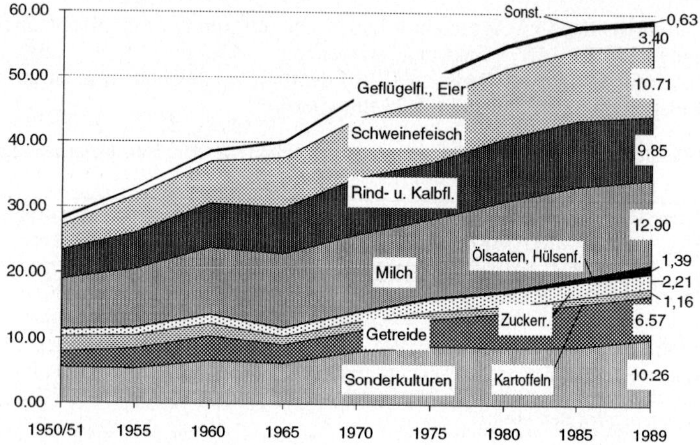

Quellen: Angaben für 1975, 1980, 1985 als Durchschnitt von Wirtschaftsjahren aus BMELF, JB. 1988 und KREITMAIER, SCHMIDT 1986, Andere Werte berechnet aus den Veränderungen der Angaben in Preisen von 1985, 1970 bzw. 1963/64 bei KREITMEIER, FOCK, 1991, S. 80, BMELF, JB. 1972, 1977 und TANGERMANN 1974b, S. A1f..

Der Anteil der pflanzlichen Produktion am Gesamtvolumen ging leicht zurück. Innerhalb der pflanzlichen Produktion stieg die Erzeugung von Getreide, Zuckerrüben und in jüngster Zeit insbesondere die von Ölsaaten und Hülsenfrüchten deutlich an, während die Sonderkulturen unterdurchschnittlich an der Produktionsausdehnung teilnahmen. Letztere sind jedoch so heterogen, daß eine eingehendere Analyse der Veränderungen eine noch stärkere Disaggregation verlangt.

Die tierische Produktion nahm insgesamt etwas stärker zu als die pflanzliche Produktion, so daß ihr Anteil am Produktionswert von 60 auf 63% anstieg. Das Wachstum der flächenunabhängigen Veredlungsproduktion war vor allem aufgrund der hohen Wachstumsraten in den 50er und 60er Jahren etwas stärker als das der Rindfleischerzeugung. Die Milcherzeugung entwickelte sich insgesamt eher unterdurchschnittlich.
Für eingehendere Analysen muß auf die Literatur verwiesen werden, z.B. OSTERMEYER-SCHLÖDER 1991, S. 73ff.; TANGERMANN 1976, S. 5ff..

Agrarsektoraler Faktoreinsatz im EG-Vergleich

Zwischen den Agrarsektoren der EG-Länder bestehen charakteristische Unterschiede (Übersicht II-25)

Übersicht II-25: Aggregierter Faktoreinsatz in der EG(-9), 1977

	D	F	I	NL	B/L	UK	IRL	DK	EG-9
	Faktoreinsatzniveaus								
LF [1000 ha]	13218	32193	17501	2069	1591	18390	4868	2928	92758
Arbeitskräfte [1000 JAE]	1136	1890	2687	248	138	611	315	175	7200
Geb., Masch.kap. [Mio ECU]	22214	21439	17574	5993	2029	10150	1252	5099	85750
Viehkapital [1000 GV]	6907	11908	5019	2774	1470	7414	2307	1702	39501
Vorleistungen [Mio ECU]	5371	5074	3056	2078	1124	3172	380	1036	21291
	Intensitäten								
LF [ha] / JAE	11,6	17,0	6,5	8,3	11,5	30,1	15,5	16,7	12,9
Geb., Masch.kap. [1000 ECU]/JAE	19,6	11,3	6,5	24,2	14,7	16,6	4,0	29,1	11,9
Viehkapital [GV] / JAE	6,1	6,3	1,9	11,2	10,7	12,1	7,3	9,7	5,5
Vorleistungen [1000 ECU]/JAE	4,7	2,7	1,1	8,4	8,1	5,2	1,2	5,9	3,0

Quelle: BEHRENS, de HAEN 1980, S. 6, außer für den Arbeitseinsatz, wo wegen lückenhafter Angaben auf die Werte bei OSTERMEYER-SCHLÖDER 1991, S. 201 ausgewichen wurde.

Der *französische Agrarsektor* entspricht hinsichtlich der Faktoreinsatzstruktur etwa dem EG(-9)-Durchschnitt, wenn man von der recht günstigen Flächenausstattung absieht, und ist, gemessen an den Faktoren Fläche und Viehkapital, der größte Agrarsektor in der EG. Die *deutsche Landwirtschaft* ist besonders durch eine hohe Kapitalintensität gekennzeichnet, während die Flächenausstattung der Arbeit nur in den Benelux-Staaten und Italien noch niedriger ist. Bedingt durch geringe Betriebsgrößen (vgl. Übersicht II-17) und eine auf Sonderkulturen ausgerichtete Produktionsstruktur sind die auf die Arbeit bezogenen Flächen- und Viehintenstitäten in *Italien* und den übrigen südeuropäischen Ländern sehr niedrig. Die Landwirtschaften in den *Benelux-Ländern und Dänemark* ähneln sich hinsichtlich der hohen Kapital-, Vieh- und Vorleistungsintensität in bezug auf die Arbeit. Die entsprechenden Flächenintensitäten differieren zwischen diesen Ländern dagegen erheblich. Die Flächenausstattung ist in den Niederlanden ähnlich gering wie in Italien, während in Dänemark ähnliche günstige Relationen wie in Frankreich vorliegen, die nur in *Großbritannien* (wiederum bedingt durch die Betriebsgrößenstruktur) noch deutlich übertroffen werden.

3.2. Produktivitäten in der Landwirtschaft

3.2.1. Maßstäbe zur Kennzeichnung der Produktivität

Mit *Produktivitäten* wird die *technische* Effizienz des Faktoreinsatzes gekennzeichnet, indem man die produzierten *Mengen* auf die *Mengen* der beteiligten Faktoren bezieht:

$$\text{(II-9)} \qquad \text{Produktivität} = \frac{\text{Produktionsmenge}}{\text{Faktoreinsatzmenge}}$$

Produktivitäten dürfen nicht mit Kennziffern der *Rentabilität* (z.B. Ertrag/Aufwand, Leistung/Kosten) verwechselt werden, die die *monetäre* Effizienz des Faktoreinsatzes, d.h. die Wirtschaftlichkeit charakterisieren sollen. Bei der Aggregation von Produktions- und Faktoreinsatzmengen ist es allerdings manchmal unumgänglich, Preise *als Gewichtungsfaktoren* zu verwenden (vgl. Abschnitt 3.1). Im Unterschied zu Rentabilitätsvergleichen werden die Mengen bei Produktivitätsvergleichen (vgl. 3.2.2) jedoch mit *konstanten Preisen* bewertet, d.h. es werden für die zu vergleichenden Einheiten dieselben Gewichte verwendet.

Bei **partiellen Produktivitäten** (oder "Einzelfaktorproduktivitäten") wird das Produktionsergebnis Q auf einen einzelnen Faktor F_i bezogen, d.h.

$$\text{(II-10)} \qquad \text{Partielle Produktivität des Faktors } i = \frac{Q}{F_i}$$

Bei gesamtwirtschaftlichen und sektoralen Betrachtungen werden meistens *partielle Faktorproduktivitäten* berechnet, in denen sowohl das Produktionsergebnis als auch der Faktoreinsatz hoch aggregiert sind (Arbeitsproduktivität Q/A, Kapitalproduktivität Q/K, Vorleistungsproduktivität Q/V, Flächenproduktivität Q/LF). Auf niedrigem Aggregationsniveau, etwa bei der Berechnung partieller Produktivitäten in einzelnen Produktionsverfahren, können sowohl das Produktionsergebnis als auch der beteiligte Faktor in physischen Mengen angegeben werden. Derartige *technische Produktivitätskennziffern* (z.B. Getreideertrag in dt je ha, Milchleistung in l je Kuh, Ferkel je Sau) sind besonders leicht zu berechnen und bieten sich, abgesehen von ihrer Verwendung zur Beurteilung der produktionstechnischen Effizienz in der Betriebswirtschaft auch bei sektoralen Betrachtungen insbesondere dann an, wenn Preis- oder Wechselkursverzerrungen die Aggregation mit (konstanten) Preisen zweifelhaft erscheinen lassen.

Die technische Effizienz läßt sich statt durch die Produktivität auch durch deren Kehrwert, d.h. durch *Produktionskoeffizienten* kennzeichnen, die die für eine bestimmte Produktionsmenge benötigten Faktoreinsatzmengen angeben:

$$\text{(II-11)} \qquad \text{Produktionskoeffizient} = \frac{\text{Faktoreinsatzmenge}}{\text{Produktionsmenge}}$$

Die technische Effizienz *steigt*, wenn der Produktionskoeffizient *sinkt*. Beispiele sind der in der gesamtwirtschaftlichen Wachstumstheorie bedeutsame Kapitalkoeffizient oder auch die "Futterverwertung" (= kg Futter je kg Zuwachs), die als produktionstechnische Kennziffer in der Mastschweineproduktion verwendet wird.

Bei der **Globalproduktivität** (oder "totalen Faktorproduktivität") wird das Produktionsergebnis auf den *gesamten* Faktoreinsatz bezogen. Hiermit soll die Effizienz des Faktoreinsatzes in einer einzigen Kennziffer ausgedrückt werden, doch sind hierbei im Vergleich zur Berechnung partieller Faktorproduktivitäten zusätzliche Aggregationsprobleme bei der Zusammenfassung der Faktoren F_i zum Aggregat F zu lösen.

$$\text{(II-12)} \quad \text{Globalproduktivität} = \frac{Q}{F(F_1,...,F_n)}$$

Produktivitäten werden eigentlich immer *für Vergleichszwecke* berechnet, da der Quotient von Produktionsergebnis durch Faktoreinsatz in (i.d.R. in Zähler und Nenner unterschiedlichen) physischen Einheiten, d.h. die Produktivität, für sich betrachtet nicht sehr aussagekräftig ist. Solche Vergleiche können *horizontal* (zwischen verschiedenen Betrieben, Regionen etc.) und *intertemporal* (zwischen verschiedenen Zeitpunkten) angestellt werden.

Intertemporale Produktivitätsvergleiche und technischer Fortschritt
Produktivitätsvergleiche im Zeitablauf können mit geringem Rechenaufwand auf der Basis **partieller Produktivitäten** durchgeführt werden. Bei der Interpretation ist jedoch zu beachten, daß die Veränderung partieller Produktivitäten auf mehrere Ursachen zurückgehen kann (zu den produktionstheoretischen Grundzusammenhängen siehe unten Kap. III, 2.4.6)

Übersicht II-26: Verschiebung einer neoklassischen Produktionsfunktion

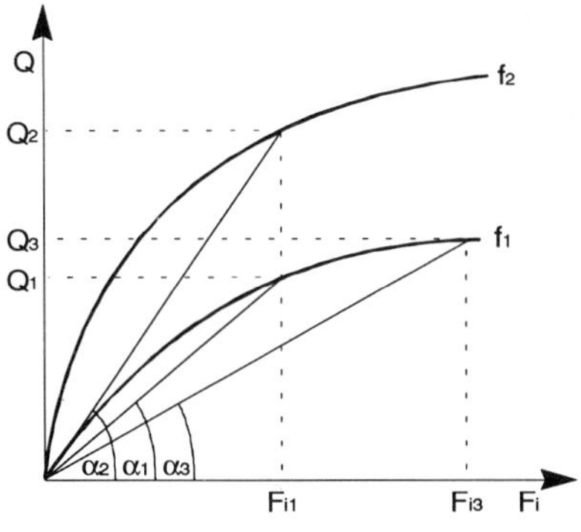

Die partielle Produktivität des Faktors i entspricht in der Zeichnung dem Tangens des Fahrstrahls an den jeweils realisierten *Produktionspunkt* (z.B. tan α_1 bei (F_{i1}, Q_1)). Für die Berechnung dieser *durchschnittlichen Produktivität* reicht die Kenntnis der Gesamtmengen Q und F_i aus. Dagegen kann die *marginale (oder Grenz-) produktivität* dQ/dF_i nur berechnet werden, wenn die Produktionsfunktion bekannt ist, denn die

Grenzproduktivität (die an dieser Stelle jedoch nur der begrifflichen Abgrenzung wegen benannt werden soll) entspricht der Steigung bzw. dem Tangens der Tangente an die *Produktionsfunktion.*

Partielle Produktivitäten können sich erhöhen

1) weil sich die Einsatzmenge des Faktors i vermindert hat (z.B. F_{i3} -> F_{i1}, tan α_3 -> tan α_1)
2) weil sich die Einsatzmenge anderer Faktoren erhöht hat (z.B. f_1 -> f_2, tan α_1 -> tan α_2)
3) weil sich die Effizienz des Faktoreinsatzes durch technischen Fortschritt erhöht hat (f_1 -> f_2, tan α_1 -> tan α_2)

Unter bestimmten Voraussetzungen (konstanten Skalenerträgen) bleiben die partiellen Produktivitäten konstant, wenn sich alle Faktoreinsatzmengen um den gleichen Prozentsatz verändern, so daß die partiellen Produktivitäten allein durch veränderte Faktoreinsatz*relationen,* d.h. veränderte Intensitäten, und den technischen Fortschritt beeinflußt werden.

Das Zusammenwirken von technischem Fortschritt und Faktorsubstitutionen kann noch deutlicher an der Isoquantendarstellung der Produktionsfunktion (am Beispiel der Faktoren Arbeit und Kapital) erklärt werden, wobei wir gleichzeitig ein Wachstum der Produktion unterstellen.

Übersicht II-27: Isoquantenschema einer Produktionsfunktion mit den Faktoren Arbeit und Kapital

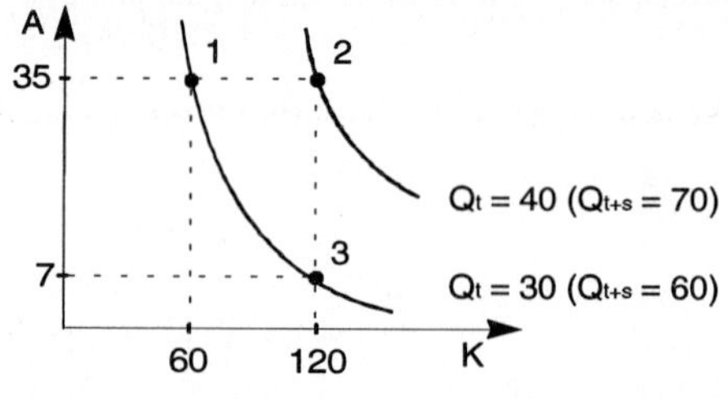

Der Tendenz nach entspricht das in der Übersicht II-27 gezeigte Bild der westdeutschen Nachkriegsentwicklung (= Periode s): In der Ausgangssituation (Zeitpunkt t) wurde bei einem Arbeitseinsatz von 35 Einheiten und einem Kapitaleinsatz von 60 Einheiten die Produktionsmenge $Q_t = 30$ realisiert. Zwischen den Zeitpunkten t und t+s kommt es zu einer erheblichen Reduktion des Arbeitseinsatzes von 35 auf 7 Einheiten und gleichzeitig zu bedeutenden Ausweitungen des Kapitalstocks von 60 auf 120 Einheiten. Bei unverändertem Stand der Technik (unverändertem Isoquantenschema) würde die Verzehnfachung der Kapitalintensität (von 60/35 auf 120/7) mit einer unveränderten Produktion einhergehen, weil sich die Wirkungen der Ausdehnung des Kapitalstocks (Bewegung von 1 nach 2) und der Reduktion des Arbeitseinsatzes (Bewegung von 2 nach 3)

gerade kompensieren. Die Arbeitsproduktivität wäre dagegen (von 30/35 auf 30/7) gestiegen, die Kapitalproduktivität gefallen (von 30/60 auf 30/120). Da sich jedoch gleichzeitig aufgrund von technischem Fortschritt alle Isoquanten zum Ursprung hin verschieben (in unserem Beispiel von Q_t nach Q_{t+s}), steigt die Arbeitsproduktivität weiter (von 30/7 auf 60/7), und die Kapitalproduktivität ist im Vergleich zur Ausgangssituation unverändert (30/60 = 60/120).

Festgehalten werden soll, daß die partiellen Produktivitäten ansteigen, wenn (bei Ausklammerung von Skalenerträgen)

- *technischer Fortschritt* vorliegt, aber auch, wenn
- die auf den betreffenden Faktor bezogenen *Faktorintensitäten* steigen.

Die statistisch errechneten (partiellen) Produktivitäten werden daneben beeinflußt durch (vgl. HANAU, RUSTEMEYER 1965, S. 5; SCHRADER 1973, S. 58f.):

- Unterschiede der *Kapazitätsauslastung*, wenn der Faktoreinsatz durch die Bestände (Kapitalstock, Schlepper, Arbeitskräfte) statt durch die tatsächliche Leistungsabgabe (Kapitalnutzung, Schlepperstunden, Arbeitsstunden) gemessen wird,
- *Witterungsbedingte Ertragsschwankungen*, die zu entsprechenden jährlichen Schwankungen der Produktivitäten führen,
- *Struktureffekte*, die auftreten, wenn sich die Produktion innerhalb eines Aggregats (z.B. dem Sektor) von weniger produktiven in produktivere Teilaggregate (Produktionszweige, Betriebsgruppen, Regionen) verlagert.

Bei **Globalproduktivitäten** wird das Produktionsergebnis Q_t (i.d.R. gemessen durch das Produktionsvolumen) auf den *gesamten* Faktoreinsatz bezogen.

Wie bei der Ermittlung des aggregierten Kapital- und Vorleistungseinsatzes werden die einzelnen Faktoren F_i dazu z.B. unter Gewichtung mit den Faktorpreisen einer Basisperiode addiert:

(II-13) $T(t) = (\Sigma_i P_{Qo} \cdot Q_t) / (\Sigma_i P_{Fio} \cdot F_{it})$

Durch den Bezug auf den *gesamten* Faktoreinsatz kompensieren sich tendenziell gegenläufige Veränderungen der Faktoreinsatzmengen F_i, die lediglich Faktorsubstitutionen (Intensitätsveränderungen) reflektieren (abgesehen von Meßproblemen, vgl. Abschnitt III, 2.4.6). Daher kann die trendmäßige Veränderung der Globalproduktivität zur Kennzeichnung der Rate des technischen Fortschritts W_T (z.B. im Vergleich zur Basisperiode 0) benutzt werden:

$$(\text{II-14}) \qquad 1 + W_T = \frac{T(t)}{T(0)} = \frac{(P_{Qo} \cdot Q_t)/(\Sigma_i P_{Fio} \cdot F_{it})}{(P_{Qo} \cdot Q_o)/(\Sigma_i P_{Fio} \cdot F_{io})}$$

$$= \frac{P_{Qo} \cdot Q_t}{P_{Qo} \cdot Q_o} / \frac{\Sigma_i P_{Fio} \cdot F_{it}}{\Sigma_i P_{Fio} \cdot F_{io}}$$

Nach II-14 entspricht also die Veränderung der Globalproduktivität bzw. der technische Fortschritt, wenn man die anderen Einflüsse vernachlässigt, *dem* Teil des Produktionsmengenwachstums, der über die durch einen Mengenindex gemessene Faktoreinsatzentwicklung hinausgeht.

Bei dem in (II-14) verwendeten Faktorindex *nach Laspeyres* werden die zur Gewichtung verwendeten Preise der Basisperiode konstant gehalten, so daß das Gewichtungsschema veralten kann. Bei dem Mengenindex *nach Paasche* würden zur Gewichtung dagegen die Preise der laufenden Periode P_{Fit} (im Zähler und Nenner) verwendet, so daß die Gewichtung zwar in jedem Jahr aktuell ist, aber Indexveränderungen auch durch veränderte Gewichte (Preise) verursacht werden:

$$(\text{II-15}) \qquad I_p = \frac{\Sigma_i P_{Fit} \cdot F_{it}}{\Sigma_i P_{Fit} \cdot F_{io}}$$

Bei sog. *Kettenindizes* wird die Veränderung zwischen einer Basisperiode 0 und der laufenden Periode t nicht in einem Schritt berechnet, sondern es werden Indizes von Jahr zu Jahr berechnet und zur Gesamtveränderung kumuliert, z.B. beim Kettenindex mit der Laspeyresformel für die Einzelindizes:

$$(\text{II-16}) \qquad I_{KL} = \Pi_{s=1}^{t} \frac{\Sigma_i P_{Fis-1} \cdot F_{is}}{\Sigma_i P_{Fis-1} \cdot F_{is-1}} = \frac{\Sigma_i P_{Fio} \cdot F_{i1}}{\Sigma_i P_{Fio} \cdot F_{io}} \cdot \frac{\Sigma_i P_{Fi1} \cdot F_{i2}}{\Sigma_i P_{Fi1} \cdot F_{i1}} \cdots \frac{\Sigma_i P_{Fit-1} \cdot F_{it}}{\Sigma_i P_{Fit-1} \cdot F_{it-1}}$$

Kettenindizes reflektieren Änderungen des Gewichtungsschemas über den gesamten Betrachtungszeitraum (0 bis t) und besitzen einige Vorteile, vgl. dazu und zu anderen Indizes BAUER 1977, S. 258ff., ALLEN 1986 und BLEYMÜLLER, GEHLERT, GÜLICHER 1988.

Die **praktische Berechnung** der Veränderung der Globalproduktivität nach (II-13) erfordert die Kenntnis der Faktorpreise zur Gewichtung der Faktoren. Bei den Vorleistungen liegen dazu i.d.R. statistische Angaben vor. Die Preise (Kosten) der Primärfaktoren sind dagegen schwieriger zu ermitteln, da diese Faktoren überwiegend im Eigentum der landwirtschaftlichen Haushalte sind und nicht getrennt entlohnt werden. Man verwendet oft durchschnittliche Pachtsätze für den Boden und Fremdarbeiterlöhne für die gesamte Arbeit. Beim Kapital sind nicht direkt die Investitionsgüterpreise (Wiederbeschaffungswerte) relevant, sondern, analog zu den *jährlichen* Preisen für die Produktion und die übrigen Faktoren, die hiervon abgeleiteten Kosten für die *Nutzung* des Kapitals, nämlich Abschreibung und (reale) Zinsen. Bei konstanten Skalenerträgen (vgl. III, 7.1) entsprechen die gesamten Kosten in der Basisperiode 0 gerade dem Produktionswert $P_{Q0} \cdot Q_0$ (d.h. T(o) = 1). Dies kann ausgenutzt werden, um einen der Faktorpreise, z.B. für die Arbeit, als Residualgröße zu bestimmen (z.B. HENZE, 1987, S. 45f.; BEHRENS, DE HAEN 1980, S. 29ff.) oder um die (kalkulatorischen) Entlohnungen von Arbeit, Boden und Kapital insgesamt auf das Niveau des Produktionswerts hin zu korrigieren (OSTERMEYER-SCHLÖDER 1991, S. 130).

Zum Fragenkomplex der Globalproduktivität soll abschließend die Unterscheidung von **Brutto- und Nettoglobalproduktivität** erwähnt werden: Während bei der bisher dargestellten Bruttoproduktivität das *gesamte* Produktionsvolumen auf den gesamten Faktoreinsatz bezogen wird, zieht man bei der Nettoproduktivität in Zähler *und* Nenner das Vorleistungsvolumen $q_0 \cdot V_t$ ab, d.h.

(II-17) globale Nettoproduktivät $T_N(t) = \dfrac{P_{Q0}\, Q_t - q_0\, V_t}{l_0\, A_t + r_0\, B_t + i_0\, K_t}$

l_0 = Lohnsatz in der Basisperiode
r_0 = Bodenrente in der Basisperiode
i_0 = Kapitalnutzungspreis in der Basisperiode

Bei dieser Berechnung unterstellt man, den Vorleistungen sei ein Anteil am Produktionsvolumen zuzuordnen, der in der Höhe genau dem Vorleistungsvolumen entspricht. Der restliche Teil des Produktionsvolumens wird dann allein auf den Primärfaktoreinsatz bezogen, um dessen Effizienz zu messen. Damit wird der gesamte Produktivitätsfortschritt den Primärfaktoren zugeschrieben, so daß die prozentualen Steigerungen der globalen Nettoproduktivität i.d.R. über die der Bruttoproduktivität hinausgehen (vgl. z.B. HRUBESCH 1967, S. 632ff.; HANAU, RUSTEMEYER 1965, S. 8).

Horizontale Produktivitätsvergleiche

Intertemporale Produktivitätsvergleiche geben Aufschluß über Effizienzunterschiede im Zeitablauf, d.h. über den technischen Fortschritt. Dabei wird stets nur eine Produktionseinheit (Betrieb, Region, Land, Sektor) betrachtet. Horizontale Produktivitätsvergleiche messen dagegen Unterschiede der technischen Effizienz, die zu einem Zeitpunkt zwischen verschiedenen Produktionseinheiten bestehen.

Prinzipiell bestehen kaum Unterschiede zwischen beiden Vergleichen. Insbesondere sind auch bei horizontalen Produktivitätsvergleichen die Effekte von Intensitätsunterschieden auf die *partiellen Produktivitäten* zu beachten. Diese Substitutionseffekte versucht man zu eliminieren, indem man relative *Globalproduktivitäten* berechnet. Wie bei der Berechnung des technischen Fortschritts besteht hierbei zunächst das Problem der Auswahl der Indexformel für die Aggregation des Produktions- und Faktoreinsatzvolumens. In Gleichung (II-15), d.h. auf der Basis von Laspeyres-

Mengenindizes, wären die Indizes 0 und t hierbei zwei zu vergleichenden Produktionseinheiten zuzuordnen und W_T würde die prozentuale Differenz der Globalproduktivitäten, d.h. den prozentualen Effizienzunterschied zum Ausdruck bringen.

Bei horizontalen Produktivitätsvergleichen tritt aber, anders als bei intertemporalen Vergleichen, oft das Problem auf, daß die zu vergleichenden Einheiten völlig unterschiedliche Produkte erzeugen. In diesem Fall hängt der Vergleich so entscheidend von der Verwendung der "richtigen" (den volkswirtschaftlichen Knappheitsverhältnissen entsprechenden) Preise ab, daß die Interpretation des (absoluten) Produktivitätsvergleichs als *technischer* Effizienzvergleich fragwürdig wird und allenfalls Produktivitäts*entwicklungen* gegenübergestellt werden können.

Relativ unproblematisch sind solche **Querschnittsvergleiche zwischen** (landwirtschaftlichen) **Betriebsgruppen** eines Landes, die nach der Betriebsgröße, der Region oder (mit deutlichen Einschränkungen) der Hauptproduktionsrichtung unterschieden werden können. Beim Vergleich von Betriebsgruppen kann (vereinfachend, vgl. HENRICHSMEYER u.a. 1983, S. 59ff.) davon ausgegangen werden, daß die bei der Bewertung von Produkten und Vorleistungen verwandten Preise annähernd übereinstimmen, so daß ein Vergleich der Globalproduktivitäten, z.B. aus Übersicht II-32 unten, im wesentlichen Änderungen des *Mengengerüstes* und damit (nach Gleichung (II-14) gemessene) *technische* Effizienzunterschiede reflektiert.

Bei **internationalen Vergleichen** ist dagegen damit zu rechnen, daß sich die Preise und Preisrelationen in den beiden *Ländern* 0 und t auch nach Umrechnung mit dem offiziellen Wechselkurs unterscheiden. Hier besteht damit ein analoges Problem wie bei den intertemporalen Vergleichen durch das "Veralten" des Gewichtungsschemas infolge starker Preisänderungen zwischen den *Zeitpunkten* 0 und t. Zur Gewichtung kommen in Frage:
- die Preise des Landes 0,
- die Preise des Landes t,
- durchschnittliche Preise bzw. durchschnittliche Gewichte (am häufigsten verwendet) und
- dritte Preissysteme, z.B. Weltmarktpreise.

Damit die berechneten Größen als Globalproduktivitäten interpretiert werden können, sind (zur Unterscheidung von Rentabilitätskennziffern bzw. Einkommensvergleichen) in jedem Fall *identische* Preise in den Ländern 0 und t zu verwenden. Soweit die Produktion oder Komponenten des Faktoreinsatzes nur als Wertgrößen vorliegen, d.h. mit den Preisen des jeweiligen Landes bewertet sind, müssen die Werte unter Verwendung der entsprechenden Preisrelationen (produkt- und faktorspezifische Kaufkraftparitäten) auf eine gemeinsame Basis umgerechnet werden (vgl. detaillierter OSTERMEYER-SCHLÖDER 1991, S. 95f., CONRAD 1985). Da die verwendeten Kaufkraftparitäten (Preisindizes) einerseits von großer Bedeutung für das Ergebnis des Produktivitätsvergleichs sind und andererseits nur mit großen Schwierigkeiten in der benötigten Differenzierung zu ermitteln sind, werden internationale Vergleiche der Produktivitäts*entwicklung* weitaus häufiger durchgeführt als solche der absoluten Niveaus.

Dies gilt erst recht für **intersektorale Vergleiche** der Produktivität. Nur bei hohem Aggregationsniveau gibt es bei solchen Vergleichen noch einander entsprechende Faktoren ("Kapital", "Vorleistungen"), obwohl erhebliche Qualitätsunterschiede bestehen und manche Faktoren (wie LF) praktisch nur in einem Sektor eingesetzt werden. Die Produkte sind jedoch *prinzipiell* (bei einer Sektoruntergliederung nach dem Produktprinzip definitionsgemäß) von unterschiedlicher Art, werden i.d.R. in unterschiedlichen Einheiten gemessen und können meistens nur durch Bewertung mit Preisen vergleichbar gemacht werden. Hierfür kommen wie bei internationalen Vergleichen verschiedene Preisrelationen (inländische Erzeugerpreise, Weltmarktpreise) in Frage, die jedoch z.T. gerade im Agrarsektor durch staatliche Interventionen verzerrt sind, so daß derartige Vergleiche besonders problematisch sind.

Auch bei Vergleichen von Betriebszweigen innerhalb der landwirtschaftlichen Bodenproduktion (z.B. Weizen und Rapserzeugung) werden sinnvollerweise allenfalls die *Erlöse* je ha LF, aber kaum die *naturalen Erträge* je ha LF, d.h. die partiellen Flächenproduktivitäten einander gegenübergestellt. Bei sehr heterogenen Produkten und Produktionsverfahren sind derartige Vergleiche jedoch eher im Hinblick auf Rentabilität, Wettbewerbsfähigkeit und Einkommenssituation zu interpretieren, so daß hier ein fließender Übergang zu den Konzepten der Rentabilität besteht. Den Schwierigkeiten bei der Ermittlung der "richtigen" Preisrelationen zur Aggregation für den "technischen" Effizienzvergleich entsprechen daher Schwierigkeiten, die Kennziffern "richtig" zu interpretieren. Aus diesen Gründen werden Globalproduktivitäten bei *intersektoralen* Betrachtungen fast nur in bezug auf die *Entwicklung*, nicht aber in bezug auf absolute Niveaus verglichen (z.B. CONRAD 1985, UNGER 1986), weil hierbei Verzerrungen der Gewichte (Preise), wenn sie weitgehend konstant sind, eine geringere Rolle spielen.

3.2.2. Ergebnisse intertemporaler und horizontaler Produktivitätsvergleiche

Intertemporale Produktivitätsvergleiche

Nach den vorgetragenen Erläuterungen kann der *technische Fortschritt* nur mit globalen Produktivitäten quantifiziert werden. Wegen der Schwierigkeiten bei der Ermittlung konsistenter Preis- und Mengendaten für alle Faktoren über einen längeren Zeitraum hinweg, werden diese **Globalproduktivitäten** i.d.R. nur in Spezialuntersuchungen ermittelt, und zwar weitaus seltener als partielle Produktivitäten.

Übersicht II-28: Wachstum der Globalproduktivität in der Bundesrepublik Deutschland 1952/53 bis 1986/87, Indexdarstellung

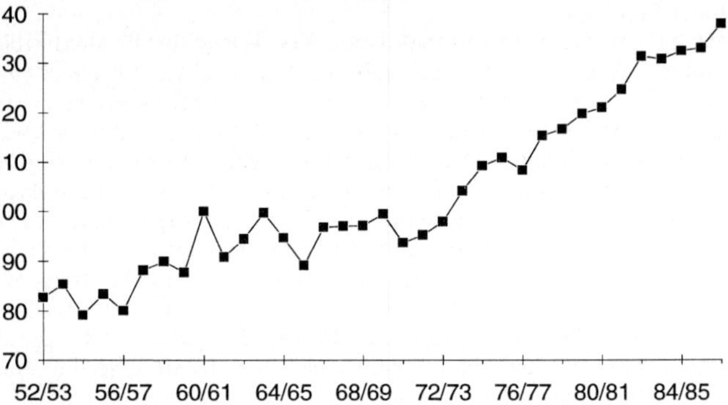

Quelle: BECKER 1989

Die wichtigsten Ergebnisse der Untersuchungen von BECKER (1989) sind,
- daß die durchschnittliche Fortschrittsrate im langjährigen Mittel nahe bei 2% lag und
- daß die Produktivitätsentwicklung ohne Verwendung gleitender Durchschnitte aufgrund von Ernteschwankungen ausgeprägte jährliche Schwankungen aufweist.

Diese Ergebnisse werden auch von anderen Untersuchungen gestützt (OSTERMEYER-SCHLÖDER 1991, BEHRENS, de HAEN 1980, HOCKMANN 1990, HRUBESCH 1967), wobei jedoch in Details durchaus markante Unterschiede bestehen. Eine eigene Berechnung der Rate des technischen Fortschritts wird zu Illustrationszwecken im Rahmen der stärker produktionstheoretisch ausgerichteten Darstellung in Abschnitt III, 2.4.6 vorgestellt.

Um die Interpretation **partieller Produktivitäten** zu demonstrieren, wurde in der folgenden Übersicht II-29 das Produktionsvolumen (in Preisen von 1980) auf die Faktoren Arbeit, Boden, Kapital und Vorleistungen bezogen:

Rechnerisch resultiert das Produktivitätswachstum aus der Differenz der Wachstumsraten der Produktion und des betreffenden Faktors ($W_{X/F} = W_X - W_F$ nach Gleichung (II-6). Anhand der detaillierten Zahlen aus den Übersichten II-19 und II-29 kann der Leser sein Verständnis der Berechnungen überprüfen.

Übersicht II-29: Entwicklung partieller Produktivitäten in der westdeutschen Landwirtschaft, 1950/51 bis 1989

Jahr	Arbeit [DM/AK]	Veränd. [%]	Boden [DM/ha]	Veränd. [%]	Kapital [DM/DM]	Veränd. [%]	Vorleist. [DM/DM]	Veränd. [%]
50/51	7294		2103		0,41		2,62	
1955	10113	(+7,5)	2453	(+3,5)	0,46	(+2,4)	2,52	(-0,9)
1960	15563	(+9,0)	2947	(+3,7)	0,46	(+0,0)	2,36	(-1,2)
1965	21376	(+6,6)	3093	(+1,0)	0,38	(-4,0)	1,90	(-4,3)
1970	31099	(+7,8)	3698	(+3,6)	0,39	(+0,6)	1,89	(-0,1)
1975	43300	(+6,8)	3999	(+1,6)	0,40	(+0,7)	2,00	(+1,1)
1980	56335	(+5,4)	4528	(+2,5)	0,42	(+1,1)	1,83	(-1,7)
1985	64877	(+2,9)	4869	(+1,5)	0,45	(+1,5)	1,97	(+1,5)
1989	76217	(+4,1)	5002	(+0,7)	0,47	(+1,1)	2,09	(+1,4)
Insges.		(+6,3)		(+2,3)		(+0,4)		(-0,6)

Quellen: Vgl. Übersicht II-19. Einsatz von Arbeit und Boden einschl. der Betriebe < 2ha

Die *Arbeitsproduktivität* steigt vergleichsweise am stärksten, weil sämtliche auf die Arbeit bezogenen Faktorintensitäten (Übersicht II-23) deutlich zunehmen, die Arbeit also zunehmend besser mit anderen Faktoren ausgestattet wurde. Die Abschwächung des Produktivitätswachstums ab der Mitte der 70er Jahre beruht insbesondere auf der Verminderung der Abwanderung.

Das Wachstum der *Flächenproduktivität* wird rechnerisch vor allem vom Produktionswachstum bestimmt, da die Flächennutzung nur geringfügig eingeschränkt wird. Produktionstheoretisch betrachtet kompensieren sich die Intensitätseffekte weitgehend (verbesserte Ausstattung mit Kapital und Vorleistungen, verringerte Arbeit-Flächen-Relation), so daß die beobachtete Produktivitätssteigerung von etwa 2% im wesentlichen auf den technischen Fortschritt zurückgeht.

Kapital- und Vorleistungsproduktivität zeigen im Gesamtzeitraum nur geringe Veränderungstendenzen, wenn man von den Fluktationen in einzelnen Phasen absieht. So ist etwa die zunächst recht hohe Vorleistungsproduktivität in den 50er Jahren auf einen gewissen Nachholbedarf bezüglich der ertragssteigernden Betriebsmittel zurückzuführen, die wichtige Träger des technischen Fortschritts waren. Insgesamt sind diese Produktivitäten (bzw. der Kapital- und Vorleistungskoeffizient) jedoch recht stabile Größen, da sich der technische Fortschritt und die Intensitätseffekte tendenziell kompensieren (vgl. die Erläuterungen zu Übersicht II-27).

Internationale Produktivitätsvergleiche

Ein internationaler Querschnittsvergleich der **Globalproduktivität** in den Mitgliedsländern der EG-9 ist in Übersicht II-30 dargestellt.

Übersicht II-30: Horizontaler Vergleich der Globalproduktivität zwischen EG-Ländern, 100 = Durchschnitt aller Länder

Zeitraum	NL	B	UK	I	F	**D**	DK	IRL	L
1975-79	136	114	127	121	105	**101**	85	84	56
1980-85	134	120	115	116	106	**98**	100	75	60
1965-85	147	117	117	116	104	**102**	92	74	60

Quelle: OSTERMEYER-SCHLÖDER 1991, S. 136

Die bei weitem größte Effizienz liegt in den Niederlanden vor, überdurchschnittlich ist die Globalproduktivität in Belgien, dem Vereinigten Königreich und Italien, während Frankreich und die BR Deutschland nahe am Durchschnitt liegen. In Irland, Luxemburg und Dänemark wurden die Faktoren in der Vergangenheit weniger effizient eingesetzt, wobei in Dänemark zu Beginn der 80er Jahre allerdings die bestehenden Effizienzrückstände ausgeglichen wurden.

Die **partiellen Produktivitäten** weisen im EG-Vergleich markante Unterschiede auf (Übersicht II-31), die oft von den globalen Effizienzunterschieden abweichen.

Übersicht II-31: Vergleich partieller Produktivitäten in der EG-9, Durchschnitt 1965-85

	NL	B	UK	I	F	**D**	DK	IRL	L	EG-9
Arbeitsproduktivität	217	201	147	55	104	**129**	185	57	90	100
Flächenproduktivität	353	238	63	101	82	**153**	141	43	89	100
Vorleistungsprodukt.	96	84	82	150	106	**87**	82	110	102	100
Kapitalproduktivität	129	210	103	100	129	**66**	110	193	72	100

Quelle: OSTERMEYER-SCHLÖDER 1991, S. 137

Diese Abweichungen beruhen im wesentlichen auf den oben dargestellten (Übersicht II-25) Intensitätsunterschieden. Die relativ niedrige Vorleistungsproduktivität in den Niederlanden resultiert z.B. aus der sehr hohen Intensität des Vorleistungseinsatzes. Analog ist die hohe Kapitalintensität in der BR Deutschland für die sehr geringe Kapitalproduktivität verantwortlich. Umgekehrt beruht die hohe Arbeitsproduktivität in Dänemark auf der guten Ausstattung der Arbeit mit Fläche, Kapital und Vorleistungen.

Intra- und intersektorale Querschnittsvergleiche

Ein **intrasektoraler Querschnittsvergleich** von Globalproduktivitäten (im Prinzip nach Gleichung (II-14) berechnet) ist in Übersicht II-32 wiedergegeben, wo die unterschiedliche Effizienz des Faktoreinsatzes in Betriebsgruppen des "Testbetriebsnetzes" (dazu Abschnitt 4) aufgezeigt wird:

Übersicht II-32: Vergleich der Globalproduktivitäten in Betriebsgrößen und -formen des Testbetriebsnetzes

	insgesamt	<30	30-50	>50
Marktfruchtbaubetriebe	1,03	0,90	1,00	1,07
Futterbaubetriebe	0,93	0,84	0,94	1,01
Veredlungsbetriebe	1,01	0,95	0,99	1,03
Dauerkulturbetriebe	1,01	0,89	1,00	1,13
Gemischtbetriebe	0,95	0,84	0,95	1,00
Alle Betriebe	0,97	0,86	0,95	1,03

Quelle: HENRICHSMEYER u.a. 1983, S. 23. Betriebsgröße in 1000 DM StBE.

Während die Effizienzunterschiede in den Größenklassen auf Skaleneffekte zurückzuführen sind, gehen die Effizienzunterschiede zwischen den Betriebsformen innerhalb einer Größenklasse auf das Zusammenwirken verschiedener Faktoren zurück.

Übersicht II-33: Wachstumsraten der Globalproduktivität in 28 Sektoren der BR Deutschland, 1960-1981

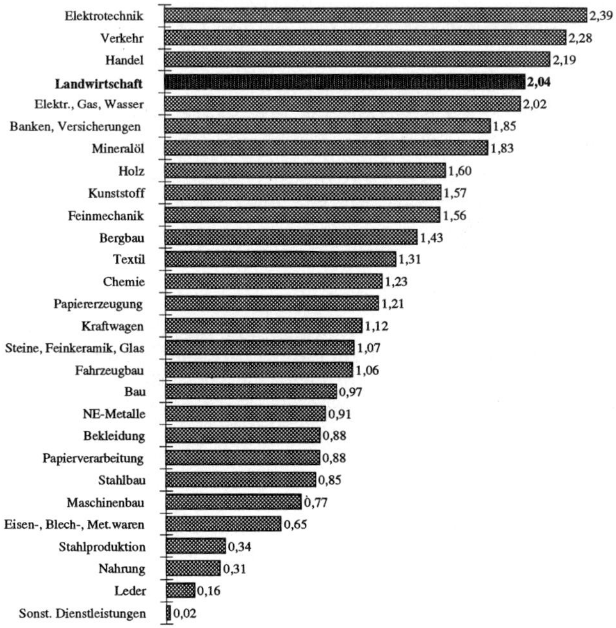

Quelle: Berechnet auf der Basis von Zwei-Jahres-Durchschnitten der Indizes aus UNGER 1986

Wegen der erläuterten Probleme beim absoluten **Vergleich** der Globalproduktivität **von mehreren Sektoren** sind in Übersicht II-33 lediglich die durch die *Produktivitätssteigerung* gemessenen Raten des technischen Fortschritts in den Sektoren der BR Deutschland einander gegenübergestellt.

Man erkennt, daß die Landwirtschaft in bezug auf die Rate des technischen Fortschritts im Untersuchungszeitraum zum obersten Viertel der Sektoren gehört, im Vergleich zum "Rest" der Volkswirtschaft also eine etwas höhere Fortschrittsrate realisiert hat. Dieser "Rest" umfaßt jedoch Sektoren mit noch ausgeprägteren Fortschritten als in der Landwirtschaft (Elektrotechnik, Handel, Verkehr) und Sektoren mit nahezu stagnierender Produktivität (Leder, Stahlproduktion, sonstige Dienstleistungen), wozu bemerkenswerterweise auch die der Landwirtschaft nachgelagerte Nahrungsmittelindustrie gehört.

4. Preise und Einkommen in der Landwirtschaft

4.1. Landwirtschaftliche Produkt- und Faktorpreise

Während wir uns in Abschnitt 3 auf die Erfassung der Produkt- und Faktormengen sowie deren Relationen (Intensitäten, Produktivitäten) konzentriert haben, wollen wir uns hier mit der monetären Seite des Agrarsektors befassen.

Bei der Aggregation von Produkt- und Faktormengen mit den (konstanten) Preisen eines Jahres erhält man *Volumengrößen* (s.o.); verwendet man dagegen die laufenden Preise, so resultieren *Wertgrößen* (Erlös, Ausgaben), aus denen Gewinne und Rentabilität ermittelt werden können. In diesem Abschnitt steht die *Beschreibung* dieser Wertgrößen des Agrarsektors im Vordergrund. Daneben sind die Preise bekanntlich wichtige Größen bei der *Erklärung* agrarsektoralen Geschehens, worauf hier allerdings nur mit knappen Hinweisen eingegangen wird (ausführlich: Kap. III).

Aggregierte Produkt- und Faktorpreise

In der Übersicht II-34 sind die Preisentwicklungen dargestellt, die mit den großen Produkt- und Faktoraggregaten der Übersicht II-19 korrespondieren.

Übersicht II-34: Aggregierte Preisentwicklung bei Produkten und Faktoren, 1950/51 bis 1989/90

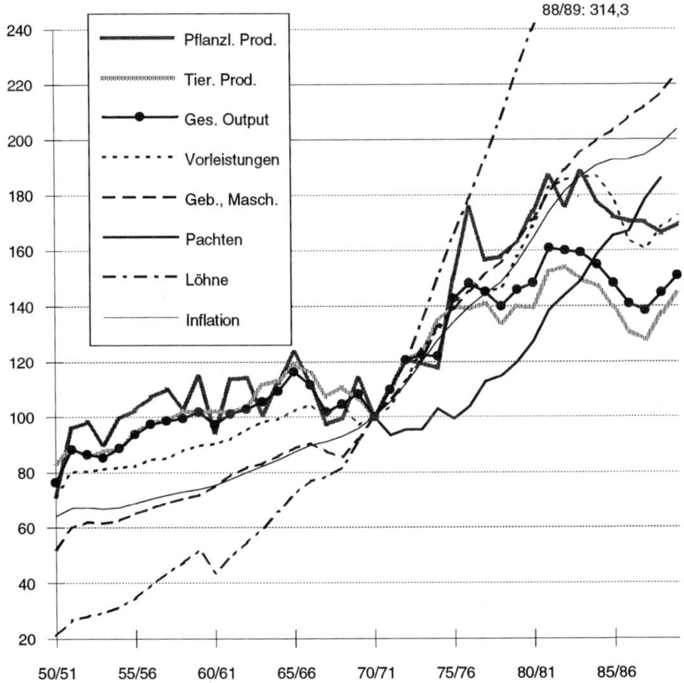

Quelle: BMELF, JB, versch, Jgg., vor 1970: SBA, FS M, R 4, 1970/71. Inflation: Preisindex der Lebenshaltung nach SBA, JB, versch. Jgg.

Man erkennt zunächst, daß praktisch alle Preise einen ansteigenden Trend aufweisen, da auch die Preise im Agrarsektor von der allgemeinen **Inflation** beeinflußt sind. Dies ist bei der Interpretation von monetären Größen (z.B. unten in Übersicht II-42) zu beachten und der Grund dafür, daß wir in Abschnitt 3 zur Darstellung der *Mengenentwicklung* nur konstante Preise verwenden durften.

Bedeutsamer sind die Unterschiede in der Entwicklung der einzelnen Preise, d.h. die Veränderung der **Preisrelationen** oder der Preisstruktur.

Vergleicht man die nominalen Agrarpreissteigerungen im Gesamtzeitraum von etwa 1,8% mit der durchschnittlichen Inflationsrate (3%), so resultiert eine *reale Agrarpreisenkung* von rd. 1,2%.

Den stärksten Anstieg unter den dargestellten Preisen weisen die *Löhne* auf, worin die Erklärung für die starke Reduktion dieses Faktors liegt. Da die Abwanderung ($-W_A$) geringer ist als die Lohnsteigerungen ($+W_l$), steigen die gesamten (kalkulatorischen) Lohnaufwendungen an ($W_{l \cdot A}$, vgl. Gleichung (II-8)). Da der Produktionswert aufgrund von Mengen- und Preissteigerungen aber in ähnlichem Umfang zunahm, hat sich der Entlohnungsanteil der Arbeit nur geringfügig verändert (Übersicht III-62), worin ebenso wie in der näherungsweisen Konstanz des Kapitalkoeffizienten ein Charakteristikum gesamtwirtschaftlicher Entwicklung zu sehen ist.

Etwas niedriger, aber dennoch deutlich kräftiger als die Steigerung der *Vorleistungspreise*, war der Anstieg der *Preise für Kapitalgüter*. In dieser Änderung der Faktorpreisrelationen dürfte ein Grund (unter vielen) für die stärkere Zunahme des Vorleistungseinsatzes liegen, die zu der oben festgestellten Intensitätssteigerung geführt hat (vgl. die Übersichten II-20 und II-23).

Bei den aggregierten *Produktpreisen* wechselten Phasen deutlicher Preissteigerungen und solche stagnierender Preise einander ab. Bis 1965/66 war die aggregierte Preisentwicklung durch eine recht beständige Aufwärtsbewegung gekennzeichnet, die in der zweiten Hälfte der 60er Jahre von deutlichen Preissenkungen abgelöst wurde. Seit den kräftigen Preissteigerungen in der ersten Hälfte der 70er Jahre (fast um 50%) stagnieren die Produktpreise, abgesehen von gewissen Fluktationen, und liegen 1989/90 etwa auf dem Niveau von 1976/77.

Die *Vorleistungspreise* entwickelten sich über viele Jahre etwa parallel zu den Produktpreisen; in der zweiten Hälfte der 60er Jahre und Ende der 70er Jahre blieben die Produktpreise allerdings hinter den Vorleistungspreisen zurück, d.h. es begann sich eine "**Preisschere**" zwischen Produkt- und Betriebsmittelpreisen zu öffnen.

Die Rentabilität des Vorleistungseinsatzes, etwa gemessen durch die Relation von Gewinnen zu Vorleistungsausgaben, kann sich jedoch trotz einer "Preisschere" (P/q sinkt) erhöhen, wenn gleichzeitig technischer Fortschritt die Vorleistungsproduktivität steigert (X/V steigt), wie man unmittelbar in Gleichung (II-18) ablesen kann.

$$\text{(II-18)} \qquad \frac{Y}{q \cdot V} = \frac{P \cdot X - q \cdot V}{q \cdot V} = \frac{P \cdot X}{q \cdot V} - 1$$

P, X = Produktpreis, -menge
q, V = Vorleistungspreis, -menge
Y = Gewinn

Obwohl diese Relation nicht direkt die Faktoreinsatzentscheidungen steuert (die bekanntlich von der Wert*grenz*produktivität abhängen, vgl. Abschnitt III, 6) sei an dieser Stelle hiermit vor Fehlinterpretationen einer "Preisschere" gewarnt.

Die beobachteten Veränderungen der Preise sind mit der in Übersicht II-20 dargestellten Mengenentwicklung zu vergleichen. Hierbei fällt z.B. auf, daß der Vorleistungseinsatz nach Verbesserungen der sektoralen Terms of Trade mit einer gewissen Verzögerung ausgedehnt wurde (bis 1970, 1975-80) und daß er stagnierte bzw. zurückging (1970-75, nach 1980), wenn sich die Preisrelationen ungünstig entwickelten. Bei der Produktion sind die Reaktionen wegen der stark schwankenden Globalproduktivität und der gleichzeitigen Veränderung aller Faktoreinsatzmengen weniger klar erkennbar.

Differenziert man bei den Produktpreisen nach *tierischen und pflanzlichen Produkten*, so erkennt man, daß die Preise der letzteren in der Mitte der 70er Jahre weit überdurchschnittlich gestiegen sind, während die Entwicklung insgesamt weitgehend parallel verlief. Dieser Anstieg in der Mitte der 70er Jahre hat damit zu einem gewissen "Abheben" der Preise pflanzlicher Produkte geführt.

Die durchschnittlichen *Pachten* stiegen seit 1971/72 recht kontinuierlich an und folgten damit bis 1981/82 etwa den Produktpreisen. Danach setzte sich die Aufwärtsbewegung allerdings trotz der Produktpreissenkungen ungebrochen fort. Bei der Erklärung (zum Bodenmarkt: Abschnitt III, 6.5) ist allerdings zu berücksichtigen, daß die durchschnittlichen Pachtpreise wegen des hohen Anteils langfristiger Pachtverträge nur recht langsam auf veränderte ökonomische Rahmenbedingungen reagieren können.

Produktpreise

Die Unterschiede der Preisentwicklung zwischen den einzelnen landwirtschaftlichen Produkten seien ebenfalls kurz betrachtet. In der Übersicht II-35 ist die Preisentwicklung **bei tierischen Produkten** dargestellt.

Der ansteigende Trend des Index für tierische Produkte ist offensichtlich die Resultierende aus differenzierten Einzelentwicklungen. Ohne die Einzelmärkte detailliert zu analysieren (dazu etwa WÖHLKEN 1984), ist folgendes erkennbar:

- Bei Schweinefleisch und Eiern sowie weniger klar bei Rind- und Geflügelfleisch treten mit einiger Regelmäßigkeit ausgeprägte *Preisschwankungen* auf.
- Die *Milchpreise* schwanken weit weniger und zeigen als einzige von den dargestellten Preisen auch nach Mitte der 70er Jahre einen deutlichen Aufwärtstrend, wobei insbesondere die zuletzt genannte Tatsache auf preispolitischen Eingriffen (dazu Bd. 2) beruht.
- Die *Preise für Eier* sind im Gegensatz zu den anderen Produkten seit den 50er Jahren rückläufig, wobei zur Erklärung auf die starken techni-

schen Fortschritte und Konzentrationstendenzen in der Eierhaltung verwiesen werden kann.

- Zwischen den *Fleischarten* ergeben sich deutliche Änderungen der Preisrelationen, die mit einer veränderten Bedürfnisstruktur der Konsumenten, unterschiedlichen technischen Fortschritten aber auch mit einer unterschiedlichen Preisstützung durch die Agrarpolitik erklärbar sind.

Übersicht II-35: Preisentwicklung bei tierischen Produkten, 1950/51 - 1989/90

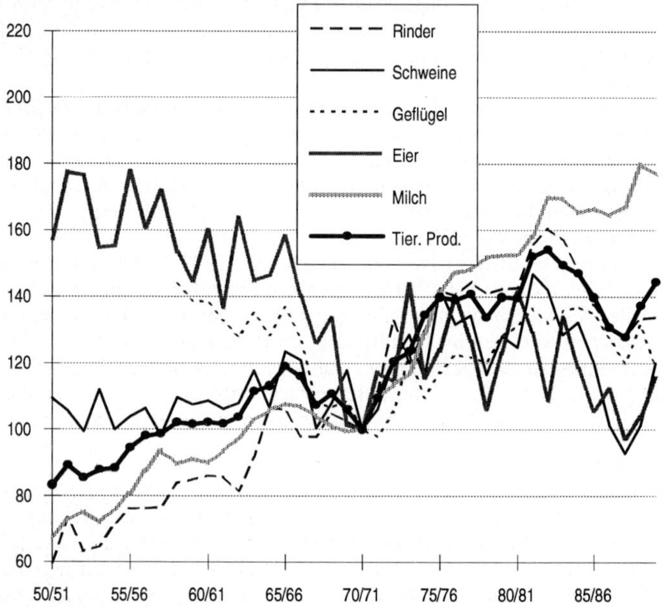

Quelle: BMELF, JB, versch. Jgg, vor 1970: SBA, FS M, R 4, 1970/71.

Das Zustandekommen der aggregierten Preisentwicklung **bei pflanzlichen Produkten** zeigt die Übersicht II-36. Bei *Kartoffeln* und *Sonderkulturen* (Obst, Gemüse, Wein) sind insgesamt überdurchschnittliche Preissteigerungen und Schwankungen erkennbar, die im Ausmaß über denen bei tierischen Produkten liegen. Preissteigernd haben in beiden Fällen geringe technische Fortschritte, hohe Arbeitskostenbelastungen (mit steigender Tendenz, Übersicht II-34), und eine noch relativ günstige Nachfrageentwicklung gewirkt, d.h. für die vergleichsweise günstige Preisentwicklung sind im wesentlichen Marktkräfte und nicht staatliche Preisstützungsmaßnahmen verantwortlich. Der Preisanstieg bei Sonderkulturen bestimmt wegen des großen Anteils dieser Produktgruppe am Produktionswert (vgl. Übersicht II-24) wesentlich die aggregierte Preisentwicklung.

Übersicht II-36: Preisentwicklung bei pflanzlichen Produkten, 1950/51 -1989/90

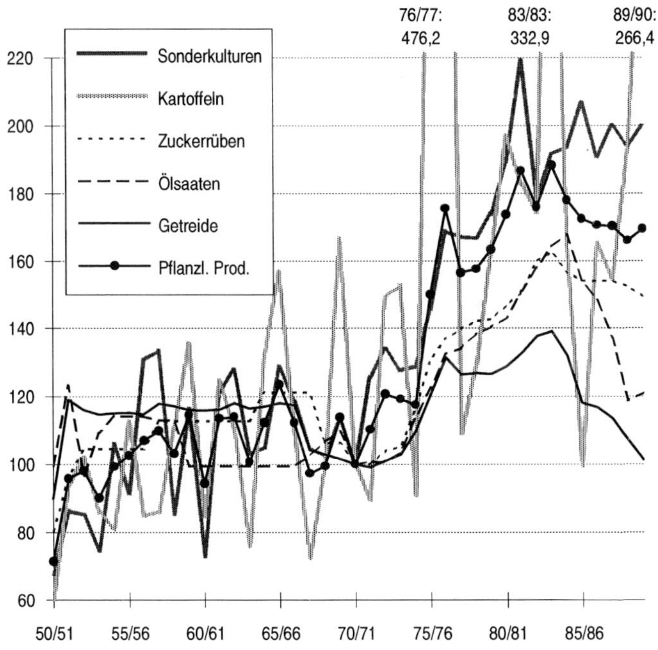

Quelle: BMELF, JB, versch. Jgg, vor 1970: SBA, FS M, R 4, 1970/71.

Bei *Getreide, Ölsaaten und Zuckerrüben*, die z.T. auf den gleichen Standorten angebaut werden können, wiesen die Preise bis 1976/77 bei geringen Schwankungen nur geringe Verschiebungen (Verbesserungen bei Zuckerrüben) auf. Seit der zweiten Hälfte der 70er Jahre blieben die Preise dieser Produkte, besonders deutlich bei Getreide, hinter dem Durchschnitt zurück, so daß die Getreidepreise im Zuge der kräftigen Preissenkungen der 80er Jahre zuletzt das Durchschnittsniveau der 50er und 60er Jahre unterschritten.

Betriebsmittelpreise

Auch innerhalb der Betriebsmittel kommt es zu Veränderungen der Preisrelationen.

Übersicht II-37: Preisentwicklung bei Vorleistungs- und Kapitalgütern, 1950/51 - 89/90

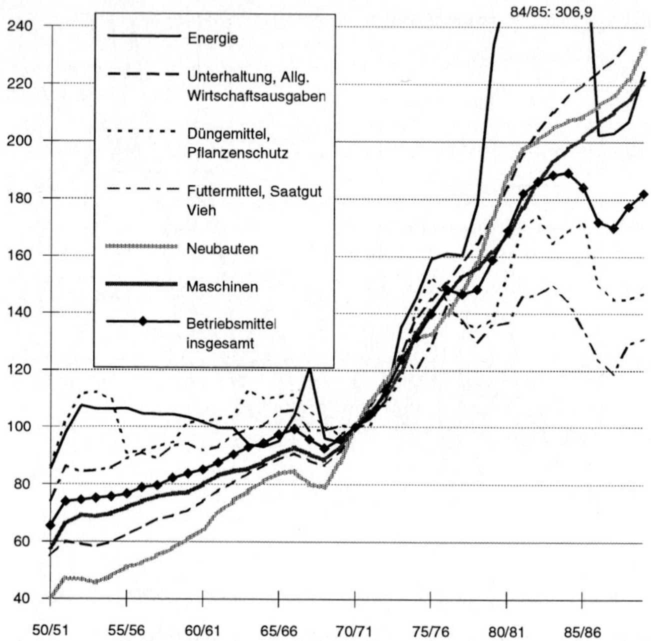

Quelle: BMELF, JB, versch. Jgg., vor 1970: SBA, FS M, R 4, 1970/71.

Bei den **Vorleistungen** fällt zunächst die sprunghafte Preissteigerung der *Energiekosten* während der zweiten Ölkrise ins Auge, die mit geringer Verzögerung auch auf die *Pflanzenschutz- und Düngemittelpreise* durchgeschlagen ist; in den 50er und 60er Jahren war ihr Niveau dagegen, abgesehen von kurzfristigen Schwankungen, praktisch konstant. Geringe Preissteigerungen kennzeichnen auch die Gruppe der *Vorleistungen landwirtschaftlicher Herkunft* (Futtermittel, Saatgut, Vieh), deren Entwicklung natürlich nur wenig von den landwirtschaftlichen Produktpreisen abweicht. Die Preise für *Allgemeine Wirtschaftsausgaben und Unterhaltung* zeigen innerhalb der Vorleistungen den stärksten Anstieg und deuten damit ihre Abhängigkeit von den Lohnkosten an (z.B. bei Reparaturleistungen).

Die Preise der **Kapitalgüter** (Neubauten und Maschinen) zogen ähnlich kräftig an, wobei die etwas größeren Steigerungsraten bei den Neubauten mit der größeren Lohnkostenempfindlichkeit begründet werden können.

Auch bei den einzelnen Betriebsmitteln liefert der Blick auf die Mengenentwicklung (Übersichten II-21 und II-22) Hinweise auf ökonomische Grundzusammenhänge, die noch ausführlich darzustellen sind (in Kap. III). So ist es sicherlich kein Zufall, daß es gerade die Vorleistungen mit dem stärksten Preisanstieg sind (*Allgemeine Wirtschaftsausgaben und Unterhaltung*), deren Einsatzniveau im Gegensatz zu den anderen Komponenten praktisch konstant blieb.

Ähnlich waren die oben erwähnten Preissteigerungen am Ende der 70er Jahre sicherlich eine Ursache für die Erklärung des überdurchschnittlichen Rückgangs des *Dünge- und Pflanzenschutzmittelaufwands* im letzten Jahrzehnt, wobei die eher stagnierenden bzw. seit 1983/84 deutlich fallenden Getreidepreise wegen der Bedeutung der Getreideproduktion für den Stickstoffverbrauch diese Wirkung unterstützt haben. Daneben dürfte sich aber eine umweltschonendere Bewirtschaftung auch infolge landtechnischer Fortschritte, einer entsprechenden Beratung, drohender Umweltschutzauflagen und schließlich zunehmenden Umweltbewußtseins der Landwirte durchsetzen. Diese möglichen Bestimmungsgründe deuten zugleich auf die agrarpolitischen Einflußmöglichkeiten hin (vgl. Bd. 2, Kap. IV).

4.2. Erfassung landwirtschaftlicher Einkommen

4.2.1. Sektorale Einkommenserfassung

Volkswirtschaftliche Gesamtrechnung

Zur systematischen Darstellung der ökonomischen Vorgänge in einer Volkswirtschaft wird in den statistischen Ämtern der meisten Länder ein System der *volkswirtschaftlichen Gesamtrechnung* (VGR) erstellt. Hier wird für die Wirtschaftssubjekte (Unternehmen, Haushalte und Staat) in systematischer und konsistenter Weise festgehalten,

- in welchem Umfang sie Güter produziert und Dienstleistungen erbracht haben (*Produktionskonten*),
- wie die daraus resultierenden Einkommen verteilt und verwendet wurden (*Einkommensentstehungs-*, *-verteilungs-*, *-umverteilungs-* und *-verwendungskonten*),
- in welchem Umfang sie Vermögen gebildet haben, und wie diese Vermögensbildung finanziert wurde (*Vermögensänderungs-* und *Kreditänderungskonten*).

Das **Produktionskonto** eines Unternehmens bzw. eines Sektors entspricht prinzipiell der einzelwirtschaftlichen Gewinn- und Verlustrechnung und gestattet durch Aggregation über alle Unternehmen bzw. Sektoren die Berechnung der gesamtwirtschaftlichen Faktoreinkommen von der Güterentstehungsseite her (vgl. STOBBE 1980, S. 126, 274 und HENRICHSMEYER, GANS, EVERS 1990, S. 328ff.).

Neben dem Produktionskonto für alle Unternehmen werden in der VGR auch sektorale Produktionskonten erstellt, wobei die Landwirtschaft einer der unterschiedenen Wirtschaftsbereiche ist. Auf dem Produktionskonto des Sektors Landwirtschaft wird die Nettowertschöpfung (= Nettoinlandsprodukt zu Faktorkosten) berechnet, die für die Entlohnung der im Agrarsektor eingesetzten Primärfaktoren zur Verfügung steht.

Übersicht II-38: Sektorales Produktionskonto in der VGR am Beispiel des Sektors "Landwirtschaft", 1988

<table>
<tr><td colspan="3">**Vorleistungen**
aus dem In- und Ausland</td><td>28870</td><td rowspan="4">**Produktionswert** 57640
- Verkäufe an Unternehmen anderer Sektoren
- Verkäufe an den Staat und Haushalte
- Bestandsveränderungen an eigenen Produkten
- selbsterstellte Anlagen
- Eigenverbrauch</td></tr>
<tr><td rowspan="3">**BWS_M**</td><td colspan="2">**Indirekte Steuern abz. Subventionen**</td><td>- 4160</td></tr>
<tr><td rowspan="2">**BWS_F $=BIP_F$**</td><td>**Abschreibungen**</td><td>10310</td></tr>
<tr><td>**$NWS=NIP_F$**
- Löhne
- Zinsen
- Gewinne</td><td>22620</td></tr>
</table>

Quelle und Erläuterungen: BMELF, JB 1990, S. 16. PW = Produktionswert. BWS_M (BWS_F) = Bruttowertschöpfung zu Marktpreisen (zu Faktorkosten). BIP_F (NIP_F) = Bruttoinlandsprodukt (Nettoinlandsprodukt) zu Faktorkosten; da die Einfuhrabgaben schon in den Vorleistungspreisen enthalten sind, werden sie bei den indirekten Steuern nicht nochmals berücksichtigt, so daß gilt: BWS_M-indirekte Steuern (= Produktionssteuern des Sektors Landwirtschaft) + Subventionen = BIP_F. NWS = Nettowertschöpfung (Faktoreinkommen).

Die Abgrenzung der Sektoren erfolgt in der VGR grundsätzlich nach dem *institutionellen Prinzip*. Zur Landwirtschaft wäre z.B. die gesamte Produktion der Unternehmen zu rechnen, die *überwiegend* landwirtschaftliche Produkte herstellen. Transportdienste, die ein Landwirt in Nebentätigkeit ausführt, sind nach dieser Abgrenzung zur Landwirtschaft zu zählen, nicht aber die "landwirtschaftliche" Produktion auf den Versuchsfeldern eines Chemieunternehmens.

Landwirtschaftliche Gesamtrechnung

Im Rahmen der VGR wird nur ein aggregiertes Produktionskonto für den Sektor Landwirtschaft ausgewiesen. Für differenziertere Analysen, etwa einzelner Produkte, wird in der *landwirtschaftlichen Gesamtrechnung* (LGR) ein stärker untergliedertes Produktionskonto erstellt.

Da landwirtschaftliche Unternehmen im Gegensatz zu den Unternehmen anderer Wirtschaftsbereiche nur z.T. Bücher führen (Buchführungsquote 1989: 28%, vgl. BMELF, AB 1991, S. 13), kann sich eine derartige Differenzierung nicht auf die Aggregation einzelbetrieblicher Gewinn- und Verlustrechnungen stützen. Die wichtigsten Datenquellen sind die Statistiken über die Transaktionen mit den vor- und nachgelagerten Wirtschaftsbereichen (BRANDKAMP, LOHMANN 1971, S. 52ff.). Diese Datenerfordernisse haben dazu geführt, daß der Sektor in der LGR nach dem *funktionalen (oder Produkt-)Prinzip* abgegrenzt wird: Zur Landwirtschaft rechnet die gesamte Erzeugung einer Liste von landwirtschaftlichen Produkten, unabhängig davon, ob die Landwirtschaft für die produzierenden Unternehmen die Hauptproduktionsrichtung ist oder nicht.

Weitere Kennzeichen der LGR sind:

- Die Verbuchung aller Transaktionen mit nichtlandwirtschaftlichen Sektoren erfolgt nach dem *"Bundeshofkonzept"*, d.h. es werden nur die Vorleistungen erfaßt, die von anderen Sektoren an die Landwirtschaft geliefert werden und nur die landwirtschaftlichen Produkte, die an andere Sektoren gehen. *Zwischen- und innerbetriebliche Umsätze* (etwa Verkäufe von Futtergetreide direkt von Landwirt zu Landwirt) werden dagegen *nicht erfaßt.*
- Die Berechnung des Produktionswerts erfolgt unter Berücksichtigung der in naturalen Erzeugungsstatistiken angegebenen verwendbaren Erzeugung, des Eigenverbrauchs der landwirtschaftlichen Haushalte und der Vorratsänderungen in naturalen Einheiten (vgl. z.B. BMELF, AB 1991, MB S. 30f. oder SAEG 1989, S. 9ff.) und ist daher mit diesen und den "Versorgungsbilanzen" der Statistik (BMELF, JB) konsistent.

Für das Wirtschaftsjahr 1989/90 lassen sich die Ergebnisse des Produktionskontos für den Sektor Landwirtschaft nach der LGR wie in der Übersicht II-39 darstellen.

Die Zahlen in den agrarsektoralen Produktionskonten in der VGR (Übersicht II-38) und der LGR (Übersicht II-39) weichen u.a. aufgrund der unterschiedlichen Abgrenzungen voneinander ab. Diese Abweichungen sind jedoch nicht sehr gravierend, weil das Produktionskonto in der VGR im wesentlichen auf den Daten in der LGR basiert und lediglich gewisse, teilweise geschätzte Korrekturen vorgenommen werden, um die definitorische Konsistenz mit den anderen Sektoren in der VGR zu wahren.

Übersicht II-39: Ermittlung der Nettowertschöpfung in der Landwirtschaftlichen Gesamtrechnung (LGR), 1988 in Millionen DM

Vorleistungen	**29548**	**Produktionswert**	**55971**
- Futter, Saatgut, Vieh	11852	- Getreide	5933
- Dünger, Pflanzenschutz	4581	- Kartoffeln	1013
- Energie	3905	- Zuckerrüben	2023
- Unterhaltung, Allgemeines und sonstige Vorleistungen	9210	- Hülsenfrüchte, Speisekartoffeln, Ölsaaten	1118
Abschreibungen	**10320**	- Sonderkulturen (Obst, Gemüse, Wein, Blumen und Zierpflanzen, Baumschulerzeugnisse u.a.)	10252
Indirekte Steuern minus Subventionen	**-4253**	- Rinder und Kälber	9132
		- Schweine	8291
		- Eier	1667
Nettowertschöpfung	**20356**	- Geflügel	1095
- Pachten	1368	- Milch	14856
- Fremdlöhne	3025	- Sonstige tierische Produkte	553
- Fremdzinsen	3656		
- Nettoeinkommen aus landwirtschaftlicher Tätigkeit	12304	- Dienstleistungen der landwirtschaftlichen Erzeugerstufe	38

Quelle: Eigene Darstellung nach EUROSTAT 1991, S. 136.

Neben dem Produktionskonto werden in der LGR Teile des *Vermögensänderungskontos* ausgewiesen und zwar die Bruttoanlageinvestitionen (z.B. 1988: 9215 Mio. DM, vgl. SAEG 1991, S. 136) und die Abschreibungen (z.B. 1988: 10320 Mio. DM), so daß die Nettoinvestitionen (z.B. 1988: 9215-10320 = - 1095 Mio. DM) errechnet werden können. Die Finanzierungsquellen für die Nettoinvestitionen, d.h. Eigenkapitalbildung in den landwirtschaftlichen Unternehmen oder Nettokreditaufnahme außerhalb der Landwirtschaft, können jedoch nicht voneinander getrennt werden. Diese Lücken gehören zu den Schwachstellen der LGR.

Zur Analyse und Prognose der Produktions- und Einkommensentwicklung wäre es weiterhin zweckmäßig, die sektorinternen *Vorleistungskäufe und -verkäufe* nicht entsprechend dem Bundeshofkonzept zu "konsolidieren" (gegeneinander zu saldieren), sondern vielmehr weiter aufzugliedern. Eine derartige Differenzierung erleichtert es, Verbindungen zwischen (bestimmten) Produkten und (bestimmten) Vorleistungen herzustellen, etwa im Rahmen prozeßspezifischer Sektormodelle (BAUER, ROTHE 1980; HENRICHSMEYER 1988). Auch die explizite Angabe von Mengen und Preisen, wie sie auf der Produktseite realisiert ist, setzt eine stärkere Differenzierung der Vorleistungen voraus.

Kritik an den Einkommensberechnungen in der LGR

Während auf gesamtwirtschaftlicher Ebene bei den Einkommenskonten für Unternehmen und private Haushalte insgesamt mit Hilfe zahlreicher Konsistenzbedingungen eine vollständige Auffüllung gelingt, bleibt die agrarsektorale Einkommensrechnung unvollständig, da mit der Disaggregation ein zusätzlicher Informationsbedarf verbunden ist und die funktionelle Abgrenzung in der LGR der Einkommensumverteilungs- und -verwendungsrechnung grundsätzliche Grenzen setzt.

Die Berechnung der im Agrarsektor entstandenen Faktoreinkommen wird, ausgehend von der sektoralen Bruttowertschöpfung, in der *Einkommensentstehungsrechnung* durchgeführt, die in das Produktionskonto integriert ist ($NIP_F = BWS_M$ - indirekte Steuern + Subventionen- Abschreibungen, Übersicht II-38).

Die *Einkommensverteilungsrechnung* zeigt die Aufteilung der Faktoreinkommen auf (Fremd-) Löhne, (Fremd-) Zinsen, Pachten und Gewinne. Im Gegensatz zur Einkommensverteilungsrechnung für die aggregierte Volkswirtschaft kann man in der LGR jedoch die Gewinne nicht (vereinfachend) vollständig dem Faktor "Kapital" zuschreiben, da große Teile des Gewinns der Arbeitsleistung der Unternehmerfamilie zuzuordnen sind. Die funktionale Einkommensverteilung für den Agrarsektor kann daher nur auf der Basis einer kalkulatorischen, produktionstheoretisch basierten Aufteilung der Gewinne ermittelt werden.

In der *Einkommensumverteilungs- und -verwendungsrechnung* (s.u., Übersicht II-40) wird berechnet, wie sich aus den Faktoreinkommen durch Berücksichtigung von direkten Steuern und Transferleistungen das verfügbare Einkommen ergibt und wie es auf Konsum und Ersparnis aufgeteilt wird.

Diese Rechnung kann jedoch nur für landwirtschaftliche *Haushalte*, nicht aber für die landwirtschaftlichen Unternehmen durchgeführt werden, wenn man (bei Unternehmen ohne eigene Rechtspersönlichkeit durchaus in Übereinstimmung mit der VGR) davon ausgeht, daß die landwirtschaftlichen Gewinne (zunächst) vollständig entnommen werden. Für die landwirtschaftlichen Haushalte sind die Gewinne der LGR jedoch nicht mit ihren Faktoreinkommen identisch,

- weil die Abgrenzung des Sektors nach dem Produktprinzip statt nach dem institutionellen Prinzip bewirkt, daß (funktionell) "landwirtschaftliche" Gewinne auch in (institutionell) "nicht-landwirtschaftlichen" Unternehmen entstehen und die (institutionell) "landwirt-

schaftlichen" Unternehmen auch Gewinne aus (funktionell) "nicht-landwirtschaftlichen" Aktivitäten erwirtschaften,
- weil die landwirtschaftlichen Faktoreinkommen *teilweise* an nicht-landwirtschaftliche Haushalte fließen (überwiegend bei Fremdzinsen, auch bei Fremdlöhnen, nur z.T. bei Pachten und geringfügig bei den Gewinnen) und
- weil die landwirtschaftlichen Haushalte, insbesondere bei Nebenerwerbsbetrieben, umfangreiche Faktoreinkommen in anderen Sektoren erzielen.

Ähnlich wie beim Übergang vom Inlandsprodukt zum Sozialprodukt in der VGR müßten also die in der LGR berechneten, im Agrarsektor entstandenen Faktoreinkommen entsprechend dem Saldo der Erwerbs- und Vermögenseinkommen zwischen landwirtschaftlichen Haushalten und anderen Wirtschaftssubjekten (= außerhalb der Landwirtschaft erwirtschaftete Faktoreinkommen von Landwirtehaushalten minus im Agrarsektor erwirtschaftete Faktoreinkommen von anderen Wirtschaftssubjekten) erhöht werden. Die im Rahmen der LGR ermittelte Größe NIP_F (evtl. reduziert um die Fremdlöhne, Fremdzinsen und Pachten zum Gewinn bzw. "Nettoeinkommen aus landwirtschaftlicher Tätigkeit") ist allenfalls als grober "Einkommensindikator" für die Faktoreinkommen in Landwirtehaushalten brauchbar (vgl. SAEG 1990, S. 1ff. und unten Übersicht II-42).

Erst nach Ermittlung der Faktoreinkommen der landwirtschaftlichen Haushalte könnte die für die Kapitalbildung und sozialpolitische Beurteilungen interessante Einkommensverteilungs- und -verwendungsrechnung durchgeführt werden, um verfügbare Einkommen sowie Konsum und Ersparnis der landwirtschaftlichen Haushalte insgesamt zu bestimmen. Derartige Einkommensrechnungen auf der Basis mikroökonomischer Informationen, die darüber hinaus intrasektorale Einkommensdifferenzen aufzeigen, werden wir im nächsten Abschnitt betrachten.

4.2.2. Einkommenserfassung in landwirtschaftlichen Betrieben und Haushalten

Grundzüge der Testbetriebsstatistik

Auf der Basis der aggregierten Daten aus der LGR ist es nicht möglich, eine nach Betriebsgruppen differenzierte "Darstellung der Einkommenslage der deutschen Landwirtschaft" zu geben, wie es das Landwirtschaftsgesetz von 1955 von der Bundesregierung verlangt. Diesem Auftrag gerecht zu werden, ist das Ziel der *Testbetriebsstatistik* der Bundesregierung. Für eine Stichprobe von Betrieben ("die Testbetriebe") werden **Merkmale** für die folgenden Bereiche erhoben (vgl. BMELF, AB, MB):
- Faktorausstattung (Flächen, Einheitsbewertung, Arbeitskräfte, Viehbestände);

- naturale Erträge und erzielte Produktpreise;
- Investitionen und Finanzierung;
- Gewinn und Verlustrechnung, Bilanz;
- außerlandwirtschaftliche Einkommen und Transfers für das Inhaberehepaar.

Mit diesen Kenngrößen ist eine umfassende Darstellung der Einkommenslage und des Faktoreinsatzes der landwirtschaftlichen *Unternehmen* möglich, während für die landwirtschaftlichen *Haushalte* trotz zahlreicher Verbesserungen in den letzten Jahren noch Defizite bestehen (s.u.).

Angesichts einer Gesamtzahl von nur 11.037 Testbetrieben im Wirtschaftsjahr 1989/90 für die Landwirtschaft (einschl. Gartenbau) versucht man durch das Verfahren der **Hochrechnung**, für die Grundgesamtheit (mit etwa 680.000 Betrieben, vgl. Übersicht II-14) *repräsentative* Ergebnisse zu quantifizieren. Dazu wird die gesamte Stichprobe in "Auswahlschichtgruppen" (u.a. nach der Betriebsgröße) unterteilt, und die Durchschnittswerte jeder Auswahlschichtgruppe werden mit Gewichten gemittelt, die sich *aus der Grundgesamtheit* ableiten. Hierdurch erfolgt z.B. eine Korrektur des Gewichts kleiner Betriebe, die in der Stichprobe wegen geringer Buchführungsdichte *unterrepräsentiert* sind.

Mit der Testbetriebsstatistik ist eine **nach Betriebsgruppen differenzierte Analyse** möglich, da die Ergebnisse der Testbetriebe *tief gegliedert* ausgewiesen werden
- nach den Betriebsbereichen Landwirtschaft, Gartenbau, Forstwirtschaft und Fischerei,

bei den landwirtschaftlichen und gartenbaulichen Betrieben weiter
- nach Betriebsformen
- nach Betriebsgrößen (in StBE)

und bei den landwirtschaftlichen Betrieben zusätzlich
- nach dem Erwerbscharakter und
- nach Regionen (Bundesländer, Wirtschaftsgebiete).

Die Ergebnisse der Testbetriebsstatistik werden, abgesehen von der Auswertung und Darstellung im Agrarbericht, mit z.T. modifizierter Gruppenbildung auch auf Landesebene ausgewiesen (z.B. im "Bayrischen Agrarbericht", vgl. BStMELF 1990) und für den Bereich der landwirtschaftlichen Haupterwerbsbetriebe an die EG-Kommission im Rahmen des "Informationsnetzes landwirtschaftlicher Betriebe" (INLB) weitergegeben und dort für eine vergleichende Darstellung der landwirtschaftlichen Betriebe in der EG (nach Harmonisierung der jeweiligen nationalen Definitionen) verwendet.

Die **Auswertung** der Testbetriebsstatistik konzentrierte sich in den ersten Jahren auf *betriebliche* Erfolgsgrößen wie das "Roheinkommen" (= Betriebsertrag minus Betriebsaufwand, vgl. zu den Begriffen der Buchführung BMELF, AB 1991, S. 196ff. oder HLBS 1981), die von der "Fiktion eines pacht- und schuldenfreien Betriebes" ausgingen und daher Pacht- und Zinszahlungen bzw. -einnahmen unberücksichtigt ließen.

Etwa ab 1968 rückten die Erfolgsbegriffe für das *landwirtschaftliche Unternehmen* in den Mittelpunkt des Interesses, insbesondere der Gewinn, aber auch Bilanzkennziffern wie die Eigenkapitalquote, Eigenkapitalrentabilität und die Eigenkapitalveränderung (vgl. NEANDER 1979). Abgesehen von Bewertungsproblemen (z.B. bei den Bodenwerten in der Bilanz oder den zu Anschaffungspreisen berechneten Abschreibungen) erlauben die Auswertungen eine recht umfassende betriebswirtschaftliche Beurteilung von Liquidität, Rentabilität und Stabilität in den getrennt ausgewiesenen Gruppen. Dabei ist die Repräsentanz von kleinen Haupterwerbsbetrieben, Zuerwerbs- und Nebenerwerbsbetrieben im Laufe der Zeit zwar verbessert worden, läßt aber weiterhin zu wünschen übrig.

Einkommensvergleiche auf der Basis der Testbetriebsstatistik

Die in der Testbetriebsstatistik ausgewiesenen Gewinne und ergänzenden Daten zur Einkommenssituation des Inhaberehepaares werden z.T. für intra- und intersektorale Einkommensvergleiche verwendet, die wegen ihrer agrarpolitischen Brisanz ausführlicher zu diskutieren sind. Einkommensvergleiche können für verschiedene **Zwecke** angestellt werden:

(1) Zur Beurteilung der *Optimalität* (Wettbewerbsfähigkeit) *des Faktoreinsatzes* in der Landwirtschaft sind mikroökonomischen Prinzipien folgend die in der Landwirtschaft erzielten Faktoreinkommen mit ihren Opportunitätskosten zu vergleichen (funktioneller Einkommensvergleich).

(2) Zur Beurteilung der *sozialen Lage* der landwirtschaftlichen Bevölkerung sind deren (verfügbare) Einkommen mit anderen Bevölkerungsgruppen zu vergleichen (personeller Einkommensvergleich).

(3) Zur Analyse der *tatsächlichen Faktoreinsatzentwicklung* können in Abhängigkeit vom Entscheidungsverhalten der Landwirtehaushalte beide Vergleiche relevant sein (vgl. Abschnitt III, 2.1).

In der sog. "*Vergleichsrechnung*" des Agrarberichts wird ein intersektoraler (Einkommens-) "Abstand" errechnet nach (BMELF, AB 1991, MB S. 189f.):

(II-19) "Abstand" = Vergleichsgewinn
- Vergleichslohn
- Betriebsleiterzuschlag
- Zinsansatz für Eigenkapital

Vergleichsgewinn	=	Gewinn plus 35% Zuschlag zum Eigenverbrauch
Vergleichslohn	=	aus den durchschnittlichen Bruttoverdiensten der Arbeitnehmer in der Arbeiterrentenversicherung abgeleiteter gewerblicher Vergleichslohn für die Familienarbeitskräfte
Betriebsleiterzuschlag	=	Zuschlag von 70 DM/ha LF auf den Vergleichslohn des Betriebsleiters für dispositive Tätigkeiten
Zinsansatz	=	3,5% vom Eigenkapital, wobei Boden und Gebäude zu "Nettopachtpreisen" bewertet sind

Diese Vergleichsrechnung ist wegen zahlreicher "methodischer Unzulänglichkeiten", wie der Agrarbericht inzwischen anerkennt (1991, S. 47, MB S. 190), nur "sehr eingeschränkt aussagefähig":
Da der Gewinn nur *eine* der Einkommensquellen landwirtschaftlicher Haushalte (s.u.) darstellt, wird deren *personelle* Einkommenssituation nur *partiell* erfaßt, so daß die Vergleichsrechnung zu deren Beurteilung konzeptionell unbrauchbar ist.

Als *funktioneller* Einkommensvergleich ist die Rechnung stark von der mehr oder weniger willkürlichen Lösung von Bewertungsproblemen abhängig: beim Vergleichsgewinn bezüglich des Zuschlags auf den Eigenverbrauch, beim Zinsansatz bezüglich des gewählten Zinssatzes und der Bewertung des Bodens und daneben beim Betriebsleiterzuschlag. Der Vergleichslohn vernachlässigt dagegen das in ländlichen Regionen typischerweise niedrigere Lohnniveau. Die Opportunitätskosten der landwirtschaftlichen Faktoren werden daher schon für den Durchschnitt des Sektors nur sehr ungenau geschätzt, abgesehen davon, daß die Opportunitätskosten entsprechend den unterschiedenen Betriebsgruppen differenziert werden müßten.

Die seit dem ersten "Grünen Bericht" von 1956 durchgeführte Vergleichsrechnung wird weniger mit ihrer (sehr eingeschränkten) Aussagekraft als vielmehr mit juristischen Verpflichtungen gerechtfertigt, die aus dem Landwirtschaftsgesetz von 1955 resultieren (BMELF, MB S. 189f.). Offenbar um die Bewertungsproblematik zu umgehen, wurde in den letzten Jahren im Agrarbericht stärker der Vergleich des "Gewinns je Familien-AK" mit dem Vergleichslohn angestellt, der als funktioneller und als personeller Einkommensvergleich allerdings ähnlich kritisch zu beurteilen ist wie die ursprüngliche Vergleichsrechnung.

Zur **umfassenden Beurteilung der sozialen Lage** in der Landwirtschaft im Sinne eines personellen Einkommensvergleichs sind die folgenden Dimensionen zu berücksichtigen (vgl. GEBAUER 1982, S. 5ff., BMELF, AB 1991, S. 497):

- *Einkommen im weitesten Sinne*, d.h. materielle Ressourcenzugänge, die dem Konsum zugeführt werden können, wobei hierfür relevant sind:
  - die monetären, für Konsumgüter *verfügbaren Einkommen* (s.u.) der landwirtschaftlichen Haushalte,
  - evtl. bestehende *regionale Preisunterschiede* und
  - nicht über den Markt erzielte, *naturale Einkommenskomponenten*, wie Naturalentnahmen, Wohnwert der Eigentümerwohnung und andere Ergebnisse der *Haushaltsproduktion* (dazu z.B. SCHMITT 1989) und öffentliche Güter (Beratung, aber auch Kulturangebot);
- *nicht materielle, wohlstandsbeeinflussende Kennzeichen der Einkommenserzielung* und des gesamten Lebensumfelds, wie Länge und Verteilung der Arbeitszeit, Arbeitsbelastungen und Arbeitsunfälle, Selbstständigkeit und Vielseitigkeit der Tätigkeit, soziale Kontakte und soziale Anerkennung;
- *Vermögen*, das dem Ausgleich von Einkommensschwankungen dienen, aber auch (in auslaufenden Betrieben) über Jahrzehnte den Konsum mitfinanzieren kann.

Zur Quantifizierung der ersten Komponente (evtl. ergänzt um kalkulatorische Werte für Naturalentnahmen und den Wohnwert des Eigentümerhauses) ist die Einkommensumverteilungs- und -verwendungsrechnung für einen landwirtschaftlichen Haushalt *vollständig* zu betrachten.

Übersicht II-40: Einkommensumverteilungs- und -verwendungsrechnung

<table>
<tr><th>Einkommensverwendung</th><th colspan="3"></th><th>Einkommensherkunft</th></tr>
<tr><td>Geleistete Transfers
- an öffentliche Haushalte (direkte Steuern, Pflichtbeiträge zur Sozialversicherung)</td><td></td><td></td><td rowspan="3">Bruttoeinkommen</td><td rowspan="3">Landw. Gewinn (einschl. Naturalentnahmen und Wohnwert)

Außerbetriebliches Erwerbseinkommen aus
- Gewerbebetrieb
- Selbständiger Arbeit
- Unselbständiger Arbeit

Vermögenseinkommen aus
- Kapitalvermögen
- Vermietung und Verpachtung

Empfangene Transfers
- von öffentlichen Haushalten empfangene soziale Leistungen (Renten, Kindergeld, Arbeitslosenunterstützung, u.a.)
- von anderen Haushalten und Unternehmen (z.B. Schadensversicherungsleistungen)</td></tr>
<tr><td>- an andere Haushalte und Unternehmen (private Versicherungsbeiträge, Kirchensteuer, u.a.)

Geleistete Faktoreinkommen
- Zinsen auf Konsumentenkredite</td><td></td><td rowspan="2">Nettoeinkommen</td></tr>
<tr><td>Vermögensbildung (Ersparnis)
- innerhalb des landwirtsch. Unternehmens (Eigenkapitalbildung)
- außerhalb des landwirtsch. Unternehmens

Laufender Konsum
(Lebenshaltung)</td><td>Verf. Eink.</td></tr>
</table>

Abgesehen von Schwierigkeiten bei der praktischen Erfassung einzelner Komponenten werden die *verfügbaren Einkommen* in Voll-, Zu- und Nebenerwerbsbetrieben nach diesem Konzept seit 1988 auch im Agrarbericht berechnet. Die *Komponenten der Einkommensverwendungsseite* sind unterschiedlich zu beurteilen, so daß ihre getrennte Ausweisung zu begrüßen wäre:

- *Übertragungen an andere Haushalte und Unternehmen* sowie die Zinsen auf Konsumentenschulden stehen zwar nicht für den laufenden Konsum und die Ersparnis zur Verfügung, sind andererseits aber auch nicht Elemente eines staatlichen Pflichtkonsums wie die direkten Steuern und Sozialbeiträge, so daß z.T. der Einkommensvergleich auf der Basis der Nettoeinkommen favorisiert wird (GEBAUER 1982, S. 48ff., SCHLÖDER 1987, S. 187f.; PLANKL 1986, S. 23).
- Eine gewisse *Eigenkapitalbildung* im landwirtschaftlichen Unternehmen ist betriebswirtschaftlich zur realen Substanzerhaltung und darüber

hinaus zur Förderung der langfristigen Entwicklung des Unternehmens sicherlich notwendig. Welcher Teil des verfügbaren Einkommens allerdings aus diesem Grund "nicht für die Lebenshaltung zur Verfügung steht" (BMELF, AB 1991, S. 47), ist nur recht willkürlich zu bestimmen (GEBAUER 1982, S. 51f.; VON WITZKE 1975, S. 175f.).

Ein gravierendes Defizit bei der Berechnung des verfügbaren Einkommens in den Agrarberichten besteht jedoch in der Beschränkung des erfaßten Einkommens auf das *Inhaberehepaar* "aus juristischen und methodischen Gründen" (BMELF, AB 1991, S. 48). Bei Haushaltsgrößen von 4-5 Personen in den Betriebsgruppen des Testbetriebsnetzes sind die soziale Lage, aber auch die Möglichkeiten der betrieblichen Eigenkapitalbildung völlig unterschiedlich zu beurteilen, wenn die nicht erfaßten 2-3 Personen

- Kinder in der Ausbildung ohne Einkommen,
- Altenteiler mit Renteneinkommen,
- Arbeitslose und andere Nichterwerbstätige oder
- außerbetrieblich Erwerbstätige sind.

Auch wenn die Einkommen von außerbetrieblich erwerbstätigen Haushaltsmitgliedern nicht uneingeschränkt in eine "gemeinsame Haushaltskasse" fließen (PLANKL 1986, S. 17ff.), ist die Berücksichtigung derartiger Einkommen notwendig, denn sie führen mindestens zu einer verminderten Beanspruchung des Gewinns durch Entnahmen. Bei einer getrennten Ausweisung dieser Einkommen wären darüber hinaus differenziertere Analysen mit verschiedenen Aggregationsstufen möglich.

Vergleich mit Berechnungen des statistischen Bundesamtes

Die Berechnung der verfügbaren Einkommen des Inhaberehepaares in der Testbetriebsstatistik kann anderen Ergebnissen gegenübergestellt werden, wofür sich besonders die Berechnungen des Statistischen Bundesamtes zu den in bestimmten Haushaltsgruppen verfügbaren Haushaltseinkommen im Rahmen der VGR anbieten. Hierbei handelt es sich nicht um eine primärstatistische Erhebung wie bei der Testbetriebsstatistik, sondern um eine Modellrechnung, in der die Eckdaten aus der VGR auf die Haushaltsgruppen (Landwirte, sonstige Selbständige, Beamte, Angestellte, Arbeiter, Nichterwerbstätige) umgelegt werden. Wesentliche Informationsquellen für diese Verteilung sind die in einem "demographischen Bezugsrahmen" geschätzte Haushaltszusammensetzung und die Ergebnisse der vom statistischen Bundesamt durchgeführten Einkommens- und Verbrauchsstichproben (EVS), vgl. SCHÜLER 1988, S. 48ff..

Die Ergebnisse werden im wesentlichen nach der oben dargestellten Einkommensumverteilungsrechnung ausgewiesen und berücksichtigen den gesamten Haushalt, so daß bei einem Vergleich der beiden Rechnungen die Erhebungslücken in der Testbetriebsstatistik abgeschätzt werden können.

Für diesen konzeptionellen Vergleich sind in der Übersicht II-41 die Ergebnisse des als Beispiel ausgewählten Jahres 1988 für die "landwirtschaftlichen Haushalte" im Rahmen der auf die VGR gestützten Berechnungen den im Agrarbericht für das Betriebsleiterehepaar in den Vollerwerbsbetrieben ausgewiesenen Erhebungsresultaten aus der Testbetriebsstatistik gegenübergestellt.

Die Eignung der Vollerwerbsbetriebe für Vergleichszwecke ergibt sich z.B. aus der für 1987 angegebenen Zahl von 342.300 Vollerwerbsbetrieben (Haupterwerbsbetriebe: 409.900) in der Definition des Agrarberichts für die Testbetriebe (vgl. Abschnitt 2.2.1), die etwa der Zahl der "Landwirtehaushalte" von 355.000 nach der VGR entspricht (vgl. BMELF, AB 1988, MB S. 21 und SCHÜLER u.a. 1990, S. 141*). Mit dem Kalenderjahr 1988 vergleicht man am besten das Wirtschaftsjahr 1988/89, weil insbesondere in die zweite Hälfte des Jahres 1988 die Verkäufe fielen, die für die überdurchschnittlichen landwirtschaftlichen Gewinne des Jahres 1988 verantwortlich waren (vgl. dazu unten Abschnitt 4.3.2).

Übersicht II-41: Berechnungen verfügbarer Einkommen in landwirtschaftlichen Haushalten in volkswirtschaftlicher Gesamtrechnung (VGR) und Testbetriebsstatistik (TBS), 1988 bzw. 1988/89

	VGR (1988)	TBS (1988/89)
Einkommen aus Landwirtschaft und Wohnungsvermietung	41612	46912[1]
Sonstige Erwerbseinkommen	19771[2]	498
Vermögenseinkommen	6038	1045[3]
Empfangene Übertragungen	9209	3507
Gesamtes Bruttoeinkommen	76630	51962
Geleistete private Steuern und Sozialbeiträge	15990	8319[5]
Sonstige geleistete Übertragungen	5612	2603[6]
Zinsen auf Konsumentenkredite	692	-
Verfügbares Einkommen	54336	41040

Quellen und Erläuterungen: Berechnet nach Angaben aus BMELF, AB 1991, S. 49 und MB S. 71 sowie SCHÜLER u.a. 1990, S. 182ff.. Im Einzelnen: 1) Landwirtschaftlicher Gewinn, d.h. Wohnungsvermietung soweit im Gewinn enthalten (mindestens für Eigentümerhaus).- 2) Sonstige Einkommen aus Erwerbstätigkeit mit Gewerbe, selbständiger Arbeit, unselbständiger Arbeit ohne Arbeitgeberbeiträge zur Sozialversicherung. Zum Vergleich bei Haupterwerbsbetrieben: 3029 DM. - 3) "Sonstige steuerpflichtige Einkommen" aus Kapitalvermögen, Vermietung und Verpachtung und anderen Quellen. - 4) In den Testbetrieben sind explizit nur öffentliche Transfers benannt. - 5) Nur private Versicherungen berücksichtigt.

Bei den Einkommen aus Landwirtschaft und Wohnungsvermietung bzw. bei den *landwirtschaftlichen Gewinnen* ist die Übereinstimmung noch relativ gut, wenn man die Abweichungen im Betrachtungszeitraum und in der Definition landwirtschaftlicher Haushalte beachtet.

Die Vernachlässigung der sonstigen Familienmitglieder ist die wesentliche Ursache dafür, daß *sonstige Erwerbseinkommen* in den Vollerwerbsbetrieben der Testbetriebsstatistik praktisch unberücksichtigt blieben (auch für die Haupterwerbsbetriebe werden im Agrarbericht nur 3029 DM angegeben). Diese konzeptionelle Schwäche hat gewichtige Auswirkungen für die ausgewiesenen Gesamteinkommen.

Die Differenz bei den *Steuern und Sozialabgaben* geht, wie bei den Bruttolöhnen, insbesondere auf die fehlende Erfassung weiterer Familienmitglieder neben dem Inhaberehepaar zurück. Erhebliche Lücken bestehen auch bei der Berücksichtigung der *sonstigen geleisteten Transfers*.

Die Untererfassung bei den verschiedenen Positionen der verfügbaren Einkommen in den Agrarberichten legt es nahe, eine *intersektorale* "Vergleichsrechnung" im Hinblick auf die soziale Lage mit den umfassenderen und für alle Haushaltsgruppen einheitlich berechneten Zahlen nach der VGR anzustellen (vgl. unten, Abschnitt 4.3.1).

Für personelle Einkommensvergleiche *innerhalb* der Landwirtschaft stellen die nach Betriebsgruppen differenzierten Berechnungen des Agrarberichts dagegen gegenwärtig die wichtigsten Informationsgrundlagen dar. Auch hierbei kann die lückenhafte Erfassung der Einkommensquellen jedoch zu Fehlbeurteilungen führen, wenn zwischen den erfaßten und nicht erfaßten Komponenten Beziehungen (Korrelationen) bestehen. So sind hohe Gewinne wegen ihrer Verwendung zur Vermögensbildung oft mit hohen Vermögenseinkommen in Folgejahren korreliert, was zu einer Unterschätzung der intrasektoralen Einkommensdisparität führen kann, während die z.T. durch niedrigere landwirtschaftliche Einkommenskapazität erzwungene außerlandwirtschaftliche Erwerbstätigkeit von weiteren Familienmitgliedern diese Disparität abmildern kann. Solange die entsprechenden Informationen fehlen, können intrasektorale Vergleiche der verfügbaren Einkommen, wie sie in den Agrarberichten berechnet werden (vgl. unten Übersicht II-46), nur vorsichtig interpretiert werden.

4.3. Landwirtschaftliche Einkommen im Vergleich

4.3.1. Sektorale Einkommen und intersektorale Einkommensvergleiche

Sektorale Nettowertschöpfung

Zunächst soll entsprechend den Erläuterungen in Abschnitt 4.2.1 eine Betrachtung der sektoralen Nettowertschöpfung nach den Konzepten der LGR erfolgen (Übersicht II-42).

Festzuhalten ist die augenfällige *Zunahme des Vorleistungsanteils*, die bedingt, daß die in der Landwirtschaft entstandenen Faktoreinkommen weit weniger als der Produktionswert angestiegen sind und seit Mitte der 70er Jahre stagnieren. Hierin kommt die zunehmende Integration der Landwirtschaft in die übrige Wirtschaft zum Ausdruck. Die negative Differenz von indirekten Steuern und Subventionen (fast über den gesamten Zeitraum) bringt zum Ausdruck, daß der Staat den Faktoreinsatz in der Landwirtschaft per Saldo subventioniert hat. Die meisten anderen Sektoren tragen dagegen per saldo zu den Staatseinnahmen bei (vgl. z.B. BMELF, JB 1990, S. 16f.).

Übersicht II-42: Entstehung der Nettowertschöpfung, 1950/51 bis 1988/89, Mrd. DM

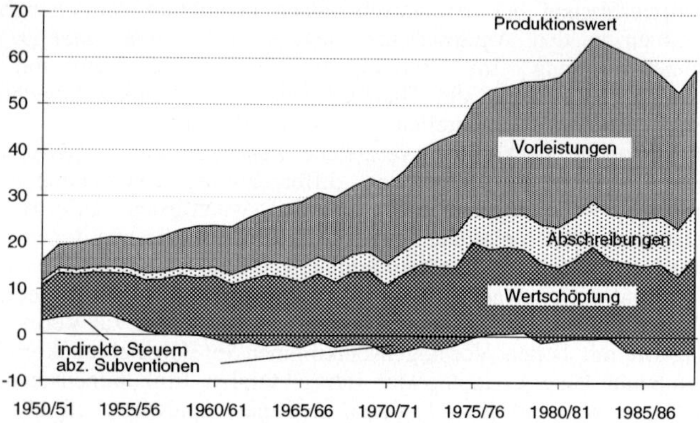

Quellen und Erläuterungen: Angaben in jeweiligen Preisen ohne MwSt. (Einkommensausgleich über die MWSt in Subventionen enthalten) nach BMELF, JB 1990, 1988. Vor 1979/80 zurückgerechnet mit den Veränderungen der Angaben einschließlich MWSt in BMELF, JB 1981 und TANGERMANN 1976b.

Bei Berücksichtigung der graphischen Darstellungen II-24 und II-34 erkennt man die hohe Bedeutung der Preiseffekte gegenüber den Mengeneffekten für die *Entwicklung der Sektoreinkommen.* So stagniert die Wertschöpfung z.B. in der zweiten Hälfte der 60er Jahre bei etwa 15 Mrd. DM, obwohl die Produktion deutlich zunimmt, da sich die Preisrelationen in diesem Zeitraum zuungunsten der Landwirtschaft verschieben. Umgekehrt ist die Nettowertschöpfung im Zuge der kräftigen Agrarpreissteigerungen schon am Anfang der 70er Jahre trotz verlangsamter Mengenentwicklung auf das Niveau von etwa 20 Mrd. DM gestiegen, das sie aufgrund der seit dieser Phase eher ungünstigen Preisentwicklung auch zuletzt (1988/89) aufwies, so daß die Einkommen real kräftig sanken.

Produktionswert und Wertschöpfung weisen aufgrund von *Schwankungen* der Mengen und Preise (vgl. Abschnitt 4.1) ausgeprägte jährliche Schwankungen auf. Daher sind Einkommensanalysen auf der Basis einzelner Jahre stark von diesen kurzfristigen Schwankungen beeinflußt, so daß man Vergleiche besser anhand der (einzelnen oder gemittelten) Werte mehrere Jahre durchführt.

Für einen solchen intersektoralen Einkommensvergleich auf der Basis von aggregierten Werten werden oft die Nettowertschöpfung zu Faktorkosten je Arbeitskraft in der Landwirtschaft und der übrigen Wirtschaft gegenübergestellt (Übersicht II-43).

Übersicht II-43: Nettowertschöpfung zu Faktorkosten (Volkseinkommen) je Arbeitskraft, 1950-89

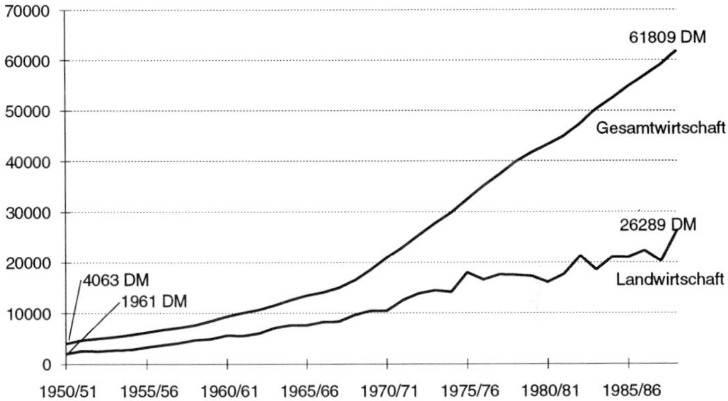

Quellen: NWS in der Landwirtschaft gemäß Übersicht II-42, landwirtschaftliche Arbeitskräfte in AK nach Übersicht II-19, Volkseinkommen je Erwerbstätiger nach BMELF, JB, versch. Jgg.

Seit der Mitte der 70er Jahre hat sich das Wachstum der landwirtschaftlichen Einkommen je AK deutlich reduziert, und zwar aufgrund der stagnierenden Nettowertschöpfung (s.o.), aber auch aufgrund der reduzierten Abwanderungsraten (Übersicht II-19).

Die deutlich instabilere Einkommensentwicklung im Agrarsektor beruht im wesentlichen auf den schon erwähnten ausgeprägten Preis- und Mengenschwankungen, daneben auch auf dem Ausgleich der in den nichtlandwirtschaftlichen Sektoren auftretenden Schwankungen, soweit diese nicht völlig parallel verlaufen.

Die erkennbare "Disparität" in Niveau und Entwicklung der Faktoreinkommen je Arbeitskraft muß sorgfältig interpretiert werden. Es handelt sich bei der Gegenüberstellung um eine Art *funktionellen* Einkommensvergleich, weil die gesamten (Primär-) Faktoreinkommen ohne Berücksichtigung der Eigentumsverhältnisse einbezogen werden, so daß diese Einkommensgröße nur sehr begrenzt etwas über *personelle* Einkommen aussagen kann. Da die gesamten Einkommen jedoch nur auf einen (wenn auch den wichtigsten) Faktor bezogen werden, können unterschiedliche Kapitalintensitäten in Landwirtschaft und übriger Wirtschaft (siehe dazu auch Abschnitt III, 7.1) wie bei partiellen Produktivitäten die Einkommen je Arbeitskraft beeinflussen. Da die Nettowertschöpfung in *laufenden* Preisen ausgewiesen wurde, ist die Preisentwicklung als weiterer Bestimmungsfaktor zu beachten. Trotz dieser Einschränkungen deuten die Ergebnisse darauf hin,

- daß in der Bundesrepublik im Sektor Landwirtschaft unterdurchschnittliche Arbeitseinkommen erzielt werden und
- daß sich der Einkommensabstand seit Mitte der 70er Jahre tendenziell vergrößert.

Personelle Einkommen

Einen Schritt hin zu den personellen Einkommen macht man, wenn man die gesamten entstandenen Faktoreinkommen um die an andere Wirtschaftssubjekte gezahlten Löhne, Zinsen und Pachten vermindert. Auf der sektoralen Ebene gelangt man so von der Nettowertschöpfung zum "Nettoeinkommen aus landwirtschaftlicher Tätigkeit" (vgl. Übersicht II-39), auf der betrieblichen Ebene (bei Vernachlässigung bereichsfremder Aufwendungen und Erträge) vom Betriebseinkommen zum Gewinn. Die Gewinne können aber nur über die Entwicklung der Einkommen *aus* der Landwirtschaft informieren. Für die (personellen) Einkommen in landwirtschaftlichen *Haushalten* sind die *verfügbaren Einkommen* zu berechnen, vgl. Übersicht II-40.

In bezug auf die Entstehung der verfügbaren Einkommen bestehen zwischen den Haushalten von Landwirten, sonstigen Selbständigen und Arbeitnehmern **charakteristische Unterschiede** (Übersicht II-44).

Übersicht II-44: Entstehung der verfügbaren Einkommen in ausgewählten Haushaltsgruppen (Durchschnittswerte in DM, 1986-89)

	Land - wirte	sonstige Selbständige	Arbeit - nehmer
Einkommen aus Unternehmertätigkeit	43030	185590	2062
Einkommen aus unselbständiger Arbeit	21822	20080	77461
Einkommen aus Vermögen	6154	13294	3267
Soziale Leistungen	4640	4869	3914
Gesamtes Bruttoeinkommen ohne sonstige empfangene Übertragungen	75645	223833	86703
Sonst. geleistete Übert. minus sonst. empfangene Übert. plus Zinsen auf Konsumentenkredite	1776	5416	2814
Steuern und Sozialabgaben	20489	45816	35790
Verfügbares Einkommen	53381	172601	48099
Personen pro Haushalt	4,01	2,84	2,63
Verfügbares Einkommen pro Haushaltsperson	13312	60882	18289
Verbrauchereinheiten pro Haushalt	2,98	2,20	2,05
Verfügbares Einkommen pro Verbrauchereinheit	17943	78634	23492

Quelle: BMELF, AB 1991, MB S. 71; SCHÜLER u.a. 1990, S. 182ff..

Die *Einkommen der Haushalte der übrigen Selbständigen* weisen die stärkste Streuung im Vergleich zu den anderen Haushaltsgruppen auf und können (z.T. über mehrere Jahre) negativ sein oder Millionenhöhe erreichen (SCHÜLER u.a. 1990, S. 187). Diese Haushalte finanzieren ihre Alterssicherung überwiegend aus dem verfügbaren Einkommen, was bei Landwirten nur für den nicht von der landwirtschaftlichen Alterssicherung abgedeckten Teil gilt (vgl. oben Abschnitt 2.2.4). Bei Berücksichtigung dieses Sachverhalts wären die Spitzeneinkommen dieser Haushaltsgruppe in gewissem Umfang zu korrigieren.

Im *Vergleich zu den Arbeitnehmerhaushalten* wurden in Landwirtehaushalten im Betrachtungszeitraum etwas höhere verfügbare Einkommen erzielt, die jedoch auf durchschnittlich 4 statt 2,6 Haushaltspersonen zu verteilen waren. Der Bedarf steigt jedoch nur unterproportional mit zunehmender Haushaltsgröße, weil zahlreiche Güter (z.B. Fernseher, Badezimmer) von mehreren Haushaltspersonen genutzt werden können. Daher wurden vom statistischen Bundesamt "Verbrauchereinheiten" definiert, die diese Skaleneffekte im Haushalt berücksichtigen sollen. Bezogen auf diese (allerdings sehr einfach definierten) Verbrauchereinheiten lagen die durchschnittlichen Einkommen in Arbeitnehmerhaushalten um etwa 5500 DM über denen in Landwirtehaushalten.

Deren Einkommen weisen jedoch bedingt durch den Einfluß der stark schwankenden landwirtschaftlichen Gewinne große Fluktuationen auf, so daß die Einkommen je Verbrauchereinheit in Landwirtehaushalten z.B. in dem besonders günstigen Jahr 1989 nur um 2700 DM hinter denen in Arbeitnehmerhaushalten zurückblieben bzw. die in Arbeiterhaushalten sogar überschritten (vgl. BMELF, AB 1991, MB, S. 71 und unten Übersicht II-45).

Neben der Höhe der verfügbaren Haushaltseinkommen sind insbesondere die folgenden *Charakteristika der Einkommensentstehung in Landwirte- und Arbeitnehmerhaushalten* bemerkenswert:

- Landwirtehaushalte beziehen zwar große Teile ihrer Einkommen aus (landwirtschaftlicher) Unternehmertätigkeit, doch erreichen die Lohneinkommen i.d.R. über 50% dieser Haupteinkommensquelle. Dabei sei daran erinnert, daß die in der VGR erfaßten "Landwirtehaushalte" keine Nebenerwerbsbetriebe und nur in Ausnahmefällen Zuerwerbsbetriebe bewirtschaften (vgl. Abschnitt 4.2.2).
- Die Vermögenseinkommen sind in Landwirtehaushalten fast doppelt so hoch, die sozialen Leistungen nur geringfügig höher als in Arbeitnehmerhaushalten, doch verbleibt auf der Ebene der gesamten Bruttoeinkommen ohne die sonstigen empfangenen Übertragungen (die etwa dem "Gesamteinkommen brutto" der Agrarberichte entsprechen) ein Einkommensvorteil von rund 11000 DM zugunsten der Arbeitnehmerhaushalte.
- Dieser Einkommensvorteil wird im wesentlichen durch die (um etwa 15000 DM) höhere Belastung der Arbeitnehmerhaushalte mit Steuern und Sozialabgaben mehr als ausgeglichen, so daß die Landwirtehaushalte (ohne Berücksichtigung der Haushaltsgröße) über höhere Einkom-

men als Arbeitnehmer verfügen können. Dies beruht auf den verschiedenen steuerlichen Vorteilen für landwirtschaftliche Einkommen und auf der erheblichen Subventionierung der landwirtschaftlichen Sozialversicherung durch den Staat (vgl. die Abschnitte 2.2.4 und 2.4.2).

Die *Entwicklung* der verfügbaren Einkommen in verschiedenen Haushaltstypen ist in der Übersicht II-45 dargestellt.

Übersicht II-45: Entwicklung der verfügbaren Haushaltseinkommen in Landwirtehaushalten, Haushalten sonstiger Selbständiger und Arbeitnehmerhaushalten in DM, 1972-1989

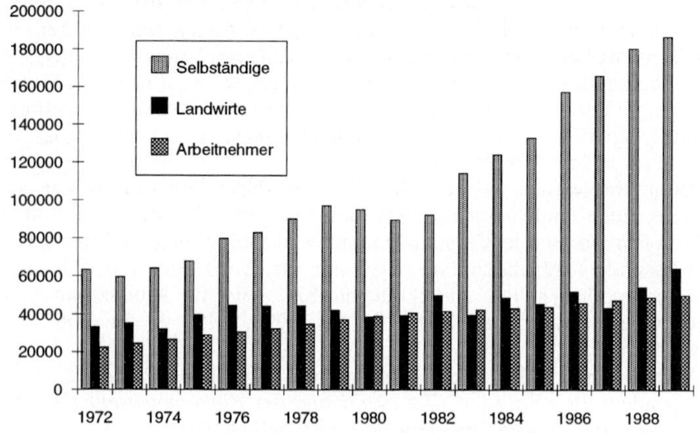

Quellen: SCHÜLER u.a. 1990, BMELF, AB 1991, MB, S. 71.

Die Einkommensentwicklung verläuft in den Landwirtehaushalten erkennbar unregelmäßiger und weniger klar aufwärts gerichtet als in den anderen Haushaltsgruppen.

4.3.2. Intrasektorale Einkommensvergleiche

Wegen der Beschränkung der Ermittlung der verfügbaren Einkommen auf das Inhaberehepaar in der Testbetriebsbuchführung (vgl. Abschnitt 4.2.2) können *intrasektorale* Einkommensvergleiche bisher nur mit einem methodisch unbefriedigenden Konzept durchgeführt werden. Dennoch liefert die Berechnung der verfügbaren Einkommen für die **nach Erwerbscharakter und Betriebsgröße** unterschiedenen Betriebsgruppen interessante Einsichten.

Übersicht II-46: Entstehung des verfügbaren Einkommens des Inhaberehepaares in Voll-, Zu- und Nebenerwerbsbetrieben in DM; Durchschnitt 1987/88 bis 1989/90

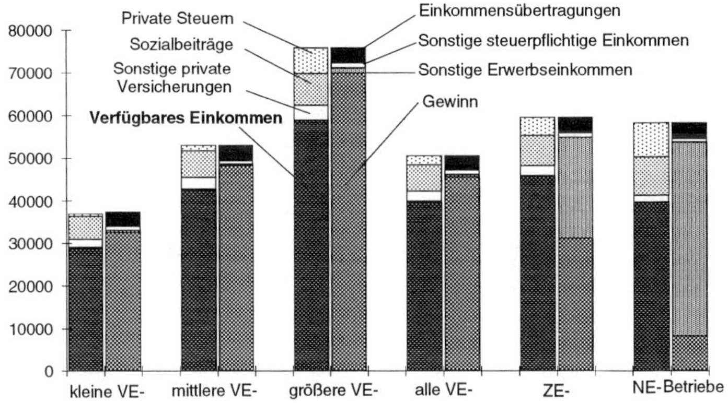

Quelle: BMELF, AB 1990 S. 49 und 1991, S. 49.

Die wichtigsten Einkommensunterschiede bestehen **zwischen den Größenklassen** der Vollerwerbsbetriebe, wobei durch die Steuerprogression nur eine gewisse Korrektur erfolgt. Das durchschnittliche verfügbare Einkommen des Inhaberehepaares ist in den größeren Vollerwerbsbetrieben etwa doppelt so hoch wie in den kleineren Vollerwerbsbetrieben.

Bei der Differenzierung **nach dem Erwerbscharakter** sind die als Abgrenzungskriterium herangezogenen Unterschiede in der Zusammensetzung der "Gesamteinkommen brutto" erkennbar. Bemerkenswert ist die deutlich höhere Belastung der Zu- und Nebenerwerbsbetriebe mit Steuern und Sozialbeiträgen, die dazu führt, daß sich deren Einkommensvorteile im Vergleich zu den Vollerwerbsbetrieben beim Übergang zu den verfügbaren Einkommen deutlich verringern. Dieser Effekt war auch bei dem *intersektoralen* Vergleich in der Übersicht II-44 erkennbar.

Die Unterschiede innerhalb der Vollerwerbsbetriebe sind allerdings weit größer als die nach Erwerbscharakter. Kleinere Vollerwerbsbetriebe könnten beim Übergang in den Zu- oder Nebenerwerb (wenn er möglich ist) vielfach ihre Einkommensposition verbessern, während die größeren Vollerwerbsbetriebe auch im Vergleich mit Zu- und Nebenerwerbsbetriebenweitaus günstiger abschneiden.

Die recht günstige Einkommensposition der Zuerwerbsbetriebe sollte nicht überbewertet werden, da deren Klassifizierung stark von Fluktuationseffekten beeinflußt ist und die langfristig abnehmende Bedeutung dieser Betriebsgruppe (Übersicht II-16) keine Bestätigung für besondere Vorteile der Zuerwerbsbetriebe liefert.

Die Gewinne in den **nach Betriebsformen** differenzierten Vollerwerbsbetrieben sind in der Übersicht II-47 für das letzte Jahrzehnt dargestellt. Bei der Interpretation ist zu beachten, daß es sich hierbei um *nominale* Größen handelt, die im Zeitablauf erfolgende Geldentwertung also nicht berücksichtigt ist.

Übersicht II-47: Gewinnentwicklung in Betriebsformen des Testbetriebsnetzes, Wirtschaftsjahre 1979/80 bis 1989/90

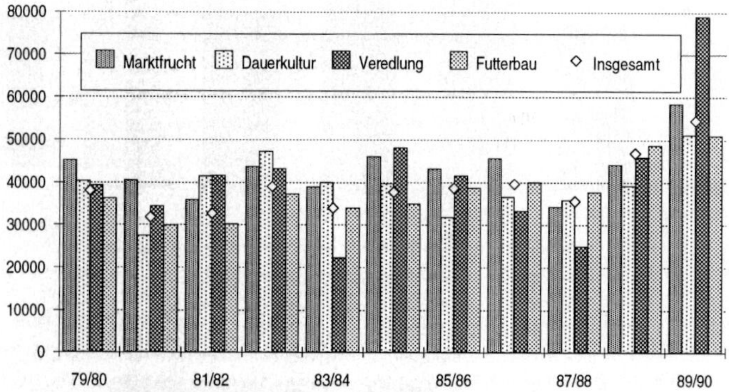

Quelle: BMELF, AB 1991, MB, S. 39f.

Bezüglich der Gewinnentwicklung für den *Durchschnitt der Vollerwerbsbetriebe* in den 80er Jahren kann man mindestens bis zum Wirtschaftsjahr 1988/89 eher stagnierende Gewinne (um 37000 DM) mit erheblichen jährlichen Schwankungen feststellen. Die deutlich gesteigerten Gewinne der Wirtschaftsjahre 1988/89 und 89/90 beruhen insbesondere auf günstigen Relationen von Produkt- zu Vorleistungspreisen in der Viehhaltung (vgl. Übersicht II-34), sind aber kaum als dauerhaft anzusehen (BMELF, AB 1991, S. 21).

Die Gewinne weisen in den *Betriebsformen* eine noch deutlichere Instabilität auf, da sich die Ertrags- und Preisschwankungen in den verschiedenen Betriebszweigen hier weniger kompensieren als bei der Betrachtung des Durchschnitts. Dabei ist die Instabilität in den Veredlungsbetrieben, bedingt durch den "Schweinezyklus" (vgl. Abschnitt III, 5.2.5) besonders ausgeprägt, während die Gewinnentwicklung in den Futterbaubetrieben aufgrund der relativ hohen Stabilität von Milchproduktion und Milchpreis die geringsten Fluktuationen zeigte. Die hohen durchschnittlichen Betriebsgröße (vgl. Übersicht II-13) die höchsten Gewinne, mußten jedoch in den letzten Jahren aufgrund der Preissenkungstendenzen bei Getreide eine Verschlechterung ihrer relativen Gewinnsituation hinnehmen.

Bei dem Vergleich der Einkommensentwicklung in den Betriebsformen (Details finden sich in den Agrarberichten) ist der *Fluktuationseffekt* zu beachten, der durch die Gruppenabgrenzung nach dem StDB verursacht wird: Viele Betriebe mit einer Schweinehaltung, die 1988/89 z.T. noch den Marktfruchtbetrieben zugeordnet wurden, gehörten 1989/90 zu den Veredlungsbetrieben, weil der StDB der Schweinehaltung zyklusbedingt deutlich anstieg.

In bezug auf **regionale Einkommensunterschiede** besteht ein deutliches Nord-Süd-Gefälle, das im wesentlichen auf die regionalen Unterschiede der Betriebsgrößen (vgl. Übersicht II-9) und HENRICHSMEYER u.a. 1983) zurückgeht. Daneben werden insbesondere bei der differenzierten Betrachtung kleinerer Regionen die Einflüsse von Produktionszusammensetzung (Betriebsformen) und natürlichen Standortbedingungen erkennbar (vgl. BMELF, AB 1991, S. 24ff. und MB S. 75f.). Insbesondere nach letzteren wurden "benachteiligte Gebiete" (seit 1989: 52,7% der LF) abgegrenzt, in denen die landwirtschaftliche Produktion durch Subventionen besonders unterstützt wird (zur Beurteilung: Band 2).

Die unterschiedlichen Durchschnittseinkommen in Gruppen von Betrieben geben erste Hinweise auf die **intrasektorale Einkommensstreuung**. Jedoch bestehen auch *innerhalb* der Betriebsgruppen noch erhebliche Einkommensdifferenzen.

Übersicht II-48: Streuung der Gewinne in (identischen) landwirtschaftlichen Vollerwerbsbetrieben, Dreijahresdurchschnitte in DM, 1987/88 bis 1989/90

	Durchschnitt	oberstes Viertel	unterstes Viertel	Quartilsverhältnis
Marktfrucht	44939	81559	11978	6,8 : 1
Futterbau	45326	70516	21265	3,3 : 1
Veredlung	45399	77760	13367	5,8 : 1
Dauerkultur	41470	75536	11726	6,4 : 1
Gemischt	40804	68975	13190	5,2 : 1
kleine	32095	54846	9530	5,8 : 1
mittlere	47044	72199	22328	3,2 : 1
größere	67017	109172	30718	3,6 : 1
Insgesamt	44691	73071	18064	4,0 : 1

Quelle: BMELF, AB 1991, S.27

Die sehr großen Unterschiede der durchschnittlichen Einkommen über einen Drei-Jahres-Zeitraum bei gleicher Betriebsgröße oder Betriebsform beruhen vor allem auf dem Einfluß der *Betriebsleiterfähigkeit* (dazu: CORDTS, DEERBERG, HANF 1983).

Von den Differenzen in den landwirtschaftlichen Gewinnen darf nicht auf eine entsprechende Streuung der *personellen* Einkommen geschlossen werden, wie schon die Übersicht II-46 gezeigt hat. Da Haushalte mit niedrigen Gewinnen diese tendenziell mit höheren außerlandwirtschaftlichen Erwerbseinkommen ergänzen, ist die Streuung der "Gesamteinkommen" auch innerhalb von landwirtschaftlichen Haushalten geringer als die der Gewinne. Eine weitere Einebnung der Einkommensunterschiede wird durch die Progression der direkten Steuern bewirkt, während die Sozialabgaben bis zur Einführung einer einkommensabhängigen Beitragsentlastung (vgl. Abschnitt 2.2.4) eher zusätzlich differenzierend (regressiv) gewirkt haben (vgl. PLANKL 1986, S. 102ff.).

4.3.3. Internationale Einkommensvergleiche

In bezug auf die landwirtschaftlichen Haushalte ist *in der EG* im Jahr 1991 selbst ein Einkommensvergleich entsprechend den Konzepten in der Testbetriebsstatistik noch nicht möglich, da die methodischen Vorarbeiten auf EG-Ebene noch nicht abgeschlossen sind (HILL 1989). Es ist lediglich ein Vergleich auf der Ebene der landwirtschaftlichen Gewinne möglich, die etwa den "Familienbetriebseinkommen" in der EG-Terminologie entsprechen (Übersicht II-49).

Die relative Einkommensposition hängt offensichtlich stark von der **Betriebsgröße** ab, nach der die Länder auch geordnet wurden. Deren Effekt kommt besonders klar bei der Betrachtung der Familienbetriebseinkommen je FJAE in den (für die BR Deutschland wichtigsten) Größenklassen zum Ausdruck. Für die *einzelnen* Größenklassen ergeben sich zwischen den Ländern z.T. bemerkenswerte Übereinstimmungen (etwa zwischen Großbritannien, Frankreich, Deutschland und Portugal), so daß Unterschiede größtenteils mit der an der Durchschnittsgröße erkennbaren unterschiedlichen Betriebsgrößenstruktur, d.h. mit den Anteilen der Größenklassen erklärt werden können.

Allerdings bestehen auch innerhalb der Größenklassen noch erhebliche Unterschiede, für deren Ursachen die *Aufwandszusammensetzung* z.T. Hinweise gibt:

- Betriebe im Vereinigten Königereich haben hohe Lohnkosten zu tragen.
- Die Einkommen der dänischen Betriebe werden vor allem durch hohe Zinsbelastungen stark gedrückt.
- Deutsche Betriebe weisen sehr hohe Abschreibungen auf, was aus der relativ hohen (sektoralen) Kapitalintensität resultiert (Übersicht II-25). Auch der damit zusammenhängende Aufwand für Unterhaltung von

Maschinen und Gebäuden ist weit überdurchschnittlich und reduziert die Gewinne (BMELF, AB 1991, S. 60f.).
- Irländische und belgische Betriebe profitieren von einer insgesamt recht niedrigen Aufwandsbelastung .

Übersicht II-49: Buchführungsergebnisse der landwirtschaftlichen Haupterwerbsbetriebe in der EG-12, Durchschnitt 1987/88-88/89

	UK	NL	B	DK	F	L	**D**	IRL	I	ES	GR	P	EG
Betriebsergebnisse (1000 DM)													
Gesamtertrag*	265,6	319,7	182,6	169,2	135,7	168,3	**158,3**	66,8	53,9	44,6	27,6	24,9	85,8
Gesamtaufwand	228,1	250,8	121,7	161,9	103,9	122,7	**131,6**	42,7	30,6	31,0	12,8	17,0	63,0
Familienbetriebseinkom.	37,5	69,0	60,9	7,3	31,8	45,6	**26,7**	24,0	23,3	13,6	14,9	7,9	22,7
Aufwandspositionen (% vom Gesamtertrag)													
- Produktionsaufwand	54,8	54,1	51,1	61,6	50,3	50,6	**58,2**	47,1	40,1	49,3	28,5	47,5	50,0
- Abschreibungen	11,9	11,2	7,9	10,5	12,7	15,3	**15,1**	8,2	10,3	9,0	10,0	8,5	11,6
- Löhne	10,5	4,8	1,9	6,1	3,7	1,1	**3,6**	3,1	4,2	9,0	2,5	8,4	5,1
- Pachten	3,7	2,1	2,6	2,1	4,8	3,4	**3,1**	1,7	1,3	1,8	3,5	2,0	2,9
- Zinsen	5,0	6,3	3,1	15,4	5,1	2,4	**3,3**	4,0	0,9	0,8	1,9	2,0	3,9
Gesamtaufwand	85,9	78,4	66,7	95,7	76,6	72,9	**83,2**	64,0	56,8	69,6	46,2	68,4	73,5
Familienbetriebseinkommen/FJAE (1000 DM)													
Betriebe mit 8-16 EGE	10,2	-	19,7	-7,4	11,6	-	**6,5**	16,5	13,9	16,2	12,0	8,4	12,3
Betriebe mit 16-40 EGE	20,0	27,3	31,7	10,7	20,4	29,2	**19,6**	30,5	22,8	21,7	18,2	12,4	21,3
Betriebe mit 40-100 EGE	30,6	50,4	52,0	17,0	31,1	37,7	**30,7**	59,3	40,4	38,8	25,3	31,9	36,0
Alle Betriebe	27,6	47,1	40,3	9,0	21,9	28,9	**19,0**	20,5	16,4	14,8	9,2	5,5	16,8
Durchschn. Größe (EGE)	81,9	75	45	41	37,5	36,5	**34,5**	16	15	11	8,5	7	23

Quellen und Erläuterungen: BMELF, AB 1990, MB S.94 und 1991, MB S. 94. Gesamtertrag * = Gesamterzeugung + Subventionen - Steuern + Prämien und Beihilfen auf Investitionen. Größenmaßstab ist die "Europäische Größeneinheit (EGE), wobei 1 EGE etwa 2.500 DM StDB entspricht. Ergebnisse aus weiteren Größenklassen unter 8 EGE, die besonders in südeuropäischen Ländern für große Teile der Betriebe relevant sind, sind in den angegebenen Quellen zu finden. FJAE = Familien-Jahresarbeitseinheiten, entspricht den Familien-AK.

Die hohe Zinsbelastung der dänischen Betriebe beruht im wesentlichen auf dem sehr hohen Niveau des durchschnittlichen Fremdkapitalzinssatzes (fast 10%), daneben auch auf dem hohen Fremdkapitalanteil am Vermögen (etwa 60%). Letzterer geht z.T. auf die Ausgestaltung der (geschlossenen) Hofübergabe zurück, bei der in Dänemark auch unter Verwandten nur geringe Abschläge vom innerlandwirtschaftlichem Verkehrswert üblich sind (TREDE 1983, S. 29ff.).

Die *technischen Effizienzunterschiede*, die wir in Abschnitt 3.2.2 betrachtet haben, sind der entscheidende Grund für die Spitzenpositionen der niederländischen und belgischen Betriebe bei den Gewinnen je Arbeitskraft.

4.3.4. Einkommenslage in der DDR Landwirtschaft

Schon in Abschnitt 2.7 wurde darauf hingewiesen, daß die Preise in der ehemaligen DDR staatlich festgesetzt wurden und dies ohne Orientierung an der gesamtwirtschaftlichen Knappheitssituation. Die Erzeugerpreise wurden vielmehr kostendeckend auf hohem Niveau festgelegt, während die Verbraucherpreise durch Subventionen z.T. unter dem Erzeugerpreisniveau gehalten wurde, so daß es sich sogar lohnte, Brot zu verfüttern (in ländlichen Regionen bis zu 25% der Gesamtmenge, vgl. HEINZ 1991, S. 164).

Die Preise pflanzlicher Erzeugnisse waren bei einem Umrechnungskurs von 1:1 durchschnittlich etwa 1,9 mal so hoch, die der tierischen Produkte sogar etwa 2,8 mal so hoch wie in der Bundesrepublik, während die Vorleistungspreise nur etwa um 70% höher lagen (HENRICHSMEYER, BÖSE 1991, S. 48ff.).

Während die DDR-Landwirtschaft zu diesen verzerrten Preisen beachtliche Einkommen erwirtschaften konnte, veränderte sich die Situation mit der Einführung der Wirtschafts- und Währungsunion und Einbeziehung in den EG-Agrarmarkt schlagartig. Unter den in der EG herrschenden Preisverhältnissen war die ostdeutsche Landwirtschaft bei den bestehenden Betriebs- und Organisationsformen (vgl. Abschnitt 2.7) praktisch in keinem Betriebszweig wettbewerbsfähig, insbesondere nicht im Bereich der tierischen Produktion.

In Übersicht II-48 ist die Einkommensentwicklung und -verwendung in der DDR-Landwirtschaft zu den Preisen des "alten Systems" und zu westdeutschen Preisen vergleichend gegenübergestellt.

Übersicht II-50: LGR für die DDR-Landwirtschaft (Durchschnitt 1986 bis 1989), bewertet mit ost- und westdeutschen Preisen

	in Mio M., Preise der DDR			in Mio. DM, Preise der BRD		
	Pflanzen-produktion	Tierpro-duktion	Gesamter Sektor	Pflanzen-produktion	Tierpro-duktion	Gesamter Sektor
Produktionswert	24832	53343	78175	13238	18922	32159
-Vorleistungen	14106	35324	49430	10061	19103	29164
BWS_M	10726	18019	28745	3177	-181	2996
+ Subventionen - Steuern	-418	208	-210	-418	208	-210
BWS_F	10308	18227	28535	2759	27	2786
-Abschreibungen	1817	1306	3123	1817	1306	3123
NWS_F	8491	16921	25412	941	-1279	-338
-Löhne	3875	4742	8617	3875	4742	8617
-Zinsen	773	583	1356	773	583	1356
Nettoeinkommen	3843	11596	15439	-3707	-6604	-10311

Quelle: BÖSE u.a. 1991, S. 71f..

Die Nettoeinkommen, aus denen zu DDR-Zeiten erhebliche Mittel an verschiedene Fonds und an den Staat abgeführt wurden, nehmen nach der Umbewertung negative Werte an, d.h. die Bruttowertschöpfung zu Faktorkosten unterschreitet die ursprüngliche Primärfaktorentlohnung, und zwar so stark, daß auch ohne Abschreibungen und Zinsen noch nicht einmal ein Drittel der ursprünglichen Lohnsumme gedeckt wäre.

Diese Umbewertung verdeutlicht das Ausmaß der Ineffizienz und des Anpassungsdrucks, der nur aufgrund von staatlichen Anpassungshilfen nicht zu kurzfristiger Illiquidität der meisten LPGen geführt hat. Die Umstrukturierung erfolgte bis zum März 1991 stürmisch bei den Arbeitskräften (Reduktion um fast 40%) allerdings noch eher schleppend bei der LN (10% Flächenstillegung) und bei der organisatorischen Neuordnung der LPGen (BÖSE, WELSCHOF 1991). Für die nahe Zukunft ist allerdings eine Beschleunigung zu erwarten, insbesondere, wenn künftig in verstärktem Maße strukturelle Anpassungsmaßnahmen an die Stelle von Einkommens- und Liquiditätshilfen treten werden.

5. Der Agrarsektor in der Gesamtwirtschaft

In den arbeitsteiligen Volkswirtschaften der entwickelten Industrieländer tragen zahlreiche Wirtschaftsbereiche zur Nahrungsmittelversorgung der Bevölkerung bei. Die Landwirtschaft bildet den Kern eines agrarwirtschaftlichen Komplexes (Agri-Business-Bereich), der im folgenden zunächst kurz gekennzeichnet werden soll. Auf der Grundlage der Input-Output-Analyse werden anschließend die intersektoralen Verflechtungszusammenhänge näher analysiert sowie die Beiträge des Agrarbereichs zur gesamtwirtschaftlichen Produktion und Wertschöpfung in einer modernen Volkswirtschaft aufgezeigt.

5.1. Ablauf der Marktvorgänge im Agri-Business-Bereich

Die enge Verflechtung der Landwirtschaft mit den vor- und nachgelagerten Wirtschaftsbereichen wird deutlich, wenn man die der Landwirtschaft zufließenden Vorleistungsströme und die von der Landwirtschaft ausgehende Kette der Verarbeitungs- und Handelsprozesse bis zur Endnachfrage der Verbraucher nach Nahrungs- und Genußmitteln betrachtet (Übersicht II-51).

Übersicht II-51: Warenströme im Agri-Business-Bereich (Bundesrepublik Deutschland 1988)

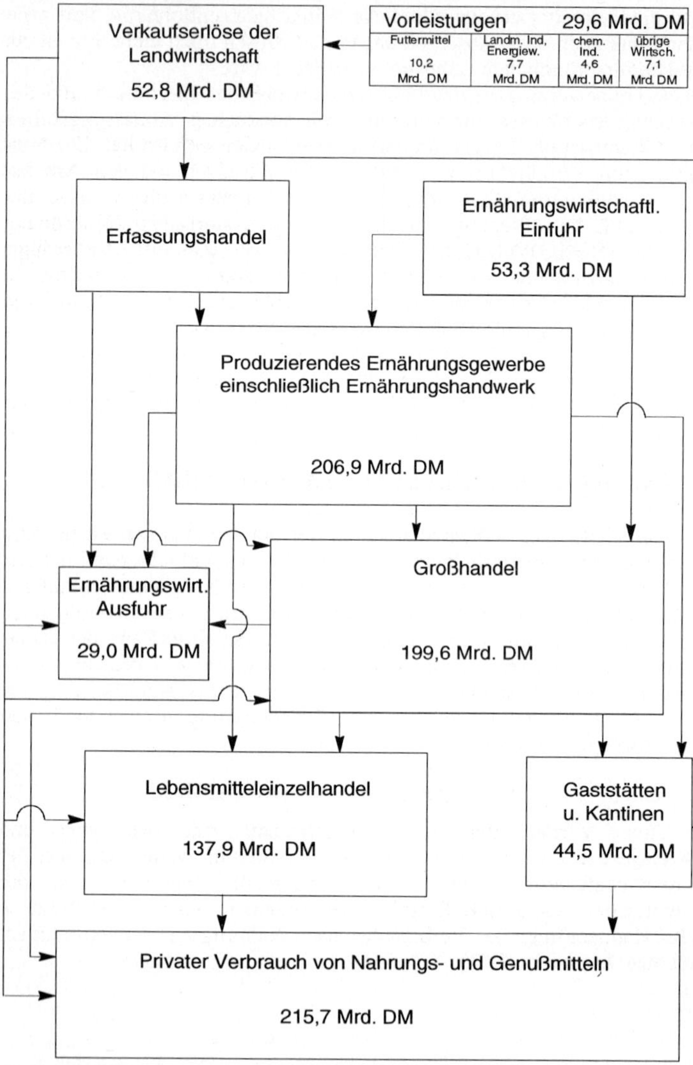

Quelle: BMELF, JB. 1990

Zunächst einmal ist festzustellen, daß der Anteil der in der Landwirtschaft eingesetzten Vorleistungen mit deutlich über 50% hoch ist, wobei die in den landwirtschaftlichen Betrieben erzeugten und selbst verwendeten Vorleistungen noch nicht berücksichtigt sind. Weiterhin ist auf die große Bedeutung der ernährungswirtschaftlichen Einfuhr hinzuweisen, die bei Einbeziehung der Importe von verarbeiteten Produkten und Genußmitteln sogar die Verkaufserlöse der heimischen Landwirtschaft mit 52,8 Mrd. DM leicht übersteigt.

Die Umsätze von Ernährungsindustrie und -handwerk haben mit mehr als 200 Mrd. DM nahezu den vierfachen Wert der Verkaufserlöse der Landwirtschaft. Die Produkte der Ernährungsindustrie werden über mehrere Verarbeitungs- und Handelsstufen, die in dem Schaubild nur zusammengefaßt ausgewiesen sind, dem Endverbrauch zugeführt. Der Gesamtwert des Verbrauchs von Nahrungs- und Genußmitteln - in privaten Haushalten und Gaststätten - hatte in der Bundesrepublik im Jahre 1988 eine Größenordnung von 215 Mrd. DM. Für einen Nettoimporteur wie die Bundesrepublik ist jedoch auch die ernährungswirtschaftliche Ausfuhr von 29 Mrd. DM beachtlich, in der die hohe Leistungsfähigkeit verschiedener Zweige der deutschen Ernährungs- und Genußmittelindustrie, aber bei den meisten Produkten auch ein hohes Maß staatlicher Exportförderung zum Ausdruck kommt (dazu näher Bd. 2, Kap. IV).

Das Schaubild II-51 läßt die direkten Lieferströme zwischen den Zulieferindustrien, der Landwirtschaft und den nachgelagerten Verarbeitungs- und Handelsstufen erkennen. Die wirtschaftlichen Verflechtungen zwischen allen Sektoren einer Volkswirtschaft sind jedoch komplexer als es hierin zum Ausdruck kommt. Zur geschlossenen Erfassung und Analyse dieser wechselseitigen Verflechtungszusammenhänge zwischen sämtlichen Sektoren einer Volkswirtschaft ist die Input-Output-Analyse geeignet, deren methodischer Ansatz im folgenden zunächst kurz gekennzeichnet werden soll.

5.2. Input-Output-Analyse

Die ersten Grundvorstellungen zur Input-Output-Analyse wurden vor mehr als 50 Jahren von dem amerikanischen Nationalökonomen LEONTIEF (1941) mit dem Ziel entwickelt, die Erkenntnisse der allgemeinen Gleichgewichtstheorie im Sinne von WALRAS für die empirische Wirtschaftsforschung nutzbar zu machen; oder in den Worten LEONTIEFS, um zwischen den "hochgezüchteten Lehrmeinungen ohne empirischen Beleg durch Tatsachen" auf der einen Seite und einer "wachsenden Anhäufung von Tatsachen ohne theoretische Deutung" auf der anderen Seite einen Modellansatz für die angewandte Wirtschaftsforschung zu entwickeln (LEONTIEF 1952, S. 153).

In den letzten Jahrzehnten ist der Input-Output-Ansatz schrittweise weiterentwickelt worden und wird heute in fast allen Ländern der Welt zur

Untersuchung wirtschaftlicher Verflechtungszusammenhänge verwendet. Er ist auch in besonderem Maße geeignet, die wechselseitigen Verflechtungen des Agrarsektors mit den vor- und nachgelagerten Wirtschaftsbereichen zu erfassen (HENRICHSMEYER 1967).

5.2.1. Empirische Grundlage: Input-Output-Tabellen

Die empirisch-statistische Grundlage der Input-Output-Analyse bilden die Input-Output-Tabellen. In ihnen werden die zwischen den einzelnen Wirtschaftssektoren fließenden Güter- und Dienstleistungsströme für einzelne Kalenderjahre erfaßt. Sie stellen nichts weiter dar als eine systematische und übersichtliche Beschreibung der wirtschaftlichen Verflechtungen in einer Volkswirtschaft und entsprechen in ihrem Kern einem nach Wirtschaftsbereichen untergliederten Produktionskonto der Volkswirtschaftlichen Gesamtrechnung.

Vorliegende Input-Output-Tabellen mit Schwerpunkt im Agri-Business-Bereich

Nach Vorarbeiten von KRELLE (1953) wurden auch in der Bundesrepublik von den großen Wirtschaftsforschungsinstituten Input-Output-Tabellen erstellt, so dem Deutschen Institut für Wirtschaftsforschung (STÄGLIN, WESSELS 1973), dem Rheinisch-Westfälischen Institut für Wirtschaftsforschung (HILLEBRAND 1982) und auch dem Statistischen Bundesamt (SBA, FS 19, R 2, 1984).

Neben allgemeinen Input-Output-Tabellen, in denen die Landwirtschaft meistens nur als ein Sektor enthalten ist, wurden auch Versuche unternommen, ausgehend von den gesamtwirtschaftlichen Tabellen einzelne Wirtschaftsbereiche tiefer zu untergliedern und schwerpunktmäßig in ihren Verflechtungszusammenhängen zu beleuchten. Für den Agrarbereich der Bundesrepublik wurden erste empirisch-statistische Arbeiten von ZUREK (1968) durchgeführt. In jüngerer Zeit wurde von BENNET (1987) ein neuer Anlauf genommen, um auf der Grundlage von inzwischen weiter ausgebauten Basistabellen und weiterer statistischer Quellen eine Serie von Input-Output-Tabellen mit Schwerpunkt im Bereich der Agrar- und Ernährungswirtschaft für die Jahre 1970, 1974 und 1978 zu erstellen. Hierin werden 9 Bereiche landwirtschaftlicher Produktion, 11 Sektoren der Nahrungsmittelverarbeitung sowie 8 weitere Wirtschaftssektoren unterschieden. Im folgenden Abschnitt wird diese Tabelle im Sinne einer kompakteren Darstellung zu einer Tabelle mit den drei Produktionssektoren Landwirtschaft, Ernährungsgewerbe und Sonstige Wirtschaft stark aggregiert.

Aufbau einer Input-Output-Tabelle

In Übersicht II-52 ist der Aufbau einer Input-Output-Tabelle für die drei Produktionssektoren Landwirtschaft, Ernährungsgewerbe und Sonstige Wirtschaft dargestellt.

Übersicht II-52: Aggregierte Input-Output-Tabelle mit drei Produktionssektoren (BR Deutschland 1978, in Mio. DM)

	Land-wirtschaft	Ernährungs-gewerbe	Sonstige Produktion	Konsum	Investition	Export (X)	Import (M)	Bruttoproduk-tionswert(BPW)
Landwirtschaft	16624	60356	17827	15259	254	2808	-28402	84726
Ern. gewerbe	11702	32849	31130	119974	995	13043	-22215	187478
Sonst. Prod.	23480	36354	1123760	841936	294998	307139	-259309	2368358
Vorl. insg.	51806	129559	1172717					
Löhne	6270	24627	684419					
Sonst. BWS	26650	33292	511222					
BPW	84726	187478	2368358					

Quelle: Aggregiert aus BENNET 1987, Tabelle A3.

Kernstück der Input-Output-Tabelle ist der obere linke Teil (Quadrant I), in dem die *Vorleistungsverflechtungen* zwischen den Wirtschaftssektoren beschrieben werden. Hier erscheint jeder Produktionssektor zweimal: Als liefernder Sektor in einer Zeile und als empfangender Sektor in einer Spalte. Der Wert der von einem Sektor i an den Sektor j gelieferten Vorleistungen X_{ij}, wird am Schnittpunkt von Zeile i und Spalte j eingetragen. Die Elemente einer Zeile beschreiben somit die an andere Sektoren gelieferten Vorleistungen ("Zwischenproduktnachfrage"), die Elemente einer Spalte kennzeichnen den Vorleistungsverbrauch.

In dem oberen rechten Teil der Input-Output-Tabelle (Quadrant II) werden alle übrigen Verwendungsformen des Outputs der Produktionssektoren dargestellt: privater und staatlicher Konsum (C), private und staatliche Bruttoinvestitionen (I), sowie Exporte (X) und Importe (negativ, M). Die Summe dieser Komponenten wird als *Endnachfrage* bezeichnet,

In den *Zeilen* der Input-Output-Tabelle über beide Quadranten hinweg wird die gesamte Verwendungsstruktur des Outputs (Bruttoproduktionswert) des jeweiligen Sektors dargestellt. So ist z.B. aus der ersten Zeile ersichtlich, daß der ganz überwiegende Teil der im landwirtschaftlichen Sektor erzeugten Produkte als Vorleistungen im Ernährungsgewerbe verwendet und nur ein vergleichsweise geringer Teil direkt konsumiert wird. Als Besonderheit ist hier weiterhin anzumerken, daß die Importe größer sind als die Summe aller übrigen Positionen der Endnachfrage, so daß bei der hier gewählten Art der Verbuchung der Importe (s. dazu die Anmerkung unten) die Endnachfrage nach landwirtschaftlichen Produkten insgesamt einen negativen Wert annimmt.

Im unteren linken Teil der Input-Output-Tabelle (Quadrant III) werden die den primären Produktionsfaktoren entsprechenden Inputs aufgeführt (*Primärinputs*). In der vorliegenden Tabelle werden nur Löhne und "Sonstige Bruttowertschöpfung" unterschieden, wobei in der letzten Position Zinsen, Gewinne, Abschreibungen sowie die Differenz von indirekten Steuern und Subventionen zusammengefaßt sind. Die Summe der Primärinputs entspricht somit der Bruttowertschöpfung nach dem Konzept der Volkswirtschaftlichen Gesamtrechnung (Abschnitt 4.2.1).

Wenn man eine gesamte *Spalte* der Input-Output-Tabelle betrachtet, so wird durch deren Elemente die komplette Kostenstruktur des betreffenden Produktionssektors beschrieben. In der ersten Spalte kommt z.B. zum Ausdruck, daß der Anteil der Vorleistungen in der Landwirtschaft sehr hoch ist. Zu den Primärinputs der Landwirtschaft ist anzumerken, daß die Aufteilung auf Löhne und "Sonstige Bruttowertschöpfung" wesentlich durch die Annahmen bezüglich der Zuordnung und Entlohnung von Familienarbeitskräften beeinflußt wird.

Anmerkung: Bei der hier gewählten Anordnung der Input-Output-Tabelle werden die Importe als Teilkomponente des Außenbeitrags mit negativem Vorzeichen *in der Endnachfrage* verbucht. Die Importe müssen zur Errechnung des (heimischen) Bruttoproduktionswertes abgezogen werden, wenn die sektoralen Lieferungen an die verschiedenen Verwendungsrichtungen (Spalten) nicht nur inländische, sondern auch importierte Güter enthalten. Hinter dieser Art der Verbuchung steht die Annahme, daß die heimisch erzeugten Güter und die Importe gleichartig sind und in allen Verwendungsrichtungen gegeneinander substituiert werden können.

Bei einer alternativen Anordnung der Input-Output-Tabelle werden die Importe häufig auch *in einer gesonderten Input-Zeile* verbucht. In diesem Fall sind sie nicht in den Lieferungen der inländischen Sektoren enthalten, so daß die Zeilensummen ohne Subtraktion der Importe die sektoralen Produktionswerte ergeben.

Bei der Verbuchung als Importspalte werden die Herkunftssektoren, bei der Verbuchung als Importzeile die Verwendungssektoren ausgewiesen. Wenn man detaillierte Informationen hat, läßt sich auch eine Importmatrix aufstellen, aus der sowohl der Herkunfts- wie auch der Verwendungssektor der Importe ersichtlich ist. Ähnliches gilt für die Investitionsgüternachfrage, für die sich bei entsprechender Datenverfügbarkeit Investitionsmatrizen erstellen lassen, die differenziertere Aussagen über die sektorale Herkunft und Verwendung von Investitionsgütern ermöglichen (zu derartigen Alternativen etwa: SCHUMANN 1968, HUJER, CREMER 1978).

Matrizen der Input- und Outputkoeffizienten

Die Input- und Outputstrukturen der Sektoren sind noch besser überschaubar, wenn man aus den Werten der Input-Output-Tabelle Matrizen der Input- bzw. Outputkoeffizienten errechnet.

Ein *Inputkoeffizient* gibt an, wie hoch der Inputanteil eines liefernden Sektors an dem Bruttoproduktionswert des empfangenen Sektors ist. Er läßt sich errechnen, indem man den Vorleistungsinput des (in der Zeile aufgeführten) liefernden Sektors X_{ij} durch den Bruttoproduktionswert des (in der Kopfspalte aufgeführten) empfangenden Sektors X_j dividiert:

(II-20) $a_{ij} = \frac{X_{ij}}{X_j}$

In Übersicht II-53 ist die Matrix der Inputkoeffizienten für unsere 3-Sektoren-Tabelle dargestellt.

Übersicht II-53: Matrix der Inputkoeffizienten

	Landwirtschaft	Ernährungsgewerbe	Sonstige Produktion
Landwirtschaft	0,20	0,32	0,01
Ernährungsgewerbe	0,14	0,18	0,01
Sonst. Produktion	0,28	0,19	0,47
Vorl. insgesamt	0,61	0,69	0,50
Löhne	0,07	0,13	0,29
Sonst. BWS	0,31	0,18	0,22
BPW	1,00	1,00	1,00

Quelle: Berechnet aus Übersicht II-52.

Anhand der *Spalten* lassen sich die Kostenstrukturen der einzelnen Sektoren leicht vergleichen. In unserer einfachen Beispielstabelle fallen z.B. unmittelbar der hohe Anteil landwirtschaftlicher Vorleistungen und der vergleichsweise geringe Anteil der sonstigen Wertschöpfung im Ernährungsgewerbe auf.

Entsprechend gibt der *Outputkoeffizient* an, welchen Anteil ein empfangender Sektor am Gesamtoutput des liefernden Sektors hat:

(II-21) $b_{ij} = \frac{X_{ij}}{X_i}$

In Übersicht II-54 ist die Matrix der Outputkoeffizienten für unsere Beispielsrechnung dargestellt.

Übersicht II-54: Matrix der Outputkoeffizienten

	Landwirtschaft	Ernährungsgewerbe	Sonstige Produktion	Konsum	Investition	Export (X)	Import (M)	Bruttoproduktionswert(BPW)
Landwirtschaft	0,20	0,71	0,21	0,18	0,00	0,03	-0,34	1,00
Ern. gewerbe	0,06	0,18	0,17	0,64	0,01	0,07	-0,12	1,00
Sonst. Prod.	0,01	0,02	0,47	0,36	0,12	0,13	-0,11	1,00

Quelle: Berechnet nach Übersicht II-52.

Anhand der Koeffizienten der einzelnen *Zeilen* lassen sich leicht die charakteristischen Lieferstrukturen der einzelnen Sektoren veranschaulichen. So ist auf den ersten Blick erkennbar, daß die Landwirtschaft den bei weitem größten Teil der erstellten Erzeugnisse als Zwischenprodukte an das Ernährungsgewerbe liefert, während das Ernährungsgewerbe überwiegend direkt den Endkonsum bedient.

Insgesamt ist festzuhalten, daß sowohl die Input-Output-Tabellen wie die Matrizen der Input- bzw. Outputkoeffizienten nur rein deskriptiv die bestehenden Austauschbeziehungen zwischen den Sektoren einer Volkswirtschaft zum Ausdruck bringen. Eine solche Beschreibung der direkten Austauschströme ließe sich auch mit Hilfe anderer Darstellungstechniken vornehmen, z.B. durch Kontensysteme oder Flußdiagramme. Ein Vorzug der Input-Output-Tabelle gegenüber diesen Darstellungsformen liegt höchstens in der kompakten und übersichtlichen Art der Darstellung, nicht jedoch in der inhaltlichen Aussage.

Die Input-Output-Rechnung führt erst dann zu inhaltlich neuen Erkenntnissen, wenn man von der beschreibenden Tabelle zum analytischen Modell übergeht. Im folgenden wollen wir den Grundansatz des offenen statischen Input-Output-Modells (SCHUMANN 1968), der für die hier interessierenden Fragestellungen von besonderer Bedeutung ist, zunächst allgemein ableiten und dann inhaltlich anwenden.

5.2.2. Das analytische Input-Output-Modell

Bei den der Input-Output-Tabelle zugrundeliegenden Definitionen gilt das folgende Gleichungssystem für die Lieferbeziehungen der Produktionssektoren:

$$\begin{array}{ccccccccc}
X_1 & - & X_{11} & \dots - & X_{1j} & \dots - & X_{1n} & = & Y_1 \\
\vdots & & \vdots & & \vdots & & \vdots & & \vdots \\
X_i & - & X_{i1} & \dots - & X_{ij} & \dots - & X_{in} & = & Y_i \\
\vdots & & \vdots & & \vdots & & \vdots & & \vdots \\
X_n & - & X_{n1} & \dots - & X_{nj} & \dots - & X_{nn} & = & Y_n
\end{array} \qquad \text{(II-22)}$$

Hierin kommt zum Ausdruck, daß der Gesamtoutput X_i eines Sektors i teilweise als Zwischenprodukt von den anderen Produktionssektoren nachgefragt wird (X_{i1}, X_{i2}, ... X_{in}) und zum restlichen Teil der Endnachfrage (Y_i) zuzurechnen ist.

Von diesem Gleichungssystem gelangt man zum ökonomischen Modell durch die Einführung bestimmter Hypothesen über die produktionstechnischen Beziehungen (Produktionsfunktionen) der einzelnen Sektoren. LEONTIEF machte nun die für die empirische Interdependenzanalyse sehr fruchtbare Annahme, daß die Inputstrukturen (Inputkoeffizienten) eines Jahres die produktionstechnischen Verhältnisse der einzelnen Sektoren hinreichend kennzeichnen und im Zeitablauf relativ stabil sind. Er hatte so die Möglichkeit, auf einfache Art und Weise mit Hilfe der in den Input-Output-Tabellen vorliegenden Daten sektoral differenzierte Produktionsfunktionen für eine ganze Volkswirtschaft abzuleiten, was zuvor die empirische Anwendung gesamtwirtschaftlicher Gleichgewichtsmodelle vom WALRAS-Typ illusorisch erscheinen ließ (CHENERY, CLARK 1962).

Zentrale Grundannahme des Input-Output-Modells ist somit die lineare Inputbedarfsfunktion (LEONTIEF-Produktionsfunktion):

(II-23) $X_{ij} = a_{ij} \cdot X_j \quad i,j = 1,2 \ldots n$

a_{ij} = Inputkoeffizient

Hiermit wird eine lineare Technologie unterstellt, d.h. es wird angenommen, daß die in den Sektoren eingesetzten Inputs X_{ij} dem Output X_j proportional sind. Wenn man die Inputbedarfsfunktion (II-23) in das Gleichungssystem (II-22) einsetzt, ergibt sich:

$$\text{(II-24)} \quad \begin{array}{ccccccccc} X_1 & - & a_{11} X_1 & \ldots & - & a_{1j} X_j \ldots & - & a_{1n} X_n & = & Y_1 \\ \vdots & & \vdots & & & \vdots & & \vdots & & \vdots \\ X_i & - & a_{i1} X_1 & \ldots & - & a_{ij} X_j \ldots & - & a_{in} X_n & = & Y_i \\ \vdots & & \vdots & & & \vdots & & \vdots & & \vdots \\ X_n & - & a_{n1} X_1 & \ldots & - & a_{nj} X_j \ldots & - & a_{nn} X_n & = & Y_n \end{array}$$

Zur weiteren Ableitung ist es zweckmäßig, das Gleichungssystem (II-24) in Matrixschreibweise zu schreiben:

(II-25) $\mathbf{X} - \mathbf{A} \cdot \mathbf{X} = (\mathbf{I}\text{-}\mathbf{A}) \cdot \mathbf{X} = \mathbf{Y}$

wobei:

$$\mathbf{X} = \begin{pmatrix} X_1 \\ \cdot \\ \cdot \\ X_i \\ \cdot \\ \cdot \\ X_n \end{pmatrix}, \qquad \mathbf{Y} = \begin{pmatrix} Y_1 \\ \cdot \\ \cdot \\ Y_i \\ \cdot \\ \cdot \\ Y_n \end{pmatrix}, \qquad \mathbf{A} = \begin{pmatrix} a_{11} & \cdots & a_{1n} \\ \cdot & \cdot & \cdot \\ \cdot & \cdot & \cdot \\ \cdots & a_{ij} & \cdots \\ \cdot & \cdot & \cdot \\ \cdot & \cdot & \cdot \\ a_{n1} & \cdots & a_{nn} \end{pmatrix}$$

und $\mathbf{I}$ = Einheitsmatrix

Bei den wichtigsten Anwendungen des Input-Output-Modells geht es darum, die Produktionswerte (Outputs) der einzelnen Wirtschaftssektoren X_i in Abhängigkeit von vorgegebenen Niveaus der Endnachfrage **Y** zu bestimmen. Hierzu ist das Gleichungssystem (II-25) nach **X** aufzulösen:

(II-26) $\mathbf{X} = (\mathbf{I}\text{-}\mathbf{A})^{-1} \cdot \mathbf{Y}$

Dabei ist $(\mathbf{I}\text{-}\mathbf{A})^{-1}$ die inverse Matrix zu $(\mathbf{I}\text{-}\mathbf{A})$, die auch "Leontief-Inverse" genannt wird.

Diese Schritte der Umformung sollen im folgenden anhand unseres 3-Sektoren-Modells illustriert werden. Wir gehen von der bereits errechneten Matrix der Inputkoeffizienten **A** (Übersicht II-53) aus, bilden die Matrix (**I-A**) und weisen die zugehörige Matrix $(\mathbf{I\text{-}A})^{-1}$ aus.

Übersicht II-55: Bildung der Leontief-Inversen im 3-Sektoren-Beispiel

$$A = \begin{pmatrix} 0{,}20 & 0{,}32 & 0{,}01 \\ 0{,}14 & 0{,}18 & 0{,}01 \\ 0{,}28 & 0{,}19 & 0{,}47 \end{pmatrix} \dashrightarrow I-A = \begin{pmatrix} 0{,}80 & -0{,}32 & -0{,}01 \\ -0{,}14 & 0{,}82 & -0{,}01 \\ -0{,}28 & -0{,}19 & 0{,}53 \end{pmatrix} \dashrightarrow (I-A)^{-1} = \begin{pmatrix} 1{,}35 & 0{,}53 & 0{,}03 \\ 0{,}24 & 1{,}31 & 0{,}04 \\ 0{,}80 & 0{,}77 & 1{,}93 \end{pmatrix}$$

Für vorgegebene Vektoren der Endnachfrage lassen sich nun einfach die Outputniveaus der Produktionssektoren durch Multiplikation mit der Leontief-Inversen ermitteln. Für viele Überlegungen ist es aber auch zweckmäßig, mit den einzelnen Koeffizienten dieser Matrix, die *Interdependenzkoeffizienten* genannt werden, zu operieren. Bezeichnet man die Elemente der invertierten Matrix mit c_{ij}, so ist

$$\text{(II-27)} \qquad (\mathbf{I\text{-}A})^{-1} = \begin{pmatrix} c_{11} & \cdots & c_{1n} \\ \cdot & \cdot & \cdot \\ \cdot & \cdot & \cdot \\ \cdots & c_{ij} & \cdots \\ \cdot & \cdot & \cdot \\ \cdot & \cdot & \cdot \\ c_{n1} & \cdots & c_{nn} \end{pmatrix}$$

Der Interdependenzkoeffizient c_{ij} gibt an, wieviel Outputeinheiten des Sektors i produziert werden müssen, um eine Einheit Endnachfrage nach Gütern des Sektors j zu befriedigen.

Übersicht II-56: Matrix der Interdependenzkoeffizienten für die BR Deutschland, 1978

	Land-wirtschaft	Ernährungs-gewerbe	Sonstige Produktion
Landwirtschaft	1,35	0,53	0,03
Ern. gewerbe	0,24	1,31	0,04
Sonst. Prod.	0,80	0,77	1,93

Quelle: Vgl. die Berechnung in Übersicht II-55.

Die Matrix der Interdependenzkoeffizienten läßt unmittelbar den Zusammenhang zwischen der Höhe der Endnachfrage und dem Produktionsniveau der Sektoren erkennen. Betrachten wir z.B. die Spalte 2, so können wir ablesen: Für eine Einheit Endnachfrage des Ernährungsgewerbes muß die Landwirtschaft 0,53, das Ernährungsgewerbe selbst 1,31 und die Sonstige Wirtschaft 0,77 Einheiten produzieren. Die Auswirkungen auf die anderen Produktionssektoren kommen dadurch zustande, daß jeder Sektor auch Inputs der übrigen Sektoren benötigt. In den angegebenen Zahlen kommen die direkt und indirekt zur Befriedigung der Endnachfrage erforderlichen Outputmengen zum Ausdruck.

Das Modell läßt sich insbesondere zur Untersuchung von zwei Kategorien von Fragestellungen verwenden:

1) Zur Ex-post-Analyse von intersektoralen Verflechtungszusammenhängen und
2) zu Prognosen und Wirkungsanalysen wirtschaftspolitischer Maßnahmen.

Bei der Ex-post-Strukturanalyse wird unmittelbar von dem Modell (II-26) ausgegangen. So läßt sich z.B. ermitteln, wieviel an wirtschaftlicher Aktivität (Produktionswert) der verschiedenen Sektoren zur Befriedigung einer bestimmten Höhe der Endnachfrage erforderlich war. Derartige Strukturanalysen basieren auf den Koeffizientenstrukturen des betreffenden ex-post-Zeitraumes und ihre quantitativ deskriptiven Aussagen sind wenig problematisch.

Will man das Modell zu Prognosezwecken verwenden, so muß man zunächst die verschiedenen Komponenten der Endnachfrage (exogen) vorausschätzen und weiterhin die Inputkoeffizienten für den Prognosezeitpunkt fortschreiben. Im einfachsten Fall kann man davon ausgehen, daß sich die Koeffizienten im Zeitablauf nur wenig ändern und eine konstante Inputkoeffizientenmatrix unterstellen. Das war die Grundvorstellung, von der LEONTIEF anfangs ausging und die sich tendenziell auch bestätigt hat. Wenn man eine Zeitreihe von Input-Output-Tabellen zur Verfügung hat, kann man im Rahmen verfeinerter Input-Output-Prognosen auch versuchen, die Inputkoeffizienten mit Hilfe von Trend- oder Regressionsrechnungen für den Prognosezeitraum vorauszuschätzen (EVERS 1974). Bei weiter ausgebauten Ansätzen kann man auch die Entwicklung der Bestände primärer Produktionsfaktoren vorausschätzen, um die Konsistenz der Input-Output-Prognosen mit den Faktorverfügbarkeiten überprüfen und gegebenenfalls iterativ abstimmen zu können (CHENERY, CLARK 1962, Kapitel 3).

Das beschriebene offene statische Input-Output-Modell zur Analyse der Effekte von Änderungen der Endnachfrage auf die Output-Niveaus der Produktionssektoren wird am häufigsten angewendet. Daneben gibt es jedoch verschiedene andere *Modellvarianten und -weiterentwicklungen*, auf die hier nur kurz hingewiesen werden kann.

Einmal kann man als Alternative zu dem obigen "Mengenmodell" auf der Basis der Informationen der I-O-Tabelle ein "*Preismodell*" erstellen, mit dem sich unter bestimmten Annahmen die Auswirkungen von exogenen Preisänderungen (Importpreise, administrierte Produktpreise, Lohnsätze, Steuersätze) auf die volkswirtschaftliche Preisstruktur untersuchen lassen (SCHUMANN 1968, BENNET 1987, S. 135ff.).

Eine andere Richtung der Weiterentwicklung versucht, einzelne oder mehrere Teilkomponenten der *Endnachfrage* (Konsum, Investition) zu *endogenisieren*. Hierfür sind dann Konsumfunktionen bzw. Investitionsfunktionen zu schätzen und in die Gleichungen einzubeziehen (HUJER, CREMER 1978, S. 172ff). Bei vollständiger Endogenisierung aller Endnachfragekomponenten gelangt man zu dem bereits von LEONTIEF entwickelten *geschlossenen Input-Output-Modell*, das jedoch auf problematischen Annahmen beruht.

Schließlich sind noch *dynamische Input-Output-Modelle* zu erwähnen, bei denen der Kapazitätseffekt induzierter Investitionen eine wesentliche Komponente darstellt (SCHUMANN 1968, S. 165ff). Aber auch diese Modelle beruhen auf einengenden Grundannahmen und haben bislang in der empirischen Forschung wenig Verbreitung gefunden.

5.3. Anwendungen des Input-Output-Modells im Agrarbereich

In diesem Abschnitt wird das beschriebene 3-Sektorenmodell (Übersicht II-56) verwendet, um die gesamtwirtschaftliche Bedeutung des Agrarbereichs zu quantifizieren. Zu diesem Zweck wird von der gesamten Endnachfrage nach Agrarprodukten (Sektor 1) und nach Nahrungsmitteln (Sektor 2) aus der Übersicht II-52 ausgegangen und mit Hilfe der Matrix der Interdependenzkoeffizienten ermittelt, welcher Produktionswert in den einzelnen Sektoren erforderlich ist, um diese Endnachfrage zu befriedigen (Gleichung (II-26)). Aus den so errechneten Produktionsbeiträgen der einzelnen Sektoren lassen sich auch die sektoralen Beiträge zur Bruttowertschöpfung errechnen, indem man jeweils mit den Wertschöpfungsanteilen (Übersicht II-53) multipliziert. In der Übersicht II-57 wurden diese von der ernährungswirtschaftlichen Endnachfrage abhängigen Größen auf die Gesamtgrößen der Übersicht II-52 bezogen, um ihre gesamtwirtschaftliche Bedeutung kenntlich zu machen.

Übersicht II-57: Abhängigkeit des Produktionswerts und der Bruttowertschöpfung von der ernährungswirtschaftlichen Endnachfrage (Landwirtschaft und Ernährungsgewerbe)

	Bruttoproduktionswert	Bruttowertschöpfung
Landwirtschaft	1,74%	1,39%
Ernährungsgewerbe	5,47%	3,47%
Sonst. Produktion	2,94%	3,05%
Summe	10,16%	7,91%

Quelle: Berechnet aus den Übersichten II-52, II-53 und II-56.

Aus den Ergebnissen der Übersicht II-57 ist ersichtlich, daß die Endnachfrage nach Produkten der Ernährungswirtschaft auch einen erheblichen Einfluß auf Produktion und Beschäftigung in den Wirtschaftssektoren außerhalb des Agri-Business-Bereiches hat. Aufsummiert über alle Sektoren ergibt sich, daß etwa 10% des gesamten Produktionswertes (BPW) der Volkswirtschaft im Bezugsjahr 1978 direkt oder indirekt mit der Bereitstellung von Nahrungsmitteln zu tun hatte. Der Anteil an der Bruttowertschöpfung ist mit knapp 8% etwas geringer, da die Landwirtschaft und vor allem das Ernährungsgewerbe vergleichsweise vorleistungsintensiv sind.

Es ist festzuhalten, daß der Umfang der wirtschaftlichen Aktivitäten zur Erstellung der Nahrungsmittel in den mit der Landwirtschaft verbundenen gewerblichen Bereichen um ein Vielfaches (nahezu das 5-fache) größer ist als der Produktionsumfang in der Landwirtschaft selbst. Hierin kommt das starke Ausmaß der Auslagerung von Funktionen aus der Landwirtschaft in vor- und nachgelagerte Wirtschaftsbereiche zum Ausdruck.

Der Anteil der Landwirtschaft und des agrarwirtschaftlichen Komplexes ist natürlich in den **ländlichen Regionen** wesentlich größer als es in den Durchschnittszahlen für die gesamte Volkswirtschaft zum Ausdruck kommt. In etwa einem Viertel der Landkreise der Bundesrepublik hat die Landwirtschaft allein noch einen Anteil an der Wertschöpfung von mehr als 5%, in wenigen ausgesprochen ländlich geprägten und peripheren Landkreisen noch einen Anteil von mehr als 8% (BMRO 1990, S. 130). Wenn man hiervon auf die insgesamt mit der Landwirtschaft verbundenen wirtschaftlichen Aktivitäten schließen will, kann man jedoch nicht von der gleichen Relation wie im Durchschnitt der Volkswirtschaft (s.o.) ausgehen, da die meisten agrarnahen Großunternehmen, insbesondere im Zulieferbereich (Düngemittel-, Pflanzenschutzmittel-, Landmaschinenindustrie), überwiegend in den Verdichtungsgebieten angesiedelt sind.

Andererseits hängen in den ländlichen Gebieten auch die allgemeinen Handwerks- und Dienstleistungsbereiche in erheblichem Maße von der lokalen *Nachfrage der Haushalte* des ländlichen Agrarkomplexes ab. Wenn die Landwirtschaft in diesen Gebieten schrumpft, sind daher damit häufig weitergehende (als im Input-Output-Modell erfaßte) indirekte Folgewirkungen verbunden, wenn hier nicht anderweitig Arbeitsplätze geschaffen werden können. In peripheren ländlichen Gebieten kann daher ein Rückzug der Landwirtschaft zu einer Entleerung dieser Räume führen.

Weitere Anwendungsmöglichkeiten von Input-Output-Modellen zu agrarökonomischen Fragestellungen sollen an dieser Stelle nur genannt werden: z.B. die Analysen der gesamtwirtschaftlichen Auswirkungen eines veränderten Selbstversorgungsgrades mit Nahrungsmitteln (etwa infolge eines Abbaus der Agrarprotektion) oder Anwendungen des "Preismodells" zur Analyse der Auswirkungen veränderter Importpreise oder veränderter administrierter Preise (vgl. z.B. BENNET 1987).

6. Internationaler Agrarhandel

6.1. Übersicht zum Agrarhandel

Einordnung in den gesamten Welthandel

Bei Fragen des Agrarhandels sind andere Länder nicht nur für Vergleichszwecke interessant, sondern sie sind direkt als Handelspartner bzw. Konkurrenten auf dem Weltmarkt relevant. Entsprechend wollen wir in diesem Abschnitt stärker als an anderen Stellen von einer globalen Perspektive ausgehen. Die Übersicht II-58 zeigt, daß die Entwicklung des Handels mit Rohstoffen (ohne Brennstoffe), an dem der Agrarhandel einen Anteil von 91% hat (1986, vgl. UN TRADE YB 1987, S. 998ff.), in enger Beziehung zur Entwicklung des gesamten Welthandels steht.

Übersicht II-58: Entwicklung von Bruttosozialprodukt (Index), Gesamthandel (Mrd. $) und Rohstoffhandel (Mrd. $) in der Welt, 1948 - 1986

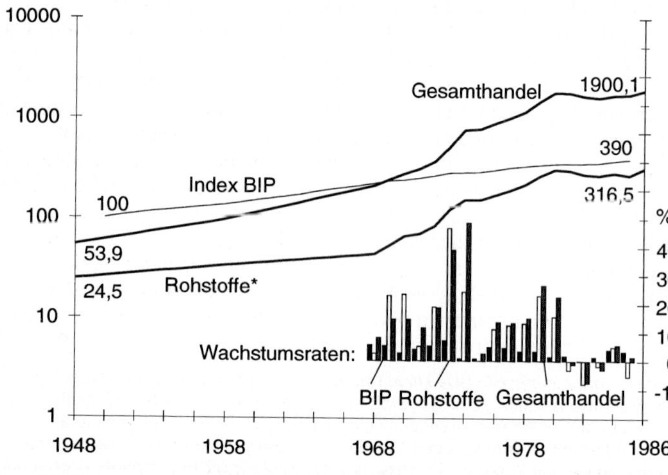

Quelle und Erläuterungen: Angaben für "Marktwirtschaften", d.h. ohne die UdSSR, die anderen RGW-Staaten, China, Vietnam und die Mongolei aus UN, TRADE YB, versch. Jgg. Werte zwischen 1948, 1958 und 1968 interpoliert. Rohstoffe* sind die Sektionen 0, 1, 2 und 4 der SITC (Standard International Trade Classification), d.h. Nahrungsmittel, Agrarrohstoffe, mineralische Rohstoffe, keine Brennstoffe.

Allerdings signalisiert der sich vergrößernde (absolute) Abstand der Kurven des Gesamthandels und des Rohstoffhandels (bei der gewählten logarithmischen Darstellung), daß sich der Anteil der Rohstoffe (ohne Brennstoffe) von 45% (1948) über 21% (1968) auf zuletzt 17% verringert hat, d.h. daß die Wachstumsdynamik des Rohstoffhandels nur unterdurchschnittlich war.

Nach den Zahlen der Übersicht II-58 ist der gesamte Welthandel von 1948 bis 1986 um 9,8% pro Jahr, d.h. weit stärker als das BSP (4%) gewachsen, worin eine zunehmende internationale Arbeitsteilung zum Ausdruck kommt. Ein großer Teil des nominalen Wachstums ist jedoch auch auf die Preissteigerungen der gehandelten Güter (dazu Abschnitt 6.4) zurückzuführen.

Die Wachstumsraten folgen weitgehend den gesamtwirtschaftlichen Wachstumsraten, da der Welthandel von der globalen Konjunkturentwicklung abhängt. So ist z.B. der Einbruch Anfang der 80er Jahre auf die Rezession in den Industrieländern zurückzuführen. Die folgende Übersicht II-59 zeigt detaillierter, wie Industrie- und Entwicklungsländer am Welthandel in den 70er und 80er Jahren beteiligt waren.

Übersicht II-59: Struktur der Weltexporte, 1970, 1980 und 1986

Importeure		Industrieländer		Entwicklungsländer		Welt	
Exporteure		Mrd. US-$	Anteil	Mrd. US-$	Anteil	Mrd. US-$	Anteil
Industrie-	1970	205	(66%)	48	(16%)	253	(82%)
länder	1980	1076	(54%)	337	(17%)	1413	(71%)
	1986	1310	(62%)	337	(16%)	1647	(78%)
Entwick-	1970	45	(14%)	13	(4%)	57	(18%)
lungs-	1980	420	(21%)	151	(8%)	571	(29%)
länder	1986	307	(15%)	145	(7%)	452	(22%)
	1970	249	(80%)	61	(20%)	310	(100%)
Welt	1980	1496	(75%)	488	(25%)	1984	(100%)
	1986	1617	(77%)	481	(23%)	2099	(100%)

Quelle: UN TRADE YB. "Industrieländer": Nordamerika, Europa, UdSSR, Australien, Neuseeland, Japan, Israel, Südafrika.

Der Welthandel wird mit einem Anteil von etwa 80% entscheidend von den Industrieländern geprägt, während die Entwicklungsländer nach einem temporären Anstieg in den 70er Jahren wieder mit rund einem Fünftel beteiligt sind. Dieser temporäre Anstieg ging insbesondere auf die steigenden Exporterlöse der Erdölexporteure zurück, die jedoch inzwischen infolge des Preisverfalls für Rohöl in den 80er Jahren wieder zusammengeschmolzen sind.

Neben den Gesamtanteilen sind charakteristische **strukturelle Unterschiede** des Handels zwischen beiden Ländergruppen erkennbar: Während der Handel der Entwicklungsländer (wenn auch mit abnehmender Tendenz) überwiegend auf die Industrieländer ausgerichtet ist (1986: 70% der Entwicklungsländerexporte) spielt für letztere der Handel innerhalb der Ländergruppe eine weit größere Rolle (1986: 80% der Industrieländerexporte).

Da die regionale Struktur und zeitliche Entwicklung des gesamten Welthandels hier nicht eingehender betrachtet werden können, sei hingewiesen auf WAGNER, KAISER, BEIMDIEK 1988 und für aktuelle Analysen auf WELTBANK (z.B. 1988, S. 15ff.).

Die gezeigten Unterschiede der regionalen Handelsströme beruhen auf der traditionell *komplementären internationalen Arbeitsteilung*. Die Entwicklungsländer exportieren Rohstoffe in die Industrieländer und importieren dafür Industrieprodukte.

Übersicht II-60: Zusammensetzung der Warenausfuhr in Industrie- und Entwicklungsländern, 1965 und 1989

	Jahr	Brennstoffe, min. Rohstoffe	Nahrungsmittel, Agrarohstoffe	Verarbeitete Produkte
Entwicklungs-länder	1965	25 %	49 %	26 %
	1989	26 %	21 %	53 %
Industrie-länder	1965	12 %	20 %	68 %
	1989	9 %	12 %	80 %
Welt	1965	15 %	26 %	59 %
	1989	12 %	14 %	74 %

Quelle: WELTBANK 1991, S. 234f. "Entwicklungsländer": BSP/Kopf (1989) < 6.000 $. Abweichungen der Summen von 100% beruhen auf Rundungsfehlern.

Die Übersicht II-60 zeigt jedoch eindrucksvoll anhand der Veränderung der Anteile von Agrarprodukten und verarbeiteten Produkten an den Entwicklungsländerexporten, daß diese komplementäre Arbeitsteilung an Bedeutung verliert: Die zu den Industrieländern bestehenden strukturellen Unterschiede haben sich deutlich verringert, da das in den Entwicklungsländern ursprünglich sehr hohe Gewicht der Agrarexporte gerade in dieser Ländergruppe überdurchschnittlich abgenommen hat.

Auf der Einfuhrseite haben sich die strukturellen Unterschiede der beiden Ländergruppen, die 1965 noch erkennbar waren (höherer Anteil der verarbeiteten Einfuhr in Entwicklungsländern), fast völlig verwischt (Übersicht II-61).

Es sei jedoch darauf hingewiesen, daß der Abbau der komplementären Arbeitsteilung insbesondere auf den Entwicklungserfolgen in asiatischen Ländern beruht, während in vielen der ärmeren Länder (oft nur ein bis zwei) Rohstoffe weiterhin über 80% der Exporterlöse liefern. So betrugen die Anteile des Hauptexportproduktes an den gesamten Warenexporten im Durchschnitt der Jahre 1987 und 1988 (nach UNCTAD 1990) in Burundi 80% (Kaffee), in Kuba 85% (Zucker), in Ghana 91% (Kakaoprodukte) und in Uganda 96% (Kaffee).

Übersicht II-61: Zusammensetzung der Wareneinfuhr in Industrie- und Entwicklungsländern, 1965 und 1989

	Jahr	Nahrungsmittel	Brennstoffe	Sonstige Rohstoffe	Verarbeitete Produkte
Entwicklungsländer	1965	17 %	8 %	10 %	66 %
	1989	11 %	10 %	8 %	71 %
Industrieländer	1965	20 %	11 %	19 %	51 %
	1989	10 %	9 %	8 %	73 %
Welt	1965	19 %	10 %	17 %	54 %
	1989	10 %	9 %	8 %	73 %

Quelle: WELTBANK 1991, S. 232f.. "Entwicklungsländer": BSP/Kopf (1989) < 6.000 $. Abweichungen der Summen von 100% beruhen auf Rundungsfehlern.

Da sich die Anteile von Industrie- und Entwicklungsländern am gesamten Welthandel nur mäßig verschoben haben (Übersicht II-59), entspricht die soeben gezeigte, veränderte Zusammensetzung des Warenhandels in den beiden Länderkategorien einer Zunahme (Abnahme) des Industrieländeranteils an den Weltagrarexporten (Weltagrarimporten).

Übersicht II-62: Agrarhandel von Industrie- und Entwicklungsländern in Mrd. US-$ (*mit jährlichen Wachstumsraten*), 1970-1988

	Industrieländer		Entwicklungsländer		Agrarhandel gesamt		in % vom Welthandel
Exporte							
1970	40,3	(64,8%)	21,8	(35,2%)	62,1	(100%)	19,7%
(70-80)	*(+17,0%)*		*(+14,9%)*		*(+16,3%)*		
1980	192,8	(68,8%)	87,5	(31,2%)	280,3	(100%)	14,0%
(80-88)	*(+3,3%)*		*(+2,6%)*		*(+3,1%)*		
1988	250,2	(70,0%)	107,4	(30,0%)	357,6	(100%)	12,6%
(70-88)	*(+10,7%)*		*(+9,3%)*		*(+10,2%)*		
Importe							
1970	57,4	(82,3%)	12,3	(17,7%)	69,7	(100%)	21,2%
(70-80)	*(+15,1%)*		*(+20,4%)*		*(+16,2%)*		
1980	234,7	(74,9%)	78,7	(25,1%)	313,4	(100%)	15,2%
(80-88)	*(+3,5%)*		*(+1,8%)*		*(+3,1%)*		
1988	308,2	(77,2%)	91,1	(22,8%)	399,3	(100%)	13,5%
(70-88)	*(+9,8%)*		*(+11,8%)*		*(+10,2%)*		

Quelle und Erläuterungen: UNCTAD 1990. Industrieländer wie in Übersicht II-59 abgegrenzt. "Agrarhandel" entspricht den SITC-Sektionen 0, 1, 2 und 4 ohne mineralische Rohstoffe.

Die Summe der statistisch ausgewiesenen weltweiten Export*werte* ist i.d.R. u.a. aufgrund der Differenz von CIF- und FOB-Werten kleiner als die entsprechenden Import*werte*. Andererseits sind die Export*mengen* i.d.R. geringfügig größer (vgl. UNCTAD 1990, S. 101ff.) als die Import*mengen*, wobei hier neben Transportverlusten

Unterschiede in der statistischen Erfassung eine Rolle spielen. Für Handelsmatrizen wird daher zur Wahrung der rechnerischen Konsistenz i.d.R. nur auf eine der beiden Datenquellen zurückgegriffen (wie in Übersicht II-59).

Die Beteiligung der Industrieländer an der kräftigen Expansion des Agrarhandels in den 70er Jahren war auf der Exportseite deutlich stärker als auf der Importseite. Die Entwicklung der 80er Jahre reflektiert den Einbruch von Weltkonjunktur und Gesamthandel (Übersicht II-58). Wegen zunehmender Zahlungsbilanzprobleme mußten die Entwicklungsländer das Wachstum ihrer Agrarimporte weitaus drastischer reduzieren als die Industrieländer.

Schon bei der globalen Betrachtung von "Industrieländern", "Entwicklungsländern" und "Agrarhandel" konnten wir bedeutende strukturelle Veränderungen in den 70er und 80er Jahren erkennen. Für die Erklärung dieser Veränderungen ist jedoch eine stärkere Differenzierung bei den Produkten und Handelspartnern nötig.

Agrarhandel nach Produkten

In der Übersicht II-63 sind die wichtigsten Produktgruppen zusammengestellt, auf die zusammen etwa 70% des gesamten Agrarhandels entfallen.

Übersicht II-63: Anteile von Produktgruppen an den Weltagrarexporten in Mrd. US-$, 1970, 1980 und 1986

	1970	1980	1986
Fleisch	4141 (6,6 %)	21225 (7,0 %)	27390 (9,0 %)
Fischprodukte	2216 (3,6 %)	14963 (4,9 %)	20128 (6,6 %)
Milch(produkte)	2400 (3,9 %)	12454 (4,1 %)	12935 (4,3 %)
Getreide	7275 (11,7 %)	40511 (13,4 %)	26718 (8,8 %)
Ölsaaten,-schrote, Fette und Öle	6078 (9,8 %)	25849 (8,5 %)	23304 (7,7 %)
Kaffee, Kakao, Tee	4423 (7,1 %)	18939 (6,2 %)	21426 (7,0 %)
Zucker	2642 (4,2 %)	14804 (4,9 %)	9440 (3,1 %)
Baumwolle	2410 (3,9 %)	7846 (2,6 %)	5227 (1,7 %)
Wein	937 (1,5 %)	4672 (1,5 %)	5511 (1,8 %)
Forstprodukte	-	54813 (18,1 %)	57530 (18,9 %)
Agrarhandel	62300 (100 %)	303105 (100 %)	304163 (100 %)

Quelle: FAO Commodity Review and Outlook, versch. Jgg.

Man sieht, daß als wichtigste Agrarprodukte (abgesehen von den Forsterzeugnissen) zuletzt Fleisch und Getreide sowie mit einigem Abstand Ölsaaten, -kuchen und Fette, tropische Getränke und Fischprodukte zu nennen sind.

Die Anteile der einzelnen Produktgruppen sind insgesamt recht stabil. Einige Verschiebungen, wie die besonders niedrigen Anteile von Getreide und Baumwolle 1986 und der hohe Zuckeranteil 1980, sind mit entsprechenden Ausschlägen der Weltmarktpreisentwicklung zu erklären (s.u., Übersicht II-71). Bei Fleisch- und Fischprodukten dürfte dagegen eine langfristig zunehmende Bedeutung im Welthandel (wie im Gesamtverbrauch) vorliegen. Für die detaillierte Analyse der Einzelmärkte muß auf die Literatur verwiesen werden (BASLER 1989).

6.2. Entwicklung des Agrarhandels in verschiedenen Regionen der Erde

Bundesrepublik und EG

In Abschnitt 3 haben wir gesehen, daß der technische Fortschritt in Verbindung mit den Faktoreinsatzveränderungen der letzten Jahrzehnte in der Bundesrepublik ein sich abschwächendes Wachstum der Produktion (A) hervorgebracht hat, das in den 50er und 60er Jahren i.d.R. über 3% pro Jahr betrug und zuletzt auf 0,5% gesunken ist. Der Verbrauch entwickelte sich zunächst noch stürmischer als die Produktion, bleibt aber seit Anfang der 70er Jahre noch hinter dem gleichfalls rückläufigen Produktionswachstum zurück, da die Nachfrage aus verschiedenen Gründen an Sättigungsgrenzen stößt (Kap. III, 4). Der **Selbstversorgungsgrad** (= Produktion/Verbrauch) stieg daher von 83% Anfang der 70er Jahre auf rd. 95% in der Mitte der 80er Jahre.

Übersicht II-64: Wachstum von Produktion, Verbrauch, Inlandsmarktanteil und Selbstversorgungsgrad bei Nahrungsmitteln in der Bundesrepublik 1950/51 - 1986/87

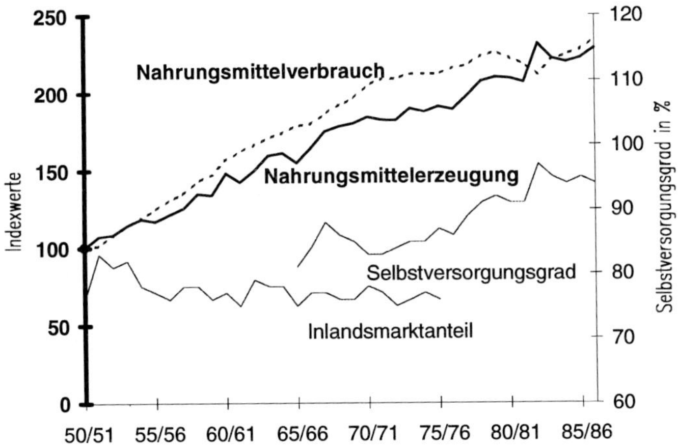

Quelle: BMELF, Jb versch. Jgg. Der Inlandsmarktanteil (= Verbrauch aus Inlandserzeugung in % des Gesamtverbrauchs) kann, anders als der Selbstversorgungsgrad, nie höher als 100% sein, da er die Exportmengen nicht enthält.

Formal gilt nach Gleichung (II-7):

(II-28) $W_{A/N} = W_A - W_N$

Aus der Veränderung (oder Konstanz) des Selbstversorgungsgrades kann nicht unmittelbar auf die Veränderung des Außenhandelsvolumens geschlossen werden (auch abgesehen von den kurzfristig entscheidenden Lagerbestandsveränderungen), denn die Beziehung

(II-29) $A - N = X - M$

kann man durch Differenziation nach der Zeit in die folgende Wachstumsratengleichung umformen:

(II-30) $$W_{A-N} = W_A \cdot A/(A-N) - W_N \cdot N/(A-N)$$
$$= W_X \cdot X/(X-M) - W_M \cdot M/(X-M) = W_{X-M}$$

Die Veränderung des Außenhandelssaldos erhält man also nur nach Gewichtung der Wachstumsraten der Produktion und des Verbrauches (bzw. der Export- und Importmengen). Entsprechend ist z.B. eine *Abnahme* des Selbstversorgungsgrades ($W_A - W_N < O$) vorsichtig zu interpretieren: Bei einem hohen Selbstversorgungsgrad in der Ausgangssituation ($A/(A-N) >> N/(A-N)$) können die Nettoexporte weiterhin *steigen*.

In den anderen **EG-Ländern** war die Abschwächung des Produktionswachstums in den letzten Jahren oft weniger deutlich, so daß die Bundesrepublik z.T. Marktanteile verlor. In der EG sind auf fast allen Agrarmärkten mit einiger Bedeutung inzwischen große Nettoexporte zu beobachten. Dagegen bestand in den 50er Jahren vielfach noch ein hoher Importbedarf, auch bei Zucker importierten die Länder der EG-6 1957/58-59/60 durchschnittlich noch netto 0,3 Mio. t, (vgl. BMELF, JB 1962). Diese Nettoexporte wären ohne Subventionierung durch protektionistische Maßnahmen des Staates nicht entstanden bzw. nicht absetzbar (s.u. und Bd. 2), so daß sie "Überschüsse" genannt werden können. Auf den betreffenden Märkten hat die EG Ende der 80er Jahre z.T. hohe Weltmarktanteile erzielt, z.B. bei Getreide 1987 39% (Anfang der 70er Jahre einschl. EG-Intra-Handel noch unter 20%, vgl. UNCTAD 1990).

Der Anstieg der Nettoexporte bei pflanzlichen Ölen und Fetten beruht auf dem besonderen Schutz der Weiterverarbeitung in den EG-Marktordnungen, der dadurch erreicht wird, daß für die Rohstoffe (Ölsaaten) eine niedrige, für die Endprodukte (Margarine usw.) hingegen eine hohe Protektion gilt ("Zolleskalation", s.u.).

Bei der EG erkennt man (Übersicht II-65), daß die Erweiterungen der Mitgliederzahl (zunächst) "marktentlastend" gewirkt haben (niedrigerer Selbstversorgungsgrad der erweiterten EG im Verleich zur EG-6), jedoch die Wandlung der EG zum Nettoexporteur auf wichtigen Agrarmärkten nicht verhindert haben.

Übersicht II-65: Nettoexportmengen (X-M) in 1000 t und Selbstversorgungsgrad (SV) in % bei ausgewählten Agrarprodukten, Bundesrepublik und EG, 1958/59 bis 1988/89

		Getreide		Zucker		Pfl. Öle		Fleisch		Butter	
		X-M	SV	X-M	SV	X-M	SV	X-M	SV	X-M	SV
BRD	58/59-62/63	-4659	0,76	-167	0,90	-690	0,32	-455	0,87	-25	0,95
	67/68-70/71	-5504	0,77	-195	0,88	-318	0,66	-601	0,87	7	1,01
	76/77-79/80	-4209	0,84	435	1,23	174	1,15	-608	0,89	94	1,34
	85/86-88/89	19	0,99	827	1,35	298	1,24	-511	0,92	89	1,00
EG-6	58/59-62/63	-10594	0,84	27	1,02	-1876	0,44	-518	0,95	15	1,02
	67/68-70/71	-7762	0,91	296	1,03	-924	0,74	-615	0,93	115	1,10
	76/77-79/80	-2568	0,97	2512	1,41	-502	0,87	-296	0,98	272	1,27
	85/86-88/89	12417	1,14	1675	1,35	10	1,04	468	1,03	292	1,11
EG-9	76/77-79/80	-7981	0,93	1255	1,16	-998	0,80	-188	0,99	159	1,13
EG-12	85/86-88/89	14743	1,10	920	1,09	-194	1,00	872	1,03	408	1,13

Quellen und Erläuterungen: Bis 1970/71 BMELF, JB 1964 und 1970 bis 1974, danach SAEG, Chronos Datenbank. Bei Fleisch und Butter Kalenderjahre. Pflanzliche Öle (einschließlich der Produktion aus Importen) nur bis 1987/88.

Wegen schwer überwindbarer Kostennachteile in der Produktion zahlreicher Agrarprodukte (z.B. tropische Getränke, Fasern, Ölsaaten, Holz) bei bevölkerungsbedingt hoher Nachfrage gehört die EG aber weiterhin zu den größten Nettoimporteuren der Welt im gesamten Agrarhandel.

Übersicht II-66: Agraraußenhandel der BRD und der EG in Mio $, 1960 - 1988

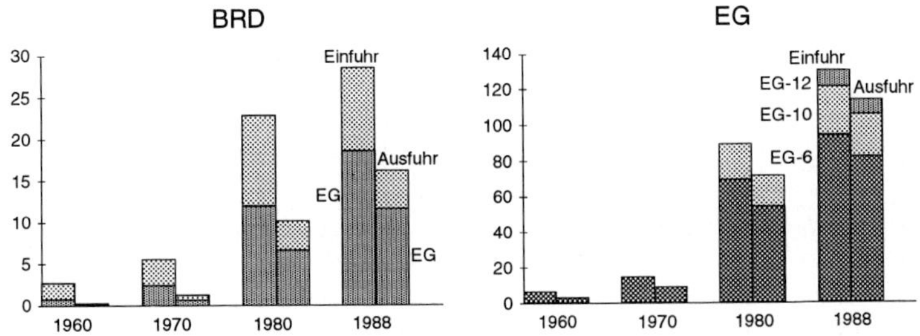

Quelle: BMELF, Jb 1965, 1973, 1983, 1990 mit 1 US-$ = 1,39233 ECU (1980) und 1 US-$ = 1,18248 ECU (1988).

Der Agraraußenhandel der BR Deutschland weist auf der Importseite von 1960-1988 ein ähnliches nominales Wachstum (8,8% pro Jahr) wie der gesamte Weltagrarhandel auf, während die Exporte praktisch von Null ausgehend mit weit größeren Raten (16% pro Jahr) hochschnellen, was dem oben gezeigten Anstieg des Selbstversorgungsgrades entspricht. Dabei hat der Anteil des Handels mit den anderen EG-Ländern ständig zugenommen.

Bei der EG-6 sind auf der Einfuhr- (10%) und auf der Ausfuhrseite (12,5 %) ähnlich hohe Wachstumsraten festzustellen, wobei der Handel zwischen den EG-Ländern (Intra-EG-Handel), wie bei der Bundesrepublik, besonders zunahm. Die Nettoimporte der EG-6 gingen in den 80er Jahren aufgrund der Entwicklung bei wichtigen Einzelprodukten (s.o.) trotz einer Expansion des Gesamthandels deutlich zurück, wobei auch in der Übersicht II-66 die Erweiterungseffekte auf den EG-Außenhandel erkennbar sind.

Industrieländer

Die folgende Übersicht zeigt die Entwicklung der Anteile am Weltagrarhandel der EG und anderer Industrieländer. Bei Übereinstimmung von Export- und Importanteil ist die Außenhandelsposition abgesehen vom Unterschied zwischen FOB- und CIF-Werten (s.o.) ausgeglichen; ist der Exportanteil (Importanteil) der höhere Wert, so handelt es sich um einen Nettoexporteur (Nettoimporteur)

Übersicht II-67: Export- und Importwerte im Agrarhandel von Industrieländern

	1970 Mrd.$ %	1975 Mrd.$ %	1980 Mrd.$ %	1985 Mrd.$ %	1988 Mrd.$ %
			Welt		
Exporte	62,1 (100)	144,7 (100)	280,3 (100)	249,3 (100)	357,6 (100)
Importe	69,7 (100)	163,8 (100)	313,4 (100)	284,2 (100)	399,3 (100)
			EG - 12		
Exporte	15,1 (24,2)	40,6 (28,0)	84,6 (30,2)	78,6 (31,5)	128,8 (36,0)
Importe	29,6 (42,4)	65,1 (39,7)	122,5 (39,1)	103,6 (36,5)	164,0 (41,1)
			USA		
Exporte	8,7 (14,0)	24,9 (17,2)	48,7 (17,4)	35,4 (14,2)	50,1 (14,0)
Importe	8,2 (11,7)	13,6 (8,3)	24,7 (7,9)	29,7 (10,5)	33,8 (8,5)
			Japan		
Exporte	0,7 (1,1)	0,9 (0,6)	1,9 (0,7)	1,6 (0,6)	2,1 (0,6)
Importe	6,2 (9,0)	15,8 (9,6)	30,0 (9,6)	26,9 (9,5)	46,7 (11,7)
			Kanada, Australien, Neuseeland		
Exporte	8,8 (14,2)	18,6 (12,8)	37,3 (13,3)	33,8 (13,6)	49,9 (14,0)
Importe	1,9 (2,7)	4,5 (2,7)	7,1 (2,3)	7,7 (2,7)	10,1 (2,5)
			Osteuropa		
Exporte	4,8 (7,7)	9,9 (6,8)	13,9 (4,9)	11,6 (4,7)	14,3 (4,0)
Importe	6,6 (9,5)	18,4 (11,2)	32,7 (10,4)	29,3 (10,3)	30,7 (7,7)

Quelle: UNCTAD 1990.

Die oben detaillierter beschriebene Abnahme der Nettoimporte der EG äußert sich besonders im steigenden Anteil der EG an den Weltagrarexporten, wodurch klassische Agrarexportländer wie die *USA* z.T. von den Weltmärkten verdrängt wurden. Insbesondere in der ersten Hälfte der 80er Jahre verloren die USA Marktanteile, die sie in den 70er Jahren aufgrund der hohen Nachfrage aus Entwicklungsländern gewonnen hatten; diese Entwicklung war neben den subventionierten EG-Exporten durch den zeitweise sehr hoch bewerteten Dollar bedingt. So fiel der Marktanteil bei Getreide von dem in den 70er Jahren erreichten Höchststand von über 40% auf einen Tiefststand von 23,5% im Jahre 1986, ist jedoch inzwischen durch Exportförderungsmaßnahmen der USA wieder auf über 30% angehoben worden (UNCTAD 1990, S. 63). Bei der FAO-Abgrenzung des Agrarhandels waren die USA 1986 sogar Nettoimporteure (BASLER 1988, S. 175f.). Der handelspolitische Konflikt mit den USA führte bisher zu zahlreichen Handels(klein)kriegen und stellt die zentrale Auseinandersetzung der 1986 eingeleiteten "Uruguay-Runde" im Rahmen des GATT dar (HARTWIG, TANGERMANN 1987).

Weitere bedeutende Nettoexporteure unter den Industrieländern sind *Kanada, Australien und Neuseeland*, die zusammen einen recht konstanten Agrarhandelsanteil von etwa 10% auf sich vereinigen. Auf ihren wichtigen Exportmärkten (Getreide, Fleisch und Milchprodukte) werden sie dennoch vom subventionierten Vordringen der EG beeinträchtigt, so daß auch sie in der Uruguay-Runde als Mitglieder der sog. CAIRNS-Gruppe eine stärkere Agrarhandelsliberalisierung fordern.

Dagegen hat *Japan* schon traditionell einen hohen Importbedarf, der ohne die starke Unterstützung der heimischen Reisproduktion noch ansteigen würde (BASLER 1988, S. 176).

Die Übersicht zeigt auch, daß in den 70er Jahren, teilweise aufgrund von Subventionen für den (Grund-)Nahrungsmittelkonsum, ein wachsender Nettoimportbedarf in *Osteuropa* entstand, der jedoch in den 80er Jahren wegen zunehmender Devisenknappheit und z.T. günstiger Ernteergebnisse wieder reduziert wurde.

Entwicklungsländer

Innerhalb der Gruppe der Entwicklungsländer werden schon bei grober regionaler Differenzierung große Unterschiede offensichtlich, die die Heterogenität dieser Ländergruppe ins Gedächtnis rufen.

Lateinamerika ist die traditionell bedeutendste Nettoexportregion innerhalb der Entwicklungsländer. Die Bedeutung kann dabei sowohl an der Relation von Exporterlösen zu Importausgaben (200-300%) wie auch an den Weltmarktanteilen der Übersicht II-68 abgelesen werden.

Dies gilt noch stärker für einzelne Produkte wie Bananen, die 1988 zu 80% aus Mittelamerika, Kolumbien oder Ecuador auf den Weltmarkt gelangten, oder Zucker, an dessen Exporten Kuba einen Anteil von 44% hatte. Am Gesamtmarkt von Ölsaaten, -kuchen und Fetten erreichten Argentinien und Brasilien zusammen einen Anteil von 19% (zum

Vergleich der wichtigste Exporteur, die USA: 26,6%, UNCTAD 1990, S. 169) und Brasilien und Kolumbien lieferten 1988 34% der Weltkaffeeexporte.

Allerdings schwächte sich in den 70er Jahren die Außenhandelsposition wie in anderen Entwicklungsländerregionen etwas ab, und in den 80er Jahren wuchs der Agraraußenhandel ähnlich wie die Gesamtwirtschaft Lateinamerikas nur geringfügig.

Übersicht II-68: Export- und Importwerte im Agrarhandel von Entwicklungsländern

	1970 Mrd.$ %	1975 Mrd.$ %	1980 Mrd.$ %	1985 Mrd.$ %	1988 Mrd.$ %
			Welt		
Exporte	62,1 (100)	144,7 (100)	280,3 (100)	249,3 (100)	357,6 (100)
Importe	69,7 (100)	163,8 (100)	313,4 (100)	284,2 (100)	399,3 (100)
			Lateinamerika		
Exporte	8,4 (13,5)	18,4 (12,7)	35,4 (12,6)	34,1 (13,7)	37,5 (10,5)
Importe	2,7 (3,9)	6,9 (4,2)	16,1 (5,1)	11,4 (4,0)	13,0 (3,3)
Exp./Imp.	*308%*	*266%*	*219%*	*301%*	*289%*
			Nordafrika und Vorderer Orient		
Exporte	2,1 (3,4)	3,4 (2,4)	5,4 (1,9)	5,4 (2,2)	7,1 (2,0)
Importe	2,0 (2,9)	10,4 (6,4)	21,7 (6,9)	23,9 (8,4)	25,4 (6,4)
Exp./Imp.	*102%*	*33%*	*25%*	*22%*	*28%*
			Schwarzafrika (ohne Südafrika)		
Exporte	4,1 (6,7)	6,9 (4,8)	11,6 (4,1)	9,6 (3,9)	10,5 (2,9)
Importe	1,4 (2,1)	4,0 (2,4)	9,2 (2,9)	7,5 (2,6)	7,6 (1,9)
Exp./Imp.	*289%*	*173%*	*127%*	*128%*	*138%*
			Asien, Ozeanien		
Exporte	6,8 (10,9)	15,9 (11,0)	33,5 (11,9)	33,0 (13,2)	50,6 (14,2)
Importe	5,6 (8,1)	14,1 (8,6)	29,4 (9,4)	26,9 (9,5)	43,2 (10,8)
Exp./Imp.	*120%*	*113%*	*114%*	*122%*	*117%*

Quelle: UNCTAD 1990.

Schwarzafrika ist insgesamt ebenfalls eine Agrarexportregion, allerdings von weitaus geringerer und darüberhinaus sinkender Bedeutung. Die Importausgaben (im wesentlichen für Nahrungsmittel, insbesondere Getreide) stiegen in den 70er Jahren stark an, mußten dann jedoch im Zuge der Verschuldungskrise stark gekürzt werden. Schwarzafrika wurde im Handel mit Nahrungsmitteln 1981 erstmals zum Nettoimporteur. Nur bei einigen Agrarrohstoffen entfallen auf afrikanische Länder hohe Weltmarktanteile, z.B. stammten 1988 25% der Kakaoexporte aus der Elfenbeinküste (UNCTAD 1990, S. 66).

Die Länder *Nordafrikas* und des *Vorderen Orients* erlangten erst in den 70er Jahren ihre Bedeutung als Nettoimporteure von Agrarprodukten, wobei insbesondere Getreide, Fleisch und Zucker eine Rolle spielen, so daß diese Länder wichtige Exportmärkte der Industrieländer darstellen. Spätestens ab 1986 wurden viele Länder der Region durch den Verfall des Rohölpreises gezwungen, das Wachstum der Importe zu bremsen.

Asien weist insgesamt im Agrarhandel Exportüberschüsse auf. Die Exporte konnten auch in den 70er Jahren weit besser als in den anderen Regionen mit dem Importwachstum mithalten und in den 80er Jahren nahmen die Anteile an den Weltexporten insbesondere aufgrund der Exporterfolge ostasiatischer Länder (z.B. China, Thailand, Malaysia, Indonesien) weiter zu. Dabei konkurriert China auf dem Sojamarkt mit den USA und Thailand auf dem Reismarkt mit den USA und bei "Tapioka" (Maniok) indirekt mit der EG (zu weiteren Details z.B. BASLER 1988 und 1985).

6.3. Welternährung

Ernährungspolitisch sind im Agrarhandel besonders die Entwicklungen mit (Grund)Nahrungsmitteln bedeutsam. Hier haben sich in den letzten Jahrzehnten tiefgreifende Veränderungen der Versorgungsströme ergeben, die unterschiedliche regionale Trends von Produktion und Verbrauch reflektieren:

Übersicht II-69: Regionale Wachstumsraten der Produktion und des Verbrauchs von (Grund-) Nahrungsmitteln sowie der Bevölkerung in % pro Jahr

	Bevölkerungswachstum		Nahrungsmittelproduktion		Nahrungsmittelverbrauch	
	1962-72	1972-82	1962-72	1972-82	1962-72	1972-82
Welt	1,9	1,9	3,0	1,8	3,0	1,8
Industrieländer	*1,0*	*0,8*	*3,3*	*1,2*	*3,0*	*0,9*
Osteuopa	1,0	0,8	3,8	-0,2	3,9	1,1
Westeuropa	0,7	0,4	2,8	1,3	2,1	0,8
Nordamerika, Japan u.a.	1,3	1,2	3,0	2,3	2,6	0,7
Entwicklungsländer, o. China	*2,5*	*2,4*	*2,5*	*2,8*	*2,9*	*3,1*
Asien, ohne China	2,4	2,2	2,4	3,3	2,7	2,9
Nordafrika/ Naher Osten	2,7	2,7	2,1	2,4	3,0	4,5
Schwarzafrika	2,7	3,1	1,5	1,8	2,3	2,5
Lateinamerika	2,7	2,4	3,7	2,7	4,0	3,0

Quelle: MELLOR 1988.

Schon in den 60er Jahren überstieg in den Entwicklungsländern insgesamt die Zunahme des Verbrauchs deutlich das Produktionswachstum. In den 70er Jahren trat noch ein zunehmender Importbedarf in Osteuropa hinzu. Das hohe und deutlich über das Wachstum der heimischen Nachfrage hinausgehende Produktionswachstum in den Industrieländerregionen stellte die benötigten Nahrungsmittelmengen zur Verfügung. Diese Tendenzen haben zu einer Umkehr von Handelsströmen geführt. Ab 1979 haben die Entwicklungsländer mengenmäßig erstmals mehr Nahrungsmittel (ohne Getränke) eingeführt als sie im gleichen Jahr exportiert haben (WELTBANK 1986, S. 12).

Innerhalb der Entwicklungsländer sind insbesondere die arabischen Länder und Schwarzafrika durch einen rasch sinkenden Selbstversorgungsgrad bei Grundnahrungsmitteln gekennzeichnet, während in Asien die Produktion in den 70er Jahren sogar stärker als der Verbrauch gestiegen ist.

Beim Vergleich des Verbrauchswachstums mit dem Bevölkerungswachstum wird die regionale Entwicklung der Ernährungssituation sichtbar. Während der Pro-Kopf-Verbrauch insgesamt in den 60er und 70er Jahren deutlich angestiegen ist (positive Differenz der Wachstumsraten) und in den arabischen Ländern in den 70er Jahren auf der Basis stark steigender Importe (s.o.) sogar erhebliche Verbesserungen der Ernährungslage erreicht werden konnten (fast 2% pro Jahr), verschlechterte sich die Situation in Schwarzafrika zunehmend, da

- in dieser Region die höchsten Bevölkerungswachstumsraten vorlagen,
- das Produktionswachstum am geringsten war und
- Nahrungsmittelimporte offenbar nicht in ausreichendem Umfang finanziert werden konnten.

Diese Unterschiede spiegeln sich auch im täglichen Kalorienangebot in den Regionen der Erde wider.

Übersicht II-70: Tägliches Kalorienangebot in verschiedenen Regionen

	1965	1988
Entwicklungsländer* in:		
Nordafrika, Mittlerer Osten	2668	3131
Schwarzafrika	2034	2011
Ostasien	1943	2596
Südasien	2058	2116
Lateinamerika	2451	2724
Industrieländer*:	3082	3398

Quelle: WELTBANK 1991. Entwicklungsländer*: BSP/Kopf (1989) < 6.000$.

Schätzungen beziffern die Zahl der chronisch unterernährten Menschen auf 340-730 Millionen (ohne China), die vor allem in Schwarzafrika leben, d.h. es handelt sich um "ein Problem von ungeheurer Größenordnung" (WELTBANK 1986, S. 8).

Hier können nicht die Strategien zur Überwindung der Unterernährungsproblematik ausgebreitet werden (vgl. z.B. MELLOR, JOHNSTON 1984), doch sei im Zusammenhang mit dem internationalen Agrarhandel darauf hingewiesen, daß subventionierte

Agrarexporte der westlichen Industrieländer als sehr problematisch anzusehen sind. Sie tragen dazu bei, daß die Weltmarktpreise für Agrargüter gedrückt werden und dadurch die Anreize für die heimische Nahrungsmittelproduktion vermindert werden. Das gilt insbesondere für Entwicklungsländer mit agrarischen Exportpotentialen, während Entwicklungsländer mit strukturellem Importdefizit unter bestimmten Voraussetzungen gesamtwirtschaftliche Vorteile realisieren können, wenn es ihnen gelingt, die negativen Folgen für die heimische Landwirtschaft durch geeignete politische Maßnahmen zu begrenzen (dazu im einzelnen Bd.2, Kap. IV).

Es bleibt festzuhalten, daß subventionierte Agrarexporte in Entwicklungsländer nur als gezielte Nahrungsmittelhilfe in Sondersituationen (z.B. Katastrophenhilfe) sinnvoll sind (vgl. hierzu SINGER u.a. 1987, VON BLANKENBURG 1986). Entwicklungspolitische Maßnahmen zu einer grundsätzlichen Verbesserung der Welternährungssituation müssen sich daher im wesentlichen auf eine Verbesserung der landwirtschaftlichen Produktionsbedingungen in diesen Ländern selbst richten (z.B. durch Ausbildung, Beratung, Investitionshilfen, Technologietransfer).

6.4. Preisentwicklungen auf den Weltagrarmärkten

6.4.1. Preise ausgewählter Agrarhandelsgüter

Divergenzen zwischen Produktion und Verbrauch in einzelnen Regionen können durch entsprechende Handelsströme ausgeglichen werden. Auf globaler Ebene führen unterschiedliche Entwicklungen von Angebot und Nachfrage dagegen zu Preisänderungen, die auf einen Ausgleich von Angebot und Nachfrage hinwirken. In den Weltmarktpreisen kommt somit die globale Knappheits- oder Überschußsituation auf den Agrarmärkten zum Ausdruck, allerdings ist zu beachten, daß die Weltmarktpreise auf vielen Märkten ganz erheblich durch die Auswirkungen agrarpolitischer Interventionen beeinflußt sind.

In den 50er und 60er Jahren zeigen die Preise der meisten Agrarprodukte einen leichten Abwärtstrend, wenn man von Rindfleisch und Holz absieht (Übersicht II-71). Auch die kurzfristigen Schwankungen waren relativ schwach (dazu FAO 1980, S. 105ff). In den 70er Jahren kam es dann im Zuge der kräftigen Expansion von Welthandel und BIP (Übersicht II-58) auch bei Agrarprodukten zu deutlichen, teilweise sprunghaften Preissteigerungen. Viele Agrarpolitiker und auch Agrarökonomen sahen Mitte der 70er Jahre eine Phase weltweiter Knappheit und stagnierender Agrarpreise heraufziehen. Die Folgen waren in verschiedenen Ländern (insbesondere den USA) kräftige Investitionsschübe und Produktionsausdehnungen in der Landwirtschaft, die dann in Verbindung mit einer Phase gesamtwirtschaftlicher Stagnation und Rezession in vielen Ländern der Welt eine Periode kräftiger Preiseinbrüche und starker Preisschwankungen einleiteten.

Übersicht II-71: Weltmarktpreise wichtiger Agrarhandelsgüter 1950 - 1988, Indexdarstellung

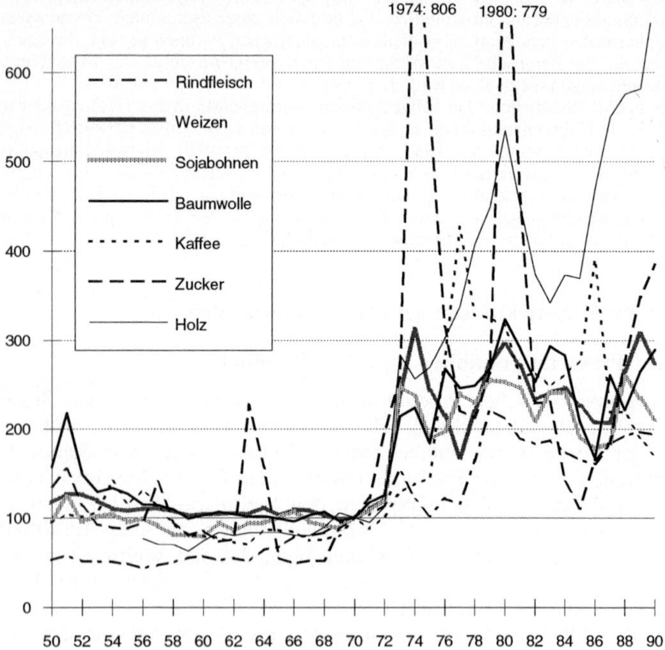

Quelle: WORLDBANK, COMMODITY TRADE AND PRICE TRENDS, 1988 und UNCTAD 1990.

Die Weltmarktpreisentwicklung wird aus der Sicht einzelner Länder, z.B. der Bundesrepublik, z.T. erheblich durch Wechselfluktuationen zum US-Dollar modifiziert. So stiegen die Weltmarktpreise in DM trotz sinkender Dollarpreise bei Getreide und Rindfleisch von 1980 bis 1985 an, weil der Dollar gegenüber der DM aufgewertet wurde (BASLER 1989, S. 5f). Die einzelnen Produkte können hier nicht ausführlich analysiert werden (vgl. etwa FAO 1980, S. 105ff, BASLER 1989) doch sei auf folgendes hingewiesen:

Bei *Zucker* und *Kaffee* sind starke Preisausschläge typisch, die meistens von Mißernten bei wichtigen Produzenten verursacht werden (z.B. 1979/80 in der Sowjetunion (Zucker), 1975 Frost in Brasilien). Die Preise für *(tropische) Hölzer* zeigen aufgrund von globalen Verknappungserscheinungen einen recht deutlichen Aufwärtstrend.

Die Preisentwicklung weist bei den überwiegend außerhalb der Tropen (in den USA) produzierten pflanzlichen Produkten *Getreide, Sojabohnen und Baumwolle* deutliche Parallelen und weitaus geringere Schwankungen auf.

Die *Rindfleischpreise* scheinen langfristig stärker anzusteigen als die der pflanzlichen Produkte, zumal der Preiseinbruch nach 1980 auch durch das erstmalige Auftreten der EG als Nettoexporteur verursacht wurde (vgl. Übersicht II-65).

Die folgende Übersicht II-72 vergleicht die Preisentwicklung bei Agrargütern mit der bei verarbeitenden Produkten.

Übersicht II-72: Preisentwicklung bei Agrargütern und verarbeiteten Produkten

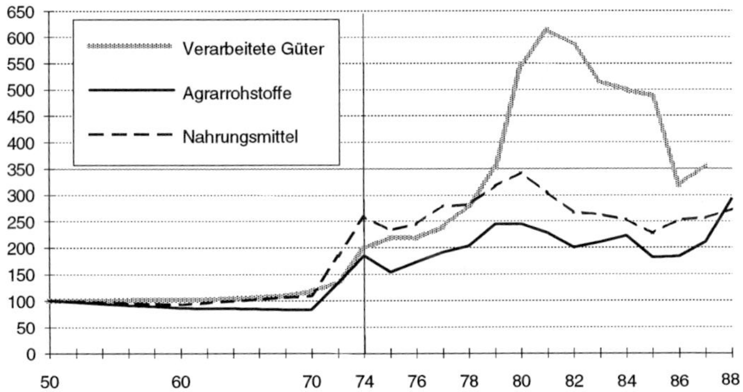

Quellen: UN YB, versch. Jgg., UN TRADE YB, versch. Jgg. Werte vor 1974 z.T. interpoliert.

Die Preise verarbeiteter Produkte waren bis 1977 durch einen mäßigen Anstieg (durchschnittlich 4-5% pro Jahr) gekennzeichnet. Anfang der 80er Jahre erreichten sie mit drastischen Preissprüngen allerdings ein deutlich höheres Niveau, das sie über mehrere Jahre beibehielten.

Die in Übersicht II-72 gezeigte "Preisentwicklung" von verarbeiteten Produkten ist allerdings auch von Umschichtungen der Güterzusammensetzung zugunsten höherwertiger Güter beeinflußt, da es sich bei der angegebenen Reihe nicht um einen echten Preisindex, sondern um einen Index von Durchschnittswerten handelt.

Die Preise für Nahrungsmittel und deutlicher die für Agrarrohstoffe blieben in den 50er und 60er Jahren etwas hinter den Preisen verarbeiteter Güter zurück, doch die Rohstoffhausse auf den Weltmärkten brachte Anfang der 70er Jahre wieder eine *temporäre* Verbesserung der relativen Agrarpreise. Danach (insbesondere am Anfang der 80er Jahre) stiegen die Agrarpreise jedoch wieder langsamer als die Preise für verarbeitete Produkte. Insgesamt sind sie seit 1950 um 1% (Nahrungsmittel) bzw. 1,5% (Agrarrohstoffe) langsamer gestiegen als die Preise verarbeiteter Produkte. Das Ausmaß dieser Verschlechterung der Preisrelationen kann je nach dem gewählten Betrachtungszeitraum sehr unterschiedlich sein, z.B. betrug sie von 1900 bis 1982 0,8% pro Jahr (vgl. DIAKOSAVVAS, SCANDIZZO 1991, S. 243), doch ist die langfristig sinkende Tendenz der agrarsektoralen Terms of Trade unstrittig und mit bestimmten Eigenschaften der Agrarmärkte begründbar (vgl. auch TANGERMANN 1988 und Kap. III,5):

- Das Nachfragewachstum ist aufgrund des rückläufigen Bevölkerungswachstums und der mit steigendem Einkommen sinkenden Nachfrageelastizitäten begrenzt.
- Auf der Angebotsseite bewirken hohe Produktivitätssteigerungen kräftige Zunahmeraten.
- Daneben hat ein zunehmendes Protektionsniveau in Industrie- und Entwicklungsländern (s.u.) dazu geführt, daß die Weltmarktpreise weniger als die inländischen Preise gestiegen sind.

Die ausgeprägten Preissteigerungen der 70er Jahre waren dagegen Ausnahmeerscheinungen, die u.a. auf dem Zusammentreffen von hohen Getreidekäufen durch die Sowjetunion mit vorangehenden Einschränkungen der Anbauflächen und der Vorräte in den USA resultierten (HEIDHUES, HOLLSTEIN 1978).

Trotz ihrer eher unterdurchschnittlichen Höhe haben die Preissteigerungen von Agrarprodukten erheblich zum nominalen Wachstum des Agrarhandels beigetragen. Korrigiert man z.B. das Wachstum des Handels mit mineralischen und landwirtschaftlichen Rohstoffen (Übersicht II-58) um die entsprechenden Preissteigerungen (vgl. Gleichung II-7), so reduziert sich das Wachstum in den 70er Jahren von nominal fast 17% auf real nur noch 5% pro Jahr.

6.4.2. Terms of Trade

Die Veränderungen der Preisrelationen von verarbeiteten Produkten zu Agrarprodukten betreffen die am Außenhandel beteiligten Länder in Abhängigkeit von ihrer Nettohandelsposition bei den einzelnen Gütern in unterschiedlicher Art und Weise. Für die Entwicklungsländer insgesamt wurde von PREBISCH 1950 die **These von der säkularen Verschlechterung der Terms of Trade** vertreten, da ihre Exporte überwiegend aus Rohstoffen wie Agrarprodukten bestehen, für die eher unterdurchschnittliche nominale Preissteigerungen bzw. reale Preissenkungen typisch seien (s.o.).

Obwohl hier nicht detalliert auf die Kritik an dieser These eingegangen werden kann (dazu DONGES 1981, DIAKOSAVVAS, SCANDIZZO 1991, HEMMER 1988), sollen einige Varianten von Konzepten zur Messung der Terms of Trade, die zur Beurteilung dieser These wichtig sind, auf der Basis einfacher Annahmen erläutert werden.

Bei Vernachlässigung anderer Finanzierungsmöglichkeiten kann ein Land maximal die dem Wert der Exporte entsprechende Menge an Gütern importieren. Deshalb gilt für den Fall nur eines einzigen Import- wie Exportgutes bei voller Ausschöpfung der Importkapazität

(II-31) $P_X \cdot Q_X = P_M \cdot Q_M$

P_X, Q_X = Exportpreis, -menge
P_M, Q_M = Importpreis, -menge

Stellt man die Gleichung (II-31) um zu

(II-32) $TOT_C = P_X/P_M = Q_M/Q_X$

so ergibt sich, daß das Preisverhältnis dem reziproken Mengenverhältnis, das heißt dem realen Austauschverhältnis, entspricht. Ein niedrigeres Preisverhältnis, gleichzusetzen mit einer relativen Exportpreissenkung, führt zwangsläufig zu einer Reduktion der Importmenge in Relation zur Exportmenge. Beim Austausch einer Vielzahl von Gütern müssen die Einzelpreise durch Preisindizes für Export- und Importgüter ersetzt werden. Diese Darstellung realer Austauschverhältnisse durch das Verhältnis des Exportpreisindex zum Importpreisindex ist die einfachste Form des Terms of Trade Konzepts, die sogenannten **Commodity Terms of Trade** (TOT_C), die vielfach im Zentrum der Diskussion standen.

Aus sinkenden Commodity Terms of Trade folgt jedoch nicht unbedingt eine verminderte Verfügbarkeit von Importgütern, wenn gleichzeitig die Exporte steigen. Multipliziert man Gleichung (II-32) mit dem Exportmengenindex, so entspricht die linke Seite der Gleichung der mengenmäßigen Importkapazität. Diesen Ausdruck bezeichnet man als **Income Terms of Trade** (TOT_I.

(II-33) $TOT_I = P_X/P_M \cdot Q_X = Q_M$

Die Wahl des Namens weist darauf hin, daß diese Variante der Terms of Trade Auskunft über die Verfügbarkeit internationaler Liquidität zum Kauf von Importgütern gibt.

Die Entwicklung der Vorteilhaftigkeit des Außenhandels eines Landes kann auch anhand des *faktoralen Austauschverhältnisses* betrachtet werden. Dazu ist das Konzept der **Double Factoral Terms of Trade** (TOT_{DF}) entwickelt worden, bei dem die Commodity Terms of Trade mit dem Verhältnis der relevanten Produktivitätsindizes multipliziert werden.

(II-34) $TOT_{DF} = P_X/P_M \cdot \alpha_X/\alpha_M$

α_X = Produktivitätsindex der Exportindustrie des betrachteten Landes
α_M = Produktivitätsindex der Industrien anderer Länder, die die Importgüter des betrachteten Landes produzieren.

Unter unseren vereinfachten Annahmen ist $P_X/P_M = Q_M/Q_X$. Verwendet man für X_X bzw. X_M Globalproduktivitätsindizes, so kann man die Double Factoral Terms of Trade auch ausdrücken in der Form

$$\text{(II-35)} \quad TOT_{DF} = Q_M/Q_X \cdot \left[\frac{Q_X}{F_X} / \frac{Q_M}{F_M}\right] = F_X/F_M,$$

F_X (F_M) = Faktoreinsatz zur Herstellung der Exportgüter (Importgüter)

Aufgrund statistischer Probleme kann der Produktivitätsindex für die Lieferländer häufig nicht berechnet werden, so daß es oft notwendig ist, sich mit einem einseitigen faktoralen Austauschverhältnis zu begnügen. Dies wird im Konzept der **Single Factoral Terms of Trade** (TOT_{SF})umgesetzt,

$$\text{(II-36)} \quad TOT_{SF} = \frac{P_X}{P_M} \cdot \alpha_X$$

Die folgende Übersicht II-73 gibt die Entwicklung der Commodity Terms of Trade in bestimmten Ländergruppen an.

Übersicht II-73: Jährliche Veränderungen der Terms of Trade für verschiedene Regionen, 1965 - 1989

Ländergruppe	1965-73	1973-80	1980-87	1987	1988	1989
Entwicklungsländer	0,1 %	2,1 %	-3,7 %	0,3 %	-2,0 %	0,9 %
Schwarzafrika	-6,7 %	5,4 %	-5,7 %	0,6 %	-5,4 %	1,2 %
Ostasien	3,3 %	0,3 %	-2,3 %	-0,5 %	1,2 %	2,5 %
Südasien	3,3 %	-3,1 %	1,3 %	0,6 %	1,8 %	-1,8 %
Mittlerer Osten, Nordafrika	-	5,7 %	-4,3 %	3,3 %	-9,7 %	-6,0 %
Lateinamerika	3,1 %	1,2 %	-3,9 %	-3,9 %	2,2 %	7,2 %
Industrieländer (OECD)	-1,1 %	-3,3 %	1,4 %	-0,4 %	0,5 %	-0,4 %

Quelle: WELTBANK 1991, S. 189.

Schon bei den Commodity Terms of Trade zeigen sich differenzierte Entwicklungen, so daß die oben erwähnte These nicht bestätigt werden kann.

So zeigt die Übersicht II-73 z.B., daß nur in den 80er Jahren ausgeprägte Verschlechterungen der Terms of Trade der ärmeren Länder eintraten. Dies gilt jedoch z.B. schon wieder nicht für Schwarzafrika oder Südasien, für die andere Zeitperioden weitaus ungünstiger waren.

Die Trends bei den methodisch anspruchsvolleren faktoralen Austauschverhältnissen zeigen ebenfalls keine eindeutige Verschlechterung für die Entwicklungsländer (DONGES 1981, S. 26ff.), so daß sich zusammenfassen läßt:

1) Die Preise vieler Agrarprodukte weisen aufgrund verschiedener Faktoren im Verhältnis zu verarbeiteten Produkten langfristig eindeutig sinkende Tendenz auf.

2) Für Länder mit hohen Exportanteilen von Agrarprodukten resultieren hieraus tendenziell sinkende Commodity Terms of Trade.
3) *Generelle* Nachteile im Außenhandel für Entwicklungsländer folgen hieraus nicht, denn
   - viele Entwicklungsländer sind Nettoimporteure von Agrarprodukten,
   - bei vielen Agrarprodukten werden die Preissenkungen durch entsprechende Produktivitätsfortschritte bzw. Produktionssteigerungen bei Exportgütern kompensiert.
   - für die Entwicklungsländer insgesamt verliert die komplementäre Arbeitsteilung zunehmend an Bedeutung,

6.4.3. Protektion im Agrarhandel

Vergleicht man die Preisentwicklung auf den Weltmärkten (Übersicht II-71) mit der auf den Inlandsmärkten (Übersichten II-36 und II-35), so erkennt man, daß die Preisschwankungen auf den Weltmärkten weitaus größer sind. Die Preisausschläge bei Zucker finden sich z.B. in keiner Weise in der inländischen Preisentwicklung von Zuckerrüben wieder, aber auch die Preisbewegungen bei Rindfleisch und Getreide sind nur in abgeschwächter Form auf dem Inlandsmarkt erkennbar.

Neben diesen Unterschieden in der *Entwicklung* bestehen bei den meisten Ländern Unterschiede im *Niveau* zwischen Weltmarktpreisen und Inlandspreisen. In den meisten Industrieländern werden die inländischen Erzeugerpreise durch verschiedene protektionistische Maßnahmen (Zölle, Abschöpfungen, Subventionen usw., vgl. Bd. 2) *über* das Weltmarktpreisniveau angehoben; in Entwicklungsländern liegen die inländischen Preise dagegen oft *unter* den Weltmarktpreisen, um eine billige Versorgung der (städtischen) Bevölkerung mit Nahrungsmitteln zu erreichen (ausführlicher: WELTBANK 1986).

Die prozentuale Abweichung von Inlandspreis und Weltmarktpreis bezeichnet man als **nominale Protektionsrate** (NPR).

(II-37) $NPR = P_i/P_w - 1$

Nominale Protektionsraten werden wegen ihrer einfachen Berechnung und Interpretation oft zur Kennzeichnung der Protektion verwendet (z.B. in WELTBANK 1986, S. 132f.).

Sie vernachlässigen allerdings, daß auch die Vorleistungspreise infolge protektionistischer Maßnahmen von den Weltmarktpreisen abweichen können. Dies wird bei **effektiven Protektionsraten** (EPR) berücksichtigt, indem die *Wertschöpfung* zu Inlandspreisen mit der zu Weltmarktpreisen verglichen wird:

(II-38) $EPR = WS^D_i/WS^W_i - 1 = (P^D_i - \Sigma_j a_{ij} P^D_j) / (P^W_i - \Sigma_j a_{ij} P^W_j) - 1$

$WS^D_i(WS^W_i)$ = Wertschöpfung bei der Produktion des Gutes i zu Inlandspreisen (zu Weltmarktpreisen)

$P^D_i(P^W_i)$ = Inlandspreis (Weltmarktpreis) des Produkts i

$P^D_j(P^W_j)$ = Inlandspreis (Weltmarktpreis) der Vorleistung j

a_{ij} = bei der Produktion einer Einheit des Gutes i benötigte Menge der Vorleistung j (Vorleistungskoeffizient)

Die effektive Protektion reflektiert auch die zusätzlichen Anreize für den Primärfaktoreinsatz in der Produktion des Gutes i, die durch den Anstieg der (nominalen) Protektion von den Vorprodukten zu den Endprodukten verursacht wird (*Zolleskalation*, Zahlen dazu z.B. bei WELTBANK 1986, S. 147).

Wenn z.B. der Anteil der Ausgaben für das (einzige) Vorprodukt auf dem Weltmarkt 90% erreicht ($a_{ij} = 0{,}9$) und die nominalen Protektionsraten beim Endprodukt NPR_i = 10% und beim Vorprodukt NPR_j = 5% betragen, so ergibt sich, daß die inländische Wertschöpfung nicht 10%, sondern 55% über der auf dem Weltmarkt liegt (EPR_i = 55%):

(II-39) $$EPR_i = \frac{P^D_i - a_{ij} P^D_j}{P^W_i - a_{ij} P^W_j} - 1 = \frac{P^W_i \cdot 1{,}1 - a_{ij} P^W_j \cdot 1{,}05}{P^W_i - a_{ij} P^W_j} - 1 =$$

$$= \frac{P^W_i \cdot 1{,}1 - 0{,}9 \cdot P^W_j \cdot 1{,}05}{P^W_i - 0{,}9 \cdot P^W_j} - 1 = 0{,}55$$

Wegen der hohen Datenerfordernisse (z.B. bezüglich der Inputkoeffizienten a_{ij}) ist die empirische Anwendung der effektiven Protektion bisher auf einige wissenschaftliche Untersuchungen (Zahlen z.B. bei YEATS 1979, S. 91ff.) begrenzt geblieben. Nachteilig ist auch die Ausklammerung von Stützungsmaßnahmen, die sich nicht in den Produkt- bzw. Vorleistungspreisen niederschlagen (z.B. Zinssubventionen, produktbezogene Beihilfen, vgl. Bd. 2).

Beiden Nachteilen versuchte T. JOSLING Anfang der 70er Jahre durch die Entwicklung des Konzepts der **Produzentensubventionsäquivalente (PSE)** und entsprechender **Konsumentensubventionsäquivalente (CSE)** zu begegnen (vgl. JOSLING, TANGERMANN 1990). Der Absolutbetrag des PSE entspricht dem *Wert* aller Einkommenseffekte agrarpolitischer Maßnahmen für die Produzenten, bzw. dem *Einkommensverlust,* der durch den Wegfall dieser Maßnahmen verursacht würde (analoge Definition bei CSE).

Dieses Konzept wurde in den 80er Jahren von der OECD zur Quantifizierung agrarprotektionistischer Politiken im Ländervergleich aufgegriffen und weiterentwickelt (OECD 1987). Quantitativ ergibt sich das PSE aus mehreren Komponenten:

1) *Marktpreisunterstützung*:
Die auf verschiedene Maßnahmen (Zölle, Quoten usw.) zurückgehende Differenz von Inlandspreis und Weltmarktpreis wird mit der inländischen Angebotsmenge multipliziert, so daß hier die nominale Protektion erfaßt wird.
2) *Staatsausgaben ohne unmittelbare Produktpreiswirkung:*
a) produktgebundene Zahlungen wie "deficiency payments", Tierprämien, Mitverantwortungsabgaben (negativ) usw., die den effektiven Erzeugerpreis beeinflussen,
b) faktorgebundene Zahlungen wie Zinssubventionen, Dieselölbeihilfe usw., die die Inputpreise senken,
c) sonstige Zahlungen für Forschung, Beratung, Ausbildung, Vermarktung, regionale Maßnahmen usw., die vor allem langfristig unterstützend wirken und entsprechend den Marktanteilen auf die einzelnen Produkte umgelegt werden.
Wegen der Schwierigkeiten bei der länderübergreifenden Erfassung werden einige Maßnahmen nicht (Transfers im Rahmen der sozialen Sicherung) und andere nur unvollständig (Steuerausfälle) erfaßt.
3) *Verteuerung der Futtermittel*:
Bei den sog. "Netto-PSE" wird die protektionsbedingte Verteuerung von Futtermitteln bei den tierischen Erzeugnissen von den "Brutto-PSE" (Summe der ersten beiden Komponenten) abgezogen. Im Gegensatz zum Konzept der effektiven Protektion (s.o.) wird die Protektion bei anderen Inputs *nicht* berücksichtigt.

Die so von der OECD definierten PSE zielen auf die vollständige Erfassung der *Einkommenswirkungen* ab. Im Zuge der Uruguay-Runde wurden von verschiedenen Verhandlungspartnern Modifikationen der PSE zur Messung der *handelsverzerrenden Wirkung* vorgeschlagen, bei denen einige der "sonstigen Zahlungen" unter Punkt 2) unberücksichtigt bleiben sollen (dazu CHRISTEN 1990).

Die folgende Übersicht II-74 zeigt die prozentualen PSE (= absolute PSE/effektive Erzeugereinnahmen) in wichtigen OECD-Ländern zu Beginn der Uruguay-Runde, als das Ausmaß der Protektion, z.T. bedingt durch außergewöhnlich niedrige Weltmarktpreise (Übersicht II-71), ein sehr hohes Niveau angenommen hatte.

Übersicht II-74: Prozentuale Marktpreisunterstützung und Netto-PSE in OECD-Ländern, 1986

	Weizen		Zucker		Rindfleisch		Schweinefleisch		Milch	
	Netto-PSE	Preis-stützung	Netto-PSE	Preis-stützung	Netto-PSE	Preis-stützung	Netto-PSE	Preis-stützung	Netto-PSE	Preis-stützung
Japan	**102 %**	80 %	**78 %**	64 %	**70 %**	65 %	**41 %**	42 %	**98 %**	82 %
EG-12	**63 %**	57 %	**76 %**	79 %	**52 %**	47 %	**6 %**	30 %	**75 %**	75 %
Kanada	**53 %**	20 %	**59 %**	8 %	**46 %**	31 %	**6 %**	0 %	**86 %**	72 %
USA	**61 %**	5 %	**73 %**	63 %	**39 %**	31 %	**8 %**	0 %	**81 %**	73 %
Australien	**21 %**	0 %	**19 %**	12 %	**10 %**	0 %	**5 %**	0 %	**53 %**	47 %
Neuseeland	**19 %**	0 %	-	-	**14 %**	0 %	**13 %**	7 %	**19 %**	4 %

Quelle: OECD 1989 und eigene Berechnungen.

Ohne die Zahlen für das Jahr 1986 überzubewerten, kann folgendes festgehalten werden:

- Nach dem Ausmaß der gesamten Protektion über alle Produkte hinweg nimmt die EG hinter Japan einen Spitzenplatz ein, allerdings war die Stützung der Erzeugereinkommen in Nordamerika nur geringfügig niedriger.
- Die nominale Protektion (Marktpreisstützung) macht nur einen Teil der Gesamtunterstützung aus, der jedoch insbesondere in den Ländern mit relativ geringer Marktpreisunterstützung (Kanada, USA, Australien, Neuseeland) z.T. erheblich durch andere Maßnahmen ergänzt wird.
- Während einige Produkte (Milch, Zucker) in vielen Ländern stark gestützt werden, gibt es andere Produkte (Rind-, Schweinefleisch), die i.d.R. weitaus weniger von der Protektion profitieren. Gerade diese unterschiedlichen Stützungsniveaus zwischen Produkten und Ländern "verzerren" die Handelsströme.

Die bei Schweinen besonders niedrigen Netto-PSE Werte beruhen wesentlich auf der Korrektur der Brutto-PSE um die zusätzlichen Kosten infolge der protektionsbedingten Verteuerung von handelbaren Futtermitteln (s.o.).

Die verschiedenen im PSE zusammengefaßten Maßnahmen haben sehr unterschiedliche Auswirkungen auf Faktoreinsatz, Produktion, Nachfrage und Markt. Derartige Wirkungsanalysen sind jedoch nicht Gegenstand dieses Kapitels (dazu Bd. 2, Kap. IV oder WELTBANK 1986).

7. Landwirtschaft und Umwelt

7.1. Wechselbeziehungen zwischen Landwirtschaft und Umwelt: Einordnung

Zwischen Landwirtschaft und Umwelt bestehen vielfältige Wechselbeziehungen. Einerseits nutzt die Landwirtschaft die Umweltmedien, insbesondere Boden und Wasser, als Produktionsfaktoren, andererseits beeinflußt sie den Zustand dieser Umweltmedien durch Art und Intensität der Landbewirtschaftung, vor allem durch die Höhe des Einsatzes industriell erzeugter und importierter Betriebsmittel, d.h. Mineraldünger, Pflanzenschutzmittel und importierte Futtermittel (woraus ein erhöhter Anfall von organischem Dünger resultiert). Darüber hinaus prägt die Landwirtschaft maßgeblich das Erscheinungsbild sowie Flora und Fauna der Agrarlandschaften.

Traditionelle Landbewirtschaftung

Über viele Jahrhunderte hinweg vollzogen sich diese Prozesse im Rahmen natürlicher Kreisläufe weitgehend ohne Umweltprobleme (Übersicht II-75).

Übersicht II-75: Ökologisch-ökonomische Wirkungszusammenhänge bei traditioneller Landwirtschaft

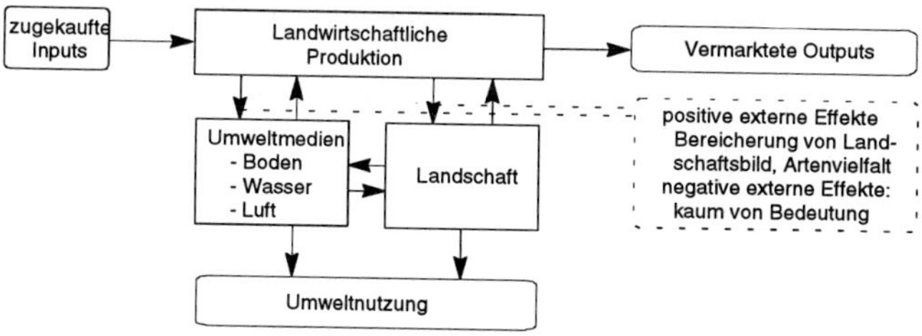

Die pflanzlichen und tierischen Produkte wurden in den landwirtschaftlichen Betrieben überwiegend auf der Basis eigener Ressourcen erzeugt. Dabei bestand eine enge Wechselbeziehung zwischen pflanzlicher und tierischer Produktion: Einerseits verwertete die Tierproduktion das Grünland, speziell angebaute Futterpflanzen (Futtergetreide, Ackerfutter) sowie Nebenprodukte des Marktfruchtbaus (z.B. Zuckerrübenblatt, Futterkartoffeln). Andererseits wurden dem Boden durch die Nutztierhaltung beachtliche Mengen von organischem Dünger in Form von Stalldung zugeführt, der wesentliche Teile der durch die Ernte entzogenen Nährstoffmengen ersetzte.

Der Einsatz von Mineraldünger (seit Mitte des vorigen Jahrhunderts) hatte lange Zeit einen eher ergänzenden Charakter, um den

Nährstoffbedarf bei kontinuierlich steigenden Erträgen befriedigen zu können. Gleichzeitig war das Augenmerk der Landwirte darauf ausgerichtet, durch eine vielgestaltige und standortgemäße Fruchtfolge sowie geeignete Formen der Bodenbearbeitung auf die Erhaltung der Bodenfruchtbarkeit und Reduzierung von Schädlings- und Krankheitsgefährdungen hinzuwirken (siehe dazu ausführlicher: SRU 1985, S. 4ff.).

Im Hinblick auf die hier interessierenden Auswirkungen auf die Umwelt ist festzuhalten, daß bei diesen traditionellen Formen der Landbewirtschaftung, mit enger Verzahnung von pflanzlicher und tierischer Produktion und nur mäßigem Einsatz von Mineraldünger und Pflanzenschutzmitteln, keine grundsätzliche Tendenz zur Überbeanspruchung von Umweltmedien (Boden, Wasser) bestand. Soweit Belastungen auftraten, waren sie räumlich sehr eng begrenzt und meistens auf unsachgemäße Lagerung oder Ausbringung (z.B. von Stalldung oder Jauche) zurückzuführen.

Stattdessen überwogen die *positiven Auswirkungen* der traditionellen Landwirtschaft auf das Erscheinungsbild der Agrarlandschaft und die Vielfalt von Flora und Fauna in diesen Gebieten: Die einzelnen Landschaften wurden durch den jeweiligen Standortgegebenheiten angepaßte Formen der Landbewirtschaftung und Viehhaltung in charakteristischer Weise geprägt ("*Kulturlandschaften*"); gleichzeitig wurde hierdurch auch die ökologische Vielfalt durch die Herausbildung der Agrarlandschaften wesentlich erhöht. So führt z.B. der Sachverständigenrat für Umweltfragen aus, daß in Mitteleuropa die Agrarlandschaft grundsätzlich gegenüber der Naturlandschaft eine an Pflanzen- und Tierarten, Lebensgemeinschaften und Ökosystemen bereicherte Landschaft darstellt (SRU 1985, S. 5). In Übersicht II-75 wird diese Leistung der (traditionellen) Landwirtschaft dadurch zum Ausdruck gebracht, daß sie als gesonderter Output aufgeführt ist. Der Begriff "*externer Effekt*" zeigt dabei an, daß es sich hierbei nicht um das Hauptprodukt, sondern um ein *marktmäßig nicht entlohntes* Nebenprodukt (Kuppelprodukt) traditioneller Landbewirtschaftung handelt (vgl. dazu näher unten Abschnitt 7.2).

Moderne Landbewirtschaftung

Wesentliche Triebkräfte bedenklicher Umweltwirkungen moderner Landwirtschaft in den letzten Jahrzehnten waren die rapiden biologisch- und mechanisch-technischen Fortschritte in der Landwirtschaft, hierdurch und durch die gesamtwirtschaftliche Wachstumsdynamik bedingte Änderungen von Bewirtschaftungsmethoden sowie - nicht unabhängig von den beiden anderen Einflußfaktoren - die betriebene Agrarpreis- und Agrarstrukturpolitik.

Bedenkliche *Umweltwirkungen* ergeben sich

- zum einen aus der Belastung von Umweltmedien durch hochintensive Landwirtschaft,

- und zum anderen daraus, daß positiv zu bewertende Begleiterscheinungen traditioneller Landwirtschaft nur noch teilweise oder eingeschränkt auftreten, oder sogar negativ werden.

Die veränderten Wirkungszusammenhänge zwischen Landwirtschaft und Umwelt sind in Übersicht II-76 schematisch dargestellt. Im folgenden werden die wichtigsten Zusammenhänge nur kurz gekennzeichnet. Ausführliche Darstellungen finden sich z.B. in dem bereits zitierten Gutachten des Sachverständigenrats für Umweltfragen (SRU 1985).

Übersicht II-76: Ökologisch-ökonomische Wirkungszusammenhänge bei hochintensiver Landwirtschaft

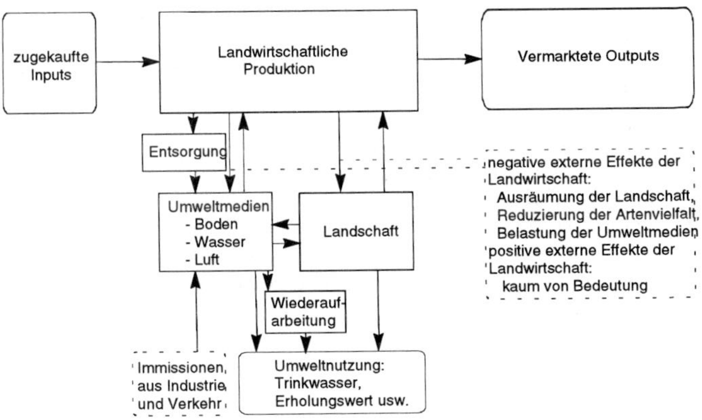

Die **Belastungen der Umweltmedien** resultieren vor allem aus der hohen (speziellen) Intensität der Landbewirtschaftung. Durch züchterisch-technische Fortschritte wird das Ertragspotential der Pflanzen fortlaufend erhöht, und in Verbindung mit verbesserten Pflanzenschutzmitteln häufig auch die Fähigkeit, hohe Mengen von Mineraldünger, insbesondere Stickstoff, ertragssteigernd aufnehmen zu können. Belastungen von **Grund- und Oberflächenwasser** können durch "Überdüngung" entstehen (höherer Einsatz von Mineraldünger als nach dem Nährstoffbedarf der Pflanze unter Berücksichtigung des Nährstoffangebots aus Wirtschaftsdünger, Ernterückständen, Gründüngung u.a. erforderlich ist), oder auch durch Rückstände von Pflanzenschutzmitteln im Grundwasser. Überdüngung kann aber auch dadurch zustande kommen, daß bei stark konzentrierter tierischer Produktion sehr viel Gülle pro Flächeneinheit ausgebracht wird, so daß der Stickstoffeintrag die Aufnahmekapazität der Pflanzen übersteigt.

Weiterhin hat sich auch die physikalische Belastung des **Bodens** fortlaufend erhöht. Mechanisch-technische Fortschritte im Bereich der pflanzlichen Produktion sind meistens mit dem Einsatz größerer und schwererer Traktoren und Maschinen verbunden. Wenn zudem eine intensive Bodenbearbeitung erfolgt, können sich bedenkliche Schädigungen des Bodengefüges und Bodenverdichtungen ergeben.

Schließlich ist darauf hinzuweisen, daß durch die landwirtschaftliche Produktion auch die **Luft** durch Staub und bestimmte Gase belastet werden kann. Dabei kommt den Emissionen in Gebieten mit konzentrierter Tierhaltung eine größere Bedeutung zu (Ammoniak, Methan).

Als Besonderheit der landwirtschaftlichen Produktion ist anzusehen, daß die Auswirkungen auf die Umweltmedien meistens zugleich mit dem Produktionsprozeß erfolgen und dem menschlichen Zugriff weitgehend entzogen sind. So durchlaufen z.B. die Einträge von Dünge- und Pflanzenschutzmitteln im Boden-Wasser-System komplexe Diffusions- und stoffliche Transformationsprozesse, sind jedoch durch umwelttechnische Maßnahmen kaum mehr schadensbegrenzend oder -vermeidend zu beeinflussen.

Dieses hat bedeutsame Konsequenzen für die Grundstrategie der Umweltpolitik in bezug auf die Landwirtschaft. Diese kann in den meisten Gefährdungsbereichen nicht auf entsorgungswirtschaftliche Maßnahmen setzen, wie das bei industriell verursachten Umweltbelastungen bislang im allgemeinen geschieht (Einbau von Filtern, Entschwefelungsanlagen u.a.), sondern muß auf eine umweltschonende Gestaltung des gesamten landwirtschaftlichen Produktionsprozesses hinzuwirken versuchen.

Nur in einigen Teilbereichen können auch in der Landwirtschaft *entsorgungswirtschaftliche Prozesse* zur Verminderung von Umweltbelastungen eingesetzt werden, wie z.B. Einbau von Filtern zur Reduktion von Staub- und Geruchsbelastungen oder Verbesserungen der Technologie zur Lagerung, Aufbereitung, Transport und Ausbringung von Gülle. Durch derartige Maßnahmen am "*end of the pipe*" wird man jedoch die Umweltbelastungen im allgemeinen nur teilweise und begrenzt vermindern können. Sie haben daher zwar als ergänzende Maßnahmen in bestimmten Teilbereichen Bedeutung, können jedoch - wie auch die Erfahrungen in vielen Industriebereichen zeigen - auf Dauer die Notwendigkeit einer umweltschonenden Gestaltung der Produktionsprozesse an der "Quelle", d.h. der Landwirtschaft selbst, nicht ersetzen.

Schließlich besteht noch die Möglichkeit, bereits belastete Umweltmedien durch *Wiederaufbereitungsprozesse* aufzubessern und in einen naturverträglichen, bei Konsumgütern auch in einen gebrauchsfertigen Zustand zu versetzen, wie das z.B. in den Wasserwerken bei der Aufbereitung von belastetem Grundwasser zu Trinkwasser oder bei der Entsorgung von belasteten Böden gelegentlich geschieht. Derartige Maßnahmen, die die Belastungen der natürlichen Kreisläufe insgesamt kaum vermindern, dürften im allgemeinen nur als letztes Mittel in Betracht zu ziehen sein.

Beeinträchtigungen des Landschaftsbildes und der Artenvielfalt von Flora und Fauna sind teilweise ebenfalls auf die Umstrukturierung und Intensivierung der modernen Landwirtschaft zurückzuführen. Von Bedeutung sind vor allem: Weitgehende Spezialisierungen der Betriebe und damit einhergehende Einengungen der Fruchtfolge; Ausdehnung des intensiven Ackerbaus durch Umbruch von Grünland und Melioration von extensiv genutzten Flächen; Vergrößerung der Schläge und Beseitigung von Hecken, Randstreifen und anderen Strukturelementen der Landschaft sowie teilweise auch starke regionale Konzentrationen bestimmter landwirtschaftlicher Betriebszweige. Zu diesen Entwicklungen hat auch die Agrar- und Infrastrukturpolitik in den ländlichen Räumen beigetragen, insbesondere durch Flurbereinigungs- und Meliorationsmaßnahmen sowie den Wirtschaftswege- und Straßenbau, bei denen lange Zeit kaum Gesichtspunkte des Landschafts- und Naturschutzes berücksichtigt wurden.

Durch diese Veränderungen erscheinen viele historisch gewachsene Agrarlandschaften heute "ausgeräumt" und eintönig, sind ökologisch verarmt und haben viel von ihrem ursprünglichen Charakter verloren. In Übersicht II-76 sind diese Auswirkungen als "negative externe Effekte" gekennzeichnet worden. Dieses gilt in jedem Fall im Vergleich zu dem bei traditioneller Landbewirtschaftung erreichten Landschaftszustand. Die Frage der relativen Vorzüglichkeit unter landschaftsökologischen Gesichtspunkten dürfte nicht so eindeutig zu beantworten sein, wenn nicht die Wiederherstellung einer umweltschonenden Landbewirtschaftung, sondern der Rückzug der Landwirtschaft von bestimmten (Grenz-) Standorten (etwa infolge einer drastischen Senkung des Agrarpreisniveaus) die relevante Alternative ist.

7.2. Konzept externer Effekte

Im Modell des *vollständigen Wettbewerbs* produzieren die Produzenten für den Markt und beziehen die Konsumenten die von ihnen begehrten Güter vom Markt zu den herrschenden Marktpreisen. Die sich herausbildenden Preise entsprechen dabei den volkswirtschaftlichen Knappheitsverhältnissen (HENRICHSMEYER, GANS, EVERS 1990, S. 196ff.). **Externe Effekte** liegen vor, wenn sich die Aktivitäten einer Wirtschaftseinheit (eines Produzenten oder auch eines Verbrauchers) auf andere Wirtschaftseinheiten auswirken und diesen Vor- oder Nachteile (Nutzen oder Kosten) verschaffen, ohne daß diese über den Markt abgewickelt und marktmäßig bewertet werden. Diese Effekte wirken somit direkt (physisch) auf die anderen Wirtschaftseinheiten ein, indem sie - modelltheoretisch ausgedrückt - die Produktionsfunktion von Produzenten oder die Nutzenfunktion von Verbrauchern beeinflussen. Man spricht daher auch von technologischen externen Effekten.

Beispiele sind etwa die Nitratbelastung des Grundwassers durch hochintensive Landwirtschaft, die bei den Wasserwerken zusätzliche Kosten verursacht, oder die Schaffung einer vielgestaltigen Agrarlandschaft durch die Landwirtschaft, die besonderen Erholungswert besitzt.

Die externen Effekte können grundsätzlich von Produzenten oder Konsumenten verursacht werden, und können sich jeweils sowohl auf Produzenten wie auf Konsumenten auswirken. Im folgenden wollen wir die Betrachtung auf die hier relevanten Beziehungen einengen: die Auswirkungen der Landwirtschaft einmal auf andere Produzenten (Beispiel: Wasserwerk) und zum anderen auf Konsumenten (Beispiel: Touristen). Ergänzend werden auch die durch Industrie und Verkehr verursachten externen Effekte mit Wirkung auf die Landwirtschaft einbezogen (Immission von Schadstoffen).

Die externen Effekte können entweder positive oder negative Wirkungen bei anderen Wirtschaftseinheiten hervorrufen: *positive externe Effekte* erhöhen den Gewinn von Produzenten oder den Nutzen von Konsumenten, *negative externe Effekte* führen umgekehrt zu Gewinn- bzw. Nutzeneinbußen.

Das Vorliegen externer Effekte bedeutet, daß die Verursacher externer Vorteile für ihre zusätzlichen Leistungen nicht entlohnt werden, und die Verursacher externer Nachteile für den zugefügten Schaden nicht die Kosten zu tragen haben. Die einzelnen Wirtschaftseinheiten richten daher ihre Produktions- und Konsumplanungen allein an den Marktpreisen aus (privatwirtschaftliches Kalkül), während die durch externe Effekte verursachten (gesamtwirtschaftlichen) Kosten und Nutzen unberücksichtigt bleiben. Dieses hat "Allokationsverzerrungen" (oder "Marktversagen") zur Folge, die wir im folgenden für die verschiedenen Bereiche von mit der landwirtschaftlichen Produktion verbundenen externen Effekten konkretisieren und analysieren wollen.

7.3. Auswirkungen moderner Landwirtschaft auf die Schutzgüter der Umweltpolitik

Im folgenden sollen die in den vorigen Abschnitten bereits angesprochenen Umweltbelastungen durch die moderne Landwirtschaft in einigen für die Gestaltung der Agrarumweltpolitik bedeutsamen Punkten etwas näher spezifiziert werden. Insgesamt gesehen ist die Problematik jedoch sehr vielschichtig und komplex, teilweise liegen auch erst wenig gesicherte Forschungsergebnisse vor, so daß hier nur der derzeitige (sich rasch verändernde) Forschungsstand in wenigen Stichworten gekennzeichnet werden kann. Die mittlerweile schon "klassisch" zu nennende Basisquelle zu diesen Fragen ist das bereits mehrfach zitierte Gutachten des Sachverständigenrats für Umweltfragen (SRU 1985), auf neuere Forschungsergebnisse wird gelegentlich hingewiesen.

7.3.1. Belastung der Umweltmedien

Bodenbelastung

Belastungen des Bodens erfolgen durch Bodenverdichtung, Bodenerosion sowie durch übermäßige Ausbringung von Gülle, Mineraldünger und Pflanzenschutzmitteln.

Bodenverdichtungen entstehen als Folge mechanischer Eingriffe in die Bodenstruktur durch häufige Bodenbearbeitung und Befahren mit schweren Maschinen. Bodenverdichtungen fördern den oberflächigen Abfluß, verursachen Staunässe und verschlechtern die Wachstumsbedingungen für die Kulturpflanzen. Obwohl sich bislang kaum Ertragseinbußen nachweisen ließen, besteht Besorgnis bei den Fachwissenschaftlern.

Winderosion ist in Mitteleuropa vergleichsweise unbedeutend, gefährdet sind jedoch Teilgebiete der norddeutschen Tiefebene. Dagegen weisen zahlreiche wissenschaftliche Arbeiten auf ein erhebliches Ausmaß der *Wassererosion* an gefährdeten Standorten hin (AUERSWALD, SCHWERTMANN 1990). Bodenerosion durch Wasser und Wind wird durch große Schläge, Anbau von Reihenfrüchten (Mais, Rüben) und intensive Bodenbearbeitung gefördert. Die Gefährdung ist bei leichten, hängigen Böden mit geringer Pflanzenbedeckung in Verbindung mit hohen Niederschlägen besonders ausgeprägt. Die Folge von Bodenerosion ist ein irreversibler Boden- und damit Nährstoff- und Humusverlust. Die erodierenden Nährstoffe können angrenzende Biotope beeinträchtigen oder zu Gewässereutrophierung führen.

Stoffeinträge in den Boden sind, neben der möglichen Gewässerbelastung, insbesondere hinsichtlich der Beeinträchtigung der Regelungsfunktionen des Bodens bedenklich. So verursacht eine übermäßige Gülledüngung Luftmangel und kann sogar toxisch wirken. Äußerst bedenklich sind Schwermetalleinträge, die zwar im Rahmen der landwirtschaftlichen Düngung anteilsmäßig nicht sehr bedeutsam sind, bei der Düngung mit Klärschlämmen jedoch ein erhebliches Problem darstellen.

Pflanzenschutzmittel sollen die Erträge der Pflanzen sichern, Nebenwirkungen beeinflussen jedoch auch gleichzeitig die Regelungsfunktion des Bodens, diese wiederum das Verhalten der Pflanzenschutzmittel im Boden. Hierdurch wird die Tätigkeit der Mikroorganismen zumindest zeitweise beeinträchtigt und werden die Bindungsstellen an die Ton- und Humusteilchen blockiert. Die Bindung von Nährstoffen an Bodenteilchen führt zu "verborgenen Rückständen", die mit den üblichen Analysemethoden nicht mehr nachweisbar sind. Hieraus ergibt sich ein nur schwer abschätzbares Risiko, da es zu einer Akkumulation von Wirkstoffen im Boden kommen kann.

Durch einige Wirkstoffe, aber auch durch Bodenverdichtung und intensive Bearbeitung können höherentwickelte Bodentiere, wie z.B. Regenwürmer, geschädigt werden.

Gewässerbelastung

Hierbei sind die Belastungen von Grund- und von Oberflächenwasser zu unterscheiden.

Die Belastung des für die Trinkwassergewinnung genutzten **Grundwassers** durch den Eintrag von Nitraten und Pflanzenschutzmitteln ist in den letzten Jahren zu einem der gravierendsten der durch Landbewirtschaftung hervorgerufenen Umweltprobleme geworden. *Nitratprobleme* im Grundwasser entstehen, wenn dem Boden-Wasser-System mehr Nitrat durch Düngung (Mineraldünger, Wirtschaftsdünger, Gründüngung) zugeführt wird, als die Pflanzen als Nährstoff aufnehmen können (unter Berücksichtigung von Denitrifikation im Boden und Abgabe an die Atmosphäre). Flächendeckende Stickstoffbilanzen für die einzelnen Landkreise des Bundesgebietes zeigen, daß die Nitratüberschüsse und damit *potentielle* Grundwasserbelastungen im Verlaufe des letzten Jahrzehnts deutlich zugenommen haben (STROTMANN 1991). Sehr hohe Überschüsse existieren vor allem in den Gebieten Nordwestdeutschlands mit hoher Konzentration der bodenunabhängigen Veredlungsproduktion und gleichzeitig hohem Mineraldüngereinsatz sowie in den Sonderkulturgebieten des Rheingrabens. Hieraus lasen sich jedoch nur indirekt Rückschlüsse auf die tatsächliche Belastung des Grundwassers ziehen, da die im Boden-Wasser-System stattfindenden Transformationsprozesse sehr komplex sind, durch viele Faktoren beeinflußt werden und es häufig viele Jahre dauert, bis das Nitrat die tieferen Grundwasserschichten erreicht (SRU 1985, S.236ff.).

Flächendeckende Messungen des Nitratgehalts im Grundwasser sind bislang nicht verfügbar; umfangreiche Untersuchungen von Trinkwasserquellen lassen jedoch erkennen, daß die Nitratkonzentration im Grundwasser deutlich angestiegen ist (ROMMEL 1989). Selbst in vielen Wasserschutzgebieten ist die Nitratkonzentration so hoch, daß wenig belastetes Wasser zugemischt oder aufwendige Verfahren zur Nitratelimination angewendet werden müssen, um die (nach dem Vorsorgeprinzip sehr niedrig festgelegten) Grenzwerte der EG-Trinkwasserrichtlinie zu erfüllen.

Zur Sicherstellung der Trinkwasserversorgung werden in den Ländern der Bundesrepublik besondere *Wasserschutzgebiete* (mit mittlerweile beachtlichen Flächenanteilen in den Verdichtungsgebieten, z.B. in NRW etwa 15% LN) ausgewiesen, in denen in drei Zonen in Abhängigkeit von der Entfernung zur Entnahmequelle der Einsatz von Dünge- und Pflanzenschutzmitteln vollständig untersagt oder stark eingeschränkt ist. Daneben wird in verschiedenen Bundesländern durch sog. *Gülleverordnungen* ein maximaler Viehbesatz pro Flächeneinheit festgelegt (Abschnitt 2.3.3).

Belastungen des Grundwassers mit *Pflanzenschutzmitteln* hängen vor allem von der Höhe ihres Einsatzes, aber auch dem Mobilitäts- und Abbauverhalten der einzelnen Wirkstoffe im Boden-Wasser-System ab. Besonders gefährdet ist das Grundwasser unter leicht durchlässigen und absorptionsschwachen Böden bei hohem Grundwasserstand. Im Grundwasser wurden bislang vor allem schwer abbaubare Herbizid-Wirkstoffe nachgewiesen. So wurde beispielsweise in Baden-Württemberg in jeder fünften Quelle Atrazin festgestellt, bei der Hälfte über dem Grenzwert der Trinkwasserversorgung. Obwohl mittlerweile die Untersuchung auf Reststoffe zum Katalog der routinemäßigen Trinkwasseruntersuchungen gehört, liegt bislang noch kein flächendeckender Überblick über die Trinkwasserverunreinigung mit Pflanzenschutzmitteln vor.

Bei den durch landwirtschaftliche Bodennutzung ausgelösten **Belastungen der Oberflächengewässer** handelt es sich im wesentlichen um Abschwemmungen von Pflanzennährstoffen (vor allem Phosphat und Stickstoff) aus den ausgebrachten Handels- und Wirtschaftsdüngern. Gefährdungen ergeben sich insbesondere bei unsachgemäßer Ausbringung des Düngers auf durchnäßten und gefrorenen Böden im Herbst oder Winter. Weitere Gefahrenquellen sind Abwässer aus dem Bereich der privaten Haushalte und der Industrie. In der Gesamtbilanz haben die Belastungen der Flußgewässer durch die Landwirtschaft erhebliches Gewicht. Für die Bundesrepublik (Gebietsstand 1989) werden Anteile der Landwirtschaft an den Gesamteinträgen von 42% bei Phosphor und 46% bei Stickstoff angegeben (WERNER 1989).

Die Erhöhung des Nährstoffangebots im Oberflächengewässer (*Eutrophierung*) führt zu einem verstärkten Pflanzenwachstum, insbesondere in schwach fließenden und stehenden Gewässern. Die von den Pflanzen aufgenommenen und zeitweise festgelegten Nährstoffe werden nach dem Absterben der Pflanzen durch sauerstoffzehrende Abbauprozesse frei und reichern die Nährstoffkonzentration wieder an. Durch den sich verstärkenden Sauerstoffmangel kann es zu starken Schädigungen von Pflanzen- und Tierwelt bis hin zu einer weitgehenden Vernichtung kommen.

Sichtbare Merkmale dieser mit der Eutrophierung verbundenen Prozesse sind: Trübung des Wassers durch Planktonalgen, Ausbreitung von krautigen Wasserpflanzen im Uferbereich, aufsteigende Faulgasblasen aus dem Bodenschlamm.

An *negativen externen Effekten* sind vor allem von Bedeutung: erhöhte Kosten bei der Aufbereitung von Trink- und Brauchwasser, Beeinträchtigung des Fischbestandes, Veränderungen des Artenspektrums in Flora und Fauna sowie eine Verminderung des Erholungswertes in Landschaften mit stark eutrophierten Gewässern.

Luftverschmutzung

Der Beitrag der Landwirtschaft zur Luftverschmutzung ist gemessen an den Emissionen der Hauptverursacher Industrie, Verkehr und Haushalte vergleichsweise gering.

Bei der *Bodenbearbeitung* und Ernte entstehen Stäube aus Partikeln des Bodens (Winderosion) und des Pflanzenmaterials, sowie Emissionen von Traktoren und selbstfahrenden Erntemaschinen. Beim Einsatz von *Mine-*

raldünger und Pflanzenschutzmitteln ergeben sich Emissionen sowohl bei der Ausbringung durch Abdrift von Stäuben und Verdunstung, als auch im Prozeß ihrer Umwandlung im Boden. Die gravierendsten Emissionen (Ammoniak, Methan) entstehen in der *Viehhaltung* durch die Ausscheidungen der Tiere sowie bei der Lagerung und Ausbringung von Wirtschaftsdünger. Bei Ammoniak gehört die Landwirtschaft zu den Hauptverursachern. In Gebieten mit starker regionaler Konzentration der Viehaltung stellen diese Emissionen einen bedeutenden Belastungsfaktor für die gesamte Bevölkerung dar.

Ergänzend sei bereits an dieser Stelle darauf hingewiesen, daß die Landwirtschaft nicht nur Luftverunreinigungen verursacht, sondern darüber hinaus durch verschiedene Prozesse einerseits zur Belastung (Spurengase) und andererseits zur Entlastung (CO_2) der Atmosphäre beiträgt und dadurch globale Klimaveränderungen (Treibhauseffekt) beeinflußt (s.u., Abschnitt 7.3.4).

7.3.2. Auswirkungen auf die Agrarlandschaft und die Artenvielfalt

Nach der Einschätzung des Sachverständigenrats für Umweltfragen haben die Verkleinerung, Zersplitterung und Beseitigung naturbetonter Biotope und Landschaftsbestandteile in von der Landwirtschaft geprägten Räumen, und die Beeinträchtigung des verbliebenen Restes von Biotopen durch den Eintrag von Dünge- und Pflanzenschutzmitteln die schwerwiegendsten Auswirkungen auf die Struktur und das Erscheinungsbild der Landschaften sowie insbesondere auch die Vielfalt der Pflanzen- und Tierarten.

Die **Verarmung von Agrarlandschaften** ist in zahlreichen Forschungsvorhaben untersucht und belegt worden (vgl. SRU 1985, S. 161ff, sowie verschiedene Arbeiten aus dem Sonderforschungsbereich der Universität Stuttgart-Hohenheim: u.a. WEINSCHENCK, KAULE, OHNESORGE 1989; KOHLER 1989). Hierin wurde u.a. gezeigt, daß Flurstruktur, Fruchtfolge und Stickstoffaufwand (als Intensitätsindikator) eng mit der Vielfalt von Pflanzenarten und Insekten korreliert sind.

Nach dem *Bundesnaturschutzgesetz* von 1976 sind Schutz und Pflege der wildwachsenden Pflanzen und Tiere ein zentrales Ziel des Naturschutzes (S.2, Abs. 1, Nr. 10). Hierbei ist bedeutsam, daß *alle* Tiere und Pflanzen als Teile des Naturhaushalts geschützt werden, und nicht nur - wie nach dem alten Reichsnaturschutzgesetz (RNG) von 1935 - solche "Pflanzen und nichtjagbaren Tiere (...), deren Erhaltung wegen ihrer Seltenheit, Schönheit, Eigenart oder wegen ihrer wissenschaftlichen, heimatlichen, forst- oder jagdlichen Bedeutung im allgemeinen Interesse liegt" (S.1, RNG).

Zahlreiche Untersuchungen der letzten Jahrzehnte zeigen, daß die Zahl der Tier- und Pflanzenarten stark rückläufig ist, insbesondere auch solcher, die zuvor wenig beachtet wurden. Dieses hat die Internationale Naturschutzkommission Mitte der 60er Jahre veranlaßt, alle in ihrer

Existenz gefährdeten Arten in "*Roten Listen*" zu erfassen, wobei fünf Kategorien nach dem Gefährdungsgrad unterschieden werden: ausgestorben, vom Aussterben bedroht, stark gefährdet, gefährdet und potentiell gefährdet. Nach der Roten Liste für die Bundesrepublik Deutschland (1977) hat die Gefährdung bei 30-50% der wildlebenden Pflanzen- und Tierarten ein existenzbedrohendes Ausmaß (erste vier Schadensstufen) angenommen (SRU 1985, S. 162).

Die Ausräumung der Landschaft und Verminderung der Artenvielfalt haben weitreichende Folgen. Beeinträchtigt werden nicht nur die Funktionsfähigkeit natürlicher Kreisläufe, sondern auch die Nutzungsfähigkeit der Naturgüter und nicht zuletzt die Landwirtschaft selbst, z.B. durch Wind- und Wassererosion oder durch die Beseitigung von natürlichen Gegenspielern (Antagonisten) von Schädlingen. Darüber hinaus wird auch die Eigenart und Schönheit von Natur und Landschaft und damit die Erholungs- und Freizeitfunktion der ländlichen Räume beeinträchtigt.

7.3.3. Schadstoffe in Nahrungsmitteln

Der Sachverständigenrat für Umweltfragen unterscheidet drei Kategorien von Fremdstoffen in Lebensmitteln (SUR 1985, S. 281):

- *Zusatzstoffe*, die den Lebensmitteln zugegeben werden, um deren Qualität zu verbessern.
- *Rückstände* als Reste von Substanzen, die absichtlich mit Nahrungsmitteln oder deren Vorprodukten in Berührung gebracht werden, wie z.B. Rückstände von Pflanzenschutzmitteln oder Tierarzneimitteln.
- *Kontaminanten* als unerwünschte Stoffe, die *über praktisch nicht steuerbare physische, chemische oder biologische Prozesse* in Nahrungsmittel gelangen, wie z.B. Schwermetalle aus dem natürlichen Schwermetallgehalt des Bodens, oder auch durch zusätzliche Kontamination, z.B. durch Abgase in der Nähe von Straßen und Autobahnen.

Zum Schutz des Verbrauchers vor gesundheitsgefährdenden Rückständen sind in der Bundesrepublik verschiedene Gesetze erlassen (Lebensmittelgesetz, Pflanzenschutz- und Düngemittelgesetz, Arzneimittelgesetz u.a.) und zulässige Höchstmengen von Rückständen festgelegt worden, die durch amtlich vorgenommene (Stichproben-) Kontrollen regelmäßig überwacht werden.

Durch landwirtschaftliche Produktion können vor allem die folgenden problematischen Stoffgruppen in die Nahrungsmittel gelangen:

- *Rückstände aus Pflanzenschutz- und Düngemitteln.* Zu den Rückständen aus Pflanzenschutzmitteln (Pestizide, Wachstumsregler) stellt der Sachverständigenrat fest, daß nach Einführung des DDT-Gesetzes in 1972 eine schnelle Verbesserung der Rückstandssituation eingetreten ist und daß auch bei Nahrungsmitteln tierischer Herkunft eine positive Ent-

wicklung zu erkennen ist. Die gefundenen Rückstände seien insgesamt gesehen unbedenklich.
Bei Rückständen aus Düngemitteln kommt dem Nitrat aus Gemüse die größte Bedeutung zu. Durch Sortenwahl und geeignete Anbau- und Düngetechniken läßt sich der Nitratgehalt jedoch deutlich senken.

- *Rückstände von Tierarzneimitteln und Futtermittelersatzstoffen.* Die Untersuchungen zu den Auswirkungen dieser Rückstände auf die Qualität der Lebensmittel lassen noch viele Fragen offen. Beim derzeitigen Kenntnisstand werden sie jedoch von den Fachleuten nicht als gesundheitsgefährdend angesehen.
- *Kontamination mit Schwermetallen.* Von Bedeutung sind in diesem Zusammenhang vor allem die Schwermetalle Blei, Cadmium und Quecksilber. Belastungen mit diesen Schwermetallen werden (mit Ausnahme von Klärschlamm) im wesentlichen durch Emissionen von Industrie und den KFZ-Verkehr hervorgerufen.

7.3.4. Entlastung des CO_2-Haushalts durch landwirtschaftliche Produktion?

Im Rahmen der Diskussion um globale Klimaveränderungen (Treibhauseffekt) sind auch die Belastungen der Atmosphäre durch **Emissionen aus der landwirtschaftlichen Produktion** sowie mögliche Beiträge der Landwirtschaft zur Entlastung des CO_2-Kreislaufs in den Vordergrund der wissenschaftlichen Forschung und politischen Bemühungen gerückt (ENQUETE KOMMISION 1989).

Die Landwirtschaft belastet die Atmosphäre und trägt zum Treibhauseffekt bei durch die Emission von Spurengasen, insbesondere von Methan (CH_4) und Distickstoffoxyd (N_2O). Methan absorbiert die Wärmestrahlung und trägt damit tendenziell zu einer Erwärmung der Erdatmosphäre bei. Von der Landwirtschaft geht etwa die Hälfte der Methanemission aus, die sich insgesamt in den letzten 100 Jahren etwa verdoppelt hat (SRU 1985, S. 276) und zusammen mit dem Distickstoffoxyd mit etwa 20% zu dem Treibhauseffekt beitragen dürfte (ENQUETE KOMMISSION 1989, S. 283).

Die globalen Klimaveränderungen und der Treibhauseffekt werden durch zahlreiche Faktoren und komplexe Wirkungszusammenhänge bestimmt, die noch weitgehend unbekannt sind und deren Erforschung intensiver interdisziplinärer Anstrengungen bedarf. Nach dem derzeitigen Kenntnisstand ist davon auszugehen, daß die Kohlendioxyd-Emissionen den Hauptanteil, etwa 50%, zur Erhöhung des Treibhauseffektes beitragen (ENQUETE KOMMISSION 1989). Daher sind sowohl in Forschung wie Politik die Bemühungen vor allem auf eine Verminderung der CO_2-Emission ausgerichtet.

Wichtigster Ansatzpunkt ist dabei die Energieeinsparung, insbesondere die **Reduktion des Einsatzes von fossilen Rohstoffen**, deren

Verbrennung hauptsächlich zur Anreicherung der Atmosphäre mit CO_2 verantwortlich ist. Die Landwirtschaft kann hierzu nur einen begrenzten Beitrag leisten, entscheidender sind hier die Einsparungsmöglichkeiten bei den größten Verbrauchern: Industrie, Verkehr und vor allem private Haushalte. Von Seiten der *Landwirtschaft* bestehen Einsparungsmöglichkeiten vor allem in den folgenden Bereichen: Entwicklung und Anwendung sparsamerer Motoren; bauliche Maßnahmen zur Energieeinsparung und Entwicklung besserer Regelungstechniken, insbesondere bei Gewächshäusern; Verringerung des Einsatzes von mineralischem Stickstoffdünger (als energieintensivem Betriebsmittel), sowie generell: Übergang zu extensiveren Formen der Landbewirtschaftung und Reduzierung von Produktionsüberschüssen. Die zuletzt genannten Wege der Energieeinsparung, die mit anderen agrar- und umweltpolitischen Zielen einhergehen, könnten dabei von den aufgeführten Maßnahmen den bei weitem größten Beitrag leisten.

Ein weiterer Ansatzpunkt zur Reduzierung von CO_2-Emissionen, der in der agrarpolitischen Diskussion im Vordergrund steht, besteht grundsätzlich in der Ausweitung des **Anbaus von nachwachsenden Rohstoffen** zur Gewinnung von Energie aus Biomasse und zum Einsatz als Industrierohstoff. Da in der Wachstumsphase der Pflanzen CO_2 verbraucht und bei der Verwertung der nachwachsenden Rohstoffe Kohlendioxid freigesetzt wird, schließt sich ein natürlicher Kreislauf, so daß der Anbau von nachwachsenden Rohstoffen - unter Vernachlässigung energiereicher Inputs, wie z.B. Mineraldünger - dem Prinzip nach CO_2-neutral ist. Eine Verminderung von CO_2-Emissionen würde sich nur dann ergeben, wenn fossile Energieträger und/oder (energiereich) industriell erzeugte Rohstoffe durch nachwachsende Rohstoffe ersetzt würden. Es ist jedoch zu beachten, daß ein CO_2-sparender Effekt nur dann eintritt, wenn der Anbau von nachwachsenden Rohstoffen weniger Energie verbraucht (Mineraldünger, Mineralöl etc.) als bei der Substitution der fossilen Rohstoffe eingespart wird. Weiterhin ist darauf hinzuweisen, daß unter den derzeitigen Preis-Kostenverhältnissen die Erzeugung von nachwachsenden Rohstoffen in den meisten Bereichen, insbesondere auch in dem potentiell gewichtigen Bereich der Energieversorgung, in hohem Maße unwirtschaftlich ist (BMFT und BML 1986, vgl. auch Kap. III, 4.2). Eine stärkere Ausdehnung des Anbaus dieser Rohstoffen würde daher eine sehr weitgehende Änderung der ökonomischen Rahmendaten (Agrarpreise, Energiepreise) und/oder hohe Prioritäten für andere Ziele (Energiesicherung, positive externe Effekte durch CO_2 Entlastung etc.) voraussetzen. Wenn dieses Potential ausgeschöpft werden könnte, würde die Landwirtschaft durch den Anbau von Energiepflanzen, die Erzeugung von Industrierohstoffen und Verwertung organischer Rest- und Abfallstoffe nach vorläufigen Berechnungen die CO_2-Emmissionen in der Bundesrepublik etwa um 2 bis 3,5% reduzieren können (ENQUETE KOMMISSION 1989).

Schließlich ist noch darauf hinzuweisen, daß bei weltweiter Betrachtung ein erheblicher Teil der CO_2-Emissionen auf die Vernichtung der **tropischen Regenwälder** zurückzuführen ist. Schätzungen liegen je nach zugrundeliegenden Annahmen zwischen 7 und 32% der Emissionen aus der Verbrennung fossiler Energieträger (ENQUETE KOMMISSION 1989, S. 520). Es ist daher eine wichtige Aufgabe der Entwicklungspolitik, die wirtschaftlichen Voraussetzungen dafür zu schaffen, daß dieser Prozeß abgeschwächt oder gestoppt werden kann.

Tendenziell ähnliche Wirkungen würde eine *Aufforstung* landwirtschaftlicher Nutzflächen in der Bundesrepublik oder anderen EG-Ländern haben, allerdings würden die entlastenden Effekte angesichts der unterschiedlichen Potentiale nur einen kleinen Bruchteil ausmachen. Die privatwirtschaftliche Rentabilität einer zusätzlichen Aufforstung hängt dabei ebenfalls von den Preisrelationen und gegebenenfalls staatlichen Förderkonditionen ab.

7.4. Unterschiede zwischen Betriebstypen und Agrarlandschaften

Im letzten Abschnitt wurde dargelegt, daß die moderne Landwirtschaft in verschiedener Hinsicht *tendenziell* zu erheblicher Belastung von Umweltmedien sowie einer Beeinträchtigung und ökologischer Verarmung der Agrarlandschaften beigetragen hat. Dabei darf jedoch nicht vergessen werden, daß in den verschiedenen Betriebstypen und Landschaften sehr unterschiedliche Belastungssituationen anzutreffen sind, die man bei der Konzipierung umweltpolitischer Maßnahmen im Auge haben muß. Im folgenden sollen daher diese Unterschiede kurz gekennzeichnet werden (SRU 1985, S. 302).

Betriebliche Unterschiede der Umweltbelastung

Unter den Gesichtspunkten der Umweltbelastung läßt sich das folgende Spektrum von Betrieben unterscheiden:

(1) *Wenig umweltbelastende Betriebe.* Hierzu zählen die Betriebe, die auch heute noch mit vergleichsweise niedrigem Aufwand an zugekauften ertragssteigernden Betriebsmitteln wirtschaften. Dieses sind vor allem Betriebe mit ungünstigen Produktionsvoraussetzungen in Mittel- und Hochgebirgslagen sowie Betriebe, die bislang ihre technischen und wirtschaftlichen Möglichkeiten noch nicht voll ausgeschöpft haben. Jedoch ist abzusehen, daß die Betriebe der letzten Kategorie im Verlaufe der Zeit entweder ausscheiden oder sich dem höheren Intensivitätsniveau der anderen Betriebe anpassen werden. Weiterhin gehören zu dieser Kategorie auch die meisten Betriebe des *alternativen Landbaus*, obwohl der Sachverständigenrat nicht allen diesen Betrieben ohne weiteres Umweltverträglichkeit der Produktionsweisen attestiert, da sie teilweise auch Insekten- und Pilzbekämpfungsmittel einsetzen.

(2) *Deutlich umweltbelastende Betriebe.* Hierzu gehören die Betriebe, die in ihrer landwirtschaftlichen Produktionsweise sowohl im Bereich des Pflanzenbaus als auch der Tierhaltung einen hohen Intensitätsgrad erreicht haben. Der Sachverständigenrat geht davon aus, daß sich die Bewirtschaftungsintensität der Mehrzahl der landwirtschaftlichen Betriebe in der Bundesrepublik an den Grenzen der Umweltbelastung bewegt und diese nicht selten überschreitet.
(3) *Erheblich umweltbelastende Betriebe:* Zu dieser Kategorie gehören alle Produktionsweisen, die dauernd und unvermeidlich schwerwiegende Umweltbelastungen verursachen. Dieses sind im Bereich der pflanzlichen Produktion vor allem Sonderkulturbetriebe (Wein-, Hopfen-, intensiver Obst- und Gemüsebau), die eine besonders hohe Intensität des Mineraldünger- und Pflanzenschutzmitteleinsatzes aufweisen. Im Bereich der tierischen Produktion sind dieses vor allem flächenunabhängig betriebene Tierhaltungen, insbesondere solche großen Umfangs ("Massentierhaltungen"), aber auch kleinere und mittlere Veredlungsbetriebe mit geringer Flächenausstattung, in denen erhebliche Probleme der Abfallbeseitigung auftreten können.

Regionale Unterschiede der Umweltbelastung

Da die Betriebe mit hoher Umweltbelastung häufig regional konzentriert anzutreffen sind, verursachen sie in diesen Gebieten besonders gravierende Umweltprobleme. Landschaften mit hoher Umweltbelastung sind (OHLHOFF 1987):

- *Gemüse- und Sonderkulturgebiete der Rheinebene* wegen der besonders hohen Aufwendungen an Mineraldünger und Pflanzenschutzmitteln, bei gleichzeitig geringem Anfall von organischem Dünger aus der Viehhaltung.
- Die *Veredlungsgebiete Nordwestdeutschlands*, in denen eine hohe Viehdichte und hoher Gülleanfall in Verbindung mit einer intensiven Acker- und Grünlandnutzung nahezu flächendeckend eine sehr hohe Nitratbelastung von Boden und Grundwasser bewirken.
- Die *intensiven Ackerbaugebiete* mit besten Böden (Hildesheimer Börde, Kölner Bucht, Ostholstein, Teile Bayerns), in denen die Landschaft besonders stark ausgeräumt ist und in denen sich starke Belastungen von Boden und Grundwasser aus hohen Aufwendungen von Mineraldünger und Pflanzenschutzmitteln, engen Fruchtfolgen und einer teilweise viehlosen Bewirtschaftung ergeben.
- *Ackerbaugebiete mit hohen Getreideanteilen und starkem Maisanbau*, insbesondere in Nordwestdeutschland und Teilen Bayerns, in denen vor allem enge Fruchtfolgen und hoher Maisanteil zu starken ökologischen Belastungen führen.

Literaturhinweise zu Kapitel II

Umfassende Darstellungen der deutschen **Agrargeschichte** bieten ABEL 1978 und HENNING (1978a, b), knapper ist KLEIN 1969. Zu den Grundtendenzen gesamtwirtschaftlichen Wachstums und sektoralen Strukturwandels HOFFMANN 1965, FOURASTIE 1964, CLARK 1957, speziell zur Landwirtschaft TANGERMANN 1975. Eine ausführliche, allerdings nur bis 1958 reichende Darstellung der **Geschichte agrarpolitischer Ideen** enthalten FRAUENDORFER, HAUSHOFER, 1957 und 1958. Teilbeiträge zu diesem Fragenkomplex behandeln ABEL 1962, VON DIETZE 1967 und SKALWEIT 1923. Zur neueren Ideengeschichte der Agrarpolitik siehe DAMS 1981 und SCHMITT 1977.

Ausführliche Gesamtdarstellungen zur **Agrarverfassung und Agrarstruktur** geben z.B. ABEL 1962 oder VON DIETZE 1967, eine aktuellere Beurteilung LIPINSKY 1986. Detailfragen zu Elementen der Agrarverfassung werden kompakt im Handwörterbuch des Agrarrechts beantwortet.

Charakteristika landwirtschaftlicher *Familienbetriebe* werden häufig von SCHMITT diskutiert, relativ kompakt 1990. Ein recht umfassendes Bild zur Zusammensetzung der landwirtschaftlichen Haushalte, ihrer Arbeitswirtschaft und Einkommenssituation bieten MROHS 1981 und SOHN 1989. Zur umfassenden Beurteilung der *sozialen Sicherung* seien von den zitierten Arbeiten aus ökonomischer Sicht WISSENSCHAFTLICHER BEIRAT 1979 und aus juristischer Sicht von MAYDELL 1988 empohlen, speziell zur Sozialhilfe KNERR 1981. *Bodeneigentumsverfassung* und Fragen der *Bodenmobilität* behandeln z.B. LIPINSKY u.a. 1982. Zum *Umweltrecht* ist umfassend und auch für Nicht-Juristen geeignet HOPPE, BECKMANN 1989, speziell und praxisnah auf die Landwirtschaft ausgerichtet HÖTZEL 1986. Die *Bewertung und Besteuerung* landwirtschaftlicher Betriebe ist in dem aktualisierten Standardwerk von KÖHNE und WESCHE 1990 ausführlich (aus betriebswirtschaftlicher Perspektive) dargestellt; (empirisch basierte) Beurteilungen der Verteilungswirkungen der Steuerpolitik und anderer einkommenspolitisch motivierter Maßnahmen geben KNERR 1985 und SCHLÖDER 1987. Zum *Agrarkredit* und der *Vermarktung* von Agrarprodukten sei außer den im Text zitierten Beiträgen der GeWiSoLa-Band zur Vermarktung (BESCH, KUHLMANN, LORENZL 1983) genannt. Zur *Agrarstruktur*, aber auch zum sektoralen Faktoreinsatz, zur Einkommenslage, zu den *Agrarmärkten* und den meisten anderen agrarpolitisch relevanten Aspekten des deutschen Agrarsektors gibt der jährliche AGRARBERICHT (BMELF, AB, versch. Jgg.) eine detaillierte, aktuelle Situationsbeschreibung (aus der Sicht der Bundesregierung), die für zahlreiche Abschnitte dieses Kapitels die Informationsgrundlage bildet. Gestützt auf Daten des Agrarberichte hat SCHMITT 1989 eine eingehende Analyse des Strukturwandels vorgelegt, wobei enge Beziehungen zur Literatur über Familienbetriebe und die Betriebsgrößenfrage bestehen (s.u., Kap. III). Die Situation der ehem. *DDR* und die laufenden Anpassungen werden in

HENRICHSMEYER, SCHMIDT 1991, MERL, SCHINKE 1991 und auf der GeWiSoLa-Tagung in Göttingen 1991 detailliert analysiert.

Differenzierte Untersuchungen zu **Faktoreinsatz und Produktion** aus sektoraler Perspektive, die auch die Agrarstruktur und Einkommenssituation berücksichtigen, wurden in den 70er Jahren detaillierter als hier von TANGERMANN (1975, 1976a, b) vorgelegt; zum Faktoreinsatz gibt HENZE (1987) eine in das ökonomische Grundlagenwissen eingebettete Darstellung. Im Rahmen von *Produktivitätsanalysen* werden i.d.R. auch der sektorale Faktoreinsatz und die Produktion dargestellt und die entsprechenden Methoden ausführlicher als hier diskutiert; internationale Vergleiche erlauben dabei BEHRENS, DE HAEN 1977, OSTERMEYER-SCHLÖDER 1991, BECKER, GUYOMARD 1991; intersektorale Vergleiche sind zu finden bei UNGER 1986, wobei gleichzeitig auch eine ausführliche Darstellung von Index- und ökonometrischen Methoden geboten wird.

Zu Fragen der **Einkommenserfassung** können STOBBE 1980 (VGR) SAEG 1989 (LGR), SCHÜLER 1988 (Personelle Einkommensverteilung nach der VGR) und im gleichen Band SCHMITT 1988 (Kritik der TBS) empfohlen werden. Umfassendere Analysen finden sich bei GEBAUER 1982 und SCHLÖDER 1987.

Untersuchungen der **gesamtwirtschaftlichen Verflechtungen** der Landwirtschaft basieren vor allem auf der *Input-Output-Analyse.* Hierzu finden sich Hinweise auf die relevante Originalliteratur und Anwendungen im Agrarbereich unmittelbar in Abschnitt 5, eine kompakte Lehrbuchdarstellung bieten HUJER, CREMER 1978, vertiefend ist SCHUMANN 1968. Eine durch umfangreiches Zahlenmaterial gestützte Analyse des **Agrarhandels** aus gesamtwirtschaftlicher Perspektive wurde im Weltentwicklungsbericht von der WELTBANK (1986) vorgelegt. Die dort z.T. vorausgesetzten Grundlagen zur Außenwirtschaft und zu Problemen der Entwicklungsländer werden detaillierter als hier in den Lehrbüchern von DONGES 1981, WAGNER, KAISER, BEIMDIEK 1988 oder HEMMER 1988 behandelt. Umfangreiche Analysen einzelner Weltagrarmärkte werden laufend an der FAL durchgeführt, siehe z.B. BASLER 1989.

Wichtigste Informationsgrundlage zum Bereich **Landwirtschaft und Umwelt** ist das Sondergutachten des Sachverständigenrates für Umweltfragen "Umweltprobleme der Landwirtschaft" (SRU 1985), ergänzend dazu die jüngeren Sonderhefte der *Berichte über Landwirtschaft* (BMELF 1981, 1985) und stärker aus agrarökonomischer Perspektive DE HAEN 1985, sowie Beiträge der Jahrestagung der GeWiSoLa 1986 in VON URFF, ZAPF 1987. An allgemeiner Literatur zum Einstieg in den Bereich der Umweltökonomik sind zu empfehlen ENDRES 1985, WICKE 1989 und vertiefend SIEBERT 1983.

Kapitel III: Grundzüge einer Theorie agrarsektoralen Wandels

Im Mittelpunkt dieses Kapitels steht der Versuch, die Grundzüge agrarsektoraler Entwicklung in fortgeschrittenen Industrieländern zu erklären und die dabei auftretenden Probleme zu analysieren (*positive Theorie* agrarsektoralen Wandels). Dabei geht es insbesondere um

- die Untersuchung der *Funktionsweise der landwirtschaftlichen Produkt- und Faktormärkte*, die den agrarsektoralen Anpassungsprozeß und den betrieblichen Strukturwandel steuern, sowie
- die Herausarbeitung von *Unvollkommenheiten der Marktmechanismen* im Agrarbereich und der damit in Zusammenhang stehenden Allokations- und Verteilungsprobleme.

Diese Untersuchungen bilden eine wichtige Grundlage für die Begründung und die Wirkungsanalyse agrarpolitischer Maßnahmen (Bd. 2, Kap. IV). Darüber hinaus werden hierdurch auch die Grundvorstellungen über die Ausrichtung der Agrarpolitik entscheidend geprägt: Je nachdem wie man die Funktionsfähigkeit der Marktmechanismen zur Steuerung des agrarsektoralen Strukturwandels im Hinblick auf die verfolgten gesellschafts- und wirtschaftpolitischen Ziele einschätzt, wird man eher liberalen oder interventionistischen agrarpolitischen Grundpositionen zuneigen; je nach der Art der identifizierten Funktionsmängel wird man unterschiedliche Vorstellungen über Zielrichtung und Form staatlicher Einflußnahme entwickeln.

Die Frage der Funktionsfähigkeit der Marktmechanismen wird auf der theoretischen Ebene häufig aus allgemeinen ordnungspolitischen Grundpositionen heraus diskutiert, während sich die praktische Agrarpolitik in zunehmendem Maße in pragmatischen Interventionismus verstrickt. Die wichtigste Aufgabe dieses Kapitels ist es daher zu prüfen, inwieweit spezifische Bedingungen der landwirtschaftlichen Produktion die Funktionsfähigkeit der Marktmechanismen im Agrarbereich beeinträchtigen und unterstützende bzw. korrigierende agrarpolitische Eingriffe erforderlich machen können.

1. Überblick: Modellbetrachtungen des Agrarsektors

1.1. Unterschiedliche Problemabgrenzungen in der Agrarökonomie

Eine Erfassung und Erklärung der ökonomischen Realität in ihrer ganzen Komplexität und Differenziertheit ist unmöglich. Um die Realität zu erfassen, Probleme zu erkennen und Entscheidungen zu treffen, sind Vereinfachungen nötig, d.h. die Analyse erfolgt auf der Basis eines Modells. Ein **Modell** ist eine vereinfachte Abbildung der Realität, das die relevanten Zusammenhänge beschreiben soll. Vereinfachungen sind möglich durch Begrenzung der Betrachtung auf einen **Ausschnitt** der Realität oder durch **Aggregation** der Betrachtung. Dabei kann man sich je nach der gewählten "Lupeneinstellung" ein umfassenderes, aber gröberes oder ein eingeengteres, aber stärker differenziertes Bild der zu erklärenden Beziehungen verschaffen.

Zunächst ist die in diesem Kapitel gewählte Betrachtungsweise hinsichtlich der (Agrar-) Politik zu erläutern. Bereits in der Einführung wurde dargelegt, daß der agrarsektorale Wandel in den westlichen Industrieländern in starkem Maße durch agrarpolitische Interventionen geprägt ist. Man muß daher den Einfluß agrarpolitischer Maßnahmen berücksichtigen, wenn man das Geschehen in den Agrarsektoren der westlichen Welt erklären will. In diesem Kapitel wird grundsätzlich von der Annahme **vorgegebener wirtschafts- und agrarpolitischer Rahmenbedingungen** ausgegangen (Modell mit "exogenem Staat"). Dabei werden die staatlich gesetzten Rahmenbedingungen und Maßnahmen als exogene Variable aufgefaßt, die direkt oder indirekt die ökonomischen Vorgänge im Agrarsektor beeinflussen, ohne daß Rückwirkungen auf die Politikgestaltung berücksichtigt werden. Derartige Zusammenhänge zwischen agrarsektoraler Entwicklung und agrarpolitischer Willensbildung werden erst in Bd. 2, Kap. V betrachtet. Da (vorgegebene) politische Maßnahmen ausführlich in Bd. 2, Kap. IV in bezug auf ihre Wirkungen analysiert und im Hinblick auf bestimmte Ziele beurteilt werden, wird die Einflußnahme des Staates nur an einigen Stellen angedeutet, um die grundsätzlichen Wirkungsmechanismen und Entwicklungstendenzen im Agrarsektor um so klarer herausarbeiten zu können.

Eine weitere Unterscheidung agrarsektoraler Betrachtungweisen läßt sich nach der Bedeutung des Agrarsektors im Rahmen der Gesamtwirtschaft vornehmen. Hat der Agrarsektor großes Gewicht, so sind die **Wechselwirkungen zwischen den Sektoren** zu berücksichtigen, z.B. die Auswirkungen der Abwanderung aus der Landwirtschaft auf den gesamtwirtschaftlichen Arbeitsmarkt. Macht dagegen der Agrarsektor nur einen kleinen Anteil an den wirtschaftlichen Aktivitäten eines Landes aus, so können die Rückwirkungen vom Agrarsektor auf das gesamtwirtschaftliche Geschehen vernachlässigt werden, d.h. es kann von vorgegebenen gesamtwirtschaftlichen Rahmenbedingungen, im obigen Beispiel von gegebenen gesamtwirtschaftlichen Lohnsätzen, ausgegangen werden. Im ersten Fall sprechen wir von der Annahme eines "großen Agrarsektors", im zweiten Fall von der Annahme eines "kleinen Agrarsektors".

Eine entsprechende Unterscheidung läßt sich nach der Bedeutung eines Landes für den Weltagrarhandel treffen. Hat ein Land einen fühlbaren Einfluß auf die Preisbildung auf den Weltmärkten, so sind die **Wechselbeziehungen zu anderen Ländern** bzw. zum Weltmarkt zu berücksichtigen. Wir sprechen dann von der Annahme eines "großen Landes". Dagegen kann bei einem "kleinen Land" von der Annahme gegebener Weltmarktpreise ausgegangen werden (vgl. Übersicht III-1).

Übersicht III-1: Einordnung des Agrarsektors nach seiner Bedeutung für die Gesamtwirtschaft und den Weltmarkt

	großer Agrarsektor	**kleiner Agrarsektor**
großes Land	Agrarländer mit fühlbarem Weltmarkteinfluß z.B. Australien, Argentinien	Industrieländer mit fühlbarem Weltmarkteinfluß z.B. USA, EG
kleines Land	Agrarländer ohne fühlbaren Weltmarkteinfluß z.B. Neuseeland, kleinere Entwicklungsländer	Industrieländer ohne fühlbaren Weltmarkteinfluß z.B. Schweiz, Schweden

In den anfänglichen und mittleren Phasen wirtschaftlicher Entwicklung sind fast alle Länder der Kategorie von Volkswirtschaften mit "großem Agrarsektor" zuzurechnen. Nur in einigen wenigen Ländern mit großem agrarischen Potential behält der Agrarsektor auch bei fortgeschrittener wirtschaftlicher Entwicklung ein großes Gewicht innerhalb der Gesamtwirtschaft.

Große Bedeutung für das Geschehen auf den Weltmärkten haben seit langem die traditionellen Agrarexportländer, wie die USA, Kanada, Australien und Argentinien. Durch die Bildung des Gemeinsamen Agrarmarktes ist auch die EG zu einem sehr wichtigen Handelspartner auf den Weltagrarmärkten geworden (vgl. Kap. II, 6).

Die Zuordnung bestimmter Länder zu den unterschiedenen vier Grundkonstellationen läßt sich nicht in pauschaler Weise vornehmen. So kann die weltwirtschaftliche Bedeutung einzelner Länder je nach Produktkategorie sehr unterschiedlich sein. Beispielsweise können kleinere Entwicklungsländer bei bestimmten tropischen Produkten einen hohen Weltmarktanteil haben (z.B. Sri Lanka bei Tee). Auch kann es bei der Untersuchung einer agrarisch geprägten Region innerhalb einer insgesamt hoch industrialisierten Volkswirtschaft zweckmäßig sein, von der Hypothese eines "großen Sektors" auszugehen. Das kann beispielsweise dann der Fall sein, wenn sich durch die Abwanderung aus der Landwirtschaft wesentliche Rückwirkungen auf den regionalen Arbeitsmarkt ergeben. Im Einzelfall verbleibt häufig ein gewisser Ermessensspielraum, welche Sektoren und Länder man als "groß" oder "klein", bzw. welche Rückwirkungen man als "fühlbar" oder "vernachlässigbar" ansieht.

In anderen agrarökonomischen Teildisziplinen wird vielfach von einer weitergehenden **Einengung der Betrachtung auf Teilsegmente** des agrarsektoralen Geschehens ausgegangen, um einfacher überschaubare Zusammenhänge zu erhalten. Dann sind die Rahmenbedingungen für die Analysen enger zu fassen. Von dieser Möglichkeit wird bei vielen Untersuchungen Gebrauch gemacht, insbesondere bei partialen Marktanalysen und einzelbetrieblich basierten Fallstudien:

- Bei partialen Marktanalysen wird die Betrachtung auf einzelne Märkte oder begrenzte Komplexe von Marktbeziehungen eingeengt. Es sind dann auch die ökonomischen Daten an den Schnittstellen zu anderen Produktions- und Marktbereichen vorzugeben.
- Bei einzelbetrieblichen Untersuchungen sind alle ökonomischen Rahmendaten "um den Betrieb herum" vorzugeben.

Im folgenden wird vielfach von einzelbetrieblichen und partialen Erklärungsansätzen *ausgegangen*, um zunächst einfacher überschaubare Zusammenhänge zu erhalten. Das Aussageziel ist hierbei jedoch stets auf die Erklärung gesamtsektoraler Zusammenhänge ausgerichtet.

Bei bestimmten Fragestellungen werden wir eine andere Richtung der Vereinfachung agrarsektoraler Zusammenhänge einschlagen, in der unmittelbar (ohne den "Umweg" über Einzelmärkte oder einzelne Betriebe) eine **aggregierte Betrachtung** von gesamtsektoralen Größen erfolgt, wie der landwirtschaftlichen Produktion insgesamt, dem landwirtschaftlichen Faktoreinsatz (Arbeit, Boden, Kapital, Vorleistungen) und den entsprechenden Größen der sektoralen Gesamtrechnung. Ein Kernstück von Erklärungsansätzen auf sektoraler Ebene stellt die aggregierte Produktionsfunktion für den landwirtschaftlichen Sektor dar. Von derartigen Modellvorstellungen, bei denen die intrasektoralen Verflechtungszusammenhänge vernachlässigt werden, wird insbesondere bei intersektoralen Betrachtungen ausgegangen.

1.2. Systematik agrarsektoraler Verflechtungen

In diesem Abschnitt sollen für jede der unterschiedenen Konstellationen die wichtigsten Verflechtungszusammenhänge schematisch gekennzeichnet werden. Diese bilden eine Grundlage für die Einordnung der auf verschiedenen Ebenen ansetzenden, weiterführenden Modellanalysen.

1.2.1. Intrasektorale Verflechtungen bei gegebenen gesamtwirtschaftlichen Rahmenbedingungen und Weltmarktpreisen

In einem ersten Schritt wollen wir die Wirkungszusammenhänge im Agrarsektor unter der Annahme gegebener gesamtwirtschaftlicher Rahmenbedingungen und Weltmarktpreise verfolgen, also von den Verhältnissen eines "kleinen Landes" mit einem "kleinen Agrarsektor" ausgehend. Betrachtet werden die ökonomischen Mechanismen, die die Anpassung des Agrarsektors an gegebene oder - bei dynamischer Betrachtung - an sich im Zeitablauf ändernde Rahmenbedingungen steuern.

Im Mittelpunkt stehen die landwirtschaftliche Produktion und die **landwirtschaftlichen Produkt- und Faktormärkte**, die wechselseitig miteinander verbunden sind und wesentlich durch die gesamtwirtschaftlichen und außerökonomischen Rahmenbedingungen beeinflußt werden. Aus Übersicht III-2 ist ersichtlich, daß die wichtigsten Schnittstellen zwischen dem Agrarsektor und den exogenen Rahmenbedingungen in den Bereichen der Nahrungsmittelnachfrage, der Faktormärkte (einschließlich der Vorleistungen) und der Einkommensverwendung bestehen. In einer offenen Volkswirtschaft treten die Weltmarktbeziehungen hinzu.

Die **Nachfrage nach Nahrungsmitteln** wird in starkem Maße durch außerökonomische und gesamtwirtschaftliche Größen (Bevölkerungszahl, Bedürfnisstruktur, Höhe und Verteilung des Volkseinkommens) bestimmt. Die Prozesse der Verarbeitung von Agrarprodukten und Vermarktung von Lebensmitteln verbinden die Nahrungsmittelnachfrage mit der Nachfrage nach landwirtschaftlichen Rohprodukten.

Das **Angebot von Agrargütern** hängt von einer Vielzahl außerökonomischer, gesamtwirtschaftlicher und agrarsektoraler Einflußfaktoren ab. Von zentraler Bedeutung sind neben den Agrarpreisen die besonderen Eigenschaften landwirtschaftlicher Produktion, der technische Fortschritt, die in den Betrieben verfügbaren Faktorkapazitäten und ihre außerlandwirtschaftlichen Verwendungsmöglichkeiten. Die Lagerhaltung bildet eine Art "Puffer" zwischen Agrarproduktion und Agrargüterangebot.

Die **Preise der Agrargüter** sind die endogenen sektoralen Variablen, durch die (bei Abwesenheit staatlicher Interventionen) in jeder Periode eine Abstimmung von Agrargüterangebot und -nachfrage herbeigeführt wird. Die Preisbildung kann dabei in unterschiedlichem Maße durch die Entwicklung der Weltagrarmärkte beeinflußt werden. Unter Freihandelsbedingungen werden die Preise international gehandelter Güter auf den Märkten eines "kleinen Landes" weitgehend durch den Weltmarkt determiniert. Wird eine Außenschutzpolitik betrieben, so kann je nach Art und Dosierung der gewählten Maßnahmen eine mehr oder weniger starke Abschirmung der heimischen Märkte gegenüber dem Weltmarkt mit entsprechenden Auswirkungen auf die Preisbildung erfolgen.

Übersicht III-2: Schematische Darstellung der agrarsektoralen Verflechtungen bei gegebenen gesamtwirtschaftlichen Rahmenbedingungen und Weltmarktpreisen ("Kleiner Sektor, Kleines Land")

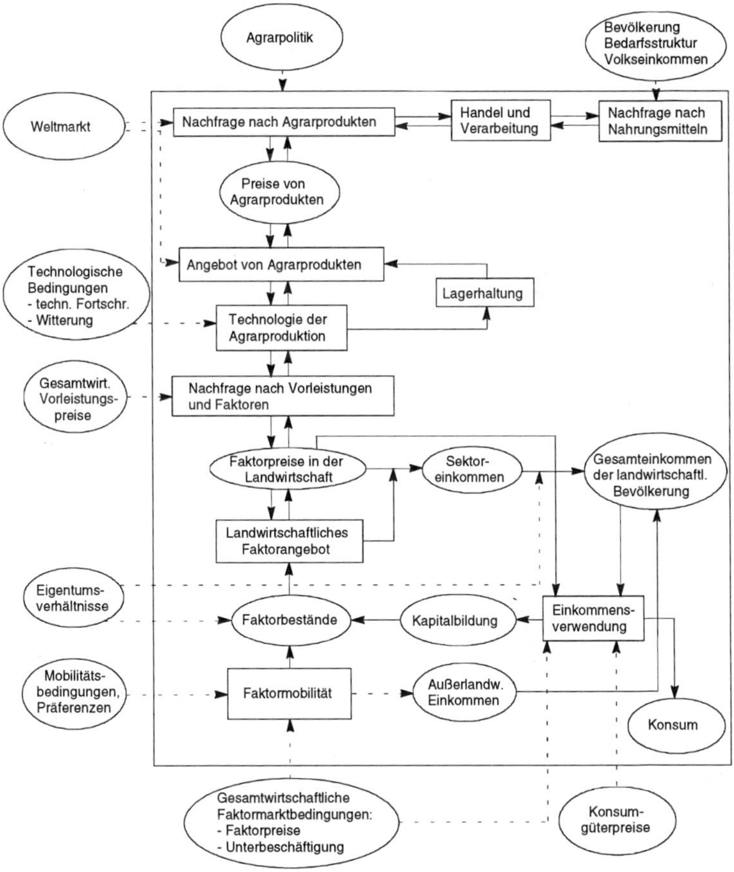

Produktion und Faktoreinsatz in der Landwirtschaft sind über die Technologie der Agrarproduktion wechselseitig verbunden. Die Entscheidungen über die Faktornachfrage werden von den Landwirten gleichzeitig mit denen über Produktionsumfang und -verfahren getroffen. Sie stellen somit zwei Seiten der gleichen Medaille dar. Analog zum Preisbildungsprozeß auf den Agrarmärkten bilden sich auf den **Faktormärkten** Preise heraus, die eine Abstimmung zwischen Angebot und Nachfrage von Produktionsfaktoren bzw. deren Leistungen herbeiführen. Die Faktorleistungen können dabei entweder innerhalb der betrachteten Periode zugekauft (variable Produktionsfaktoren, insbesondere Vorleistungen) oder aus vorhandenen Faktorbeständen (fixe Produktionsfaktoren, wie Gebäude, Maschinen und Familienarbeitksräfte) realisiert werden.

Änderungen der Faktorbestände erfolgen durch die Zu- und Abwanderung von Arbeitskräften, durch Kauf oder Pacht von landwirtschaftlichen Nutzflächen sowie durch Neuinvestition bzw. Wiederveräußerung von Kapitalgütern. Die Entscheidungen über die Änderung von Faktorbeständen werden von Periode zu Periode in Abhängigkeit von den in der Landwirtschaft bislang erzielten und künftig erwarteten Faktorentlohnungen einerseits, und den Zukaufspreisen für die Faktoren bzw. den bei alternativer Verwendung erzielbaren Faktoreinkommen (den Opportunitätskosten) andererseits getroffen. Dabei hängt das Ausmaß der Faktormobilität in starkem Maße von den gesamtwirtschaftlichen Rahmenbedingungen (insbesondere der Arbeitsmarktlage), den agrarstrukturellen Verhältnissen und möglichen Mobilitätshemmnissen ab.

Die **Höhe des Sektoreinkommens** ergibt sich aus den produzierten Mengen, den erzielten Preisen, den Aufwendungen für Vorleistungen und (im Falle staatlicher Einflußnahme) den gezahlten Steuern und empfangenen Subventionen; es entspricht der Summe aller landwirtschaftlichen Faktorentlohnungen. Die *Einkommen der landwirtschaftlichen Bevölkerung* hängen zusätzlich ab von den Eigentumsverhältnissen, der Höhe der Einkommen aus außerlandwirtschaftlicher Erwerbstätigkeit und Vermögen, sowie von Art und Umfang staatlicher Umverteilungsmaßnahmen (vgl. Kap. II, 4.2). Das nach Umverteilung verfügbare Einkommen ist ein wichtiger Bestimmungsfaktor für die Konsumentscheidungen der landwirtschaftlichen Haushalte und beeinflußt aufgrund der engen Verflechtungen zwischen landwirtschaftlichem Unternehmen und Haushalt auch das Investitionsverhalten (Liquiditätseffekt).

In den folgenden Abschnitten werden wir bei unseren Überlegungen häufig von dem oben skizzierten Modell eines "kleinen Landes" mit "kleinem Agrarsektor" ausgehen, das für die Verhältnisse vieler kleiner und mittlerer Industrieländer in fortgeschrittenen Stadien wirtschaftlicher Entwicklung eine geeignete Arbeitshypothese darstellt. Zuvor soll jedoch ein Überblick über die dabei vernachlässigten Verflechtungen gegeben werden, die später in erweiterten Modellbetrachtungen einbezogen werden.

1.2.2. Intersektorale Verflechtungen

Hat der Agrarsektor eine größere Bedeutung für die gesamtwirtschaftlichen Aktivitäten eines Landes, oder stehen die intersektoralen Verflechtungen im Mittelpunkt der Betrachtung, so sind die *Wirkungen vom Agrarsektor* auf die gesamtwirtschaftlichen Produkt- und Faktormärkte und das gesamtwirtschaftliche Wachstum und deren

Rückwirkungen auf den Agrarsektor mit in die Analyse einzubeziehen. Dann ist von der Grundvorstellung eines **Modells mit "großem Agrarsektor"** auszugehen. Als exogen vorgegebene Rahmenbedingungen verbleiben dann lediglich außerökonomische Größen (technischer Fortschritt, Bevölkerungswachstum, Bedarfsstrukturen, Wirtschafts- und Agrarpolitik u.a.) sowie - wenn wir weiterhin von der Situation eines "kleinen Landes" ausgehen - die Weltmarktpreise .

Die landwirtschaftlichen Produkt- und Faktormärkte treten nun in Wechselbeziehung zu den entsprechenden Märkten des gewerblichen Sektors: Im Zuge des Preisbildungsprozesses ergeben sich (relative) Preise, die für ein Gleichgewicht sowohl auf den landwirtschaftlichen als auch den gewerblichen Produkt- und Faktormärkten sorgen. Die relativen Produkt- und Faktorpreise steuern Wachstum und Zusammensetzung des Sozialprodukts sowie den sektoralen Faktoreinsatz und die intersektorale Faktormobilität, wodurch gleichzeitig die intersektorale Einkommensverteilung bestimmt wird. Derartige Beziehungszusammenhänge werden wir in Abschnitt 8 anhand eines Zwei-Sektoren-Modells einer Volkswirtschaft weiter verfolgen.

1.2.3. Internationale Verflechtungen

Haben die Importe und Exporte eines Landes einen signifikanten Einfluß auf den Weltagrarhandel, so können die von dem betrachteten Land ausgehenden Wirkungen auf den Weltmarkt nicht vernachlässigt werden. Die Weltmarktpreise sind dann keine exogenen Größen mehr, sondern aus dem Zusammenspiel von Angebot und Nachfrage der am internationalen Handel beteiligten Länder zu erklären. Hat gleichzeitig der Agrarsektor in dem betrachteten Land nur eine geringe gesamtwirtschaftliche Bedeutung, so ist das **Modell eines "großen Landes" mit "kleinem Agrarsektor"** angemessen.

Wenn man die Handelsbeziehungen aus der Sicht eines "großen Landes" betrachtet, entsprechen die *intrasektoralen* Wirkungszusammenhänge weitgehend den in Übersicht III-2 skizzierten Verhältnissen. Jedoch ist nun zu berücksichtigen, daß die Weltmarktpreise durch die Exporte und Importe des betrachteten Landes mitbestimmt werden.

Betrachtet man mehrere "große Länder", so sind die Handelsbeziehungen zwischen diesen Ländern in die Analyse einzubeziehen (im einfachsten Fall im Rahmen eines "Zwei-Länder-Modells" für ein Agrarprodukt). Richtung und Ausmaß des Handels werden durch die Angebots- und Nachfrageverhältnisse in den einzelnen Ländern und die Höhe der Transportkosten bestimmt. Von größter Bedeutung sind dabei die Unterschiede in den Kostenstrukturen der landwirtschaftlichen Produktion, die vor allem von der Ausstattung mit natürlichen Ressourcen, dem Stand der volkswirtschaftlichen Entwicklung und der Produktionstechnik sowie den bestehenden Agrarstrukturen in den beteiligten Ländern abhängen.

Unter Freihandelsbedingungen führt der internationale Güteraustausch zu einer Angleichung der Agrarpreise in den am Handel beteiligten Ländern (wenn man von Transportkosten absieht). In allen Ländern herrschen dann Weltmarktpreise, die Umfang und Intensität der landwirtschaftlichen Produktion, Faktoreinsatz, Agrareinkommen und Faktorentlohnungen bestimmen.

Werden zur Stützung der heimischen Agrarpreise außenhandelspolitische Instrumente eingesetzt, so wirken diese auf eine Einschränkung des Agrarhandels hin und tragen tendenziell zu einer Senkung und größeren Instabilität der Weltmarktpreise bei (vgl. unten Abschnitt 5). Solange jedoch der internationale Agrargüteraustausch nicht völlig zum Erliegen kommt, bleiben die oben beschriebenen Zusammenhänge prinzipiell bestehen. Modellansätze dieses Typs werden wir bei der Analyse internationaler Handelsbeziehungen auf einzelnen Agrarmärkten sowie bei der Untersuchung der Auswirkungen protektionistischer Maßnahmen auf Drittländer anwenden.

Werden die Handelsbeziehungen zwischen großen Ländern bzw. Ländergruppen betrachtet, und hat der Agrarhandel zumindest für einige der beteiligten Länder erhebliche gesamtwirtschaftliche Bedeutung, so ist von der **Modellvorstellung "großer Länder" mit "großen Agrarsektoren"** auszugehen. Die ökonomischen Wirkungszusammenhänge innerhalb eines solchen Systems umfassen nun gleichzeitig die intersektoralen und internationalen Verflechtungen des Agrarsektors. Derartige Modellvorstellungen können eine Grundlage für die Analyse von Handelsbeziehungen zwischen größeren Gruppen von Entwicklungs- und Industrieländern bieten. Ein Modell dieses Typs werden wir in einer stark vereinfachten Form (Zwei-Länder-Modell für zwei Produkte und zwei Faktoren) bei der wohlfahrtsökonomischen Analyse der Auswirkungen von handelspolitischen Maßnahmen in Bd. 2, Kap. IV anwenden.

2. Grundlagen für die Erklärung des Entscheidungsverhaltens in der Landwirtschaft

Die Erklärung agrarsektoraler Entwicklungen soll hier von den Gegebenheiten auf der Ebene einzelner landwirtschaftlicher Betriebe ausgehen. Denn letztendlich sind es einerseits die Ziele und Verhaltensweisen der landwirtschaftlichen Unternehmer und ihrer Familien sowie andererseits die jeweiligen natürlichen, technologischen und ökonomischen Rahmenbedingungen der Agrarproduktion, die Produktion und Faktoreinsatz in der Landwirtschaft bestimmen.

2.1. Entscheidungssituation landwirtschaftlicher Unternehmen und Haushalte

In den landwirtschaftlichen Familienbetrieben bestehen enge wechselseitige Beziehungen zwischen dem Unternehmens- und Haushaltsbereich. Dieses gilt insbesondere für die Grundentscheidungen über die Berufswahl, die Weiterführung des Betriebs und gegebenenfalls die Aufnahme einer außerlandwirtschaftlichen Beschäftigung, aber auch für viele laufende Entscheidungen, wie die Dispositionen über den Arbeitseinsatz von Familienmitgliedern und über die Verwendung von Einkommen für Konsum- und Investitionszwecke.

Für die Erklärung des Entscheidungsverhaltens ist es zweckmäßig, teilweise mit Modellkonzepten für landwirtschaftliche Unternehmen und teilweise mit integrierten Modellen für den Unternehmens- und Haushaltsbereich zu arbeiten. Umfassendere Modellansätze des letzten Typs sind insbesondere hilfreich für die Erklärung "inversen" Angebotsverhaltens sowie für die Untersuchung kombinierter Formen der Erwerbstätigkeit und Einkommenserzielung (siehe Abschnitt 6.4.1).

Die Entscheidungssituation landwirtschaftlicher Unternehmen und Haushalte wird durch vielfältige Einflußfaktoren bestimmt. Diese beziehen sich auf:

(1) die **Ausgangslage** von Betrieb und Haushalt, insbesondere
- den Bestand an Produktionsfaktoren (die Ausstattung mit Arbeitksräften, Flächen, Gebäuden und Maschinen),
- die natürlichen Produktionsbedingungen und die im Betrieb realisierte Produktionstechnik,
- die Verhältnisse auf den Bezugs- und Absatzmärkten, auf denen landwirtschaftliche Unternehmen meistens als Musterbeispiele für Mengenanpasser gelten können,
- die Zusammensetzung der Betriebsleiterfamilie nach Ausbildung, Alter und Qualifikation der Familienmitglieder, sowie
- die Vermögenslage der Betriebsinhaberfamilie, sowohl hinsichtlich der Höhe des dem landwirtschaftlichen Unternehmen zuzurechnenden Eigen- und Fremdkapitals, wie auch hinsichtlich außerlandwirtschaftlicher Vermögensanlagen;

(2) die **Erwartungen über die künftige Entwicklung der** wirtschaftlichen, technologischen und politisch gesetzten **Rahmenbedingungen**, insbesondere bezüglich
- der Absatzmöglichkeiten (Preise und Mengen) für die erzeugten Agrarprodukte sowie der Bezugsmöglichkeiten von Betriebsmitteln und Investitionsgütern,
- der Entwicklungen auf dem Pacht- und Bodenmarkt,
- der zu erwartenden technologischen und organisatorischen Neuerungen,

- der Konditionen für die Aufnahme von Fremdkapital sowie der Chancen und Risiken von außerlandwirtschaftlichen Vermögensanlagen,
- der Chancen für die Mitglieder der Betriebsinhaberfamilie, außerlandwirtschaftliche Erwerbsmöglichkeiten (in Teil- oder Vollzeitbeschäftigung) realisieren zu können und
- der Veränderung wirtschafts- und agrarpolitischer Rahmenbedingungen;

(3) die **Zielsetzungen und Verhaltensweisen** der landwirtschaftlichen Unternehmer bzw. Betriebsinhaberfamilien, die in starkem Maße die landwirtschaftlichen Unternehmensentscheidungen bestimmen.

Bevor wir - von dieser Grundlage ausgehend - die verschiedenen Aspekte der Produktions- und Faktoreinsatzentscheidungen in der Landwirtschaft untersuchen, wollen wir die angeführten Bestimmungsfaktoren etwas genauer betrachten: zuerst die Ziele und Verhaltensweisen der landwirtschaftlichen Betriebsinhaberfamilien, dann die Erwartungsbildung und schließlich die produktionstechnischen Bedingungen in der Landwirtschaft.

2.2. Ziele und Verhaltensweisen in der Landwirtschaft

Unser Wissen über die Ziele und Verhaltensweisen landwirtschaftlicher Entscheidungsträger ist noch recht begrenzt. Die nicht sehr zahlreichen empirischen Untersuchungen zu diesem Fragenkomplex (z.B. VON DER OHE 1985, SOHN 1989, HESSELBACH, HORLEBEIN 1976) haben auf der Basis von Befragungen und "Einstellungsmessungen" noch nicht zu abschließenden Ergebnissen geführt. Hierfür ist neben methodischen Problemen der Befragung und häufig fehlender Repräsentativität der Daten auch das Fehlen einer allgemein anerkannten Theorie menschlichen Verhaltens verantwortlich, an der sich die empirischen Untersuchungen ausrichten könnten. Viele (Vor-)Urteile sind daher "am Schreibtisch" (BRANDES 1985) entstanden, beruhen auf Plausibilitätsüberlegungen, "allgemeinen Erfahrungen" und nicht nachvollziehbaren Interpretationen von beobachtetem Verhalten und haben darum eher den Charakter von Hypothesen.

Weiten Teilen der elementaren Unternehmenstheorie liegt die Hypothese der **Gewinnmaximierung** zugrunde (z.B. VARIAN 1984, S.1ff). Gerade wegen der damit verbundenen radikalen Vereinfachung der Theorie war es möglich, zahlreiche Eigenschaften der Unternehmerreaktionen eindeutig abzuleiten. Allerdings dürfte die Gewinnmaximierung für die Erklärung vieler Entscheidungen wegen der Vernachlässigung relevanter Aspekte der Realität eine zu sehr vereinfachte Modellvorstellung sein.

In der Betriebswirtschaftslehre wird seit langem berücksichtigt, daß über die relevanten ökonomischen Daten **Unsicherheit** besteht, über die also *Erwartungen* (vgl. Abschnitt 2.3) gebildet werden müssen (z.B. SCHNEI-

DER 1989; BRANDES, WOERMANN 1969). Zahlreiche empirische Untersuchungen bestätigen, daß Landwirte i.d.R. bei gleich hohem durchschnittlichen Gewinn die Alternative mit dem geringsten Risiko bevorzugen, daß sie also **Risikoaversion** zeigen. Damit wird die Sicherheit des Gewinns neben seiner Höhe zu einer weiteren Zielgröße (ausführlich dazu z.B. ANDERSON, DILLON, HARDAKER 1977).

Tatsächlich dürfte daneben ein ganzes **Bündel von** miteinander konkurrierenden oder sich ergänzenden **Zielen** verfolgt werden. Hier sind nicht nur die "üblichen Unternehmensziele" wie Gewinnerzielung, Unternehmenssicherung und -wachstum von Bedeutung, sondern auch Ziele und Wertvorstellungen allgemeinerer Art wie der Wunsch nach Selbständigkeit, sozialer Anerkennung, Naturverbundenheit und Freizeit. Einige dieser Ziele konkurrieren miteinander (z.B. Einkommen und Freizeit), andere können sich ergänzen (z.B. Einkommen und Sozialprestige), wiederum andere sind voneinander unabhängig (z.B. Selbständigkeit und Naturverbundenheit). Wenn durch die Allokationsentscheidungen in der Landwirtschaft andere Ziele tangiert werden, die teilweise mit dem Einkommensziel konkurrieren, können Abweichungen vom Gewinn- bzw. Einkommensmaximum "zielgerecht" sein: Die Freizeitwertschätzung erklärt, warum nicht bis zur physischen Belastungsgrenze gearbeitet wird; Freude an selbständiger Arbeit in engem Kontakt zu Natur und Familie kann dafür verantwortlich sein, daß außerlandwirtschaftliche Beschäftigungsmöglichkeiten nicht wahrgenommen werden; "Umweltbewußtsein" kann für Dünger- und Pflanzenschutzmittel einen unterhalb des Gewinnmaximums liegenden Faktoreinsatz erklären, während "Sicherheitszuschläge" bei Futter, Dünger und Pflanzenschutz oder auch "Prestigedenken" bei Maschinen- und Gebäudekapital die Ursachen für einen das Gewinnmaximum überschreitenden Faktoreinsatz sein können.

Andere Ziele neben dem Einkommen wie Freizeit, Prestige, Umweltverträglichkeit usw. können in einer **mehrdimensionalen Nutzenfunktion** zum Ausdruck gebracht werden. Wenn die Wirtschaftssubjekte die durch diese Nutzenfunktion beschriebenen Ziele im Rahmen ihrer Möglichkeit mit höchster Konsequenz verfolgen, d.h. das Maximum anstreben, kann man von (stringentem) **Rationalverhalten** sprechen. Die Kernelemente der mikroökonomischen Theorie sind auf dieser Annahme begründet, die gegenüber der Gewinnmaximierungshypothese entscheidend verallgemeinert ist. Da die Nutzenmaximierungsannahme bei weiter Auslegung, d.h. bei subjektiv empfundenen, beliebigen Zielen und einem ebenfalls subjektiv empfundenen Entscheidungsspielraum mit nahezu allen Verhaltensweisen vereinbar ist (TIETZEL 1981, kritisch dazu: BRANDES 1988), stellt sie auch für das Verhalten landwirtschaftlicher Familienbetriebe eine geeignete Arbeitshypothese dar.

Bei der Maximierungshypothese ist allerdings zu berücksichtigen, daß die Landwirte sowohl über ihre Ziele, als auch über die möglichen alternativen Handlungen nur unvollkommen informiert sind. Die Suche nach Alternativen und ihre Bewertung im Hinblick auf die Ziele beansprucht Ressourcen und stellt selbst eine u.U. ungeliebte Arbeit dar (BRANDES 1985, S. 19). Aus diesem Grund wurde als eine weniger extreme Form des Rationalverhaltens das Konzept der "**begrenzten Rationalität**" (SIMON 1957) vorgeschlagen. Hiernach *maximieren* die Landwirte keine mehrdimensionale Nutzenfunktion, sondern sie versuchen "Anspruchsniveaus" für ihre Ziele zu *befriedigen* (**satisfizierendes Verhalten**). Die mit diesem Konzept erreichbare Vereinfachung der Planungsaufgabe wird von Betriebswirten traditionell ausgenutzt, wenn sie alle sonstigen Zielgrößen außer dem Gewinn mit gewissen Mindestniveaus in den Nebenbedingungen berücksichtigen, unter denen dann üblicherweise der Gewinn maximiert wird (BRANDES, WOERMANN 1969, S. 14f.), obwohl hiermit eine gewisse Asymmetrie in der Behandlung der Ziele verbunden ist.

Realistischer als die Annahme fester Anspruchsniveaus erscheint es allerdings, von einem **dynamischen Prozeß der Zielbildung** auszugehen, in dem Anspruchsniveaus nach unten korrgiert werden, wenn sie nicht erreicht werden können, und nach oben korrigiert werden, wenn sie leicht überschritten werden können. Bei Berücksichtigung derartiger Anpassungen der Anspruchsniveaus stellen sich langfristig jedoch ähnliche Ergebnisse ein wie bei der Maximierungshypothese (DAY 1976). Bei den Lernprozessen (über die eigenen Ziele und über den ökonomischen Entscheidungsspielraum) spielen neben den eigenen Erfahrungen auch die Einflüsse von sozialen Bezugsgruppen eine Rolle. So kann man die verzögerte Übernahme von Innovationen in der Landwirtschaft als sozialen Prozeß der Wechselwirkungen von "Innovatoren", "frühen Nachahmern" und "Nachzüglern" unter dem Einfluß ökonomischer Anreize deuten (ROGERS 1962, GRILICHES 1957). Vieles spricht dafür, daß die Allokationsentscheidungen in der Landwirtschaft bei genügender Zeit zum Abschluß dieser Lernprozesse durchaus "effizient" im Sinne der Maximierungshypothese sind (SCHULTZ 1964). Der *Anpassungsprozeß* verläuft jedoch verzögert, u.a. weil Änderungen von ökonomischen Variablen erst bei Überschreiten gewisser Schwellen der Fühlbarkeit (KRELLE 1968) überhaupt Abweichungen vom traditionellen Verhalten auslösen und weil die Anpassung aus dem Vorsichtmotiv eher nach Art eines Herantastens an das neue Optimum erfolgt.

Je nach der Art der zu treffenden Entscheidungen können die verschiedenen Ziele und Verhaltensmuster unterschiedliches Gewicht haben: Bei den *grundlegenden Entscheidungen* über die Berufswahl und Weiterführung des Betriebes haben allgemeine Wertvorstellungen, Präferenzen für bestimmte Aspekte landwirtschaftlicher Tätigkeit und soziale Einflüsse z.T. großes Gewicht neben dem Einkommensziel. Zur Erklärung dieser Grundentscheidungen ist daher oft von komplexeren Unternehmens-Haushaltsmodellen auszugehen. So werden wir etwa die Arbeitsangebotsentscheidungen auf der Basis einer Nutzenfunktion für die beiden Teilziele "Einkommen" und "Freizeit" analysieren (Abschnitt 6.4.1).

Bei den *laufenden betrieblichen Entscheidungen* (etwa über den Vorleistungseinsatz) sind andere grundlegende Ziele neben dem Einkommen dagegen oft nicht betroffen. Wegen der Häufigkeit dieser Entscheidungen ist zudem mit einem raschen Abschluß der Lernprozesse zum Auffinden des Optimums zu rechnen. Die Annahme der Gewinnmaximierung stellt daher i.d.R. eine geeignete Arbeitshypothese für die Erklärung der laufenden Unternehmensentscheidungen über Faktoreinsatz und Produktionsprogramm dar (Abschnitte 3.3 und 3.4).

Zusammenfassend kann man festhalten, daß die Annahme von (u.U. beschränktem) Rationalverhalten auch für den landwirtschaftlichen Bereich gelten kann. Darüber hinaus kann bei den laufenden Unternehmensentscheidungen davon ausgegangen werden, daß sich die Landwirte in starkem Maße einkommensorientiert verhalten, so daß für derartige Entscheidungen die Annahme der Gewinnmaximierung - gegebenenfalls ergänzt durch Nebenbedingungen - im allgemeinen eine geeignete Arbeitshypothese darstellt. Dagegen ist bei den grundlegenden Entscheidungen über die Berufswahl und die Weiterführung des Betriebes von umfassenderen Zielfunktionen und Erklärungsansätzen für die landwirtschaftlichen Familien auszugehen.

2.3. Erwartungsbildung

Da über den Faktoreinsatz entschieden werden muß, bevor die Produktion anfällt, sind über die zukünftigen Produktpreise Erwartungen zu bilden. Vielfach können einmal getroffene Entscheidungen (z.B. über einen Stallbau oder die Ausbildung der Kinder) später nur mit zusätzlichen Kosten revidiert werden, d.h. die heute getroffenen Entscheidungen beeinflussen über mehrere Jahre die zukünftige Wohlfahrt der Familie bzw. ihr erreichbares Nutzenniveau. Umgekehrt sind die heutigen Entscheidungen abhängig von den Erwartungen über zukünftige ökonomische Rahmenbedingungen.

Wenn sich die Landwirte risikoavers verhalten, sind nicht nur die Erwartungen über die Mittelwerte (Erwartungswerte) der ökonomischen Daten relevant, sondern auch deren erwartete Streuung. Die Erwartung z.B. einer (u.U. politisch bedingten) *stabileren* Preisentwicklung bei einem bestimmten Produkt wird viele Landwirte veranlassen, die Produktion dieses Gutes auszudehnen, auch wenn das erwartete *Niveau* unverändert ist.

Für unser Wissen um die Erwartungsbildung gilt leider ähnliches wie für das über die Ziele und Verhaltensweisen in der Landwirtschaft: Es ist begrenzt und nur schwach empirisch abgesichert. Im folgenden sollen lediglich die wichtigsten für die weiteren Überlegungen relevanten Hypothesen zur Bildung von Preiserwartungen (bezüglich der Mittelwerte) kurz vorgestellt werden (dazu auch: DE HAEN 1971, S. 31 ff; BRANDES 1990, S. 26 ff).

Autoregressive Erwartungen

Bei "autoregressiven" Erwartungen werden die erwarteten Preise aus der Preisentwicklung in der Vergangenheit abgeleitet, d.h. die Preiserwartung P^e_{t+1} für den Zeitpunkt t + 1 wird über eine Regressionsgleichung aus der Zeitreihe der in der Vergangenheit beobachteten Preise P_{t-i} bestimmt. Wenn sich die Regressionskoeffizienten dabei zu 1 aufaddieren, läßt sich der erwartete Preis als gewogenes Mittel vergangener Preise interpretieren:

$$\text{(III-1)} \qquad P^e_{t+1} = \sum_{i=0}^{T} k_i \; P_{t-i}$$

Diese Form der Erwartungsbildung wurde insbesondere in empirischen Arbeiten zur Angebotsreaktion oft verwendet und dabei zu bestimmten Spezialfällen vereinfacht:

Naive Erwartungen erhält man aus (III-1), wenn man $k_0 = 1$ und $k_i = 0$ für $i > 0$ setzt:

$$\text{(III-2)} \qquad P^e_{t+1} = P_t$$

In diesem Fall wird "naiv" angenommen, der gegenwärtige Preis P_t gelte auch in der Folgeperiode.

Bei **extrapolativen Erwartungen** wird die naive Preiserwartung aus (III-2) dagegen in gewissem Umfang entsprechend der letzten Preisänderung korrigiert, d.h. man unterstellt, die Landwirte extrapolierten die jüngste Preisentwicklung in die Zukunft:

$$\text{(III-3)} \qquad P^e_{t+1} = P_t + \alpha\,(P_t - P_{t-1}) = k_0 \cdot P_t + k_1 \cdot P_{t-1}$$

$$k_0 = 1 + \alpha\,,\; k_1 = -\,\alpha$$

Die extrapolative Erwartungsbildung erscheint vernünftiger und damit realistischer als die naive Form (III-2). Kritisch zu beurteilen ist allerdings, daß die Information über die Preise in den Perioden vor t-1 nicht einbezogen wird.

Noch plausibler ist die insbesondere von NERLOVE (1958, S. 46 ff) populär gemachte Hypothese **adaptiver Erwartungen**. Hierbei wird nicht der *aktuelle* Preis P_t, sondern der für die aktuelle Periode *erwartete* Preis P^e_t korrigiert, um die nächste Preiserwartung zu erzeugen und zwar um einen Teil des letzten Vorhersageirrtums, so daß ein Lernvorgang unterstellt wird:

(III-4) $P^e_{t+1} = P^e_t + \alpha (P_t - P^e_t)$

Durch Verzögerung von (III-4) um 1 Periode und nachfolgende Substitutionen kann man (III-4) auf die allgemeine Form (III-1) autoregressiver Erwartungen bringen und dabei zeigen, daß adaptive Erwartungen geometrisch abnehmende Gewichte k_i für die vergangenen Preise implizieren:

(III-5)
$$P^e_{t+1} = P^e_t + \alpha(P_t - P^e_t)$$
$$= [P^e_{t-1} + \alpha(P_{t-1} - P^e_{t-1})] + \alpha(P_t - [P^e_{t-1} + \alpha(P_{t-1} - P^e_{t-1})])$$
$$= \alpha P_t + \alpha (1-\alpha) P_{t-1} + (1-\alpha)^2 P^e_{t-1}$$
$$= \ldots$$
$$= \sum_{i=0}^{\infty} \alpha(1-\alpha)^i P_{t-i} = \sum_{i=0}^{\infty} k_i P_{t-i}$$

Abnehmende Gewichte für weiter zurückliegende Preise reflektieren die Überlegung, daß die weiter zurückliegenden Preise stärker von Faktoren beeinflußt waren, die u.U. nicht mehr in der Zukunft wirksam sind, so daß der Informationsgehalt der jüngsten Preise höher einzuschätzen ist.

Adaptive Erwartungen sind in großem Umfang in der (ökonometrischen) Angebotsanalyse eingesetzt worden (vgl. ASKARI, CUMMINGS 1976) und z.T. auch in Befragungen als brauchbare Arbeitshypothese bestätigt worden (z.B. bei FISHER, TANNER 1978).

Rationale Erwartungen

Obwohl die adaptive Erwartungsbildung sicherlich einige Plausibilität beanspruchen kann und sich auch empirisch oft bewährt hat, sind Kritikpunkte vorgebracht worden, die letztlich zur Formulierung der Alternativhypothese "rationaler" Erwartungen geführt haben:

(1) Bei adaptiven Erwartungen der Wirtschaftssubjekte kommt es normalerweise zu systematischen Fehleinschätzungen. Zwar unterstellt das Modell eine gewisse Lernfähigkeit, doch wird die wahre Struktur der Preisbildung i.d.R. nicht erkannt. Wenn z.B. ein bis zur Periode t konstanter Preis auf $P_{t+1} = P_t + D$ steigt, so dauert es unendlich lange, bis der Landwirt diese dauerhafte Änderung registriert hat, d.h. seine Preiserwartung ebenfalls auf $P_t + D$ erhöht hat.

(2) Während normalerweise Rationalverhalten für die Wirtschaftssubjekte unterstellt wird, nimmt man für die Preiserwartungen an, die Landwirte nutzten die verfügbaren Informationen sehr unvollständig: Lediglich die vergangenen Preise würden bei der Preiserwartung einbezogen, obwohl laufend Informationen und Vorausschätzungen über die Marktzusammen-

hänge von verschiedenen Medien verbreitet werden (vgl. z.B. BOECKENHOFF, MÜLLER 1991, BOECKENHOFF, LOHNER 1991).

Bei rationalen Erwartungen (MUTH 1961, FISHER 1982) unterstellt man dagegen, daß die gesamte Menge der zum Zeitpunkt t verfügbaren Informationen für die Erwartungsbildung ausgenutzt wird, so daß die Preiserwartung für die Periode t+1 dem mathematischen Erwartungswert des Preises auf der Basis der zuletzt verfügbaren Informationen (I_t) entspricht:

(III-6) $$P^e_{t+1} = E[P_{t+1} \mid I_t]$$

Zu diesen Informationen wird die Kenntnis der Struktur und der Parameter des ökonomischen Systems gerechnet, also z.B. in einem einfachen Marktmodell mit einer Angebots- und Nachfragefunktion auch die Parameter dieser Funktionen. Je nach dem ökonomischen Modell, das zur Abbildung der Realität zugrundegelegt wird, ist die Gleichung (III-6) unterschiedlich zu konkretisieren.

Wir brauchen diese Konkretisierung hier jedoch nicht vorzunehmen, um zu erkennen, daß die Hypothese rationaler Erwartungen eine extreme Bereitschaft und Fähigkeit zur Aufnahme und Verarbeitung von Informationen (ohne Berücksichtigung der dabei auftretenden Kosten) voraussetzt, weshalb die Annahme rationaler Erwartungen auch z.T. heftig kritisiert wird (BRANDES 1990). Die Verfechter dieser These verweisen ihrerseits auf bestätigende statistische Ergebnisse (z.B. bei GOODWIN, SHEFFRIN 1982) und unterstützende Beobachtungen: So hat z.B. gerade die Antizipierung der Milchmengenregelung vor 1984 aufgrund der Kenntnis der Funktionsweise des polit-ökonomischen Systems in der EG in zahlreichen Betrieben zu einer erheblichen Angebotsausweitung geführt (zur Sicherung einzelbetrieblicher Quoten).

In der Realität dürfte eine *Kombination autoregressiver und rationaler Erwartungen* vorliegen, d.h. die Preiserwartung ist teilweise autoregressiv abzubilden, wird aber sicherlich ergänzt durch Informationen über "besondere Umstände" bei politischen oder ökonomischen Bestimmungsfaktoren der Preisentwicklung: Bestimmte, glaubhaft angekündigte politische Maßnahmen (z.B. "Garantieschwellen", Abbau des "Mehrwertsteuerausgleichs") oder der Wahlerfolg einer bekanntermaßen (agrar-)liberalen Partei werden bei einem Teil der Betriebsleiter pessimistische Preiserwartungen für die Zukunft hervorrufen. Umgekehrt kann die Nachricht von einer Getreidemißernte bei einem wichtigen Teilnehmer am Weltmarkt (z.B. der Sowjetunion) die Hoffnung auf kurzfristig steigende Preise nähren.

Zur Vereinfachung der Darstellung bei der Angebotsanalyse werden wir nachfolgend nicht immer auf die Tatsache hinweisen, daß die relevanten Preise erwartete Preise sind, da dies nach den bisherigen Ausführungen selbstverständlich sein dürfte. Im Zusammenhang mit Fragen der Preisbildung werden wir jedoch auf die hier vorgestellten Hypothesen zur Erwartungsbildung ausdrücklich Bezug nehmen.

2.4. Produktionstechnische Bedingungen in der Landwirtschaft

Das landwirtschaftliche Güterangebots- und Faktornachfrageverhalten wird entscheidend durch die produktionstechnischen Bedingungen in der Landwirtschaft geprägt. Im folgenden werden zunächst einige allgemeine Eigenschaften landwirtschaftlicher Produktion gekennzeichnet. Vor diesem Hintergrund werden dann Vorstellungen über Art und charakteristischen Verlauf landwirtschaftlicher Produktionsfunktionen für verschiedene Teilbereiche landwirtschaftlicher Technologie entwickelt und in einem schematischen Aufriß anschließend zusammengeführt.

2.4.1. Eigenschaften landwirtschaftlicher Produktion

Die folgenden Aspekte sind für die Erklärung des Angebots- und Faktoreinsatzverhaltens von besonderer Bedeutung:

(1) Charakteristisches Kennzeichen der landwirtschaftlichen Produktion ist ihre **Naturabhängigkeit**. Der Produktionsablauf wird durch biologische Wachstumsprozesse bestimmt, die zwar durch den Landwirt gezielt gesteuert werden, aber dennoch in starkem Maße von den Boden- und Klimaverhältnissen abhängig bleiben. Dieses äußert sich in der pflanzlichen Produktion vor allem in ihrer weitgehenden Abhängigkeit vom Ablauf der Vegetationsperiode sowie in erheblichen witterungsbedingten Ertragsschwankungen, die aufgrund unregelmäßigen Futteranfalls auch Einfluß auf die tierische Produktion haben können. Für die tierische Produktion sind bestimmte, weitgehend unbeeinflußbare Ausreifungszeiten zwischen Einleitung und Abschluß von Produktionsprozessen charakteristisch.

(2) Ein weiteres Merkmal landwirtschaftlicher Produktion ist ihre starke **Flächenabhängigkeit**. Dieses ist offensichtlich für die pflanzliche Produktion, gilt aber auch für die Zweige der tierischen Produktion, die auf die Bereitstellung von Wirtschaftsfutter angewiesen sind, insbesondere die Rindviehhaltung. Lediglich die Betriebszweige Schweinehaltung, Legehennenhaltung und Hähnchenmast lassen sich weitgehend losgelöst von der Fläche auf der Basis zugekaufter Futtermittel betreiben ("bodenunabhängige Veredlungsproduktion"), allerdings wird auch hier durch die Entsorgungsprobleme (Stalldung und Gülle!) ein Flächenbezug hergestellt.

(3) Von großer Bedeutung ist weiterhin die Tatsache, daß die landwirtschaftliche Produktion einen **ausgeprägten Verbundcharakter** aufweist, der aus verschiedenen produktionstechnischen und ökonomischen Zusammenhängen resultiert (BRINKMANN 1922):

a) Die meisten Betriebszweige sind dadurch wechselseitig miteinander verbunden, daß sie um knappe betriebliche Faktorkapazitäten, insbesondere Fläche und Arbeit, konkurrieren (**alternativ verbundene**

Produktion). Die Angebotsreaktion und -entwicklung eines Agrarproduktes hängt dann wesentlich von seiner Wettbewerbsfähigkeit gegenüber anderen Produkten in bezug auf die Verwertung knapper Produktionsfaktoren ab.

b) In verschiedenen Produktionsverfahren werden zwei oder mehrere Produkte in einem weitgehend technologisch bestimmten Verhältnis erzeugt (**Kuppelproduktion**). Als Beispiele sind die Produktion von Getreidekorn und -stroh, Wolle und Schaffleisch oder Milch und Rindfleisch zu nennen. Die Relationen der Kuppelprodukte zueinander sind auf kurze Sicht in engen Grenzen technisch determiniert, langfristig können sie sich jedoch in Abhängigkeit von den bestehenden Knappheitsverhältnissen und Preisrelationen verschieben. So hat sich beispielsweise das Verhältnis von Korn- zu Strohertrag in der Getreideproduktion und von Milch- zu Fleischleistung in der Milchviehhaltung durch züchterische Fortschritte fortlaufend erhöht.

c) Im Bereich der pflanzlichen Produktion wirken **Fruchtfolgeerfordernisse** auf ein Nebeneinander verschiedener Fruchtarten (z.B. verschiedener Getreidearten und Hackfrüchte) hin. Doch auch diese Fruchtfolgegrenzen sind nicht absolut zu sehen, sondern können in Abhängigkeit von der relativen ökonomischen Wettbewerbskraft der Produkte innerhalb gewisser Grenzen variiert werden. Durch züchterische Fortschritte und den Einsatz von Pflanzenschutzmitteln sind diese Grenzen fortlaufend erweitert worden, und haben beispielsweise eine starke Erhöhung des Anteils von Weizen in der Fruchtfolge ermöglicht.

d) Zwischen den Bereichen der pflanzlichen und tierischen Produktion bestehen enge Verflechtungen aus **wechselseitigen Verwertungsmöglichkeiten** von Haupt- und Nebenleistungen: z.B. von Ackerfutter, Zuckerrübenblatt und Futterkartoffeln in der tierischen Produktion, und von Stalldung in der pflanzlichen Produktion.

e) Weitere Interdependenzen zwischen den Betriebszweigen resultieren daraus, daß bestimmte Betriebszweige auf Zwischenprodukte aus anderen Betriebszweigen angewiesen sind, z.B. die Schweinemast auf Ferkel aus der Sauenhaltung und die Rindermast auf Kälber aus der Milchviehhaltung. Derartige **dynamische Verkettungen** können einen erheblichen Einfluß auf den zeitlichen Ablauf von Angebotsreaktionen haben.

(4) Die starke Beanspruchung der Fläche durch die Landwirtschaft bewirkt, daß von ihr bedeutende Effekte auf das Landschaftsbild und den Naturhaushalt ausgehen. Neben den negativen Effekten auf die gesellschaftliche Wohlfahrt (durch Auswaschung von Pflanzenschutzmitteln und Nährstoffen, Geruchsbelästigungen, Bodenerosion, Beeinträchtigung der Artenvielfalt und des Landschaftsbildes) treten hierbei auch positive Effekte (Formung einer Kulturlandschaft mit Freizeit- und Erholtungswert) auf (vgl. Abschnitt II,

7). Da sich diese **externen Effekte** ohne Eingriffe des Staates nicht in den (privaten) Kosten und Erlösen niederschlagen, spielen sie für die Allokationsentscheidungen in der Landwirtschaft und das Geschehen auf den Produkt- und Faktormärkten keine Rolle, solange der Staat nicht mit besonderen Instrumenten eingreift und dadurch die externen Effekte "internalisiert" (vgl. dazu Kap. II, 7.2).

Bevor wir näher auf einige wechselseitige Zusammenhänge zwischen den verschiedenen Produktionsbereichen eingehen, sollen im folgenden zunächst die produktionstechnischen Bedingungen in den einzelnen Produktionszweigen gekennzeichnet werden. Dabei ist es zweckmäßig, jeweils zwei Teilbereiche produktionstechnischer Beziehungen zu unterscheiden: biologische Wachstumsprozesse und mechanisierte Arbeitsverfahren.

2.4.2. Abbildung biologischer Wachstumsprozesse: Klassische bzw. neoklassische Produktionsfunktionen

Die landwirtschaftliche Produktion stellt das Ergebnis biologischer Wachstumsprozesse dar, die durch den Einsatz von menschlicher Arbeit und Kapital betrieben (Bodenbearbeitung, Ernte, Viehhaltung u.a.) und durch die Anwendung ertragssteigernder Betriebsmittel (Dünge- und Pflanzenschutzmittel, Kraftfuttermittel) gezielt beeinflußt werden. Die produktionstechnischen Zusammenhänge von biologischen Wachstumsprozessen entsprechen weitgehend den Vorstellungen **klassischer bzw. neoklassischer Produktionsfunktionen**: Die ertragsbestimmenden Produktionsmittel lassen sich beliebig variieren und innerhalb bestimmter Grenzen kontinuierlich gegeneinander substituieren (wie z.B. Düngemittelaufwand und landwirtschaftliche Nutzfläche; Grundfutter und Kraftfutter). Bei schrittweiser Erhöhung des Einsatzes *eines* Faktors ergeben sich (bei Konstanz der übrigen Faktoren) letztlich abnehmende Ertragszuwächse. Vor dem Hintergrund dieser Eigenschaften biologischer Wachstumsprozesse haben die Klassiker das "Gesetz vom abnehmenden Ertragszuwachs" formuliert. Da die gewinnmaximale Produktion auch bei klassischer Produktionsfunktion stets im Bereich abnehmender Grenzerträge erfolgt (vgl. STEINHAUSER, LANGBEHN, PETERS 1982, S. 93ff.), können wir den ökonomisch irrelevanten Bereich steigender Grenzerträge vernachlässigen.

Eigenschaften landwirtschaftlicher Ertragsfunktionen
Für unsere weiteren Überlegungen sind insbesondere die Eigenschaften **landwirtschaftlicher Ertragsfunktionen** von Interesse. Hiermit bezeichnen wir im folgenden die Funktionen, die den Zusammenhang zwischen dem Einsatz ertragssteigernd Betriebsmittel (Vorleistungen) und der Höhe des Ertrages je Flächeneinheit bzw. je Tier beschreiben. Sie kennzeichnen damit einen Teilaspekt der Gesamtproduktionsfunktion. Im einfachsten Fall bezieht sich die Ertragsfunktion auf die Variation *eines* ertragsteigernden Betriebsmittels bei Konstanz aller übrigen Faktoren.

Übersicht III-3 kennzeichnet den charakteristischen Verlauf einer Ertragsfunktion zunächst in allgemeiner Form (bei Annahme einer neoklassischen Produktionsfunktion):

Übersicht III-3: Verlauf einer neoklassischen Ertragsfunktion

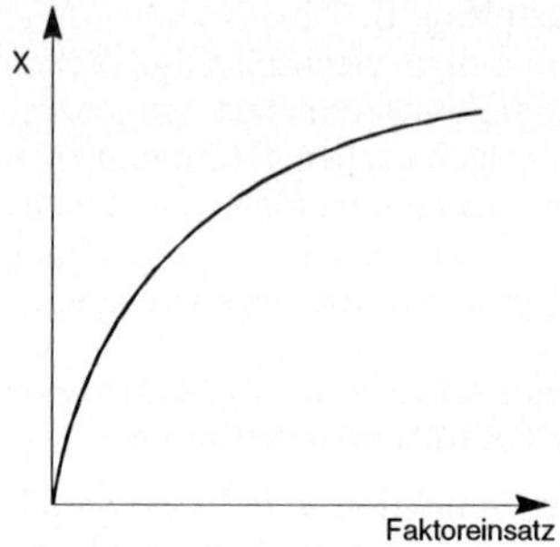

Neben den ertragssteigernden Betriebsmitteln beeinflußt eine Reihe weiterer Faktoren den biologischen Wachstumsprozeß und damit die Ertragshöhe in einer bestimmten Produktionsperiode (bei gegebenem Stand der Technik):

- in der **pflanzlichen Produktion** u.a. die Qualität des Bodens, das Klima und die Witterungsverhältnisse im Verlauf der Vegetationsperiode, die Qualität des Saatgutes, die Intensität der Bodenbearbeitung, die Ausbringungstechnik von Dünger und Pflanzenschutzmitteln, die Stellung in der Fruchtfolge,
- in der **tierischen Produktion** u.a. die Tierrasse, die Haltungsform der Tiere, die Tierhygiene und Tierpflege.

Diese Faktoren wirken darauf hin, daß die Ertragsfunktionen in Abhängigkeit von Standort und Betriebsorganisation unterschiedlich verlaufen können: Unter günstigen Produktionsbedingungen ist die Ertragsfunktion nach oben hin und unter ungünstigen Bedingungen nach unten hin verschoben. Durch Unterschiede dieser Art sowie durch eine unterschiedliche Höhe des Einsatzes ertragssteigernder Betriebsmittel ist das Nebeneinander unterschiedlicher Erträge je ha oder Tier in der gleichen Produktionsperiode zu erklären.

Im Zeitablauf wirken technische Fortschritte auf eine Verbesserung der Effizienz biologischer Prozesse und damit eine Verschiebung der Ertragsfunktionen "nach oben" hin. Man spricht daher auch von **biologisch-technischem Fortschritt**. Hier einzuordnen sind etwa die Züchtung neuer Pflanzensorten, die Selektion leistungsfähigerer Tiere, aber auch die Entwicklung neuer oder verbesserter ertragsteigernder Betriebsmittel sowie die Anwendung neuer Bearbeitungstechniken und Haltungsverfahren.

Der technische Fortschritt hat über den unmittelbaren ertragssteigernden Effekt hinaus auch noch indirekte Auswirkungen auf die Bewirtschaftungsintensität und die Ertragshöhe. Dieser sekundäre Fortschrittseffekt, kommt dadurch zustande, daß durch den technischen Fortschritt bei konstanten Produkt-/Betriebsmittelpreisrelationen i.d.R. ein höherer Betriebsmitteleinsatz ökonomisch sinnvoll wird. Diese Zusammenhänge verdeutlicht Übersicht III-4, in der eine Ertragsfunktion vor und nach der Realisierung von technischem Fortschritt eingetragen ist. Bei gegebener Preisrelation zwischen Vorleistungs- und Produktpreisen ($\tan \alpha = q/P$) beträgt in der Ausgangssituation der gewinnmaximale Vorleistungseinsatz V_1 und der zugehörige Ertrag X_1. Nach der Realisierung von technischem Fortschritt würde der Ertrag bei unverändertem Betriebsmitteleinsatz auf X_2 ansteigen (primärer Fortschrittseffekt). Gleichzeitig steigt jedoch infolge des technischen Fortschritts der Grenzertrag und damit der optimale Betriebsmitteleinsatz auf V_2, wodurch ein weiterer Ertragsanstieg von X_2 auf X_3 induziert wird (sekundärer Fortschrittseffekt). Bei langfristiger Betrachtung muß man zusätzlich beachten, daß auch der primäre technische Fortschritt von den Preisrelationen beeinflußt wird, worauf wir unten in Abschnitt 2.4.6 eingehen werden.

Übersicht III-4: Verlauf der Ertragsfunktion und optimaler Vorleistungseinsatz bei unterschiedlichem Stand der Technik

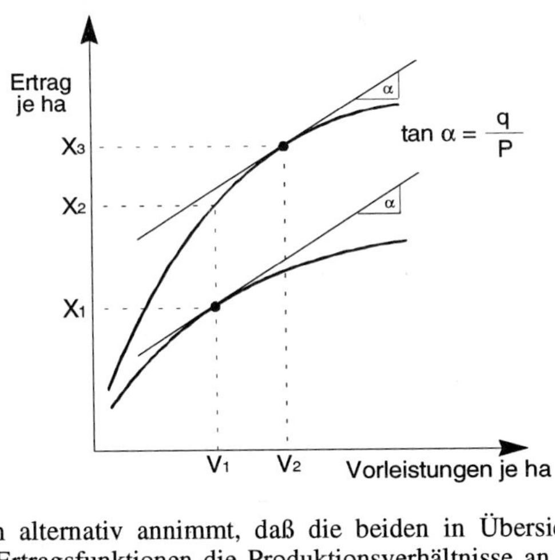

Wenn man alternativ annimmt, daß die beiden in Übersicht III-4 dargestellten Ertragsfunktionen die Produktionsverhältnisse an "günstigeren"

und "ungünstigeren" Standorten kennzeichnen, lassen sich die beschriebenen Effekte auch als Auswirkungen von **Standortunterschieden** interpretieren: Am "günstigeren" Standort wird bei gleichem Preisverhältnis i.d.R. intensiver produziert und ein höherer Ertrag erzielt als am "ungünstigeren" Standort.

Für die weiteren Überlegungen ist es zweckmäßig, eine Ertragsfunktion auch in allgemeiner Form mathematisch auszudrücken[1]:

(III-7) $X = f(V \mid \bar{Q}, \bar{A}, \bar{K}, \bar{T})$

X = Ertrag je Flächen- oder Tiereinheit
A,K,V = Arbeits-, Kapital- und Vorleistungseinsatz je Flächen- oder Tiereinheit
Q = Qualitätsmaßstab (Bodenqualität, Tierrasse u.a.)
T = Stand der Technik

Gleichung (III-7) verdeutlicht nochmals ausdrücklich, daß eine Ertragsfunktion stets unter der Voraussetzung gegebener Standortbedingungen und Mechanisierung sowie eines gegebenen Standes der Technik zu interpretieren ist. Verändert sich eine dieser Größen, so verändert sich auch die funktionale Beziehung zwischen ertragsteigerndem Vorleistungseinsatz und Ertrag, d.h. es verschiebt sich die Ertragsfunktion. Dieses kann dann wiederum Folgeeffekte induzieren, wenn sich die Unternehmen an die veränderten ökonomischen Bedingungen anpassen.

Verlauf von Ertragsfunktionen für pflanzliche und tierische Produkte
Im folgenden sollen die Überlegungen zum Verlauf der Ertragsfunktionen im Hinblick auf die spezifischen Verhältnisse der pflanzlichen und tierischen Produktion konkretisiert werden. Im Bereich der pflanzlichen Produktion ist insbesondere der Verlauf der Ertragsfunktion in Bezug auf den Einsatz von Mineraldünger- und Pflanzenschutzmitteln von agrar- und umweltpolitischem Interesse. In der tierischen Produktion steht die Abhängigkeit der tierischen Leistungen von der Höhe des Einsatzes von Futtermitteln im Vordergrund.

Bei der **empirischen Ermittlung** (ökonometrischen Schätzung) von Ertragsfunktionen kann man von zwei Datenquellen ausgehen: entweder von den Ergebnissen aus Düngungs- und Tierernährungsversuchen oder von Aufzeichnungen über den Zukauf von Produktionsmitteln und die Höhe der erzielten Erträge in Stichproben von landwirtschaftlichen Betrieben.

---

1) Der senkrechte Strich trennt bei der Auflistung der unabhängigen Variablen einer Funktion hier und im Folgenden die als konstant betrachteten (rechts) von den variablen Größen (links) ab. Zur Verdeutlichung werden konstante Variablen manchmal (wie hier) zusätzlich durch Querstriche gekennzeichnet.

Schätzungen auf der Basis der Ergebnisse systematisch angelegter Versuchsreihen haben den Vorteil, daß sich die Effekte einzelner Einflußfaktoren (Düngemittel, Pflanzenschutzmittel, Kraftfuttermittel) besser isolieren lassen. Auch kann man funktionale Wirkungszusammenhänge bei solchen Dosierungen des Betriebsmitteleinsatzes untersuchen, die in der Praxis (bislang) kaum zu beobachten sind. Dem steht als Nachteil gegenüber, daß sich die Ergebnisse auf eng begrenzte Standortbedingungen beziehen und nur begrenzt generalisieren lassen. Schätzungen auf der Basis von einzelbetrieblichen Aufzeichnungen sind erschwert durch häufig geringe Varianz des Faktoreinsatzes und die hohe Interkorrelation zwischen den Komponenten, vgl. HEADY und DILLON 1961.

Insgesamt gesehen ergibt sich aus den vorliegenden Untersuchungen ein empirisch nur begrenzt abgesichertes Bild über den Verlauf der Ertragsfunktionen. Im folgenden wollen wir einige charakteristische Eigenschaften von Ertragsfunktionen herausarbeiten und in stilisierter Form schematisch darstellen (siehe Übersicht III-5).

Übersicht III-5: Charakteristischer Verlauf der Ertragsfunktion in der pflanzlichen Produktion

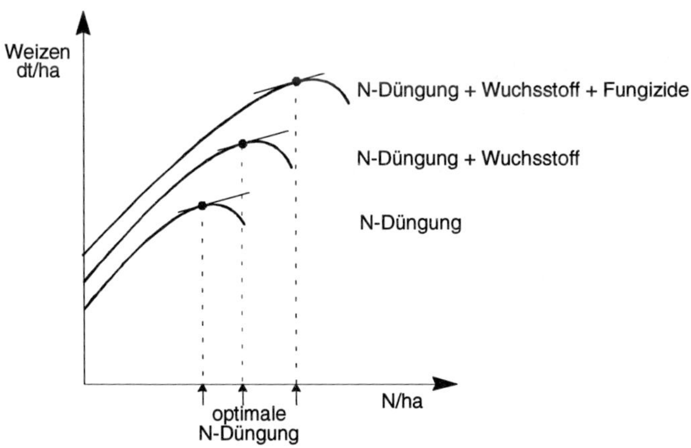

Im Bereich der **pflanzlichen Produktion** lassen sich die Ergebnisse vorliegender Untersuchungen wie folgt zusammenfassen:

- Auch ohne den Einsatz von zugekauften ertragssteigernden Produktionsmitteln (Dünge- und Pflanzenschutzmitteln) ergibt sich bereits ein bestimmter Mindestertrag. Der ökologische Landbau versucht die bestehenden Möglichkeiten durch den Einsatz von wirtschaftseigenem Dünger, die Wahl einer geeigneten Fruchtfolge, mechanische Unkrautbekämpfung u.a. auszuschöpfen.
- Mit dem Einsatz von ertragssteigernden Produktionsmitteln erhöht sich der Ertrag je ha zunächst über weite Bereiche hinweg in nahezu proportionalem bis leicht unterproportionalem Maße.

- Von einem bestimmten Niveau des Betriebsmitteleinsatzes an nimmt der Ertragszuwachs stark ab, bis der Maximalertrag erreicht ist (unter den jeweiligen Standortbedingungen und bei gegebenem Stand der Technik).
- Eine weitere Erhöhung des Betriebsmitteleinsatzes kann zu einem Ertragsabfall führen (z.B. durch "Lagern" von Getreide bei zu hohem Düngemitteleinsatz), so daß dieser Bereich der Ertragsfunktion als technologisch ineffizient anzusehen ist.

Durch biologisch-technischen Fortschritt verschiebt sich die Ertragsfunktion fortlaufend nach oben. Häufig ist damit aufgrund verbesserter Sorten und Betriebsmittel (Pflanzenschutzmittel) auch gleichzeitig eine Erhöhung des technisch effizienten Betriebsmitteleinsatzes verbunden (Verschiebung des Maximalertrages der Ertragsfunktion nach rechts, siehe Übersicht III-5).

Im Bereich der **tierischen Produktion** hängt die erbrachte Leistung entscheidend von dem Futtermitteleinsatz ab. Ein gewisser Mindesteinsatz an Futtermitteln ist erforderlich, um die Tiere in bisherigem Zustand am Leben zu halten ("Erhaltungsfutter"). Die Erzielung von Leistungen setzt einen darüber hinausgehenden Einsatz von Futtermitteln voraus ("Leistungsfutter"). Die tierische Leistung kann dabei entweder in der Leistungsabgabe (Milch, Eier) oder im Zuwachs der Tiere (bei Aufzucht - und Mastprozessen) bestehen. Im folgenden betrachten wir zunächst die *Milchviehhaltung* .

Übersicht III-6: Verlauf der Ertragsfunktion in der Milchproduktion bei unterschiedlichem Stand der Technik (schematische Darstellung)

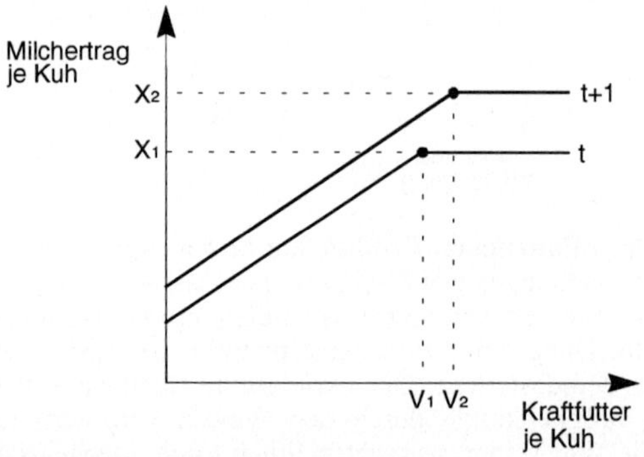

Wenn man davon ausgeht, daß der Erhaltungsbedarf und ein Teil des Leistungsbedarfs durch Wirtschaftsfutter gedeckt werden, hängt die weitere Leistungssteigerung von dem Einsatz von Kraftfuttermitteln ab. In grober Annäherung kann davon ausgegangen werden, daß der Futteraufwand für jedes zusätzlich erzeugte kg Milch bis zur Ausschöpfung der physischen Leistungsgrenze annähernd konstant ist d.h., daß das Gesetz von abnehmendem Ertragszuwachs hier noch schwächer wirksam ist als in der Pflanzenproduktion. In Übersicht III-6 kommt dieses - überpointiert - in der Annahme einer *linearen* Ertragsfunktion in Bezug auf den Kraftfuttereinsatz bis zur Erreichung des Maximalertrages zum Ausdruck. Durch züchterischen Fortschritt wird die Effizienz des Futtereinsatzes und vor allem das maximale Leistungspotential der Milchkühe fortlaufend erhöht (Verschiebung der Ertragsfunktion nach oben und rechts).

Ähnliche Beziehungen können in erster Annäherung auch für die bodenunabhängige *Veredlungsproduktion* unterstellt werden.

Im Bereich der *Rindfleischproduktion* lassen sich zahlreiche Produktionsprozesse unterscheiden, die sich durch das verwendete Tiermaterial (Kälber, Bullen, Färsen, Ochsen verschiedener Rassen), durch die Futtergrundlage (Milch, Kraftfutter, Wirtschaftsfutter), die Endgewichte und das Endprodukt (Kalbfleisch, Rindfleisch verschiedener Handelsklassen) unterscheiden. Für jeden einzelnen dieser Prozesse kann man von einem annähernd linearen Verlauf der Ertragsfunktion wie in Übersicht III-6 ausgehen. Betrachtet man jedoch mehrere Prozesse (z.B. (1) Intensivmastverfahren mit viel Kraftfutter, wenig Wirtschaftsfutter und (2) Endmastverfahren mit wenig Kraftfutter, viel Wirtschaftsfutter), so können sich für den Fleischertrag in Abhängigkeit vom Futtereinsatz insgesamt erweiterte Variationsmöglichkeiten ergeben (vgl. Übersicht III-7).

Übersicht III-7: Verlauf der Ertragsfunktionen in der Rindermast

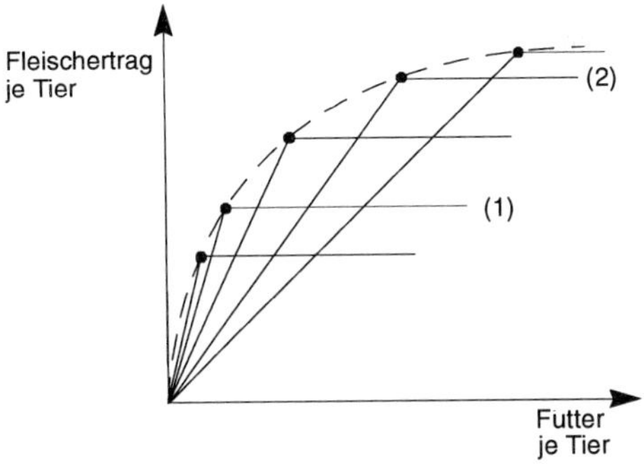

Wenn zwischen zahlreichen Prozessen (die jeweils durch limitationale Faktoreinsatzkombinationen gekennzeichnet sind) gewählt werden kann, so kann man sich entsprechend der gestrichelten Kurve in Übersicht III-7 vorstellen, daß die Ertragsfunktion für die Rindfleischproduktion insgesamt durch eine neoklassische Produktionsfunktion approximiert werden kann. Derartige erweiterte Substitutionsmöglichkeiten sind jedoch bei kurzfristiger und einzelbetrieblicher Betrachtung weniger gegeben als bei mittelfristiger und aggregierter Betrachtung.

2.4.3. Mechanisierte Arbeitsverfahren: linear-limitationale Produktionsfunktionen

Die landwirtschaftlichen Arbeitsverfahren sind in den fortgeschrittenen Industrieländern (ähnlich wie in der Industrie) durch einen hohen Mechanisierungsgrad und ein in engen Grenzen festgelegtes Verhältnis von Arbeits- und Kapitaleinsatz gekennzeichnet. Das gilt sowohl für die Bodenbearbeitungs- und Ernteverfahren in der pflanzlichen Produktion, als auch für die meisten Tierhaltungsverfahren. Die Einführung eines neuen Arbeitsverfahrens erfordert im allgemeinen Neuinvestitionen in Maschinen, Gebäude und Einrichtungen. Wahlmöglichkeiten zwischen verschiedenen technologischen Verfahren (und damit Substitutionsmöglichkeiten zwischen Arbeit und Kapital) bestehen somit nur vor der Durchführung von Investitionen. Nach erfolgter Investition sind die Proportionen des Faktoreinsatzes weitgehend determiniert (*linear-limitationale Faktoreinsatzbeziehungen).*

In Übersicht III-8 sind vier landwirtschaftliche Arbeitsverfahren durch Punkte auf einer Isoquante gekennzeichnet, denen sich jeweils bestimmte Arbeitseinsatzmengen und Kapitalaufwendungen (Zinsen, Abschreibungen) zuordnen lassen (Isoquante t). Außerdem sind bestimmte Vorleistungen wie Energie, Reparaturen u.a. erforderlich, um die Arbeitsverfahren zu betreiben.

Übersicht III-8: Substitutionsbeziehungen zwischen Arbeit und Kapital (Verlauf von Isoquanten bei unterschiedlichem Stand der Technik)

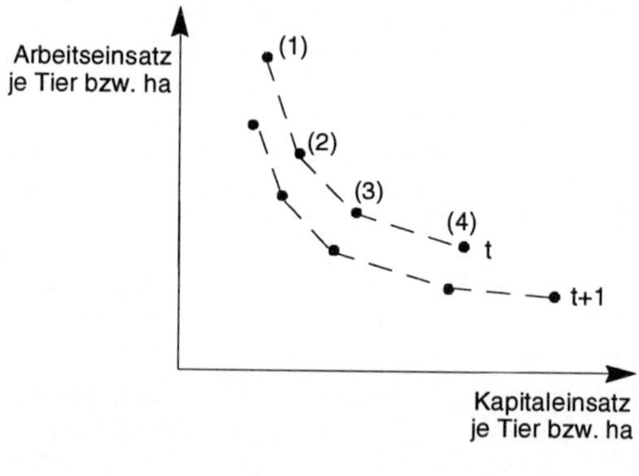

Die Einsatzmengen dieser den Arbeitsverfahren zuzurechnenden Vorleistungen (Arbeitshilfsmittel) stehen im allgemeinen in weitgehend fester Beziehung zu den Kapitalgütern (Schlepper, Maschinen, Gebäude und Einrichtungen). Sie werden meistens aus Vereinfachungsgründen - so auch in Übersicht III-8 - dem Kapital zugeschlagen.

Für die Arbeitsverfahren ist charakteristisch, daß höhere Mechanisierungsstufen einen höheren Kapital- und einen geringeren Arbeitsaufwand erfordern. Die in Übersicht III-8 schematisch dargestellten Arbeitsverfahren lassen sich etwa für den Bereich der Milchviehhaltung kennzeichnen durch: Handmelken (1), Maschinenmelken im Anbindestall (2), Melkstand im Laufstall (3), Melkkarussel (4). Ähnlich stehen auch in den meisten anderen Arbeitsbereichen der pflanzlichen Produktion (Bestellung, Ernte) und der tierischen Produktion (Fütterung, Entmistung) verschiedene Verfahren der Arbeitserledigung zur Verfügung.

Der Betrieb kann in Abhängigkeit von der Höhe der Entlohnungssätze für die Arbeit einerseits und der Kosten für das Kapital (Zins, Abschreibung) und der Arbeitshilfsmittel andererseits zwischen den verschiedenen Arbeitsverfahren wählen, oder kann auch - durch Kombination verschiedener Verfahren - Faktoreinsatzkombinationen auf der Verbindungslinie zwischen den Punkten der Isoquante realisieren. Das optimale Arbeitsverfahren (bzw. die optimale Verfahrenskombination) läßt sich für gegebene ökonomische Rahmenbedingungen in der üblichen Weise als "Minimalkostenkombination" ermitteln (siehe etwa: HENRICHSMEYER, GANS, EVERS, 1990, S. 118 ff). Auf diese Weise läßt sich auch erklären, daß im Zuge der wirtschaftlichen Entwicklung mit steigender Lohn-Zins-Relation schrittweise kapitalintensivere Arbeitsverfahren gewählt werden, wenn bestimmte Schwellen der Veränderung der Faktorpreisrelationen überschritten werden (vgl. Abschnitt 7.2.1).

Die Voraussetzungen für die Anwendung mechanisierter Arbeitsverfahren sind in den *verschiedenen Betriebsgrößen* allerdings recht unterschiedlich. Dieses liegt u.a. darin begründet, daß Maschinen und Geräte mit einer großen Leistungskapazität in kleineren und mittleren Betrieben häufig nicht hinreichend ausgelastet werden können, so daß hohe Fixkostenbelastungen entstehen. Aber auch wenn die Maschinen kleineren Betriebsgrößen angepaßt werden können (z.B. durch Mähdrescher mit geringerer Schnittbreite, Schlepper mit geringerer Leistung), ist der Arbeits- und Kapitalaufwand je Produktionseinheit im allgemeinen höher. Aus diesen Gründen nimmt die Effizienz des Faktoreinsatzes mit zunehmender Betriebsgröße (genauer: mit zunehmendem Umfang des Arbeitsverfahrens) zu; entsprechend nehmen die Kosten der Arbeitserledigung je Produktionseinheit mit zunehmender Betriebsgröße ab. Diese *Degressionseffekte* spielen bei niedrigen Mechanisierungsstufen (Handarbeit mit einfachem Gerät) nur eine geringe Rolle, sind jedoch bei den modernen Mechanisierungsverfahren stark ausgeprägt (vgl. dazu: KTBL 1987).

Durch **mechanisch-technischen Fortschritt** (Entwicklung neuer bzw. verbesserter Maschinen, Gebäude und Einrichtungen) stehen im Zeitablauf zusätzliche Arbeitsverfahren zur Verfügung. Dabei ermöglichen *neue* Arbeitsverfahren im allgemeinen eine Einsparung von Arbeit bei erhöhtem Kapitalaufwand, erweitern also die Substitutionsmöglichkeiten im Bereich kapitalintensiver Arbeitsverfahren, während *verbesserte* Maschinen und besser organisierte Arbeitsabläufe zu einer Einsparung von Arbeit *und* Kapital führen. In Übersicht III-8 kommt dieses in einer Erweiterung der Isoquante nach rechts bzw. in einer Verschiebung der Isoquante zum Ursprung des Koordinatensystems zum Ausdruck (Isoquante t+1). Ob und in welchem Maße die neu geschaffenen technischen Möglichkeiten in den landwirtschaftlichen Betrieben tatsächlich realisiert werden, hängt von den ökonomischen Rahmenbedingungen ab, insbesondere von den Faktorpreisrelationen sowie der Rentabilität und Finanzierbarkeit von Investitionen. Langfristig hängt jedoch schon die Stärke und Ausrichtung des ursprünglichen technischen Fortschritts von den Preisrelationen ab, vgl. unten 2.4.6.

2.4.4. Zusammenführung der Elemente landwirtschaftlicher Technologie

Die beschriebenen Ertragsfunktionen und Arbeitsverfahren beziehen sich auf Teilaspekte landwirtschaftlicher Technologie. Bei den Überlegungen zum Agrargüterangebot und Faktoreinsatz spielen jedoch die Zusammenhänge zwischen den verschiedenen Teilbereichen eine wichtige Rolle, insbesondere wenn es um die Erklärung von teilbereichsübergreifenden Substitutions- und Transformationsvorgängen geht. Die Teilelemente sind daher zu einem Gesamtbild landwirtschaftlicher Technologie zusammenzuführen, wie das in Übersicht III-9 schematisch angedeutet ist. Hierin sind neben den Ertragsfunktionen und Arbeitsverfahren auch die Verflechtungszusammenhänge zwischen den verschiedenen Produktionsbereichen in grober Form gekennzeichnet. Bei differenzierter Betrachtung wären innerhalb der Produktionsbereiche einzelne Betriebszweige (z.B. Weizen, Gerste, Zuckerrüben und Kartoffeln im Bereich Marktfruchtbau) zu unterscheiden, wie es in einzelbetrieblichen Modellen auf der Basis der Linearen Programmierung üblich ist.

Anhand dieser schematischen Übersicht lassen sich recht gut die zwischen den landwirtschaftlichen Produktionsfaktoren sowie den Agrarprodukten bestehenden Substitutionsbeziehungen einordnen.

Wenn man *spaltenweise* die einzelnen Produktionsbereiche betrachtet, verfolgt man die *zwischen den Betriebsmitteln und Produktionsfaktoren* bestehenden Substitutionsbeziehungen: Durch die Ertragsfunktionen werden die Substitutionsbeziehungen zwischen den produktionssteigernden Betriebsmitteln und der landwirtschaftlichen Nutzfläche gekennzeichnet, durch den Satz von Arbeitsverfahren die Substitutionsmöglichkeiten zwischen Arbeit und Kapital.

Übersicht III-9: Synoptische Übersicht: Zusammenführung von Elementen landwirtschaftlicher Technologie

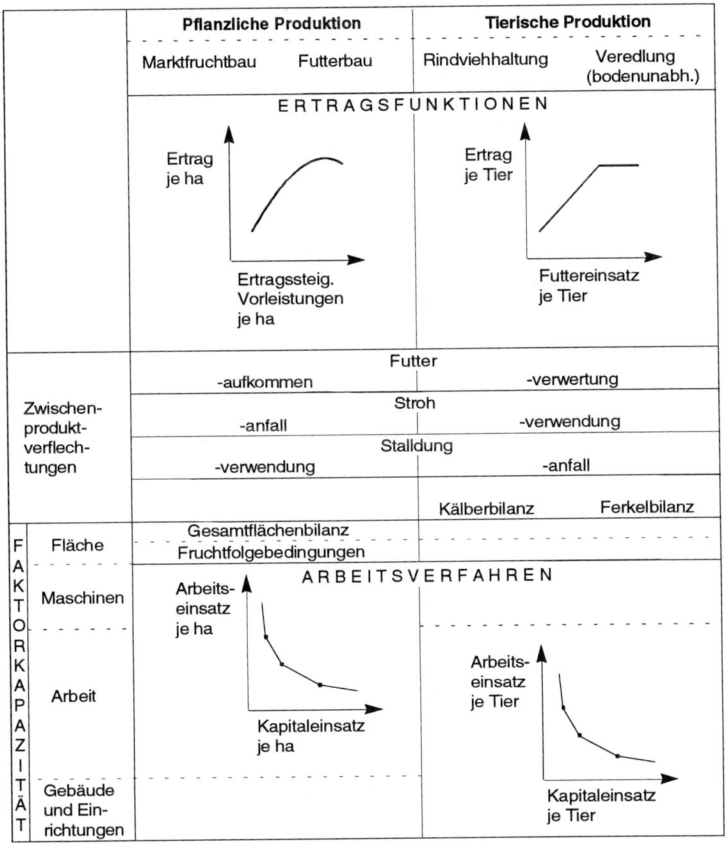

Die Beziehungen zwischen den Produktionszweigen resultieren aus den Zwischenproduktverflechtungen, Fruchtfolgezusammenhängen und der gemeinsamen Nutzung von knappen Produktionsfaktoren. Durch eine *zeilenweise* Betrachtung der jeweils relevanten Bilanzgleichungen und Restriktionen läßt sich die Grundstruktur der Substitutionsbeziehungen *zwischen den Agrarprodukten* erkennen.

Die Art der Substitutionsbeziehungen zwischen den Produkten wird erkennbar, wenn man die jeweils relevanten Restriktionen (zeilenweise) genauer betrachtet. Die verschiedenen pflanzlichen Produkte konkurrieren miteinander um die landwirtschaftliche Nutzfläche und gemeinsam genutzte Maschinen. Darüber hinaus sind die verschiedenen Fruchtarten durch Fruchtfolgebeziehungen wechselseitig miteinander verbunden. Die tierischen Produktionszweige konkurrieren teilweise um Stallkapazitäten und Wirtschaftsfutter, und stehen weiterhin durch die zeitliche Abfolge von Aufzuchtverfahren (Kälber- und Ferkelbilanz) und Mastverfahren miteinander in Beziehung. Zwischen den Bereichen der pflanzlichen und tierischen Produktion bestehen für die Substitutionsbeziehungen bedeutsame Zusammenhänge, vor allem durch die Futterbilanz und die Entsorgung von Gülle. Gemeinsam konkurrieren alle landwirtschaftlichen Produktionsverfahren um die verfügbare Arbeitskapazität.

Die Substitutionsbeziehungen zwischen Produkten können alternativ durch Transformationskurven (oder Produktionsmöglichkeitskurven) dargestellt werden. Eine **Transformationskurve** beschreibt bekanntlich die Produktionsmöglichkeiten eines Betriebes (oder des gesamten Sektors) bei gegebener Technologie und gegebenen Faktorbeständen unter der Annahme, daß die Faktoren technisch effizient eingesetzt werden.

Die Substitutionsbeziehungen zwischen den Produkten sind bei realitätsnaher Betrachtung nur schwer überschaubar und nur mit Hilfe differenzierter Betriebs- oder Sektormodelle abzubilden. Im folgenden sollen unter vereinfachenden Annahmen drei Fälle unterschieden und schematisch dargestellt werden, die die Grenzen möglicher *Verläufe* von Transformationskurven abstecken (vgl. Übersicht III-10).

Übersicht III-10: Typisierende Darstellung von Substitutionsbeziehungen zwischen Produkten durch Transformationskurven

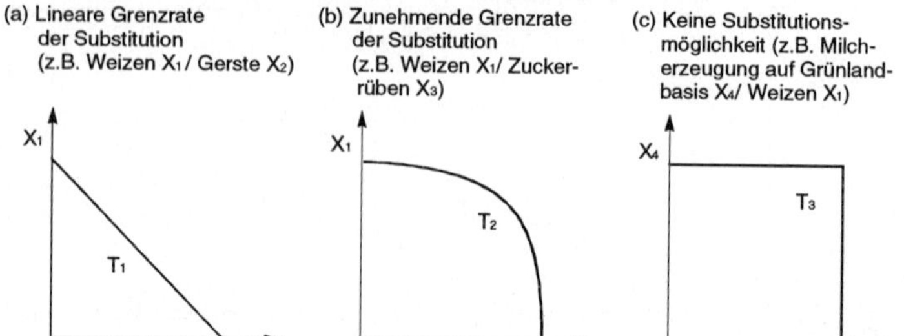

(1) Im ersten Fall ist angenommen, daß die zu substituierenden Produkte *gleiche Faktoransprüche* stellen. Substitutionen sind dann bei unveränderter Grenzrate der Transformation möglich, so daß die Transformationskurve einen linearen Verlauf hat. Als Beispiel läßt sich etwa die Substitution zwischen Weizen und Gerste anführen, da beide Verfahren ähnliche Ansprüche an Arbeit und Mechanisierung stellen.

(2) Im zweiten Fall ist eine Transformationskurve mit kontinuierlich zunehmender Grenzrate der Transformation angenommen, wie es den üblichen neoklassischen Annahmen entspricht. Derartige Bedingungen liegen

dann vor, wenn zwei Güter *unterschiedliche Ansprüche* an die Produktionsfaktoren stellen und bei zunehmender Substitution des einen Gutes durch ein anderes einer der Faktoren immer begrenzender wirkt, so daß das Gesetz vom abnehmenden Ertragszuwachs immer stärker wirksam wird. Ein Beispiel für diesen Fall ist etwa die Substitution zwischen Weizen und Zuckerrüben, die unterschiedliche Arbeits- und Maschinenansprüche haben. Weiterhin wird bei zunehmender Spezialisierung auf den Zuckerrübenanbau das Ertragsniveau zurückgehen, da Fruchtfolgerestriktionen wirksam und weniger geeignete Böden bebaut werden (vgl. HENRICHSMEYER, GANS, EVERS 1990, S. 147).

(3) Wenn bestimmte Produktionsfaktoren *ausschließlich* für die Herstellung eines Gutes und andere Produktionsfaktoren ausschließlich für die Herstellung eines anderen Gutes verwendbar sind, besteht nur eine sehr eingeschränkte oder gar keine Substitutionsmöglichkeit zwischen den Gütern. Es existiert dann eine rechtwinklige Transformationskurve (Beispiel: Milchkuhhaltung auf absolutem Grünland und Getreideanbau, wenn die gemeinsame Nutzung von Arbeit unberücksichtigt bleibt).

2.4.5. Aggregierte Produktionsfunktionen für den Agrarsektor

Die Beschreibung landwirtschaftlicher Technologie ging bisher von einer differenzierten Erfassung produktionstechnischer Bedingungen in den einzelnen Bereichen landwirtschaftlicher Produktion aus. Die Vorzüge eines solchen Ansatzes liegen in seiner Nähe zu den sich in der Realität abspielenden produktionstechnischen Vorgängen sowie in der Möglichkeit, auf naturwissenschaftliches und produktionstechnisches Basiswissen zurückgreifen zu können. Probleme ergeben sich, wenn man von dieser differenzierten Basis ausgehend die produktionstechnischen Bedingungen auf der Ebene des Sektors in geschlossener und konsistenter Weise abbilden will, da die Ermittlung der produkt- bzw. prozeßspezifischen Bedarfskoeffizienten für Produktionsfaktoren auf der Sektorebene erhebliche empirische Schwierigkeiten bereitet (vgl. z.B. BAUER 1979, S. 47 ff; HAZELL, NORTON 1986, S. 239 ff).

Ein alternatives Konzept zur Erfassung der agrarsektoralen Technologie besteht in der Schätzung von Produktionsfunktionen auf der Basis von statistischen Daten über Produktions- und Faktoreinsatzmengen. Dieser Ansatz wird in den Wirtschaftswissenschaften bei aggregierten Analysen auf sektoraler oder gesamtwirtschaftlicher Ebene meistens verfolgt und bildet die Grundlage der ökonomischen Produktions- und Wachstumstheorie (siehe etwa KRELLE 1969). Im folgenden sollen die Grundzüge eines solchen Ansatzes für die Ebene des Agrarsektors kurz gekennzeichnet werden.

Bei aggregierten sektoralen (oder auch gesamtwirtschaftlichen) Produktionsfunktionen wird meistens von neoklassischen Grundannahmen ausgegangen, d.h. u.a. von beliebiger Teilbarkeit und kontinuierlicher Substituierbarkeit der Produktionsfaktoren. Diese Annahmen scheinen den oben beschriebenen Eigenschaften landwirtschaftlicher Arbeitsverfahren zu widersprechen. Bei der großen Anzahl der im Sektoraggregat zusammengefaßten Betriebe und Produktionsverfahren kann jedoch davon ausgegangen werden, daß auf Sektorebene annähernd kontinuierliche Veränderungen und Substitutionen möglich sind.

Zur Spezifizierung einer aggregierten Produktionsfunktion für den Agrarsektor wollen wir auf der Produktionsseite von dem sektoralen Produktionsvolumen ausgehen und auf der Faktoreinsatzseite die Kategorien der primären Produktionsfaktoren (Boden, Arbeit, Kapital) und Vorleistungen unterscheiden (vgl. zu den Definitionen und Meßproblemen dieser Größen Abschnitt II, 3). Die Produktionsfunktion für den Agrarsektor läßt sich dann in allgemeiner Form wie folgt schreiben:

(III-8) $X = f(A, B, K, V, T)$

X = Produktionsvolumen
A, B, K, V = Arbeits-, Boden-, Kapital-, Vorleistungsmenge bzw. -volumen
T = Stand der Technik

Als Funktionsform wird bei empirischen Untersuchungen häufig die **Cobb-Douglas-Funktion** gewählt, die sich recht einfach empirisch schätzen und interpretieren läßt. Gleichung (III-8) läßt sich dann wie folgt spezifizieren:

(III-9) $X_t = T_0 \cdot A_t^{\alpha} \cdot B_t^{\beta} \cdot K_t^{\gamma} \cdot V_t^{\delta} \cdot e^{W_T \cdot t}$

$\alpha, \beta, \gamma, \delta$ = partielle Produktionselastizitäten
W_T, T_0 = Rate des technischen Fortschritts, Technikparameter
t = Zeitindex bzw. -variable

Einige für die weiteren Überlegungen bedeutsamen Eigenschaften von Cobb-Douglas-Funktionen lassen sich wie folgt kennzeichnen (vgl. dazu z.B. KRELLE 1969, HESSE, LINDE 1976):

(1) Die *partiellen Produktionselastizitäten* sind definiert als relative Änderungen der Produktionsmenge bezogen auf die relative Änderung der Einsatzmenge eines Produktionsfaktors. Bei der Cobb-Douglas-Funktion lassen sich diese partiellen Produktionselastizitäten direkt als Parameter der Produktionsfunktion (als Exponenten der einzelnen Faktoren), schätzen. Dieses läßt sich (am Beispiel des Faktors Arbeit) wie folgt zeigen:

Das partielle Grenzprodukt (oder der Grenzertrag) der Arbeit ergibt sich durch die erste Ableitung der Produktionsfunktion nach der Arbeit:

(III-10) $$\frac{\partial X}{\partial A} = T_0 \cdot \alpha \cdot A_t^{\alpha-1} \cdot B_t^{\beta} \cdot K_t^{\gamma} \cdot V_t^{\delta} \cdot e^{W_T \cdot t} = \alpha \cdot \frac{X}{A}$$

Durch Multiplikation mit dem Faktor A/X erhält man die partielle Produktionselastizität der Arbeit:

(III-11) $$\frac{\partial X}{\partial A} \cdot \frac{A}{X} = \frac{\partial X}{X} : \frac{\partial A}{A} = \alpha$$

Die partiellen Produktionselastizitäten der Faktoren entsprechen somit bei der Cobb-Douglas-Funktion direkt den Funktionsparametern. Sie sind im gesamten Funktionsbereich konstant, insbesondere unabhängig vom Produktionsniveau und den Faktoreinsatzintensitäten.
(2) *Die Skalenelastizität* ν ist definiert als die relative Änderung der Produktionsmenge bezogen auf eine gleichgroße relative Änderung aller eingesetzten Produktionsfaktoren. Die Skalenelastizität entspricht der Summe der partiellen Produktionselastizitäten der Faktoren und läßt sich bei einer Cobb-Douglas-Funktion besonders einfach als Summe der Exponenten der Produktionsfaktoren errechnen:

(III-12) $$\nu = \alpha + \beta + \gamma + \delta$$

(3) Der *technische Fortschritt* (vgl. dazu den folgenden Abschnitt) wird in der vorliegenden Produktionsfunktion als *autonom*, d.h. unabhängig von der Höhe des Faktoreinsatzes, und als "*Hicks-neutral*" angesehen. Die Rate des technischen Fortschritts ist im Zeitablauf konstant (= W_T).
(4) Die Möglichkeiten, eine bestimmte Produktion X mit unterschiedlichen Faktoreinsatzkombinationen zu erstellen, werden durch die *Substitutionselastizität* σ gekennzeichnet. Sie gibt z.B. an, wie sich die Arbeits-Kapital Relation A/K bei Bewegung auf einer Isoquante verändert, wenn sich die Grenzrate der Substitution -dA/dK um 1% verändert:

(III-13) $$\sigma_{AK} = \frac{d\left(\frac{A}{K}\right)}{d\left(-\frac{dA}{dK}\right)} \frac{\left(-\frac{dA}{dK}\right)}{\frac{A}{K}} = \frac{d\left(\frac{A}{K}\right)}{d\left(\frac{i}{l}\right)} \frac{\frac{i}{l}}{\frac{A}{K}}$$

Das zweite Gleichheitszeichen in (III-13) folgt, wenn die Grenzrate der Substitution (absolut) dem umgekehrten Faktorpreisverhältnis entspricht (vgl. z.B. HENRICHSMEYER, GANS, EVERS 1990, S. 123). In diesem Fall gibt die Substitutionselastizität die (prozentuale) Veränderung der Arbeit-Kapital Relation A/K an, die aus einer Erhöhung der Zins-Lohn Relation um 1% resultiert. Je höher die Substitutionselastizität ist, um so leichter sind die Faktoren also gegeneinander substituierbar.

Die Substitutionselastizität liegt im allgemeinen zwischen 0 (keine Substituierbarkeit, Leontief-Produktionsfunktion bzw. rechtwinkelige Isoquante) und ∞ (vollkommene Substituierbarkeit, lineare Produktionsfunktion bzw. lineare Isoquante). Für die Cobb-Douglas-Funktion ergibt sich immer eine "mittlere" Substituierbarkeit mit $\sigma_{KA}=1$. Diese durch die Funktionsform implizierte Annahme bedeutet eine gewisse Inflexibilität der Cobb-Douglas Funktion gegenüber allgemeineren (und komplizierteren) Funktionsformen bei der Darstellung der Substitutionsbeziehungen, auf die hingewiesen werden muß, die aber dennoch häufig in Kauf genommen wird. Empirische Schätzungen mit flexibleren Funktionsformen ergeben z.T. Substitutionselastizitäten deutlich über 1, z.T. aber auch deutlich unter 1, d.h. der Befund ist recht widersprüchlich (vgl. MICHALEK 1988, BECKER 1976, SCHRADER 1973).

Zur Herleitung von $\sigma_{KA} = 1$ schreiben wir die allgemeine Produktionsfunktion (III-2) als totales Differential:

$$\text{(III-14)} \qquad dX = \frac{\partial f}{\partial A}\,dA + \frac{\partial f}{\partial B}\,dB + \frac{\partial f}{\partial K}\,dK + \frac{\partial f}{\partial V}\,dV + \frac{\partial f}{\partial T}\,dT$$

Bei Bewegung auf einer Isoquante zwischen Arbeit und Kapital gilt dX = dB = dV = dT = 0, so daß sich die Grenzrate der Substitution -dK/dA als Relation der Grenzproduktivitäten darstellen läßt:

$$\text{(III-15)} \qquad 0 = \frac{\partial f}{\partial A}\,dA + \frac{\partial f}{\partial K}\,dK \quad <=> \quad -\frac{dA}{dK} = \frac{\partial f/\partial K}{\partial f/\partial A}$$

Im Spezialfall der Cobb-Douglas Funktion erhält man eine in typisch neoklassischer Weise mit steigender Substitution von Arbeit durch Kapital abnehmende Grenzrate der Substitution:

$$\text{(III-16)} \qquad -\frac{dA}{dK} = \frac{\partial f/\partial K}{\partial f/\partial A} = \frac{\gamma \cdot X/K}{\alpha \cdot X/A} = \frac{\gamma \cdot A}{\alpha \cdot K}$$

Durch Einsetzen in die Definitionsgleichung der Substitutionselastizität folgt schließlich:

$$\text{(III-17)} \qquad \sigma_{AK} = \frac{d\left(\frac{A}{K}\right)}{d\left(-\frac{dA}{dK}\right)} \; \frac{\left(-\frac{dA}{dK}\right)}{\frac{A}{K}} = \frac{d\left(\frac{A}{K}\right)}{d\left(\frac{\gamma A}{\alpha K}\right)} \; \frac{\frac{\gamma A}{\alpha K}}{\frac{A}{K}} = \frac{d\left(\frac{A}{K}\right)}{\frac{\gamma}{\alpha}\,d\left(\frac{A}{K}\right)} \; \frac{\frac{\gamma A}{\alpha K}}{\frac{A}{K}} = 1$$

Zur Schätzung von Produktionsfunktionen für den Agrarsektor

Von der agrarökonomischen Forschung wurden verschiedene Versuche unternommen, um Produktionsfunktionen für den Agrarsektor zu schätzen. Diese basieren teilweise auf Durchschnittswerten von einzelbetrieblichen Buchführungsdaten (z.B. SCHRADER 1973), teilweise auf sektoralen Zeitreihendaten oder Kombinationen beider Datenquellen. (Einzelbetriebliche Buchführungsdaten werden aus Datenschutzgründen nur selten von den Statistischen Ämtern oder Ministerien für wissenschaftliche Untersuchungen zur Verfügung gestellt, obwohl ihre Auswertung weitergehende Analysemöglichkeiten eröffnet). Bei Schätzungen auf der sektoralen Ebene ergeben sich häufig Schwierigkeiten, z.B. wegen hoher Interkorrelation der Zeitreihen. TANGERMANN hat z.B. (1974) für den Zeitraum 1950/72 die folgende gesamtsektorale Funktion geschätzt (Parameter gerundet):

$$X_t = 0{,}06 \cdot A_t^{0{,}33} \cdot K_t^{0{,}16} \cdot B_t^{0{,}10} \cdot V_t^{0{,}50} \cdot e^{0{,}02 \cdot t}$$

Nach diesen Schätzergebnissen haben die Vorleistungen und die Arbeit den größten Einfluß auf das Produktionsergebnis. Beispielsweise würde eine Erhöhung des Vorleistungssatzes um 1% die sektorale Produktion um 0,5% erhöhen, oder würde die Verringerung des Arbeitseinsatzes um 1% die Produktion um 0,33% vermindern. Durch Aufsummierung der partiellen Produktionselastizitäten erhält man eine Skalenelastizität von $\nu = 1.09$. Dies bedeutet, daß sich die Produktionsmenge bei einer Veränderung des gesamten Faktorpakets leicht überproportional verändert. Die Rate des gesamtsektoralen Fortschritts beträgt etwa 2% pro Jahr.

Generell ist festzuhalten, daß die Schätzung von sektoralen Produktionsfunktionen einen Weg darstellt, um sich auf der globalen sektoralen Ebene eine modellhafte Vorstellung von den technologischen Beziehungen im Agrarsektor zu verschaffen. Wir werden daher bei globalen sektoralen und intersektoralen Betrachtungen von diesem Konzept ausgehen und gelegentlich auch auf die oben angegebenen empirischen Schätzergebnisse Bezug nehmen.

2.4.6. Technischer Fortschritt in der Landwirtschaft

Die oben erwähnten Erscheinungsformen des technischen Fortschritts (biologisch-technischer Fortschritt, mechanisch-technischer Fortschritt) werden graphisch als *Verschiebung der Produktionsfunktion* (als Ertragsfunktion oder als Isoquante) gedeutet. Auf der Basis des letzten Abschnitts können die wichtigsten mit dem technischen Fortschritt verbundenen Fragen nun produktionstheoretisch eingeordnet werden.

Dabei sollen insbesondere einige gebräuchliche Klassifizierungen und unmittelbare Wirkungen des technischen Fortschritts dargestellt werden. Die vielfältigen Folgewirkungen für Produktion, Faktoreinsatz, Angebot und Preisbildung im Agrarsektor können an dieser Stelle dagegen nur angedeutet werden.

Neutralität des technischen Fortschritts

Eine der wichtigsten Klassifikationen verschiedener Formen des technischen Fortschritts geht auf HICKS (1939) zurück und verwendet die "neutrale" oder "faktorsparende" Wirkung als Unterscheidungskriterium:

Der technische Fortschritt ist *neutral* (im Sinne von HICKS), wenn bei konstanten Faktorintensitäten alle Grenzproduktivitäten in gleichem Ausmaß steigen. Er ist (z.B.) *arbeitssparend*, wenn bei konstanten

Faktorintensitäten die Grenzproduktivität der Arbeit relativ weniger steigt als die der anderen Faktoren, d.h. bei konstanten Faktorpreisen sind die ursprünglichen Faktorintensitäten nicht mehr optimal. In diesem Fall wird eine Substitution von Arbeit durch andere Faktoren ausgelöst, Arbeit wird also (relativ) eingespart (vgl. Übersicht III-11).

Übersicht III-11: Neutraler (a) und arbeitssparender (b) technischer Fortschritt nach HICKS

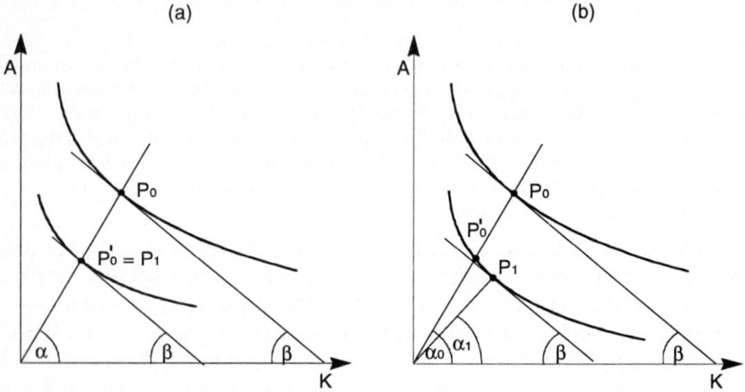

tan α = Arbeit - Kapital Relation
tan β = Zins - Lohn Relation

Der **neutrale technische Fortschritt** (a) äußert sich in der Graphik in einer Verschiebung der Isoquante zum Ursprung hin, bei der ihre **Neigung** auf dem durch den Winkel α gekennzeichneten Fahrstrahl **unverändert** bleibt. Da die Neigung, d.h. die Grenzrate der Substitution, weiterhin der (als konstant unterstellten) Zins-Lohn-Relation entspricht, besteht kein Anlaß, die Faktorintensität tan α = A/K zu ändern, so daß der neue Optimalpunkt P_1 auf dem Fahrstrahl durch P_0 liegt. Die konstante Grenzrate der Substitution entspricht einer proportionalen Erhöhung der Grenzproduktivitäten $\partial X/\partial A$ und $\partial X/\partial K$ (vgl. Gleichung (III-15)).

Hält man bei der Darstellung des technischen Fortschritts nicht die Produktion (wie in Übersicht III-11) sondern den Faktoreinsatz konstant, so entspricht der neutrale technische Fortschritt einer höheren Indizierung aller Isoquanten (wie in Übersicht II-27).

Der **nicht-neutrale technische Fortschritt** (b) wird dagegen graphisch durch eine Verschiebung der Isoquante zum Ursprung hin repräsentiert, bei der sich gleichzeitig ihre **Neigung** bei konstanter Intensität A/K = tan α_0 **verändert**. Im Punkt P_0' liegt eine (absolut) höhere Grenzrate der Substitution -dA/dK vor, weil die Grenzproduktivität der Arbeit nur unterdurchschnittlich zugenommen hat (vgl. Übersicht III-11).

Bei konstanter Zins-Lohn-Relation tan ß wird daher die Kapitalintensität K/A erhöht, bis die Grenzrate der Substitution wieder der Faktorpreisrelation entspricht, so daß nach Abschluß dieser Anpassung im Punkt P_1 relativ weniger Arbeit eingesetzt wird als in der Ausgangssituation P_0.

Die durch den technischen Fortschritt ausgelösten **Folgewirkungen** sind damit (im Punkt P_1) jedoch noch nicht abgeschlossen, denn bei gestiegenen Grenzproduktivitäten besteht (bei konstanten Produktpreisen) eine Tendenz zur *Produktionsausweitung* (vgl. oben, Übersicht III-4), die wiederum i.d.R. *Preissenkungstendenzen* auf dem Produktmarkt auslösen. Diese Effekte des technischen Fortschritts auf Angebot und Produktpreisbildung sollen jedoch erst in den Abschnitten 3 und 5 eingehender behandelt werden. Auch die in der Darstellung des Hicks-neutralen bzw. arbeitssparenden Fortschritts getroffene Annahme gegebener *Faktorpreise* muß bei Beachtung der Folgewirkungen auf den Faktormärkten mit z.T. unelastischem Faktorangebot korrigiert werden, denn in Abhängigkeit von den induzierten Mengenänderungen ergeben sich auch auf den Faktormärkten Preisänderungen (vgl. Abschnitt 6), die ihrerseits Einfluß auf die Produktmärkte haben (vgl. Abschnitt 7). Ohne die Diskussion der verschiedenen intrasektoralen Interdependenzen hier vorwegnehmen zu wollen, sei jedoch schon an dieser Stelle darauf hingewiesen, daß die Bewegung von P_0 nach P_0'(oder auch nach P_1) in der Übersicht III-11 keineswegs die endgültige Wirkung des technischen Fortschritts darstellt.

Erscheinungsformen in der Landwirtschaft

Neben den bereits oben angesprochenen Formen des biologisch-technischen und mechanisch-technischen Fortschritts unterscheidet man üblicherweise (vgl. WILLER 1967, S. 101 ff) noch den organisatorisch-technischen Fortschritt. Hierunter sind auf der einzelbetrieblichen Ebene besonders Verbesserungen der Betriebsführung zu verstehen, wie etwa Inanspruchnahme von Beratung, Buchstellen oder Maschinenringen (vgl. SEUSTER 1988). Gesamtsektoral ist auch das mit dem Strukturwandel verbundene Ausscheiden von relativ ineffizienten Betrieben als organisatorisch-technischer Fortschritt interpretierbar.

Die theoretischen Konzeptionen des Hicks-neutralen bzw. faktorsparenden technischen Fortschritts können mit den oben genannten Erscheinungsformen des technischen Fortschritts in der Landwirtschaft in Verbindung gebracht werden.

Der **mechanisch-technische Fortschritt** entspricht weitgehend dem Fall des *arbeitssparenden* Fortschritts nach HICKS, d.h. er induziert einen Anstieg der Kapitalintensität K/A. In der Außenwirtschaft wird i.d.R. (wie in Übersicht III-11(a)) durch leistungsfähigere Maschinen der Arbeitsbedarf je Produkteinheit gesenkt und der Kapitaleinsatz gesteigert. In der Innenwirtschaft kann durch funktionsgerechtere Gebäude (z.B.

Boxenlaufstall statt Anbindestall) neben dem Arbeitsbedarf auch der Kapitaleinsatz je Produkteinheit reduziert werden (d.h. in Übersicht III-11 (b) würde P_1 zwar unterhalb des alten Fahrstrahls, aber links von P_0 liegen).

Der **biologisch-technische Fortschritt** beruht im wesentlichen darauf, daß neugezüchtete Tier- und Pflanzenarten größere Mengen an ertragsteigernden Betriebsmitteln (Dünger, Pflanzenschutz, Futter, Tierarzneimittel) in höhere Erträge je Flächeneinheit bzw. je Stallplatz umsetzen können. Neben den züchterischen Fortschritten spielen auch qualitative Verbesserungen bei den Betriebsmitteln eine Rolle. Weil sich die Leistungssteigerungen i.d.R. nur bei komplementärem Einsatz von Neuzüchtungen und (qualitativ und/oder quantitativ) gesteigertem Betriebsmitteleinsatz einstellen, spricht man auch vom biologisch-chemischen Fortschritt. Da der biologisch-chemische Fortschritt i.d.R. eine Erhöhung der Vorleistungsintensität V/B bewirkt, kann man ihn als "*bodensparend*" im Sinne von HICKS bezeichnen (vgl. HAYAMI, RUTTAN 1985, S. 73 ff). In der Übersicht III-11(b) sind zur Darstellung des unmittelbaren Effekts lediglich die Achsenbezeichnungen auszutauschen (A gegen B, K gegen V). Der Punkt P_1, der einem deutlich reduzierten Bodeneinsatz bei konstantem Produktionsvolumen entspricht, stellt jedoch wie oben betont wurde nicht das endgültige Gleichgewicht dar, da bei niedrigen Opportunitätskosten des Bodens eher die Produktion ausgedehnt wird (Übergang zu einer höher indizierten Isoquante) woraus wieder Folgewirkungen für die Preise resultieren. Bezüglich der Kapitalintensität K/A sind biologisch-chemische Fortschritte i.d.R. als weitgehend neutral anzusehen.

Der **organisatorisch-technische Fortschritt** bewirkt i.d.R. eine Steigerung aller Grenzproduktivitäten und ist somit weitgehend als *Hicks-neutral* anzusehen. Obwohl in konkreten Fällen durchaus der eine oder andere Faktor stärker betroffen sein mag, sind kaum Anzeichen für eine systematische Abweichung von der Neutralität erkennbar.

Für das gemeinsame Wirken von mechanisch-, biologisch- und organisatorisch-technischen Fortschritten ist eine gewisse Abweichung von der Hicks-Neutralität in Richtung auf eine arbeits- und bodensparende Wirkung erwartbar, die z.T. auch empirisch nachgewiesen wurde (z.B. bei MICHALEK 1988, S. 54 ff, z.T. abweichend davon BECKER 1976, S. 211 ff, BECKER, GUYOMARD 1991, S.21).

Induzierter technischer Fortschritt

Die bisherige Darstellung klammerte weitgehend die Frage nach den Ursachen für das Auftreten, das Ausmaß und die Richtung des technischen Fortschritts aus, d.h. der Fortschritt wurde als **autonom**, quasi "vom Himmel fallend" betrachtet.

Bei dem Konzept des **induzierten** technischen Fortschritts werden verschiedene Erklärungshypothesen diskutiert (z.B. bei WALTER 1969), die sich z.T. (bescheiden) auf die Ausrichtung und z.T. (ambitiös) auf die Existenz des technischen Fortschritts richten. Für die Agrarökonomie hat schon die erste Frage nach der Ausrichtung des angewandten technischen Fortschritts bei einem gegebenen Strom naturwissenschaftlichen Grundlagenwissens interessante Einsichten zutage gefördert: Bei längerfristiger Betrachtung ist davon auszugehen, daß die relativen Faktorknappheiten und die dadurch bestimmten Faktorpreisrelationen einen wesentlichen Einfluß auf die Ausrichtung der angewandten Forschung und des technischen Fortschritts haben, indem Anreize für die Entwicklung und Anwendung von Technologien gegeben werden, die eine Substitution von knappen durch reichlicher verfügbare, billigere Produktionsfaktoren ermöglichen. Dieses ist eine Hypothese, die RUTTAN und HAYAMI zu dem Kernstück ihrer Theorie induzierten technischen Fortschritts machen und durch quantitative Untersuchungen für verschiedene Länder und Zeitperioden zu belegen versuchen (HAYAMI, RUTTAN 1985, S. 73 ff.). Dieser Erklärungsansatz hat sich als sehr fruchtbar erwiesen, um sowohl die langfristigen Tendenzen agrarsektoraler Entwicklung als auch die erheblichen Unterschiede der Faktoreinsatzstrukturen in den Agrarsektoren verschiedener Länder erklären zu können (siehe unten, Abschnitt 6.6.3).

Graphisch läßt sich die Hypothese als Substitution entlang einer "Innovationsmöglichkeitenkurve" mit der üblichen Isoquantenform darstellen (vgl. HAYAMI, RUTTAN 1985, S. 91). Die Analogie zur Substitution entlang einer "normalen" Isoquante bedeutet gleichzeitig, daß die Abgrenzung der Substitution entlang einer "Innovationsmöglichkeitenkurve" von der Substitution entlang einer "langfristigen" Isoquante eine eher definitorische Frage ist. Hieraus resultieren aber auch empirische Schwierigkeiten der Trennung von faktorsparendem technischen Fortschritt und "normaler" Faktorsubstitution, da diese nach dem Konzept des induzierten technischen Fortschritts in die gleiche Richtung wirken (vgl. unten 6.6.1). Abschließend sei darauf hingewiesen, daß das Konzept des induzierten technischen Fortschritts von HAYAMI und RUTTAN (1985, S. 94ff) auch auf Institutionen übertragen und so zu einer Theorie des induzierten institutionellen Wandels erweitert wurde. Diese Erweiterung steht jedoch noch auf etwas unsicheren Füßen und soll hier nicht eingehender diskutiert werden (vgl. aber Bd. 2).

Quantifizierung des technischen Fortschritts

Wenn man die landwirtschaftliche Technologie mit einer Produktionsfunktion wie (III-8) beschreibt, entspricht die Wirkung eines veränderten Stands der Technik dem nicht auf Faktorbestandsvermehrungen zurückzuführenden Produktionswachstum.

Zur Einordnung der Quantifizierungsmöglichkeiten erweist sich eine formale Darstellung der produktionstheoretischen Interpretation des technischen Fortschritts als nützlich. Dazu gehen wir von einer Produktionsfunktion f(...) aus, die Hicks-neutralen technischen Fortschritt impliziert, d.h. es sei

(III-18) $X_t = f(A_t,B_t,K_t,V_t,T_t) = g(A_t,B_t,K_t,V_t) \cdot T(t)$

T(t) = Stand der Technik in Abhängigkeit von der Zeit.

Die Cobb-Douglas_Funktion (III-9) erhält man als Spezialfall von (III-18), wenn man setzt:

(III-19) $g(A_t,B_t,K_t,V_t) = T_0 \cdot A_t^{\alpha} \cdot B_t^{\beta} \cdot K_t^{\gamma} \cdot V_t^{\delta}$

und

(III-20) $T(t) = e^{W_T \cdot t}$

Bei Produktionsfunktionen, die sich wie (III-18) schreiben lassen, ergibt sich bei exponentieller Veränderung des Stands der Technik gemäß (III-20) eine *konstante Rate des technischen Fortschritts*:

(III-21) $$\frac{\partial X/\partial t}{X} = \frac{\partial f}{\partial T}\frac{\partial T}{\partial t}\frac{1}{X} = g(A_t,B_t,K_t,V_t) \cdot e^{W_T \cdot t} \cdot W_T \cdot \frac{1}{X} = X \cdot W_T \cdot \frac{1}{X} = W_T$$

Der technische Fortschritt ist in der Formulierung (III-18) außerdem *autonom*, da er sich unabhängig von ökonomischen Bestimmungsgrößen allein als Funktion der Zeit t einstellt. Hicks-Neutralität zeigt man für (III-18) und damit auch für die Cobb-Douglas-Funktion, indem man die Grenzrate der Substitution, z.B. für Arbeit und Kapital bestimmt (vgl. Gleichung (III-16)):

(III-22) $$-\frac{dA_t}{dK_t} = \frac{\partial f/\partial K_t}{\partial f/\partial A_t} = \frac{T(t) \cdot \partial g/\partial K_t}{T(t) \cdot \partial g/\partial A_t}$$

Da die Funktion g nicht vom Stand der Technik abhängt, ist die Grenzrate der Substitution unabhängig vom technischen Fortschritt, denn alle Grenzproduktivitäten steigen mit dem Faktor T(t).

Die Veränderung des Stands der Technik im Vergleich zu einer Basisperiode wird in Indexform angegeben durch:

(III-23) $$\frac{T(t)}{T(0)} = \frac{X_t / g(A_t,B_t,K_t,V_t)}{X_0 / g(A_0,B_0,K_0,V_0)} = \frac{X_t}{X_0} / \frac{g(A_t,B_t,K_t,V_t)}{g(A_0,B_0,K_0,V_0)}$$

Wenn man die Funktion g als (Aggregations-)Formel zur Aggregation des Faktoreinsatzes betrachtet, erkennt man, daß in (III-23) der technische Fortschritt durch die Veränderung der **Globalproduktivität** gemessen wird. In der letzten, umgestellten Form in (III-23) sieht man, daß der technische Fortschritt hierbei, wie in Abschnitt II, 3.2.1 beschrieben, als Residuum ermittelt wird, indem das Produktionswachstum (X_t/X_0) um die Wirkung der Faktoreinsatzveränderungen (gemessen durch einen Index des aggregierten Faktoreinsatzes) korrigiert wird.

Wenn es, wie üblich, mehrere Produkte X_{it} gibt, so sind auch die Outputs mit einer Aggregationsformel zu aggregieren, d.h. das in (III-23) verwendete Produktionsvolumen X_t kann u.U. ein Aggregat $h(X_{1t}, ...X_{nt})$ darstellen.

Damit diese Berechnung des auf Faktoreinsatzveränderungen beruhenden Produktionswachstums zum richtigen Ergebnis führt, ist genau *die* Indexformel g zu verwenden, die der "wahren" Produktionsfunktion (III-18) entspricht, d.h. die Wahl der Indexformel impliziert eine Hypothese über die Technologie.

Statt von einer Cobb-Douglas Form (vgl. (III-19)), könnte man z.B. von einer linearen Produktionsfunktion g(...) ausgehen:

$$\text{(III-24)} \quad g(A_t,B_t,K_t,V_t) = k_A \cdot A_t + k_B \cdot B_t + k_K \cdot K_t + k_V \cdot V_t$$

Die für die konkrete Berechnung in (III-24) benötigten Gewichtungsfaktoren k_i können aus den Wertgrenzproduktivitätsbedingungen für die Basisperiode abgeleitet werden, für die man T(0) = 1 setzen kann, z.B.

$$\text{(III-25)} \quad \frac{\partial f_0}{\partial A_0} \cdot P_0 \overset{!}{=} l_0 <=> \frac{\partial f_0}{\partial A_0} = T(0) \cdot \frac{\partial g_0}{\partial A_0} = k_A \overset{!}{=} \frac{l_0}{P_0}$$

$f_0 = f(A_0, B_0, K_0, V_0)$
$g_0 = g(A_0, B_0, K_0, V_0)$

Bei der Annahme einer linearen Produktionsfunktion ergibt sich damit als produktionstheoretisch konsistente Indexformel zur Messung des technischen Fortschritts (durch Einsetzen von (III-25) in (III-24) und weiter in (III-23)) gerade die von uns in Abschnitt II, 3.3.1 vorgestellte lineare Aggregation der Faktormengen unter Gewichtung mit den (realen) Faktorpreisen der Basisperiode nach der Laspeyres-Methode:

$$\text{(II-14)'} \quad \frac{T(t)}{T(0)} = \frac{X_t}{X_0} \Big/ \frac{k_A \cdot A_t + k_B \cdot B_t + k_K \cdot K_t + k_V \cdot V_t}{k_A \cdot A_0 + k_B \cdot B_0 + k_K \cdot K_0 + k_V \cdot V_0}$$

$$= \frac{X_t}{X_0} \Big/ \frac{(l_0/P_0)A_t + (r_0/P_0)B_t + (i_0/P_0)K_t + (q_0/P_0)V_t}{(l_0/P_0)A_0 + (r_0/P_0)B_0 + (i_0/P_0)K_0 + (q_0/P_0)V_0}$$

$$= \frac{P_0 \cdot X_t}{P_0 \cdot X_0} \Big/ \frac{l_0 \cdot A_t + r_0 \cdot B_t + i_0 \cdot K_t + q_0 \cdot V_t}{l_0 \cdot A_0 + r_0 \cdot B_0 + i_0 \cdot K_0 + q_0 \cdot V_0}$$

"Echte" Faktorsubstitutionen, die bei einer linearen Produktionsfunktion das Produktionsvolumen unverändert lassen, werden mit den konstanten Grenzraten der Substitution (z.B. $dA/dK = k_K/k_A$) "verrechnet", d.h. derartige Substitutionen lassen das Faktoreinsatzvolumen auch in (II-14)' unverändert. Probleme bei der Quantifizierung des technischen Fortschritts nach (II-14)' ergeben sich jedoch, wenn die Annahme einer linearen Produktionsfunktion unrealistisch ist und stattdessen z.B. eine Cobb-Douglas-Technologie vorliegt. Die Grenzraten der Substitution sind nun keineswegs mehr konstant, sondern sinken entsprechend der üblichen neoklassischen Annahme bei fortschreitender Substitution, z.B. von Arbeit durch Kapital (vgl. (III-16)). Wenn nun bei erhöhter Kapitalintensität eine weitere Substitution von Arbeit durch Kapital entlang einer Isoquante stattfindet, so würde man mit der Indexformel nach Laspeyres die weitere Ausdehnung des Kapitalstocks zu hoch und die Reduktion der Arbeit zu niedrig gewichten und damit eine Ausdehnung des aggregierten Faktoreinsatzes errechnen, die in der Realität nicht vorliegt. Man kann diesen Fehler, wie in Abschnitt II, 3.2.1, als ein "Veralten des Gewichtungsschemas" interpretieren. In produktionstheoretischer Hinsicht besteht der Fehler dagegen in der Verwendung einer falschen Indexformel g (...).

Wenn man nun statt von einer linearen Produktionsfunktion von einer Cobb-Douglas Technologie ausgeht, so lassen sich ebenfalls aus den Wertgrenzproduktivitätsbedingungen die benötigten Parameter (Produktionselastizitäten) ableiten (vgl. SOLOW 1957), z.B.

(III-26) $$\frac{\partial f_0}{\partial A_0} \cdot P_0 \overset{!}{=} l_0$$

<=> $$\frac{\partial f_0}{\partial A_0}\frac{A_0}{f_0} = T(0) \cdot \frac{\partial g_0}{\partial A_0} \cdot \frac{A_0}{T(0) \cdot g_0} = \frac{\partial g_0}{\partial A_0}\frac{A_0}{g_0} = \alpha \overset{!}{=} \frac{l_0 \cdot A_0}{P_0 \cdot X_0} = S_{A0}$$

Die Produktionselastizität der Arbeit (z.B.) wird nach der *"SOLOW-Methode"* also durch den Anteil der Löhne am Erlös geschätzt. Der Cobb-Douglas Funktion entspricht bei der Berechnung der Globalproduktivität eine geometrische Gewichtung der Faktormengen mit den jeweiligen Entlohnungsanteilen in der Basisperiode (S_{i0}), d.h. (III-23) lautet konkret:

(III-23)' $$\frac{T(t)}{T(0)} = \frac{X_t}{X_0} / \frac{T_0 \cdot A_t^{\alpha} \cdot B_t^{\beta} \cdot K_t^{\gamma} \cdot V_t^{\delta}}{T_0 \cdot A_0^{\alpha} \cdot B_0^{\beta} \cdot K_0^{\gamma} \cdot V_0^{\delta}}$$

$$= \frac{X_t}{X_0} / \left[\left(\frac{A_t}{A_0}\right)^{\alpha} \left(\frac{B_t}{B_0}\right)^{\beta} \left(\frac{K_t}{K_0}\right)^{\gamma} \left(\frac{V_t}{V_0}\right)^{\delta} \right]$$

$\alpha = S_{A0}$, $\beta = S_{B0}$, $\gamma = S_{K0}$, $\delta = S_{V0}$

Bei der Ermittlung der Entlohnungsanteile wird oft davon ausgegangen, daß sie sich zu eins ergänzen, d.h. daß die *Skalenelastizität* $\nu = 1$ ist. In diesem Fall kann einer der Anteile als Residuum geschätzt werden oder alle Anteile können im Niveau so korrigiert werden, daß ihre Summe 1 ergibt. Wenn die (auch bei der linearen Produktionsfunktion (III-24) implizierte) Annahme konstanter Skalenerträge allerdings nicht der Realität entspricht, wird das Ausmaß des technischen Fortschritts mit den auf 1 skalierten Gewichten überschätzt, weil ein Teil des Anstiegs der Globalproduktivität auf Skalenerträgen beruht, vgl. Kap. II, 3.2.1.

Die Cobb-Douglas Form unterstellt (unabhängig von ihrer Höhe) konstante Produktionselastizitäten, was in konstanten Entlohnungsanteilen zum Ausdruck kommen müßte. Tatsächlich sind die Entlohnungsanteile jedoch nur in grober Annäherung konstant (vgl. Übersicht III- 62 in Abschnitt 7). Verwendet man nun, um diesen

Veränderungen Rechnung zu tragen, die *durchschnittlichen* Entlohnungsanteile 0,5 · (S_{i0} + S_{it}) als Gewichte bei geometrischer Aggregation ("Törnquist-Index"), so hat man (u.U. unbeabsichtigt) nicht mehr die Cobb-Douglas, sondern wieder eine andere, kompliziertere und realistischere Funktionsform für die Produktionsfunktion unterstellt ("translog-Form" vgl. ANTLE, CAPALBO, 1988, S. 85 ff, BEHRENS, DE HAEN 1980, Anhang). Ohne auf diese oder andere Indexformeln und die zugehörigen Produktionsfunktionen nun im einzelnen einzugehen, sei festgehalten, daß mit der Wahl einer Indexformel auch die Wahl einer bestimmten Hypothese für die Produktionsfunktion verbunden ist.

Zu den Nachteilen der bisher geschilderten "*Indexmethode*" zur Quantifizierung des technischen Fortschritts gehören die problematischen Annahmen zur Ableitung der Gewichte in der Indexformel (Geltung der Grenzkostenregel vgl. (III-25), (III-26) sowie die Probleme bei der Ermittlung der (internen) Faktorpreise, wenn es sich um Produktionsfaktoren im Eigentum der Familie handelt (Familienarbeitskräfte, Eigentumsfläche, Eigenkapital, vgl. Kap. II, 3.2.1). Vorteilhaft ist dagegen die Möglichkeit einer sehr weitgehenden Differenzierung der Analyse, da die Aggregation der Faktoren auch bei einer feineren Unterscheidung (z.B. statt "Vorleistungen": Futter, Dünger...) nach der gleichen Methode erfolgen kann.

Die zweite wichtige Methode zur Quantifizierung technischer Fortschritte neben der Berechnung eines Index der Globalproduktivität ist die **ökonometrische Schätzung** der Produktionsfunktion f(...). Hierbei kann die Rate des technischen Fortschritts gemeinsam mit den übrigen Parametern einer Produktionsfunktion geschätzt werden, wofür die oben (in 2.3.5) wiedergegebenen Schätzergebnisse von TANGERMANN für eine Cobb-Douglas Funktion als Beispiel dienen können. Vorteilhaft ist hierbei der Verzicht auf die a-priori Annahme des Gewinnmaximierungs- oder Kostenminimierungsverhaltens. Einschränkungen der Aussagekraft können sich aus der Vorgabe restriktiver Funktionsformen (wie z.B. der Cobb-Douglas Funktion) sowie aus ökonometrischen Schätzproblemen bei starker Differenzierung der Faktorarten ergeben.

Die zuletzt genannten Nachteile lassen sich z.T. abmildern, wenn man die Rate des technischen Fortschritts nicht auf der Basis einer Produktionsfunktion, sondern auf der Basis einer Kostenfunktion oder Gewinnfunktion schätzt (z.B. MICHALEK 1988), doch müssen hierbei wieder die Optimierungshypothesen eingeführt werden.

Die Anwendung der Indexmethode und die ökonometrische Schätzung stellen die wichtigsten Methoden zur Quantifizierung des technischen Fortschritts dar. Da deren vertiefte Darstellung und Ergänzung um weitere Alternativen hier entbehrlich ist, sei der interessierte Leser auf neuere Literatur verwiesen (MICHALEK 1990; HOCKMANN 1990; ANTLE, CAPALBO 1988).

Größenordnung des technischen Fortschritts
Zur Illustration soll das Ausmaß des technischen Fortschritts in der westdeutschen Landwirtschaft residual (d.h. im Prinzip als Veränderung der Globalproduktivität) für den Zeitraum 1965-1985 berechnet werden. Die Berechnungsformel für die Angabe in Wachstumsraten kann man (statt aus (III-23)) am schnellsten durch Ableitung der Produktionsfunktion (III-18) nach der Zeit, die die Veränderung der Produktion auf die "verursachenden" Faktoren zurückführt, und anschließende Erweiterungen herleiten:

(III-27) $$\frac{dX}{dt} = \frac{dg}{dt} \cdot T + g \cdot \frac{dT}{dt} = \left[\frac{\partial g}{\partial A}\frac{dA}{dt} + \frac{\partial g}{\partial B}\frac{dB}{dt} + \frac{\partial g}{\partial K}\frac{dK}{dt} + \frac{\partial g}{\partial V}\frac{dV}{dt} \right] \cdot T + g \cdot \frac{dT}{dt}$$

<=> $$\frac{dX}{dt}\frac{1}{X} = \frac{\partial g}{\partial A}\frac{A}{g} \cdot \frac{dA}{dt}\frac{1}{A} + \frac{\partial g}{\partial B}\frac{B}{g} \cdot \frac{dB}{dt}\frac{1}{B} + \frac{\partial g}{\partial K}\frac{K}{g} \cdot \frac{dK}{dt}\frac{1}{K} + \frac{\partial g}{\partial V}\frac{V}{g} \cdot \frac{dV}{dt}\frac{1}{V} + \frac{dT}{dt}\frac{1}{T}$$

<=> $$W_X = \alpha \cdot W_A + \beta \cdot W_B + \gamma \cdot W_K + \delta \cdot W_V + W_T$$

Bei der Ableitung sind Produkt- und Kettenregel anzuwenden, während die Umformung in Wachstumsraten außer den Erweiterungen (mit A/A...) die Ausgangsgleichung X = g·T und die folgende Beziehung verwendet:

$$\alpha = \frac{\partial f}{\partial A}\frac{A}{f} = T \cdot \frac{\partial g}{\partial A}\frac{A}{g \cdot T} = \frac{\partial g}{\partial A}\frac{A}{g}$$

Die Größenordnungen der angenommenen Produktionselastizitäten in Übersicht III-12 orientieren sich an den Entlohnungsanteilen (vgl. Übersicht III-69) und ökonometrischen Schätzergebnissen wie bei TANGERMANN (1974) und berücksichtigen mäßige Skalenerträge :

Übersicht III-12: Partielle Angebotseffekte von technischem Fortschritt und Faktoreinsatzveränderungen: Numerische Größenordnungen für die BR Deutschland zwischen 1965 und 1989 (durchschnittliche jährliche Wachstumsraten in %)

	Faktoreinsatz-veränderung	Produktions-elastizität	Partieller Angebotseffekt
Arbeit	- 3,8	0,25	- 0,95
Kapital	+ 0,6	0,15	+ 0,09
LN	- 0,4	0,10	- 0,04
Vorleistungen	+ 1,2	0,60	+ 0,72
Techn. Fortschritt (Residualgröße)			+1,78
Aggregiertes Agrargüterangebot			+1,60

Quellen: Mengenänderungen aus Übersicht II-19; zu Produktionselastizitäten vgl. Text.

Die größten Wachstumsimpulse gingen von dem technischen Fortschritt und der Steigerung des Vorleistungseinsatzes aus. Beide Entwicklungen sind in engem Zusammenhang zu sehen, da sich sowohl in der pflanzlichen wie der tierischen Produktion biologisch-technische Fortschritte und Erhöhungen des Einsatzes ertragssteigernder Vorleistungen - wie in Abschnitt 2.4.2 erläutert wurde - wechselseitig ergänzen. Auch die Erweiterung des Kapitalstocks leistete einen erheblichen Beitrag zur Produktionsausdehnung (insbesondere durch Aufstockung der Viehbestände), während die Umwidmung landwirtschaftlicher Nutzflächen für außerlandwirtschaftliche Zwecke (Straßen und Wohnungsbau u.a.) keinen wesentlichen Einfluß auf die Produktionsentwicklung hatte. Die Verminderung des landwirtschaftlichen Arbeitseinsatzes war die stärkste Gegenkraft zum technischen Fortschritt und zur Ausdehnung des Vorleistungs- und Kapitaleinsatzes. Per Saldo verblieb jedoch eine deutliche Produktionssteigerung von 1,7% p.a.

Das Ausmaß des technischen Fortschritts in der Landwirtschaft ist nicht nur hoch gemessen an der Bedeutung der Faktorbestandsveränderungen, sondern auch im Vergleich zu den meisten anderen Sektoren in der Volkswirtschaft (vgl. Übersicht II-33). Überdurchschnittlich hohe Raten des technischen Fortschritts in der Landwirtschaft können erklärt werden durch eine intensive Agrarforschung, ein weit ausgebautes System landwirtschaftlicher Beratung und einen hohen Wettbewerbsdruck für die landwirtschaftlichen Betriebe.

In Verbindung mit einer nur schwach wachsenden Nachfrage resultiert die Grundkonstellation, die von COCHRANE (1958) zum Ausgangspunkt seiner "Tretmühlentheorie" zur Erklärung intersektoraler Einkommensdisparitäten gemacht wurde. Danach bewirkt die polypolistische Angebotsstruktur in der Landwirtschaft eine zügige Realisierung technischer Fortschritte, die ihrerseits auf eine Angebotsausdehnung und dadurch bedingten Preisdruck hinwirken und so die landwirtschaftlichen Betriebe in noch verstärktem Maße zwingen, technische Fortschritte zu realisieren und damit die Agrarpreise- und Einkommen zu drücken. Unten wird sich jedoch zeigen (in 7.3), daß diese Argumentation für sich allein nicht trägt und ohne erhebliche Einschränkungen der Faktormobilität nicht schlüssig ist.

Faktorgebundener technischer Fortschritt

Die bisherige Darstellung der mit dem technischen Fortschritt verbundenen Fragen wäre lückenhaft, wenn nicht wenigstens kurz (ausführlicher: WALTER 1969, S. 132 ff) auf eine weitere Vereinfachung hingewiesen würde, die darin bestand, daß der technische Fortschritt nicht mit der Höhe des Faktoreinsatzes in Verbindung gebracht wurde. Dadurch wurde in diesem Abschnitt auch der Blick auf die oben (in 2.4.3) erwähnten **Größeneffekte des technischen Fortschritts** verstellt.

Nach der bisherigen Formulierung (z.B. Gleichung (III-9)) stellt sich der technische Fortschritt unabhängig von den Faktoreinsatzmengen ein. Tatsächlich sind neue Maschinen, verbessertes Saatgut, besser ausgebildete

Arbeitskräfte usw. jedoch die Vehikel, um den technischen Fortschritt durchzusetzen, d.h. er ist an den Faktoreinsatz gebunden.

Diese Faktorgebundenheit hat beim **biologisch-chemischen Fortschritt** nur geringe Konsequenzen, da die Betriebsmittel nahezu beliebig teilbar und somit weitgehend **betriebsgrößenneutral** einsetzbar sind. Wegen der jährlichen Entscheidungen über den Vorleistungseinsatz sind diese Fortschritte außerdem recht schnell realisierbar.

Dagegen sind **mechanisch-technische Fortschritte** i.d.R. **nicht betriebsgrößenneutral**, da sie wegen der Unteilbarkeit großer Maschinen oft nur bei großen Flächen oder in Großbeständen realisierbar sind (vgl. z.B. VON URFF 1988). Großbetriebe können daher leichter mechanisch-technische Fortschritte nutzen. Auch für wachsende Betriebe (die häufig mit Großbetrieben identisch sind) ergeben sich verbesserte Chancen, technische Neuerungen einzuführen, da bei höheren Nettoinvestitionen vermehrt technischer Fortschritt zugekauft werden kann.

3. Angebot von Agrargütern

3.1. Zusammensetzung des Marktangebots

Die auf dem Markt eines Landes angebotenen Agrargüter können aus den folgenden Quellen stammen:

(1) der laufenden heimischen Produktion
(2) den in der Vergangenheit gebildeten Vorräten
(3) Einfuhren aus anderen Ländern.

Von diesen Komponenten soll zunächst allein das Angebot aus laufender heimischer Produktion betrachtet werden. Lagerhaltung und Außenhandel werden erst später bei der Erklärung der Agrarpreisbildung als zusätzliche Komponenten eingeführt.

3.2. Konzept der landwirtschaftlichen Angebotsfunktion

3.2.1. Bestimmungsfaktoren des Agrargüterangebots und Definition der Angebotsfunktion

Das Angebot von Agrargütern wird durch eine Vielzahl von Einflußfaktoren bestimmt. Als wichtigste Kategorien lassen sich zunächst allgemein unterscheiden:

- die Preise der erzeugten Agrarprodukte, P,
- die Preise der eingesetzten variablen Produktionsfaktoren, q,
- die Bestände an fixen Produktionsfaktoren, F,
- der Stand der Produktionstechnik, T,
- die institutionellen Rahmenbedingungen und die politische Einflußnahme (Marktordnungen, Subventionen u.a.), J,
- die Zielsetzungen und Verhaltensweisen der landwirtschaftlichen Betriebsleiter, V,
- der Einfluß von Zufallsfaktoren (Wetter, Seuchen etc.), Z.

Die Angebotsfunktion für Agrargüter läßt sich dann in allgemeiner Form wie folgt kennzeichnen:

(III-28) $X = X^A(P, q, F, T, J, V, Z)$

Für die Beurteilung der Funktionsfähigkeit der Marktmechanismen ist der Einfluß von Preisänderungen auf die Höhe des Agrargüterangebots von zentraler Bedeutung. Hierüber gibt die **Preis-Angebotsfunktion** Auskunft, die den funktionalen Zusammenhang zwischen dem erwarteten Preis und der Angebotsmenge eines Agrarprodukts bei Konstanz aller übrigen Einflußfaktoren beschreibt:

(III-29) $X_i = X^{Ai}(P_i \mid \bar{P}_j, \bar{q}, \bar{F}, \bar{T}, \bar{J}, \bar{V}, \bar{Z})$

X_i, P_i = Angebotsmenge und Preis des betrachteten Guts
P_j = Preise der sonstigen Agrargüter

Die Preis-Angebotsfunktion beschreibt somit nur einen partiellen Aspekt einer multidimensionalen Beziehung: die Reaktion des Agrargüterangebots bei alleiniger Variation des Preises und bei Konstanz aller übrigen Bestimmungsfaktoren des Angebots.

Statt (III-29) schreibt man meistens vereinfachend:

(III-30) $X_i = X^{Ai}(P_i)$,

wenn man nicht ausdrücklich auf die Konstanz anderer Faktoren aufmerksam machen will. Auch bezeichnet man die Preis-Angebotsfunktion häufig einfach als "Angebotsfunktion", was auch wir im folgenden tun wollen.

Die *einzelbetriebliche* Angebotsfunktion läßt sich bekanntlich anhand eines Unternehmensmodells durch partielle Variation des Produktpreises herleiten (vgl. etwa HENRICHSMEYER, GANS, EVERS 1990, S.89f). Wenn man für die kurze und mittlere Frist von der Dominanz des Gewinnmaximierungszieles ausgehen kann, entspricht sie (einem bestimmten Abschnitt) der Grenzkostenfunktion. Die *sektorale* Angebotsfunktion ergibt sich durch horizontale Aggregation der einzelbetrieblichen Grenzkosten- bzw. Angebotsfunktionen (zu den Problemen hierbei siehe unten).

Wenn sich Einflußfaktoren, die bei der Ableitung der Preis-Angebotsfunktion konstant gehalten wurden, ändern, so verändert sich auch der funktionale Preis-Mengen-Zusammenhang, d.h. die Preis-Angebotsfunktion verschiebt sich. Man bezeichnet die Faktoren, die eine Verschiebung der Angebotsfunktion bewirken, daher auch als "**Shift-Faktoren**" (in (III-29) die durch Querstriche gekennzeichneten Variablen). Wir können somit durch den Verlauf *und* die Verschiebung von Preis-Angebotsfunktionen den Einfluß der verschiedenen Bestimmungsfaktoren zum Ausdruck bringen. Die Tatsache, daß der Preis als Variable der Angebotsfunktion hervorgehoben wird, bedeutet nicht, daß dieser in jedem Fall der wichtigste Bestimmungsfaktor ist. Veränderungen exogener Variablen, d.h. Shift-Faktoren, können eine ähnliche oder auch größere Bedeutung für die Angebotsentwicklung haben. So wird beispielsweise die kurz- und mittelfristige Entwicklung des Agrargüterangebots in starkem Maße durch den technischen Fortschritt bestimmt, während der Preiseinfluß (die Preiselastizität des Angebots) vergleichsweise gering ist (siehe Abschnitt 5.2.3).

Bevor wir uns näher mit den charakteristischen Eigenschaften des Agrargüterangebots beschäftigen, sollen im folgenden zunächst die prinzipiellen Bestimmungsfaktoren für den Verlauf und die Verschiebung von Angebotsfunktionen für Agrargüter betrachtet werden.

3.2.2. Verlauf von Angebotsfunktionen

Da die Angebotsfunktion bei Gewinnmaximierung der Grenzkostenfunktion entspricht, können wir bei den Überlegungen zum Verlauf der Angebotsfunktion von den Kostenstrukturen der Unternehmen ausgehen. Unter den üblichen neoklassischen Annahmen weist die Grenzkostenfunktion und damit die Angebotsfunktion einen kontinuierlich ansteigenden Verlauf auf. Die Steigung der Angebotsfunktion hängt dabei vom Verlauf der Produktionsfunktion und der Beweglichkeit der Produktionsfaktoren ab, die in engem Zusammenhang mit der **Fristigkeit der Betrachtung** zu sehen ist: wenn kurzfristig die meisten Produktionsfaktoren fixiert sind, führt die Steigerung des Einsatzes von variablen Faktoren schon bald zu stark abnehmenden Grenzerträgen und einem entsprechend steilen Verlauf der Grenzkosten- und Angebotsfunktion; wenn bei mittel- und langfristigem Zeithorizont mehr und mehr Faktoren variabel werden, ergeben sich erweiterte Spielräume für die Anpassung der Faktorkombinationen, so daß die Grenzkosten- und Faktoreinsatzfunktionen flacher verlaufen. Mit der Benennung der Fristigkeit der Betrachtung sollen somit vorrangig die Annahmen über die Beweglichkeit der Produktionsfaktoren und nicht exakt bemessene Zeiträume gekennzeichnet werden.

Diese Zusammenhänge sollen im folgenden zunächst unter vereinfachenden Annahmen über die agrarsektorale Technologie weiter ausgeführt werden. Es sei angenommen, daß für die Produktion eines Agrargutes X_i die folgende Produktionsfunktion gilt:

(III-31) $X_i = f_i(V_i, A_i, K_i, B_i, T)$

V_i = Vorleistungseinsatz für die Erstellung von Gut i

A_i, K_i, B_i = Einsatz von Arbeit, Kapital und Boden für die Erstellung von Gut i

T = Stand der Technik

Der Verlauf der Grenzkosten- bzw. Angebotsfunktion hängt nun entscheidend von den Annahmen über die Beweglichkeit der Produktionsfaktoren ab:

(1) Von **sehr kurzfristiger Betrachtung** wollen wir sprechen, wenn der Produktionsprozeß eingeleitet ist, über den Einsatz der Produktionsfaktoren bereits vorentschieden ist und auch der Vorleistungseinsatz kaum mehr variiert werden kann. Der Produktionsumfang und (bei Vernachlässigung von Lagerbestandsänderungen und Außenhandel) das Agrargüterangebot sind dann durch die Produktionsfunktion determiniert, wenn man von Zufallsschwankungen durch Witterung, Seuchen u.a. absieht. Das Agrargüterangebot ist dann völlig preisunelastisch (vgl. Übersicht III-13, Kurve a):

(III-32) $X_i = X^{A_i}(\bar{V}_i, \bar{A}_i, \bar{K}_i, \bar{B}_i, \bar{T})$

(2) Von **kurzfristiger Betrachtung** wollen wir sprechen, wenn die Faktorausstattung vorgegeben ist und auch das Produktionsprogramm festliegt, die Betriebsleiter sich jedoch durch die Anpassung des Vorleistungsansatzes an veränderte ökonomische Rahmenbedingungen anpassen können. In der kurzfristigen Angebotsfunktion kommt das darin zum Ausdruck, daß die Vorleistungsmengen V_i nun nicht mehr vorgegeben, sondern in Abhängigkeit vom Produktpreis und gegebenen Vorleistungspreisen q variabel sind:

(III-33) $X_i = X^{A_i}(P \mid \bar{q}, \bar{A}_i, \bar{K}_i, \bar{B}_i, \bar{T})$

Der Verlauf der kurzfristigen Angebotsfunktion wird somit entscheidend durch die physischen Aufwands-Ertragsbeziehungen im Vorleistungsbereich, d.h. den Verlauf der Ertragsfunktion, bestimmt. In den folgenden Abschnitten wird gezeigt werden, daß das Agrargüterangebot unter diesen Bedingungen über weite Preisbereiche hinweg nur wenig elastisch auf Preisänderungen reagiert, wie das in Übersicht III-13, Kurve b) zum Ausdruck kommt.

Übersicht III-13: Angebotsfunktionen unterschiedlicher Fristigkeit (schematische Darstellung)

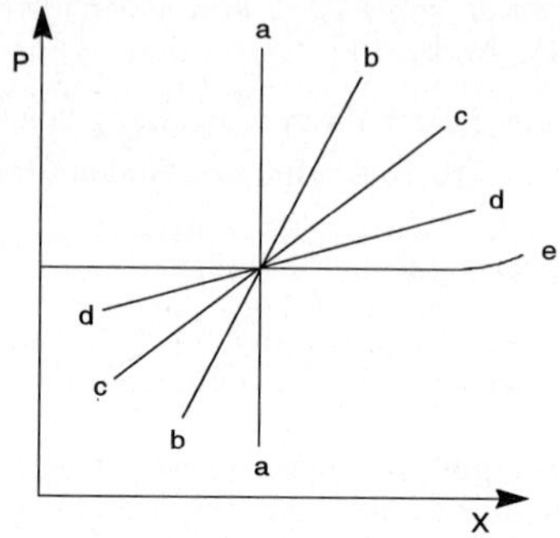

(3) Von **mittelfristiger Betrachtung** wollen wir sprechen, wenn die Grundausstattung der Betriebe mit primären Produktionsfaktoren vorgegeben ist, die Betriebsleiter jedoch das Produktionsprogramm und den Vorleistungseinsatz in Abhängigkeit von den ökonomischen Rahmenbedingungen wählen können. Damit haben sie die Möglichkeit, im Rahmen der gegebenen Flächen-, Arbeits-, Gebäude- und Maschinenkapazitäten durch Produktsubstitution auf Preisänderungen zu reagieren (neben der Anpassung der speziellen Intensität). In der mittelfristigen Angebotsfunktion für einzelne Agrarprodukte müssen wir daher die Preise alternativ erzeugbarer Produkte P_j, die mit dem betrachteten Produkt um knappe Produktionsfaktoren konkurrieren, als erklärende Variable berücksichtigen[2]:

$$\text{(III-34)} \quad X_i = X^{Ai}(P_i \mid \bar{P}_j, \bar{q}, \bar{A}, \bar{K}, \bar{B}, \bar{T})$$

Unten wird gezeigt werden, daß je nach der Art der Substitutionsbeziehungen zwischen den verschiedenen Agrarprodukten (Verläufen der Transformationskurven) das Angebot der *einzelnen Agrarprodukte* mehr oder weniger elastisch auf Preisänderungen reagiert; jedoch erhöht sich hierdurch die Preiselastizität des *aggregierten Agrargüterangebots* nur wenig, da sich die Substitutionsprozesse nur innerhalb der Aggregate abspielen und die erweiterten Möglichkeiten der Intensitätsanpassung bei flexibler Prozeßzusammensetzung (vgl. oben das Beispiel der Rindermast)

---

2) Man beachte, daß in Gleichung (III-34) die Faktorbestände nicht wie in Gleichung (III-32) und (III-33) den Index i tragen, sondern die Gesamtkapazitäten des Betriebes symbolisieren. Die Aufteilung der Faktoren auf die einzelnen Produktionsprozesse erfolgt gleichzeitig mit der Wahl des Produktionsprogramms in Abhängigkeit von den Preisrelationen.

nur einen begrenzten Effekt haben (Annahme: Kurve c in Übersicht III-13).

(4) Von **langfristiger Betrachtung** wollen wir sprechen, wenn auch die betrieblichen Faktorkapazitäten an veränderte ökonomische Rahmenbedingungen angepaßt werden können. Mit der Ausdehnung der Fristigkeit der Betrachtung werden in Abhängigkeit von den jeweiligen einzelbetrieblichen Bedingungen mehr und mehr Produktionsfaktoren variabel, etwa in der Reihenfolge: Maschinen, Fremdarbeitskräfte, Pachtfläche, Gebäude und schließlich Eigentumsfläche sowie Familienarbeitskräfte. Entsprechend wird der Verlauf der Angebotsfunktion mit zunehmender Faktorbeweglichkeit fortlaufend preiselastischer, da die Grenzen abnehmender Ertragszuwächse immer weiter hinausgeschoben werden.

Für eine bestimmte Konstellation sollen die Zusammenhänge beispielhaft gekennzeichnet werden. Es wird von dem aggregierten Agrargüterangebot X ausgegangen und angenommen, daß allein die landwirtschaftliche Nutzfläche B fixiert ist, während das Einsatzniveau der übrigen Faktoren zu gegebenen Preisen (q = Vorleistungspreis, l = Lohnsatz, i = Zinssatz) variiert werden kann. Die aggregierte Angebotsfunktion läßt sich dann wie folgt kennzeichnen (vgl. Übersicht III-13, Kurve d):

(III-35) $$X = X^A(P \mid \bar{q}, \bar{l}, \bar{i}, \bar{B}, \bar{T})$$

(5) Bei **sehr langfristiger Betrachtung** werden für einen einzelnen landwirtschaftlichen Betrieb alle Faktoren variabel, so daß in der sehr langfristigen Angebotsfunktion nur noch die Produkt- und Faktorpreise, jedoch nicht mehr die Bestände fixer Produktionsfaktoren als unabhängige Variable auftreten. Als begrenzende Faktoren sind dann nur noch die Organisationsfähigkeit des Betriebsleiters und die Unvermehrbarkeit des Bodens an einem Standort anzusehen. Für einen weiten Bereich der Produktionsausdehnung kann daher bei sehr langfristiger Betrachtung ein recht preiselastisches einzelbetriebliches Güterangebot erwartet werden, bis innerbetriebliche Koordinationsprobleme und Transportkosten auf zunehmende Grenzkosten hinwirken (vgl. Kurve e in Übersicht III-13).

Auf Form und Verlauf von Angebotsfunktionen für verschiedene Produktkategorien und betriebliche Bedingungen wird unten näher eingegangen werden. Von dieser Grundlage aus sind dann Vorstellungen über den Verlauf der entsprechenden gesamtsektoralen Angebotsfunktionen zu entwickeln. Im folgenden soll auf einige grundsätzliche Probleme der Aggregation von einzelbetrieblichen zu gesamtsektoralen Angebotsfunktionen für Agrarprodukte und damit verbundene Einschränkungen der Aussagefähigkeit hingewiesen werden.

Probleme bei der Aggregation zu sektoralen Angebotsfunktionen
Wenn man gesamtsektorale Angebotsfunktionen für einzelne Agrarprodukte ableiten will, sind prinzipiell die Angebotsfunktionen aller Betriebe, die dieses Produkt herstellen, zu aggregieren (horizontal zu addieren). Geht man in praktischen Untersuchungen von den Angebotsfunktionen für repräsentative Betriebe charakteristischer Betriebsgruppen aus, so sind diese Funktionen entsprechend gewichtet zu aggregieren. Diese Vorgehensweise beinhaltet grundsätzliche Probleme, wenn die bei der Ableitung der einzelbetrieblichen Angebotsfunktionen unterstellten Annahmen über die Konstanz der ökonomischen Rahmendaten (*ceteris-paribus-Bedingungen*) nicht gelten, insbesondere

- wenn betrieblich variable, aber regional oder sektoral fixe Produktionsfaktoren (z.B. landwirtschaftliche Nutzfläche) beansprucht werden und nicht sichergestellt ist, daß die einzelbetriebliche Entscheidungen über den Faktoreinsatz regional bzw. gesamtwirtschaftlich miteinander vereinbar sind ("Problem der Konsistenz"), oder
- wenn die auf der einzelbetrieblichen Ebene unterstellten Annahmen über die Konstanz der übrigen Produkt- und Faktorpreise für den gesamten Sektor nicht mehr haltbar sind, weil fühlbare Auswirkungen auf andere Produkt- und Faktormärkte bestehen ("Problem nicht ausreichender Komplexität der Betrachtung").

Auf derartige Probleme soll schon an dieser Stelle hingewiesen werden, da wir erst in den Abschnitten 7 und 8 von der einfacheren Betrachtung auf der Basis von partialen Produkt- bzw. Faktormarktmodellen (unter c.p. Bedingungen) zu komplexeren Analysen unter Berücksichtigung der Wechselbeziehungen zwischen den Märkten übergehen werden.

3.2.3. Verschiebung der Angebotsfunktion

Bei allen Untersuchungen des Angebotsverhaltens ist zwischen Bewegungen auf einer gegebenen Angebotsfunktion (Funktionsverlauf) und Verschiebungen der betreffenden Funktion sorgfältig zu unterscheiden.

Eine Angebotsfunktion wird verschoben, wenn sich Variable ändern, die bei der Ableitung der Funktion konstant gehalten wurden. Als "**Shift-Faktoren**" können somit u.a. gelten: technischer Fortschritt, Veränderungen von Vorleistungspreisen sowie Veränderungen der Preise substitutiver und komplementärer Produkte. Weiterhin können je nach der Fristigkeit der Angebotsfunktion Veränderungen entweder von Faktorbeständen oder von Faktorpreisen als Shift-Faktoren wirksam werden: Bei kurzfristiger Betrachtung sind die Faktorbestände exogene Größen, so daß ihre Veränderungen die kurzfristige Angebotsfunktion verschieben. Demgegenüber sind bei langfristiger Betrachtung die Faktorbestände variable Größen, deren Änderungen in den Grenzkosten und damit durch den *Verlauf* der

Angebotsfunktion zum Ausdruck kommen. Als Shift-Faktoren werden nun Veränderungen der Faktorpreise wirksam.

Aus der mikroökonomischen Theorie ist bekannt (vgl. HENRICHSMEYER, GANS, EVERS 1990, S. 97 ff), daß *technischer Fortschritt*, Erhöhungen der *Einsatzmengen fixer Faktoren* und Senkungen der *Preise variabler Faktoren* auf eine Verschiebung der Angebotsfunktion nach unten (bzw. rechts) hinwirken, während Verminderungen der Einsatzmengen von fixen Faktoren und Erhöhungen der Preise variabler Faktoren die Angebotsfunktion nach oben (bzw. links) verschieben. Daher können auch *staatliche Maßnahmen* als Shift-Faktoren wirken: So verschieben etwa Faktorsubventionen die Angebotskurve nach rechts, während Steuern oder produktionsverteuernde Umweltauflagen den entgegengesetzten Effekt haben. Sorgfältig hiervon zu unterscheiden sind die Auswirkungen preispolitischer Maßnahmen, die nicht als Shift-Faktoren wirken, sondern Bewegungen entlang einer gegebenen Angebotsfunktion auslösen.

In Übersicht III-14 sind beispielhaft die Kräfte, die auf eine Verschiebung der kurzfristigen Angebotsfunktion einwirken, schematisch dargestellt.

Übersicht III-14: Schematische Darstellung der Kräfte, die auf eine Verschiebung der kurzfristigen Angebotsfunktion hinwirken

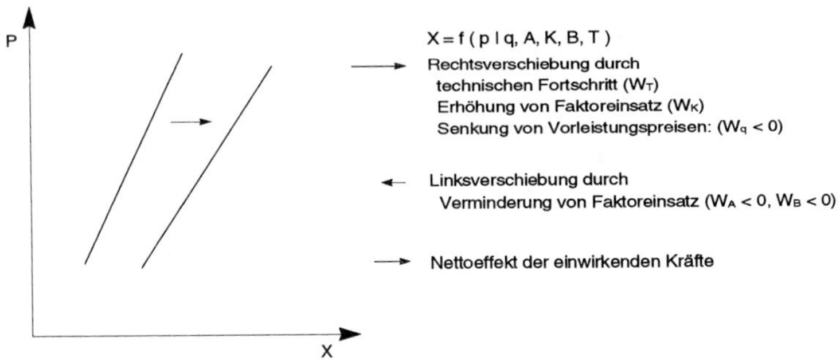

3.2.4. Zusammenhänge zwischen kurz- und langfristiger Angebotsfunktion

Für die weiteren Überlegungen ist es zweckmäßig, die Zusammenhänge zwischen kurz- und langfristiger Angebotsfunktion genauer zu betrachten. In Übersicht III-15 kennzeichnet die Kurve A eine langfristige Angebotsfunktion, während die Kurven a und b kurzfristige Angebotsreaktionen zum Ausdruck bringen. Eine Preiserhöhung von P_1 auf P_2 führt kurzfristig durch intensitätsmäßige Anpassung zu einer Angebotsausdehnung von X_1

auf X_2. Die Preiserhöhung hat jedoch auch eine Erhöhung der internen Faktorentlohnungen zur Folge, so daß auf längere Sicht - wenn die Preiserhöhung Bestand hat - die Faktorkapazitäten ausgedehnt werden und das Güterangebot entsprechend der langfristigen Angebotsfunktion auf X_3 steigt. Diese Erhöhung der betrieblichen Faktorkapazität kann als Shift-Faktor der kurzfristigen Angebotsfunktion a interpretiert werden. Nach Anpassung der Faktorbestände an das Preisniveau P_2 gilt die kurzfristige Angebotsfunktion b.

Übersicht III-15: Zusammenhänge zwischen kurz- und mittelfristiger Angebotsfunktion

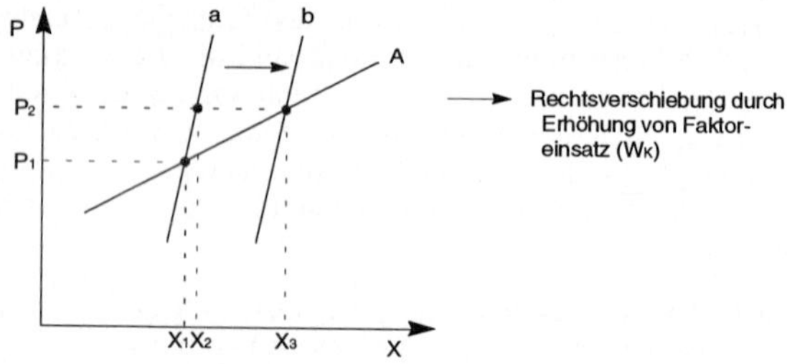

Für das kurz- und langfristige Angebotsverhalten sind weiterhin die **Unterschiede in der Preisuntergrenze** für die Aufnahme der Produktion (*Produktionsschwelle*) von Bedeutung. Die Angebotsfunktion beginnt bekanntlich (vgl. HENRICHSMEYER, GANS, EVERS 1990, S. 95f.) bei dem Preis, bei dem gerade die variablen Kosten gedeckt werden (Schnittpunkt der Kurve der durchschnittlichen variablen Kosten mit der Grenzkostenkurve). Daraus folgt, daß die Preisuntergrenze umso niedriger liegt, je mehr Faktoren fixiert und je weniger variabel sind. Daher liegt die Preisuntergrenze einer langfristigen Angebotskurve höher als diejenige einer kurzfristigen Angebotskurve. Eine Preissenkung, die langfristig gerade eine völlige Einstellung der Produktion bewirkt (Unterschreitung der langfristigen Preisuntergrenze), erlaubt kurzfristig aus diesem Grund durchaus eine Weiterführung der Produktion und zwar bei niedriger kurzfristiger Angebotselastizität u.U. auf nur wenig vermindertem Niveau.

3.2.5. Möglichkeit einer inversen Angebotsreaktion?

In der agrarpolitischen Diskussion wird gelegentlich davon ausgegangen, daß die Preis-Angebotsreaktion für Agrarprodukte nicht durchgehend steigt, sondern - zumindest in Teilbereichen - fällt, d.h. daß mit sinkenden Agrarpreisen das Agrargüterangebot zunimmt. Man spricht dann auch von "inversem Angebotsverhalten". Wir wollen im folgenden prüfen, unter welchen Bedingungen inverse Angebotsreaktionen möglich sind.

Die Angebotsmenge vor und nach einem Preisanstieg wird im Unternehmensgleichgewicht bei **Gewinnmaximierung** von der Grenzkostenfunktion angegeben, die (im relevanten Bereich) nicht fallen kann. Somit kann bei einem komparativ-statischen Vergleich der beiden Gleichgewichtssituationen eine inverse Reaktion eindeutig ausgeschlossen werden. Auf dem Weg zum neuen Gleichgewicht kann es jedoch je nach den erforderlichen Anpassungsprozessen zur letztlich erfolgenden Produktionssteigerung zu zeitweiligen Angebotsrückgängen kommen. Als ein Beispiel für eine derartige, temporär inverse Reaktion sei die Verlängerung von Mastendgewichten bei steigenden Preisen genannt, die zu einem kurzzeitigen Angebotsrückgang führen kann (vgl. 3.3.2). Vernachlässigt man derartige, allenfalls kurzzeitig relevante Spezialfälle, so ist festzustellen, daß sich unter der Verhaltensannahme der Gewinnmaximierung eine inverse Reaktion nicht ergeben kann. Um eine inverse Reaktion dennoch ökonomisch begründen zu können, muß man diese Verhaltensannahme, die wir (in 2.2) besonders für die kurze Frist als brauchbare Arbeitshypothese angesehen haben, also verwerfen und durch eine andere ersetzen.

Statt der Gewinnmaximierung könnten die landwirtschaftlichen Haushalte eine **Einkommen-Freizeit-Optimierung** verfolgen, d.h. neben der Zielgröße "Gewinn" eine hohe Freizeit anstreben. Für einen Spezialfall der Beziehungen zwischen diesen Zielen (bzw. der Nutzenfunktion) kann man leicht zeigen, daß der Arbeitseinsatz und damit die landwirtschaftliche Produktion hierbei invers, d.h. mit einer Steigerung auf eine Reduktion des Agrarpreisniveaus reagieren kann. Dieser Fall ist gegeben, wenn die Haushalte ein bestimmtes zufriedenstellendes Einkommen G_{sat} anstreben, ansonsten aber, wenn es der wirtschaftliche Spielraum gestattet, ein möglichst hohes Maß an Freizeit wünschen. Ein derartiges "*satisfizierendes*" Verhalten (in bezug auf den Gewinn) ist in Übersicht III-16 dargestellt.

Den satisfizierenden Gewinn G_{sat} erreichen die Landwirte in der Ausgangssituation, d.h. bei der Erlösfunktion $P^1 \cdot X(F)$ an jeder Stelle zwischen F^1_{min} und F^1_{max}. Weil sie den Arbeitseinsatz jedoch annahmegemäß minimieren wollen, setzen sie die Arbeit genau im Umfang F^1_{min} ein. Fällt der Preis jetzt auf P^2, so kann der Gewinn G_{sat} nur noch mit dem höheren Faktoreinsatz F^2_{opt} erreicht werden. Um weiterhin den zufriedenstellenden Gewinn G_{sat} zu erwirtschaften, werden die Landwirte daher ihren Arbeitseinsatz auf F^2_{opt} *steigern*, und so gleichzeitig die Produktion und das Angebot erhöhen. Es ist allerdings zu beachten, daß die Anspruchsniveaus (z.B. G_{sat} in Übersicht III-16) nach oben korrigiert werden können, wenn sie über längere Zeit leicht erreicht werden. Anhand der Übersicht kann man sich leicht klarmachen, daß damit auch in der Ausgangssituation eine Annäherung an das Gewinnmaximum verbunden wäre.

Übersicht III-16: Faktoreinsatz bei satisfizierendem und optimierendem Verhalten

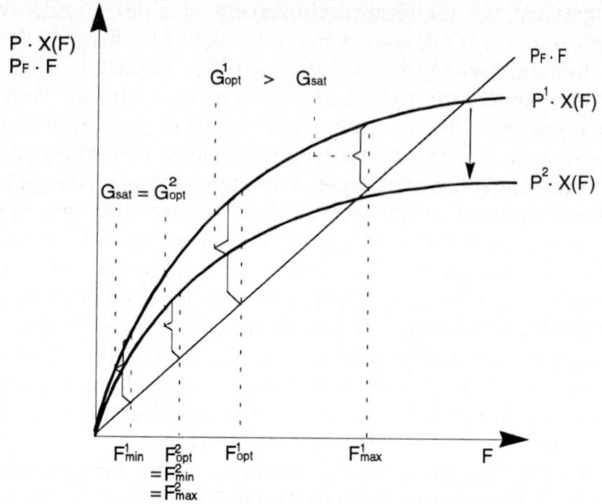

Die Möglichkeit einer inversen Reaktion des Arbeitsangebots läßt sich auch auf der Basis einer allgemeineren Nutzenfunktion für die beiden Ziele "Einkommen" und "Freizeit" herleiten. Dies wird später anhand des neoklassischen Grundmodells zur Erklärung der landwirtschaftlichen Arbeitsangebotsentscheidungen näher betrachtet werden (Abschnitt 6.4.1). Doch bereits an dieser Stelle läßt sich festhalten: Unter der Annahme einer mehrdimensionalen Nutzenfunktion mit den Elementen Einkommen und Freizeit kann zwar die theoretische Möglichkeit einer inversen Güterangebotsreaktion mit einer möglichen inversen Reaktion des Arbeitsangebots begründet werden, doch ist die Wahrscheinlichkeit einer solchen Reaktion aus verschiedenen Gründen für den Agrarsektor insgesamt als äußerst gering einzustufen:

- Auch wenn es Nutzenfunktionen gibt, die eine inverse Reaktion des Arbeitseinsatzes hervorrufen können, muß es jedoch mindestens als offen angesehen werden, ob derartige Präferenzen bei der Mehrzahl der Betriebe auch tatsächlich vorliegen.
- Für die übrigen Faktoren (Kapitalgüter, Vorleistungen) gilt auch bei Freizeit-Einkommen-Optimierung die übliche Optimalbedingung, so daß deren Einsatzniveau bei Preissenkungen i.d.R. reduziert wird, wenn der evt. gestiegene Arbeitseinsatz nicht den Effekt der Preissenkung auf das Wertgrenzprodukt dieser Faktoren überkompensiert. Außerdem wirkt auch eine tendenziell verminderte Liquidität in Richtung auf eine Einschränkung des Faktorzukaufs, so daß der u.U. erhöhte Arbeitseinsatz von Reduktionen des übrigen Faktoreinsatzes überkompensiert werden dürfte.

- Erfolgt die Preissenkung nicht bei allen Produkten gleichzeitig, so ist eine Anpassung an den Einkommensdruck nicht nur durch Mehrarbeit, sondern auch durch Änderung des Produktionsprogramms möglich. Dieses Ausweichen auf andere Märkte begründet jedoch wieder die normale, positive Reaktion des Agrargüterangebots (vgl. Abschnitt 3.4).
- Analog ist langfristig bei einer Absenkung des gesamten Agrarpreisniveaus ein Ausweichen des Faktors Arbeit auf den außerlandwirtschaftlichen Arbeitsmarkt erwartbar. Langfristig werden die Landwirte also nicht in stärkerem Umfang in der Landwirtschaft arbeiten, sondern aus ihr abwandern (vgl. 6.4).

Die Hypothese der Einkommen-Freizeit-Optimierung ist ein Spezialfall der Ausrichtung des Verhaltens an einer **mehrdimensionalen Zielfunktion**. Auch andere Zielgrößen lassen sich durch eine derartige Nutzenfunktion abbilden und können Abweichungen von der gewinnmaximalen Faktorallokation hervorrufen. So wird beispielsweise in Übersicht III-16 die einzelbetriebliche Reaktion auf eine Preissenkung beschrieben, bei der ein "zufriedenstellender" Gewinn G_{sat} angestrebt wird, aber nach dessen Erreichung auch andere Motive ("Tradition", "Umweltbewußtsein", "Sicherheit", "Prestige", Abneigung gegen bestimmte Tätigkeiten) beachtet werden. In der Ausgangssituation wurde je nach der Art der sonstigen Ziele ein Faktoreinsatz irgendwo zwischen F^1_{min} und F^1_{max} realisiert, so daß nach der Preissenkung auf P^1 eine Erhöhung des Faktoreinsatzes resultiert, wenn er vorher unterhalb des neuen (!) Optimums lag und eine Verminderung, wenn er vorher oberhalb des neuen Optimums lag. Nur wenn der erste Fall für die überwiegende Mehrzahl der Betriebe zutrifft, kann mit satisfizierendem Verhalten eine inverse Angebotsreaktion theoretisch begründet werden. Ohne genauere Kenntnis der Ursachen für die Abweichungen von der Gewinnmaximierung in der Ausgangssituation ist eine derartige Begründung einer inversen Angebotsreaktion allerdings eher als Spekulation anzusehen.

Mit der Annahme **irrationalen Verhaltens**, d.h. eines an subjektiven Situationseinschätzungen orientierten Verhaltens, das nicht systematisch auf die Erreichung bestimmter Ziele ausgerichtet ist, ließe sich jede denkbare Angebotsreaktion erklären. Abgesehen von der Fragwürdigkeit einer derartigen These (vgl. 2.2) bliebe hier offen, wieso eine inverse Reaktion wahrscheinlicher sein soll als die normale (oder keine).

Zusammenfassend ist festzuhalten, daß eine inverse Angebotsreaktion allenfalls als *kurzfristige* Erscheinung in einem Teil der landwirtschaftlichen Betriebe zu erwarten ist. Die bisherigen empirischen Beobachtungen und Untersuchungen kommen nahezu übereinstimmend zu dem Ergebnis, daß sich die Hypothese inversen Angebotsverhaltens auf der sektoralen Ebene nicht belegen läßt. Wir werden daher im folgenden grundsätzlich von einer "normalen" Angebotsreaktion ausgehen.

3.3. Das kurzfristige Agrargüterangebot

Eine kurzfristige Angebotsreaktion liegt vor, wenn die landwirtschaftlichen Produktionsprozesse bereits eingeleitet sind und den landwirtschaftlichen Betriebsleitern nur noch eingeschränkte Möglichkeiten der Anpassung an veränderte ökonomische Rahmenbedingungen verbleiben.

3.3.1. Pflanzliche Produktion

Im Bereich der pflanzlichen Produktion werden die Produktionsprozesse mit der Aussaat bzw. Anpflanzung eingeleitet. Je nach Fruchtart kann damit eine unterschiedliche zeitliche Dauer der Festlegung verbunden sein, wenn man etwa an Wintergetreide, Sommergetreide, mehrmaligen Gemüseanbau innerhalb einer Vegetationsperiode oder die Anlage von Dauerkulturen denkt. Mögliche Anpassungsreaktionen beschränken sich unter diesen Voraussetzungen auf:

(1) Anpassungen des Vorleistungseinsatzes pro Flächeneinheit (der "speziellen Intensität")
(2) Verzicht auf Ernte und
(3) Anpassung der innerbetrieblichen Verwendung von marktfähigen Produkten.

(1) Die **Anpassungsmöglichkeiten der speziellen Intensität** werden entscheidend durch den Verlauf der Ertragsfunktion bestimmt.

Übersicht III-17: Verlauf der Ertragsfunktion und kurzfristige Angebotsreaktion bei pflanzlichen Produkten (schematisch)

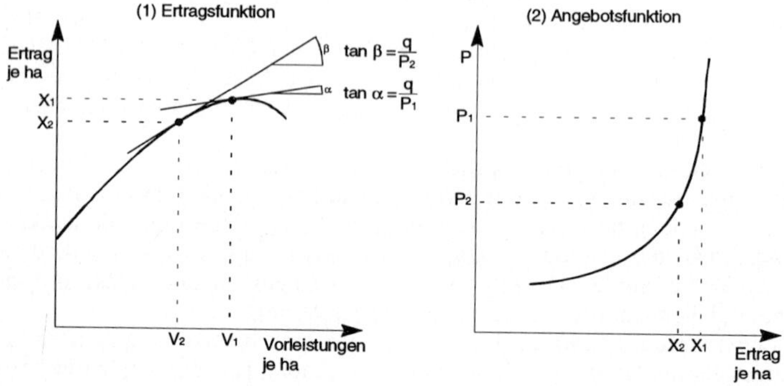

Wenn die Ertragsfunktion über weite Bereiche annähernd konstante Grenzerträge und von einem bestimmten Punkt an stark abnehmende (oder gar negative) Ertragszuwächse aufweist, so hat die Grenzkostenkurve in der Nähe des Ertragsmaximums einen sehr steilen Verlauf und die Angebotsmenge je ha ist über weite Preisbereiche hinweg sehr preisunelastisch.

Dieses gilt insbesondere dann, wenn durch die Bestellung, Aussaat, Grunddüngung u.a. bereits ein erheblicher Teil an Vorleistungen erbracht ist. Daher würde erst bei einer sehr drastischen Senkung der Produktpreise (bzw. Erhöhung der Betriebsmittelpreise) der Betriebsmitteleinsatz und die Produktionsmenge je ha reduziert werden.
(2) Ein **Verzicht auf Ernte** wird nur bei sehr extremen Verschlechterungen der Preiserwartungen oder Ertragsaussichten erwogen. So kommt es beispielsweise bei Obst oder Gemüse gelegentlich vor, daß bei starkem Preisverfall oder schlechter Produktqualität der mit der Ernte verbundene Arbeits- und Vorleistungseinsatz weitgehend reduziert bzw. eingestellt wird (z.B. Unterpflügen von Gemüse oder Verzicht auf die Obsternte bei Niedrigstpreisen). Der Verzicht auf Ernte läßt sich daher als eine extreme Form der Reduktion von Vorleistungseinsatz und Angebotsmenge interpretieren. Er ist ökonomisch dann zweckmäßig, wenn der erwartete Erlös nicht mehr die zusätzlichen Aufwendungen an Arbeit und Vorleistungen abdeckt.
(3) Auch bei gegebenem Produktionsumfang kann das Marktangebot durch eine **Veränderung des Eigenverbrauchs** an veränderte ökonomische Bedingungen angepaßt werden. In den fortgeschrittenen Industrieländern betrifft dies insbesondere den Verbrauch von Futtermitteln (Futtergetreide und -kartoffeln). Bei sinkenden Getreidepreisen wird in verstärktem Maße eigenes Getreide anstelle von zugekauften Futtermitteln verfüttert und dadurch das Marktangebot reduziert; bei steigenden Preisen wird entsprechend das Angebot ausgeweitet.

Ähnlich kann das Angebot von Frischprodukten (etwa von Obst und Gemüse) durch Variation der für die industrielle Weiterverarbeitung vorgesehenen Mengen wechselnden Marktlagen angepaßt werden. Derartige Substitutionsvorgänge können zusammen mit Änderungen von Lagerbeständen auch kurzfristig bei einigen Produkten eine gewisse Preiselastizität des Angebots aus heimischer Produktion bewirken.

Einfluß von witterungsbedingten Ertragsschwankungen

Bei den meisten pflanzlichen Produkten besteht ein erheblicher Einfluß der Witterungsbedingungen auf den Ertrag und damit das kurzfristige Güterangebot. Witterungsschwankungen verändern die Rahmenbedingungen (Verlauf der Ertragsfunktion), unter denen Preis-Angebotsfunktionen abgeleitet werden, so daß sie als Shift-Faktor der kurzfristigen Angebotsfunktion wirken (vgl. Übersicht III-18).

Übersicht III-18: Sehr kurzfristige Angebotsfunktionen bei pflanzlichen Produkten (Annahme völliger Preisinelastizität)

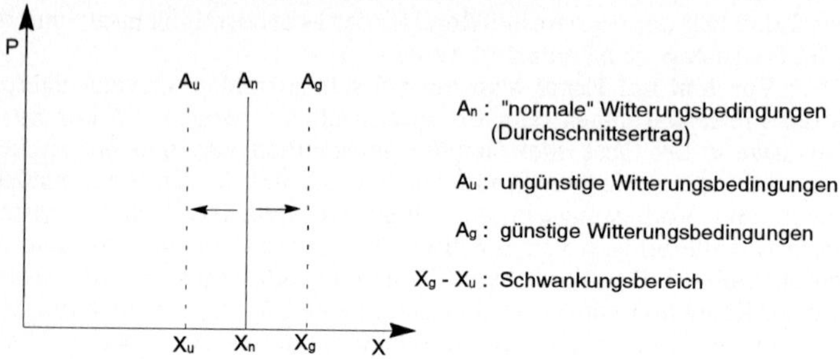

Das Ausmaß witterungsbedingter Ertragsschwankungen ist bei den einzelnen Fruchtarten unterschiedlich. Beispielsweise sind die Ertragsschwankungen in semiariden Gebieten wesentlich größer als in gemäßigten Zonen.

In Übersicht III-19 sind die durchschnittlichen jährlichen Schwankungen der Getreideproduktion in verschiedenen Erzeugungsregionen der Erde durch die Variationskoeffizienten (vgl. BLEYMÜLLER, GEHLERT, GÜLICHER 1988) gekennzeichnet. Die Variationskoeffizienten lassen sich zwar leicht interpretieren (etwa in jedem 3. Jahr lag die Produktion außerhalb der durch den Variationskoeffizienten angegebenen Streubreite), überzeichnen aber das Ausmaß der Instabilität, wenn die Produktion aufgrund des technischen Fortschritts trendmäßig ansteigt. Ergänzend ist darum ein trendbereinigtes Instabilitätsmaß angegeben, das lediglich die durchschnittliche Streuung *um den Trend* mißt.

Das Ausmaß der Schwankungen hängt einerseits von den *klimatischen Bedingungen* ab, wie der Vergleich von Europa mit Nordamerika oder der UdSSR zeigt. Die *Anbaumethode* ist z.B. in China (Bewässerung) für die sehr geringe Streuung der Produktionsmengen verantwortlich. Weiterhin wird deutlich, daß die Ertragsschwankungen mit zunehmender *Größe des Wirtschaftsgebietes* abnehmen, da sich gute und schlechte Ernten verschiedener Teilregionen kompensieren. So ist etwa die Instabilität der Weltproduktion wesentlich geringer als die der einzelnen Erzeugungsregionen und die Schwankungen in Europa sind deutlich niedriger als die in der Bundesrepublik. Entsprechendes gilt auch für Teilregionen in Ländern. Diese Feststellungen weisen bereits auf die große Bedeutung hin, die dem interregionalen und internationalen Agrargüteraustausch im Hinblick auf die Stabilisierung des kurzfristigen Agrargüterangebots zukommt.

Übersicht III-19: Kennziffern zu den durchschnittlichen jährlichen Schwankungen der Getreideproduktion in verschiedenen Erzeugungsregionen der Erde, 1956-1981

Region	durchschnittliche Produktion (Mio t)	Variations-koeffizient	trendbereinigtes Instabilitätsmaß
Bundesrepublik	17,9	22,4 %	7,0 %
Europa ohne UdSSR	191,4	21,7 %	4,2 %
UdSSR	156,5	21,4 %	14,1 %
Kanada	33,5	22,5 %	12,7 %
USA	213,4	22,6 %	9,3 %
Brasilien	21,4	30,3 %	8,1 %
Argentinien	19,2	24,9 %	12,3 %
Nordafrika u. Naher Osten	23,5	10,9 %	10,9 %
Tropisches Afrika	36,6	10,7 %	4,8 %
Tropisches Ost-Asien	70,4	20,5 %	6,3 %
China	217,2	19,9 %	2,7 %
Indien	103,6	23,0 %	6,3 %
Welt	1275,0	17,6 %	2,5 %

Quellen: SIEVERS, WEBER 1984; WEBER, SIEVERS 1985

3.3.2. Tierische Produktion

In der tierischen Produktion leiten die Entscheidungen über das Belegen von Zuchttieren den Produktionsprozeß ein. Mit einiger Zwangsläufigkeit führt dies in der **Schweinehaltung** mit entsprechenden zeitlichen Verzögerungen zu einem bestimmten Ferkelangebot, zur Aufstallung von Mastschweinen und schließlich zum Schweinefleischangebot. Nur innerhalb relativ enger Grenzen bestehen bei den gegebenen technologischen Bedingungen der Schweineproduktion ökonomisch sinnvolle Anpassungsmöglichkeiten des Schweinefleischangebots durch vorzeitigen Abbruch oder Verlängerung von Mastprozessen. Ähnliches gilt für die Hähnchenmast und - eingeschränkt - für die Legehennenhaltung.

In der **Milchviehhaltung** sind mit den Entscheidungen zur Färsenaufzucht ebenfalls längerfristige Festlegungen verbunden, da Milchkühe erst nach einigen Jahren ihre volle Leistungsfähigkeit erreichen und daher eine längere Nutzungsdauer ökonomisch sinnvoll ist. Ein vorzeitiges Abschlachten von Milchkühen wird deshalb nur bei sehr starken ökonomischen Anreizen vorgenommen und auch dann im allgemeinen nur nach Ablauf der Laktationsperiode. Ebenso ist eine Vermehrung der Milchkuhbestände nur mit zeitlicher Verzögerung möglich. Es verbleibt als weitere mögliche kurzfristige Anpassungsreaktion noch die Änderung der Fütterungsintensität und damit der Milchleistung je Tier. Da die Aufwands-Ertragsrelationen in der Milcherzeugung jedoch nahezu linearen Ertragsfunktionen entsprechen (vgl. Übersicht III-6), ist die kurzfristige Preiselastizität eher noch geringer als in der pflanzlichen Produktion.

Etwas größere Anpassungsflexibilitäten bestehen in der **Kälber- und Rindermast**, da eine ganze Palette von Mastverfahren existiert, die sich hinsichtlich des Tiermaterials, der Futtergrundage, Haltungsform und der Endgewichte unterscheiden. Die Substitution von Mastverfahren, z.B. mit unterschiedlichen Mastendgewichten, erweitert die Anpassungsmöglichkeiten in der Rindfleischerzeugung. Hierbei kann auch der Effekt auftreten, daß eine Erhöhung der Rindfleischpreise kurzfristig zu einer Angebotseinschränkung führt, da die Tiere länger ausgemästet und entsprechend später vermarktet werden, d.h. *temporär* eine "inverse" Reaktion zustande kommt, vgl. Abschnitt 3.2.5.

3.3.3. Zusammenfassende Beurteilung für den Agrarsektor

Zusammenfassend läßt sich zum Gesamtbereich der kurzfristigen Angebotsreaktion festhalten, daß mit dem Umfang der landwirtschaftlichen Produktionsprozesse (Anbauflächen, Zahl der gehaltenen Tiere) auch das Angebot weitgehend festgelegt ist. Kurzfristige Angebotsreaktionen beschränken sich daher im wesentlichen auf (begrenzte) Anpassungen der speziellen Intensität, Verzicht auf Ernte bei extrem niedrigen Preisen, Verlängerung oder Verkürzung von Mastprozessen sowie das vorzeitige Abschlachten von Legehennen und Milchkühen. Zu beachten ist aber, daß in *einigen* Betrieben auch in der "kurzen Periode" die Entscheidungen anstehen, die wir erst in den folgenden Abschnitten zur "mittelfristigen" bzw. "langfristigen" Reaktion behandeln. Je nach dem Anteil dieser Betriebe fällt die Reaktion des Agrarsektors *insgesamt* auch in der kurzen Frist etwas stärker aus, als es die bisherigen Überlegungen zum Ausdruck bringen. Insgesamt ist das kurzfristige Agrargüterangebot jedoch relativ preisunelastisch.

3.4. Das mittelfristige Agrargüterangebot

Eine mittelfristige Angebotsreaktion liegt vor, wenn die Grundausstattung der landwirtschaftlichen Betriebe mit Produktionsfaktoren gegeben ist, die Entscheidungen über die Produktions- und Faktoreinsatzstruktur aber noch offen sind. Die landwirtschaftlichen Betriebsleiter haben dann gegenüber der kurzfristigen Betrachtung erweiterte Möglichkeiten, um auf veränderte Preisanreize zu reagieren.

3.4.1. Einzelbetriebliche Reaktionsmöglichkeiten und Anpassungsspielräume

Im Rahmen gegebener Faktorkapazitäten können landwirtschaftliche Betriebsleiter auf drei Ebenen auf veränderte ökonomische Bedingungen reagieren, nämlich durch:
(1) Veränderungen der Kapazitätsauslastung
(2) Anpassungen der speziellen Intensität
(3) Änderungen der Produktionsrichtung

(1) Während die landwirtschaftliche Nutzfläche im allgemeinen vollständig beansprucht wird, sind die Arbeits-, Maschinen- und Stallkapazitäten vieler landwirtschaftlicher Betriebe - zumindest zeitweise - nicht voll ausgelastet. Hierdurch wird diesen Betrieben die Möglichkeit eröffnet, durch Änderung der **Kapazitätsauslastung** relativ schnell auf Preisanreize zu reagieren. Dies gilt vor allem für die bodenunabhängige Veredlung, deren Umfang im Rahmen der bestehenden Stallkapazitäten recht problemlos ausgedehnt werden kann. Umgekehrt werden leerstehende Ställe in Kauf genommen, wenn bei gedrückten Preisen die Produktionsschwelle unterschritten wird (die variablen Produktionskosten zeitweise nicht gedeckt werden).
(2) Auch bei mittelfristiger Betrachtung spielen die Anpassungen der **speziellen Intensität** eine Rolle. Im Vergleich zu den kurzfristigen Reaktionsmöglichkeiten sind dabei die Anpassungsspielräume etwas größer, da die Produktionsprozesse noch nicht eingeleitet sind und erweiterte Möglichkeiten für deren Gestaltung bestehen: So kann z.B. in der pflanzlichen Produktion auch die Intensität der Bodenbearbeitung den veränderten Bedingungen angepaßt werden oder können in der tierischen Produktion andere Mastverfahren gewählt oder neue Rassen eingeführt werden. Mittelfristig steigen somit die Möglichkeiten, auf veränderte Preissignale durch Anpassung des Vorleistungseinsatzes und der Erträge zu reagieren. Allerdings ist die Preiselastizität bei den unter mitteleuropäischen Verhältnissen vorherrschenden Verläufen der Ertragsfunktion (siehe 2.3.2) im allgemeinen vergleichsweise gering.
(3) Der wesentliche mittelfristige Anpassungsmechanismus ist die **Produktsubstitution**, durch die es den landwirtschaftlichen Betriebsleitern bei bestimmten Produkten möglich ist, rasch und weitgehend auf veränderte Preisrelationen zu reagieren. Im folgenden Abschnitt sollen diese Zusammenhänge näher erläutert werden.

3.4.2. Anpassung durch Produktsubstitution

Die Substitutionsbeziehungen zwischen verschiedenen Produkten können durch die Transformationskurve abgebildet werden (vgl. Abschnitt 2.3.4). Gewinnmaximierende Unternehmer werden von den durch eine Transformationskurve beschriebenen Güterkombinationen diejenige auswählen, bei der sie den größten Gewinn erzielen. Wenn wir zunächst vereinfachend annehmen, daß keine variablen Produktionsfaktoren (Vorleistungen) eingesetzt werden, so fällt diese Zielsetzung mit derjenigen der Maximierung des Erlöses zusammen. Für die *optimale* **Güterkombination** gilt dann bekanntlich die Bedingung, daß die Grenzrate der Transformation dem umgekehrten Verhältnis der Produktpreise entspricht:

$$\text{(III-36)} \qquad GRT = -\frac{dX_1}{dX_2} = \frac{P_2}{P_1}$$

Dieser Bedingung entspricht in der grafischen Darstellung der Berührungspunkt zwischen der Transformationskurve und der Isoerlösgeraden. In Übersicht III-20 sind jeweils zwei (gestrichelt dargestellte) Isoerlösgeraden für unterschiedliche Preisannahmen eingezeichnet, wobei das Verhältnis der Produktpreise bekanntlich durch die Steigung der Isoerlösgeraden angegeben wird:

$$\tan\alpha = \frac{P_2}{P_1} \quad \text{bzw.} \quad \tan\beta = \frac{P_2}{P_1}$$

Übersicht III-20: Transformationskurven und resultierendes Agrargüterangebot (schematisch)

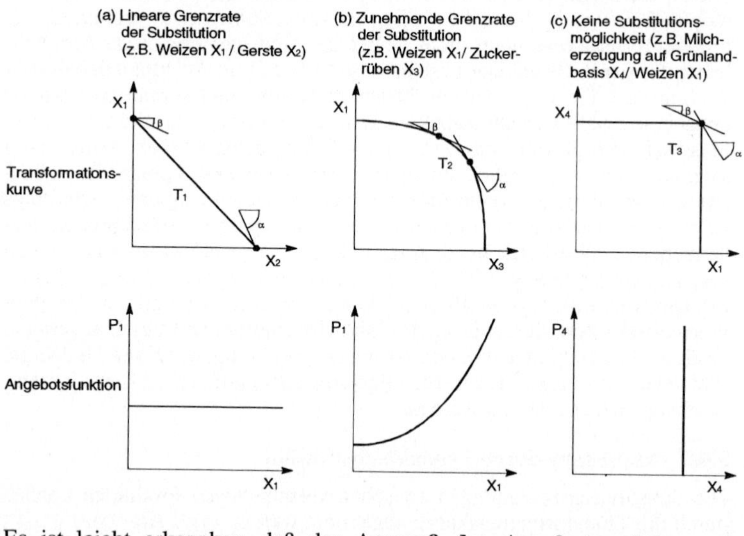

Es ist leicht erkennbar, daß das **Ausmaß der Angebotsreaktion** auf Preisänderungen in starkem Maße von dem Krümmungsgrad der Transformationskurve abhängt. Je weniger gekrümmt die Transformationskurve ist, um so größere Angebotsänderungen sind zu erwarten. Analog gilt, daß mit zunehmender Krümmung der Transformationskurve das Angebot unelastischer wird.

Im Falle der *kontinuierlich gekrümmten Transformationskurve* T_2 werden die Güter bei Änderung der Preisrelation schrittweise gegeneinander substituiert. Ausgehend von einem Preisverhältnis tan $\alpha = P_2/P_1$ (= Zuckerrübenpreis : Weizenpreis) bewirkt eine relative Erhöhung des Weizenpreises eine Erhöhung der Weizen- und eine Einschränkung der Zuckerrübenmenge. Der Transformationskurve T_2 entspricht somit eine kontinuierlich ansteigende Angebotsfunktion für Weizen und - wie leicht ersichtlich ist - auch ein entsprechender Verlauf der Angebotsfunktion für Zuckerrüben.

Im Falle der *linearen Transformationskurve* T_1 werden nur bei einer ganz bestimmten Preisrelation, die der Steigung der Transformationskurve entspricht, beide Güter gleichzeitig produziert und angeboten. Eine geringfügige Veränderung eines der Preise würde eine vollständige Spezialisierung auf eines der beiden Güter bewirken. Der Verlauf der Angebotsfunktion für beide Güter - in Übersicht III-20 eingetragen für Weizen - ist somit im Substitutionsbereich völlig elastisch. Demgegenüber wird bei dem durch T_3 beschriebenen Verlauf der Transformationskurve bei allen möglichen Preisrelationen stets die technologisch determinierte Gütermengenkombination von Milch und Getreide realisiert. Die zugehörigen Angebotsfunktionen sind *völlig preisunelastisch.*

Die beschriebenen Fälle (1) und (3) sind Extremfälle, zwischen denen die verschiedenen landwirtschaftlichen Produktbeziehungen einzuordnen sind. Dabei ist jedoch zu beachten, daß sich derartige Zuordnungen nicht prinzipiell nach der Art der Produkte, sondern nur nach der betrieblichen Gesamtsituation hinsichtlich technologischer Bedingungen und Faktorausstattung vornehmen lassen, die die Form der Transformationskurve bestimmen. Zur Erklärung des tatsächlichen Angebotsverhaltens ist daher von einzelbetrieblichen Verhältnissen oder zumindest den charakteristischen Bedingungen bestimmter Betriebsgruppen (Betriebsgröße, Standortverhältnisse u.a.) auszugehen.

Weitere Komplizierungen der Betrachtung ergeben sich, wenn wir (realistischerweise) davon ausgehen, daß zur Produktion auch Vorleistungen eingesetzt werden. Es sind dann zusätzlich all jene Zusammenhänge zu berücksichtigen, die oben bei der Anpassung der speziellen Produktionsintensität betrachtet wurden. Unter neoklassischen Bedingungen ist die Produktionsmenge eine (nichtlineare) Funktion des Vorleistungseinsatzes. Nun ist nicht mehr der Erlös sondern der *Deckungsbeitrag* (Erlös minus variable Kosten) des Unternehmens zu maximieren.

Die Betrachtung läßt sich vereinfachen, wenn man von konstanten Erträgen und konstanten variablen Kosten je Prozeßeinheit (pro ha oder Tier) ausgeht, wie das bei den linaren Programmierungssätzen in der landwirtschaftlichen Betriebslehre meistens geschieht. Bei einer gegebenen Höhe der Produkt- und Betriebsmittelpreise (gegebenen Deckungsbeiträgen je Prozeßeinheit) wird dann die Kombination von Produktionsverfahren ausgewählt, die den höchsten betrieblichen Deckungsbeitrag erbringt. Bei nur einem begrenzenden Faktor (z.B. der Ackerfläche in der pflanzlichen Produktion) ist das Produktionsverfahren (die Fruchtart) optimal, das den höchsten Deckungsbeitrag je Flächeneinheit erbringt. Bei mehreren knappen Produktionsfaktoren sind die Opportunitätskosten (Schattenpreise) der verschiedenen Faktoren gleichzeitig zu berücksichtigen. Die Angebotsreaktion auf Preisänderungen läßt sich dann ermitteln, indem man den berechneten Preis, bei Konstanz der übrigen Preise, schrittweise variiert (vgl. dazu die Lehrbuchdarstellungen der landwirtschaftlichen Betriebslehre).

3.4.3. Zusammenfassende Beurteilung für den Agrarsektor

Es wurde gezeigt, daß die Anpassungsreaktion durch Produktsubstitution von einer Vielzahl von Einflußfaktoren abhängt, die darüber hinaus situationsspezifisch, d.h. auf betrieblicher Ebene, unterschiedlich wirksam werden. Dennoch sollen im folgenden einige tendenzielle Aussagen über die Möglichkeiten der Produktsubstitution und damit der mittelfristigen *sektoralen* Angebotselastizität in Bezug auf Preisänderungen begründet werden:
(1) Relativ gute Substitutionsmöglichkeiten bestehen über weite Bereiche hinweg zwischen den **verschiedenen Getreidearten**. Unter mitteleuropäischen Bedingungen lassen die Boden- und Klimaverhältnisse im allgemeinen den Anbau mehrerer Getreidearten zu, wobei Ertragsdepressionen infolge der Verletzung von Fruchtfolgeerfordernissen durch eine starke Ausweitung des Anbauumfangs einzelner Getreidearten bei gesamtsektoraler Betrachtung nur allmählich wirksam werden dürften. Da sich ferner die Mechanisierungs- und Arbeitsansprüche der Getreidearten nicht wesentlich voneinander unterscheiden, können landwirtschaftliche Betriebe auf Verschiebungen der Getreidepreisrelationen flexibel reagieren. Empirische Untersuchungen ergeben oft Werte von Angebotselastizitäten für einzelne Getreidearten, die um 0,5 liegen.
(2) Demgegenüber sind für **Getreide insgesamt** wesentlich niedrigere Werte der Angebotselastizität zu erwarten, da im allgemeinen weitergehende betriebliche Umstellungen erforderlich sind, wenn Getreide durch andere Produkte substituiert wird. Entscheidend ist die Konkurrenzfähigkeit der alternativen Ackerfrüchte, wobei es sich je nach Standort und betrieblichen Bedingungen um Ölfrüchte (vor allem Raps), Zuckerrüben, Kartoffeln oder auch den Ackerfutterbau handeln kann. Mittelfristige Angebotselastizitäten für Getreide insgesamt wurden gelegentlich in Größenordnungen von 0,2 bis 0,3 geschätzt.
(3) Die Angebotselastizitäten für die **sonstigen Verkaufsfrüchte** des Ackerbaus sind sehr unterschiedlich. Sie können sehr groß sein, wenn einzelne Fruchtarten ähnliche Faktoransprüche stellen, wie beispielsweise einzelne Gemüsearten. Die Möglichkeiten einer Produktsubstitution und damit auch die mittelfristigen Angebotselastizitäten werden jedoch sehr gering, wenn Spezialmaschinen oder -einrichtungen erforderlich sind (z.B. beim Hopfen- und Tabakanbau) oder wenn sehr lange Ausreifungszeiten benötigt werden (z.B. Obstbau).

(4) Die technologischen Beziehungen zwischen den verschiedenen **Verfahren der Rindviehhaltung** werden neben ihren Arbeitsansprüchen vor allem durch die Kälberbilanz und den Grundfutterbedarf bestimmt.

Die Zahl der geborenen Kälber, die (wenn man die Mutterkuhhaltung zunächst vernachlässigt) komplementär an die Milchkuhhaltung gebunden ist, begrenzt die maximale Ausdehnung der Kälber-, Färsen- und Bullenmast. Verschiebungen zwischen den Mastverfahren können insbesondere für den Sektor gewisse Variationen von Mastendgewichten und Futterzusammensetzung gestatten, die die Reaktionsmöglichkeiten des Rindfleischangebots in gewissem Umfang erweitern (vgl. die Argumentation zu Übersicht III-7 oben in Abschnitt 2.3.2). Die Angebotselastizität für Rindfleisch ist unter den derzeitigen Bedingungen in der Bundesrepublik insgesamt jedoch nicht sehr groß, jedenfalls nicht in bezug auf *steigende* Preise. Sie kann jedoch deutlich größer werden, wenn nach einer relativen Anhebung des Rindfleischpreises im Vergleich zum Milchpreis Verfahren der Fleischrinderhaltung wettbewerbsfähiger werden.

An Grünlandstandorten und bei hoher Arbeitskapazität gibt es zur Milchviehhaltung über weite Preisbereiche ohne Veränderung der Faktorbestände kaum Produktionsalternativen. Dagegen bestehen an Ackerbaustandorten mittelfristig realisierbare Substitutionsmöglichkeiten durch Veränderung des Umfangs der Milchviehhaltung in Verbindung mit einer Änderung des Umfangs des Ackerfutterbaus.

(5) Bezüglich der **bodenunabhängigen Veredlung** haben wir oben bereits darauf hingewiesen, daß innerhalb der bestehenden Stallkapazitäten relativ flexible Angebotsreaktionen möglich sind. So kann beim Schweinefleischangebot auf Zwei- bis Dreijahressicht etwa mit Angebotselastizitäten von 0,3 bis 0,7 gerechnet werden. Eine größere Flexibilität sowohl bei der Beschaffung der Jungtiere (kürzere Aufzuchtzeiten) als auch der Futtermittel (innerbetriebliche Getreideverwendung oder Zukauf von Futtermitteln) ermöglichen hier auf mittlere Sicht elastischere Angebotsreaktionen als in der Rindviehhaltung. Andererseits sind die Möglichkeiten einer Angebotsanpassung durch Produktsubstitution in der Veredlungsproduktion gering. Stallgebäude und insbesondere technische Einrichtungen sind im allgemeinen so stark spezialisiert, daß zwischen den verschiedenen Verfahren der Veredlungsproduktion bei gegebenen Faktorkapazitäten nur begrenzte Substitutionsmöglichkeiten bestehen.

Bei der mittelfristigen Angebotsreaktion ist sehr deutlich zwischen verschiedenen Aggregationsebenen der Betrachtung zu unterscheiden :

Das **aggregierte Agrargüterangebot** kann auf Veränderungen des Agrarpreisniveaus nur durch Anpassungen des Vorleistungseinsatzes (der speziellen Intensität) oder durch eine veränderte Ausnutzung der verfügbaren Faktorkapazitäten reagieren. Anpassungen durch Produktsubstitution werden auf aggregierter Ebene kaum wirksam, da Substitutionen naturgemäß nur zwischen Teilen des Gesamten stattfinden können und das aggregierte Produktionsvolumen des Agrarsektors nur wenig beeinflussen. Doch auch die Möglichkeiten der Angebotsreaktion durch Anpassung der speziellen Intensität sind auf mittlere Sicht bei den in den meisten Bereichen der pflanzlichen und tierischen Produktion anzutreffenden Verläufen der Ertragsfunktionen als gering einzuschätzen, auch wenn die Anpassungsmöglichkeiten bei der speziellen Intensität durch Verschiebungen innerhalb der Produktionsverfahren in der mittleren Frist erweitert sind.

Bei sehr drastischen Preissenkungen ist aber zu erwarten, daß Produktionsfaktoren nicht genutzt werden, wenn die Produktionsschwelle unterschritten wird (die Erlöse nicht mehr die variablen Kosten und die Opportunitätskosten der Produktionsfaktoren decken). Dieses kann bei einem Teil der Betriebe in bestimmten Betriebszweigen, wie etwa der Schweineproduktion mit starken zyklischen Preisschwankungen, vorübergehend der Fall sein, kann aber auch zur Aufgabe der Nutzung von Ställen oder dem Brachfallen landwirtschaftlicher Nutzflächen, insbesondere an Grenzstandorten, führen. Auf diese Weise sind auch mittelfristig gewisse preisbedingte Reaktionen des aggregierten Agrargüterangebots zu erwarten. Die in verschiedenen Ländern und mit unterschiedlichen methodischen Ansätzen durchgeführten Untersuchungen deuten jedoch darauf hin, daß die kurz- und mittelfristige Preiselastizität des aggregierten Agrargüterangebots recht niedrig (i.d.R. etwa bei 0,1 bis 0,3) anzusetzen ist.

Demgegenüber sind die **Angebotselastizitäten bei einzelnen Agrarprodukten** in Abhängigkeit von den jeweils bestehenden Subsitutionsmöglichkeiten wesentlich größer. Im einzelnen sind diese Zusammenhänge - wie gezeigt - produkt- und situationsspezifisch zu betrachten. Generell läßt sich jedoch feststellen, daß die durch Produktsubstitution möglichen Angebotsreaktionen umso geringer werden, je größer die betrachteten Aggregate sind. So sind z.B. die Angebotselastizitäten einzelner Getreidearten größer als die von Getreide insgesamt, die Angebotselastizitäten von Getreide insgesamt größer als die der gesamten pflanzlichen Produktion und diese wiederum größer als die des gesamten Agrargüterangebots.

3.5. Das langfristige Agrargüterangebot

Bei langfristiger Angebotsreaktion können sich die Betriebe neben der Intensitätsanpassung und Produktsubstitution auch durch Veränderungen der Faktorbestände an veränderte ökonomische Rahmenbedingungen anpassen: Durch Zupacht und Verpachtung, durch Investition und Desinvestition, durch die Einstellung von landwirtschaftlichen Arbeitskräften und durch die Aufnahme außerlandwirtschaftlicher Erwerbstätigkeit. Diese Faktorbestandsänderungen sind in engem Zusammenhang mit den betrieblichen Wachstums- und Schrumpfungsprozessen im Zuge des landwirtschaftlichen Strukturwandels zu sehen und stellen einen entscheidenden Bestimmungsfaktor für die langfristige Reaktion und Entwicklung des Agrargüterangebots dar.

3.5.1. Dynamische Zusammenhänge von betrieblicher Entwicklung und langfristiger Angebotsreaktion

Durch eine **langfristige Angebotsfunktion** wird das **Endergebnis** komplizierter Anpassungsvorgänge beschrieben, die sich infolge von Preisänderungen nach längerer Zeit einstellen. Für das inhaltliche Verständnis der Angebotsreaktionen ist es jedoch wichtig, die intertemporalen Wechselbeziehungen zwischen Produktion, Einkommensentstehung und Faktoreinsatz zu erfassen, die die Geschwindigkeit des Auf- und Abbaus von Faktorbeständen und damit letztlich auch die Veränderung des Angebots bestimmen.

Bei der Darstellung dieser Zusammenhänge können wir an die Überlegungen zur Entscheidungssituation landwirtschaftlicher Unternehmen und Haushalte anknüpfen (Abschnitt 2.1). Dort war ausgeführt worden, daß sich die betrieblichen Entscheidungen an den Zielsetzungen der Unternehmer und Haushalte orientieren, von der Ausgangslage des Betriebes auszugehen haben und in starkem Maße durch die Erwartungen über die künftige wirtschaftliche und technologische Entwicklung bestimmt werden.

Prozeß der betrieblichen Entwicklung

Vor diesem Hintergrund läßt sich der Prozeß der betrieblichen Entwicklung stichwortartig wie folgt kennzeichnen (Übersicht III-21): Die verfügbaren Faktorbestände, das technologische Know-How und die Preiserwartungen bestimmen das Produktionsprogramm und den Faktoreinsatz in Periode t_0. In Abhängigkeit von den am Markt tatsächlich realisierten Preisen entsteht das Betriebseinkommen und lassen sich den fixen Produktionsfaktoren bestimmte Entlohnungssätze zurechnen. Diese Größen bestimmen zusammen mit der finanziellen Ausgangslage des Unternehmens und den Erwartungen über die künftigen wirtschaftlichen und technologischen Rahmenbedingungen die Grundentscheidungenfür die weitere Entwicklung des Betriebes. Sie betreffen vor allem: den Berufseintritt und die Aufnahme außerlandwirtschaftlicher Erwerbstätigkeit von Familienmitgliedern sowie die Beschäftigung von Fremdarbeitskräften; die Pacht- und den Kauf von landwirtschaftlicher Nutzfläche; den Ersatz ausscheidender Kapitalgüter und Erweiterungsinvestitionen; Entnahmen für Konsumzwecke, die Anlage von Ersparnissen und die Aufnahme von Krediten. Diese Grundentscheidungen verändern die Faktorbestände und die finanzielle Ausgangslage des Betriebes in der folgenden Periode t_1 und haben damit Einfluß auf die in dieser Periode zu treffenden Produktions- und Faktoreinsatzentscheidungen. Auf diese Weise setzt sich die Wirkungskette von Periode zu Periode fort. Es besteht somit ein wechselseitiger Zusammenhang zwischen der zeitlichen Entwicklung von Faktorbeständen, Produktion, Angebot und Einkommen.

Übersicht III-21: Intertemporale Verflechtungen im Prozeß betrieblicher Entwicklung (schematische Darstellung)

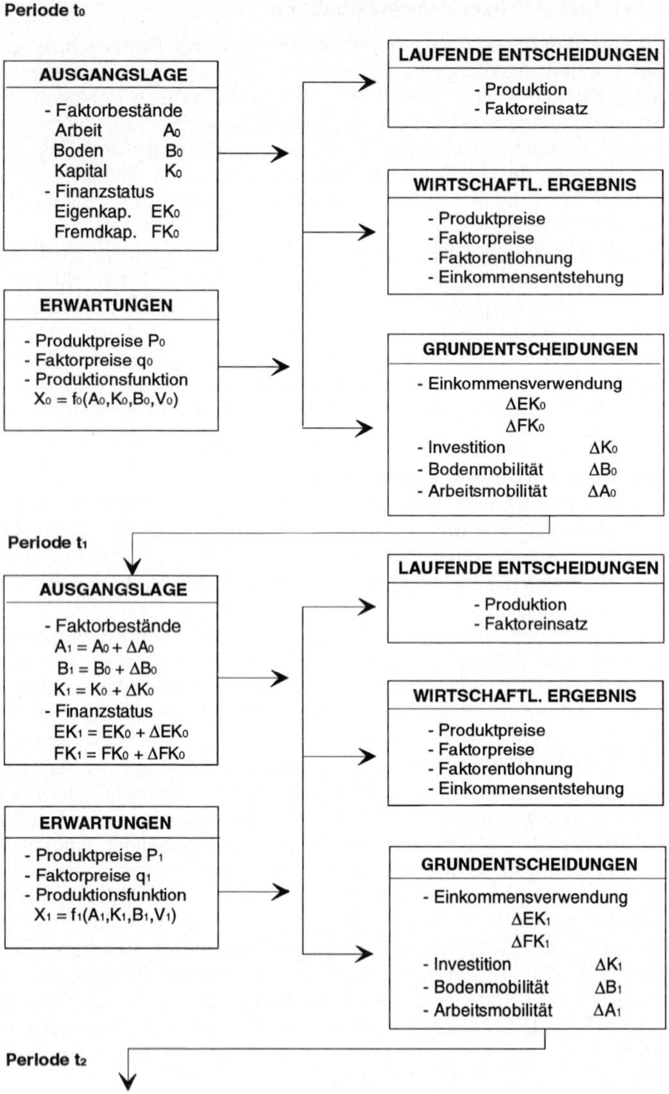

Grundentscheidungen mit großer langfristiger Bedeutung, wie die Berufswahl oder größere Gebäudeinvestitionen, werden *in den einzelnen landwirtschaftlichen Betrieben* im allgemeinen nur in größeren Zeitabständen getroffen. Sind solche Grundentscheidungen gefallen, so ist damit die betriebliche Entwicklung häufig für einen längeren Zeitraum in engen Grenzen vorherbestimmt, da die getroffenen Entscheidungen nur unter Hinnahme von Verlusten (z.B. durch Umschulung, Wiederveräußerung) revidiert werden können (vgl. unten Abschnitt 6). Diese weitgehende Festlegung in einzelnen Betrieben bedeutet jedoch nicht, daß *die Landwirtschaft insgesamt* nur nach Ablauf längerer Zeitperioden auf veränderte ökonomische Rahmenbedingungen durch Faktoranpassungen reagieren kann. Denn zu einem bestimmten Zeitpunkt gibt es in der Landwirtschaft stets Betriebe, die wichtige Grundentscheidungen in den letzten Jahren gerade getroffen haben, und andere, die in den nächsten Jahren vor diesen Entscheidungen stehen. Daraus folgt: Je länger der Betrachtungszeitraum gewählt wird, umso größer wird die Anzahl der Betriebe, die neue Grundentscheidungen zu treffen haben, und umso größer wird die Elastizität des Agrargüterangebots.

Bestimmungsfaktoren der betrieblichen Faktoranpassungen bei sehr langfristiger Betrachtung

Die bisherigen Ausführungen haben unterstrichen, daß die Grundentscheidungen über die Mobilität der Primärfaktoren Arbeit, Boden und Kapital entscheidend sind für die langfristige Reaktion des Angebots. Für diese Entscheidungen ist der Verlauf der Produktionsfunktion bei Veränderung des gesamten Faktoreinsatzes, d.h. das Vorliegen steigender oder sinkender Skalenerträge bedeutsam. Im folgenden sollen die wichtigsten Bestimmungsfaktoren dieser Entscheidungen betrachtet werden, um deutlich zu machen, daß je nach den einzelbetrieblichen Bedingungen Verlauf und Lage der langfristigen Angebotsfunktion sehr unterschiedlich sind. Die Details der Anpassung und deren Wechselwirkungen sollen jedoch erst in Abschnitt 6 behandelt werden.

Zur Erklärung der einzelbetrieblichen Entscheidungen über den Faktoreinsatz können wir ausgehen von der bekannten mikroökonomischen Grundregel: Preis = Grenzkosten.

Bei voller Variabilität aller Faktoren und gegebenen Faktorpreisen (Opportunitätskosten) werden die langfristigen Grenzkosten (die Grenzerträge für den gesamten Faktoreinsatz) erst bei sehr hohen Produktionsumfängen ansteigen (sinken), vgl. Übersicht III-13, Kurve e. Ein Ansteigen der Grenzkosten kann hervorgerufen werden durch:

- zunehmende Transportkosten bei Ausdehnung der Betriebsfläche
- zunehmende Kosten der Überwachung von Fremdarbeitskräften bzw. ganz allgemein des "Managements",
- zunehmende Kosten der Entsorgung von Gülle und Stalldung bei Ausdehnung der Tierhaltung,

- Verzicht auf Steuervorteile und Subventionen bei Überschreiten der Grenzen zum "gewerblichen" Betrieb (vgl. Kap. II, 2.4.2).

Die allermeisten Betriebe sind jedoch noch weit von diesen Grenzen entfernt, oft könnten sie ihre durchschnittlichen und marginalen Kosten bei Produktionsausdehnung sogar senken infolge von
- Kostendegressionen aufgrund von Unteilbarkeiten bzw. technologischen Skaleneffekten
- Mengenrabatten oder anderen "marktmäßigen" Skaleneffekten.

Die bisher genannten Einflußgrößen bestimmen den Verlauf der sehr langfristigen Angebots- bzw. Grenzkostenfunktion, wenn auch die Primärfaktoren an ihre langfristige Gleichgewichtswerte angepaßt sind. Dieser Prozeß ist jedoch auch bei konstanten Preisen aus verschiedenen Gründen u.U. auch nach vielen Jahrzehnten noch nicht abgeschlossen.

Verzögerte betriebliche Anpassungen
Bei längerfristigen Zeithorizonten wird die Angebotsreaktion entscheidend durch den dynamischen Prozeß betrieblicher Entwicklung geprägt:

Produkt und Faktorpreise sowie die technologischen Möglichkeiten (technischer Fortschritt) ändern sich laufend, so daß hierüber nur (subjektive) Erwartungen bestehen, die Grundlage der Planung (z.B. in t_0) sind, aber laufend aufgrund der tatsächlichen Entwicklung (z.B. in t_1) revidiert werden.

Sich ändernde Erwartungen können bewirken, daß sich die langfristig geplante (optimale) Faktorallokation ebenfalls verändert. Die tatsächlich vorgenommenen Veränderungen des Faktoreinsatzes sind jedoch aufgrund verschiedener Effekte begrenzt, die eine verzögerte Anpassung erzwingen bzw. sinnvoll erscheinen lassen:
- Für fremdkapitalfinanzierte Investitionen wird die *Verschuldungsgrenze* wirksam, an der die Kreditgeber nicht mehr oder nur zu progressiv steigenden Zinssätzen bereit sind, Kapital zur Verfügung zu stellen. Eigenkapitalfinanzierte Investitionen dagegen sind begrenzt durch die Konsumansprüche der Familie (vgl. Abschnitt 6.3).
- Eine hohe Differenz von Ankaufs- und Verkaufspreisen für Kapitalgüter (Gebäude, Maschinen) bewirkt, daß gerade gekaufte Kapitalgüter bei sinkenden Ertragserwartungen wegen der entstehenden Veräußerungsverluste (sinnvollerweise) nicht sofort wieder verkauft werden. Sie erhalten damit *"quasifixen" Charakter* (vgl. 6.3).
- Bei den Familienarbeitskräften sind in unterschiedlichem Ausmaß verschiedene *Mobilitätshemmnisse* wirksam, die zu recht unterschiedlichen und sich im Zeitablauf verändernden Opportunitätskosten führen. Die Mobilitätshemmnisse sind nicht nur in regional und auch zwischen den Familienmitgliedern stark divergierenden, objektiv erzielbaren außerbetrieblichen Löhnen begründet, sondern auch in subjektiven Mobilitätshemmnissen: Freude an der Arbeit in der Natur und in der Nähe zu den

anderen Familienmitgliedern und eine empfundene Verpflichtung zur Weiterführung des Hofs können die Bereitschaft zur Aufnahme einer außerlandwirtschaftlichen Beschäftigung oder gar zum Wohnortwechsel drastisch herabsetzen (vgl. Abschnitt 6.4).

- Auch beim Boden wirken derartige Faktoren mindestens beim Verkauf von Flächen. Aufstockungswillige Betriebe können dagegen i.d.R. nur zu bestimmten *"Gelegenheiten"* Flächen kaufen oder zupachten. Eine schnelle Aufstockung ist im allgemeinen nur bei der Wahrnehmung auch ungünstiger Gelegenheiten mit hohen Kaufpreisen bzw. Pachtsätzen realisierbar (vgl. 6.6.2).
- Alle Umstellungen der Betriebsorganisation, wie sie mit Änderungen des Faktoreinsatzes verbunden sind, verursachen i.d.R. temporäre Ineffizienzen und *Reibungsverluste in der Umstellungsphase*, so daß auch von dieser Seite her eine Bremsung der Anpassungsgeschwindigkeit erfolgt.
- Schließlich ist die unterschiedliche *Risikoaversion* der Familien zu nennen, die bewirkt, daß nicht alle Chancen zur Verbesserung der Einkommenssituation ergriffen werden, wenn sie in unterschiedlichem Ausmaß mit Risiko behaftet sind. Ebenso wie bei den Erwartungen (über die Mittelwerte der relevanten Daten) ist auch bei der Einschätzung des Risikos (z.B. der künftigen Agrarpreisentwicklung und des außerlandwirtschafltichen Arbeitsplatzrisikos) eine erhebliche Varianz zwischen den Betriebsleitern feststellbar.

Die durch die genannten Einflüsse bedingten Verzögerungen können sich, insbesondere beim Faktor Arbeit, über Jahrzehnte hinziehen. Sie bewirken, daß der Verlauf der Angebotsfunktion auch bei langen Fristen unelastischer verläuft als bei Betrachtung des Endzustands nach Abschluß aller Anpassungen.

Differenzierte Anpassungen in verschiedene Betriebstypen

Die Auflistung der (wichtigsten) für den Einzelbetrieb relevanten Bestimmungsfaktoren des Faktoreinsatzes im Zeitablauf rückt zugleich die erhebliche einzelbetriebliche Varianz dieser Bestimmungsfaktoren ins Blickfeld, die erklärt, daß gleichzeitig einige Betriebe wachsen ("Wachstumsbetriebe"), andere ihre Faktorbestände reduzieren ("Abstockungsbetriebe") und wieder andere ihre Kapazitäten nur wenig verändern ("Durchhaltebetriebe"), je nachdem welche der genannten Einflüsse überwiegen.

Wachstumsbetriebe haben tendenziell hohe (erwartete) Wertgrenzprodukte der Faktoren (optimistische Zukunftserwartungen für die Landwirtschaft, hohe Betriebsleiterfähigkeit, nicht ausgenutzte Kostendegressionen aber auch nicht zu kleine Faktorkapazitäten) und niedrige sowie bei Wachstum nur mäßig steigende Opportunitätskosten (großer Abstand zur Verschuldungsgrenze, mangelnde Kenntnis oder subjektive Reserven hinsichtlich außerlandwirtschaftlicher Formen der Kapitalanlage, spürbare Mobilitätshemmnisse gegen Aufnahme außerlandwirtschaftlicher Tätigkeit, ausreichendes Flächenangebot).

Abstockungsbetriebe erwarten tendenziell niedrigere landwirtschaftliche Wertgrenzprodukte (pessimistische Zukunftseinschätzung für die Landwirtschaft, geringe Betriebsleiterfähigkeit, weit vom Optimum entfernte Faktorkapazitäten) und sehen sich hohen und bei Schrumpfung nur wenig sinkenden Opportunitätskosten gegenüber (gute Kenntnis und positive Beurteilung außerlandwirtschaftlicher Anlageformen, geringe Mobilitätshemmnisse für Arbeit, hohe außerbetriebliche Nachfrage nach den eigenen Flächen).

Bei *Durchhaltebetrieben* kompensieren sich die Einflüsse derartig, daß bis zum Generationswechsel nur geringe Veränderungen der Faktorbestände vorgenommen werden und auf Preisänderungen eher abwartend reagiert wird. So liegen oft gleichzeitig niedrige Opportunitätskosten der Arbeit (fortgeschrittenes Alter) und pessimistische Zukunftseinschätzungen für den landwirtschaftlichen Betrieb vor.

Sektorale Angebotsreaktion

Die einzelnen landwirtschaftlichen Betriebe, die in ihrem Zusammenwirken die *sektorale* Reaktion bestimmen, sind mehr oder weniger gut einem der soeben skizzierten Idealtypen zuzuordnen. Bei ihrer Aggregation wird oft ein Verlauf der **sektoralen Angebotsfunktion** wie in Übersicht III-22 erwartet.

Übersicht III-22: Langfristige Angebotsreaktionen in idealtypischen Wachstums-, Abstockungs- und Durchhaltebetrieben sowie im Sektor

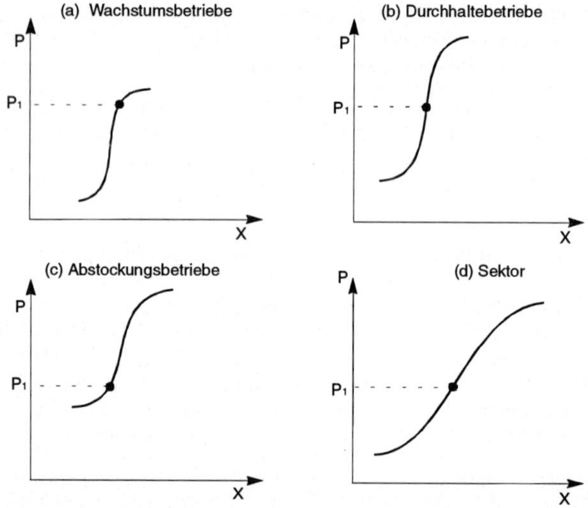

Bei insgesamt schon recht elastischem Verlauf der sektoralen Angebotsfunktion dürften die Elastizitäten bei Über- bzw. Unterschreitung bestimmter Schwellen der Preisveränderung noch zunehmen, doch lassen sich über den tatsächlichen Verlauf der Angebotsreaktion bei drastischen

Preisänderungen (bislang) kaum empirisch abgesicherte Aussagen machen, da hierüber nur begrenzte historische Erfahrungen vorliegen.

Die Reaktionen von Wachstums-, Durchhalte- und Abstockungsbetrieben sind insbesondere über den Bodenmarkt miteinander verknüpft. Hierauf wird im Zusammenhang mit empirischen Angebotsanalysen (III-6) und Problemen des betrieblichen Strukturwandels (in 6.6.2) zurückzukommen sein.

3.5.2. Standortdifferenzierung und Angebotsreaktion

Bei sehr langfristiger Betrachtung haben die natürlichen Standortbedingungen und die Verkehrslage einen entscheidenden Einfluß auf den Verlauf der Angebotsfunktion für Agrargüter. Denn im Gegensatz zu Betriebsgrößenstrukturen und Mobilitätsbedingungen unterliegen sie nur in begrenztem Maße einem Wandel im Zeitablauf. In der Standorttheorie werden daher die natürlichen Standortbedingungen und die Verkehrslage häufig als "unabhängige Standortfaktoren" bezeichnet und die bestehenden betrieblichen Strukturen je nach dem Betrachtungszeitraum als variable oder als vorgegebene Faktoren ("quasi-unabhängige Standortfaktoren") betrachtet (WEINSCHENCK, HENRICHSMEYER 1966).

Unterschiedliche natürliche Standortbedingungen

Da die landwirtschaftliche Produktion weitgehend an die Fläche gebunden ist, wird das Agrargüterangebot in starkem Maße durch die natürlichen Standortbedingungen bestimmt. Darunter sind vor allem die klimatischen Bedingungen, die Qualität der Böden und die Beschaffenheit der Oberflächengestalt zu verstehen.

Unterschiedliche natürliche Standortbedingungen kommen in unterschiedlichen Verläufen der Produktionsfunktionen_und damit Kostenfunktionen zum Ausdruck. Im oberen Teil der Übersicht III-23 sind Ertragsfunktionen für einen günstigen und einen ungünstigen Standort und darunter die zugehörigen Durchschnitts- und Grenzkostenfunktionen eingetragen (vgl. auch Übersicht III-4). Es ist ersichtlich, daß unter sonst gleichen Bedingungen (hinsichtlich Betriebsgröße, Faktormobilität, Bezugs- und Absatzmöglichkeiten) die Preisuntergrenze an dem günstigeren Standort niedriger liegt als an dem ungünstigeren Standort. Die langfristige Gesamtangebotsfunktion ergibt sich bei dieser Betrachtung durch Aggregation der beiden regionalen Angebotsfunktionen. Sie beginnt beim Preis P_1 mit dem Angebot des günstigeren Standorts, von P_2 an tritt dann das Angebot des ungünstigeren Standorts hinzu. Mit steigendem Preis werden somit zunächst die günstigen und dann die ungünstigeren Böden in Bewirtschaftung genommen. An den günstigeren Standorten übersteigen dann die Stückerlöse die Durchschnittskosten und schlagen sich in *Differentialrenten* ("Qualitätsrenten") zugunsten der Bodeneigentümer nieder und führen damit an diesen Standorten zu einer intensiveren

Landbewirtschaftung. Auf diese Zusammenhänge, die RICARDO (1817) in den Mittelpunkt seiner Theorie der Bodenrente stellte, wird in Abschnitt 6.4 über den landwirtschaftlichen Bodenmarkt näher eingegangen.

Übersicht III-23: Natürliche Standortunterschiede und Verlauf der Angebotsfunktion für Agrarprodukte

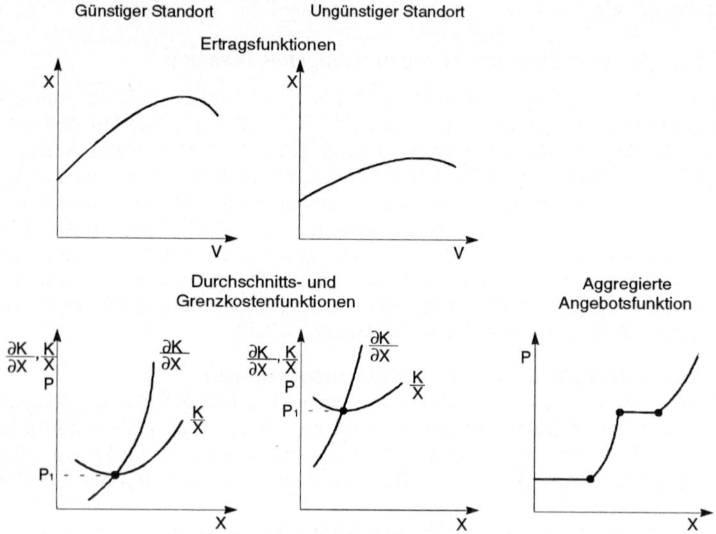

Unter dem Gesichtspunkt der Angebotsreaktion ist festzuhalten, daß Unterschiede der natürlichen Standortbedingungen einen erheblichen Einfluß auf den Verlauf der langfristigen Angebotsfunktion haben. Für die Agrarlandschaft ist bedeutsam, daß jedem Agrarpreisniveau ein bestimmter Umfang der in Bewirtschaftung genommenen Flächen und eine bestimmte Intensität ihrer Nutzung zuzuordnen ist.

Verkehrslage und Agrargüterangebotsfunktion

Die Bodenabhängigkeit der landwirtschaftlichen Produktion bedingt im Vergleich zur gewerblichen eine breitgestreute Verteilung der Produktion im Raum. Transportkosten zu den Verbrauchszentren haben deshalb trotz verkehrstechnischer Fortschritte bei vielen Produkten nach wie vor erheblichen Einfluß auf den Verlauf der Angebotsfunktion.

Das "klassische" Werk, in dem der Zusammenhang zwischen Verkehrslage, räumlicher Verteilung und Intensität der landwirtschaftlichen Produktion behandelt wird, ist der "Isolierte Staat" (VON THÜNEN 1826). Hierin geht Thünen von der Modellvorstellung einer völlig homogenen

Ebene aus und untersucht in konsequenter partial-analytischer Betrachtung die Auswirkungen der Verkehrslage und der Transportkosten auf die Art und Intensität der Landbewirtschaftung bei unterschiedlicher Entfernung von einer zentralen Stadt (Bezugs- und Absatzzentrum). Im folgenden können nicht die Prämissen und Ergebnisse der Thünen'schen Modellbetrachtung im einzelnen dargestellt werden (vgl. dazu HENRICHSMEYER 1977). Vielmehr sollen unter noch weiter vereinfachenden Modellannahmen einige Zusammenhänge zwischen Agrarpreisniveau, Agrargüterangebot und Nutzung der Agrarlandschaft aufgezeigt werden.

Bei gegebenen Absatzpreisen für landwirtschaftliche Erzeugnisse in der zentralen Stadt und bei konstanten Transportkosten je Produkt- und Entfernungseinheit fallen die loco-Hof-Preise der Erzeuger linear mit zunehmender Entfernung von der zentralen Stadt. Unterstellt man weiterhin vereinfachend konstante Produktionskosten (ohne Boden) je Produkteinheit, so ergeben sich für jedes Produkt linear fallende Grundrentenfunktionen:

(III-37) $r = X \cdot (P - c) - X \cdot TK \cdot E$

r = Rente je Flächeneinheit
X = Ertrag je Flächeneinheit
P = Marktpreis je Produkteinheit
TK = Transportkosten je Produkteinheit und Entfernungseinheit
E = Entfernung von der zentralen Stadt
c = Kosten (ohne Boden) je Produkteinheit

Die Grundrentenfunktionen haben je nach der Höhe des Ertrages je Flächeneinheit (X) und der Frachtsätze (t) eine unterschiedliche Steigung, ihr Niveau wird maßgeblich durch die Höhe der am Markt erzielbaren Preise bestimmt. An einem Standort wird jeweils das Produkt angebaut, das die höchste Bodenrente erbringt (vgl. Übersicht III-24 a), d.h. in Entfernung 0 bis E_1 das Produkt 1, zwischen E_1 und E_2 das Produkt 2 und von E_2 bis zum Ende der Bewirtschaftung E_3 das Produkt 3. Die Bodenbewirtschaftung endet hier, da mit keinem Produkt mehr eine positive Grundrente erzielt werden kann. Wenn man die Produktionsanordnung aus der Vogelperspektive betrachtet, so zeigen sich die bekannten *Thünen'schen* Ringe um die zentrale Stadt, wie sie sich heute in der Umgebung größerer Städte etwa noch durch Zonen intensiven Gemüsebaus andeuten.

Veränderungen der Produktpreise führen unter den Modellprämissen zu Parallelverschiebungen der Rentenfunktionen. Beispielsweise führt in Übersicht III-24 a eine Erhöhung des Preises für das Gut X_3 zu einer Verschiebung der Rentenfunktion nach oben, wodurch der Anbau des Produkts X_2 zurückgedrängt wird (bei unveränderten Preisen dieser Güter).

Übersicht III-24: Bodennutzung und Angebotsfunktion in einem vereinfachten Thünen-Modell

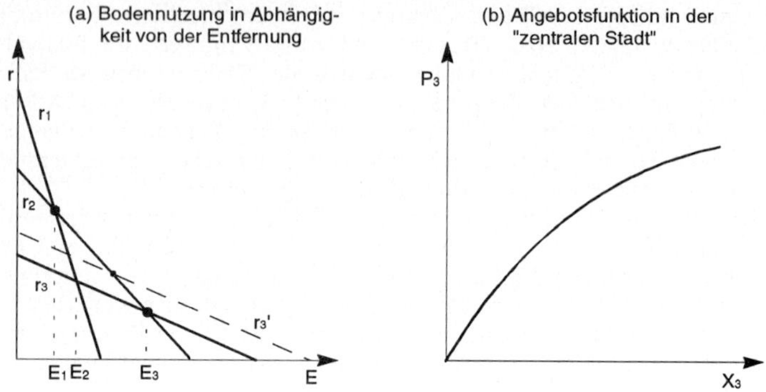

Allgemein läßt sich unter den angenommenen Prämissen feststellen: Die Anhebung des Preises eines Gutes hat eine Erhöhung der Anbaufläche und des Güterangebots zur Folge, indem entweder der Anbau anderer Güter zurückgedrängt wird oder zusätzliche Flächen an der Grenze der Agrarlandschaft in Bewirtschaftung genommen werden, wie das beispielsweise bei einer Preiserhöhung für das Produkt X_3 in Übersicht III-24 a der Fall ist. Dabei erfolgt die Angebotsausdehnung überproportional zur Preisanhebung - wie man sich leicht anhand der Veränderungen der Flächeninhalte der konzentrischen Kreise klarmachen kann. Die Angebotsfunktion für Agrarprodukte in der zentralen Stadt hat somit bei steigendem Preis einen zunehmend elastischer werdenden Verlauf (vgl. Übersicht III-24 b).

Die von Thünen für einen zentralen Markt und völlig gleichartige landwirtschaftliche Produktionsbedingungen abgeleiteten Ergebnisse sind bei einer *realitätsbezogenen Betrachtung* zu modifizieren: Mehrere Bezugs- und Absatzmärkte überlagern sich; unterschiedliche natürliche Bedingungen und betriebliche Strukturen differenzieren die Angebotsreaktion; vielfältige institutionelle und politische Einflüsse auf das Marktgeschehen sind zu berücksichtigen, die z.T. bewußt der regionalen Differenzierung entgegenwirken (z.B. Bergbauernprogramm, vgl. Bd. 2)); bei weltweiter Betrachtung existieren zwischen den Ländern vielfältige Handelshemmnisse. Auch wenn man diese Faktoren berücksichtigt, bleiben der Tendenz nach die zentralen Aussagen des Thünen-Modells über den Einfluß der Verkehrslage auf das Güterangebot bestehen: (a) Transportkosten bestimmen zusammen mit den Produktionskosten die Grenzkosten der Anlieferung am Markt und damit den Verlauf der Angebotsfunktion. (b) Jedem Agrarpreisniveau ist mit dem Güterangebot ein bestimmter Umfang der zur Versorgung beitragenden Agrarlandschaft und eine bestimmte Bewirtschaftungsintensität zugeordnet.

3.5.3. Zusammenfassende Beurteilung für den Agrarsektor

Die Gesamtheit der in den vorigen Abschnitten behandelten Einflußfaktoren bestimmt den Verlauf der langfristigen Angebotsfunktion. Auch die kurz- und mittelfristig wirksamen Anpassungsmechanismen tragen selbstverständlich zu der langfristigen Angebotsreaktion bei. Dabei kann grundsätzlich von den gleichen Wirkungszusammenhängen ausgegangen werden, nur ist die empirische Spezifizierung dem erweiterten Betrachtungshorizont anzupassen. So bestehen z.B. bei langfristiger Betrachtung weitergehende Anpassungsmöglichkeiten der **speziellen Intensitäten**: Im Bereich der pflanzlichen Produktion können neben dem Düngemittel- und Pflanzenschutzmitteleinsatz auch die Bodenbearbeitungsverfahren, Fruchtfolgen, Sortenauswahl u.a. veränderten ökonomischen Rahmenbedingungen angepaßt werden. Entsprechend kann in der tierischen Produktion nicht nur der Einsatz von Futtermitteln verändert werden, sondern es können auch neue Haltungsverfahren und Tierrassen gewählt werden. In ähnlicher Weise erweitern sich langfristig auch die **Substitutionsmöglichkeiten zwischen den Produktionszweigen**, weil mit neuen Fruchtarten und Anbauverfahren erst Erfahrungen gesammelt werden müssen oder weil die Stalleinrichtungen verändert werden müssen.

Zusätzliche Anpassungsmöglichkeiten ergeben sich langfristig auch dadurch, daß technische Fortschritte größere Spielräume eröffnen. Denn langfristig ist davon auszugehen, daß auch die Ausrichtung des technischen Fortschritts durch veränderte ökonomische Anreize beeinflußt wird (**induzierter technischer Fortschritt**, vgl. oben Abschnitt 2.4.6). Als Beispiele für biologisch technische Fortschritte sind etwa eine starke Konzentration der Züchtung auf hohe Ertragssteigerungen bei Milchkühen und bestimmte Getreidearten (Weichweizen, Mais) in der Phase hoch gestützter Preise in der EG zu nennen. Unter den derzeitigen agrarpolitischen Rahmenbedingungen, mit Maßnahmen zur Produktionsdrosselung, Förderung bislang vernachlässigter Fruchtarten und zur Verringerung von Umweltbelastungen zeichnet sich in jüngster Zeit auch eine veränderte Akzentsetzung in der Forschung ab, die zur Reaktionsfähigkeit des Agrargüterangebots beiträgt.

Bei langfristiger Betrachtung stellen jedoch **Veränderungen betrieblicher Faktorkapazitäten** und betrieblicher Strukturwandel den zentralen Anpassungsmechanismus an veränderte ökonomische Rahmenbedingungen dar.

In Abschnitt 3.5.1 wurden die in den einzelnen Betrieben erfolgenden Auf- und Abstockungen der Primärfaktorbestände und ihre Bestimmungsfaktoren beschrieben. In Wachstumsbetrieben wird die Reaktionsfähigkeit auf steigende Preise noch durch (z.T. ebenfalls induzierte) mechanisch-technische Fortschritte unterstützt, während in Abstockungsbetrieben organisatorisch-technische Fortschritte die Mobilität steigern können. Insgesamt gesehen ergibt sich durch diese Anpassungsreaktionen langfristig eine wesentlich größere Angebotselastizität des Agrarsektors bei Änderungen des Agrarpreisniveaus als kurzfristig. Empirische Untersuchungen mit verschiedenen methodischen Ansätzen deuten darauf hin, daß die langfristigen Preiselastizitäten für das sektorale Agrargüterangebot je nach den bestehenden gesamtwirtschaftlichen Rahmenbedingungen oft Größenordnungen über 1,0 erreichen (vgl. unten Abschnitt 3.6.2)

Wenn man bei **sehr langfristiger Betrachtung** davon ausgeht, daß sich die betrieblichen Strukturen bei weitgehender Mobilität der Produktionsfaktoren an veränderte ökonomische Rahmenbedingungen anpassen, wird der Verlauf der Angebotsfunktion für Agrargüter noch elastischer (vgl. 3.6.2). Als Bestimmungsfaktoren verbleiben dann im wesentlichen die Faktorpreise sowie Unterschiede der natürlichen Standortbedingungen und der Verkehrslage. Durch technische Fortschritte hat zwar die relative Bedeutung der zuletzt genannten Faktoren im Zeitablauf abgenommen, indem die Produktionsmöglichkeiten an ungünstigen Standorten verbessert und entfernte Standorte durch Reduzierung der Transportkosten näher an die Absatzmärkte "herangeführt" werden. Tendenziell bleibt jedoch der in den vorigen Abschnitten beschriebene Einfluß dieser Faktoren bestehen. Unterschiedliche Grenzkosten der Produktion in Abhängigkeit von den jeweiligen Standortbedingungen und unterschiedliche Transportkostenbelastungen begründen daher auch bei langfristiger Betrachtung einen (wenn auch flacheren) Anstieg der Angebotsfunktion für Agrarprodukte. Dabei kann es sich je nach Blickwinkel um die regionalen Standortdifferenzierungen innerhalb eines Landes (bzw. der EG) oder bei weltweiter Betrachtung um die unterschiedlichen Standortbedingungen in den Agrarregionen der Welt handeln.

3.6. Empirische Angebotsanalysen

3.6.1. Methodische Ansätze

An dieser Stelle kann nur ein knapper Überblick über die Methoden der empirischen Angebotsanalyse gegeben werden (ausführlicher: HEADY et al. 1961, COLMAN 1983, BAUER 1986). Dabei sind für uns Analysemethoden für einzelne Betriebe oder Betriebsgruppen nur insoweit von Interesse, als sie anschließend zur Analyse des aggregierten Angebots verwendet werden. Aus der Vielfalt der methodischen Ansätze sollen hier lediglich die beiden Hauptströmungen, nämlich ökonometrische Modelle und Optimierungsmodelle kurz charakterisiert werden.

Ökonometrische Modelle (zur Ökonometrie allgemein z.B. SCHNEEWEISS 1990, HÜBLER, 1989) beruhen auf der Vermutung, daß zwischen den Angebotsreaktionen und bestimmten "erklärenden" ökonomischen Variablen (insbesondere Preisen) auf aggregierter Ebene gewisse Regelmäßigkeiten bestehen, die Bestand haben und mit statistischen Methoden quantifiziert werden können.

Die Vorteile des ökonometrischen Ansatzes liegen in der Verfügbarkeit bewährter statistischer Methoden (Tests) zur Unterscheidung zwischen alternativen Modellformulierungen und zur Überprüfung der Abbildungsgüte des Modells. Nachteilig können sich allerdings eine Reihe von Schätzproblemen auswirken, deren Bedeutung mit dem Grad der Differenzierung der Angebotsanalyse im allgemeinen zunimmt.

Mikroökönomische Theorievorstellungen über individuelles Verhalten haben in ökonometrischen Analysen z.T. nur für die Auswahl der einzubeziehenden Variablen eine gewisse Bedeutung, während die konkrete Spezifizierung im Hinblick auf eine gute Anpassung an die zu erklärenden Daten recht flexibel gehandhabt wird (z.B. bei ALLANSON 1988, WEISS 1990). Informationen über die Technologie oder das theoretisch erwartbare Verhalten in der Landwirtschaft werden z.T. nachträglich bei der Beurteilung der Plausibilität in intuitiver (und damit nicht sehr transparenter) Weise berücksichtigt. Eine Berücksichtigung derartiger Informationen kann jedoch auch während der Schätzung erfolgen, wenn mit Hilfe bestimmter Ausgangshypothesen aus der Mikrotheorie die Form der Schätzgleichungen und evtl. Restriktionen für die Parameter hergeleitet und in der Schätzung beachtet werden. Nach dem Ausmaß der theoretischen Basierung kann man die folgenden, stichwortartig gekennzeichneten Varianten des ökonometrischen Ansatzes unterscheiden:

- die *direkte Schätzung von Angebotsfunktionen*, die ohne engen Bezug zur Theorie (s.o.), oft für Einzelmärkte, oft mit detaillierter Berücksichtigung von verzögerten Variablen durchgeführt wird (z.B. NERLOVE 1958);
- die *indirekte Schätzung mit Hilfe von Produktions- und Faktoreinsatzfunktionen*, die die technologische Konsistenz von Angebots- und Faktoreinsatzentscheidungen sicherstellt, ohne die Optimierungshypothese vorauszusetzen (z.B. TANGERMANN 1974);
- die *Schätzung von Gewinn-, Kosten- oder Produktionsfunktion und Ableitung des Angebots* mit der Gewinnmaximierungshypothese, wobei die weitestgehende Berücksichtigung von theoretischem Wissen (bzw. Hypothesen) erfolgt, oft für einen Komplex von mehreren Produkten und Faktoren, meistens jedoch nur mit vereinfachter (komparativ statischer) Abbildung von Wirkungsverzögerungen (z.B. ROSINE, HELMBERGER 1974; BECKER 1976; GRINGS 1985).

Die letzte Variante des ökonometrischen Ansatzes zeigt Ähnlichkeiten und fließende Übergänge zur zweiten Hauptströmung der Angebotsanalye, den **Mathematischen Programmierungsmodellen**.

Die Technologie (Produktionsfunktion) wird hierbei typischerweise nicht ökonometrisch geschätzt, sondern, orientiert an einzelbetrieblichen

Kalkulationsdaten, als LP-Matrix spezifiziert und zwar i.d.R. für mehrere Betriebsgruppen. Mit einer Verhaltenshypothese (normalerweise: Gewinnmaximierung) kann durch Lineare bzw. Nichtlineare Programmierung die optimale Produktions- und Faktoreinsatzstruktur für verschiedene Preise ermittelt werden, wodurch implizit die Angebotsfunktion definiert wird (vgl. HAZELL, NORTON 1986).

Vorteile dieses Ansatzes sind die Möglichkeiten, a-priori Informationen sehr einfach (als Restriktionen) einzubeziehen, die Analyse sehr weit zu differenzieren und die Ergebnisse auf der Basis der Mikrotheorie und der produktionstechnischen Zusammenhänge nachzuvollziehen. Nachteile sind die Schwierigkeiten bei der Ermittlung der zahlreichen Koeffizienten und das Auftreten von zwei Varianten des **Aggregationsproblems**, die auch bei ökonometrischen Ansätzen bestehen, aber dort nicht offensichtlich werden.

Das erste Problem bezieht sich auf die zweckmäßige (Dis-)Aggregation von Aktivitäten und Restriktionen (Faktoren). Bekanntlich nimmt in LP-Modellen die Neigung zu spezialisierten Lösungen, die diskontinuierliche, sprunghafte Reaktionen auf Preisänderungen zeigen, erheblich zu, wenn die Zahl von Restriktionen und Aktivitäten vermindert wird. Eine sehr weitgehende Differenzierung scheitert jedoch oft an den zunehmenden Datenerfordernissen.

Das zweite Problem bezieht sich auf die Heterogenität der einzelnen Betriebe im Sektor (vgl. Abschnitt 3.5.2). Eine mögliche Antwort hierauf besteht in der Konstruktion einer großen Stichprobe von einzelbetrieblichen LP-Modellen (teilweise über 1000), deren simulierte Reaktion auf Preisänderungen auf den Gesamtsektor hochgerechnet werden kann. Ein besonderes Problem besteht dabei darin, die Konsistenz der einzelbetrieblichen Reaktionen (bezüglich der Kälber-, Wirtschaftsfutter-, Flächenbilanz u.a.) sicherzustellen (vgl. HANF, KOESTER 1980). Die andere Antwort besteht in der Differenzierung des Sektors in möglichst homogene Betriebsgruppen, für die repräsentative Modelle konstruiert werden, die wegen der begrenzten Zahl von Submodellen simultan unter Beachtung sektoraler Konsistenzbedingungen in einem Gesamtmodell gelöst werden können (z.B. BAUERSACHS 1979). Bezüglich der Homogenität der Betriebe in den unterschiedenen Betriebsgruppen gelten zur völligen Vermeidung eines Aggregationsfehlers sehr restriktive Homogenitätsbedingungen (vgl. WEINSCHENCK 1967, S. 55 ff). Bei der Abgrenzung von Betriebsgruppen und Regionen ist zu fordern, daß die Faktorkapazitäten, Koeffizienten und Deckungsbeiträge der zu aggregierenden Betriebe *weitgehend proportional* sein sollten, um Aggregationsfehler zu vermeiden bzw. zu minimieren.

Wenn Teile der Koeffizientenmatrix ökonometrisch geschätzt werden, bzw. von ökonometrisch geschätzten Teilmodellen generiert werden, ergeben sich fließende Übergänge zu den ökonometrischen Modellen (vgl. BAUER 1986, 1979). Hier ist besonders an die Schätzung von Parametern für "Flexibilitätsrestriktionen" zu denken, die die Anpassungen je Periode im Rahmen von Rekursiven Programmierungsmodellen (DAY 1976b, S. 331ff) begrenzen sollen.

3.6.2. Ergebnisse quantitativer Schätzungen

In Übersicht III-25 sind einige Ergebnisse quantitativer Schätzungen von Preis-Angebotselastizitäten auf dem Milchmarkt mit Hinweis auf die jeweils verwendeten methodischen Ansätze zusammengestellt. Sie vermitteln einen Eindruck von der Vielfalt möglicher Analysemethoden und der Spannbreite der inhaltlichen Ergebnisse. Hier soll nicht im Detail auf die methodischen Unterschiede der aufgeführten Arbeiten eingegangen werden (vgl. dazu die EG-Studie und BAUER 1986, S. 202 ff), doch dürften die folgenden Hinweise hilfreich sein:

(1) Angesichts der Heterogenität des Befunds ist jede Beurteilung "der" (lang- oder kurzfristigen) Elastizität von der subjektiven Gewichtung der verfügbaren Methoden abhängig. Zusammenfassende Beurteilungen sind bei Mitwirkung mehrerer Forscher aus verschiedenen Institutionen (wie in der zitierten EG-Studie) sicherlich "objektiver" als die Einschätzung eines Einzelnen, doch können subjektive Einflüsse der Beteiligten auf das Ergebnis[3] nie eliminiert werden.

(2) Eine eindeutige Aussage läßt sich aus der Übersicht III-25 für die Fristigkeit ableiten: Die kurzfristige Angebotselastizität ist niedriger (0,1 - 0,5) als die langfristige (0,5 - 2,0). Bei der Interpretation empirischer Ergebnisse ist der Zeithorizont daher stets zu beachten. Bei vielen (statischen) Modellen läßt sich die Fristigkeit allerdings (wie auch in unserer Darstellung des kurz-, mittel- und langfristigen Angebots) nicht exakt in Jahren, sondern nur durch die Beweglichkeit der Faktoren ausdrücken.

(3) Ökonometrische Arbeiten führen häufig, aber nicht immer, zu niedrigeren Elastizitäten als Programmierungsmodelle oder Produktionsfunktionsanalysen auf der Basis der Gewinnmaximierungshypothese. Dies liegt z.T. daran, daß Landwirte oft nicht reine Gewinnmaximierer sind (vgl. Abschnitt 2.2), z.T. aber auch daran, daß die zeitlich verzögerte Wirkung von Preisänderungen ökonometrisch nur schwer einzufangen ist.

(4) Zahlreiche Arbeiten bestätigen die Abhängigkeit der Angebotselastizität von vielen Faktoren wie z.B. den Arbeitsmarktbedingungen, natürlichen Standortfaktoren oder Ausmaß und Richtung der Preisänderung (Stichwort Irreversibilität). In der Übersicht wurden aus den zitierten Analysen nur die Ergebnisse in bezug auf "mittlere" Elastizitäten unter "durchschnittlichen" Bedingungen wiedergegeben. Differenziert man die Angaben nach den geltenden Rahmenbedingungen, so fächert sich das

---

3) Die EG-Studie kondensiert den Befund in Angaben von $\varepsilon_A = 0,55$ für die kurze Frist und von $\varepsilon_A = 1,3$ bei langfristiger Betrachtung für die EG(9).

durch die Ergebnisse der betreffenden Studien aufgespannte Spektrum noch weiter auf (vgl. auch LORITZ-HOFFMANN 1990).

Übersicht III-25: Angebotselastizitäten (ε_A) bezüglich des Milchpreises in der BRD nach verschiedenen Quellen

Quelle	Datenbasis	ε_A	Zeithorizont	Methode
RYLL 1973	1959-71	0,2 - 0,3	3 Jahre	Ökonometr. Schätzung der Kuhzahl
DOLL 1979	1965-74	0,5 - 0,6	3 Jahre	Ökonometr. Schätzung der Kuhzahl
AEIKENS 1979	1961-77	0,1 0,4	0,5 Jahre 1,5 Jahre	Ökonometr. Schätzung der Milchleistung; Kombinierte Schätzergebnisse für Milchleistung und Kuhzahl
RÜTHER 1979	1960-76	0,1	1 Jahr	Ökonometrische Schätzung der Kuhzahl in simultanem Mehrgleichungsmodell für den Rindermarkt
HAIMERL 1969	1953-67	0,1	keine Verzög.	Ökonometrische Schätzung der Milchleistung
STEFANO, SCANDIZZO 1971	1953-65	1,8	langfristig	Ökonometrische Schätzung des Milchangebots auf der Basis des NERLOVE-Ansatzes
BECKER 1977	1974/75	0,2 0,7	kurzfrist. langfrist.	Produktionsfunktion in Verbindung mit Annahmen zu Faktorangebotselastizitäten, Gewinnmaximierungshypothese zur Parameterableitung
BOUSSARD 1981	1972	0,6 1,9	kurzfrist. langfrist.	ähnlich wie BECKER 1977, aber zusätzliche Modellparameter angenommen
HENZE, ZEDDIES 1979	70er Jahre	0,1 0,4	kurzfrist. langfrist.	LP-Modelle für 14 Betriebsgruppen
BAUERSACHS, NIEBUHR 1978	70er Jahre	< 0,1 > 1,0	kurzfrist. langfrist.	LP-Modell für den gesamten Agrarsektor, 42 Regionen, 4 Größenklassen
HANF, KÖSTER 1980	70er Jahre	0,1 0,2 > 1,0	1. Jahr 2. Jahr ab 5. Jhr.	Je 200 einzelbetriebliche LP-Modelle für 42 Regionen, Kälberbilanz iterativ ausgeglichen

Quelle: Zusammengestellt aus COMMISSION OF THE EUROPEAN COMMUNITIES 1981

Trotz aller Schwierigkeiten kommt den Quantifizierungsversuchen für Angebots- und Nachfrageelastizitäten erhebliche agrarpolitische Bedeutung zu: Bei einer langfristigen Angebotselastizität von 0,5 würde eine 15%ige Angebotsreduktion eine Preissenkung von 30% erfordern (mit entsprechenden Konsequenzen für die Einkommen), während bei einer Elastizität von 1,5 nur eine 10%ige Preissenkung vorgenommen werden müßte. Eine (zu) pessimistische Einschätzung bezüglich der Angebotselastizität auf dem Milchmarkt war sicherlich auch einer der Faktoren, der zur Einführung der Kontingentierung in der EG im Jahre 1984 geführt hat.

4. Nachfrage nach Agrarprodukten

4.1. Komponenten der Nachfrage

Die Nachfrage nach Agrarprodukten läßt sich gliedern in:

- die Nachfrage nach Nahrungsmitteln,
- die Nachfrage nach agrarischen Industrierohstoffen ("nachwachsende Rohstoffe")
- die intrasektorale Vorleistungsnachfrage (insbesondere Futtermittel)

Dabei lassen sich weiterhin jeweils Inlands- und Exportnachfrage sowie Nachfrage für die unmittelbare Verwendung oder (vorübergehende) Lagerhaltung unterscheiden. Bei vielen Produkten spielt auch die staatliche Lagerhaltung in Zusammenhang mit staatlichen Interventionsmaßnahmen und für Zwecke der Versorgungssicherung in Krisenzeiten eine erhebliche Rolle. Auf diese Teilaspekte der Nahrungsmittelnachfrage wollen wir in diesem Abschnitt nicht eingehen, sondern uns allein auf die oben aufgeführten Hauptverwendungen beschränken.

Im Bereich der **Nahrungsmittelnachfrage** spielt der Direktabsatz in den entwickelten Industrieländern nur noch eine untergeordnete Rolle (eine gewisse Bedeutung besteht noch bei Eiern, Kartoffeln, Obst und Gemüse). In den meisten Fällen durchlaufen die landwirtschaftlichen Erzeugnisse mehrere Handels- und Verarbeitungsstufen, bevor sie als konsumreifes Endprodukt den Verbraucher erreichen (vgl. Kap. II, 5.1). Wir müssen daher zwischen der Nahrungsmittelnachfrage auf der Verbraucherstufe (Endnachfrage nach Nahrungsmitteln) und der Nachfrage auf der Erzeugerstufe (Nachfrage des Erfassungshandels nach Agrarprodukten) unterscheiden.

Die Verwertung von Agrarprodukten als **Industrierohstoff** hat in einigen Ländern in bestimmten Phasen der wirtschaftlichen Entwicklung eine größere Rolle gespielt (z.B. Baumwolle, Kautschuk, Flachs), ebenso wie die Verwendung als Brennmaterial. Im Verlaufe der Zeit sind viele agrarische Rohstoffe durch industriell erzeugte Produkte verdrängt worden, obwohl auch heute noch einige agrarische Rohstoffe für bestimmte Entwicklungsländer eine größere Bedeutung haben (Baumwolle, Jute, vgl. auch Kap. II, 6.1). In jüngerer Zeit rückte die Verwendung von Agrarprodukten als "nachwachsende Rohstoffe" jedoch angesichts befürchteter Ressourcenknappheit und stark zunehmender landwirtschaftlicher Produktionsüberschüsse auch in den westlichen Industrieländern wieder stärker in den Vordergrund der agrarpolitischen Diskussion.

Bei einigen Produkten hat die Verwendung von Agrarprodukten als **Vorleistungsgut innerhalb der Landwirtschaft** eine große Bedeutung. Das gilt insbesondere für Getreide, das z.B. in der Bundesrepublik Deutschland zu mehr als zwei Dritteln als Futtermittel verwendet wird. Einige Agrarprodukte werden ausschließlich für Futterzwecke erzeugt (Wirtschaftsfutter), von anderen werden Nebenprodukte verwendet (Zuckerrübenblatt, Kleie etc.). Aber auch die Nachfrage nach Saatgut und Lebendvieh (Jungtiere für die Mast und Zuchtvieh) sind bei einigen Produkten bedeutende Positionen der Verwendungsbilanz. Bezüglich der Nachfrage nach Vorleistungen sei auf Abschnitt 6.2 verwiesen.

4.2. Nachfrage nach landwirtschaftlichen Industrierohstoffen

Von den übrigen Sektoren der Volkswirtschaft werden einige Agrarprodukte als **chemisch-technische Grundstoffe** oder auch als **Energieträger** nachgefragt. Bei globaler Perspektive sind als wichtige Produkte zu nennen, wenn man die Genußmittel dem Nahrungsbereich (s.u.) zuordnet:

- *Holz* als Energieträger, Rohstoff für Chemie- und Papierindustrie und für Holzwaren,
- *Fasern* aus Baumwolle, Jute, Flachs, Sisal, und anderen Faserpflanzen,
- *Öle und Fette* für die chemische Industrie (für Seifen und Waschmittel, Schmierstoffe, Kunststoffe, Farben usw.),
- *Zucker und Stärke* als chemische Grundstoffe,
- *Naturkautschuk,*
- *Industriealkohol.*

Wenn man die Holzerzeugung ausklammert, kommt der industriellen Verwendung von Agrarprodukten in der EG bisher nur eine verschwindende Rolle zu. KLEINHANSS (1988) schätzt z.B. den Anteil der LF in der EG für das Jahr 1984, der für die Produktion von industriell genutzten Gütern verwendet wird, auf unter 1%.

Unter dem Eindruck der drastischen Rohstoffpreissteigerung in den 70er Jahren wurde in den 80er Jahren mit Blick auf ökologische Aspekte und nicht zuletzt auf die Verschärfung der Überschußprobleme bei wichtigen Agrarprodukten die Frage nach den Zukunftschancen für "nachwachsende

Rohstoffe" diskutiert (DEUTSCHER BUNDESTAG 1986, BML 1989). Diese Marktchancen sind auf absehbare Zeit ohne eine weitere Zunahme der staatlichen Subventionierung im Bereich der Agrarproduktion in der EG als sehr begrenzt einzustufen. Für kleinere Marktsegmente, die die speziellen Eigenschaften der biologischen Grundstoffe ausnutzen, bestehen gewisse Chancen einer Absatzausweitung. Die Erschließung größerer Märkte von petrochemischen Grundstoffen erscheint dagegen auf mittlere Sicht angesichts der gravierenden Kostennachteile von "nachwachsenden Rohstoffen" sehr unwahrscheinlich (vgl. zu den einzelnen Produkten: SCHLIEPHAKE u.a. 1986, JEUB 1987, KLEINHANSS 1986).

Während die Veränderung von ökonomischen Rahmenbedingungen in der Vergangenheit oft die Verdrängung agrarischer Rohstoffe begünstigt hat (z.B. bei Indigo, Flachs), dürfte sich zukünftig bei langfristiger Betrachtung in der EG tendenziell eine Ausweitung der Marktanteile für nachwachsende Rohstoffe ergeben aufgrund

- steigender Preise fossiler Energieträger
- sinkener Agrarpreise und damit sinkender Opportunitätskosten (vgl. zum Bodenmarkt Abschnitt 6.5)
- Fortschritte in Produktion und Verarbeitung bei in der Vergangenheit nur gering von der Forschung beachteten Produkten und
- Präferenzen bzw. administrativen Auflagen zugunsten "umweltschonender" Produkte (z.B. biologisch abbaubare Folien).

Da die industrielle Nachfrage aber auf absehbare Zeit nur geringe Bedeutung haben dürfte und prinzipiell wie die Nachfrage nach sonstigen Vorleistungen zu analysieren ist (vgl. Abschnitt 6.2), soll die Darstellung dieser Nachfragekomponente hier nicht vertieft werden.

4.3. Nachfrage einzelner Haushalte nach Nahrungsmitteln

Die gesamtwirtschaftliche Nachfrage nach Nahrungsmitteln basiert auf der Nachfrage der einzelnen Haushalte. Deshalb gehen wir im folgenden von den Bestimmungsfaktoren der Nahrungsmittelnachfrage auf der Ebene der einzelnen Haushalte aus. Aus der Haushaltstheorie ist bekannt, daß die Nachfrage eines Haushalts nach einem Konsumgut X_i von den folgenden Faktoren bestimmt wird:

(III-38) $X_i = X^{Ni}(P_i, P_s, P_k, Y, U)$

P_i = Preis des betrachteten Gutes
P_s, P_k = Preise substitutiver bzw. komplementärer Güter
Y = verfügbares Einkommen (genauer: Konsumsumme)
U = Bedürfnisstruktur des Haushalts

Analog zur Vorgehensweise auf der Angebotsseite wollen wir im folgenden zunächst die Preis-Mengenbeziehungen betrachten.

Einfluß von Preisänderungen auf die Nahrungsmittelnachfrage
Im Vordergrund steht die Beziehung zwischen dem Produktpreis und der Nachfragemenge des gleichen Gutes bei Konstanz aller übrigen Einflußfaktoren (direkte Preis-Nachfragebeziehungen). Ergänzend betrachten wir die Beziehungen zwischen dem Preis eines Gutes und der Nachfrage nach einem anderen Gut (Kreuzpreisbeziehungen).

Der Verlauf der Preis-Nachfragefunktion $X_i = X^{N_i}(P_i)$ läßt sich bekanntlich mit Hilfe eines Haushaltsmodells, das die in Gleichung (III-38) aufgeführten Bestimmungsfaktoren enthält, durch partielle Variation des Preises P_i herleiten. Diese Funktion hat in der Regel einen fallenden Verlauf, d.h. mit steigendem Preis geht die Nachfrage zurück und umgekehrt. Für die weiteren Überlegungen ist es hilfreich, die durch eine Preisänderung hervorgerufene Nachfragereaktion in einen Substitutions- und einen Einkommenseffekt zu zergliedern (vgl. HENRICHSMEYER, GANS, EVERS 1990, S.157).

Übersicht III-26: Substitutions- und Einkommenseffekt einer Preisänderung

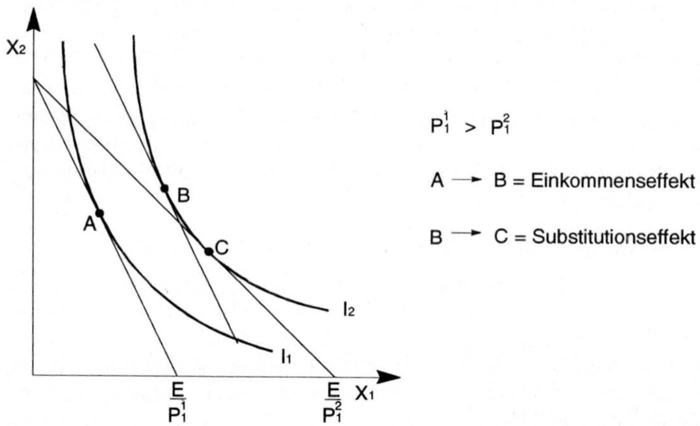

Der **Substitutionseffekt** beschreibt die durch die Änderung der **Preisrelationen** hervorgerufenen Veränderungen der Konsumgüternachfrage. Dieser Effekt hängt entscheidend von der Art der Substitutionsbeziehungen zwischen den betrachteten Gütern (der Größe der Substitutionselastizität, vgl. 2.4.5) ab. Da man bei Nahrungsmitteln kaum von völlig komplementären Beziehungen zu anderen Gütern ausgehen muß, weist dieser Effekt stets in die Richtung einer "normalen" Nachfragereaktion, d.h. die Nachfrage nach X_i erhöht sich bei einer Senkung von P_i und umgekehrt. Der **Einkommenseffekt** erfaßt die durch Veränderungen der Kaufkraft bedingten Auswirkungen auf die Konsumgüternachfrage. Eine Preissenkung führt zu einer Erhöhung des Realeinkommens (und umgekehrt) und diese wiederum beeinflußt die Nachfrage nach Konsumgütern entsprechend der jeweiligen Einkommenselastizität. Wird der Preis eines Gutes mit positiver Einkommenselastizität gesenkt, so wirken Substitutions- und Einkommenseffekte in die gleiche Richtung, bei einem Gut mit negativer Einkommenselastizität (einem inferioren Gut) wirkt der Einkommenseffekt dem Substitutionseffekt entgegen. In der Regel ergibt sich jedoch auch hierbei ein "normaler", d.h. fallender Verlauf der Nachfragefunktion. Nur bei stark inferioren Gütern (z.B. Grundnahrungsmitteln wie Kartoffeln und Brot) und einer großen Bedeutung des Einkommenseffekts ist eine anomale Preisreaktion theoretisch denkbar ("Giffen-Fall").

Die Größe der preisbedingten Realeinkommensänderung hängt von dem Anteil der Ausgaben für das betrachtete Gut an den gesamten Konsumausgaben ab. Mit dem fortlaufenden Rückgang des Anteils der Nahrungsmittelausgaben ist auch die Bedeutung des Einkommenseffekts von Nahrungsmittelpreisänderungen ständig geringer geworden. Das gilt für die Nahrungsmittel insgesamt, aber noch stärker für einzelne Nahrungsmittel. Die **Höhe der Preiselastizität** der Nachfrage nach Nahrungsmitteln wird daher maßgeblich durch die Art der Substitutionsbeziehungen zwischen den Nahrungsmitteln und den übrigen Komponenten der Konsumausgaben (Kleidung, Wohnung u.a) sowie zwischen den einzelnen Nahrungsmitteln bestimmt.

Auf der Ebene der **Nahrungsmittel insgesamt** bestehen in durchschnittlichen Haushalten fortgeschrittener Industrieländer regelmäßig relativ unelastische Substitutionsbeziehungen gegenüber anderen Konsumgütern, und auch der Einkommenseffekt ist bei abnehmender Bedeutung der Nahrungsmittelausgaben und niedrigen Einkommenselastizitäten (siehe unten) nur schwach ausgeprägt. Die Preiselastizität für Nahrungsmittel insgesamt ist daher recht gering.

Für die Preiselastizität der Nachfrage nach **einzelnen Nahrungsmitteln** sind die Substitutionsbeziehungen gegenüber anderen Nahrungsmitteln von entscheidender Bedeutung. Je leichter ein Nahrungsmittel durch ein anderes ersetzt werden kann, desto größer ist sowohl seine Eigenpreiselastizität als auch die Kreuzpreiselastizität gegenüber dem anderen Gut.

Bei dem Versuch einer Abschätzung der Größenordnungen ist es wichtig, zwischen verschiedenen Aggregationsebenen der Betrachtung zu unterscheiden: Substitutionen zwischen einzelnen Endprodukten (wie z.B. Kotelett und Filet, oder einzelnen Käsearten), Substitutionen zwischen nahen Substituten innerhalb der gleichen Nahrungsmittelkategorie (z.B. Butter und Margarine, Rind- und Schweinefleisch) sowie Substitutionen zwischen verschiedenen Kategorien von Nahrungsmitteln (z.B. Fleisch und Gemüse). Im Einzelfall bestimmen die spezifischen Konsumentenpräferenzen die Ausprägung der jeweiligen Substitutionsbeziehungen und damit die Höhe der Preiselastizität. Tendenziell ist jedoch festzustellen, daß die Preiselastizität mit zunehmendem Aggregationsgrad abnimmt (Beispiel: Preiselastizität für Schweinefilet > Preiselastizität für Schweinefleisch > Preiselastizität für Fleisch insgesamt > Preiselastizität für tierische Produkte > Preiselastizität für Nahrungsmittel insgesamt). Bei der Anwendung von Preiselastizitäten muß man daher den jeweiligen Aggregationsgrad sorgfältig beachten.

Einfluß des Einkommens auf die Nahrungsmittelnachfrage

Neben den Preisen ist das Einkommen ein wichtiger Bestimmungsfaktor der Haushaltsnachfrage nach Nahrungsmitteln. Die funktionale Beziehung zwischen der **Einkommenshöhe** und der Nahrungsmittelnachfrage bei Konstanz aller übrigen Einflußfaktoren, $X^N_i = X^N_i(E)$, bezeichnet man als Einkommens-Nachfragefunktion oder nach dem deutschen Statistiker ENGEL, der sich bereits im vorigen Jahrhundert eingehend mit diesen Beziehungen beschäftigt hat, als "Engel-Kurve".

Bei sehr niedrigem Haushaltseinkommen wird die Konsumgüternachfrage weitgehend durch die Befriedigung der physiologischen Grundbedürfnisse geprägt, so daß ein hoher Anteil des Einkommens für Nahrungsmittel ausgegeben wird. Ausgehend von einem sehr niedrigen Einkommensniveau nimmt die Nahrungsmittelnachfrage mit steigendem Einkommen wegen des bestehenden Nachholbedarfs zunächst kräftig zu. Die *Einkommenselastizität* der mengenmäßigen Nachfrage nach Nahrungsmitteln liegt dann bei 1 oder knapp unter 1. Bei weiter steigendem Einkommen fragt ein typischer Haushalt in zunehmendem Maße andere Konsumgüter (Kleidung, Wohnung u.a.) nach, so daß der Anteil der Nahrungsmittelausgaben an den gesamten Konsumausgaben fortlaufend zurückgeht ("Engel'sches Gesetz", unterproportional steigende "Engel Kurve"). Die Einkommenselastizität der Nachfrage sinkt nun deutlich unter 1 und nimmt mit steigendem Einkommen weiter ab.

Die beschriebenen Veränderungen der durchschnittlichen Ausgabenanteile und Einkommenselastizitäten im Zeitablauf finden ihre Entsprechung bei einer Querschnittsbetrachtung verschiedener Einkommensklassen. In Übersicht III-27 sind die durchschnittlichen Einkommmen verschiedener Haushaltsgruppen in der Bundesrepublik Deutschland und die zugehörigen Anteile der Ausgaben für Nahrungs- und Genußmittel ausgewiesen. Die erheblichen Unterschiede weisen darauf hin, daß auch die **Einkommensverteilung** ein nicht zu vernachlässigender Bestimmungsfaktor für die aggregierte Nahrungsmittelnachfrage ist (dazu 4.4).

Übersicht III-27: Entwicklung der durchschnittlichen nominalen Nettoeinkommen und der Ausgabenanteile für Nahrungs- und Genußmittel in drei Haushaltsgruppen (Bundesrepublik Deutschland)

Haus-halts-gruppe	1965		1975		1988	
	Ein-kommen	Ausgaben-anteil	Ein-kommen	Ausgaben-anteil	Ein-kommen	Ausgaben-anteil
H_1	401 DM	48 %	912 DM	34 %	1908 DM	25 %
H_2	960 DM	37 %	2100 DM	26 %	3906 DM	20 %
H_3	1869 DM	24 %	3530 DM	19 %	6391 DM	15 %

H_1 :	Haushaltsgruppe 1, 2 Personen-Haushalte von Rentenempfängern mit geringem Einkommen
H_2 :	Haushaltsgruppe 2, 4-Personen Haushalt von Arbeitern und Angestellten mit mittlerem Einkommen und alleinverdienendem Haushaltsvorstand
H_3 :	Haushaltsgruppe 3, 4-Personen Haushalt von Beamten und Angestellten mit höherem Einkommen

Quelle: Errechnet nach Ausweisungen in SBA, JB, versch. Jgg.

Die bisherige Betrachtung der Auswirkungen von Einkommensänderungen auf Nahrungsmittel insgesamt ist produktspezifisch zu differenzieren. Mit der Senkung des Anteils der Nahrungsmittelausgaben gehen charakteristische Umschichtungen in der Zusammensetzung der Nahrungsmittelnachfrage einher. Bei sehr niedrigem Einkommen stehen i.d.R. pflanzliche Grundnahrungsmittel (Brot, Reis, Knollenfrüchte), die bezüglich des Kaloriengehalts relativ preisgünstig sind, im Vordergrund. Sie werden mit steigendem Einkommen durch höherwertige pflanzliche Produkte (Gemüse, Obst) und tierische Veredlungsprodukte ergänzt bzw. ersetzt, so daß die Nachfrage bei einer Reihe von Grundnahrungsmitteln auch absolut zurückgeht.

4.4. Analysen der gesamtwirtschaftlichen Nahrungsmittelnachfrage

Die auf der Haushaltsebene erläuterten Zusammenhänge bilden den theoretischen Hintergrund für die Betrachtung gesamtwirtschaftlicher Nachfragefunktionen. Prinzipiell kann man sich diese aus den Nachfragefunktionen der einzelnen Haushalte aggregiert vorstellen. Empirische Analysen der Daten von bestimmten (mehr oder weniger) homogenen Haushaltstypen bestätigen i.d.R. die oben dargestellten qualitativen Zusammenhänge und liefern Schätzwerte für die entsprechenden Elastizitäten (vgl. den Überblick bei WÖHLKEN 1982). Die Ergebnisse für einzelne Haushaltstypen (z.B. für den oft analysierten, "4-Personen Arbeitnehmerhaushalt mit mittlerem Einkommen") sind jedoch nur bedingt repräsentativ für die Gesamtwirtschaft. Für eine Übertragung auf die Gesamtwirtschaft müßten Analysen für alle wichtigen Haushaltstypen gemacht und anschließend unter Gewichtung zusammengefaßt werden. Dieses Vorgehen erfordert jedoch differenzierte Daten und einen erheblichen Analyseaufwand.

Vereinfachend wird daher meist auf eine differenzierte Analyse für einzelne (homogene) Haushaltstypen verzichtet und stattdessen unmittelbar auf der Ebene des Aggregats aller Haushalte gearbeitet. Hierbei werden z.T. Aggregationsfehler in Kauf genommen, wenn die Nachfrage z.B. nicht nur vom Durchschnittseinkommen, sondern auch von der Einkommensverteilung abhängt (s.o.).

Wie bei der empirischen Angebotsanalyse (vgl. 3.6) werden auch bei der Analyse der Nachfrage eine ganze Reihe von methodischen Ansätzen verwendet, die in unterschiedlichem Ausmaß von der mikroökonomischen Theorie Gebrauch machen.

Bei nur lockerer Beziehung zur Nachfragetheorie erfolgt die Analyse für ein einzelnes Produkt oder eine Gruppe von zusammenhängenden Produkten recht flexibel in Abhängigkeit von den zugrundeliegenden Daten. Der konkrete Schätzansatz wird so gewählt, daß eine möglichst gute Anpassung an diese Daten erreicht wird und die Ergebnisse "plausibel" sind. Aus der Nachfragetheorie für einzelne Haushalte (vgl. 4.3) wird lediglich die Schlußfolgerung gezogen, daß Preise und Einkommen wohl zu den relevanten Erklärungsvariablen gehören und daß bestimmte Größenordnungen der Elastizitäten unwahrscheinlich bzw. "unplausibel" sind. Diese Vorgehensweise war traditionell dominierend und ist noch heute zweckmäßig, wenn es um die Analyse einzelner Märkte geht (DEATON, MUELLBAUER 1980, S. 60 ff, als Beispiele: WÖHLKEN 1981; FILIP, WÖHLKEN 1984).

Bei stärker mikrotheoretisch basierten Ansätzen geht man von der (nicht unproblematischen) Annahme aus, daß sich das Aggregat (bzw. der Durchschnitt) aller Haushalte durch das *Modell eines repräsentativen Haushalts* abbilden läßt. Bei diesem Ansatz werden die aus der mikroökonomischen Theorie abgeleiteten Eigenschaften des Nachfrageverhaltens des einzelnen Haushalts auf das Aggregat übertragen und in der Schätzung berücksichtigt. Die Ergebnisse der Haushaltstheorie äußern sich in bestimmten Relationen zwischen den Einkommens- und Preiselastizitäten für die Güter, auf die das Einkommen verteilt wird (vgl. KOESTER 1968, S. 79 ff; DEATON, MUELLBAUER 1980, S. 25 ff). Daher läßt sich die Nachfragetheorie in vollem Umfang nur berücksichtigen, wenn die Nachfragefunktionen für *alle* Güter der relevanten Budgetrestriktionen als *Ausgabensystem* geschätzt werden. Da bei einer großen Zahl von Gütern im System die Schätzprobleme stark zunehmen, werden Ausgabensysteme i.d.R. nur für wenige (aggregierte) Güter geschätzt, wobei aber durch hierarchische Gliederung der Güter eine weitergehende Differenzierung möglich ist (als Beispiele: GRUBER, RING 1979; DE HAEN, MURTY, TANGERMANN 1982; FULPONI 1989).

Die Schätzergebnisse divergieren wie in der Angebotsanalyse z.T. beträchtlich, je nach der verwendeten Schätzmethode, dem zugrundeliegenden Modell, dem der Schätzung zugrundeliegenden Zeitraum und der Art der Datengrundlage (Zeitreihe, Querschnitt). So ergibt sich z.B. häufig ein höherer Einfluß der "klassischen" ökonomischen Bestimmungsfaktoren der Nachfrage, Preise und Einkommen, je älter die Datengrundlage ist. Darin kommt die gegenüber anderen Bestimmungsfaktoren (z.B. Modetrends) tendenziell abnehmende Bedeutung von Preisen und Einkommen zum Ausdruck. Wir können die verschiedenen Ansätze und Probleme empirischer Nachfrageanalyse hier nicht weiter ausbreiten (vgl. den Überblick bei WÖHLKEN 1982). Stattdessen sollen die auf der Basis der Nachfragetheorie und des empirischen Befunds erkennbaren, grundlegenden Eigenschaften der gesamtwirtschaftlichen Nachfrage nach Nahrungsmitteln etwas generalisierend dargestellt werden.

4.5. Eigenschaften der gesamtwirtschaftlichen Nachfrage nach Nahrungsmitteln

Nachfrage nach Nahrungsmitteln insgesamt

Bei gesamtwirtschaftlicher Betrachtung des Gesamtpakets der Nahrungsmittel sind die Bevölkerungszahl, die Höhe des durchschnittlichen realen Pro-Kopf-Einkommens und das Niveau der realen Nahrungsmittelpreise (Nahrungsmittelpreise im Verhältnis zu den Lebenshaltungskosten insgesamt) die wichtigsten Bestimmungsfaktoren für die Nahrungsmittelnachfrage. Die Preise der einzelnen Nahrungsmittelkategorien werden bei einer solchen aggregierten Betrachtung ebensowenig explizit berücksichtigt wie die Einkommensverteilung und die unterschiedlichen Bedürfnisstrukturen verschiedener Haushaltsgruppen; deren Einfluß kommt jedoch mit in der Art der funktionalen Abhängigkeiten zwischen den erklärenden Variablen und der Höhe der Nahrungsmittelnachfrage (den Funktionsparametern) zum Ausdruck.

Die aggregierte Nachfragefunktion für das Gesamtpaket der Nahrungsmittel lautet dann:

(III-39) $X^N = X^N(B, Y^K, P)$

B = Bevölkerungszahl
Y^K = durchschnittliches Pro-Kopf-Einkommen (real)
P = Preisniveau für Nahrungsmittel (real)

Die Nachfrage nach Nahrungsmitteln wächst hiernach in Abhängigkeit von dem Bevölkerungswachstum, der Steigerung des durchschnittlichen Pro-Kopf-Einkommens und der Veränderung des Niveaus der Nahrungsmittelpreise. Die Beziehungen zwischen den Änderungsraten erhält man durch

Differentiation von (III-39) nach der Zeit und anschließende Erweiterungen (vgl. zur Umformung die Herleitung von (III-27)):

(III-40) $W_{X^N} = W_B + \eta_N \cdot W_{Y^K} + \varepsilon_N \cdot W_P$

η_N, ε_N = Elastizität der aggregierten Nahrungsmittelnachfrage in bezug auf das Einkommen bzw. den Preis.

Hinsichtlich der Elastizität der Nahrungsmittelnachfrage in Bezug auf die Bevölkerung ist implizit ein Koeffizient von 1 angenommen. Hiermit wird der Einfluß von Veränderungen der Bevölkerungsstruktur auf die Nahrungsmittelnachfrage vernachlässigt.

Das mengenmäßige Wachstum der aggregierten Nahrungsmittelnachfrage ist somit eine Funktion der Bevölkerungsentwicklung, des mit η_N gewichteten Wachstums des Pro-Kopf-Einkommens und der mit ε_N gewichteten Nahrungsmittelpreisentwicklung. Diese Bestimmungsfaktoren der Nahrungsmittelnachfrage haben im Verlaufe der wirtschaftlichen Entwicklung unterschiedliches Gewicht:

In den anfänglichen Entwicklungsstadien ist das **Bevölkerungswachstum** die treibende Kraft der Nahrungsmittelnachfrage. Vielfach wird hierdurch die Nachfrage so stark ausgedehnt, daß kaum ein Spielraum für die Erhöhung der Pro-Kopf-Nahrungsmittelversorgung verbleibt. Mit steigendem Lebensstandard geht das Bevölkerungswachstum allmählich zurück und trägt in den entwickelten Industrieländern nur noch wenig zur Erhöhung der Nahrungsmittelnachfrage bei.

Die realen **Pro-Kopf-Einkommen** steigen im allgemeinen erst in den mittleren Wachstumsphasen kräftiger an, wenn sich bei expandierender gesamtwirtschaftlicher Entwicklung das Bevölkerungswachstum abzuschwächen beginnt. Dann wird das Einkommenswachstum - bei anfänglich auch noch hohen Einkommenselastizitäten - zu einer tragenden Kraft des Wachstums der Nahrungsmittelnachfrage. In den fortgeschrittenen Phasen wirtschaftlicher Entwicklung nehmen die Einkommenselastizitäten fortlaufend ab; teilweise schwächt sich auch das Einkommenswachstum ab, so daß auch diese Quelle der Nachfragesteigerung mehr und mehr versiegt.

In Übersicht III-28 sind die jeweiligen Beiträge des Bevölkerungs- und Einkommenswachstums zum Wachstum der Nahrungsmittelnachfrage im Deutschen Reich bzw. der Bundesrepublik Deutschland für verschiedene Zeitperioden aufgegliedert. Die Angaben lassen die im Zeitablauf wechselnde Bedeutung dieser Faktoren entsprechend den erläuterten Grundzusammenhängen erkennen. Eine Querschnittsbetrachtung verschiedener Regionen der Erde wurde in Kap. II, 6.3 angestellt.

Übersicht III-28: Bestimmungsfaktoren des Wachstums der Nahrungsmittelnachfrage im Deutschen Reich bzw. der Bundesrepublik Deutschland

	1850-1913	1950-59	1960-69	1970-79	1980-88
Bevölkerungswachstum (W_B)	1,0	1,1	0,8	0,2	0,0
Wachstumsrate des realen Volkseinkommens	2,6	6,6	4,2	2,6	1,8
Wachstum des realen Einkommens pro Kopf (W_YK)	1,6	5,5	3,4	2,4	1,8
Elastizität der Nachfrage nach Agrarprodukten in bezug auf das Einkommen (η)	0,8	0,5	0,4	0,3	0,2
Wachstum der realen Nachfrage nach Agrarprodukten pro Kopf	1,3	2,7	1,4	0,7	0,4
Reales Nachfragewachstum nach Agrargütern insgesamt (W_XN)	2,3	3,3	2,2	0,9	0,4

Quellen: HOFFMANN 1965; eigene Berechnungen mit Daten aus den Statistischen Jahrbüchern der Bundesrepublik Deutschland und Elastizitäten orientiert an WÖHLKEN, MEYER 1977; DE HAEN, MURTY, TANGERMANN 1982; MICHALEK, KEYZER 1990.

Mengenmäßige und monetäre Nachfrage nach Nahrungsmitteln

Die Umschichtung innerhalb des Nahrungsmittelverbrauchs im Zuge steigender Einkommen läßt es zweckmäßig erscheinen, zwischen der mengenmäßigen und monetären Nachfrage nach Nahrungsmitteln zu unterscheiden. Da sich der Anteil höherwertiger, teurer Nahrungsmittel (Eiweiß- und Vitaminträger) auf Kosten preisgünstiger Grundnahrungsmittel erhöht, steigt der Wert des Güterpakets (die monetäre Nachfrage) - auch wenn die Preise aller Einzelprodukte konstant bleiben - stärker als das durch einen Mengenindex gemessene Verbrauchsvolumen (die mengenmäßige Nachfrage). Folglich ist auch die Einkommenselastizität der monetären Nachfrage η_u größer als die der mengenmäßigen Nachfrage η_x :

$$\text{(III-41)} \quad \eta_u = \frac{d(P \cdot X)}{dE} \cdot \frac{E}{P \cdot X} > \eta_x = \frac{dX}{dE} \cdot \frac{E}{X}$$

Die Differenz beider Elastizitätskoeffizienten bezeichnet man als Qualitätselastizität, da sie den Effekt des Übergangs zu qualitativ höherwertigen Produkten mißt. Nach Berechnungen von KOESTER (1968), hat im Zeitraum 1950 bis 1965 eine 1%ige Steigerung der verfügbaren Haushaltseinkommen einen Anstieg der monetären Nachfrage nach Nahrungsmitteln um 0,51% bewirkt. Davon waren 0,29% auf eine Mengenausdehnung und

0,22% auf den Übergang zu höherwertigen Nahrungsmitteln zurückzuführen.

Veränderungen des Niveaus der **Nahrungsmittelpreise** im Verhältnis zu denen der übrigen Konsumgüter haben auf die mengenmäßige Nachfrage nach Nahrungsmitteln im allgemeinen nur in den anfänglichen Entwicklungsstadien einen nennenswerten Einfluß. In den entwickelten Industrieländern dagegen spielt das Nahrungsmittelpreisniveau als Bestimmungsfaktor für die Gesamtnachfrage nach Nahrungsmitteln nur eine untergeordnete Rolle, einmal weil die relativen Preisänderungen im allgemeinen nicht besonders groß sind und zum anderen, weil auch die Preiselastizitäten in bezug auf das gesamte Paket der Nahrungsmittel nicht sehr hoch und im Zeitablauf ebenfalls tendenziell rückläufig sind. Diese Feststellung steht nicht im Widerspruch zu der Tatsache, daß Schwankungen *einzelner* Nahrungsmittelpreise erhebliche Auswirkungen auf die Nachfrage nach einzelnen Nahrungsmitteln haben können.

Zusammenfassend läßt sich feststellen, daß das Wachstum der gesamtwirtschaftlichen Nahrungsmittelnachfrage im Verlaufe der wirtschaftlichen Entwicklung tendenziell fortlaufend schwächer wird: Zum einen aufgrund eines Rückgangs des Bevölkerungswachstums (besonderes in den mittleren Entwicklungsphasen), zum anderen, weil die Einkommenselastizitäten mit steigendem Einkommen immer mehr abnehmen. In Übersicht III-29 kommt dies darin zum Ausdruck, daß sich die Preisnachfragefunktion immer schwächer nach rechts verschiebt. Gleichzeitig wird der Verlauf preisunelastischer, u.a. weil bei sinkendem Budgetanteil der Nahrungsmittelausgaben der Substitutionseffekt immer weniger vom Einkommenseffekt unterstützt wird, vgl. Abschnitt 4.3.

Übersicht III-29: Verschiebungen der Nachfragefunktion für Nahrungsmittel im Zeitablauf (schematische Darstellung)

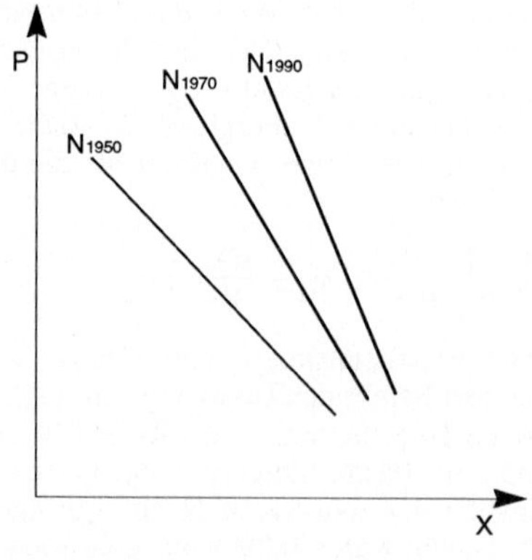

Nachfrage nach einzelnen Nahrungsmitteln

Die gesamtwirtschaftliche Nachfrage nach *einzelnen* Nahrungsmitteln wird über die betrachteten Einflußfaktoren hinaus auch durch die Preisrelationen zwischen den einzelnen Nahrungsmitteln bestimmt. Die gesamtwirtschaftliche Nachfragefunktion für ein Nahrungsmittel X_i lautet dann:

(III-42) $X_i = X^{N_i}(P_i, P_s, P_k, B, Y^K)$

Hinsichtlich der Auswirkungen von Preisänderungen sind die auf der Haushaltsebene betrachteten Zusammenhänge von Substitutions- und Einkommenseffekten analog zu übertragen. Je nach Art der Substitutionsbeziehungen zwischen den verschiedenen Güterkategorien ergeben sich auf der gesamtwirtschaftlichen Ebene charakteristische Konstellationen von Eigenpreis- und Kreuzpreiselastizitäten.

Übersicht III-30: Einkommens- und Preiselastizitäten der mengenäßigen Nahrungsmittelnachfrage: Ergebnisse von Zeitreihenanalysen für die BR Deutschland

Produkt[1]	Nachfrageelastizität[2] in bezug auf		
	Einkommen	Eigenpreis	Kreuzpreis[4]
Nahrungsgetreide	- 0,24	-0,49	
Kartoffeln	- 0,69	- 0,13	
Zucker	+ 0,34	- 0,55	
Butter	- 0,29	- 0,86	
Milch	- 0,17	-0,55[3]	
Eier	+ 0,20[3]	- 0,38	
Fleisch insgesamt	+ 0,53	- 0,34	
Rind- und Kalbfl.	+ 0,38	- 0,58	+ 0,32[3] (Schweinefl.)
Schweinefleisch	+ 0,50	- 0,50	+ 0,13 (Rind-u. Kalbfl.)

1) Die Beobachtungsperiode umfaßt bei Getreide den Zeitraum 1960-1975, ansonsten den Zeitraum 1960-1977

2) Jeweils Elastizitäten bei Durchschnittswerten der erklärenden Variablen.

3) Parameter statistisch nicht signifikant.

4) Wenn kein Wert angegeben ist, ließ sich die Kreuzpreisbeziehung auch auf niedrigerem Signifikanzniveau statistisch nicht nachweisen.

Quelle: WÖHLKEN 1981

In Übersicht III-30 sind einige Schätzergebnisse von Preis- und Einkommenselastizität der mengenmäßigen Nachfrage nach einzelnen Nahrungsmitteln für die Bundesrepublik Deutschland dargestellt, die neben den Einkommens- und direkten Preiselastizitäten auch die im

Bereich Fleisch bestehenden Kreuzpreisbeziehungen erkennbar werden lassen. Es sei jedoch daran erinnert, daß empirische Ergebnisse von zahlreichen Faktoren (methodischer Ansatz, Datengrundlage, vgl. 4.4) abhängen und somit bei deren Veränderung (z.B. andere Schätzmethode) nicht unbedingt stabil bleiben.

Divergierende Entwicklungen der Nahrungsmittelnachfrage im Zeitablauf ergeben sich vor allem aufgrund unterschiedlicher Einkommenselastizitäten, aber auch durch Veränderungen der Preisrelationen zwischen den einzelnen Nahrungsmitteln. Darstellungen zur Nachfrageentwicklung von einzelnen Nahrungsmitteln finden sich in Lehrbüchern zur landwirtschaftlichen Marktlehre (siehe etwa: PLATE 1970, STAMER 1976, WÖHLKEN 1984), auf die hier verwiesen werden soll.

4.6. Zusammenhänge zwischen der Nachfrage auf der Verbraucher- und Erzeugerebene

Die Nachfrage nach Nahrungsmitteln auf der Verbraucherebene erstreckt sich sowohl auf die in den Nahrungsmitteln enthaltenen landwirtschaftlichen Rohprodukte als auch auf die im Zuge der Verarbeitung und Vermarktung anfallenden komplementären Sach- und Dienstleistungen. Mit fortschreitender Arbeitsteilung nehmen die Handels- und Verarbeitungsspannen zu, da die Haushalte bei steigendem Wohlstand und häufig auch Erwerbstätigkeit mehrerer Haushaltsmitglieder Nahrungsmittel mit höherem Verarbeitungsgrad bevorzugen. Dadurch geht der Anteil der landwirtschaftlichen Verkaufserlöse an den Nahrungsmittelausgaben der Verbraucher fortlaufend zurück. Aus Übersicht III-31 ist ersichtlich, daß der Anteil der Verarbeitung und Vermarktung insbesondere im Bereich der pflanzlichen Produkte stark angestiegen ist. Hieraus ergeben sich bedeutsame Konsequenzen für die Einkommens- und Preiselastizitäten auf der Erzeugerebene.

Übersicht III-31: Prozentualer Anteil der landwirtschaftlichen Verkaufserlöse an den Verbraucherausgaben für Nahrungsmittel inländischer Herkunft in der BR Deutschland (jeweils Durchschnittswert der betreffenden Periode)

	pflanzliche[1] Erzeugnisse	tierische[2] Erzeugnisse	insgesamt
1950/51 - 64/65	45	64	59
1965/66 - 79/80	29	55	50
1980/81 - 88/89	20	48	42

1) Brotgetreide, Speisekartoffeln und Zuckerrüben
2) Schlachtvieh, Fleisch und Fleischwaren, Milch und Milcherzeugnisse, Eier

Quelle: Errechnet nach BMELF, AB versch. Jgg.

Auswirkungen auf die Einkommenselastizität

Eine Zunahme des Anteils von Vermarktung und Verarbeitung an den gesamten Nahrungsmittelausgaben bedeutet, daß die Nachfrage nach Agrarprodukten noch schwächer wächst als die Nachfrage nach Nahrungsmitteln. Folglich sind auch die Einkommenselastizitäten in bezug auf die Nachfrage nach Agrarprodukten (also auf der Erzeugerstufe) geringer als diejenigen nach Nahrungsmitteln (auf der Verbraucherstufe). Das impliziert eine entsprechend größere Einkommenselastizität für komplementäre Sach und Dienstleistungen, wie sich leicht zeigen läßt. Es gilt

(III-43) $X_N = X_L + X_V$

X_N = (monetäre) Nachfrage nach Nahrungsmitteln
X_L = (monetäre) Nachfrage nach Agrarprodukten
X_V = (monetäre) Nachfrage nach komplementären Dienstleistungen von Vermarktung und Verarbeitung

Daraus ergibt sich nach Ableitung in Bezug auf das Einkommen:

(III-44) $$\frac{\partial X_N}{\partial Y} = \frac{\partial X_L}{\partial Y} + \frac{\partial X_V}{\partial Y}$$

und (nach Multiplikation mit Y/X_N und Erweiterung mit X_L/X_L bzw. X_V/X_V die folgende Beziehung zwischen den Elastizitäten:

(III-45) $$\frac{\partial X_N}{\partial Y} \cdot \frac{Y}{X_N} = \frac{X_L}{X_N} \cdot \frac{\partial X_L}{\partial Y} \cdot \frac{Y}{X_L} + \frac{X_V}{X_N} \cdot \frac{\partial X_V}{\partial Y} \cdot \frac{Y}{X_V}$$

bzw.

$$\eta_N = \frac{X_L}{X_N} \cdot \eta_V + \frac{X_V}{X_N} \cdot \eta_V$$

Die Einkommenselastizität für Nahrungsmittel läßt sich somit als Summe der - mit den jeweiligen Anteilen an den Nahrungsmittelausgaben gewogenen - Einkommenselastizitäten für landwirtschaftliche Rohprodukte und komplementäre Sach- und Dienstleistungen auffassen.

KOESTER hat (1968) für die BR Deutschland (Zeitraum 1950/51 bis 1965/66) die in Übersicht III-32 zusammengestellten Elastizitäten errechnet.

Übersicht III-32: Einkommenselastizitäten der monetären Nachfrage nach Nahrungsmitteln, Agrarprodukten und komplementären Sach- und Dienstleistungen (Zeitraum 1950/51-1965/66)

Nahrungsmittel	η_N	0,51
Agrarprodukte	η_L	0,30
Komplementäre Sach- und Dienstleistungen	η_V	0,78

Quelle: KOESTER 1968, S. 248

Auswirkungen auf die Preiselastizität

Der Einfluß von Verarbeitung und Vermarktung ist jedoch nicht nur im Hinblick auf den tendenziell abnehmenden Anteil der landwirtschaftlichen Rohprodukte, sondern auch für den Preisbildungsprozess von Bedeutung. Soweit die landwirtschaftlichen Erzeuger ihre Produkte nicht selbst vermarkten, spielt sich die Preisbildung auf mehreren Ebenen ab. Im einfachsten Fall verkaufen sie die Roherzeugnisse an Verarbeitungsunternehmen, die dann die verarbeiteten Produkte an die Verbraucher verkaufen. In den meisten Fällen sind jedoch mehrere Stufen zwischengeschaltet, etwa Erfassungshandel, weitere Verarbeitungsstufen, Groß- und Einzelhandel (vgl Kap. II, 5.1). Wir haben daher grundsätzlich von mehrstufigen Preisbildungsprozessen auszugehen und können nicht unmittelbar die Preise und Mengen auf der Erzeugerebene zu denen auf der Verbraucherebene in Beziehung setzen.

Die Absatzbedingungen der landwirtschaftlichen Erzeuger werden wesentlich durch die Wettbewerbsverhältnisse auf den Absatzmärkten und die Situation der Unternehmen im Verarbeitungs- und Handelsbereich bestimmt. Von Bedeutung sind vor allem die technologischen Bedingungen der Verarbeitungsprozesse, der Grad der Kapazitätsauslastung, der Umfang der Lagerbestände und die von den Unternehmen verfolgten Marktstrategien. Daher können Preisänderungen auf der Verbraucherebene in Abhängigkeit von den jeweiligen Bedingungen unterschiedliche Auswirkungen auf die Handels- und Verarbeitungsspannen und damit auf die Erzeugerpreise haben. Entsprechendes gilt umgekehrt für die Überwälzung von Erzeugerpreisänderungen auf die Verbraucherebene. Die oben abgeleiteten Eigenschaften von Preis-Nachfragefunktionen auf der Verbraucherebene lassen sich daher nicht ohne weiteres auf die Erzeugerstufe übertragen.

Auf diese mehrstufigen Preisbildungsprozesse wirken - wie oben angedeutet - zahlreiche Faktoren ein, deren Einflüsse in ihrer Wechselwirkung auch in der empirischen Forschung noch nicht eindeutig aufgeklärt sind.

Zur Einordnung der in der Realität vorliegenden Verhältnisse unterstellen wir für den Zusammenhang von Erzeuger- und Verbraucherpreisen die einfache, aber schon recht allgemeine Beziehung:

(III-46) $P_V = P_E + S(P_E) \Leftrightarrow P_V - P_E = S(P_E)$

P_V = Verbraucherpreis
P_E = Erzeugerpreis
$S(P_E)$ = (absolute) Verarbeitungs- und Vermarktungsspanne

Diese Formulierung enthält z.B. eine absolut ($S(P_E) = S_A$) oder prozentual ($S(P_E) = S_R \cdot P_E$) konstante Spanne als Spezialfälle:

Übersicht III-33: Absolut (a) und prozentual (b) konstante Vermarktungsspanne

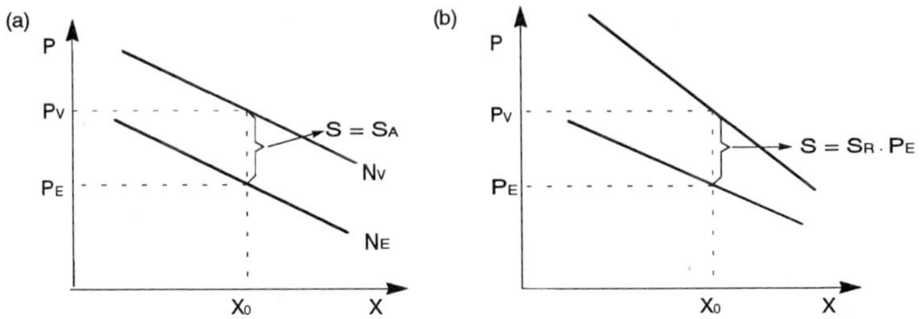

Ausgehend von (III-46) kann man nun leicht zeigen, daß die Preiselastizität der Nachfrage (dem Absolutbetrag nach) auf der Erzeugerebene (ε_E) kleiner oder gleich der auf der Verbraucherebene (ε_V) ist, wenn die absolute Spanne bei einer Erzeugerpreissteigerung (z.B. infolge einer Agrargüterangebotsverknappung) abnimmt oder höchstens um den gleichen Prozentsatz wie der Erzeugerpreis steigt:

(III-47) $$\left|\varepsilon_E\right| = \left|\frac{\partial X^N}{\partial P_E}\right| \frac{P_E}{X^N} = \left|\frac{\partial X^N}{\partial P_V}\right| \frac{\partial P_V}{\partial P_E} \frac{P_E}{X_N} = \left|\frac{\partial X^N}{\partial P_V}\right| \cdot \left[\left(1+\frac{\partial S}{\partial P_E}\right) \frac{P_E}{X_N}\right]$$

$$\leq \quad \left|\varepsilon_V\right| = \left|\frac{\partial X^N}{\partial P_V}\right| \frac{P_V}{X^N} = \left|\frac{\partial X^N}{\partial P_V}\right| \cdot \left[\frac{P_E+S}{X^N}\right]$$

wenn gilt:

$$\left(1+\frac{\partial S}{\partial P_E}\right) \frac{P_E}{X^N} \leq \frac{P_E+S}{X^N} \Leftrightarrow P_E + \frac{\partial S}{\partial P_E} \cdot P_E \leq P_E + S \Leftrightarrow$$

$$\frac{\partial S}{\partial P_E} \cdot P_E \leq S \Leftrightarrow \frac{\partial S}{\partial P_E} \cdot \frac{P_E}{S} \leq 1$$

Für den Spezialfall der absolut konstanten Spanne ($\partial S/\partial P_E = 0$) erhält man sofort das Ergebnis, daß die Elastizität auf der Erzeugerstufe geringer ist, während sich für den Spezialfall einer prozentual konstanten Spanne ($\partial S/\partial P_E = S_R$) gleiche Elastizitäten auf Erzeuger- und Verbraucherebene ergeben.

In der Realität ist häufig eine andere Konstellation relevanter als die Spezialfälle der absolut oder prozentual konstanten Spanne. Auf vielen Märkten wird beobachtet, daß die absolute Spanne bei knappem Angebot und *steigenden* Erzeugerpreisen *abnimmt* und bei *fallenden* Preisen *zunimmt* ($\partial S/\partial P_E < 0$). Diese Anpassungen dürften auf veränderte Kapazitätsauslastungen der Verarbeitungsbetriebe sowie marktstrategische Operationen des Handels zurückzuführen sein (vgl. MANEGOLD 1982, S. 75ff). Nach (III-47) ist auch in diesem bedeutsamen Fall die Preiselastizität auf der Erzeugerebene geringer als auf der Verbraucherebene, worauf auch empirische Ergebnisse hindeuten (KOESTER 1981, S. 67f.; vgl. aber WOHLGENANT 1989, S. 250f.). Die Probleme der Instabilität auf den Agrarmärkten (vgl. unten 5.2.1) können daher durch Handel und Verarbeitung noch verstärkt werden.

5. Preisbildung auf den Agrarmärkten

Die Preisbildung auf den Agrarmärkten ist durch die Zusammenführung der Erkenntnisse über das Agrargüterangebot und die Agrargüternachfrage zu erklären. Von entscheidender Bedeutung sind dabei die vorliegenden Marktformen und Verhaltensweisen, die in 5.1 kurz gekennzeichnet werden sollen. Anschließend wird die Preisbildung mit und ohne Außenhandel betrachtet, wobei wir uns hier auf die Abläufe ohne Eingriffe des Staates konzentrieren. Die Wirkungen staatlicher Eingriffe werden in Bd. 2, Kap. IV eingehend dargestellt und beurteilt.

5.1. Marktform und Preisbildung

Der Prozeß der Preisbildung wird maßgeblich durch die Gegebenheiten auf dem betreffenden Markt und die entsprechenden Verhaltensweisen der Anbieter und Nachfrager bestimmt. Folgende Kriterien sind von Bedeutung (HENRICHSMEYER, GANS, EVERS 1990, S. 52ff):

- **Anzahl der Marktteilnehmer auf der Angebots- und Nachfrageseite**. Je nachdem, ob nur ein, wenige oder viele Marktteilnehmer auf der Angebots- und Nachfrageseite anzutreffen sind, können wir die bekannten neun Marktformen (Monopol, Oligopol und deren Zwischenstufen sowie Polypol) unterscheiden.

- **Homogenität der Güter**. Güter können sich in sachlicher, räumlicher oder zeitlicher Hinsicht unterscheiden oder aufgrund persönlicher Präferenzen unterschiedlich eingeschätzt werden. Betrachten die Marktpartner die gehandelten Güter als völlig gleichartig, so sprechen wir von homogenen Gütern.
- **Grad der Marktübersicht**. Wenn alle Marktteilnehmer die Bezugs- und Absatzbedingungen vollständig überschauen, liegt volle Markttransparenz vor. Auf Märkten mit einem homogenen Güterangebot ist volle Markttransparenz dann gegeben, wenn Anbieter vollständig über die herrschenden Preise informiert sind.

Wir wollen nun prüfen, welche Verhältnisse auf den Agrarmärkten vorherrschen. Auf der Angebotsseite existiert auf nahezu allen Märkten eine Vielzahl von landwirtschaftlichen Betrieben, die jeweils nur kleine Mengen - im Vergleich zur Gesamtangebotsmenge - produzieren und anbieten. Der einzelne Betrieb kann daher durch seine Angebotsmenge den Marktpreis nicht merklich beeinflussen. Auf der Erzeugerstufe liegen somit fast immer eindeutig **polypolistische Strukturen** vor. Das gleiche gilt für die Ebene der Endnachfrage auf der Verbraucherebene. Im allgemeinen sind jedoch zwischen Erzeugern und Verbrauchern verschiedene Ebenen des Handels und der Verarbeitung zwischengeschaltet, die teilweise wesentlich stärker konzentriert sind. Die Frage, inwieweit Erfassungshandel (Landhandel, Absatzgenossenschaften) und verarbeitende Unternehmen (Schlachthöfe, Molkereien, Konservenfabriken usw.) auf der Nachfrageseite über Marktmacht verfügen, ist von den spezifischen Gegebenheiten des jeweiligen Marktes abhängig (vgl. auch Kap. II, 2.5.2). Auf den meisten regionalen Teilmärkten ist von oligopolistischen oder gar monopolistischen Marktstrukturen auszugehen; der Spielraum für die Durchsetzung monopolistischer Preisstrategien ist in der Regel jedoch recht begrenzt, da bei einer starken Preisdifferenzierung (über die Transportkosten hinaus) die interregionale Konkurrenz wirksam wird. Wenn diese aus rechtlichen oder sonstigen Gründen stark eingeschränkt oder sogar ausgeschlossen ist, werden im allgemeinen Rechtsformen für Handels- und Verarbeitungsunternehmen gewählt, die den Einfluß der Erzeuger auf die Preisgestaltung sicherstellen sollen (z.B. Molkereigenossenschaften).

Größere **Konzentrationen von Marktmacht** bestehen in einigen Sparten der Ernährungsindustrie, vor allem jedoch auf der Ebene großer Einkaufsgenossenschaften sowie von Supermarktketten und Großunternehmen des Einzelhandels. Hier sind teilweise beträchtliche Machtpositionen entstanden, die gegenüber den landwirtschaftlichen Erzeugern, dem Erfassungshandel und kleineren Verabeitungsunternehmen dominieren, jedoch auf der Absatzseite untereinander in einem intensiven oligopolistischen Verdrängungswettbewerb stehen.

Die **Homogenitätsbedingungen** sind auf den Märkten für die landwirtschaftlichen Rohprodukte im allgemeinen weitgehend erfüllt. Bei enger Produktdefinition (z.B. nicht "Getreide", sondern Backweizen, Braugerste, Futtergerste) weisen die meisten landwirtschaftlichen Erzeugnisse ein vergleichsweise hohes Maß an sachlicher Homogenität auf, so daß für gleiche Qualitäten, am gleichen Ort und zum gleichen Zeitpunkt annähernd gleiche Preise herrschen (z.B. Preisnotierungen an den Schlachtviehmärkten oder Getreidebörsen). Demgegenüber spielen auf der Ebene der verarbeiteten Nahrungsmittel qualitative Produktdifferenzierungen eine größere Rolle (z.B. verschiedene Käsesorten, Markenartikel). Die einzelnen Unternehmen versuchen daher, für die eigenen Produkte einen besonderen Qualitätsstandard zu schaffen oder zumindest den Verbrauchern ein besonderes "Produktimage" zu vermitteln, um auf diese Weise einen gewissen Spielraum für die Durchsetzung monopolistischer Preisstrategien zu gewinnen (vgl. z.B. STRECKER, REICHERT, POTTEBAUM 1976). Im Bereich des Direktabsatzes (insbesondere bei Eiern, Gemüse, Kartoffeln) haben auch landwirtschaftliche Betriebe die Möglichkeit, sich durch besondere Qualitäten und Service einen gewissen Spielraum für die Preisgestaltung zu verschaffen. Das gleiche gilt für den (jedenfalls bislang) anteilmäßig sehr begrenzten Markt für "ökologisch" erzeugte Produkte.

Den Anbietern und den Nachfragern von Agrarprodukten stehen zahlreiche Möglichkeiten zur Verfügung, sich über die Absatz- bzw. Bezugsmöglichkeiten zu informieren (amtliche Veröffentlichungen, Preisnotierungen in Tageszeitungen, Rundfunk, Fachzeitschriften etc.). Verschiedene Einrichtungen wurden zur Verbreitung von Informationen über die landwirtschaftlichen Märkte etabliert (Bundesforschungsanstalt für Landwirtschaft (FAL), Zentrale Markt- und Preisberichtstelle (ZMP), vgl. Kap. II, 2.5.2). Es liegt daher im allgemeinen eine recht gute **Markttransparenz** vor.

Zusammenfassend kann festgestellt werden, daß die meisten Märkte für Agrargüter durch ein hohes Maß an Homogenität, Markttransparenz und eine Vielzahl von polypolistischen Anbietern gekennzeichnet sind. Auf der Seite der Nachfrage sind in Abhängigkeit von den jeweiligen Strukturen im Bereich des Erfassungshandels und der Verarbeitung unterschiedliche Wettbewerbsverhältnisse bei den einzelnen Agrarprodukten (teilweise auch mit regionalen Unterschieden) anzutreffen. Insgesamt ist jedoch davon auszugehen, daß die Nachfrage nach Agrarprodukten letztlich durch die Nachfrage der Endverbraucher bestimmt wird und im Vermarktungs- und Verarbeitungsbereich eine hohe Wettbewerbsintensität besteht. In erster Annäherung können daher zur Analyse der Preisbildung auf den Agrarmärkten die **Bedingungen vollständigen Wettbewerbs** unterstellt werden. Soweit in bestimmten Marktbereichen Abweichungen vorliegen, können ihre Konsequenzen mit Bezug zur Referenzsituation vollständigen Wettbewerbs untersucht werden.

Weiterhin wird im folgenden meistens von dem Modell einer einstufigen Preisbildung auf der Ebene der Agrargütermärkte ausgegangen, wobei (implizit) unterstellt ist, daß die Nachfrage aus der Nahrungsmittelnachfrage der Endverbraucher abgeleitet ist. Auf mehrstufige Preisbildungsprozesse auf der Erzeuger-, Verarbeitungs- und Endverbraucherebene wird nur gelegentlich Bezug genommen (s.o., Abschnitt 4.6).

5.2. Agrarpreisbildung ohne Einflüsse von Staat und Außenhandel

Ein Gleichgewicht auf einem (Partial-) Markt ist bekanntlich dann erreicht, wenn die zu einem bestimmten Preis angebotene Menge eines Gutes mit der zu demselben Preis nachgefragten Menge übereinstimmt. Ausgehend von der sektoralen Preis-Angebotsfunktion

(III-48) $X^{Ai} = X^{Ai}(P)$

und der gesamtwirtschaftlichen Nachfragefunktion

(III-49) $X^{Ni} = X^{Ni}(P)$

muß der Gleichgewichtspreis P* in einer geschlossenen Volkswirtschaft somit eine solche Höhe haben, daß gilt

(III-50) $X^{Ai}(P^*) = X^{Ni}(P^*)$

In der grafischen Darstellung entspricht dieser **Gleichgewichtslage** der Schnittpunkt von Angebots- und Nachfragekurve. Da in einer Situation des Marktgleichgewichts weder Anbieter noch Nachfrager Anlaß haben, ihre Pläne zu revidieren, bleiben Gleichgewichtspreis und -menge solange konstant, bis sich die Angebots- und/oder Nachfragefunktionen unter dem Einfluß von Shift-Faktoren verschieben. Zur Erklärung von Preis*entwicklungen* auf den Agrarmärkten (vgl. Kap. II, 4.1) müssen wir folglich untersuchen, wie die Faktoren, die auf eine Verschiebung von Angebots- und Nachfragefunktion hinwirken, im Zeitablauf zusammenwirken. Da sich in einer Preiszeitreihe verschiedene Bewegungskomponenten überlagern, müssen wir unterscheiden:

- kurzfristige Preisschwankungen, vor allem aufgrund von witterungsbedingten und saisonalen Einflüssen,
- mittelfristige Preisbewegungen, teilweise zyklischer Art, und
- längerfristige Preistrends.

Der am Markt beobachtete Preis ist das Gesamtresultat aller dieser Komponenten, die sich in ihren Wirkungen gegenseitig verstärken oder abschwächen können. Im folgenden wollen wir die einzelnen Komponenten gedanklich voneinander trennen und nacheinander abhandeln.

5.2.1. Kurzfristige Produktions- und Preisschwankungen

Witterungsbedingte Schwankungen

Wichtigste Ursache kurzfristiger Instabilitäten sind witterungsbedingte Ernteschwankungen. Das Ausmaß der dadurch ausgelösten Preisänderungen hängt vom Verlauf der Angebots- und Nachfragefunktionen ab. In Übersicht III-34a ist ein völlig unelastischer Verlauf der kurzfristigen Preis- Angebotsfunktion unterstellt. Je nachdem, ob eine "gute" oder eine "schlechte" Ernte anfällt, schwankt der Agrarpreis zwischen P_3 und P_2. Wenn die Landwirte auf veränderte Preiserwartungen kurzfristig reagieren können, indem sie die spezielle Intensität anpassen, einen Teil der Produktion auf Lager nehmen oder selber verbrauchen (z.B. Getreide verfüttern, statt es zu verkaufen) und dadurch das Marktangebot reduzieren, verläuft die Funktion preisabhängig. In Übersicht III-34b ist angenommen, daß die witterungsbedingte Produktionsschwankung genauso groß ist wie im Falle a (die Angebotsfunktion ist um denselben Betrag nach rechts bzw. links verschoben); die Schwankung des Marktangebots wird nun jedoch durch die Angebotsreaktion der Produzenten gedämpft, so daß die Preisänderung entsprechend geringer ausfällt.

Übersicht III-34: Kurzfristige Instabilität der Agrarpreise

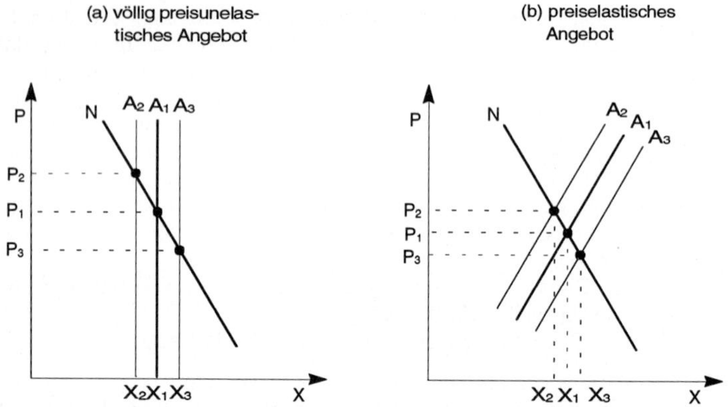

Wie man sich anhand von Übersicht III-34 leicht klarmachen kann, hat auch der Verlauf der Nachfragefunktion Einfluß auf die Preisstabilität. Je flacher, d.h. preiselastischer die Nachfragefunktion verläuft, desto kleiner ist bei gegebener Angebotsschwankung die Preisfluktuation.

Quantitative Auswirkungen von Produktionsschwankungen auf Agrarpreise und -erlöse

Der Einfluß der Höhe der Elastizitäten auf das Ausmaß mengenbedingter Preisschwankungen läßt sich präziser fassen, wenn wir die in grafischer Form beschriebenen Zusammenhänge mathematisch formulieren. Dazu gehen wir von den in Wachstumsraten umgeformten Angebots- und Nachfragefunktionen aus.

Bei kurzfristiger Betrachtung können wir von einer Verschiebung der Nachfragefunktion durch Bevölkerungs- und Einkommenswachstum absehen. Wenn weiterhin Kreuzpreisbeziehungen zu vernachlässigen sind, ist aus Gleichung (III-40) lediglich der direkte Preiseinfluß zu berücksichtigen:

(III-51) $$W_{X^N} = \varepsilon_N \cdot W_P$$

Auf das kurzfristige Agrargüterangebot (III-33) haben neben dem Produktpreis nur Zufallsschwankungen Einfluß, wenn wir die trendmäßige Entwicklung der relevanten Shiftfaktoren (W_A, W_K, W_{LN}, W_T) vorläufig vernachlässigen:

(III-52) $$W_{X^A} = \varepsilon_A \cdot W_P + W_Z$$

W_Z erfaßt hierbei den Einfluß von zufallsbedingten Produktionsschwankungen, gemessen als prozentuale Abweichung von der "Normalproduktion" (langfristiger Trendwert der Produktionsentwicklung). Wenn in der Ausgangssituation ein Marktgleichgewicht bestand, ist für die Beziehung zwischen den Wachstumsraten als Gleichgewichtsbedingung zu fordern:

(III-53) $$W_{X^N} = W_{X^A},$$

so daß für die Preisänderung nach Umformung gilt

(III-54) $$W_P = -\frac{1}{\varepsilon_A - \varepsilon_N} \cdot W_Z$$

Wie man leicht sieht, sind die **durch Mengenschwankungen ausgelösten Preisänderungen** umso größer, je kleiner die Angebots- und Nachfrageelastizitäten dem Betrag nach sind. Solange die Summe der absoluten Beträge der Elastizitätskoeffizienten kleiner als 1 ist, lösen Mengenschwankungen offensichtlich *überproportionale* Preisschwankungen aus. Da die Angebotselastizitäten kurzfristig niedrig sind und auch die Nachfrage nach Agrarprodukten recht preisunelastisch reagiert, ist dies regelmäßig der Fall. Eine Vorstellung über numerische Größenordnungen angebotsinduzierter Preisschwankungen bei unterschiedlichen Konstellationen von Angebots- und Nachfrageelastizitäten vermittelt Übersicht III-35.

Übersicht III-35: Produktionsschwankungen und resultierende Preisänderung bei unterschiedlichen Angebots- und Nachfrageelastizitäten

Annahmen			Preisänderung
Produktions-schwankung	Angebotselastizität	Nachfrageelastizität	
w_Z	ε_A	ε_N	w_P
- 10%	0	-0,2	+50,0%
- 10%	+0,2	-0,2	+25,0%
- 10%	+0,5	-0,5	+10,0%
- 10%	+0,5	-1,0	+6,6%

Aus den Mengen- und Preisschwankungen resultieren *Schwankungen der Erzeugererlöse und Verbraucherausgaben.* Da sich die Preise ohne marktstabilisierende Eingriffe im allgemeinen stärker verändern als die Mengen, sind Verbraucherausgaben und Erzeugererlöse bei einer "schlechten Ernte" höher als bei einer "guten Ernte". Diesen Zusammenhang bezeichnet man nach dem Engländer KING auch als "King'sche Regel".
Um die Auswirkungen der Produktionsschwankungen auf die **Agrareinkommen** zu ermitteln, sind neben dem Erlös auch die Kostenänderungen zu berücksichtigen. Da die (bei eingeleiteter Produktion praktisch konstanten) Vorleistungsaufwendungen noch von den Erlösen abzuziehen sind, haben die Erlösschwankungen überproportionale Schwankungen der Agrareinkommen zur Folge:

(III-55) $$Y = P \cdot X - q \cdot V - C_{fix} \quad \Rightarrow \quad dY = d(P \cdot X)$$

(III-56) $$\Leftrightarrow \quad \frac{dY}{Y} = \frac{d(P \cdot X)}{P \cdot X} \cdot \frac{P \cdot X}{Y} > \frac{d(P \cdot X)}{P \cdot X}$$

Wenn die Einkommen z.B. 50% der Erlöse betragen (P·X/Y = 2), führt ein witterungsbedingter Mehrerlös von 10% zu einer Einkommenssteigerung von 20%.

Saisonale Preisbewegungen

Die kurzfristige Preisbildung wird auf vielen Agrarmärkten durch die jahreszeitliche Verteilung der Angebots- und Nachfragemengen mitbestimmt. So ist die pflanzliche Produktion eng an die Vegetationsperiode gebunden; die Ernte erfolgt bei vielen Produkten nur in wenigen Wochen des Jahres. Aus der anfallenden Produktionsmenge ist dann die mehr oder weniger gleichmäßig verteilte Nachfrage im Laufe des Jahres zu befriedigen, so daß unter Berücksichtigung der Lagerkosten und Absatzerwartungen häufig charakteristische saisonale Preisbewegungen zu beobachten sind (z.B. bei Kartoffeln, Obst, Getreide). Auch können gewisse zeitliche Schwerpunkte der Nachfrage (Weihnachten, Ostern u.a.) für bestimmte Agrarprodukte charakteristische Einflüsse auf die saisonale Preisbildung mit sich bringen. Derartige Besonderheiten von Angebot und Nachfrage auf einzelnen Agrarmärkten werden im einzelnen von der landwirtschaftlichen Marktlehre untersucht (vgl. etwa: WÖHLKEN 1984) und sollen hier unter dem Gesichtspunkt gesamtsektoraler Anpassungen nicht weiter verfolgt werden.

5.2.2. Lagerhaltung und Preisbildung

Im vorigen Abschnitt wurde bereits kurz die Bedeutung der Lagerhaltung für das Agrargüterangebot und die Preisbildung angesprochen. Diese Zusammenhänge sollen nun systematischer betrachtet werden.

Lagerhaltung von Agrarprodukten und Nahrungsmitteln kann auf verschiedenen Stufen zwischen Produktion und Endnachfrage erfolgen: in den landwirtschaftlichen Betrieben, beim Erfassungshandel, bei den Verarbeitungsbetrieben, beim Groß- und Einzelhandel für Nahrungsmittel und schließlich bei den privaten Haushalten als Endverbrauchern. Weiterhin unterhalten auch staatliche Stellen aus verschiedenen Gründen eine beträchtliche Lagerhaltung. Die Aufgaben und **Funktionen der Lagerhaltung** sind vielfältig:

(1) Ein gewisses Minimum an Lagerhaltung ist zur *Sicherstellung der laufenden Produktion und des laufenden Konsums* in Unternehmungen bzw. Haushalten unumgänglich. Soweit die Höhe der für diese Zwecke gehaltenen Vorräte jedoch (in revolvierendem Wechsel) unverändert bleibt, wird hierdurch die (Netto-) Bilanz von Angebots- und Nachfragemengen in den einzelnen Wirtschaftsperioden nicht verändert.

(2) Weitergehende Funktionen kommen der Lagerhaltung zu, wenn eine ungleichmäßige zeitliche Verteilung von Produktion und/oder Nachfrage innerhalb eines Wirtschaftsjahres zu überbrücken ist (*saisonaler Ausgleich*), wie das vor allem bei verschiedenen pflanzlichen Produkten der Fall ist.

(3) Lagerhaltung ermöglicht jedoch auch darüber hinaus einen *Ausgleich zwischen Perioden* reichlichen Angebots ("guten Ernten") und knappen Angebots ("schlechten Ernten"). Auf diese Weise kann die Lagerhaltung zu einer Milderung der jährlichen Preisschwankungen beitragen. Das Bemühen um eine gezielte Beeinflussung von Angebot und Nachfrage durch Lagerhaltung ist daher ein wichtiger Bereich staatlicher Stabilisierungspolitik.

(4) In vielen Ländern geht die staatliche Marktinterventionspolitik über eine solche Stabilisierungspolitik hinaus, wenn bestimmte staatlich festgelegte Mindest- oder Festpreise durch den *Aufkauf von Überschußmengen* am Markt durchgesetzt werden sollen. Eine solche Interventionspolitik

führt zu strukturellen Produktionsüberschüssen, die keinem anderen Zweck dienen, als die Erzeugerpreise und -einkommen zu stützen. Vielfach werden dann die am heimischen Markt zu den herrschenden Preisen nicht absetzbaren Mengen inferior verwertet (z.B. Denaturierung von Wein zu Industriealkohol) oder mit hohen Exportsubventionen in andere Länder geschleust.

(5) Weiterhin wird in den meisten Ländern eine Vorratshaltung im Hinblick auf die *Versorgungssicherung der Bevölkerung in Krisenzeiten* (z.B. Ausfall von Importen) vorgenommen. Die Vorratshaltung kann sich dabei auf die Bevorratung von Grundnahrungsmitteln, aber auch wichtiger landwirtschaftlicher Betriebsmittel (z.B. Mineralöl) erstrecken. Eine solche Vorsorgepolitik kann auch das Ziel der Nahrungsmittelhilfe für Entwicklungsländer in Katastrophenfällen mit einschließen.

Insgesamt ist festzustellen, daß bei der Vorratshaltung sowohl privatwirtschaftliche Zielsetzungen und Anreize als auch agrar- und wirtschaftspolitische Zielvorstellungen eine Rolle spielen. Die Ansatzpunkte und Strategien staatlicher Politiken im Hinblick auf die Marktstabilisierung, Preis- und Einkommensstützung sowie Versorgungssicherung werden in Bd. 2, Kap. IV behandelt. Im folgenden sollen nur einige ökonomische Bestimmungsfaktoren für die Höhe der Lagerhaltung und ihre Funktion im Prozeß der Preisbildung auf den Agrarmärkten erläutert werden.

Bestimmungsfaktoren für die Höhe der Lagerhaltung

Lagerhaltung läßt sich als ein Prozeß verstehen, durch den Güter von einer Zeitperiode t in eine zukünftige Periode t+n transferiert werden (analog zum Gütertransport, durch den der Raum überwunden wird). Die Überwindung der Zeit durch Lagerhaltung verursacht Kosten: Kosten der Lagergebäude und der damit verbundenen Einrichtungen, Kosten für die Ein- und Auslagerung, Zinskosten für das festgelegte Kapital, Mengenverluste ("Schwund") und häufig auch Qualitätsveränderungen der eingelagerten Produkte, wobei die Qualität im Zeitablauf im allgemeinen abnimmt (Obst, Butter, Fleisch), in selteneren Fällen aber auch zunehmen kann (z.B.Wein).

Ein Lagerbestandsaufbau (-abbau) lohnt sich, solange der zukünftige Preis P_{t+n}, vermindert um die (u.U. von der Menge abhängigen) Lagerkosten je Mengeneinheit $C_n(X^L)$, den heute herrschenden Preis P_t übersteigt (unterschreitet):

Lagerbestandsaufstockung, wenn $P_t < P_{t+n} - C_n(X^L)$

Lagerbestandsabbau, wenn $P_t > P_{t+n} - C_n(X^L)$

Bei *bekannten zukünftigen Preisen* würden sich die Wirtschaftssubjekte im Rahmen ihrer Kapazitäten an diesen Entscheidungsregeln ausrichten, so daß sich solche intertemporalen Preisunterschiede herausbilden würden, die genau den Lagerhaltungskosten entsprechen (ähnlich wie bei interregionalem Austausch solche, die den Transportkosten entsprechen). Tatsächlich sind jedoch über die zukünftigen Preise **Erwartungen** zu bilden (vgl. 2.3), die vom individuellen Informationsstand und der Fähigkeit zur vorausschauenden Analyse abhängen. Die Dispositionen eines Wirtschaftssubjekts (j) hängen darüber hinaus von den Zielen und Verhaltensweisen ab, insbesondere der Risikoaversion. Sie können durch eine individuelle Lagerbestandsfunktion beschrieben werden, die die jeweils gewünschte Lagermenge in Abhängigkeit vom aktuellen und für die Zukunft erwarteten Preis angibt:

$$\text{(III-57)} \quad {}_jX_t^L = {}_jL({}_jP_{t+n}^e \,/\, P_t)$$

Gemäß der oben genannten Entscheidungsregel wird die jeweilige Lagerhaltung um so höher sein, je höher der erwartete Preis im Verhältnis zum aktuellen Preis ist, d.h. ${}_jL' > 0$. Bei einer *exogen* gegebenen Preiserwartung *sinkt* der Umfang der Lagerhaltung daher mit *steigendem* aktuellen Preis.

Wenn sich die Preiserwartung dagegen *autoregressiv* ($P_{t+n}^e = \Sigma_i\, k_i\, P_{t-i}$, vgl. Gleichung (III-1)) aus den vergangenen Preisen herleitet, ist auch ein steigender Verlauf theoretisch denkbar. Dies erkennt man leicht, wenn man (III-57) mit Hilfe von Ketten- und Quotientenregel nach P_t ableitet (zur Vereinfachung der Schreibweise ohne den Index j für das Wirtschaftssubjekt):

$$\text{(III-58)} \quad \frac{\partial X_t^L}{\partial P_t} = L' \cdot \frac{\partial(P_{t+1}^e/P_t)}{\partial P_t} = L' \cdot \frac{[k_0P_t + k_1P_{t-1} + k_2P_{t-2} + \ldots]/P_t}{\partial P_t}$$

$$= L' \cdot \frac{k_0P_t - [k_0P_t + k_1P_{t-1} + k_2P_{t-1}\ldots]}{P_t^2}$$

$$= - L' \cdot [k_1P_{t-1} + k_2P_{t-2} + \ldots]/P_t^2$$

Bei *adaptiven* Erwartungen waren die Koeffizienten k_i geometrisch abnehmende, positive Gewichte, d.h. auch in diesem Fall sinkt die Lagermenge bei steigendem aktuellen Preis. Bei *extrapolativen* Erwartungen galt dagegen $k_1 = -\alpha < 0$ und $k_i = 0$ für $i>1$, so daß in diesem Fall die Lagerbestandsfunktion auch *ansteigen* kann: Weil der Preisanstieg einfach in die Zukunft extrapoliert wird, resultiert aus einem Preisanstieg des aktuellen Preises ein noch darüber hinausgehender Anstieg des für die Zukunft erwarteten Preises, so daß ein Lagerbestandsaufbau lohnend erscheint.

Im *Normalfall* können wir aber von einem fallenden Verlauf der Lagerbestandsfunktion L und dementsprechend von einem steigenden Verlauf der Güterangebotsfunktion aus dem Abbau von Lagerbeständen ($A_L = X^L_{t-1} - X^L_t$) ausgehen, was auch bei einer Aggregation über alle lagerhaltenden Wirtschaftssubjekte gilt. Das Angebot aus Lagerhaltung wird positiv, wenn der aktuelle Preis einen Schwellenpreis P_s überschreitet, bei dem genau der vorhandene Lagerbestand (X^L_{t-1}) auch gewünscht wird (in Übersicht III-36: $P_s = P_1$, $X^L_{t-1} = X^L_1$).

Übersicht III-36: Lagerhaltung und Preisbildung

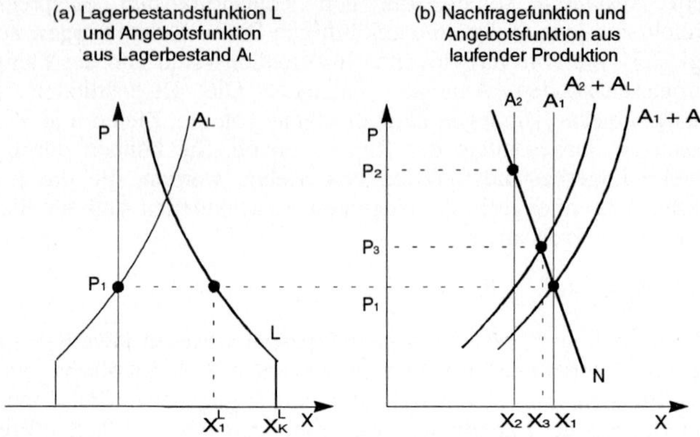

Einfluß der Lagerhaltung auf die Preisbildung

Es ist nun leicht zu erkennen, daß im Normalfall kurzfristige Preisinstabilitäten durch Lagerhaltung vermindert werden. In Übersicht III-36 ist eine Angebotsfunktion angenommen, die ohne Berücksichtigung von Lagerbestandsveränderungen völlig preisunelastisch ist (A_1). Bei normaler Ernte würde sich ein Preis von P_1 ergeben, bei ungünstiger Ernte (A_2) würde der Preis auf P_2 ansteigen. Wenn wir neben dem Angebot aus laufender Produktion zusätzlich das Angebot aus Lagerbestandsänderung (beschrieben durch die Funktion A_L) berücksichtigen, ergibt sich die Marktangebotsfunktion durch horizontale Addition beider Funktionen (A_2+A_L). Ein gleich großer Ernteeinbruch bewirkt nun, daß mit steigendem Preis zusätzliches Angebot aus Lagerbeständen mobilisiert wird. Der Marktpreis wird daher nur solange steigen, bis das Gesamtangebot aus laufender Produktion und Lagerbestandsverminderung der Nachfrage entspricht. In Übersicht III-36b ist das bei dem Preis P_3 der Fall.

In *Ausnahmefällen* können die Preisschwankungen jedoch auch durch die Lagerhaltung verstärkt werden. Wenn z.B. bei einer witterungsbedingten Tendenz zu einem Preisanstieg (in Übersicht III-36 etwa von P_1 nach P_2) aufgrund von extrapolativer Erwartungsbildung auf einen weiteren Preisanstieg in der Zukunft "spekuliert" wird, kommt es zu einer zusätzlichen *Lagerbestandsaufstockung* und damit zu einer weiteren Verminderung des Gesamtangebots aus Lagerhaltung und Produktion. In diesem Fall wird der Preisanstieg noch verstärkt, d.h. die Lagerhaltung (bzw. die Spekulation) hat destabilisierend gewirkt, was eine Ursache für die extremen Preisanstiege auf den Weltmärkten für Agrargüter nach der 1. Ölkrise gewesen sein mag. Eine destabilisierende Wirkung der Spekulation (bzw. Lagerhaltung) dürfte jedoch eher die kurzfristige Ausnahme als die Regel darstellen: Hierbei wird in Hochpreisphasen gekauft und in Niedrigpreisphasen verkauft, was sich auf die Dauer kaum lohnt.

5.2.3. Kurz- und mittelfristiger Trend der Agrarpreisentwicklung

Die kurz- und mittelfristige Preisentwicklung wird nicht nur durch kurzfristige Schwankungen, sondern auch durch die Entwicklung des Preistrends bestimmt. Je kürzer die Betrachtungsperiode, umso mehr bestimmen Zufallseinflüsse und kurzfristige Einflußfaktoren das Bild, je länger der Betrachtungszeitraum gewählt wird, umso größeres Gewicht erhalten die Trendfaktoren.

Auf der *Angebotsseite* bestimmen Veränderungen der Faktorbestände und technischer Fortschritt als Shift-Faktoren (vgl. 3.2.3) den kurz- und mittelfristigen Trend der Angebotsentwicklung. Da die Primärfaktoren nur verzögert auf ökonomische Signale reagieren, kann man für einen gewissen Zeitraum, wenn keine bedeutsame Veränderung der Rahmenbedingungen erwartet wird, von einer trendmäßigen Entwicklung dieser Faktoren ausgehen. Will man die Faktorbestandsveränderungen und den technischen Fortschritt neben der Produktpreisänderung und Zufallsschwankungen in ihrer Wirkung auf das kurzfristige Angebot erfassen, so ist die aus (III-33) über totale Differentiation abzuleitende kurzfristige Angebotsfunktion in Wachstumsraten (III-52) zu vervollständigen:

(III-59) $$W_{X^A} = \varepsilon_A \cdot W_P + \mu_A \cdot W_A + \mu_{LN} \cdot W_{LN} + \mu_K \cdot W_K + \mu_T \cdot W_T + W_Z$$

μ_i (i = A, B, K, T) = Elastizität des kurzfristigen Angebots bezüglich des Arbeits-, Boden- und Kapitaleinsatzes sowie des technischen Fortschritts.

Auf der *Nachfrageseite* ist jetzt auch der Einfluß von Einkommens- und Bevölkerungswachstum zu berücksichtigen. Es gilt dann statt (III-51):

(III-60) $$W_{X^N} = \varepsilon_N \cdot W_P + \eta \cdot W_{Y^K} + W_B$$

Die *Veränderungsrate des Gleichgewichtspreises* für das betrachtete Agrarprodukt ergibt sich dann durch Gleichsetzen ($W_{X^A} = W_{X^N}$) und Umformung:

(III-61)
$$W_P = \frac{1}{\varepsilon_A - \varepsilon_N} (\eta \cdot W_{Y^K} + W_B - \mu_T \cdot W_T - \mu_A \cdot W_A - \mu_{LN} \cdot W_{LN} - \mu_K \cdot W_K - W_Z)$$

Der Ausdruck $1/(\varepsilon_A - \varepsilon_N)$ ist bei normal verlaufenden Angebots- und Nachfragefunktionen stets positiv. Zum Einfluß der Shift-Faktoren läßt sich demnach feststellen:

Tendenziell wirken auf eine *Preissenkung* hin:
- technischer Fortschritt (W_T)
- Vermehrung der Faktorbestände und hohe Elastizitäten des Angebots bezüglich der fixen Faktoren (z.B. $\mu_K \cdot W_K$).

In Richtung einer *Preiserhöhung* wirken:
- Verminderung von Faktorbeständen (z.B. $\mu_A \cdot W_A$)
- Bevölkerungswachstum (W_B)
- Wachstum des realen Pro-Kopf-Einkommens und hohe Einkommenselastizitäten ($\eta \cdot W_{Y^K}$).

Zufallsschwankungen (W_Z) wirken je nach der Richtung des Einflusses auf eine Preiserhöhung bzw. -senkung hin und wurden schon in 5.2.1 diskutiert.

Der Einfluß dieser Faktoren ist umso größer, je größer der Ausdruck $1/(\varepsilon_A - \varepsilon_N)$ ist, d.h. je kleiner die absoluten Werte der kurzfristigen Angebots- und Nachfrageelastizitäten sind. Wenn wir Durchschnittswerte über mehrere Perioden betrachten, gleichen sich Zufallsschwankungen tendenziell aus, so daß W_Z den Wert 0 annimmt. Die übrigen Shift-Faktoren bestimmen dann den *Trend* der Preisentwicklung. Betrachten wir dagegen Preisänderungen von einer Periode zur nächsten, so können Zufallsschwankungen die Wirkung der übrigen Faktoren verstärken oder dämpfen.

Anhand einer hypothetischen **numerischen Beispielsrechnung** lassen sich die Zusammenhänge veranschaulichen. Dabei wird von charakteristischen gesamtsektoralen Angebots- und Nachfragekonstellationen in fortgeschrittenen Phasen wirtschaftlicher Entwicklung ausgegangen (vgl. Kap. II, 3.1.2 und 4.1).

Übersicht III-37: Jährliche Veränderungsrate des realen Agrarpreisniveaus bei charakteristischen Angebots- und Nachfrageverhältnissen

Annahmen		partielle Mengeneffekte
(a) Exogene Variable	(b) Parameter	
W_{Y^K} = 2,5%	η = 0,2	0,5
W_B = 0,5%		0,5
W_A = -3,0%	μ_A = 0,25	0,75
W_{LN} = -0,5%	μ_{LN} = 0,1	0,05
W_K = 2,0%	μ_K = 0,15	-0,3
W_T = 2,0%	μ_T = 1,0	-2,0
	ε_A = 0,3	
	ε_N = -0,2	
Nachfrageüberhang bei konstanten Preisen (%)		-0,5
Resultierende Preisänderung (%)		-1,0

Unter den in der Übersicht III-37 getroffenen Annahmen sinkt das reale Agrarpreisniveau um 1% pro Jahr, wenn der Staat nicht eingreift. Durch Variation der exogenen Variablen und Parameter kann der Leser leicht die Sensitivität des Ergebnisses bei veränderten Rahmenbedingungen überprüfen. Die Annahme von bestimmten Werten für zufallsbedingte Produktionsschwankungen (Variable W_Z) läßt die Größenordnungen der Überlagerungseffekte von Trend und Zufallsschwankungen erkennen.

5.2.4. Konjunkturelle Einflüsse auf die Agrarpreisentwicklung

Charakteristische Ausprägungen mittelfristiger Agrarpreiseffekte zeigen sich -zumindest der Tendenz nach - im Zuge gesamtwirtschaftlicher Konjunkturschwankungen (vgl. dazu auch KOESTER 1982, S. 37 ff). Sie wirken sich sowohl auf die Nachfrage als auch das Angebot von Agrargütern aus und beeinflussen folglich auch die Entwicklung der Agrarpreise. Auf der *Nachfrageseite* haben sie vor allem auf die Höhe des Verbrauchereinkommens Einfluß. Aufgrund relativ niedriger Einkommenselastizitäten der Nachfrage für die meisten Agrarprodukte sind die Nachfrageeffekte zwar nicht sehr groß; sie können jedoch bei den unelastischen Verläufen der Nachfrage- und Angebotsfunktionen für Agrargüter einen durchaus spürbaren Einfluß auf die Entwicklung der Agrarpreise haben.

Ein Beispiel ist der Rindfleischmarkt. Bei Konjunktureinbrüchen läßt sich feststellen, daß die Rindfleischnachfrage merklich zugunsten der Schweine- und Geflügelfleischnachfrage zurückgeht. Daraus resultiert - bei kurz- und mittelfristig unelastischem Angebot - ein entsprechender Preisdruck auf dem Rindfleischmarkt bzw. eine verstärkte Inanspruchnahme der staatlichen Intervention.

Auf der *Angebotsseite* wirken sich die konjunkturellen Schwankungen vor allem durch ihren Einfluß auf die Arbeitsmobilität aus. Vollbeschäftigung beschleunigt die Abwanderung aus der Landwirtschaft, so daß das Produktionswachstum tendenziell abgeschwächt wird. Daneben wird die Investitionstätigkeit (c.p.) von dem in Hochkonjunkturphasen regelmäßig auftretenden Zinsanstieg gebremst, wenn die Investitionen zinselastisch reagieren.

Da in Hochkonjunkturphasen somit eine tendenziell gestiegene Nachfrage auf ein tendenziell reduziertes Angebot trifft, bewegen sich die Agrarpreise in Hochkonjunkturphasen eher nach oben und in Rezessionsphasen eher nach unten, wodurch die Agrareinkommen (neben dem Effekt einer verminderten Abwanderung in Phasen der Arbeitslosigkeit, vgl. Abschnitt 6.4) zusätzlich unter Druck geraten.

5.2.5. Zyklische Agrarpreisschwankungen

Auf zahlreichen Agrarmärkten sind neben kurzfristigen, saisonalen, konjunkturellen und langfristigen Komponenten auch zyklische Komponenten in der Preisbewegung erkennbar. Klassisches Beispiel ist der sogenannte

"Schweinezyklus", der als Paradebeispiel für dynamische Preisbildungsprozesse auch in vielen Lehrbüchern der allgemeinen Preistheorie unter dem Stichwort "**Cobweb-Theorem**" seinen Platz hat (vgl. z.B. KRELLE 1976). Entscheidender Bestimmungsfaktor für zyklische Preisbewegungen sind verzögerte Anpassungsmöglichkeiten der Produktion an veränderte Preiserwartungen.

Übersicht III-38: Zyklische Preis- und Mengenschwankungen

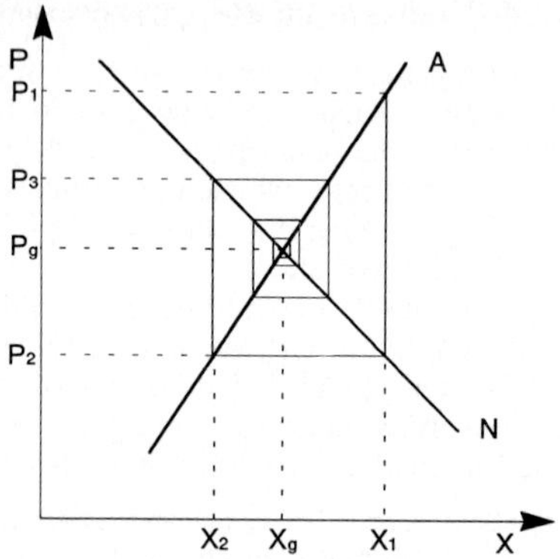

In Übersicht III-38 wollen wird davon ausgehen, daß die Landwirte zu einem bestimmten Zeitpunkt einen Schweinepreis in Höhe von $P^e_1 = P_1$ erwarten und ihre Produktion entsprechend der "mittelfristigen" Angebotsfunktion A ausrichten. Nach der Entscheidung über Aufzucht und Mast erscheint mit mehreren Monaten Verzögerung die Schweinefleischmenge X_1 auf dem Markt. Diese Menge, deren Umfang auch bei inzwischen veränderten Preiserwartungen kaum variiert werden kann (kurzfristig sehr unelastisches Angebot), ist nur zu einem Preis von P_2 absetzbar. Die Landwirte haben sich in ihren Preiserwartungen getäuscht und revidieren ihre Produktionsentscheidungen. Falls sie ihre künftigen Preiserwartungen an dem Preis P_2 orientieren ($P^e_2 = P_2$, *"naive"* Preiserwartungen, vgl. Abschnitt 2.3) werden sie für die nächste Periode entsprechend der Angebotsfunktion die geringere Produktionsmenge X_2 planen. Wenn diese Produktionsmenge auf dem Markt erscheint, läßt sie sich jedoch sogar zu dem Preis P_3 absetzen: Die Landwirte haben sich also wiederum in ihren Preiserwartungen getäuscht und werden ihre Produktionspläne erneut revidieren. Der Prozeß der Preisbildung läßt sich so im Zeitablauf von Periode zu Periode weiter verfolgen.

Anhand der Übersicht III-38 kann man sich leicht klar machen, wohin der dynamische Prozeß der Preisbildung in Abhängigkeit vom Verlauf der Funktionen im Zeitablauf tendiert. Bei dem Absolutbetrag nach gleichen

Steigungen von Angebots- und Nachfragefunktion ergeben sich regelmäßige zyklische Preis- und Mengenschwankungen mit im Zeitablauf gleicher Amplitude (von 2 Perioden). Wenn die Nachfragefunktion steiler als die Angebotsfunktion verläuft, ergeben sich immer größere Preis- und Mengenschwankungen: Das System "explodiert". Reagiert die Nachfrage dagegen elastischer als das Angebot, so konvergiert der Preisbildungsprozeß allmählich zum Gleichgewichtspreis.

Bei realistischeren Formen der Erwartungsbildung wird ein "explodierender" Zyklus unwahrscheinlicher. Wenn der aktuelle Preis z.B. nur mit einem Gewicht von $\alpha < 1$ bei der Bildung der Preiserwartung berücksichtigt wird, wie es bei *adaptiver Erwartungsbildung* (vgl. Abschnitt 2.3) der Fall ist, so werden die Angebotsschwankungen und damit die Preisschwankungen gedämpft (vgl. NERLOVE 1958, S. 56 ff). Hierbei würde etwa für die 2. Periode ein Preis von $P^e_2 > P_2$ erwartet mit entsprechenden Konsequenzen auf das Angebot. Führt man statt autoregressiver Erwartungen *rationale Erwartungen* in das elementare Cobweb Modell ein (vgl. BRANDES 1990, S.28), so folgt eine völlige Eliminierung der zyklischen Schwankungen, da sich die Anbieter am (korrekt antizipierten) langfristigen Erwartungswert des Preises orientieren und sich nicht durch zufallsbedingte Preisausschläge "in die Irre" führen lassen. Eine derartige Berücksichtigung der relevanten Marktzusammenhänge bei der Erwartungsbildung erfolgt sicherlich *bei einem Teil* der Anbieter. Die weitere Verbreitung dieser Kenntnisse durch Preisberichterstattung, Marktinformationswesen und offiziell geförderte und veröffentlichte Prognosen (z.B. BOECKENHOFF, MÜLLER 1991, BOECKENHOFF, LOHNER 1991)wird denn auch als kostengünstige Maßnahme zur Stabilisierung des (Schweine-) Zyklus angesehen (BUCHHOLZ 1982, S. 105 ff).

In der Realität sind zahlreiche Abweichungen der Preisbewegungen von dem Grundmodell des Zyklus festzustellen, die darauf hindeuten, daß das Cobweb-Modell zur Erklärung der tatsächlich beobachteten Preisbildung verfeinert werden muß (vgl. detaillierter BUCHHOLZ 1982):

- Auf dem Rindermarkt bewirken zahlreiche *weitere Bestimmungsfaktoren* neben dem Eigenpreis, insbesondere die Interdependenzen zur Milchproduktion, daß der "Rinderzyklus" schwieriger nachweisbar ist als der Schweinezyklus. Jedoch verursachen auch bei diesem Paradebeispiel zyklischer Schwankungen weitere Einflußgrößen "Störungen" des Zyklus. Hierbei ist als wichtiger Einflußfaktor auf die Angebotsentwicklung der Futterpreis zu nennen.
- Auf vielen Märkten pflanzlicher Produkte treten zyklische Schwankungen wegen der stabilisierenden Wirkung von *Lagerhaltung* (s.o.) und *Marktinterventionen* nicht oder nur in Ansätzen auf.

Längerfristige Entwicklungen beeinflussen oft nicht nur den langfristigen Trend der Preisentwicklung, sondern auch die Amplituden und Periodizität der zyklischen Schwankungen, die nur selten im Zeitablauf konstant sind.

Auf der Nachfrageseite wirken abnehmende Elastizitäten eindeutig auf eine Verstärkung der Schwankungen hin, während die Konzentrationsprozesse in der Tierhaltung unterschiedliche Effekte haben können.

5.2.6. Langfristige Agrarpreisentwicklung

Die betrachteten kurzfristig wirksamen "Störfaktoren" (zufallsbedingte Ertragsschwankungen, zyklische Preisbewegungen, Konjunktureinflüsse) führen bei der geringen kurzfristigen Preiselastizität von Agrargüterangebot und -nachfrage zu starken Preis- und Einkommensschwankungen. Das gleiche gilt für die kurzfristigen Effekte veränderter ökonomischer und agrarpolitischer Rahmenbedingungen. Wenn jedoch die veränderten Rahmenbedingungen (etwa eine veränderte Ausrichtung der Agrarpreispolitik) von den Landwirten nicht als zufällig, sondern als dauerhaft angesehen wird, so werden hierdurch verstärkt Anpassungen der Faktorbeständeund damit der Produktion ausgelöst, durch die die von den anfänglichen Preis- und Einkommensänderungen ausgehenden ökonomischen Anreize allmählich abgebaut werden. Die Anpassungsreaktionen sind also *kurzfristig* durch starke Preis-, Erlös- und Einkommensschwankungen bei wenig veränderter Allokation und *langfristig* durch kontinuierlichere Trends der Preisentwicklung in Verbindung mit stärker veränderten Faktoreinsatz- und Produktionsstrukturen gekennzeichnet.

Übersicht III-39: Langfristige Tendenz der realen Agrarpreisentwicklung

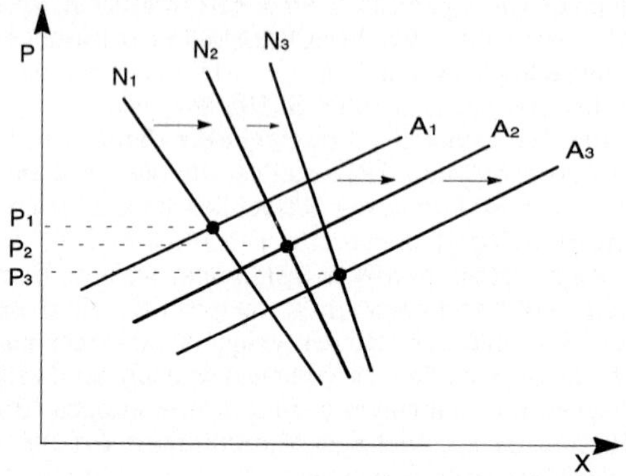

Die langfristige Grundkonstellation der Agrarpreisbildung ohne staatliche Einflußnahme läßt sich in den fortgeschrittenen Industrieländern wie folgt kennzeichnen (vgl. Übersicht III-39): Die *Nachfragefunktion* für Agrarprodukte ist auch langfristig vergleichsweise preisunelastisch. Sie verschiebt sich unter dem Einfluß von Bevölkerungs- und realem Einkommenswachstum im Zeitablauf nur noch langsam nach rechts, wobei sich der Einkommenseffekt aus den genannten Gründen fortlaufend abschwächt.

Auf der *Angebotsseite* sind - wie immer wieder hervorgehoben wurde - sehr sorgfältig die jeweils betrachteten Zeithorizonte und dabei unterstellten Anpassungsflexibilitäten des Faktoreinsatzes zu unterscheiden. Wenn man bei sehr langfristiger Betrachtung davon ausgeht, daß der landwirtschaftliche Arbeits- und Kapitaleinsatz flexibel entsprechend den gesamtwirtschaftlichen Faktorpreisrelationen angepaßt werden kann, ergibt sich durchaus ein elastischer Verlauf der langfristigen Angebotsfunktion (vgl. Abschnitt 3.5.3). Veränderungen der Faktorbestände sind im Gegensatz zur Betrachtung auf der Basis kurz- oder mittelfristiger Angebotsfunktionen hier keine Shift-Faktoren mehr. Die langfristige Angebotsfunktion verschiebt sich im Zeitablauf vielmehr vor allem durch die Einwirkung des technischen Fortschritts und veränderter Faktorpreise. Steigende außerlandwirtschaftliche Arbeitsentlohnungen bei unverändertem Agrarpreisniveau führen zu einer Verringerung des landwirtschaftlichen Arbeitseinsatzes und damit zu einer Verschiebung der Angebotsfunktion nach links. Dieser Effekt wird in der Regel jedoch überkompensiert durch den technischen Fortschritt. Per Saldo verschiebt sich die langfristige Angebotsfunktion kräftig nach rechts und übertrifft dabei deutlich die Verschiebung der Nachfragefunktion. Als Ergebnis zeigt sich in den entwickelten Industrieländern eine langfristige Tendenz zur Senkung des (realen) Agrarpreisniveaus, wie dies in Übersicht III-39 durch die Preissenkung von P_1 auf P_3 zum Ausdruck kommt (vgl. auch Übersicht II-34). Diese Zusammenhänge werden unten anhand eines gesamtwirtschaftlichen Zwei-Sektoren-Modells noch weiter ausgeführt (Abschnitt 8).

Bei *begrenzten Zeithorizonten* der Betrachtung sind die bestehenden betrieblichen Ausgangsstrukturen und Unvollkommenheiten der Faktormobilität zu berücksichtigen. Oben wurde bereits darauf hingewiesen (Abschnitt 3.5), daß unter diesen Bedingungen die Angebotsreaktion weniger elastisch erfolgt. Daher ergibt sich bei zurückbleibender Nachfrageentwicklung ein verstärkter Agrarpreisdruck, der dann über die Faktormärkte auf das Agrargüterangebot zurückwirkt. Es hängt daher entscheidend von der spezifischen Situation und Funktionsweise der Faktormärkte ab, wie das Agrargüterangebot auf Preis- und Einkommenssignale reagiert. Wir werden uns daher zunächst in Abschnitt 6 eingehend mit den Wirkungszusammenhängen der landwirtschaftlichen Faktormärkte beschäftigen, um dann in Abschnitt 7 auf dieser Basis die sektoralen Produkt- und Faktormärkte in ihren Wechselwirkungen zu betrachten.

5.3. Internationaler Agrarhandel und Preisbildung

Bislang wurden die grundsätzlichen Zusammenhänge der Preisbildung auf Agrarmärkten anhand des Modells einer geschlossenen Volkswirtschaft erläutert. Eine solche Abgrenzung ist dann angebracht, wenn ein Gut nicht in nennenswertem Umfang international gehandelt wird oder sich ein Land von den Weltmärkten durch Außenschutzmaßnahmen völlig abschirmt. Solche Bedingungen liegen in der Realität jedoch selten vor, da die meisten Agrarprodukte ausgesprochene Fernhandelsgüter sind und da selbst bei der in vielen Industrieländern zu beobachtenden hohen Außenhandelsprotektion die internationalen Handelsbeziehungen bei Agrarprodukten im allgemeinen direkt oder indirekt eine große Rolle spielen (vgl. Kap. II, 6).

In diesem Abschnitt wollen wir einige Grundzusammenhänge des internationalen Agrarhandels betrachten und können dabei unmittelbar an die bisherigen Überlegungen zur Preisbildung auf den Agrarmärkten anschließen. Wir gehen ebenfalls von dem Konzept der partialen Marktanalyse aus, erweitern dieses jedoch durch die Berücksichtigung der Handelsbeziehungen mit dem Weltmarkt bzw. mit Drittländern (aus Vereinfachungsgründen meistens anhand eines Zwei-Länder-Modells). Zur Analyse der Wohlfahrtswirkungen des internationalen Agrarhandels wird in Bd. 2, Kap. IV ein gesamtwirtschaftlicher Ansatz (Modell des großen Agrarsektors) verwendet.

5.3.1. Verläufe von Nachfrage- und Angebotsfunktionen im internationalen Vergleich

Bei einer partialen Marktbetrachtung kommen die unterschiedlichen Produktions- und Nachfrageverhältnisse der am Handel beteiligten Länder in den Verläufen gesamtwirtschaftlicher Angebots- und Nachfragefunktionen für Agrarprodukte zum Ausdruck. Diese bestimmen maßgeblich Richtung und Ausmaß des internationalen Agrarhandels sowie die Preisbildung auf den international verflochtenen Märkten.

Der Verlauf der *Nachfragefunktionen* steht in engem Zusammenhang mit dem jeweiligen Stand der volkswirtschaftlichen Entwicklung und der Bevölkerungszahl. Daneben können länderspezifische Präferenzstrukturen eine Rolle spielen.

Im Verlauf der *Angebotsfunktionen* kommt die Gesamtheit der angebotsbestimmenden Faktoren zum Ausdruck. Für den internationalen Vergleich sind besonders bedeutsam:

(1) Unterschiede der *natürlichen Standortbedingungen*, die sich in unterschiedlichen Verläufen der Produktionsfunktionen niederschlagen und bei einigen Produktkategorien praktisch die Standortwahl und Spezialisierung zwischen den großen Agrarräumen determinieren (z.B. Südfrüchte der Tropen und Subtropen).

(2) Weitere Unterschiede hängen mit dem *Stand der gesamtwirtschaftlichen Entwicklung* zusammen, in die die Landwirtschaft eingebettet ist:

- Unterschiedliche Proportionen der gesamtwirtschaftlichen Faktorkapazitäten und damit unterschiedliche Opportunitätskosten der Produktionsfaktoren

- Unterschiedliche Voraussetzungen und Bedingungen für die Mobilität landwirtschaftlicher Produktionsfaktoren
- Unterschiedlicher Entwicklungsstand der Produktions- und Verarbeitungstechnik sowie des Transportwesens.

(3) Schließlich können Unterschiede der Agrarverfassung und der Agrarstruktur sowie der verfolgten Wirtschafts- und Agrarpolitik das Agrargüterangebot und insbesondere das Exportpotential in erheblichem Maße mitbestimmen.

Treibende Kraft des internationalen Agrarhandels sind vor allem die unterschiedlichen Kostenstrukturen in den Bereichen der landwirtschaftlichen Produktion, der Verarbeitung und des Handels, die in den Angebotsfunktionen zum Ausdruck kommen.

5.3.2. Internationale Arbeitsteilung und Preisbildung

Um die internationalen Wirkungszusammenhänge auf den Agrarmärkten analysieren zu können, sind die partialen Marktmodelle der am internationalen Handel teilnehmenden Länder in einem Handelsmodell zusammenzuführen. Am einfachsten kann das dadurch geschehen, daß man ein Land (oder eine Ländergruppe) gesondert betrachtet, etwa die EG, und die Angebots- und Nachfragefunktionen aller übrigen Länder aufaggregiert und zu einem Marktmodell zusammenfaßt ("übrige Welt"), wie das in Übersicht III-40 für ein Agrarprodukt (etwa Getreide) geschehen ist (**Zwei-Länder-Modell**).

Übersicht III-40: Preisbildung bei internationalem Agrarhandel (Zwei-Länder-Modell)

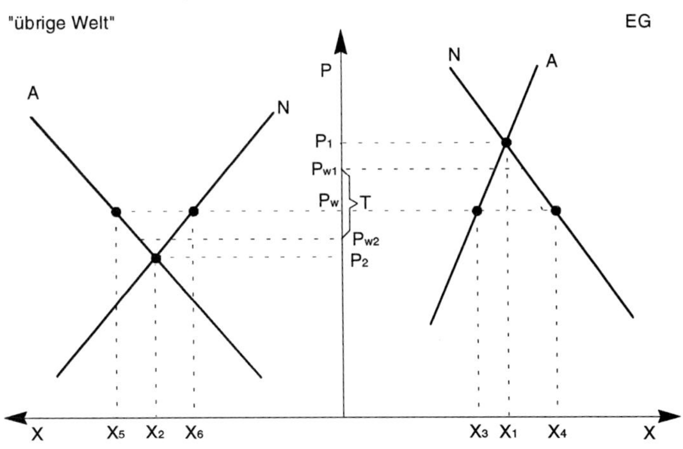

Bei den angenommenen Angebots- und Nachfragefunktionen würde sich, wenn kein internationaler Handel zwischen diesen Ländergruppen stattfindet, in der EG der Preis P_1 und in der "übrigen Welt" aufgrund günstigerer Kostenstrukturen der niedrigere Preis P_2 herauszubilden. Offensichtlich wäre es für Exporteure und Importeure gewinnbringend, Gütermengen vom Weltmarkt in die EG zu liefern. Durch die Exportnachfrage wird der Preis auf dem Weltmarkt ansteigen, während er in der EG infolge des zusätzlichen Importangebots sinkt. Dieses wird bei Freihandel solange geschehen, bis der Preis in der EG mit dem Preis in der übrigen Welt übereinstimmt (wenn wir zunächst von der Existenz von Transportkosten absehen). Das Ergebnis ist somit ein in beiden Ländergruppen herrschender einheitlicher "Weltmarktpreis" P_w, zu dem die EG die Menge X_4-X_3 importiert, die genau der Exportmenge der "übrigen Welt", X_5-X_6, entspricht.

Es ist festzustellen, daß durch den internationalen Handel die Produktion des Gutes X in dem Land mit ungünstigeren Produktionsbedingungen (höheren Grenzkosten der Produktion) reduziert und in dem Land mit günstigeren Produktionsbedingungen erhöht wird. Durch die Ausnutzung der Vorteile internationaler Arbeitsteilung erhöht sich somit die Effizienz des Faktoreinsatzes (vgl. detaillierter dazu Bd.2, Kap. IV).

Diese Überlegungen gelten zunächst für ein einzelnes Agrarprodukt unter der Annahme, daß die gesamtwirtschaftlichen Rahmenbedingungen, wie Produkt- und Faktorpreise der übrigen Güter, vorgebene Größen sind. Damit gesamtwirtschaftlich Zahlungsbilanzausgleich herrscht, muß in der EG den Importen bei dem betrachteten Produkt eine Spezialisierung auf andere Agrarprodukte oder gewerbliche Produkte gegenüberstehen, wie es dem Prinzip der komparativen Kosten entspricht. Bei partialer Marktanalyse kann dieser gesamtwirtschaftliche Zusammenhang jedoch nicht zum Ausdruck gebracht werden, sondern es sind Modelle mit "großem Agrarsektor", die wir für ein einzelnes Land in Abschnitt 8 einführen, mit ihren internationalen Wechselwirkungen zu betrachten. Diese Überlegungen werden daher erst in Bd. 2, Kap. IV unter wohlfahrtsökonomischen Gesichtspunkten weitergeführt.

Die Überlegungen sind nur wenig zu modifizieren, wenn wir **Transportkosten** berücksichtigen: Dann erfolgt durch den internationalen Agrarhandel der Abbau der Preisdifferenzen so lange, bis die Preisunterschiede gerade der Höhe der Transportkosten entsprechen. Gibt in Übersicht III-40 der Betrag T die Höhe der Transportkosten je Produkteinheit an, so spielt sich in der EG ein Preis in Höhe von P_{w1} und in der übrigen Welt ein Preis von P_{w2} ein. Es bleiben somit Preisvorteile zugunsten des importierenden Landes - hier der EG - in Höhe der Transportkosten bestehen.

Das beschriebene Zwei-Länder-Modell läßt sich auch zur Analyse der *Handelsbeziehungen zwischen zwei einzelnen Ländern*, etwa EG und USA, verwenden, wenn die Handelsbeziehungen mit anderen Ländern bei dem betrachteten Produkt keine große Rolle spielen.

Die dargestellten Zusammenhänge sind zu differenzieren, wenn man die *Handelsbeziehungen zwischen mehreren Ländern* (bzw. Ländergruppen) untersuchen will. Dann sind für jedes einzubeziehende Land die jeweiligen Angebots- und Nachfragefunktionen zu spezifizieren und die Handelströme zwischen allen Handelspartnern zu berücksichtigen. Derartige Zusammenhänge gehen schon bald über die Möglichkeiten einer grafischen Darstellung hinaus und lassen sich dann nur noch mit Hilfe mathematisch formulierter Modelle abbilden (z.B. VALDES, ZIETZ 1980).

Bei den bisherigen Überlegungen wurde von den Verhältnissen "großer Länder" ausgegangen, die durch ihre Exporte bzw. Importe den Weltmarktpreis fühlbar beeinflussen. Im folgenden soll ergänzend auch die Handelssituation eines "kleinen Landes" gekennzeichnet werden, von der bei Analysen häufig zunächst ausgegangen wird (insbesondere bezüglich der Wohlfahrtswirkungen agrarpolitischer Maßnahmen, siehe Bd. 2, Kap. IV).

Bei dem **Modell eines kleinen Landes** wird angenommen, daß das betrachtete Land jede beliebige Menge zu einem *gegebenen* Weltmarktpreis exportieren bzw. importieren kann. Dahinter steht die Vorstellung, daß die Export- bzw. Importvolumina der "großen Länder" eine solche Größenordnung haben, daß die Außenhandelsmengen des "kleinen Landes" für die Preisbildung auf dem Weltmarkt keine fühlbare Rolle spielen (das kleine Land ist "Mengenanpasser").

Übersicht III-41: Preisbildung in einem kleinen Agrarimportland (Modell des "kleinen Landes")

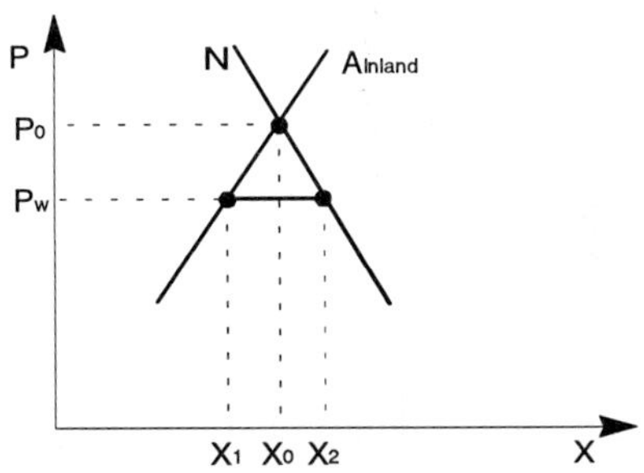

In Übersicht III-41 ist die Situation eines kleinen Landes dargestellt, das sich bei dem betrachteten Produkt einem relativ niedrigen Weltmarktpreis gegenübersieht. Ohne internationalen Handel (bei Autarkie) würde sich der Inlandspreis P_0 einstellen, bei dem die Menge X_0 angeboten und nachgefragt wird. Bei Freihandel bestimmt der Weltmarktpreis P_W das Geschehen auf dem Binnenmarkt. Das Angebot aus inländischer Produktion wird auf die Menge X_1 reduziert und die Nachfrage auf X_2 ausgedehnt. Die Menge X_2 - X_1 wird dann importiert.

Einfluß von Außenschutzmaßnahmen

Trotz der beschriebenen Vorteile internationalen Handels für die Güterversorgung der Bevölkerung besteht in den meisten Ländern auf den Agrarmärkten ein hohes Maß an Außenschutz gegenüber dem Weltmarkt (vgl. Kap. II, 6.4.3). Mögliche Gründe für derartige Maßnahmen sind Ziele der Versorgungssicherung sowie der Preis- und Einkommensstützung zugunsten der heimischen Landwirtschaft. Die verschiedenen Ursachen und Formen der Außenhandelsprotektion sowie ihre Auswirkungen auf die Faktorallokation und die Wohlfahrt der verschiedenen Gruppen der Bevölkerung werden eingehend in Bd. 2 behandelt. An dieser Stelle soll nur kurz auf die *Grundtendenz* der Auswirkungen hingewiesen werden, die bereits mit Hilfe des hier verwendeten Instrumentariums leicht nachvollziehbar ist.

Handelshemmnisse der verschiedenen Ausgestaltungsformen haben prinzipiell ähnliche Auswirkungen wie eine Erhöhung der Transportkosten: Sie führen zu einer *Einschränkung des internationalen Handels* und - im Vergleich zur Situation bei Freihandel - zu *höheren Agrarpreisen in den geschützten Ländern und zu niedrigeren Agrarpreisen in den ausgeschlossenen Ländern.* Dadurch können die Vorteile des internationalen Handels im Hinblick auf die Güterversorgung der Bevölkerung nur teilweise ausgenutzt werden. Darüber hinaus erhöhen sie im allgemeinen die *Instabilität* auf den Weltagrarmärkten, wie im folgenden Abschnitt gezeigt wird.

5.3.3. Preisstabilität und Agrarhandel

Der internationale Agrarhandel führt nicht nur zu einer Ausnutzung der Vorteile internationaler Arbeitsteilung mit entsprechenden Auswirkungen auf die Produktions- und Konsumstrukturen in den einzelnen Ländern, sondern trägt auch zur Preisstabilisierung auf den Agrarmärkten bei, da inländische Produktionsschwankungen durch Importe und Exporte gedämpft werden können.

Zur Verdeutlichung dieses Zusammenhangs stützen wir uns auf ein Zwei-Länder-Modell, das sich auf einen kurzen Zeitraum bezieht, was in relativ unelastischen Funktionsverläufen zum Ausdruck kommt (Übersicht III-42). Weiterhin wird angenommen, daß sich die Angebotsfunktion in der EG aufgrund einer schlechten Ernte von A nach A' verschiebt. In einer geschlossenen Volkswirtschaft würde hierdurch der Preis kräftig auf P_1' ansteigen. Bei freiem Agrarhandel wird sich der Weltmarktpreis infolge der ungünstigen Ernte in der EG zwar ebenfalls erhöhen, jedoch in wesentlich schwächerem Maße (von P_w auf P_w'), da nicht nur die Anbieter und Verbraucher in der EG, sondern auch in den übrigen Ländern durch ihre Anpassungsreaktionen zu einer Dämpfung des Preisanstiegs beitragen. In ähnlicher Weise würden auch die Auswirkungen einer "guten Ernte" bei Freihandel "breiter verteilt" werden und zu einem schwächeren Preisverfall führen. Das entsprechende gilt bei Ertragsschwankungen, die in anderen Ländern auftreten.

Übersicht III-42: Internationaler Agrarhandel und Preisstabilität

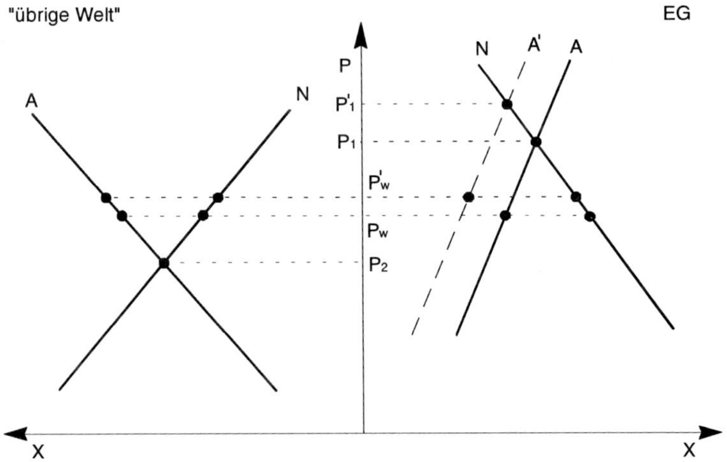

Die Tendenz zur Preisstabilisierung durch weltweiten Güteraustausch wird darüber hinaus dadurch unterstützt, daß sich "gute" und "schlechte" Ernten in den verschiedenen Agrarregionen der Welt in der gleichen Wirtschaftsperiode teilweise kompensieren können (siehe Abschnitt 3.3.1). So läßt sich anhand der Übersicht III-42 leicht verdeutlichen, daß die Weltmarktpreisänderungen noch geringer wären, wenn die Mißernte in der EG mit einer guten Ernte in einigen Ländern der "übrigen Welt" zusammenfallen würde.

Auf der anderen Seite kann Freihandel auch zu einer größeren Abhängigkeit einzelner Länder von Ertragsschwankungen und politischem Geschehen in "fernen Ländern" führen. Dürre in Kanada oder Transportarbeitsstreiks in Südamerika werden für die heimischen Produzenten und Konsumenten spürbar. Aus diesen Gründen werden in vielen Ländern Maßnahmen zur Stabilisierung der heimischen Märkte getroffen. Aus den obigen Überlegungen folgt jedoch unmittelbar, daß hierdurch die Fähigkeit des internationalen Handelssystems zur Milderung der Auswirkungen von Zufallsschwankungen eingeschränkt wird. Es läßt sich zeigen, daß durch Protektionsmaßnahmen einzelner Länder die Instabilitäten auf den "restlichen Weltmärkten" verstärkt werden, so daß Konflikte zwischen nationalen und weltweiten Stabilisierungszielen bestehen (siehe dazu im einzelnen Bd. 2, Kap. IV).

6. Landwirtschaftliche Faktormärkte

Die Faktormärkte steuern die Aufteilung der volkswirtschaftlich verfügbaren Produktionsfaktoren auf die Sektoren (intersektorale Faktorallokation) und innerhalb des Agrarsektors (intrasektorale Faktorallokation). Sie stellen somit einen zentralen *Transmissionsmechanismus* zwischen dem Agrarsektor und den übrigen Bereichen der Volkswirtschaft dar und sind das wesentliche Steuerungsinstrument des landwirtschaftlichen Strukturwandels.

In Abschnitt 3 wurde bei der Erklärung des Agrargüterangebots jeweils von bestimmten - alternativ vorgegebenen - Annahmen über betriebliche Strukturen und Faktoreinsatzbedingungen (Faktorkapazitäten oder Faktorpreise) ausgegangen. Im vorliegenden Abschnitt sind nun die Anpassungsprozesse auf den Faktormärkten und die sich daraus ergebenden Konsequenzen für die Faktorentlohnung, die intra- und intersektorale Einkommensverteilung und den betrieblichen Strukturwandel selbst Erklärungsgegenstand. Dabei werden nun umgekehrt die sich auf den Produktmärkten herausbildenden Preise als exogene Größen betrachtet.

6.1. Allgemeine Vorüberlegungen

Die Erklärung der Vorgänge auf den landwirtschaftlichen Faktormärkten muß - analog zu den Agrarmärkten - bei der Nachfrage nach und dem Angebot von Produktionsfaktoren bzw. deren Leistungen ansetzen. Im folgenden sollen zunächst einige allgemeine Anmerkungen zu den Nachfrage- und Angebotsfunktionen für landwirtschaftliche Produktionsfaktoren und dem Preisbildungsprozeß auf landwirtschaftlichen Faktormärkten vorangestellt werden, wobei gleichzeitig die relevanten Theoriegrundlagen rekapituliert werden können.

6.1.1. Faktornachfragefunktionen

Die Nachfrage nach Produktionsfaktoren wird durch die Faktoreinsatzplanungen der Landwirte bestimmt. Wenn sie sich gewinnmaximierend verhalten, orientieren sie sich am Wertgrenzproduktivitätsprinzip, so daß gilt:

$$\text{(III-62)} \qquad \frac{\partial f(F_1,...,F_N)}{\partial F_i} \cdot P = q_i$$

Der Einsatz des Faktors F_i wird so bemessen, daß das Wertgrenzprodukt dem Faktorpreis gleich ist. Die Faktornachfragefunktion

$$\text{(III-63)} \qquad F_i = F_i(q_i)$$

entspricht dann der (invertierten) monetären Grenzertragsfunktion, die die Beziehung zwischen dem Umfang des Faktoreinsatzes und der Höhe des

Wertgrenzprodukts beschreibt. Bei abnehmenden Ertragszuwächsen hat die Faktornachfragefunktion einen fallenden Verlauf.

Übersicht III-43: Ertragsfunktion und Faktornachfragefunktion

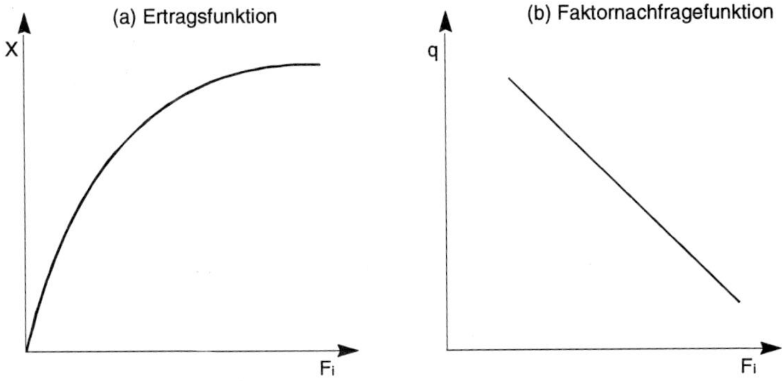

Die *Steigung* der Faktornachfragefunktion hängt vom Verlauf der Produktionsfunktion und der Beweglichkeit der Produktionsfaktoren ab. Die Faktornachfragefunktion ist umso elastischer, je schwächer das Gesetz vom abnehmenden Ertragszuwachs wirksam wird, d.h.

- je größer die technischen Substitutionsmöglichkeiten zwischen den Faktoren sind und
- je weniger Faktoren in ihrem Einsatzniveau fixiert sind.

Sie ist völlig elastisch, wenn die Produktionsfunktion linear verläuft und völlig unelastisch, wenn limitationale Produktionsbeziehungen vorliegen.

Die Nachfragefunktion *verschiebt* sich, wenn sich Einflußfaktoren verändern, die bei der Ableitung der Funktion konstant gehalten wurden. Sie verschiebt sich nach *rechts*, wenn

- technische Fortschritte realisiert werden ($\partial f/\partial F_i$ nimmt zu),
- die Agrarpreise steigen (Erhöhung von P),
- sich die Bestände anderer Faktoren erhöhen (ebenfalls Zunahme von $\partial f/\partial F_i$) und
- sich die Preise substitutionaler Produktionsfaktoren erhöhen.

Die Faktornachfragefunktion verschiebt sich nach *links*, wenn sich die exogenen Variablen mit umgekehrten Vorzeichen verändern.

Derartige Änderungen von Shiftfaktoren lassen sich in Partialmarktmodellen fehlerfrei berücksichtigen. Wenn man die Faktormärkte jedoch, wie in diesem Abschnitt, losgelöst von den Produktmärkten analysiert, tritt häufig ein Fehler auf, der für **Partialmarktbetrachtungen** typisch ist: Bei der Bewegung auf den Kurven (hier: auf der Faktornachfragekurve) werden *vermeintlich* exogene Größen verändert (hier: die Produktpreise infolge der durch die Faktoreinsatzvariation ausgelösten Güterangebotsveränderung), die auf die Funktionen zurückwirken (hier: die produktpreisabhängige Faktornachfragefunktion), so daß sich ihre Lage verändert (Übersicht III-44).

Übersicht III-44: Zusammenhänge zwischen Produkt- und Faktormarkt

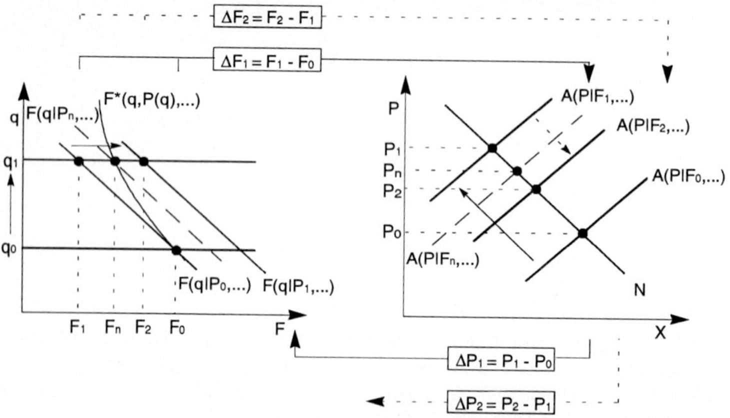

Wenn es in der (mit "0" indizierten) Ausgangssituation zu einem exogenen, gesamtwirtschaftlich determinierten Anstieg eines Faktorpreises q kommt, resultiert nicht nur eine Verminderung der Faktornachfrage (Bewegung auf der Faktornachfragekurve $F(q|P_0,...)$), sondern auch eine Linksverschiebung der Güterangebotskurve $A(P|F_0,...)$, da dem verminderten FaktoreinsatzF_1 ein vermindertes Güterangebot $A(P|F_1,...)$ entspricht. Der hierdurch ausgelöste Produktpreisanstieg (P_1-P_0) verschiebt die Faktornachfragekurve nach rechts $(F(q|P_1,...))$, so daß eine zweite Runde von Rückwirkungen über den Produktmarkt eingeleitet wird. Die Anpassungen sind abgeschlossen, wenn der Produktpreis gerade soweit (auf P_n) angestiegen ist, daß die korrespondierende Faktornachfrage $F_n = F(q|P_n ...)$ zu einem Angebot $A(P|F_n ...)$ führt, das mit dem Produktpreis P_n konsistent ist. Da der Produktpreisanstieg dem Rückgang der Faktornachfrage aufgrund der Faktorpreissteigerung entgegenwirkt, ist der endgültige Faktornachfragerückgang (F_n-F_0) *geringer* als auf der Basis der partialen Faktornachfragefunktion zu erwarten wäre (F_1-F_0). Die Faktornachfragefunktion $F^*(q,P(q), ...)$, die diese Rückwirkungen vom Produktmarkt berücksichtigt (bei JUST, HUETH, SCHMITZ 1982 als "Gleichgewichts-Faktornachfrage" bezeichnet), verläuft damit *unelastischer* als die partiale Faktornachfragefunktion $F(q|P_0,...)$.

Der in der Übersicht III-44 dargestellte Fehler tritt nicht auf, wenn die Wirkungen auf die vermeintlich exogenen Größen, d.h. die Produktpreise, nicht "spürbar" sind. Dies ist der Fall, wenn es sich um einzelbetriebliche Faktornachfragefunktionen oder um die sektorale Nachfrage nach einem eng definierten Produktionsmittel (z.B. Tierarzneimittel) handelt, oder wenn die Produktpreise durch staatliche Maßnahmen oder den Außenhandel (Modell des kleinen Landes) fixiert sind. Analoge Fehler treten bei partialen *Produktmarktanalysen* auf, wenn bei der Bewegung auf der Güterangebotskurve auf den Faktormärkten Mengen- und Preisänderungen induziert werden. Die partialen Analysen von Produkt- und Faktormärkten sind daher in Abschnitt 7 zu einer gesamtsektoralen Betrachtung zu verknüpfen, die jedoch hier durch eine eingehende Analyse der partialen Faktormärkte vorbereitet werden soll.

6.1.2. Faktorangebotsfunktionen

Die Entscheidungen über das Faktorangebot werden z.T. in den landwirtschaftlichen Haushalten getroffen, die über ihren Arbeitseinsatz und die verfügbaren Bestände an Boden und Kapitalgütern disponieren können. Andere Faktoren werden von landwirtschaftlichen und gewerblichen Unternehmen angeboten, die die landwirtschaftlichen Vorleistungs- und Investitionsgüter herstellen.

Je nach der Art der Produktionsfaktoren und den vorliegenden Mobilitätsbedingungen lassen sich unterscheiden:

(1) **Fixe Produktionsfaktoren**. Dieses sind Faktoren, deren Bestände innerhalb des Betrachtungshorizonts als gegeben angesehen werden. Wenn die Leistungsabgabe dieser Faktoren ebenfalls unveränderlich ist, verläuft die Faktorangebotsfunktion völlig unelastisch (vgl. Übersicht III-45a). Variiert die Leistungsabgabe mit verändertem Faktorpreis, so wird im allgemeinen das Faktorangebot mit zunehmendem Preis ansteigen (mit Ausnahmen beim Faktor Arbeit, vgl. Abschnitt 6.4).

(2) **Variable Produktionsfaktoren**. Diese Faktoren können innerhalb des Betrachtungshorizonts zu den herrschenden Marktpreisen bezogen oder veräußert werden. Je nach den Marktbedingungen, die natürlich von der betrachteten Aggregationsebene abhängen, kann dabei das Faktorangebot völlig preiselastisch oder preisabhängig sein (vgl. Übersicht III-45b).

(3) Von **quasi-fixen Faktoren** spricht man, wenn ein Faktor je nach den ökonomischen Rahmenbedingungen fix oder variabel sein kann. Er ist fix, wenn die interne betriebliche Verwertung (das erzielte Wertgrenzprodukt) beim derzeitigen Faktoreinsatzniveau F_i größer als der Wiederveräußerungspreis und niedriger als der Zukaufspreis ist; er ist variabel, wenn die interne Verwertung entweder den Wiederveräußerungspreis unterschreitet oder den Zukaufspreis überschreitet. Es ergibt sich dann der in Übersicht III-45c dargestellte stufenförmige Verlauf der Faktorangebotsfunktion.

Übersicht III-45: Faktorangebotsfunktionen für verschiedene Mobilitätsbedingungen

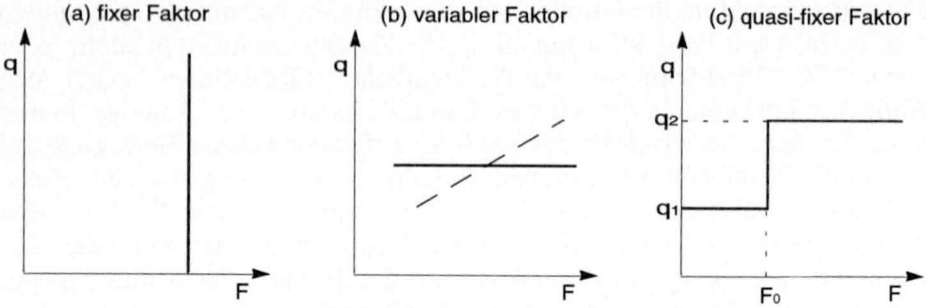

Die Beweglichkeit der Produktionsfaktoren und damit die Elastizität des Faktorangebots variiert in starkem Maße mit der Länge des Betrachtungszeitraums. Auf kurze Sicht sind die meisten Produktionsfaktoren fix, mit der Zunahme des Betrachtungshorizonts werden mehr und mehr Faktoren variabel.

6.2. Markt für landwirtschaftliche Vorleistungsgüter

Die in der Landwirtschaft eingesetzten Vorleistungen umfassen die Zwischenprodukte und Dienstleistungen, die im Verlauf einer Wirtschaftsperiode in die landwirtschaftliche Produktion eingehen. Sie können

- aus dem gewerblichen Bereich zugekauft werden (Dünge- und Pflanzenschutzmittel, Energie, tierärztliche Leistungen u.a.) oder
- im Agrarsektor selbst hergestellt werden (Saatgut, Futtermittel, Stalldung, Eigenleistungen bei Reparaturen u.a.). Dabei sind Vorleistungen zu unterscheiden, die im eigenen Betrieb erstellt werden, und solche, die von anderen landwirtschaftlichen Betrieben produziert und über den Markt bezogen werden.

Bei der **Nachfrage** nach Vorleistungen empfiehlt es sich, zwischen ertragssteigernden Vorleistungen (Dünger, Pflanzenschutzmittel, Futtermittel usw.) und "Arbeitshilfsmitteln" zu unterscheiden. Die Nachfrage nach *Arbeitshilfsmitteln* (elektrischer Strom, Treib- und Schmierstoffe, Heizöl, Reparaturaufkommen usw.) ist vom Stand der Mechanisierung der Arbeits- und Produktionsverfahren abhängig. Wenn die Entscheidungen über den Kapital- und Arbeitseinsatz gefallen sind, ist der Einsatz der Arbeitshilfsmittel weitgehend technisch determiniert.

Die Nachfrage nach *ertragssteigernden Vorleistungen* wird zum einen durch die Höhe des Vorleistungsaufwandes je Prozeßeinheit (Flächeneinheit bzw. Tier) und zum anderen durch Umfang und Zusammensetzung der Bodennutzung und Tierhaltung bestimmt. Die Intensität des Vorleistungseinsatzes je Prozeßeinheit hängt vom Verlauf der Ertragsfunktion und den herrschenden Preisrelationen ab (vgl. Abschnitt 2.4.2). In Übersicht III-46 sind in stilisierter Form die Ertrags- und Faktornachfragefunktionen für den Einsatz von ertragssteigernden Vorleistungen in der Getreide- und Milchproduktion dargestellt.

Übersicht III-46: Ertragsfunktionen und Nachfragefunktionen für Vorleistungen in der Getreide- und Milchproduktion

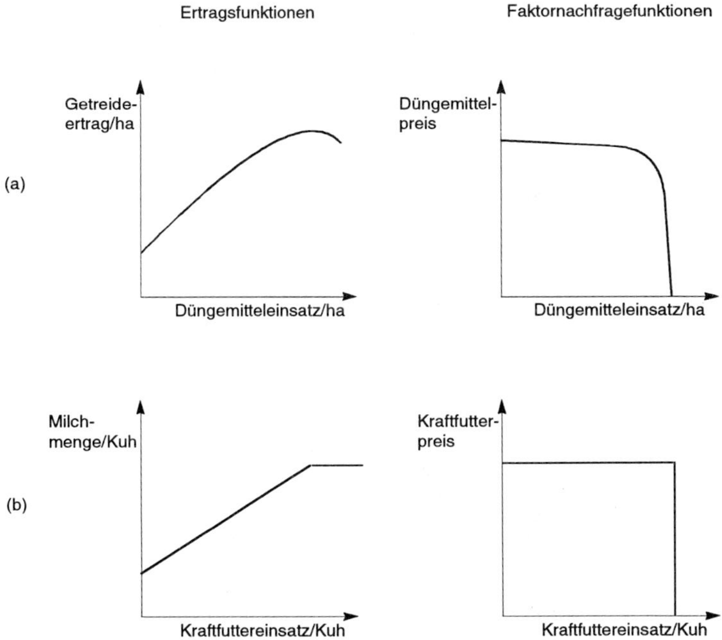

Dort ist zu erkennen, daß die Höhe des Vorleistungseinsatzes je Prozeßeinheit für weite Preisbereiche annähernd oder völlig konstant ist. Der Vorleistungseinsatz in einem bestimmten Produktionsverfahren ändert sich dann im Zeitablauf (abgesehen von kurzfristigen Schwankungen) im wesentlichen unter dem Einfluß ertragssteigernden technischen Fortschritts, der gesamte Vorleistungseinsatz darüber hinaus auch durch Veränderungen von Produktionsumfang und -struktur. Daher kann die *Gesamt*nachfrage nach ertragssteigernden Vorleistungen durchaus preisabhängig reagieren (z.B. die Kraftfutternachfrage in Abhängigkeit vom Kraftfutterpreis, vgl. das Beispiel der Rindfleischproduktion in 2.4.2), wenn sich Produktionsumfang und -zusammensetzung verändern.

Diese Preisabhängigkeit der sektoralen Vorleistungsnachfrage war in Kap. II (3.1.2 und 4.1) schon bei der graphischen Darstellung (ohne ökonometrische Analyse) der entsprechenden Preis- und Mengenentwicklungen erkennbar.

Für das **Angebot** von Vorleistungen *landwirtschaftlicher Herkunft* gelten prinzipiell die Überlegungen zum Agrargüterangebot. Eine Besonderheit ist, daß der Umfang der im landwirtschaftlichen Betrieb selbst produzierten Vorleistungen (z.B. Wirtschaftsfutter) nicht in Abhängigkeit vom erwartbaren Marktpreis, sondern von der erwarteten internen Verwertung im Betrieb bemessen wird. Die *gewerblichen* Vorleistungen werden teilweise speziell für den Einsatz in der Landwirtschaft produziert (z.B. Düngemittel) und werden teilweise auch von anderen Wirtschaftsbereichen nachgefragt (z.B. Mineralöl, Elektrizität). Bei gewerblichen Vorleistungen der zweiten Kategorie ist meistens für die Landwirtschaft als einem relativ kleinen Wirtschaftssektor von einem gegebenen Marktpreis (einem völlig preiselastischen Angebot) auszugehen, während bei der ersten Kategorie das Angebot vielfach preisabhängig ist.

Bei *marktgängigen* Zwischenprodukten und Dienstleistungen erfolgt die **Preisbildung** auf den Vorleistungsmärkten. Bei *im Betrieb erstellten und verwendeten* Zwischenprodukten ergibt sich die interne Bewertung in Abhängigkeit von den bestehenden Nutzungsalternativen. Zwei Beispiele sollen die Zusammenhänge verdeutlichen:
(1) In Übersicht III-47a gehen wir von einem völlig unelastischen Angebot an Grundfutter aus. Dies ist annähernd der Fall, wenn Grundfutter als Koppelprodukt anfällt und nur einen geringen Anteil am Gesamtwert des Hauptproduktes ausmacht (etwa Zuckerrübenblatt). Der "Schattenpreis" des Grundfutters (sein Wertgrenzprodukt) ergibt sich dann aus den betrieblichen Verwertungsmöglichkeiten der anfallenden Mengen. Beispielsweise kann der Betrieb das Blatt in der Bullenmast einsetzen und je nach Bedingungen (Rindfleisch- und Kälberpreise, Stallkapazitäten etc.) eine Verwertung von W_1 oder W_2 erzielen. Bei sehr niedrigen Rindfleischpreisen (oder sehr hohen Kälber- oder Gebäudekosten) wird der Betrieb auf eine Verfütterung verzichten und stattdessen das Blatt unterpflügen. In diesem Fall ergibt sich das Wertgrenzprodukt als Düngewert des Rübenblattes (W_3).

(2) Futtergetreide wird in Veredlungsbetrieben je nach Marktlage verkauft oder als Vorleistung im Betrieb verwendet. Bei ungünstigen innerbetrieblichen Verwertungsmöglichkeiten (z.B infolge niedriger Preise für das Endprodukt, etwa Schweinefleisch) gelte die betriebliche Futternachfragefunktion N_{G2} (Übersicht III-47b). Der Betrieb wird dann von der insgesamt verfügbaren Getreidemenge, G_V, eine solche Menge verfüttern, daß die innerbetriebliche Grenzverwertung dem erzielbaren Verkaufspreis P_0 entspricht (die Menge G_1), und die restliche Menge G_V-G_1 zum Marktpreis verkaufen. Wenn die Preise für das Endprodukt ansteigen und sich die Futternachfragefunktion nach N_{G1} verschiebt, wird die

gesamte Getreidemenge verfüttert und zusätzlich Getreide im Umfang G_2-G_V zugekauft. Falls eine größere Anzahl von Betrieben so reagiert, ist die Marktangebotsfunktion nicht mehr völlig elastisch. Der Futtergetreidepreis bildet sich dann in Abhängigkeit von dem Verlauf der Angebotsfunktion und den bestehenden Verwertungsmöglichkeiten. Wenn wir annehmen, daß A_G die sektorale Angebotsfunktion und N_{G1} bzw. N_{G2} die sektoralen Faktornachfragefunktionen kennzeichnen, ergeben sich bei den unterstellten Konstellationen die Futtergetreidepreise P_1 bzw. P_2.

Übersicht III-47: Vorleistungseinsatz und interne Bewertung

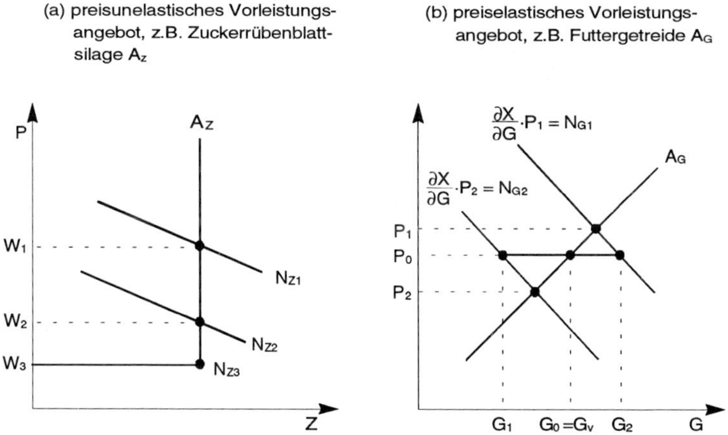

Zusammenfassend ist im Hinblick auf den Sektor festzustellen, daß gewerbliche Vorleistungen im allgemeinen sehr preiselastisch angeboten werden, während die Bewertung landwirtschaftlicher Vorleistungen aus dem betrieblichen und sektoralen Gesamtzusammenhang zu erfolgen hat. Die Einsatzmengen der Vorleistungen je *Prozeßeinheit* sind vor allem bei Arbeitshilfsmitteln, aber auch bei ertragssteigernden Betriebsmitteln innerhalb recht enger Grenzen festgelegt (solange nicht sehr weitgehende Preisänderungen stattfinden). Daraus folgt, daß die vereinfachende Annahme linear-limitational bemessenen Vorleistungseinsatzes, wie sie in vielen Sektormodellen bei kurz- und mittelfristige Analysen üblich sind, angesichts der schwachen Reaktion des Vorleistungseinsatzes je Prozeßeinheit auf mäßige Änderungen ökonomischer Daten durchaus vertretbar sind.

6.3. Markt für landwirtschaftliche Kapitalgüter

Kapital wird über mehrere Wirtschaftsperioden in den Betrieben genutzt. Bei der Quantifizierung (Kap II, 3.1.1) und bei der Analyse des Kapitaleinsatzes sind die einzelnen *Kapitalgüter* zu betrachten. Sie können entweder aus dem gewerblichen Bereich zugekauft (Maschinen und Geräte, Schlepper, Stalleinrichtungen u.a.) oder in landwirtschaftlichen Betrieben selbst erstellt werden (Viehkapital, Eigenleistungen bei der Errichtung von Gebäuden und Einrichtungen u.a.). Eigenleistungen spielen bei der Erstellung von Gebäuden und Einrichtungen in den landwirtschaftlichen Betrieben eine recht große Rolle, da sie eine Verwertung von Arbeitsrestkapazitäten ermöglichen.

Boden ist zwar auch ein Kapitalgut, wird aber aufgrund seiner Eigenschaften gesondert behandelt (Abschnitt 6.5).

Das **Angebot** an gewerblich produzierten Kapitalgütern kann in den entwickelten Industrieländern als weitgehend preiselastisch angesehen werden. Für das Angebot von selbsterstellten Kapitalgütern, insbesondere Vieh, gelten prinzipiell (wie im Fall der innerbetrieblich erstellten Vorleistungen) die bei der Erklärung des Agrargüterangebots abgeleiteten Zusammenhänge. Neben dem Zukauf von neuen Kapitalgütern hat teilweise auch der Gebrauchtgütermarkt Bedeutung.

Die **Nachfrage** nach Kapitalgütern wird in starkem Maße durch die spezifischen Bedingungen der verschiedenen landwirtschaftlichen Betriebsgruppen geprägt. Die betrieblichen Investitionsentscheidungen werden wesentlich durch die während der Lebensdauer des Investitionsgutes erwarteten Ströme an Erträgen und Aufwendungen bestimmt. Neben der Rentabilität der Investitionen haben auch Eigenkapitalverfügbarkeit und Fremdfinanzierungsmöglichkeiten (Liquidität) einen erheblichen Einfluß auf die Investitionsentscheidungen und damit auch auf den betrieblichen Entwicklungsprozeß (vgl. die betriebswirtschaftlichen Lehrbücher wie SCHNEIDER 1989, BRANDES, WOERMANN 1969).

Wenn Investitionsentscheidungen einmal getroffen sind, sind damit im allgemeinen erhebliche Festlegungen verbunden, da die Investitionsgüter meistens nur zu einem erheblich niedrigerem Preis wieder veräußert oder für andere Zwecke genutzt werden können. Für gebrauchte Landmaschinen, Schlepper und bewegliche Einrichtungen bestehen meistens lokale, teilweise auch überregionale Märkte. Gebäude und fest installierte Einrichtungen können an andere landwirtschaftliche oder auch gewerbliche Betriebe verpachtet werden; wenn dafür keine Nachfrage existiert, können die Opportunitätskosten auch null betragen oder sogar negativ sein (etwa wenn Abbruchkosten anfallen). Landwirtschaftliche Kapitalgüter stellen somit ein charakteristisches Beispiel für **quasi-fixe Produktionsfaktoren** dar, an dem denn auch die Grundzüge der diesbezüglichen Theorie von dem Agrarökonom GLENN JOHNSON (1958) entwickelt wurden.

Die Anpassungsmöglichkeiten der betrieblichen Kapitalgüterbestände lassen sich unter diesen Bedingungen wie folgt kennzeichnen (Übersicht III-48): Ein gewinnmaximierendes Unternehmen wird seinen Kapitalbestand durch Neuinvestitionen so bemessen, daß das im Betrieb erzielbare Wertgrenzprodukt der Kapitalgüter den Kapitalkosten auf der Basis der Anschaffungswerte i_z (Abschreibungen plus Zinsen[4]) entspricht. Bei dem Verlauf der Faktornachfragefunktion N_1 (bei dem Preisniveau P_1) ist das gerade bei dem Kapitalbestand K_1 der Fall.

Der monoton sinkende Verlauf der Faktornachfragefunktion resultiert aus einer neoklassischen Produktionsfunktion. *Steigende* Grenzerträge können bei Unteilbarkeiten auftreten, wenn der Verfahrensumfang zu klein gewählt wird. Da das Optimum jedoch im Bereich *sinkender* Grenzerträge liegt und steigende Grenzerträge insbesondere bei Veränderung des gesamten Faktoreinsatzes relevant werden, wollen wir die hierbei auftretenden Komplikationen erst im Zusammenhang mit dem Betriebsgrößenwachstum (in 7.2.2) diskutieren.

Übersicht III-48: Einzelbetriebliches Faktormarktgleichgewicht bei quasifixem Kapital

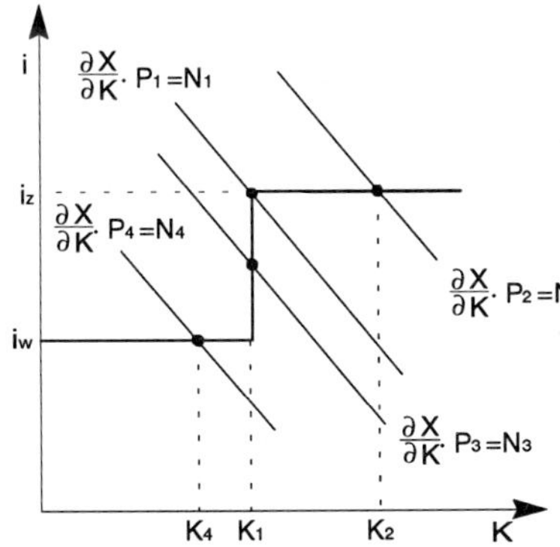

Verschiebt sich nun die Kapitalgüternachfragefunktion, etwa infolge steigender Produktpreise, nach oben (etwa nach N_2 aufgrund einer Preissteigerung auf P_2), so kann sich der Betrieb durch Neuinvestitionen problemlos anpassen. Verschiebt sich jedoch die Nachfragefunktion infolge sinkender Agrarpreise nach unten (etwa nach N_3), so werden die Kosten auf der Basis der Anschaffungswerte nicht mehr gedeckt. Der Betrieb wird aber erst dann desinvestieren, wenn das Wertgrenzprodukt unter die Ko-

4) Bei Fremdkapitalfinanzierung Zinsaufwendungen, bei Eigenkapitalfinanzierung Opportunitätskosten des Kapitals.

sten auf der Basis des Wiederverkaufswerts, i_w, sinkt (z.B. bei N_4). Im Bereich zwischen i_z und i_w ist der Kapitalbestand somit fixiert.

Das skizzierte Modell bietet einen Erklärungsansatz für verschiedene in der Landwirtschaft anzutreffende Erscheinungen:

(1) Bei rückläufigen Agrarpreisen und enttäuschten Preiserwartungen ist in vielen Betrieben und auch im Durchschnitt des Agrarsektors mit einer vergleichsweise niedrigeren Kapitalrendite zu rechnen.

(2) Das Agrargüterangebot kann in bestimmten Situationen auf steigende Preise stärker als auf sinkende Preise reagieren (irreversible Angebotsreaktion, vgl. dazu BURTON 1988). Dies läßt sich an Hand von Übersicht III-48 wie folgt begründen: Ausgehend von der Ausgangslage N_1 wird der Betrieb bei einem Preisanstieg auf P_2 den Kapitalbestand auf K_2 ausdehnen und in Verbindung damit die Produktion erhöhen; bei einem Rückgang des Preises auf P_1 wird der Betrieb jedoch nicht desinvestieren, so daß die Angebotsreaktion schwächer ausfällt.

(3) In vielen Betrieben läßt sich beobachten, daß Neuinvestitionen vorgenommen werden, obwohl die Kapazitäten der bestehenden alten Kapitalgüter (z.B. Maschinen) noch ausreichen. Dieser Tatbestand läßt sich erklären, wenn man sich in Übersicht III-48 vorstellt, daß die alte Maschine eine Wertgrenzproduktivität entsprechend der Funktion N_3 und eine neue, qualitativ bessere Maschine eine Wertgrenzproduktivität entsprechend N_2 erzielt. Unter diesen Bedingungen wird der Betrieb investieren, auch wenn die existierende Maschine (ganz oder teilweise) ungenutzt bleibt.

Das Modell quasifixer Faktoren ist jedoch zur Erklärung anderer Aspekte des Investitionsverhaltens in der Landwirtschaft in verschiedener Hinsicht zu ergänzen:

Zunächst ist zu beachten, daß die Investitionen vorfinanziert werden müssen, da die erwarteten Erträge erst in zukünftigen Perioden erwirtschaftet werden. Bei nicht vollständig selbstfinanzierten Investitionen wird Fremdkapital beansprucht, wofür eine *Verschuldungsgrenze* in Gestalt eines absoluten Höchstbetrages oder progressiv steigender Zinsen zu beachten ist. Die einzelbetriebliche Angebotsfunktion kann daher bei einem sehr hohen Umfang des Kapitalgüterzukaufs (in Übersicht III-48 rechts von K_2) ein weiteres Mal senkrecht nach oben abknicken bzw. einen ansteigenden Verlauf annehmen. Wenn die Verschuldungsgrenze wirksam ist, kann eine erhöhte Liquidität des Haushalts (z.B. durch außerbetriebliche Einkommen) eine gesteigerte Investitionstätigkeit induzieren (*Liquiditätseffekt*). Die Existenz einer Finanzierungsrestriktion ist eine der wesentlichen Ursachen für die Interdependenz von Unternehmens- und Haushaltsentscheidungen im landwirtschaftlichen Betrieb (vgl. z.B. BRANDES, WOERMANN 1969, S. 145 ff).

Die Verschuldungsgrenze wird oft nicht wirksam, wenn der Haushalt aus Gründen der *Risikoaversion* eine "zu hohe" Verschuldung vermeidet.

Zusammen mit den *Erwartungen* über die durchschnittlichen Erträge der Kapitalanlage innerhalb der Landwirtschaft und außerhalb der Landwirtschaft (d.h. über die jeweiligen Wertgrenzprodukte) bestimmen die subjektiven Risikoeinschätzungen entscheidend das Anlageverhalten der Haushalte. Diese werden jedoch haushaltsspezifisch auf der Basis der jeweiligen Erfahrungen und (unvollkommenen) Informationen in sozialen Lernprozessen gebildet, die sich von Haushalt zu Haushalt stark unterscheiden können. Daher kann das tatsächliche Anlageverhalten eine erhebliche Varianz aufweisen und auch im Aggregat durchaus von dem abweichen, was man unter Berücksichtigung der objektiven Relationen von Erträgen und Risiken vermuten würde (vgl. die Abschnitte 8.2.3 und oben 3.5).

Einige Kapitalgüter haben darüber hinaus neben ihrer Eigenschaft als Investitionsgut auch *Charakteristika von Konsumgütern.* Als Beispiel kann der Schlepper genannt werden, bei dem das Prestigemotiv z.T. eine große Rolle für die Kaufentscheidung spielt (vgl. HENZE 1987, S. 136), aber auch das Wohnhaus der Familie, das in seiner Eigenschaft als "Standort der Unternehmensverwaltung" sicherlich als Produktionsfaktor anzusehen ist, obwohl es überwiegend der Konsumsphäre zugeordnet wird. Wenn Kapitalgüter *auch* Eigenschaften von Konsumgütern haben, bestimmen die Präferenzen des Haushalts das Investitionsverhalten *mit* und erhöhen somit i.d.R. die Streuung des einzelbetrieblichen Investitionsverhaltens.

Auch hinsichtlich der objektiven Einflußgrößen ist festzustellen, daß die Grenzproduktivitäten der Kapitalgüter zwischen den landwirtschaftlichen Betrieben sehr starke Unterschiede aufweisen können, etwa aufgrund unterschiedlicher natürlicher Bedingungen, Flächenausstattung, Arbeitsverhältnisse und Betriebsleiterfähigkeiten.

Aus den genannten Gründen bestehen daher in gleichen Zeiträumen nebeneinander Betriebe, die den Kapitalstock ausdehnen, und solche, die ihn gerade aufrecht erhalten bzw. durch die Unterlassung von Reinvestitionen im Zeitablauf allmählich abbauen, wie es den von uns oben in Abschnitt 3.5 unterschiedenen Typen von Wachstums-, Durchhalte- und Abstockungsbetrieben entspricht.

Bei **sektoraler Betrachtung** wird der obere Teil der Angebotsfunktion für landwirtschaftliche Kapitalgüter durch die Angebotsreaktion der Investitionsgüter herstellenden Unternehmen bestimmt. Wenn das Angebot von Investitionsgütern auch gegenüber dem gesamten Agrarsektor völlig preiselastisch und die Verschuldungsgrenze nicht wirksam ist, entspricht dieser Ast dem einzelbetrieblichen Verlauf der Übersicht III-48 (gemäß den Anschaffungskosten i_z), bei preisabhängigem Angebot steigt dieser Ast entsprechend an. Im unteren Bereich der Angebotsfunktion wird der Verlauf durch die Opportunitätskosten der Kapitalgüter in den einzelnen Betrieben bestimmt. Wenn diese in allen Betrieben genau gleich und auch für den Sektor völlig preiselastisch wären, so würde sich auch auf der sektoralen Ebene der in Übersicht III-48 dargestellte stufenförmige Verlauf ergeben. Bei den unterschiedlichen betrieblichen Verhältnissen und wegen der zu erwartenden Preisreagibilität auf den Märkten für gebrauchte landwirtschaftliche Kapitalgüter ist jedoch auf der sektoralen Ebene auch in diesem Bereich von einer mehr oder weniger kontinuierlich ansteigenden *Angebotsfunktion* für Kapitalgüter auszugehen. Die durch die Aggregation der einzelbetrieblichen Funktionen abzuleitende, sektorale *Nachfragefunktion* für Kapitalgüter hat ebenfalls einen "normalen" fallenden Verlauf, wenn wir davon ausgehen, daß die oben diskutierten subjektiven Einflüsse als betriebsindividuelle Shift-Faktoren interpretiert werden können. Durch den Schnittpunkt beider Funktionen werden die gleichgewichtigen Kapitalkosten und der Umfang des Kapitaleinsatzes auf der aggregierten sektoralen Ebene bestimmt:

Übersicht III-49: Sektorales Faktormarktgleichgewicht beim Faktor Kapital

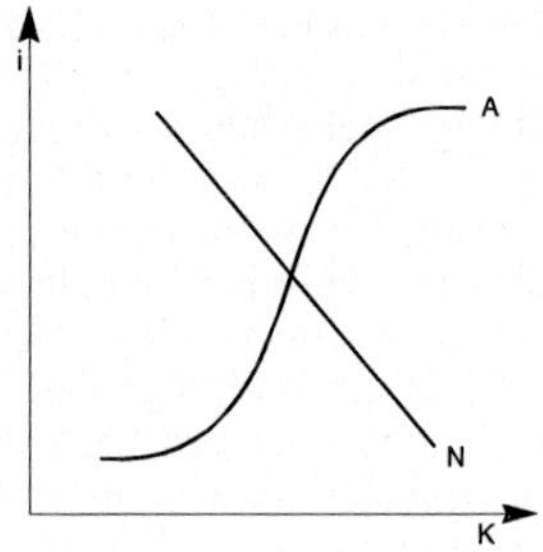

Hinter der in Übersicht III-49 gezeigten sektoralen Situation verbergen sich - wie oben erläutert - sehr unterschiedliche einzelbetriebliche Konstellationen. Die aggregierte sektorale Betrachtung bietet jedoch eine Grundlage für die Untersuchung der tendenziellen Auswirkungen veränderter Rahmenbedingungen auf Kapitaleinsatz und Kapitalverzinsung. Wir greifen daher im folgenden bei gesamtsektoralen Betrachtungen auf derartige aggregierte Kapitalgütermarktvorstellungen zurück, ergänzen diese dann jedoch meistens durch Überlegungen zu den Anpassungsreaktionen in den verschiedenen Betriebskategorien.

6.4. Landwirtschaftlicher Arbeitsmarkt

In Landwirtschaften mit vorherrschender Familienarbeitsverfassung ist die Arbeit der zentrale Produktionsfaktor. Die Berufsentscheidungen der landwirtschaftlichen Unternehmerfamilie stehen in engem Zusammenhang mit den Entscheidungen über die Weiterentwicklung, Umstellung oder Aufgabe landwirtschaftlicher Betriebe und bestimmen somit in starkem Maße die Dispositionen über die übrigen Produktionsfaktoren. Im Mittelpunkt der Überlegungen zum landwirtschaftlichen Arbeitsmarkt stehen daher die landwirtschaftlichen Betriebsinhaber und Familienarbeitskräfte in Haupt- oder Nebenbeschäftigung. Ergänzend dazu werden die Märkte für ständig und zeitweise beschäftigte Fremdarbeitskräfte betrachtet.

6.4.1. Angebot von Arbeitsleistungen

6.4.1.1. Neoklassische Theorie des landwirtschaftlichen Arbeitsangebots

In Abschnitt 3.2.5 hatten wir zur graphischen Illustration einer "inversen" Reaktion des landwirtschaftlichen Arbeitsangebots auf steigende landwirtschaftliche Einkommensmöglichkeiten ein spezielles Zielsystem der landwirtschaftlichen Familie unterstellt: Es wurde angenommen, daß der Haushalt strikt ein bestimmtes "befriedigendes" Einkommen anstrebt und ansonsten seine Freizeit maximiert.

In der Haushaltstheorie werden Ziele oder Präferenzen der Haushaltsmitglieder üblicherweise in einem Indifferenzkurvenschema dargestellt. In dem oben unterstellten Spezialfall würden die Indifferenzkurven zwischen Einkommen und Freizeit oberhalb des Mindesteinkommens senkrecht verlaufen, wenn man das Einkommen auf der Ordinate abträgt. Im folgenden Schaubild sind zwei Varianten von "normalen" Indifferenzkurven dargestellt, die weder waagerecht noch senkrecht verlaufen.

Übersicht III-50: Nutzenmaximierender Arbeitseinsatz in der Landwirtschaft bei Agrarpreisänderungen

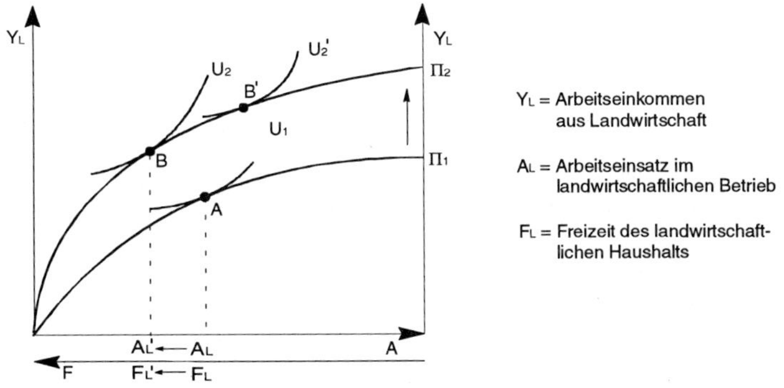

Der übliche konvexe Verlauf der Indifferenzkurven drückt aus, daß mit zunehmendem Arbeitseinsatz der Einkommenszuwachs je Arbeitseinheit steigen muß (aber nicht unendlich wird!), um den Nutzenverlust aus dem Freizeitverzicht zu kompensieren. Auf der Abzisse ist nach rechts die Arbeit und nach links die Freizeit abgetragen, die sich zur Gesamtzeit des Haushalts addieren.

Bei der **Nutzenmaximierung** müssen die Haushalte ihre Einkommensmöglichkeiten beachten, die durch die Kurve $\pi(A)$ abgebildet werden. Diese Kurve gibt das maximale landwirtschaftliche Einkommen in Abhängigkeit von der Höhe des Arbeitseinsatzes an. Man erhält sie, wenn man zu jedem Arbeitseinsatz den gewinnmaximalen Einsatz variabler Faktoren bestimmt und den resultierenden Gewinn errechnet, d.h.:

$$\text{(III-64)} \quad \pi(A) = \max_{F_v} \{P \cdot f(A, F_{fix}, F_v) - P_v \cdot F_v - C_{fix} + Y_{ex}\}$$

P = Produktpreis
f = Produktionsfunktion
F_{fix} = fixe Faktoren
F_v = variable Faktoren
P_v = Preis der variablen Faktoren
C_{fix} = Fixkosten
Y_{ex} = exogene Einkommenskomponenten

Der konkave Verlauf der Einkommensmöglichkeitenkurve beruht auf der (plausiblen) Annahme, die Summe der Produktionselastizitäten von A und F_V sei kleiner 1. Sie beginnt im Ursprung, wenn C_{fix}-Y_{ex} = 0 ist. Bewegungen auf der Einkommensmöglichkeitenkurve, d.h. Veränderungen des Arbeitseinsatzes, kommen durch Veränderung der Zahl der Beschäftigten und durch Variation ihrer täglichen Arbeitszeit zustande. Bei größeren Bewegungen werden größere Umstellungen der Betriebsorganisation notwendig, z.B. bei einer weitgehenden Reduktion des Arbeitseinsatzes, etwa durch Abschaffung der Milchviehhaltung, verstärkten Einsatz von Lohnunternehmern- oder Nachbarschaftshilfe, Verpachtung von ungünstig gelegenen Teilflächen. Wegen dieser "im Hintergrund" erforderlichen Umstellungen sind größere Bewegungen auf der Einkommensmöglichkeitenkurve nicht kurzfristig realisierbar (vgl. dazu unten Abschnitt 6.4.2).

Bei der Nutzenmaximierung wählt der Haushalt in Übersicht III-50 offensichtlich den Punkt, bei dem sich die Einkommensmöglichkeitenkurve π und eine Indifferenzkurve gerade tangieren.

Die Einkommensmöglichkeitenkurve verändert ihr Aussehen, wenn sich die bei ihrer Ableitung als gegeben angenommenen Größen verändern. Steigende Agrarpreise oder technischer Fortschritt bewirken z.B. eine Drehung der Kurve nach oben, so daß sich ein neuer Optimalpunkt ergibt. Ob dieser neue Optimalpunkt rechts (= B', "normale" Reaktion) oder links (= B, "inverse" Reaktion) vom alten Optimum liegt, hängt von den Präferenzen ab, die in den Indifferenzkurven U_2 bzw. U_2' zum Ausdruck kommen. Die fehlende Eindeutigkeit der Reaktion reflektiert die gegenläufige Wirkung des Substitutionseffekts, der wegen gestiegener Opportunitätskosten eine Tendenz zur Freizeiteinschränkung bewirkt und des Einkommenseffekts, der auf eine Ausdehnung der Freizeit drängt.

Die Möglichkeit einer inversen Reaktion des *Arbeits*angebots ist theoretisch also auch unter weniger speziellen Annahmen über die Beziehungen zwischen dem Einkommens- und dem Freizeitziel als in Abschnitt 3.2.5 herleitbar. Wegen der kompensierenden Wirkung der normalen Reaktion auf Preisänderungen bei den übrigen variablen Faktoren folgt daraus jedoch nicht zwingend eine inverse Reaktion des *Güter*angebots.

Die erläuterten Zusammenhänge zwischen der Höhe des Agrarpreisniveaus und des Arbeitseinsatzes des Haushalts finden ihre Entsprechung in dem Verlauf der Arbeitsangebotsfunktion eines Arbeitnehmerhaushalts bei Variation eines festen Lohnsatzes. Hier läßt sich argumentieren, daß bei niedrigem Einkommen sinkende Löhne zu einer Erhöhung des Arbeitsangebots und bei hohem Lebensstandard weiter steigende Löhne zu dem Wunsch nach mehr Freizeit und sinkendem Arbeitsangebot führen können, während in einem Bereich "mittlerer" Einkommen im allgemeinen "normal" verlaufende Arbeitsangebotsfunktionen vorliegen, d.h. mit steigendem Lohn auch der Arbeitseinsatz steigt (vgl. etwa HENRICHSMEYER, GANS, EVERS 1990, S. 161f).

Erwerbskombination

Existieren für den landwirtschaftlichen Haushalt außerlandwirtschaftliche Erwerbsmöglichkeiten, so erweitert sich hierdurch der Einkommensmöglichkeitsbereich (Übersicht III-51). Bei einem Anstellungsverhältnis mit *festem Stundenlohn*, wie es bei Arbeitnehmern im allgemeinen der Fall ist, läßt sich die Arbeitseinkommensfunktion (Einkommen in Abhängigkeit vom Arbeitseinsatz) durch eine vom Ursprung des Koordinatenkreuzes ausgehende Gerade beschreiben, deren Steigerung durch die Höhe des Lohnsatzes bestimmt wird ($l = \tan \alpha$). Der optimale Arbeitseinsatz ist dann in dem Punkt gegeben, in dem die Einkommensgerade eine der Indifferenzkurven tangiert (in Übersicht III-51 Punkt B auf der Indifferenzkurve U_1 mit dem zugehörigen Arbeitseinsatz A_2).

Dieses Nutzenniveau kann auch bei landwirtschaftlicher Tätigkeit erreicht werden. Im Punkt C ist aber das Grenzeinkommen des landwirtschaftlichen Arbeitseinsatzes (= Schattenlohnsatz = Steigung der Einkommensmöglichkeitskurve) niedriger als der außerlandwirtschaftlich erzielbare Lohnsatz. Aus diesen Zusammenhängen erklärt sich die **Vorteilhaftigkeit** einer kombinierten Erwerbstätigkeit: In Betrieben mit vergleichsweise geringer Flächen- und Kapitalausstattung wird das Gesetz des abnehmenden Grenzertrages schon bald und kräftig wirksam, so daß die abnehmenden Grenzverwertung der Arbeit von einer bestimmten Schwelle an dazu führt, daß die restliche Arbeitszeit zu dem gegebenen Lohnsatz außerlandwirtschaftlich besser verwertet wird. Eine völlige Aufgabe der landwirtschaftlichen Tätigkeit ist dagegen in vielen Fällen nicht vorteilhaft, da die Grenzerträge der Arbeit in der Landwirtschaft zunächst sehr hoch sein können. Der optimale landwirtschaftliche

Arbeitseinsatz ist bei kombinierter Einkommenserzielung dann erreicht, wenn der Grenzertrag der landwirtschaftlichen Tätigkeit genau dem außerlandwirtschaftlichen Lohnsatz entspricht. Dieses ist in Übersicht III-51 im Punkt D mit einem landwirtschaftlichen Arbeitseinsatz von A_3 der Fall. Zusätzlich wird der Betrieb bei den angenommenen Funktionsverläufen eine außerlandwirtschaftliche Tätigkeit im Umfang A_4-A_3 aufnehmen und auf diese Weise den Optimalpunkt E auf dem höheren Nutzenniveau U_2 erreichen. Es zeigt sich somit, daß in der dargestellten, für Zu- und Nebenerwerbsbetriebe typischen Situation die Erwerbskombination sowohl einer ausschließlich landwirtschaftlichen als auch einer ausschließlich außerlandwirtschaftlichen Beschäftigung überlegen ist.

Übersicht III-51: Optimale Kombination von landwirtschaftlicher und außerlandwirtschaftlicher Tätigkeit bei gegebenem Lohnsatz

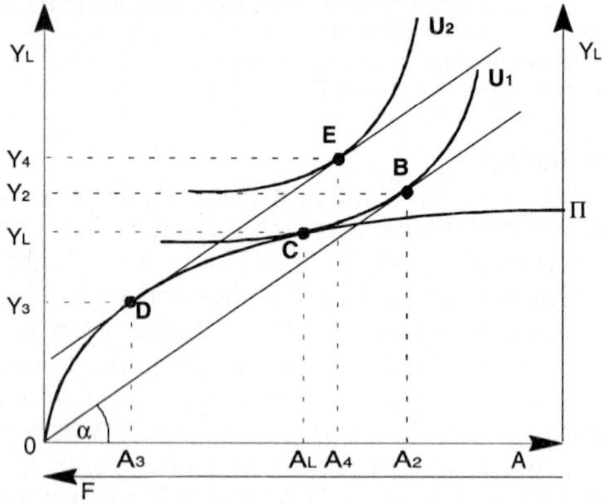

Wegen der veränderten Optimalbedingungen (Grenzertrag in der Landwirtschaft = außerlandwirtschaftlicher Lohnsatz) können die Präferenzen nun **keine inverse Reaktion** mehr begründen, weil bei funktionierendem Arbeitsmarkt der (exogene) Lohnsatz die Orientierung für die Bemessung des optimalen Arbeitseinsatzes in der Landwirtschaft liefert. Die Präferenzen des Haushalts bestimmen lediglich, in welchem Umfang daneben auf dem Arbeitsmarkt weitere Arbeit angeboten wird, oder umgekehrt bei "Zukauf von Arbeit", in welchem Umfang dieser optimale landwirtschaftliche Arbeitseinsatz von Fremdarbeitskräften geleistet wird: Durch den Preisanstieg steigt der optimale landwirtschaftliche Arbeitseinsatz offensichtlich unabhängig von Lage und Krümmung der Indifferenzkurve von A_{L1} auf A_{L2}. Bedingt durch den Einkommenseffekt (ein Substitutionseffekt fehlt bei konstantem Lohnsatz) fragt der Haushalt mehr Freizeit nach, so daß die außerlandwirtschaftliche Arbeit zugunsten der landwirtschaftlichen Arbeit und zugunsten der Freizeit reduziert wird, von A_{G1}-A_{L1} auf A_{G2}-A_{L2}. Die Präferenzen entscheiden lediglich, wie groß diese Reduktion ist.

Übersicht III-52: Optimaler Arbeitseinsatz bei Agrarpreisänderung und vollkommenem Arbeitsmarkt

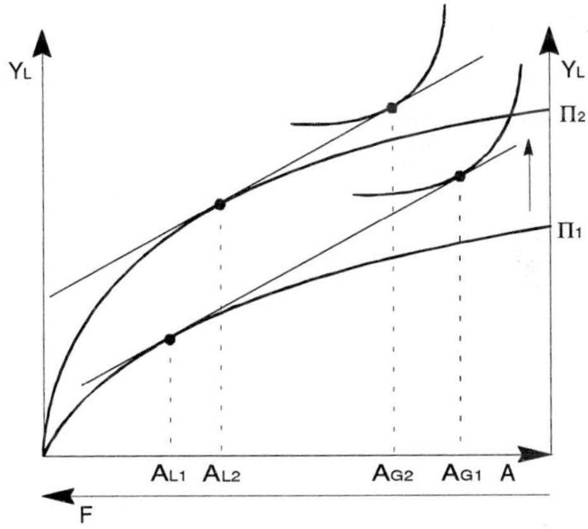

Dieses eindeutige Ergebnis auf der Basis eines Modells mit vollkommenem Arbeitsmarkt ist nicht ohne weiteres auf die Realität zu übertragen, da hier kaum unterstellt werden kann, Landwirtehaushalte könnten in beliebigen Umfängen homogene Arbeit auf dem Arbeitsmarkt zu einem festen Lohnsatz anbieten oder nachfragen und seien völlig unbeeinflußt von spezifischen Präferenzen für landwirtschaftliche Arbeit. Auf dem relevanten regionalen Arbeitsmarkt sind häufig Teilzeitarbeitsplätze nicht im nötigen Umfang oder nur mit ungünstigen Arbeitszeiten verfügbar. Allerdings läßt sich eine Erwerbskombination wie in Übersicht III-52 auch dadurch erreichen, daß z.B. ein Haushaltsmitglied vollständig innerhalb der Landwirtschaft und ein weiteres vollständig außerhalb tätig ist. Neben diesen institutionellen Hindernissen bestehen weitere **Mobilitätshemmnisse** (vgl. 6.4.1.2), die eine Anpassung an ein sich verschiebendes Optimum erschweren. Die Situation mit vollkommenem Arbeitsmarkt stellt daher einen Extremfall dar, der eher für die lange Frist relevant ist. Die zuerst diskutierte Situation ohne Zugang zum Arbeitsmarkt (Übersicht III-50) ist dagegen der entgegengesetzte Extremfall, der kurzfristige Entscheidungen in manchen Haushalten charakterisieren könnte.

Im Sektor kommt die Reaktion des Arbeitsangebots durch die gleichzeitigen Anpassungen in den einzelnen Landwirtehaushalten zustande, die sich hinsichtlich der Mobilitätsbedingungen unterscheiden.

Die Landwirtehaushalte sind durchaus nicht homogen und auch innerhalb der Haushalte ist zwischen den Arbeitskräften zu differenzieren. Da die Opportunitätskosten und das landwirtschaftliche Grenzprodukt eng mit dem Alter zusammenhängen, liegt es nahe, u.a. auch eine demographische Differenzierung vorzunehmen. Im folgenden Abschnitt soll eine differenziertere Darstellung der Arbeitsangebotsentscheidungen erfolgen, wobei auch verschiedenen Formen von Mobilitätshemmnissen detaillierter betrachtet werden.

6.4.1.2. Operationalisierung des landwirtschaftlichen Arbeitsangebotsmodells

Bei der Erklärung des Angebots von Arbeitsleistungen in der Landwirtschaft sind prinzipiell zwei Komponenten zu betrachten:
- einmal die Entwicklung der Zahl der landwirtschaftlichen Beschäftigten
- und zum anderen die Arbeitsleistungen je Beschäftigten in landwirtschaftlicher Tätigkeit.

Durch beide Komponenten wird die Elastizität des Arbeitsangebots und die Verschiebung der Arbeitsangebotsfunktion im Zeitablauf bestimmt. Da die Bedeutung der Zahl der Beschäftigten jedoch bei längerfristiger Betrachtung dominieren dürfte und weil die Datengrundlage hier vergleichsweise besser ist, konzentrieren sich empirische Untersuchungen (z.B. VON BRAUN 1979) oft auf die erste Komponente.

Die Veränderung der Zahl der landwirtschaftlichen Beschäftigten ergibt sich als Resultierende der folgenden, eng mit dem Alter verknüpften Mobilitätskomponenten:

(1) **Berufseintritt**, insbesondere von Hofnachfolgern
(2) **Berufswechsel** in andere Wirtschaftsbereiche
(3) **Ausscheiden** aus der Erwerbstätigkeit infolge Alter, Invalidität oder Tod.

(1) Die Entscheidungen über die **Berufswahl** sind komplexer Natur. Persönliche Neigungen und Fähigkeiten sowie das Sozialprestige eines Berufs spielen ebenso eine Rolle wie die Chancen, einen gesicherten Arbeitsplatz zu finden. Bei ökonomischen Erklärungsansätzen wird im allgemeinen davon ausgegangen, daß die künftigen Einkommenserwartungen bei den Berufsentscheidungen einen hohen Stellenwert haben.

Auch bei den landwirtschaftlichen Hofnachfolgern und den mithelfenden Familienangehörigen sind - trotz des Einflusses vieler anderer Faktoren - die Einkommenserwartungen im Vergleich zu anderen realisierbaren beruflichen Alternativen von erheblicher Bedeutung, ebenso wie die Frage der Arbeitsplatzsicherheit: Die Rate des Berufszugangs (Berufszugänger bezogen auf die Gesamtzahl der Beschäftigten) steigt bei vergleichsweise günstiger Entwicklung der Agrareinkommen bzw. ungünstigen Berufsaussichten in anderen Sektoren und vice versa, d.h. die

Zahl der Berufszugänger reagiert ziemlich elastisch auf deutlich veränderte Zukunftserwartungen.

Neben den Einkommensunterschieden sind jedoch auch subjektive Faktoren wirksam. Hier ist nochmals auf die Subjektivität der Erwartungen und Risikoeinschätzungen hinzuweisen (vgl. 3.5, 6.4) und auf Präferenzen für selbständige Arbeit im Kontakt mit Natur und Familie (vgl. HEIDHUES 1972, S. 50 ff). Auch spielt manchmal ein gewisser "sozialer Zwang" zur Fortführung eines ererbten Betriebes eine Rolle, aber grundsätzlich ist die Entscheidungssituation landwirtschaftlicher Hofnachfolger in Bezug auf Ausbildung und Beruf nicht anders zu beurteilen als die anderer Jugendlicher in ländlichen Räumen. Man könnte sogar umgekehrt argumentieren, daß der Vermögenswert des ererbten Betriebes eine gewisse Absicherung bei dem Start in einen anderen Beruf bieten kann.

Die subjektiven Faktoren sind im oben skizzierten neoklassischen Arbeitsangebotsmodell (Übersicht III-51) nicht explizit erfaßt, doch ist eine Berücksichtigung mit subjektiven (durch persönliche Erwartungen, Präferenzen begründete) Zu- oder Abschlägen von den Opportunitätskosten (tan α) denkbar.

Da außerlandwirtschaftliche Tätigkeit i.d.R. nur in bestimmten Umfängen (Vollzeit-, Halbtagsanstellung) möglich ist, müßte die außerlandwirtschaftliche Tätigkeit (in Übersicht III-51: A_4-A_3) im Modell ebenfalls auf bestimmte Umfänge begrenzt werden (vgl. NAKAJIMA 1986, S. 110 ff). Nach diesen Modifikationen entspricht die Entscheidungssituation der Hofnachfolger recht gut dem neoklassischen Arbeitsangebotsmodell.

(2) Der **Berufswechsel** von der Landwirtschaft in andere Bereiche wird vor allem durch die alternativen Beschäftigungsmöglichkeiten (Einkommen, Sicherheit des Arbeitsplatzes), die Bereitschaft zum Berufs- und z.T. auch Wohnortwechsel (Präferenzen) und die Möglichkeiten des Berufspendelns bestimmt. Er kann teilweise (Zu- und Nebenerwerb) oder auch vollständig in Verbindung mit einer Aufgabe des Betriebes erfolgen. Beide Formen des Berufswechsels werden dadurch erschwert, daß die landwirtschaftliche Berufsausbildung und die in der Berufspraxis erworbenen Fähigkeiten ("Humankapital") in anderen Berufen meist nur von begrenztem Nutzen sind. Das gilt umso mehr, je älter die Berufswechsler sind und je geringer der Ausbildungsstand ist. Als Vorzüge ausscheidender landwirtschaftlicher Arbeitskräfte werden jedoch vielfach Zuverlässigkeit und Selbständigkeit angesehen. Aus diesen Gründen haben insbesondere jüngere landwirtschaftlich Beschäftigte innerhalb der in Frage kommenden Qualifikationskategorien vielfach recht gute Chancen auf dem Arbeitsmarkt.

Der Einfluß des Faktors "Zeit" auf die Entscheidungssituation landwirtschaftlicher Berufswechsler läßt sich genauer anhand des *Modells quasifixer* **Produktionsfaktoren** kennzeichnen. In Übersicht III-53 bezeichnet

l_0 den außerlandwirtschaftlichen Lohn, den ein landwirtschaftlicher Beschäftigter (z.B. Hofnachfolger) mit bestimmter Ausbildung und Qualifikation bei frühzeitiger Ausrichtung auf eine außerlandwirtschaftliche Tätigkeit erzielen kann. Dieser Lohnsatz stellt somit die Opportunitätskosten zum Zeitpunkt der Berufsentscheidung dar. Soweit sich der Hofnachfolger an Einkommenszielen orientiert, wird er sich für einen Einstieg in die Landwirtschaft entscheiden, wenn er ein Wertgrenzprodukt der Arbeit von mindestens l_0 erwartet, was bei der Arbeitsnachfragefunktion von N_1 gegeben ist. Erfüllen sich diese Einkommenserwartungen nicht (d.h. verschiebt sich die Nachfragefunktion nach unten), so werden seine Entscheidungsmöglichkeiten maßgeblich durch die bestehenden Beschäftigungsalternativen (die Höhe der Opportunitätskosten) bestimmt. Der ursprüngliche Vergleichslohn l_0 wird sich im allgemeinen nicht mehr erzielen lassen, da durch die Ausbildung für den landwirtschaftlichen Beruf und mit zunehmendem Lebensalter die Chancen für den Einstieg in andere i.d.R. abnehmen; auch können sich die allgemeinen Arbeitsmarktbedingungen verschlechtert haben.

Übersicht III-53: Berufswechselmobilität und Arbeitsentlohnung bei alternativen Opportunitätskosten der Arbeit

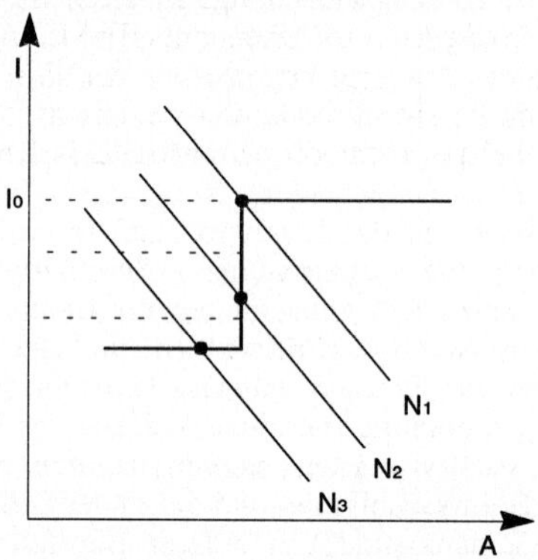

Die zu dem Zeitpunkt der Berufswechselentscheidung tatsächlich bestehenden Opportunitätskosten hängen vor allem ab von:

- der *beruflichen Qualifikation* des potentiellen Berufswechslers (Ausbildung, Alter, Berufserfahrung, Weiterbildung u.a.)
- der *Verfügbarkeit außerlandwirtschaftlicher Arbeitsplätze*, insbesondere in der jeweiligen Region, bei Wohnortwechsel auch allgemein,
- der bei der Realisierung von Beschäftigungsalternativen *anfallenden Kosten* (für Berufspendeln, Wohnortwechsel, Umschulung u.a.).

In Abhängigkeit von diesen Faktoren kann die Höhe der Opportunitätskosten sehr unterschiedlich sein. Sie nehmen im allgemeinen ab: im Lebenszyklus mit zunehmendem Alter, in regionaler Hinsicht mit der Entfernung von zentralen Schwerpunktorten und im gesamtwirtschaftlichen Wachstum in Phasen der Stagnation und allgemeiner Beschäftigungsprobleme. Man kann sich anhand der Übersicht III-53 nun leicht klarmachen, daß mit zunehmendem Agrarpreisdruck (Verschiebung der Arbeitsnachfragefunktion nach unten) zunächst Beschäftigte mit hohen Opportunitätskosten und bei stärkerem Preisdruck auch solche mit niedrigeren Opportunitätskosten den Beruf wechseln werden. In Phasen hoher Arbeitslosigkeit sind die Opportunitätskosten auch qualifizierter potentieller Berufswechsler niedrig, so daß in solchen Zeiten der Berufswechsel nahezu zum Erliegen kommt.

Das neoklassische Arbeitsangebotsmodell ist also für eine Übertragung auf Berufswechselentscheidungen erheblich zu modifizieren. Die Opportunitätskosten können gravierend vom außerlandwirtschaftlichen Durchschnitt abweichen und hängen darüber hinaus, ebenso wie das landwirtschaftliche Wertgrenzprodukt, dynamisch von den vergangenen "Humankapitalinvestitionen" ab.

(3) Die Rate des **altersbedingten Ausscheidens** wird weitgehend durch die Altersstruktur des Arbeitskräftebestandes bestimmt. Für die Landwirtschaft als relativ schrumpfendem Wirtschaftsbereich ist eine "schiefe" Alterspyramide zugunsten der älteren Jahrgänge charakteristisch, da die Zahl der Berufseintritte im Zeitablauf zurückgeht und zudem der Berufswechsel überwiegend in der ersten Häfte des Berufslebens erfolgt. Daher ist die Rate des altersbedingten Ausscheidens höher als in der Gesamtwirtschaft. Die Abnahmeraten haben Größenordnungen von etwa 3 Prozent, so daß sich ein großer Teil der Verminderung des Arbeitskräftebestandes im Zuge des Generationswechsels vollziehen kann. Das Ausscheiden von Arbeitskräften durch Invalidität und Tod hat demgegenüber nur eine geringe Bedeutung.

Wir können somit feststellen, daß die Rate des altersbedingten Ausscheidens bei gegebener Alterstruktur abgesehen von kurzfristigen Schwankungen und speziellen Maßnahmen ("Vorruhestand") überwiegend *exogen* determiniert ist. Die Alterstruktur selbst ist jedoch das Ergebnis weitgehend ökonomisch gesteuerter Prozesse des Berufseintritts und -wechsels. Die Rate des autonomen Ausscheidens ist dabei tendenziell umso größer, je rascher sich der Schrumpfungsprozeß vollzieht.

Die bisherigen Überlegungen bezogen sich vor allem auf landwirtschaftliche Familienarbeitskräfte. In modifizierter Form gelten einige der beschriebenen Eigenschaften auch für *Fremdarbeitskräfte*, z.B. die stark spezialisierte Ausbildung von Facharbeitskräften. Im allgemeinen ist jedoch bei Fremdarbeitskräften von einem recht elastischen Arbeitsangebot zu den herrschenden Lohnsätzen für die verschiedenen Arbeitskategorien auszugehen. Da der Anteil der Fremdarbeitskräfte in den meisten Ländern, so auch in der Bundesrepublik Deutschland, mittlerweile stark zurückgegangen ist (Kap. II, 2.2.3), haben Veränderungen der Beschäftigung von Fremdarbeitskräften nur noch einen begrenzten Einfluß auf die Elastizität des Arbeitsangebots insgesamt.

Größenordnungen der verschiedenen *Komponenten der Arbeitsmobilität* in entwickelten Industrieländern kann man sich anhand einer "stilisierten" Beispielsrechnung verdeutlichen, die etwa den Verhältnissen in der Bundesrepublik Deutschland bis Mitte der 70er Jahre (zügiges Wachstum, Vollbeschäftigung) und im letzten Jahrzehnt (hohe Arbeitslosigkeit) entspricht (Übersicht III-54).

Übersicht III-54: Komponenten der Arbeitskräfteentwicklung in der Landwirtschaft in unterschiedlichen Phasen gesamtwirtschaftlicher Entwicklung (jährliche Veränderungsraten in %)

	Zügiges gesamtwirtschaftliches Wachstum	Gesamtwirtschaftliche Beschäftigungsprobleme
Rate des Berufseintritts	+1,0	+1,5
Rate des Berufswechsels	-2,5	-0,5
Rate des altersbedingten Ausscheidens	-3,0	-3,0
Änderungsrate der Arbeitskräfte insgesamt	-4,5	-2,0

In Phasen *zügigen wirtschaftlichen Wachstums* wird die Verminderung des Arbeitskräftebestandes etwa zu gleichen Teilen durch altersbedingtes Ausscheiden und Berufswechsel bestimmt. Eine noch stärkere Verminderung des Arbeitskräftebestandes könnte im wesentlichen nur durch eine Erhöhung des Berufswechsels geschehen, da eine weitere Abnahme des Berufseintritts größenordnungsmäßig nur relativ geringe Folgen haben kann. In Perioden *gesamtwirtschaftlicher Beschäftigungsprobleme* geht die Berufswechselmobilität stark zurück, während die Zahl der Berufsanfänger zunimmt. Die gewählten Beispiele verdeutlichen die Größenordnungen des Zusammenspiels autonomer und variabler Größen bei der tatsächlichen Entwicklung des landwirtschaftlichen Arbeitskräftebestandes (Kap. II, 2.2.3).

6.4.1.3. Sektorale Arbeitsangebotsfunktion

In der sektoralen Arbeitsangebotsfunktion kommen die in den Einzelhaushalten je nach den vorliegenden Mobilitätsbedingungen getroffenen Arbeitsangebotsentscheidungen aggregiert zum Ausdruck. Bei kürzerfristiger Betrachtung wird die intersektorale Mobilität der Arbeitskräfte gering sein, und die Reaktion des Arbeitsangebots wird stärker von der Veränderung der Arbeitszeit auf Kosten der Freizeit bestimmt, die, wie wir gesehen haben, bei einem Teil der Betriebe auch invers verlaufen kann. Da jedoch eine inverse Reaktion kaum in allen Betrieben vorliegen wird und die in einigen Betrieben auch kurzfristig realisierbare Mobilität der Arbeitskräfte tendenziell eine normale Reaktion hervorruft, wird die Steigung der kurzfristigen Arbeitsangebotsfunktion vermutlich positiv, aber recht unelastisch sein. Bei längerfristiger Betrachtung wird das Arbeitsangebot jedoch vor allem durch die Reaktion der Berufswechselmobilität und der Berufseintritte, d.h. durch Veränderung der Zahl der Beschäftigten bestimmt. Diese Reaktion wird gemäß den obigen Ausführungen stets normal sein, d.h. sinkende landwirtschaftliche Schattenlöhne verursachen eine erhöhte Abwanderung bzw. verminderte Berufseintritte (Übersicht III-55).

Übersicht III-55: Verlauf der längerfristigen sektoralen Arbeitsangebotsfunktion

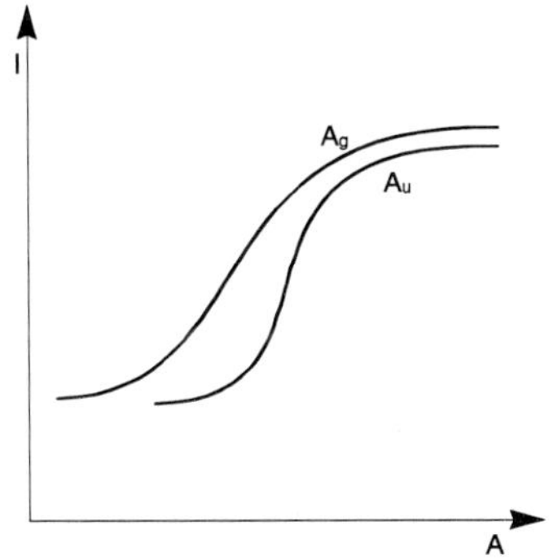

Der eingezeichnete s-förmige Verlauf beruht weniger auf eindeutigen empirischen Untersuchungsergebnissen als auf den folgenden Plausibilitätsüberlegungen: Wenn die landwirtschaftliche Arbeitsentlohnung (im Vergleich zu anderen Wirtschaftsbereichen) bestimmte Schwellen überschreitet, werden die meisten potentiellen Hofnachfolger in der Landwirtschaft verbleiben und unter Umständen sogar Arbeitskräfte aus anderen Sektoren angezogen. Auf der anderen Seite wird bei sehr starkem Einkommensdruck die Abwanderung von Arbeitskräften aus der Landwirtschaft sehr hohe Raten annehmen ("Offene Landflucht"). Demgegenüber dürfte die Arbeitsangebotsfunktion in einem "mittleren Bereich" einen vergleichsweise unelastischen Verlauf aufweisen. Die Elastizität des Arbeitsangebots hängt dabei entscheidend von den außerlandwirtschaftlichen Erwerbsmöglichkeiten ab: Bei hoher allgemeiner Arbeitslosigkeit ist sie für weite Bereiche der Lohnsatzänderung gering (Kurve A_U), unter günstigen gesamtwirtschaftlichen Rahmenbedingungen wesentlich größer (Kurve A_G). Die Arbeitsangebotsfunktion *verschiebt* sich im Zeitablauf fortlaufend nach links, vor allem aufgrund des altersbedingten Ausscheidens von Erwerbstätigen. In die gleiche Richtung wirkt eine Erhöhung des allgemeinen Lohnniveaus.

6.4.2. Nachfrage nach Arbeitsleistungen

Die landwirtschaftliche Arbeitsnachfrage leitet sich aus dem landwirtschaftlichen Wertgrenzprodukt bzw. im Rahmen des oben skizzierten Modells des landwirtschaftlichen Haushalts aus der Steigung der Einkommensmöglichkeitenkurve ab.

Kurzfristig ist ein sehr steiler Verlauf der Wertgrenzproduktkurve bzw. eine starke Krümmung der Einkommensmöglichkeitskurve erwartbar, denn der Arbeitsbedarf in einer hochmechanisierten Landwirtschaft ist weitgehend durch die in den Betrieben realisierten Arbeitsverfahren festgelegt. Deren Intensität kann im allgemeinen kurzfristig nur wenig variiert werden und die Anwendung neuer Verfahren ist in der Regel an Neuinvestitionen gebunden. Veränderungen des Arbeitsbedarfs ergeben sich dann nur in Verbindung mit Produktionsumstellungen.

Auf mittlere und längere Sicht eröffnen sich den Betrieben jedoch durch die Einführung neuer, meistens arbeitssparenderer Arbeitsverfahren und Produktionsmethoden (z.B. extensivere Formen der Rindviehhaltung) erhebliche Anpassungsspielräume an sich ändernde Rahmenbedingungen.

Wesentliche Bestimmungsfaktoren für die längerfristige Entwicklung (Verschiebung) der Arbeitsnachfrage sind das Agrarpreisniveau, die sich im Zeitablauf fortlaufend ausweitende Lohn-Zins-Relation und der technische Fortschritt. Sinkende Agrarpreise verschieben die Arbeitsnachfrage nach links, sinkende relative Kapitalkosten drängen auf einen Anstieg der Kapitalintensität hin (vgl. 7.2.1) und bewirken so eine Steigerung der Arbeitsproduktivität und eine tendenzielle Rechtsverschiebung der Arbeitsnachfragekurve. In die gleiche Richtung wirkt prinzipiell der technische Fortschritt, doch ist bei arbeitssparendem technischen Fortschritt nach HICKS (vgl. 2.4.6) die Produktivitätssteigerung für den Faktor Arbeit nur unterdurchschnittlich und die fortschrittsbedingte Rechtsverschiebung hier weniger stark als bei anderen Faktoren.

Zusammenfassend ist festzustellen, daß der Arbeitsbedarf der landwirtschaftlichen Betriebe bei hohem Mechanisierungsgrad kurzfristig recht unelastisch ist. Dagegen bestehen längerfristig im Zuge des betrieblichen Strukturwandels weite Spielräume für Veränderungen der Arbeitsintensitäten, die unten in Abschnitt 7.2 näher betrachtet werden.

6.4.3. Zusammenspiel von Arbeitsangebot und Arbeitsnachfrage

Durch das Zusammenspiel der beschriebenen Einflußfaktoren auf der Angebots- und Nachfrageseite werden Arbeitseinsatz und -entlohnung der verschiedenen Kategorien landwirtschaftlicher Arbeitskräfte bestimmt. Von entscheidender Bedeutung sind dabei die jeweils bestehenden Mobilitätsverhältnisse, d.h. die Anpassungsmöglichkeiten des landwirtschaftlichen Arbeitsangebots an veränderte Rahmenbedingungen.

Zur Analyse der in Kap. II dargestellten sektoralen Entwicklungstendenzen in Bezug auf den Arbeitsmarkt greifen wir auf die Aussagen zum Verlauf der Angebots- und Nachfragefunktionen auf dem landwirtschaftlichen Arbeitsmarkt zurück, die in Übersicht III-56 zusammengefaßt sind.

Übersicht III-56: Grundkonstellationen auf dem sektoralen Arbeitsmarkt (mittelfristige Betrachtung)

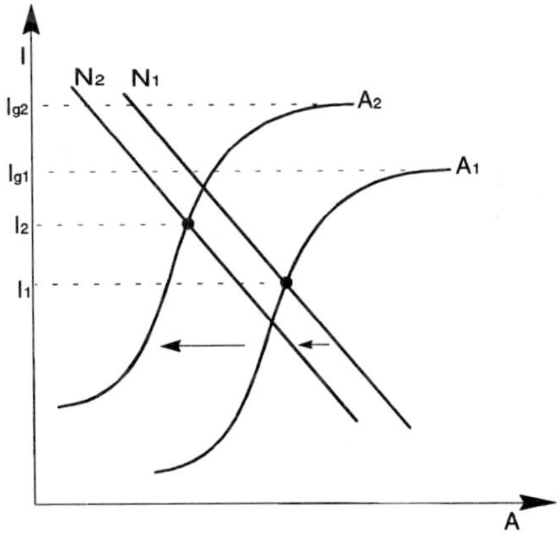

Die Arbeitsangebotsfunktion verschiebt sich im Zeitablauf fortlaufend nach links, vor allem aufgrund altersbedingten Ausscheidens von landwirtschaftlichen Beschäftigten und des steigenden allgemeinen Lohnniveaus. Richtung und Ausmaß der Verschiebung der Arbeitsnachfragefunktion hängen von dem Ausmaß der Steigerung der Grenzproduktivität der Arbeit im Verhältnis zur Senkung des realen Agrarpreisniveaus ab. In Übersicht III-56 wird angenommen, daß sich die Arbeitsnachfragefunktion bei stark sinkenden Agrarpreisen nach links verschiebt, daß sich jedoch aufgrund einer noch stärkeren Verschiebung der Arbeitsangebotsfunktion die landwirtschaftliche Arbeitsentlohnung im Zeitablauf leicht erhöht. Dabei wird das allgemeine Lohnniveau (l_{g1}, l_{g2}) jedoch nicht erreicht, so daß eine "Einkommensdisparität" verbleibt.

Das Partialmodell des landwirtschaftlichen Arbeitsmarktes vernachlässigt die Interdependenzen zu den Produktmärkten (dazu Abschnitt 7) und bestimmte intersektorale Zusammenhänge wie die Beeinflussung des außerlandwirtschaftlichen Lohnsatzes durch die landwirtschaftliche Abwanderung. Derartige Zusammenhänge werden in Modellen mit "großem Agrarsektor" (vgl. Abschnitt 8) abgebildet, können jedoch in vielen (Industrie-) Ländern bei vereinfachender Betrachtung oft vernachlässigt werden.

Arbeitseinsatz und -entlohnung in verschiedenen Typen landwirtschaftlicher Betriebe
Hinter den beschriebenen sektoralen Tendenzen stehen unterschiedliche Anpassungsreaktionen in den einzelnen landwirtschaftlichen Betrieben.

Übersicht III-57: Arbeitsmarkt und -entlohnung in verschiedenen Betriebstypen

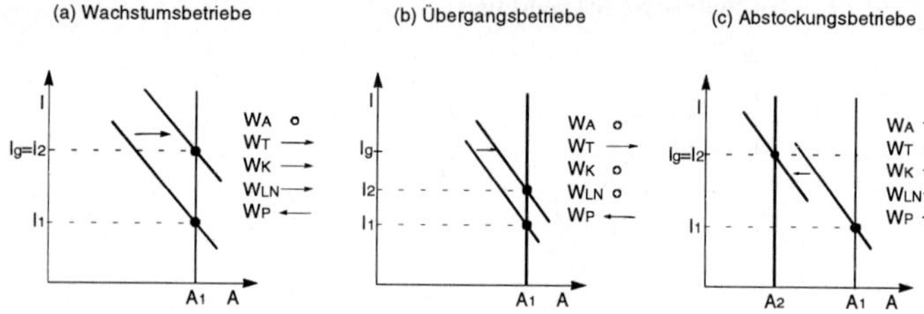

In Wachstumsbetrieben gehen die Planungen dahin, durch Realisierung technischen Fortschritts und Ausbau des Betriebes das Familieneinkommen im Zeitablauf so zu steigern, daß die vollbeschäftigten Familenarbeitskräfte an der allgemeinen Einkommensentwicklung teilnehmen können. In Übersicht III-57 bedeutet dieses, daß sich die betriebliche Arbeitsnachfragefunktion im Zeitablauf so stark nach rechts verschieben muß, daß die betriebliche Faktorentlohnung von l_1 auf das außerlandwirtschaftlich erzielbare Arbeitseinkommen l_g ansteigen kann. Ansonsten sind Verschlechterungen der relativen Einkommensposition hinzunehmen.

In *Übergangsbetrieben* reicht die Steigerung der betrieblichen Einkommenskapazität in der Regel (abgesehen von Phasen sehr starker Agrarpreisstützung) nicht aus, um das Arbeitseinkommen entsprechend der allgemeinen Einkommensentwicklung erhöhen zu können (l_2 liegt unter l_g); vielfach erfolgt daher ein Verzehr von Vermögenssubstanz.

In *Abstockungsbetrieben* hängt die Entwicklung entscheidend davon ab, in welchem Maße sich Beschäftigungsalternativen realisieren lassen. In Übersicht III-57 ist angenommen, daß die Reallokation des Arbeitseinsatzes hinreicht, um für den (verminderten) landwirtschaftlichen Arbeitseinsatz eine Entlohnung zu erzielen, die der Entwicklung des allgemeinen Lohnniveaus entspricht.

6.5. Landwirtschaftlicher Bodenmarkt

Die landwirtschaftliche Nutzfläche weist große qualitative Differenzierungen auf (nach natürlichen Standortbedingungen, Verkehrslage, Umwidmungsmöglichkeit für andere Nutzungszwecke). Man kann daher den landwirtschaftlichen Bodenmarkt nur stark eingeschränkt als Punktmarkt für den gesamten Agrarsektor ansehen, vielmehr muß er bei differenzierteren Analysen in der entsprechenden regionalen Differenzierung betrachtet werden. Die verschiedenen Bestimmungsfaktoren für die räumliche Verteilung und Intensität der landwirtschaftlichen Produktion sowie ihre Auswirkungen auf die Höhe der Bodenrente haben wir bereits in Abschnitt 3.5.2 behandelt. Wir können daher im folgenden unmittelbar an diese

Überlegungen anschließen. Zuvor soll jedoch noch auf die Alternativen zur *landwirtschaftlichen* Bodennutzung eingegangen werden.

Opportunitätskosten der landwirtschaftlichen Bodennutzung

Von Bedeutung sind einmal die außerlandwirtschaftlichen Nutzungsmöglichkeiten von Boden sowie die Möglichkeiten der Neulandgewinnung bzw. der Verbesserung der Bodenqualitäten durch Meliorationsmaßnahmen u.a.

Die *Nutzungsalternativen* zur landwirtschaftlichen Bodennutzung lassen sich zwei verschiedenen Kategorien zurechnen, die hinsichtlich ihrer wirtschaftlichen Wettbewerbskraft sehr unterschiedlich einzuordnen sind:

(1) Einmal die Umwidmung landwirtschaftlich genutzten Bodens für Wohnungsbau, Industrieansiedlung, Campingplätze u.a. Diese Nutzungsformen erbringen im allgemeinen eine vielfach höhere Bodenrente als die landwirtschaftliche Bodenbewirtschaftung. Wir können daher davon ausgehen, daß ein bestimmter Anteil der landwirtschaftlichen Nutzfläche, weitgehend unabhängig von der Höhe der landwirtschaftlichen Bodenrente, für diese Zwecke verwandt wird. Ähnlich ist die Inanspruchnahme für Verkehrsflächen und andere öffentliche Zwecke einzuordnen, die durch staatliche Planungsverfahren festgelegt wird. In der Bundesrepublik Deutschland werden jährlich etwa 0,1-0,3% der landwirtschaftlichen Nutzfläche für derartige Zwecke umgewidmet. Für den landwirtschaftlichen Bodenmarkt haben diese Verkäufe von landwirtschaftlicher Nutzfläche insofern eine große Bedeutung, als die aus den Bodenverkäufen erzielten Erlöse zu einem erheblichen Teil wieder für den Kauf von landwirtschaftlichen Nutzflächen verwandt werden und dadurch zu einer Erhöhung der Bodenpreise beitragen. In die gleiche Richtung wirkt die Erwartung vieler Eigentümer von landwirtschaftlichen Nutzflächen, daß auch ihre Grundstücke irgendwann einmal Bauland werden könnten.

(2) Zum anderen die Umwidmung von landwirtschaftlichen Nutzflächen an Grenzstandorten, wenn bei sehr niedrigen landwirtschaftlichen Bodenrenten andere Nutzungsalternativen, wie etwa die Aufforstung, wettbewerbsfähig werden, oder Boden sogar brach fällt ("Sozialbrache"). Bei dem in den letzten Jahrzehnten in EG-Europa herrschenden Agrarpreisniveau, fanden derartige Umwidmungen kaum statt. Die im Zuge des betrieblichen Strukturwandels freiwerdenden Flächen wurden auch an ungünstigen Standorten von aufstockungswilligen Landwirten zugepachtet oder gekauft. Erst bei einer deutlichen Senkung des Agrarpreisniveaus - wie sie sich derzeit in der EG abzeichnet - ist in stärkerem Maße mit einer Umwidmung landwirtschaftlicher Nutzflächen, unter Umständen unterstützt durch staatliche Maßnahmen, zu rechnen. Dabei können sich die Maßnahmen auf die "Flächenstillegung" zur Marktentlastung oder auf gezielte Flächenumwidmungen im Hinblick auf ökologische Ziele beziehen. In jedem Fall haben derartige Maßnahmen - wenn sie in nennenswertem

Umfang greifen - Einfluß auf die Höhe der Opportunitätskosten der landwirtschaftlichen Bodennutzung.

Die *Ausweitung der landwirtschaftlichen Nutzfläche* durch Rodung, Trockenlegung, Neulanderschließung und andere ähnlich aufwendige Maßnahmen kann nur bei großer Bodenknappheit und hohen Bodenrenten ökonomisch sinnvoll sein. Verschiedene dieser Maßnahmen hatten in Europa im vorigen Jahrhundert und den ersten Jahren der Nachkriegszeit eine größere Bedeutung, während unter den derzeitigen Verhältnissen Maßnahmen mit der umgekehrten Zielrichtung (Aufforstung, Sicherstellung naturbelassener oder naturnaher Flächen) im Vordergrund der Diskussion stehen.

Angebot, Nachfrage und Bodenrente landwirtschaftlicher Nutzfläche
Die **Angebotsfunktion** für landwirtschaftliche Nutzfläche ist unter den geschilderten Verhältnissen über weite Bereiche hinweg nahezu völlig unelastisch in Bezug auf die Höhe der Bodenrente (Übersicht III-58). Lediglich bei sehr niedrigen landwirtschaftlichen Bodenrenten werden alternative Flächennutzungen wettbewerbsfähig; der Verlauf des elastischen Astes der Angebotsfunktion wird durch die Höhe der Opportunitätskosten dieser Nutzungen bestimmt (Aufforstung, subventionierte Flächenstillegungen etc.). Weiterhin ist angedeutet, daß die verfügbare landwirtschaftliche Nutzfläche bei sehr hohen Bodenrenten zunehmen kann. Im Zeitablauf verschiebt sich die Angebotsfunktion entsprechend der weitgehend autonom bestimmten Nachfrage für außerlandwirtschaftliche Zwecke allmählich nach links.

Übersicht III-58: Angebot, Nachfrage und Bodenrente für landwirtschaftliche Nutzflächen

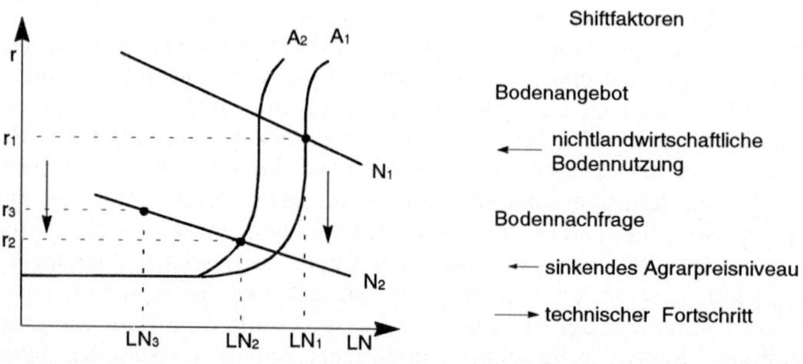

Der Verlauf der **Nachfragefunktion** nach landwirtschaftlicher Nutzfläche, d.h. die Höhe des Wertgrenzprodukts des Bodens wird (bei langfristiger Betrachtung) vor allem von Unterschieden der natürlichen und ökonomischen Standortbedingungen bestimmt. Diese Bedingungen sind insbesondere von THÜNEN und RICARDO in ihren Bodenrententheorien herausgearbeitet worden. Der fallende Verlauf der Funktion kommt durch die geringere (Wertgrenz-) Produktivität der letzten Teilflächen bei Ausdehnung der heterogenen Gesamtfläche zustande. Das Wertgrenzprodukt, d.h. die Bodenrente, erreicht das Minimum auf der letzten Teilfläche, dem Grenzstandort. Der Abstand zwischen der Höhe der Bodenrente an einem bestimmten Standort gegenüber dem Grenzstandort wird auch als *Differentialrente* bezeichnet. Die Teilkomponente, die (nach THÜNEN) auf eine günstigere Verkehrslage zurückzuführen ist, wird als *Lagerente,* die Teilkomponente, die (nach RICARDO) auf günstigere natürliche Standortbedingungen zurückzuführen ist, als *Qualitätsrente* bezeichnet (vgl. HENRICHSMEYER 1977).

Die Bodennachfragefunktion *verschiebt* sich im Zeitablauf unter dem Einfluß steigender Grenzerträge des Bodens (dahinterstehend: technischer Fortschritt und erhöhter Vorleistungseinsatz) sowie von Veränderungen des Agrarpreisniveaus. In der Ausgangslage gelten die Bodennachfragekurve N_1, die Angebotskurve A_1 und die Bodenrente r_1. Übertrifft die (relative) Steigerung der Grenzproduktivität des Bodens die (relative) Senkung des Agrarpreisniveaus, so verschiebt sich die Bodennachfragefunktion nach oben, und die Bodenrente steigt an. Ist die Agrarpreissenkung größer als die Produktivitätssteigerung, so verschiebt sich die Bodennachfragefunktion nach unten (etwa nach N_2) Unter den in der Übersicht III-58 angenommenen Bedingungen ist die Agrarpreissenkung so groß, daß andere Nutzungsformen (z.B. Aufforstung) an den ungünstigen Standorten wettbewerbsfähig werden. Wenn solche außerlandwirtschaftlichen Nutzungsalternativen nicht bestehen, müßte das Agrarpreisniveau noch stärker fallen und die landwirtschaftliche Bodenrente gegen Null tendieren, bevor landwirtschaftliche Nutzfläche brachfällt (*absoluter Grenzstandort*). Wenn dagegen staatliche Flächenstillegungsprämien angeboten werden, erhöhen sich dadurch die Opportunitätskosten der landwirtschaftlichen Flächennutzung. Beispielsweise würde die Zahlung einer Flächenstillegungsprämie in Höhe von r_3 bei einem Agrarpreisniveau entsprechend den Kurven N_2 und A_2 zu einer Freisetzung von Fläche im Umfang von LN_2-LN_3 führen (dazu näher Bd. 2).

Die charakteristischen Differenzierungen der Bodenrente im Raum (d.h. der Verlauf der Bodennachfragefunktion) lassen sich z.B. mit regional differenzierten, mathematischen Programmierungsmodellen (vgl. Abschnitt 3.6) quantifizieren. Die Ergebnisse derartiger Modellrechnungen sind in Übersicht III-59 dargestellt. Sie verdeutlichen die erheblichen Unterschiede, die selbst zwischen den *durchschnittlichen* Standortbedingungen größerer Regionen bestehen. In der ausgewiesenen regionalen Struktur der Bodenrenten kommt eine Fülle unterschiedlicher Einflußfaktoren zum Ausdruck. Neben den natürlichen Standortbedingungen und der Verkehrslage wirken bei einer solchen Betrachtung vor allem regional unterschiedliche Opportunitätskosten der Arbeit infolge unterschiedlicher außerlandwirtschaftlicher Beschäftigungsmöglichkeiten und Lohnniveaus auf die Differenzierung der Bodenrenten hin. Ferner ist der Einfluß unterschiedlicher Betriebsgrößenstrukturen zu beachten: In Regionen mit günstigen Betriebsgrößen sind die Produktionskosten niedriger, so daß der Boden eine höhere Entlohnung (Bodenrente) erzielt. Sinkende Produktionskosten mit steigender Betriebsgröße können auf technologischen und marktmäßigen Skaleneffekten, aber auch auf tendenziell mit der Betriebsgröße korrelierten Betriebsleiterfähigkeiten beruhen. Die "Standortgunst" (hohe Bodenrenten) einiger norddeutscher Regionen ist somit nicht nur auf günstige natürliche Standortbedingungen, sondern auch auf eine überdurchschnittlich günstige Betriebsgrößenstruktur zurückzuführen.

Übersicht III-59: Differenzierung der Bodenrente in der Bundesrepublik Deutschland (42 Regionen) nach BRAUNE 1988

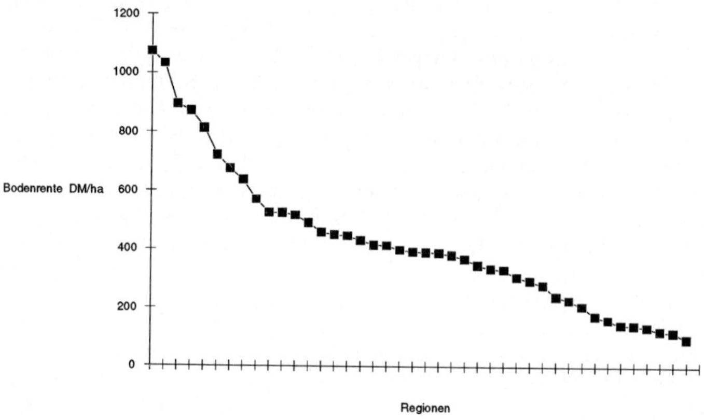

Quelle: BRAUNE 1988, S. 65

Den Abstufungen der Bodenrente entsprechen tendenziell ähnliche regionale Differenzierungen der *Pachtpreise*. Dabei ist jedoch zu beachten, daß sich in den regionalen Pachtpreisen noch zusätzliche Einflußfaktoren niederschlagen, die zu einer Abweichung von Bodenrente und Pachtpreis führen können.

Zusammenhänge von Bodenrenten, Bodenmobilität und Pachtpreisen

Auch wenn zwei Betriebe unter den gleichen *natürlichen* Voraussetzungen produzieren und gleiche Preise (Opportunitätskosten) gelten, können sich unterschiedliche Bodenrenten herausbilden. Wenn wir von den oben getroffenen Unterscheidungen verschiedener Betriebstypen ausgehen, so wirken eine rasche Realisierung technischer Fortschritte durch hohe betriebliche Investitionen, größere Kapazitäten von Arbeit und Kapital und evtl. bessere Betriebsleiterfähigkeiten u.ä. darauf hin, daß das Wertgrenzprodukt des Bodens in "Wachstumsbetrieben" höher liegt als in "Abstockungsbetrieben" (vgl. Übersicht III-60). Der fallende Verlauf der Funktion in jedem der dargestellten Betriebe ist durch begrenzende Kapazitäten anderer Faktoren und daneben durch zunehmende Transportkosten begründet. Unter den gezeigten Bedingungen ist es für Wachstumsbetriebe vorteilhaft, Land zuzupachten, und für Abstockungsbetriebe, Land zu verpachten. Es bildet sich ein Pachtpreis (r_g) heraus, der das Landangebot der Abstockungsbetriebe und die Landnachfrage der Wachstumsbetriebe tendenziell in Übereinstimmung bringt (Gleichgewichtspreis). Die im Betriebsgrößenstrukturwandel stattfindenden Auf- und Abstockungen sind durch den Pachtmarkt aneinander gekoppelt: Wachstumsbetriebe können nur wachsen, wenn es gleichzeitig Abstockungsbetriebe gibt und umgekehrt (vgl. 7.2.2).

Übersicht III-60: Flächenmobilität zwischen Wachstums- und Abstockungsbetrieben

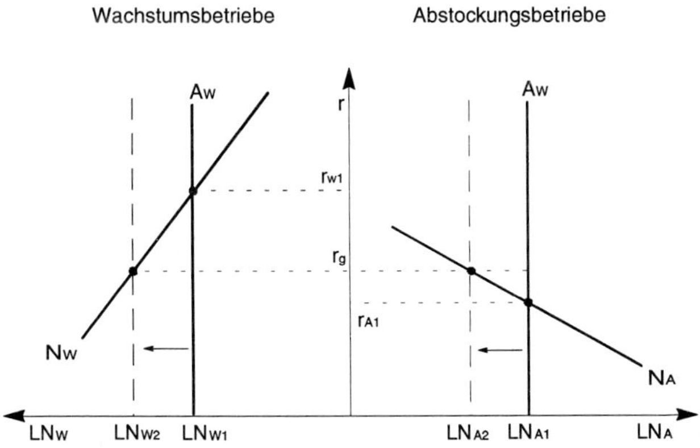

In dem Grundmodell des Bodenmarkts entspricht die Bodenrente in beiden Betriebsgruppen dem Pachtpreis r_g. In der Realität treten allerdings oft Abweichungen von diesem Grundmodell vollständiger Konkurrenz auf dem lokalen Bodenmarkt auf.

Oft stehen sich nur einige Anbieter und Nachfrager in wechselseitigen Oligopol- oder sogar Monopolsituationen gegenüber, in denen die Preisbildung komplizierter verlaufen kann. Weiterhin ist zu beachten, daß die Grundentscheidungen von Haushalten zur Betriebsauf- oder -abstockung, zwar i.d.R. überwiegend von objektiven Faktoren bestimmt wird, die sich in unterschiedlichen Verläufen der Wertgrenzproduktivitätsfunktionen niederschlagen, daß daneben aber auch *subjektive Elemente* wirksam sind. Hier ist wieder an unterschiedliche Erwartungen, Risikoeinschätzungen und Präferenzen der landwirtschaftlichen Haushalte zu erinnern (vgl. die Abschnitte 3.5, 6.3).

Aus diesen Gründen kann die Nachfragefunktion eines Betriebes, die auf den Pachtpreis wirkt, von der Wertgrenzproduktivität abweichen, die die Bodenrente bestimmt. Ein hoher Anteil von Nachfragern (potentiellen Wachstumsbetrieben) auf dem lokalen Bodenmarkt kann daher unabhängig von den Bodenrenten zu höheren Pachtpreisen führen. Im Normalfall ist jedoch davon auszugehen, daß sich die Pachtpreise nicht allzu weit von den Bodenrenten entfernen, d.h. daß das in Übersicht III-60 wiedergegebene Bild die Grundprinzipien der Pachtpreisbildung zutreffend beschreibt.

7. Steuerung agrarsektoralen Wandels durch Produkt- und Faktormärkte

Ausgehend von den *Partialbetrachtungen* landwirtschaftlicher Produkt- und Faktormärkte werden wir uns nun den Fragen *gesamtsektoraler* Entwicklung zuwenden. Es ist zu untersuchen:

- welche Folgen für die funktionale Einkommensverteilung aus den Gegebenheiten auf den Faktormärkten resultieren,
- in welcher Weise die landwirtschaftlichen Faktormärkte untereinander in Beziehung stehen,
- welche Tendenzen sich daraus für Betriebsgrößenwachstum und agrarstrukturellen Wandel ergeben,
- in welcher Weise der landwirtschaftliche Anpassungsprozeß durch das Zusammenspiel der Mechanismen von Produkt- und Faktormärkten gesteuert wird,
- welche Unvollkommenheiten und Hemmnisse dabei wirksam werden und
- welche Probleme daraus auf den verschiedenen Ebenen resultieren können.

7.1. Von den Faktormärkten zur funktionalen Einkommensverteilung

Auf den einzelnen Faktormärkten werden die Einsatzmengen und Preise der Produktionsfaktoren und damit die ihnen zuzurechnenden Faktoreinkommen bestimmt (funktionale Einkommensverteilung). Den an der Produktion beteiligten Produktionsfaktoren kann insgesamt nur soviel an Entlohnung zugerechnet werden, wie in einer Periode an Gütern und Diensten entstanden ist. Unter der üblichen neoklassischen Annahme konstanter Skalenerträge teilt sich der landwirtschaftliche Produktionswert vollständig auf die an der Produktion beteiligten Faktoren auf, denn bei einer Skalenelastizität von 1, d.h.

$$1 = \nu = \frac{\partial X}{\partial V}\frac{V}{X} + \frac{\partial X}{\partial A}\frac{A}{X} + \frac{\partial X}{\partial K}\frac{K}{X} + \frac{\partial X}{\partial LN}\frac{LN}{X}$$

erhält man durch Multiplikation mit P · X:

$$\text{(III-65)} \quad P \cdot X = V\frac{\partial X}{\partial V}P + A\frac{\partial X}{\partial A}P + K\frac{\partial X}{\partial K}P + LN\frac{\partial X}{\partial LN}P$$

bzw. bei Gültigkeit des Wertgrenzproduktivitätsprinzips:

$$\text{(III-66)} \quad P \cdot X = V \cdot q + A \cdot l + K \cdot i + LN \cdot r$$

Bei *variablen* Produktionsfaktoren entspricht das Wertgrenzprodukt den jeweiligen Marktpreisen; bei *fixen* Produktionsfaktoren bemessen sich die Renten (Schattenpreise) der gegebenen Faktoreinsatzmengen entsprechend der Höhe der erzielten Wertgrenzprodukte. In Übersicht III-61 wird die so bestimmte funktionale Einkommensverteilung beispielhaft für einen fixen Faktor (Boden) und einen variablen Faktor (Vorleistungen) dargestellt. Die Höhe des Faktoreinkommens wird dann jeweils durch die schraffiert eingezeichneten Flächen bestimmt ($\overline{LN} \cdot r_1$ bzw $V_1 \cdot \overline{q}$).

Übersicht III-61: Funktionale Einkommensverteilung bei fixen und variablen Faktoren

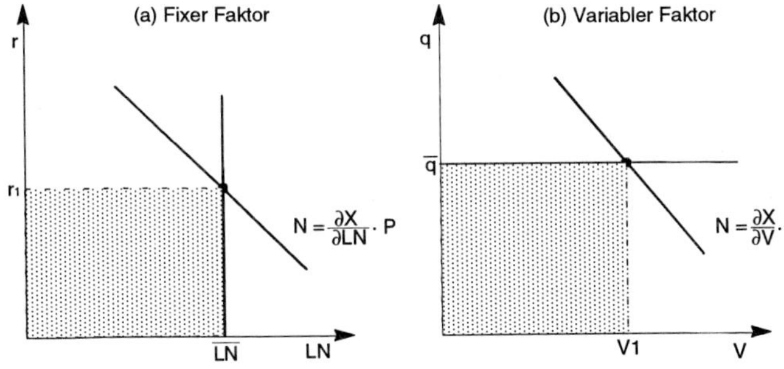

Je nach der Länge des Betrachtungshorizonts und den herrschenden Mobilitätsbedingungen sind die Produktionsfaktoren in unterschiedlichem Maße beweglich: *Kurzfristig* ist der mengenmäßige Einsatz der meisten Faktoren als gegeben zu betrachten; Schwankungen von Preisen oder

Mengen führen dann zu starken Einkommensschwankungen (vgl. Abschnitt 5.2.1). Kurzfristig stehen daher die Probleme der Einkommensinstabilität im Vordergrund. Bei *sehr langfristiger Betrachtung* sind dagegen die meisten Faktoren variabel; die Entwicklungen der gesamtwirtschaftlichen Faktorpreise (Löhne, Zinsen, Vorleistungspreise) bestimmen dann maßgeblich die Grundtendenz der landwirtschaftlichen Faktoreinsatzentwicklung und damit die funktionale Einkommensverteilung. In einem Zwischenbereich *mittel- und langfristiger Betrachtung* sind die jeweils herrschenden Mobilitätsbedingungen von entscheidender Bedeutung. Hier kann i.d.R. weder von vollkommen unelastischem noch von vollkommen elastischem Faktorangebot ausgegangen werden, so daß die Faktoreinsatzmengen *und* (sektorinternen) Entlohnungen als endogene Variable auf den Faktormärkten bestimmt werden.

Der Gesamteffekt von Faktormengen- und -preisänderungen schlägt sich in Änderungen der jeweiligen Faktoreinkommen nieder, deren Entwicklung für die Bundesrepublik in der folgenden Übersicht III-62 wiedergegeben ist. Diese **Entlohnungsanteile** entsprechen bei Entlohnung nach dem Wertgrenzproduktivitätsprinzip den Produktionselastizitäten (vgl. oben Gleichung (III-26)), so daß die funktionale Einkommensverteilung Hinweise auf deren Größenordnungen gibt. Da jedoch die Schattenpreise für die Bewertung der fixen Faktoren nur unter bestimmten Annahmen quantifizierbar sind, dürfen derartig berechnete Entlohnungsanteile nicht überinterpretiert werden.

Übersicht III-62: Entwicklung der durchschnittlichen Entlohnungsanteile in der westdeutschen Landwirtschaft (1965 - 1985) in %

Jahre	Arbeit	Boden	Kapital	Vorleistungen
1965/69	33	4	8	55
1970/74	28,5	4,5	10	57
1975/79	26	4,5	10	59,5
1980/85	22	4	11	63

Quelle: OSTERMEYER-SCHLÖDER 1991

Ähnliche Rechnungen wurden von CONRAD (1985) und UNGER (1986) ohne Berücksichtigung des Faktors Boden für 28 Sektoren der westdeutschen Volkswirtschaft durchgeführt. Die von ihnen für den Zeitraum 1970-79 erechneten Entlohnungsanteile für die Landwirtschaft (Arbeit: 29%, Kapital 13%, Vorleistungen 58%) stimmen recht gut mit den oben angegebenen Zahlen überein. Der Vergleich mit den übrigen Sektoren zeigt jedoch, daß die Unterschiede innerhalb dieser Sektoren weitaus gravierender sind als zwischen der Landwirtschaft und dem Durchschnitt der übrigen Volkswirtschaft. Hohe Anteile für Arbeit (über 30%, z.T. über 40%) bei gleichzeitig niedrigen Vorleistungsanteilen (unter 40%) weisen z.B. die

Dienstleistungssektoren auf, während die Sektoren "Mineralöl" und "NE-Metalle" durch sehr niedrige Lohnquoten (unter 10%) bei sehr hohen Vorleistungsanteilen (über 90%) gekennzeichnet sind.

Für das Aggregat der übrigen Sektoren kann man durchschnittliche Entlohnungsanteile errechnen, um außerlandwirtschaftliche Produktionselastizitäten abzuschätzen (z.B. HENRICHSMEYER 1971, S. 153 ff) und die Landwirtschaft in einer Zwei-Sektoren-Betrachtung der übrigen Volkswirtschaft gegenüberzustellen (vgl. Abschnitt 8). Die durch die genannten Beispiele illustrierte Heterogenität des "Rests" der Volkswirtschaft bleibt dabei naturgemäß verborgen.

7.2. Faktorintensitäten und landwirtschaftlicher Strukturwandel

Die partielle Analyse *einzelner* Faktormärkte ermöglicht nur einen ersten Einstieg in die Probleme des Faktoreinsatzes und betrieblichen Strukturwandels: Es lassen sich spezifische Bedingungen der einzelnen Märkte kennzeichnen und erste Aussagen über Faktoreinsatz und -entlohnung unter der Voraussetzung ableiten, daß jeweils die Bestände der übrigen Produktionsfaktoren entweder vorgegeben sind oder sich in einer exogen bestimmten Weise verändern. Zwischen den einzelnen Faktoren bestehen jedoch technische Substitutionsbeziehungen und daher zwischen den einzelnen Faktormärkten ökonomische Wechselbeziehungen, die bei einer umfassenderen sektoralen Betrachtung zu berücksichtigen sind. Im folgenden werden einige der unmittelbaren Zusammenhänge zwischen den Produktionsfaktoren Arbeit, Boden und Kapital herausgearbeitet und zur Erklärung der Grundtendenzen sektoralen Strukturwandels herangezogen.

7.2.1. Faktorintensitäten unter dem Einfluß des technischen Fortschritts und der Faktorpreisrelationen

Treibende Kräfte, die auf eine Neukombination des betrieblichen Faktoreinsatzes im Zuge wirtschaftlichen Wachstums hinwirken, sind:

- Veränderungen der gesamtwirtschaftlichen Faktorpreisrelationen sowie
- technische Fortschritte, die vielfach die einzelnen Produktionsfaktoren in unterschiedlicher Weise betreffen.

Auswirkungen veränderter Faktorpreisrelationen

Unter den üblichen Annahmen der neoklassischen Theorie wird der optimale Faktoreinsatz bekanntlich so bemessen, daß die Grenzrate der Substitution zweier Faktoren gerade ihrem umgekehrten Preisverhältnis entspricht, d.h. daß sich Isokostengerade und Isoquante in der graphischen Darstellung tangieren (vgl. unten, Übersicht III-63 oder oben, Übersicht III-11). So gilt z.B. für den Arbeits- und Kapitaleinsatz

$$\text{(III-67)} \quad -\frac{dA}{dK} = \frac{i}{l}$$

Die für Industrieländer charakteristische, fortlaufende Erhöhung des Lohn-Zins-Verhältnisses führt daher in der Landwirtschaft zu einer Substitution von arbeitsintensiven durch kapitalintensive Produktionsverfahren, d.h. zu einer kräftigen Erhöhung der Kapitalintensität (vgl. Kap. II, 3.1.2).

Erhöhung der Lohn-Zins-Relation (l/i)	->	Zunahme der Kapitalintensität bezogen auf den Arbeitseinsatz (K/A)

Das Ausmaß der Arbeits-Kapitalsubstitution hängt dabei (bei gegebenem Stand der Technik) von dem Krümmungsgrad der Isoquante (dem Wert der Substitutionselastizität, vgl. 2.4.5) ab. Wenn die prozentuale Zunahme der Kapitalintensität die der Lohn-Zins-Relation übersteigt (Substitutionselastizität > 1, vgl Gleichung (III-13)), steigen die Kapitaleinkommen relativ zur Lohnsumme, d.h. die funktionale Einkommensverteilung hat sich verschoben.

Während die Lohn-Zins-Relation für den Agrarsektor im wesentlichen durch die gesamtwirtschaftliche Entwicklung vorgegeben wird, bestimmt sich die Bodenrente im Agrarsektor als endogene Variable (vgl. Abschnitt 6.5). Die Relation der Bodenrente zu den Lohn- und Zinssätzen wird (bei Vernachlässigung nicht neutraler technischer Fortschritte) im wesentlichen von der Entwicklung der Arbeits- und Kapitalintensität in bezug auf den Flächeneinsatz bestimmt. Die Entwicklung dieser Intensitäten hängt stark vom jeweiligen Entwicklungsstand und der Bevölkerungsdichte einer Volkswirtschaft ab (vgl. Abschnitt 7.2.3). Für die Industrieländer Westeuropas kann man von einer (mäßigen) Zunahme der Kapitalintensität und einer kräftigen Abnahme der Arbeitsintensität ausgehen (vgl. Kap. II, 3.1.2), so daß eine Abnahme der Zins-Bodenrenten-Relation (i/r) und eine kräftige Zunahme der Lohn-Bodenrenten-Relation (l/r) resultiert:

Zunahme der Kapitalintensität bezogen auf den Flächeneinsatz (K/LN)	->	Abnahme der Zins-Bodenrenten-Relation (i/r)
Abnahme der Arbeitsintensität bezogen auf den Flächeneinsatz (A/LN)	->	Zunahme der Lohn-Bodenrenten-Relation (l/r)

Die beschriebenen Grundtendenzen können kurz- und mittelfristig durch Hemmnisse der Faktormobilität modifiziert werden, bestimmen jedoch die langfristigen Trends der Entwicklung.

Auswirkungen des technischen Fortschritts

Bezüglich des technischen Fortschritts brauchen wir nur an die Darstellung in 2.4.6 zu erinnern. Danach können die Wirkungen tendenziell wie folgt gekennzeichnet werden:

1. mechanisch-technischer Fortschritt	->	arbeitssparend
2. biologisch-technischer Fortschritt	->	bodensparend
3. organisatorisch-technischer Fortschritt	->	weitgehend neutral

Gesamteffekt von Faktorpreisänderungen und technischen Fortschritten auf die Produktivitätsentwicklung

Das Zusammenspiel von Faktorpreisänderungen und technischem Fortschritt bestimmt die Grundtendenz der Veränderung der partiellen Faktorproduktivitäten:

- die Änderungen der Faktorpreisrelationen wirken auf eine Substitution der Faktoren hin (Substitutionseffekt)
- während der technische Fortschritt je nach seiner Ausprägung eine gleichmäßige oder ungleichmäßige Erhöhung der partiellen Produktivitäten bewirkt.

In Kapitel II hatten wir die Wirkung von Faktorsubstitutionen und technischem Fortschritt unter der Annahme neutralen Fortschritts betrachtet (Übersicht II-27). Am Beispiel des Arbeits- und Kapitaleinsatzes gibt die Übersicht III-63 die Modifikationen wieder, die bei *arbeitssparendem technischen Fortschritt* auftreten (vgl. Abschnitt 2.4.6), wobei die sich in der tatsächlichen Entwicklung (Westdeutschlands, vgl. Kap. II) teilweise überlagernden Vorgänge getrennt voneinander betrachtet werden können.

Übersicht III-63: Veränderung von Arbeits- und Kapitalproduktivität durch arbeitssparenden technischen Fortschritt und Anstieg der Lohn-Zins-Relation

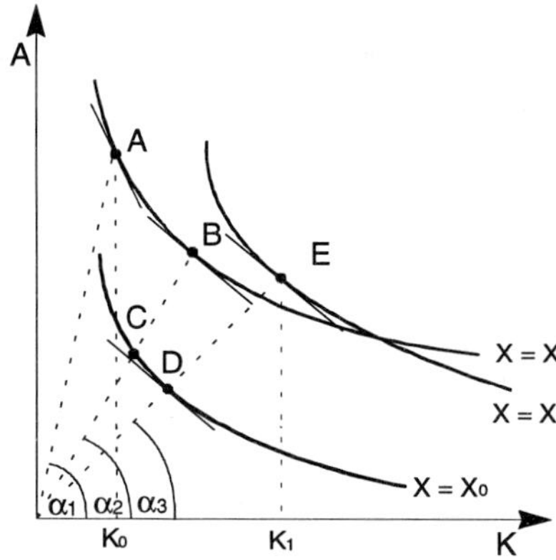

Der Anstieg der Lohn-Zins-Relation induziert zunächst einen Anstieg der Kapitalintensität (Bewegung von A nach B). Gleichzeitig bewirkt jedoch der arbeitssparende technische Fortschritt, daß die alte Produktion X_0 mit verminderten Faktoreinsatzmengen zu erstellen wäre (Produktion in Punkt C). Bei konstanter Intensität stimmt die Grenzrate der Substitution wegen des arbeitssparenden Charakters des technischen Fortschritts jedoch in Punkt C nicht mit der Lohn-Zins-Relation überein, so daß eine weitere Erhöhung der Kapitalintensität resultiert (tan α_1 > tan α_2 > tan α_3). Wegen der fortschrittsbedingt gestiegenen Grenzprodukte der Faktoren ist jedoch (c.p.) nicht eine Verminderung, sondern eine Ausdehnung des Faktoreinsatzes erwartbar (vgl. Übersicht III-4), so daß der Produktionspunkt statt bei D etwa im Punkt E liegen könnte. Wenn die Zunahme der Produktion der des Kapitaleinsatzes entsprach ($X_1/X_0 = K_1/K_0$), bleibt die Kapitalproduktivität insgesamt annähernd konstant (s.o., Übersicht II-29), während die Arbeitsproduktivität in der Zeichnung eindeutig angestiegen ist. Der Entlohnungsanteil der Arbeit ist gesunken, da sich die Kapitalintensität kräftiger erhöht hat als die Lohn-Zins-Relation (vgl. Übersicht III-62).

Im Vergleich zur Darstellung mit neutralem technischen Fortschritt (Übersicht II-27) ist die Übersicht III-63 komplizierter, da sich der arbeitssparende technische Fortschritt nicht nur in einer Neuindizierung, sondern auch in veränderten Neigungen der Isoquanten äußert. Da er in die gleiche Richtung wie die Erhöhung der Lohn-Zins-Relation wirkt und das Ausmaß der Abweichung von der Neutralität unterschiedlich quantifiziert wird, arbeitet man bei vereinfachenden Analysen oft mit der Annahme neutralen technischen Fortschritts (wie in Kap. II).

Es ist jedoch darauf hinzuweisen, daß sich technischer Fortschritt und Faktorpreisveränderungen nicht nur auf die sektoralen Faktorintensitäten und Produktionsmengen auswirken. Auf den Produktmärkten werden Preissenkungstendenzen induziert, die auf die Faktornachfrage zurückwirken. Die von den Produktpreisen abhängigen landwirtschaftlichen Einkommen haben insbesondere bei den Faktoren Arbeit und Kapital auch Einfluß auf das Faktorangebotsverhalten (vgl. die Abschnitte 6.3 und 6.4). Eine vollständige Analyse der Wirkungen von technischem Fortschritt und Faktorpreisänderungen ist daher erst bei gleichzeitiger Betrachtung von Produkt- *und* Faktormärkten möglich (s.u.).

Induzierter technischer Fortschritt

Bei den bisherigen Überlegungen wurde vereinfachend davon ausgegangen, daß Veränderungen der Faktorpreisrelationen und technische Fortschritte unabhängig voneinander erfolgen. Die oben festgestellte gleichgerichtete Wirkung dieser Einflußfaktoren ist jedoch kein Zufall. Nach der Hypothese des induzierten technischen Fortschritts (vgl. oben 2.4.6) wird die Ausrichtung des technischen Fortschritts maßgeblich von der Entwicklung der Faktorpreisrelationen bestimmt. Langfristig unterstützt der technische Fortschritt daher die kurzfristig ablaufenden Substitutionsprozesse, wenn die kurzfristige Faktorpreisentwicklung (die die kurzfristigen Substitutionen determiniert) dem historischen Trend entspricht (der mit einer gewissen Verzögerung die Ausrichtung der Forschung bestimmt).

Die Veränderung der sektoralen Faktoreinsatzstruktur kann in ihrer Grundtendenz mit den bisherigen komparativ-statischen Analysen mikroökonomischer Gleichgewichtssituation erklären werden. Im folgenden Abschnitt sind diese Analysen allerdings zu differenzieren, weil die einzelbetrieblichen Situationen sehr heterogen sind und i.d.R. eher durch dynamische Ungleichgewichte denn durch statische Gleichgewichte gekennzeichnet werden können. Diese Differenzierung führt zu einer Erklärung der Faktoranpassungen in Wachstums- und Abstockungsbetrieben und damit der Betriebsgrößenentwicklung.

7.2.2. Betriebsgrößenwachstum

Mit der Herausarbeitung der Bestimmungsfaktoren für den betrieblichen Einsatz der Faktoren Arbeit, Boden und Kapital in den vorausgehenden Abschnitten (und in 3.5.2) haben wir (ohne dies oben herauszustreichen) auch schon die wesentlichen **Bestimmungsfaktoren** der Betriebsgrößenentwicklung analysiert. Kennt man die langfristige Entwicklung des Faktoreinsatzes, so kann man mit einem der üblichen Maßstäbe (vgl. II, 2.6.1) auch die Betriebsgrößenentwicklung kennzeichnen. Hier müssen daher lediglich die für die Betriebsgrößenfrage relevanten Bestimmungsgründe zusammengetragen und einige Fakten und Interpretationen ergänzt werden.

Die *wesentlichen Triebkräfte* zur Erhöhung der Betriebsgröße sind technologische und marktmäßige Skaleneffekte, die dazu führen, daß Grenz- und Durchschnittskosten bei Erhöhung des gesamten Faktoreinsatzes zunächst sinken (vgl. zum Betriebsgrößenproblem in der Landwirtschaft: BRANDES 1978 und allgemein: HENRICHSMEYER, GANS, EVERS 1990, S. 137ff). Bei Überschreiten gewisser Grenzen kommt es jedoch wieder zu steigenden Kosten wegen

- zunehmender innerbetrieblicher Transportkosten
- zunehmender Kosten des Managements bzw. der Koordination der wirtschaftlichen Aktivitäten des Betriebes ("Transaktionskosten", vgl. SCHMITT 1989),
- zunehmender Kosten von Tierhygiene und Fäkalienbeseitigung,
- Verzicht auf staatliche Vergünstigungen für "bäuerliche" Betriebe und
- steigender Pachtsätze bei zunehmender Flächenausdehnung.

Während die ersten 4 Gründe schon in 3.5 benannt wurden, kann der letzte jetzt leicht mit Bezug auf die Darstellung des Bodenmarktes in Übersicht III-60 verdeutlicht werden: Während die zusätzlichen Transportkosten in "Wachstumsbetrieben" eine fallende Bodennachfragefunktion (mit)verursachen, begründen sie gleichzeitig eine steigende Angebotsfunktion von Seiten der "Abstockungsbetriebe" (ableitbar durch Saldierung ihrer eigenen Nachfrage mit ihrem Ausgangsbestand), denn sie geben zunehmend "günstiger" gelegene Flächen ab. Je schneller die Aufstockung gehen soll, um so steiler wird der Verlauf der Angebotskurve, weil "günstige" Angebote selten sind (vgl. 3.3.5), Ob ein Betrieb zur Gruppe der Wachstumsbetriebe oder der Abstockungsbetriebe gehört, hängt von

Lage und Verlauf der langfristigen Grenz- und Durchschnittskostenkurven ab. Sie werden durch verschiedene **betriebsspezifische Faktoren** (mit)bestimmt, wie inzwischen mehrfach betont wurde:
- Betriebsleiterfähigkeiten (vgl. dazu UPTON, HAWORTH 1987)
- Opportunitätskosten
- Erwartungen und Risikoeinschätzungen
- Präferenzen

Übersicht III-64: Grenz- und Durchschnittskosten bei Variation des gesamten Faktoreinsatzes in zwei Betrieben

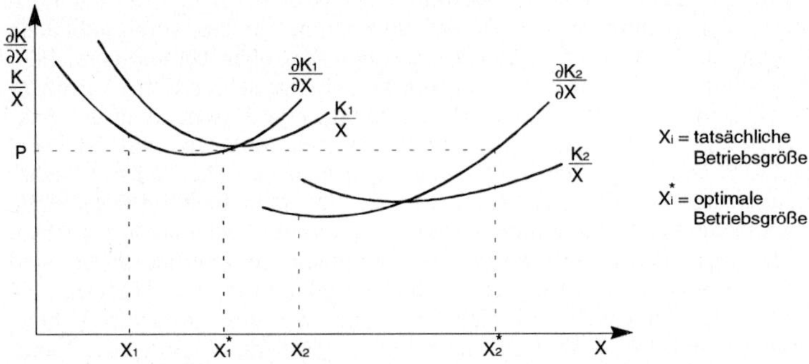

Betriebe unterhalb ihrer optimalen Betriebsgröße (in Übersicht III-64: $X_2 < X_2^*$) wachsen, wenn bei den erwarteten Preisen die individuellen Opportunitätskosten gedeckt werden ($P > K_2/X$), andernfalls scheiden sie aus (Betrieb 1).

Der Strukturwandel verläuft *verzögert* wegen
- der Begrenzung des Wachstums durch die Finanzierungsrestriktionen,
- der Existenz quasifixer Faktoren,
- der generell bei Anpassungen auftretenden temporären Ineffizienzen und Umstellungskosten und
- des mit einer raschen Anpassung oft assoziierten Risikos.

Auf- und Abstockungen sind zumindest beim Faktor Boden aneinander gekoppelt, so daß die Aufstockung sowohl von wachstumsfördernden Maßnahmen für Wachstumsbetriebe (z.B. "Einzelbetriebliches Förderungsprogramm") als auch von mobilitätsfördernden Maßnahmen für Abstockungsbetriebe (z.B. "Landabgabeprämie") positiv beeinflußt wird. In Übersicht III-60 kommt es infolge derartiger Maßnahmen zu einer Verschiebung der Wertgrenzproduktkurve nach oben bei den Wachstumsbetrieben und nach unten bei den Abstockungsbetrieben. Umgekehrt wirken abstockungshemmende Regelungen (gestaffelte Erzeugerpreise oder Quotenzuteilungen, Steuernachteile bei Betriebsaufgabe etc.) durch ein vermindertes Bodenangebot auch aufstockungshemmend.

Die meisten **gesamtwirtschaftlichen Einflüsse** wirken jedoch in gleicher Richtung auf Wachstums- *und* Abstockungsbetriebe. Tendenziell *sinkende Agrarpreise* und *steigende außerlandwirtschaftliche Löhne* reduzieren die Bodennachfrage in Wachstums- *und* Abstockungsbetrieben (Verschiebung der Wertgrenzproduktkurve nach unten in beiden Hälften von Übersicht III-60), so daß es prinzipiell von der Relation der Nachfragereduktionen in den beiden Betriebstypen abhängt, ob der Bodentransfer hierdurch zunimmt oder zurückgeht. Beachtet man aber, daß Wachstumsbetriebe gerade dadurch charakterisiert waren, daß die einzelbetriebliche Grundkonstellation eine Produktionsrücknahme eher unwahrscheinlich macht, während in Schrumpfungsbetrieben Produktionseinschränkungen leicht ausgelöst werden (vgl. Übersicht III-22), so ist eine Zunahme des Strukturwandels bei Preisdruck zu erwarten. Außerdem dürfte bei einem Teil der Schrumpfungsbetriebe die Produktionsschwelle erreicht werden, an der eine völlige Aufgabe der erfolgt.

Das Nebeneinander von potentiellen Wachstums- und Abstockungsbetrieben wird vielfach als Dilemma empfunden: die Preise können zu niedrig sein, um Wachstumsbetrieben eine zügige Aufstockung zu ermöglichen, und zu hoch sein, um eine schnelle Abwanderung in Abstockungsbetrieben zu erzwingen, wenn die Opportunitätskosten entsprechende Unterschiede aufweisen. Dieses "Dilemma" resultiert aus den verschiedenen Faktoren, die eine verzögerte Anpassung verursachen, verliert jedoch mit fortschreitender Zeit an Bedeutung. Dennoch ist diese "unbefriedigende" Anpassungsgeschwindigkeit das Hauptargument für strukturpolitische Eingriffe des Staates.

Fortlaufende Impulse erhält das Betriebsgrößenwachstums durch die *Erhöhung der Lohn-Zins-Relation* die eine entsprechende Erhöhung der Kapitalintensität ökonomisch sinnvoll werden läßt (vgl. 7.2.1). In den *Wachstumsbetrieben* erfolgt diese Erhöhung der Kapitalintensität durch Ausweitung des Kapitalstocks, z.T. komplementär mit einer Flächenaufstockung, wobei Skaleneffekte ausgenutzt werden können. Die ebenfalls durch die Erhöhung der Lohn-Zins-Relation induzierten mechanisch-technischen Fortschritte wirken in die gleiche Richtung und stimulieren zusätzlich das Wachstum dieser Betriebe.

In *Abstockungsbetrieben* erfolgt die Erhöhung der Kapitalintensität durch eine Verminderung des Arbeitseinsatzes. Hierbei können Größeneffekte, aber auch mechanisch-technische Fortschritte kaum ausgenutzt werden, während biologisch-technische und organisatorisch-technische Fortschritte (Lohnunternehmer, Kooperationen) auch in Abstockungsbetrieben die Effizienz des Faktoreinsatzes steigern können.

Die Reduktion des Arbeitseinsatzes auf deutlich weniger als 1 AK scheint allerdings langfristig keine stabile Lösung erwerbswirtschaftlich ausgerichteter landwirtschaftlicher Betriebe darzustellen. Hierfür spricht die Überlegung, daß mit der Ausnutzung von Größeneffekten auf eine wichtige Quelle der Produktivitätssteigerung verzichtet wird. Daneben ist auf die zusätzlichen organisatorischen Schwierigkeiten hinzuweisen, die auftreten, wenn nicht nur Lohnarbeitskräfte und mithelfende Familienangehörige abwandern, sondern der Betriebsleiter selbst seinen Arbeitseinsatz zugunsten einer außerbetrieblichen Tätigkeit reduziert. Diese Schwierigkeiten können den Abstockungsprozeß beschleunigen (vgl. HEIDHUES 1972, S. 61, KÖHNE 1972, S. 95).

Auch die Wanderungsanalyse des jüngsten Strukturwandels in der Bundesrepublik (vgl. Kap. II, 2.6.2) scheint darauf hinzudeuten, daß Betriebe mit geringer Flächenausstatttung, die insbesondere bei Bewirtschaftung im **Nebenerwerb** im allgemeinen mit weniger als 1 AK ausgestattet sind, über verschiedene Zwischenstationen letztlich ausscheiden. Der Nebenerwerb stellt zwar gesamtsektoral ein recht stabiles Fließgleichgewicht dar, doch erfolgt die Weiterbewirtschaftung einzelbetrieblich offenbar meistens nur solange, bis die letzten quasifixen Faktoren mobil werden bzw. subjektive Bindungen an die Landwirtschaft gelockert werden (vgl. SOHN 1989, S. 53 ff). Indem er einen (u.U. mehrere Generationen währenden) "etappenweisen" Ausstieg aus der Landwirtschaft ermöglicht, erhöht der Nebenerwerb die Anpassungsflexibilität der Landwirtschaft (SCHMITT 1983), fördert damit den Strukturwandel und mildert Einkommensprobleme ab. Wenn allerdings die Tendenzen zu kürzeren und flexibleren außerlandwirtschaftlichen Arbeitszeiten und Trends zu naturverbundenen Lebensformen an Bedeutung gewinnen, könnten sich bestimmte Formen der Nebenerwerbslandwirtschaft ("Hobbylandwirtschaft") als über den Generationenwechsel hinaus stabiles oder sogar zunehmendes Element der Agrarstruktur erweisen (z.B. vermutet bei UMHAU 1988).

7.2.3. Agrarstruktureller Wandel und gesamtwirtschaftliche Faktorproportionen

Die bisherigen Überlegungen bezogen sich auf einige Grundtendenzen von Änderungen des Faktoreinsatzes im Wachstumsprozeß entwickelter Industrieländer. Die abgeleiteten Aussagen sind zu modifizieren bzw. lassen sich spezifischer fassen, wenn man verschiedene Stadien gesamtwirtschaftlicher Entwicklung und unterschiedliche Ausgangslagen unterscheidet. Von besonderer Bedeutung sind dabei Unterschiede der anfänglichen Faktorausstattung, insbesondere der Bevölkerungsdichte (vgl. HERLEMANN, STAMER 1958; HAYAMI, RUTTAN 1985).

Die anfänglichen Entwicklungsphasen **dicht besiedelter Länder** sind durch starken Bevölkerungsdruck, Landknappheit sowie eine geringe Kapitalausstattung und begrenztes Kapitalbildungsvermögen gekennzeichnet, also Bedingungen wie sie etwa um die Mitte des vorigen Jahrhunderts in Mitteleuropa vorherrschten oder heute in Südostasien zu finden sind. Entsprechend stellen sich die Faktorpreisrelationen ein: niedrige Arbeitslöhne in der Nähe des Existenzminimums für weite Teile der Bevölkerung, hohe Bodenrenten und Pachtpreise sowie hohe Zinssätze für Kapital. Die landwirtschaftliche Produktion zeichnet sich durch eine enge Flächen-Arbeits-Relation und arbeitsintensive Produktionssverfahren aus. Unter diesen Bedingungen steht zunächst die Erhöhung der Flächenproduktivität durch die Realisierung von ertragssteigernden technischen Fortschritten (Fruchtfolge, Bodenbearbeitung, Züchtung) und den Einsatz ertragssteigernder Vorleistungen im Vordergrund (*Intensivierungsphase*). Auch die Tätigkeit staatlicher Institutionen (Forschung, Ausbildung, Beratung) sowie private Initiativen (Genossenschaften, landwirtschaftliche Vereine und Gesellschaften u.a.) sind auf diese Ziele ausgerichtet, vgl. HAYAMI, RUTTAN 1985, S. 87 ff).

Mit fortschreitender Industrialisierung kommt es zu einer allmählichen Erweiterung der Lohn-Zins-Relation und erhöhter Kapitalbildung. Die Landwirtschaft tritt in die *Mechanisierungsphase* ein, verbunden mit einer entsprechenden Schwerpunktverlagerung von Forschung und Ausbildung. Die Arbeitskräftefreisetzung der Landwirtschaft und die Aufnahmefähigkeit der Industrie sind zunächst noch gering, so daß der Druck der (in den anfänglichen Entwicklungsphasen noch schnell wachsenden) Agrarbevölkerung auf die knappe Fläche nur langsam nachläßt. Die Zahl der landwirtschaftlichen Beschäftigten nimmt im allgemeinen zunächst noch deutlich zu und beginnt erst nach einiger Zeit allmählich zu stagnieren und leicht abzunehmen (DOVRING 1964). In dieser Entwicklungsphase liegt eine annähernd konstante Relation von landwirtschaftlicher Nutzfläche zu landwirtschaftlichen Arbeitskräften ("land-man-ratio") vor, so daß kein größerer Anreiz für eine Änderung der überkommenen landwirtschaftlichen Betriebstrukturen besteht. Bei weiter fortschreitender gesamtwirtschaftlicher Entwicklung erhöhen sich die außerlandwirtschaftlichen Beschäftigungsmöglichkeiten und Einkommen; der Prozeß der Arbeits-Kapital-Substitution wird beschleunigt und die Zahl der landwirtschaftlichen Arbeitskräfte geht kräftig zurück. Entsprechend erhöht sich die Flächen-Arbeits-Relation. Bei kleinbetrieblichen Ausgangsstrukturen ist dieses nur möglich, wenn einige Betriebe ihre Flächenausstattung erhöhen und andere ausscheiden; die Landwirtschaft befindet sich in der "*Betriebsaufstockungsphase*". Damit rücken in verstärktem Maße sozialökonomische Probleme betrieblicher Entwicklung in den Vordergrund von Forschung, Ausbildung und Beratung (Betriebsplanung, sozialökonomische Beratung).

In anfänglich **dünn besiedelten Ländern** (wie USA, Kanada, Australien usw.) durchläuft der Agrarsektor eine andere Abfolge von Entwicklungsphasen, soweit diese durch unterschiedliche Faktorproportionen und Faktorpreisrelationen bestimmt sind. Zu Beginn der Entwicklung ist die Landbewirtschaftung durch die Reserven kulturfähigen Bodens bestimmt, die neuangesiedelten Betrieben zur Verfügung stehen. Knapp sind zunächst nur die Arbeit und das Kapital, so daß sich extensive

Formen der Landbewirtschaftung herausbilden (Getreide, Weidewirtschaft). Mit beginnender Industrialisierung wird die Arbeit durch die Sogkraft industrieller Beschäftigungsmöglichkeiten noch knapper, so daß steigende Lohnkosten bereits in dieser Phase auf die Entwicklung und Einführung mechanisierter Arbeitsverfahren hinwirken. Es ist daher nur folgerichtig, daß die großen Durchbrüche im Bereich der Mechanisierung (Dampfpflug, Schlepper, Mähdrescher) in den USA erfolgt sind. Die Mechanisierung ermöglicht die Bewirtschaftung größerer Flächen und im Zusammenhang mit weiterer Einwanderung und Bevölkerungswachstum eine allmähliche Ausschöpfung des Vorrats an fruchtbaren Böden. Damit steigen - je nach Bodenreichtum und Ausmaß des Bevölkerungswachstums - auch schrittweise die Bodenrenten an, und die Bodenbewirtschaftung wird intensiviert.

Für die dünn besiedelten Länder ist somit - anders als für die dicht besiedelten Länder - *zunächst eine Phase der Mechanisierung und dann eine solche der Intensivierung* charakteristisch. Die unterschiedliche Abfolge von Mechaniserungs- und Intensivierungsstufen hat wichtige Konsequenzen für den betrieblichen Strukturwandel: Während in den anfänglich dünn besiedelten Ländern von vornherein relativ große Betriebseinheiten geschaffen werden, die später durch intensivere Bewirtschaftung wachsende Betriebseinkommen sicherstellen können, ist dies in den intensiv bewirtschafteten Kleinbetrieben der anfänglich dicht besiedelten Länder nur durch betriebliches Wachstum bei gleichzeitiger Schrumpfung anderer Betriebe möglich. Die Probleme des betrieblichen Strukturwandels stellen sich daher in fortgeschrittenen Stadien wirtschaftlicher Entwicklung in den anfänglich dicht besiedelten Ländern in einem viel stärkerem Maße.

7.3. Produkt- und Faktormärkte bei vollkommener Faktormobilität

Zum Teil wurden die Zusammenhänge von Produkt- und Faktormärkten bereits bei der Betrachtung der Agrarmärkte und der einzelnen landwirtschaftlichen Faktormärkte angesprochen. Wir werden in diesem Abschnitt zunächst unmittelbar an diese Überlegungen anknüpfen und sie auf der Grundlage der schon eingeführten partialen Modelle für Produkt- und Faktormärkte weiterführen.

Als Ausgangspunkt der Betrachtung wollen wir von der längerfristigen Konstellation auf den Agrarproduktmärkten ausgehen. Wie in Abschnitt 5.2.6 im einzelnen ausgeführt, sind in den meisten fortgeschrittenen Industrieländern die Faktoren, die auf eine Ausdehnung des Angebots hinwirken, wesentlich stärker als die Einflüsse, die eine Erhöhung der Nachfrage nach Agrarprodukten bewirken. Die Folge ist eine generelle Tendenz zur langfristigen Senkung des realen Agrarpreisniveaus. Die längerfristige Entwicklung der *Nachfrage* wird überwiegend durch demographische (B), gesamtwirtschaftliche (Y^K) und verhaltensbedingte Faktoren (U) bestimmt. Auch auf der *Angebotsseite* sind mit dem technischen Fortschritt (T) und der Fläche (LN) wesentliche Bestimmungsfaktoren weitgehend unabhängig von agrarsektoralen Entwicklungen. Als endogene, durch die Entwicklung von Produkt- und Faktorpreisen steuerbare Größen verbleiben dann, abgesehen von Änderungen der speziellen Vorleistungsintensität, allein Anpassungen der Faktorbestände von Arbeit und Kapital.

Nachfragefunktion:

(III-68) $X^N = X^N(P \mid B, Y^K, U)$

(Kurzfristige) Angebotsfunktion:

(III-69) $X^A = X^{kA}(P, A, K \mid q, LN, T)$

Bei vollkommener Faktormobilität werden die Faktorentlohnungen für Arbeit und Kapital unter den Bedingungen eines "kleinen Agrarsektors" durch die Entwicklung der außerlandwirtschaftlichen Faktorpreise (l_g, i_g) determiniert. Analytisch ergeben sich dadurch die Einsatzmengen von Kapital und Arbeit sowie der Produktpreis als endogene Variable der Gleichgewichtsbedingungen für Produkt- und Faktormärkte:

(III-70) $$\left\{\begin{array}{lcl} X^N(P \mid B, Y_K, U) & = & X^{kA}(P, A, K \mid q, LN, T) \\ l_g & = & WGP_A(P, A, K \mid q, LN, T) \\ i_g & = & WGP_K(P, A, K \mid q, LN, T) \end{array}\right\} \Rightarrow P,A,K$$

Lediglich die Entlohnung des Bodens, für den im außerlandwirtschaftlichen Bereich nur begrenzte Nutzungsmöglichkeiten bestehen, bestimmt sich entsprechend der Grenzverwertung innerhalb des Agrarsektors.

(III-71) $r = WGP_{LN}(P, A, K \mid q, LN, T) \Rightarrow r$

Die bisher nur implizit (durch den Vorleistungspreis q) berücksichtigten Anpassungen auf den Vorleistungsmärkten lassen sich anhand der entsprechenden Gleichgewichtsbedingung sichtbar machen, wenn man ergänzt:

(III-72) $q = WGP_V(P, V, A, K \mid LN, T) \Rightarrow V$

Die Grundtendenz agrarsektoraler Entwicklung, die sich unter diesen Rahmenbedingungen ergibt, läßt sich durch die *Verknüpfung von partialen Marktmodellen* für Produkt- und Faktormärkte verdeutlichen (Übersicht III-65). Ohne Anpassungen der Faktorbestände würde sich auf den landwirtschaftlichen Produktmärkten schon sehr bald ein starker Preisdruck aufbauen. Eine Absenkung des Agrarpreisniveaus (beispielsweise von P_1 nach P_1') bewirkt jedoch eine Verschiebung der Faktornachfragefunktion nach unten.

Dieses gilt nur dann, wenn nicht andere Faktoren, wie z.B. technischer Fortschritt oder Preisänderungen anderer Produktionsfaktoren, den Preiseffekt überkompensieren. In Übersicht III-65 wird angenommen, daß sich die Arbeits- und Bodennachfragefunktionen nach unten verschieben, während sich die Kapitalnachfragefunktion trotz sinkender Agrarpreise aufgrund mechanisch-technischer Fortschritte und der angenommenen Lohnerhöhung nach oben verschiebt.

Übersicht III-65: Zusammenhänge zwischen landwirtschaftlichen Produkt- und Faktormärkten bei vollkommener Faktormobilität und gegebenen außerlandwirtschaftlichen Rahmenbedingungen

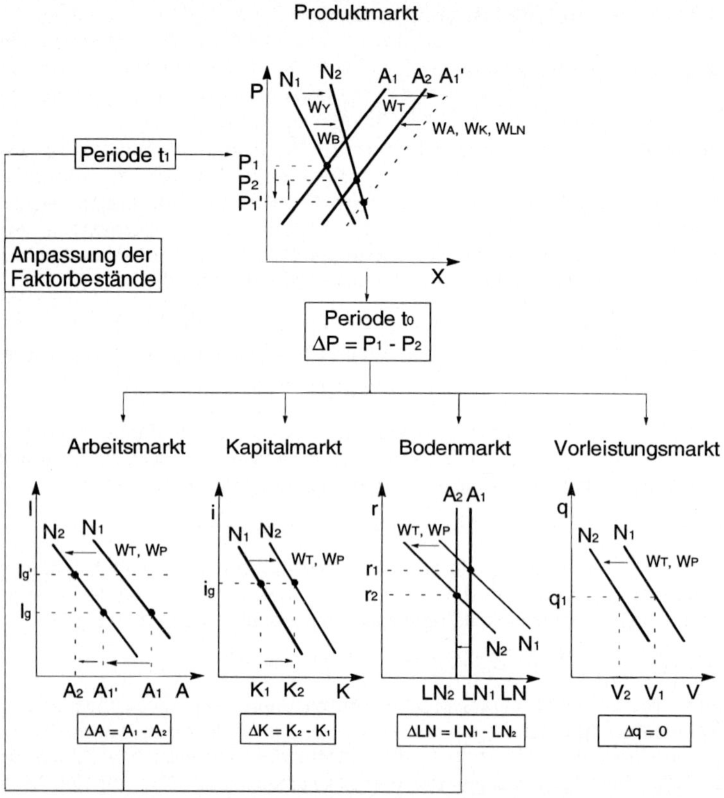

Hierdurch wird der *landwirtschaftliche Arbeitseinsatz* von A_1 auf A_1' reduziert, so daß die Arbeitsentlohnung trotz gesunkener Agrarpreise wieder das ursprüngliche außerlandwirtschaftliche Lohnniveau erreicht. Da aber das außerlandwirtschaftliche Arbeitseinkommen im Zuge wirtschaftlichen Wachstums ansteigt (Annahme: auf l_g'), wandern weitere Arbeitskräfte aus der Landwirtschaft ab ($A_1' - A_2$). Die in der Landwirtschaft verbleibenden

Arbeitskräfte können voll an der gesamtwirtschaftlichen Lohnentwicklung partizipieren, ihr Arbeitseinkommen steigt auf l_g'.

Hinsichtlich der *Nachfrage nach Kapitalgütern* ist angenommen, daß sich diese bei konstanten Agrarpreisen fortschrittsbedingt stark nach rechts verschiebt, so daß sich bei dem herrschenden Zinssatz eine Ausdehnung des landwirtschaftlichen Kapitalstocks von K_1 nach K_1' ergeben würde. Diese Tendenz wird durch bei Agrarpreissenkung abgeschwächt, so daß die landwirtschaftlichen Nettoinvestitionen nur noch (K_2-K_1) betragen.

Die landwirtschaftliche *Bodenrente* wird durch die Agrarpreissenkung reduziert; die Verminderung der landwirtschaftlichen Nutzfläche (von LN_1 auf LN_2) infolge einer wachsenden außerlandwirtschaftlichen Bodennachfrage vermag diese Tendenz nur leicht abzuschwächen.

Die sektoralen Faktoranpassungen bleiben nicht ohne Rückwirkungen auf die *Produktmärkte*. Die Verminderng des Faktoreinsatzes führt dazu, daß sich das Wachstum der Agrarproduktion verlangsamt. In unserer komparativ-statischen Darstellung kommt dies darin zum Ausdruck, daß sich die kurzfristige Angebotsfunktion schwächer nach rechts verschiebt (z.B. nur nach A_2 statt nach A_1'). Bei unverändertem Nachfragewachstum wird hierdurch der Druck auf die Agrarpreise geringer (graphisch: Absenkung des Agrarpreisniveaus nur auf P_2); dann können auch die Anpassungen auf den Faktormärkten in den Folgeperioden c.p. geringer ausfallen (graphisch: die Faktornachfragefunktionen verschieben sich weniger stark nach unten).

Das Wechselspiel der Verschiebungen von Güterangebots- und Faktornachfragefunktionen entspricht einem dynamischen Prozeß, dessen Ergebnis die Bewegung auf einer *langfristigen Angebotsfunktion* reflektiert, deren Verlauf nicht mehr von den Mengen, sondern von den Preisen der Faktoren Arbeit und Kapital abhängt.

Mit einer solchen *langfristigen Angebotsfunktion* kann die Preisbildung auf den Produktmärkten bei gesamtwirtschaftlich determinierten Faktorpreisen (l_g, i_g) ohne explizite Berücksichtigung der Faktormärkte für Arbeit und Kapital analysiert werden. Die hier stattfindenden Anpassungen können dann (analog zum Vorleistungseinsatz bei der kurzfristigen Angebotsfunktion) *nachträglich* sichtbar gemacht werden:

(III-73) $$X^N(P \mid B, Y_K, U) = X^{lA}(P \mid q, l_G, i_G, LN, T) \Rightarrow P$$

Einsetzen des Gleichgewichtspreises in die Faktormarktbedingungen (vgl. (III-70)) liefert die gleichgewichtigen Faktormengen für Arbeit und Kapital. Somit kann die in Übersicht III-65 anhand der *kurzfristigen* Angebotsfunktion dargestellte dynamische Interdependenz analytisch in eine *einseitige Abhängigkeit* vom Produktmarkt umgewandelt werden, wie das bei den Vorleistungen von vornherein angenommen wurde.

Methodisch kann man als Zwischenergebnis festhalten, daß bei gegebenen Faktorpreisen oder -mengen (wie beim Boden) die Möglichkeit einer korrekten Analyse auf der Basis eines partialen Produktmarktmodells besteht. Der dort determinierte Produktpreis bestimmt den Verlauf der Faktornachfragefunktionen, die anschließend in partialen Faktormarktmodellen mit den gegebenen Faktorpreisen zur Bestimmung der Faktoreinsatzmengen verwendet werden können.

Inhaltlich lassen sich die bisherigen Modellüberlegungen wie folgt zusammenfassen: Bei vollständiger Faktormobilität entsprechen die Wertgrenzprodukte der *beweglichen* landwirtschaftlichen Produktionsfaktoren den Entlohnungssätzen der Gesamtwirtschaft. Gleiche Wertgrenzprodukte für den Faktoreinsatz im landwirtschaftlichen und gewerblichen Bereich bedeuten:
- unter dem Gesichtspunkt der *Faktorallokation*, daß die gesamtwirtschaftlich verfügbaren Produktionsfaktoren in optimaler Weise auf die Sektoren aufgeteilt sind (vgl. Bd.2, Kap. IV);
- im Hinblick auf die *Einkommensverteilung*, daß gleiche Faktorleistungen in allen Verwendungen gleiche Lohnsätze erzielen, also keine Probleme der Einkommensdisparität auftreten.

Die *fixen* landwirtschaftlichen Produktionsfaktoren (insbesondere der Boden) erhalten eine Entlohnung, die ihrem Wertgrenzprodukt bei den herrschenden Knappheitsverhältnissen entspricht.

Unter *agrarpolitischen Gesichtspunkten* ergeben sich als Zwischenbilanz die folgenden **Schlußfolgerungen**: Bei gut funktionierender Faktormobilität würden sich die Anpassungsprozesse auch im schrumpfenden Agrarsektor ziemlich reibungslos vollziehen. Die in der Landwirtschaft freigesetzten Faktoren würden in den übrigen Wirtschaftssektoren ihrer Leistungsfähigkeit entsprechende Beschäftigungen finden, und durch die Abwanderung würden auch die in der Landwirtschaft verbleibenden Faktoren über den Markt eine Entlohnung erhalten, die derjenigen in den übrigen Sektoren entspricht. Entlohnungsunterschiede würden sich nur zwischen den einzelnen Individuen in dem Maße ergeben, wie unterschiedliche berufliche Qualifikationen vorliegen. Weiterhin können besondere persönliche Präferenzen für eine bestimmte - in unserem Fall die landwirtschaftliche - berufliche Tätigkeit dazu führen, daß Mobilitätsmöglichkeiten bewußt nicht wahrgenommen werden und dadurch Einkommensdisparitäten entstehen.

Dies wäre dann jedoch kein Grund für staatliche Maßnahmen zur Einkommensstützung. Sie würden nur signalisieren, daß von diesen Individuen ein bestimmtes Zielbündel mit (niedrigerem) Einkommen und bestimmten Vorzügen landwirtschaftlicher Tätigkeit (Selbstständigkeit, Naturverbundenheit u.a.) einem höheren Einkommen bei anderer beruflicher Tätigkeit vorgezogen wird.

Wenn die unterstellten Modellbedingungen in den Agrarsektoren der westlichen Industrieländer auch nur annähernd vorliegen würden, bedürfte es kaum einer besonderen Agrarökonomik, und auch die Aktivitäten der Agrarpolitik könnten auf einen Bruchteil schrumpfen. Die Erfahrung zeigt jedoch, daß die Realität anders ist. Unsichere Zukunftserwartungen, Fehleinschätzungen langfristiger Anpassungserfordernisse und erhebliche Mobilitätshemmnisse verschiedener Art behindern und verzögern die landwirtschaftlichen Anpassungsprozesse, so daß sich langandauernde Ungleichgewichte von Faktoreinsatz, Produktion und Einkommen herausbilden können. Angesichts des eingeschränkten Realitätsbezugs ist der Aussagewert der beschriebenen idealtypischen Modellvorstellungen vor allem darin zu sehen, daß sie

- eine Grundorientierung für eine marktwirtschaftlich ausgerichtete Agrarpolitik liefern und
- ein Referenzsystem für die Situationsanalyse und die Beurteilung der Effizienz agrarpolitischer Maßnahmen bilden können (vgl. Bd. 2, Kap. IV).

7.4. Langandauernde Ungleichgewichte als Ergebnis unvollkommener Faktormobilität

Vollkommene Faktormobilität ist eine Modellfiktion, die es in der Realität nicht gibt. Jede Anpassung von Faktorbeständen benötigt Zeit, so daß auch bei funktionierenden Produkt- und Faktormärkten temporäre Ungleichgewichte auftreten. Solche Friktionen sind im Verlaufe des wirtschaftlichen Strukturwandels nicht vermeidbar; Entlohnungsdisparitäten sind sogar erforderlich, um Anpassungsprozesse auszulösen und voranzutreiben.

Die besonderen Schwierigkeiten des Agrarsektors in fortgeschrittenen Stadien wirtschaftlicher Entwicklung beruhen

- zum einen darauf, daß starke sektorale *Anpassungserfordernisse* bestehen. Ein unterproportionales und sich immer mehr abschwächendes Nachfragewachstum bei gleichzeitig überdurchschnittlich hohen Raten technischen Fortschritts macht - vor allem bei ungünstigen agrarstrukturellen Ausgangsbedingungen - eine erhebliche Freisetzung von Produktionsfaktoren und einen fortlaufenden Wandel der betrieblichen Strukturen in der Landwirtschaft erforderlich.
- Zum anderen sind im Agrarsektor die *Voraussetzungen für eine zügige Anpassung* an sich wandelnde Rahmenbedingungen recht ungünstig, da die künftigen technologischen und ökonomischen Entwicklungen häufig falsch eingeschätzt werden und einmal getroffene Fehlentscheidungen nur schwer korrigierbar sind.

Fehleinschätzungen sind neben den unvermeidlichen Unsicherheiten auch auf Besonderheiten des agrarpolitischen Willensbildungsprozesses zurückzuführen. Diese führen häufig dazu, daß bei Landwirten und Agrarpolitikern Zukunftserwartungen geweckt werden, die auf eine systematische Unterschätzung künftiger Anpassungserfordernisse hinauslaufen (vgl. dazu Bd. 2, Kap. V).

Diese Fehleinschätzungen haben in der Landwirtschaft oft gravierende Folgen, weil einmal getroffene Berufs- und Investitionsentscheidungen in den meisten Fällen nur mit erheblichen Verlusten zu korrigieren sind (vgl. Abschnitt 6). Eine in anderen Wirtschaftsbereichen nicht einsetzbare, spezialisierte Ausbildung und ein hohes Maß an Ortsverbundenheit sowie z.T. ausgeprägte Präferenzen für eine landwirtschaftliche Tätigkeit können als wichtigste Mobilitätshemmnisse für landwirtschaftliche *Arbeitskräfte* gelten; eingeschränkte Möglichkeiten außerlandwirtschaftlicher Verwendung und niedrige Wiederveräußerungswerte sind für eine nur geringe Mobilität landwirtschaftlicher *Kapitalgüter* verantwortlich.

Im folgenden betrachten wir zunächst die prinzipiellen Auswirkungen gehemmter Faktormobilität auf die Anpassungsprozesse auf den Faktor- und Produktmärkten und sodann die hiermit verbundenen Allokations- und Verteilungswirkungen.

Auswirkungen gehemmter Faktormobilität

Die Auswirkungen gehemmter Faktormobilität lassen sich durch die folgende, in Übersicht III-66 skizzierte Wirkungskette kennzeichnen: Sinkende Agrarpreise bewirken eine Abnahme der Wertgrenzprodukte, die in Abhängigkeit von den jeweils bestehenden Mobilitätbedingungen zwar auch Faktoranpassungen auslösen, jedoch nicht soweit, daß die außerlandwirtschaftlichen Wertgrenzprodukte und Entlohnungssätze erreicht werden. Dies kommt in nicht vollkommen elastischen Faktorangebotsfunktionen zum Ausdruck. Für die *einzelnen* Faktormärkte wurden die Zusammenhänge bereits in Abschnitt 6 unter verschiedenen Mobilitätskonstellationen untersucht. Zusätzliche Aspekte ergeben sich aus der gemeinsamen Betrachtung der Anpassungen auf verschiedenen Faktormärkten sowie aus den Wechselbeziehungen mit den Produktmärkten.

In Übersicht III-66 werden entsprechend den Ausführungen zu den einzelnen Faktormärkten (s.o.) Mobilitätsbedingungen für die Faktoren Arbeit, Boden, Kapital und Vorleistungen angenommen, die den Verhältnissen in der Realität näher kommen dürften als die der Übersicht III-65 zugrundeliegenden Annahmen. Sinkende Agrarpreise führen unter sonst unveränderten Bedingungen zu den folgenden Anpassungsreaktionen: Auf dem *Arbeitsmarkt* reicht die Abwanderung (A_1-A_2) nicht aus, um die Wertgrenzprodukte anzugleichen; es ergibt sich eine disparitäre Arbeitsentlohnung. Der *Kapitaleinsatz* wird ebenfalls nur teilweise angepaßt; die Kapitalrendite erreicht nicht die außerlandwirtschaftliche Verzinsung. Die *Bodenrente* sinkt bei leicht reduzierter landwirtschaftlicher Nutzfläche. Der *Vorleistungseinsatz* wird bei fast konstanten Faktorpreisen voll an die veränderten ökonomischen Rahmenbedingungen angepaßt.

Inhaltlich macht die skizzierte Situation deutlich: Wenn auf den einzelnen Faktormärkten unterschiedliche Mobilitätsbedingungen vorliegen, ergeben sich disproportionale Veränderungen der Faktorbestände und Entlohnungssätze. Bei Preis- und Einkommensdruck wird hauptsächlich der Einsatz der *beweglichen* Faktoren angepaßt, während die Faktoren mit begrenzten außerlandwirtschaftlichen Alternativen vergleichsweise weniger reduziert in der Landwirtschaft verbleiben. Entsprechend werden durch eine Erhöhung des Agrarpreisniveaus zusätzlich insbesondere bewegliche

Faktoren in die Landwirtschaft hineingezogen. Allgemein gilt: Je beweglicher ein Faktor ist, umso stärker wird sein Einsatz an veränderte ökonomische Rahmenbedingungen angepaßt und umso geringer sind die verbleibenden Lohnsatzdisparitäten.

Übersicht III-66: Auswirkungen sinkender Agrarpreise auf Faktoreinsatz und -entlohnung unter bestimmten Annahmen über die jeweiligen Mobilitätshemmnisse

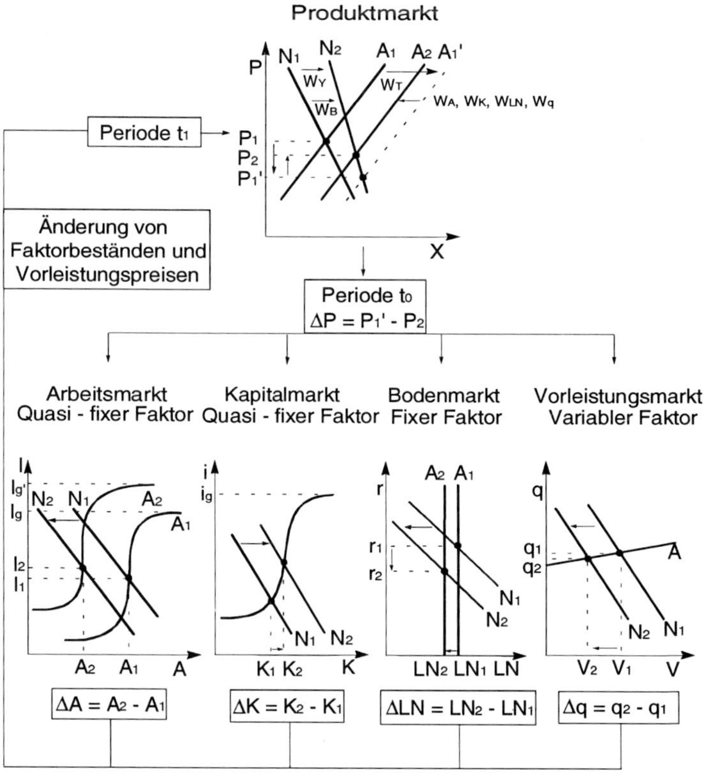

Die eingeschränkten Anpassungen auf den Faktormärkten haben bedeutsame Konsequenzen für die *landwirtschaftlichen Produktmärkte*: Verglichen mit einer Situation vollkommener Faktormobilität wird das Angebotswachstum nur in einem geringeren Ausmaß abgeschwächt (graphisch: die Angebotsfunktion verschiebt sich über das Ausmaß bei vollkommener

Faktormobilität hinaus nach rechts). Das wiederum bedeutet, daß ein stärkerer Agrarpreisdruck mit den entsprechenden Konsequenzen für die landwirtschaftlichen Faktoreinkommen entsteht. Hierdurch würde sich - wenn der Staat nicht intervenierend eingreift - der Anreiz zur Faktoranpassung fortlaufend erhöhen, bis dann letztlich doch *Raten* von Faktorbestandsänderungen erreicht werden, deren Größenordnung an die bei vollständiger Faktormobilität heranreichen dürfte, wobei allerdings eine den Mobilitätshemmnissen entsprechende Einkommensdisparität erhalten bleibt (vgl. zur modellmäßigen Abbildung einer solchen Entwicklung Abschnitt 8).

Um den Preis- und Einkommensdruck zu begrenzen, werden in den meisten westlichen Industrieländern *preis- und einkommensstützende Maßnahmen* ergriffen, die den "Anpassungszwang" teilweise nach außen verlagern (Steuerzahler, Drittländer). Die Erfahrung zeigt jedoch, daß sich hierdurch der Zwang zur strukturellen Anpassung im Agrarsektor nur zeitlich hinausschieben, jedoch nicht auf Dauer vermeiden läßt.

Methodisch ergibt sich aus den preiselastischen Angebotsfunktionen für Faktorleistungen, daß eine korrekte Analyse der Produktmärkte ohne Einbeziehung der Faktormärkte nicht mehr möglich ist, da Produkt- und Faktormärkte auch bei langfristiger Betrachtung ein interdependentes System darstellen:

$$\text{(III-74)} \quad \left\{ \begin{array}{lcc} X^N(P \mid B, Y_K, U) & = & X^{lA}(P, q, l, i \mid LN, T) \\ A^N(P, q, l, i \mid LN, T) & = & A^A(l \mid l_G \ldots) \\ K^N(P, q, l, i, \mid LN, T) & = & K^A(i \mid i_G \ldots) \\ V^N(P, q, l, i \mid LN, T) & = & V^A(q, \ldots) \end{array} \right\}$$

Da die landwirtschaftlichen Faktorpreise von den gesamtwirtschaftlichen Faktorpreisen abweichen können, stellen sie zusammen mit den Agrarpreisen *endogene* Variable dar. Eine Analyse des Produktmarkts bleibt auch auf der Basis der langfristigen Angebotsfunktion ohne die Faktormärkte *partiell*: Bei einer Erhöhung der Nachfrage (Verschiebung der Nachfragefunktion) ist anhand der langfristigen Angebotsfunktion nur die unmittelbare Reaktion ableitbar, weil der Agrarpreisanstieg eine erhöhte Faktornachfrage und damit erhöhte Faktorpeise verursacht, die wieder als "unabhängige" Variable auf das Angebot zurückwirken. Daneben ist die (in Gleichung (III-74) nicht explizit gekennzeichnete) zusätzliche Interdependenz von Produkt und Faktormärkten über die Einkommensabhängigkeit der Faktorangebotsfunktionen zu beachten.

Allokations- und Verteilungswirkungen: Beurteilung

Unter Allokationsgesichtspunkten hat der überhöhte Faktoreinsatz im Agrarsektor theoretisch einen Sozialproduktverlust zur Folge, da die betreffenden Faktoren außerhalb der Landwirtschaft ein höheres Wertgrenzprodukt erzielen, d.h.eine höhere Produktion erzeugen könnten (vgl. auch Abschnitt 8.1.3). Je nach gesamtwirtschaftlicher Situation und betrachteter Faktorkategorie sind jedoch die resultierenden Allokations- und Verteilungseffekte unterschiedlich zu beurteilen. So kann beispielsweise bei einem überhöhten **landwirtschaftlichen Arbeitseinsatz** keinesfalls jede "überzählige" landwirtschaftliche Arbeitskraft mit einem gewerblichen Lohnsatz bewertet und daraus der Allokationsverlust abgeleitet werden. Das Ausmaß des Sozialproduktsverlusts hängt vielmehr davon ab, in welchem Maße die gesamtwirtschaftliche Arbeitsmarktlage und die individuellen Fähigkeiten es zulassen, daß *tatsächlich* ein größeres außerlandwirtschaftliches Grenzprodukt erzielt werden kann. Auch bei landwirtschaftlichen Beschäftigten, die zwar aufgrund ihrer Fähigkeiten in anderen Sektoren höhere Wertgrenzprodukte erarbeiten könnten, dieses aber wegen persönlicher Präferenzen nicht wollen, ergeben sich Bewertungsprobleme, da sich die potentiellen Sozialproduktgewinne bei Erhaltung des individuellen Freiheitsspielraumes in marktwirtschaftlichen Systemen nicht realisieren lassen.

Bei den **Anlageentscheidungen** landwirtschaftlicher Haushalte (Anlage von Geldkapital) sind erhebliche "Überinvestitionen" in den landwirtschaftlichen Betrieben festzustellen (insbesondere in den westdeutschen, vgl. Kap. II, 4.3.3). Zum Teil sind diese auf mangelnde Informationen über außerlandwirtschaftliche Anlagemöglichkeiten zurückzuführen; im wesentlichen steht die Präferenz für Investitionen in die Landwirtschaft aber im Zusammenhang mit den Berufsentscheidungen der in der Landwirtschaft Beschäftigten. Die Betriebsinhaber wollen ihre Betriebe durch zusätzliche Investitionen ausbauen, um das Familieneinkommen aus landwirtschaftlicher Produktion auch langfristig zu sichern (Motivation von Wachstumsbetrieben), oder investieren, um Nebeneinkünfte bei begrenzter Arbeitsbelastung erzielen zu können (Motivation von Nebenerwerbsbetrieben). Häufig spielen bei Investitionen auch Konsumaspekte (gleichzeitiger Ausbau des Wohnhauses, Verschönerung des Hofes u.ä.) und Prestigegründe eine Rolle. Insgesamt läßt sich feststellen, daß die durchschnittliche Kapitalrendite im Agrarsektor aufgrund des Überbesatzes an Kapital im allgemeinen wesentlich niedriger ist als in anderen Unternehmensbereichen der Volkswirtschaft.

Durch die gehemmte Arbeitsmobilität wird auch die **Bodenmobilität** gedämpft. Denn Boden wird im allgemeinen nur angeboten, wenn die landwirtschaftliche Tätigkeit ganz oder teilweise aufgegeben wird. Bei den begrenzten außerlandwirtschaftlichen Nutzungsmöglichkeiten hat eine gehemmte landwirtschaftliche Bodenmobilität kaum Bedeutung für die intersektorale Faktorallokation. Sie verursacht jedoch eine Verzerrung der Faktorproportionen innerhalb der Landwirtschaft, behindert die Ausnutzung von "economies of scale" und beeinträchtigt dadurch die Produktionseffizienz des Agrarsektors. Die aus gehemmter Arbeitsmobilität resultierende Erhöhung des Pachtpreisniveaus führt zu einer Umverteilung zugunsten der Bodeneigentümer. Innerlandwirtschaftlich ist damit eine Belastung von Wachstumsbetrieben mit hohem Pachtanteil verbunden.

Bei einer Beurteilung von Einkommensunterschieden unter **Verteilungsgesichtspunkten** müssen die jeweiligen Ursachen berücksichtigt werden. Wenn Personen aufgrund abrupter Veränderungen von Rahmenbedingungen in eine schwierige soziale Lage geraten und keine angemessenen beruflichen Alternativen besitzen, so ist deren Situation anders zu beurteilen, als wenn im wesentlichen persönliche Präferenzen (der Wunsch nach selbständiger Tätigkeit auf dem eigenen Betrieb, eine hohe Wertschätzung für die landwirtschaftliche Tätigkeit "an sich") zu einer Einkommensdifferenz führen. In einem marktwirtschaftlichen System ist grundsätzlich davon auszugehen, daß der Einzelne die Möglichkeit der Wahl zwischen alternativen Beschäftigungsmöglichkeiten mit unterschiedlichen Vor- und Nachteilen in Bezug auf Einkommen, Freiheitsspielraum u.a. hat, nach erfolgter Wahl aber auch die jeweiligen Konsequenzen akzeptieren muß.

8. Intersektorale Analyse auf der Basis neoklassischer Zwei-Sektoren-Modelle

In Abschnitt 7 hatten wir die partialen Produkt- und Faktormärkte des Agrarsektors mit ihren Wechselwirkungen zu einer gesamtsektoralen Betrachtung zusammengefügt. Dabei wurde deutlich, daß die Analyse eines Teils (Ausschnitts) des Agrarsektors (z.B. des landwirtschaftlichen Produktmarkts) zu fehlerhaften Ergebnissen führen kann, wenn von diesem Teil Wirkungen auf andere Teile (z.B. die landwirtschaftlichen Faktormärkte) ausgehen, die ihrerseits dadurch zurückwirken, daß sich vermeintlich "exogene" Variable ändern (z.B. die Faktorpreise).

Auch bei der Analyse des Gesamtsektors Landwirtschaft muß man sich jedoch bewußt sein, daß dieser nur ein Teil der Gesamtwirtschaft ist und somit auch hier Fehler in der Analyse auftreten können, wenn der Agrarsektor den Rest der Volkswirtschaft beeinflußt und hierdurch vermeintlich "exogene" Variable verändert wie z.B. das Volkseinkommen und die außerlandwirtschaftlichen Faktorpreise. In diesem Abschnitt wird von einem gesamtwirtschaftlichen Zwei-Sektoren-Modell ausgegangen, in dem die *intersektoralen Wechselbeziehungen* durch die Mechanismen der Produkt- und Faktormärkte im Vordergrund der Betrachtung stehen. Eine derartige Analye auf der Basis eines **Modells mit "großem" Agrarsektor** ist zwar besonders für Entwicklungsländer relevant (vgl. Abschnitt 1), doch ist der Agrarsektor auch in vielen Industrieländern in bezug auf einige Größen, z.B. die Staatausgaben, durchaus als "groß" anzusehen.

Eine umfassendere Perspektive fordert allerdings auch ihren Preis. Um den Überblick zu behalten ist eine gröbere "Lupeneinstellung" notwendig. Die Gesamtwirtschaft wird in diesem Abschnitt radikal vereinfacht dargestellt, indem wir außer der Landwirtschaft nur einen weiteren Sektor betrachten, der den "Rest" der Volkswirtschaft (das "Gewerbe") repräsentiert. Hierbei lassen sich die Zusammenhänge mit relativ einfachen analytischen oder graphischen Hilfsmitteln und numerischen Simulationsrechnungen untersuchen und es werden die großen Linien wechselseitiger Beziehungen erkennbar. Dabei geraten die sich innerhalb der Aggregate vollziehenden Veränderungen leicht aus den Augen. Man darf diese jedoch nicht vergessen und muß sich stets bewußt sein, daß gerade die "hinter" den großen Aggregaten ablaufenden differenzierten Entwicklungen und Strukturveränderungen wesentliche Aspekte der agrarsektoralen Anpassungen ausmachen.

8.1. Statische Analyse des allgemeinen Gleichgewichts

8.1.1. Grundlagen der Modellstruktur

Wenn man vom monetären Sektor, dem Staat und Außenwirtschaftsbeziehungen abstrahiert, läßt sich ein Modell der Gesamtwirtschaft "einfach" dadurch konstruieren, daß man für *alle* Produkte und Faktoren die entsprechenden Angebots- und Nachfragefunktionen spezifiziert und in Marktgleichgewichtsbedingungen zusammenführt. Ein derartiges mikroökonomisch basiertes Modell der Gesamtwirtschaft wird **"Allgemeines Gleichgewichtsmodell"** oder auch nach dem Begründer einer derartigen Analyse **"Walrasianisches Gleichgewichtsmodell"** genannt (vgl. WALRAS 1954, HENRICHSMEYER 1966, VARIAN 1984).

In einem derartigen Modell ergeben sich als **endogene Variable**:

- die Allokation der Faktoren auf die Sektoren
- sektorale Angebots- und Nachfragemengen
- sektorale Produkt- und Faktorpreisrelationen
- gesamtwirtschaftliche Einkommenshöhe und Einkommensverteilung

Die **exogenen Variablen** reduzieren sich dann auf:

- den Stand der Technik
- die Präferenzen der Haushalte sowie
- die gesamtwirtschaftlichen Faktorbestände,

wenn es sich, wie in diesem Abschnitt, um ein statisches Modell ohne Ersparnis, Investition und Bevölkerungswachstum handelt (vgl. aber unten die dynamische Analyse in 8.2).

In diesem Kapitel interessiert unter dem Gesichtspunkt *positiver* Analyse, welche Gleichgewichtswerte für die endogenen Variablen aus dem Zusammenspiel von Angebots- und Nachfrageseite *tatsächlich* (unter bestimmten Prämissen) resultieren. Erst in Bd. 2 wird der *normativen* Frage nach der *optimalen* Faktorallokation nachgegangen, obwohl schon hier einige vorgreifende Hinweise dazu gegeben werden.

Das hier darzustellende Modell unterscheidet nur 2 Produkte und 2 Faktoren, was jedoch zur Darstellung der Grundprinzipien Allgemeiner Gleichgewichtsmodelle ausreicht. Wir werden uns zunächst auf der Basis einer analytischen Darstellung einen Überblick verschaffen, um das Gesamtsystem und die zugrundeliegenden Annahmen kennenzulernen. Anschließend werden Teilaspekte mit graphischen Hilfsmitteln genauer untersucht und Bezüge zur typischen Situation des Agrarsektors in einer industrialisierten Volkswirtschaft hergestellt.

Produktion

Zur Kennzeichnung der Angebotsseite sind die Elemente aus den Abschnitten über Produktmärkte und Faktormärkte auf die beiden hier unterschiedenen Sektoren "Landwirtschaft" (Index L) und "Gewerbe" (Index G) anzuwenden.

Die *Technologie* wird durch sektorale (konkave) Produktionsfunktionen (f_s) beschrieben, in denen nur die Faktoren Arbeit (A) und Kapital (K) unterschieden werden. Beide Faktoren seien homogen und in beliebigen Mengen in beiden Sektoren gleichwertig einsetzbar, d.h. das Kapital sei beliebig verformbar und die Arbeit benötige keinerlei spezifische Qualifikationen:

$$X_L = f_L(A_L, K_L)\ ,\ X_G = f_G(A_G, K_G) \quad \text{bzw. kürzer:}$$

$$\text{(III-75)} \quad X_s = f_s(A_s, K_s) \qquad (s = L, G)$$

Da Vorleistungen nicht explizit aufgeführt sind, ist X_s als Nettoproduktion aufzufassen oder K_s als ein die Vorleistungen umfassendes Aggregat zu interpretieren. Der Boden wird als konstant angesehen und daher nicht aufgeführt. Die Produktion dient (in diesem statischen Ansatz, vgl. aber 8.2) allein dem Konsum.

Als Verhaltenshypothese der Produzenten nehmen wir hier Gewinnmaximierung an:

$$\text{(III-76)} \quad \pi_s = \max_{A_s^N, K_s^N} \{P_s \cdot f_s(A_s^N, K_s^N) - l \cdot A_s^N - i \cdot K_s^N\} \qquad (s = L, G)$$

Entsprechend den mikroökonomischen Grundvorstellungen wird dann der Faktoreinsatz so bemessen, daß die sektoralen Wertgrenzprodukte mit den (für beide Sektoren gleichen) Löhnen (l) und Kapitalkosten (i) übereinstimmen. Hierdurch werden die gleichgewichtigen Faktoreinsatzmengen (Faktornachfrage) und damit über die Produktionsfunktionen (III-75) auch die gleichgewichtigen Produktionsmengen (Güterangebot) in Abhängigkeit von den Preisen determiniert:

$$\text{(III-77)} \quad \begin{cases} A_s^N = A_s^N(P_s, l, i) \\ K_s^N = K_s^N(P_s, l, i) \end{cases} \qquad (s = L, G)$$

$$\text{(III-78)} \quad X_s^A = X_s^A(P_s, l, i) = f_s(A_s^N(P_s, l, i), K_s^N(P_s, l, i))$$

Vor dem Hintergrund der Abschnitte 3, 6 und 7 sind die Funktionen als langfristig zu interpretieren, weil auch die Primärfaktoren variabel sind. Darüber hinaus wird zunächst von der Annahme vollkommener Faktormobilität ausgegangen (wie in Abschnitt 7.3).

Haushalte

Für die Nachfrageseite gehen wir wieder von einem "repräsentativen Haushalt" aus (vgl. Abschnitt 4), dem alle Eigentumsrechte an Unternehmen und Faktoren gehören und dem daher die gesamten Gewinn- und Faktoreinkommen zufließen:

$$\text{(III-79)} \quad Y \equiv \Sigma_s \pi_s + l \cdot A^A + i \cdot K^A$$

Dieser Haushalt bestimme die Konsumausgaben so, daß bei Beachtung seiner Budgetrestriktion eine gesellschaftliche Nutzenfunktion[5] maximiert wird. Da der repräsentative Haushalt das Verhalten der Gesamtheit aller Haushalte wiedergeben soll, verhält er sich nicht monopsonistisch (obwohl er es in unserem Modell könnte) sondern betrachtet die Preise als exogene Daten:

$$\max_{X_L^N, X_G^N} U(X_L^N, X_G^N) \qquad \text{wobei:}$$

$$\text{(III-80)} \quad Y = P_L \cdot X_L^N + P_G \cdot X_G^N$$

Die bei bestimmten Preisen und einem bestimmten Einkommen nutzenmaximalen Konsummengen des landwirtschaftlichen und gewerblichen Gutes werden durch die gesamtwirtschaftlichen Güternachfragefunktionen beschrieben:

$$\text{(III-81)} \quad X_s^N = X_s^N(P_L, P_G, Y) \qquad (s = L, G)$$

---

5) Zur Problematik dieses Konzepts in der Wohlfahrtsökonomik vgl. Bd. 2, Kap. IV. Gesellschaftliche Nutzenfunktionen bzw. weiter unten gesellschaftliche Indifferenzkurven sollen in diesem Kapitel "lediglich" zur Darstellung des aggregierten Nachfrageverhaltens dienen.

Wie schon oben bemerkt, werden die gesamtwirtschaftlichen Faktorbestände, die der repräsentative Haushalt besitzt (und anbietet), im Rahmen dieser statischen Analyse als gegeben betrachtet:

$$\text{(III-82)} \quad \begin{cases} A^A = \bar{A} \\ K^A = \bar{K} \end{cases} \qquad (s = L, G)$$

Märkte und Gleichgewicht

Durch Zusammenführung der Angebots- und Nachfragefunktionen auf Produkt- und Faktormärkten entsteht unsere Einfachstversion eines Allgemeinen Gleichgewichtsmodells:

$$\text{(III-83)} \quad X_s^N(P_L, P_G, Y) = X_s^A(P_s, l, i) \qquad (s = L, G)$$

$$\text{(III-84)} \quad \begin{cases} \bar{A} = \Sigma_s A_s^N(P_s, l, i) \\ \bar{K} = \Sigma_s K_s^N(P_s, l, i) \end{cases} \qquad (s = L, G)$$

Mit den 4 Marktgleichgewichtsbedingungen in (III-83) und (III-84), den beiden Definitionen der sektoralen Gewinne in (III-76) und der Einkommensdefinition (III-79) haben wir ein Gleichungssystem mit 7 Gleichungen und den 7 Unbekannten P_L, P_G, l, i, π_L, π_G und Y, für das es unter bestimmten Bedingungen eine eindeutige Lösung gibt. Durch Einsetzen der Gleichgewichtspreise in die Angebots- und Nachfragefunktionen (III-77), (III-78) und (III-81) erhält man die gleichgewichtigen Angebots- und Nachfragemengen für Güter und Faktoren.

Die Darstellung unseres Walrasianischen Gleichgewichtssystems ist allerdings noch in zweierlei Hinsicht zu ergänzen. Zunächst ist die Budgetrestriktion der Haushalte (III-80) zu beachten, die bewirkt, daß die oben genannten 7 Gleichungen nicht unabhängig voneinander sind bzw. daß das Gesamtsystem mit 8 Gleichungen und 7 Unbekannten überbestimmt ist. Dieses Problem läßt sich einfach lösen, indem man eine der Gleichungen streicht, z.B. die Marktgleichgewichtsbedingung für das gewerbliche Gut, so daß das System nur noch 7 Gleichungen hat. Wenn von den vier Märkten in (III-83), (III-84) drei im Gleichgewicht sind, befindet sich wegen der Budgetrestriktion auch der 4. Markt im Gleichgewicht, so daß er nicht mehr explizit berücksichtigt werden muß ("Gesetz von Walras", vgl. HASLINGER 1982).

Die zweite Ergänzung bezieht sich auf eine Eigenschaft der Angebots- und Nachfragefunktionen, die sich aus den Hypothesen der Gewinn- bzw. Nutzenmaximierung ergibt. Der optimale Faktoreinsatz eines Sektors ändert sich nicht, wenn Güterpreis und Faktorpreise um den gleichen Prozentsatz steigen (beide Seiten der Wertgrenzproduktivitätsbedingung werden mit dem gleichen Faktor multipliziert).

Ähnlich ändert sich die optimale Güternachfrage für den Haushalt nicht, wenn sein Einkommen und die Güterpreise um den gleichen Prozentsatz steigen (keine "Geldillusion"). Daher können die 7 endogenen Variablen unseres Systems P_L, P_G, l, i, π_L, π_G und Y mit einem beliebigen Faktor multipliziert werden, ohne daß das System aus dem Gleichgewicht gerät. Die nominale Höhe dieser Größen ist daher unbestimmt, lediglich die "realen" Größen bzw. die Preisrelationen werden in einem walrasianischen Modell (ohne monetären Sektor) determiniert. Man kann daher die endogenen Variablen "normieren", indem man sie alle z.B. mit $1/P_G$ multipliziert, so daß alle Größen relativ zum Preis des gewerblichen Gutes ausgedrückt sind, für den man z.B. einen Preis von "1" festlegt.

Ein Allgemeines Gleichgewichtsmodell besteht also aus einem Satz von Angebots- und Nachfragefunktionen für Güter und Faktoren, die aus den Hypothesen der Gewinn- bzw. Nutzenmaximierung bei gegebener Technologie und Präferenzen unter Beachtung der Budgetrestriktion der Haushalte abgeleitet sind. Im Gleichgewicht ergeben sich solche Preisrelationen, bei denen die Märkte geräumt sind.

Aufbauend auf diesem recht abstrakten Überblick über das Allgemeine Gleichgewicht in einer Volkswirtschaft sollen nun Teilelemente und deren Zusammenwirken eingehender betrachtet werden.

8.1.2. Eigenschaften des Gleichgewichts bei vollkommener Faktormobilität

Faktormärkte

Hier soll zunächst das Gleichgewicht auf den Faktormärkten (III-84) betrachtet werden. Dabei wird es sich als instruktiv erweisen, die Faktornachfragefunktionen nicht als gegeben hinzunehmen, sondern ihre mikroökonomische Fundierung als gewinnmaximale Faktoreinsatzmengen nachzubilden (vgl. oben die Herleitung von (III-77)). Da die graphischen Darstellungsmöglichkeiten auf zwei bzw. maximal drei Dimensionen begrenzt sind, können nicht alle Teilaspekte des Gleichgewichts gleichzeitig sichtbar gemacht werden. Wir betrachten daher zunächst das Faktormarktgleichgewicht bei gegebenen Produktionsmengen, so daß der gewinnmaximale Faktoreinsatz dem kostenminimalen Faktoreinsatz entspricht. Das Boxendiagramm ("Edgeworth Box", Übersicht III-67) erlaubt die simultane Betrachtung der Kostenminimierung in zwei Sektoren und ihr Zusammenwirken bei gesamtwirtschaftlich gegebenem Faktorangebot. Die "Edgeworth-Box" entsteht durch Zusammenfügen der Isoquantenschemata für die landwirtschaftliche ($f_L(A_L,K_L)$) und die gewerbliche Produktion ($f_G(A_G,K_G)$). Vom unteren linken Eckpunkt O_L aus sind in der üblichen Weise die Isoquanten zur Darstellung der landwirtschaftlichen Technologie eingezeichnet, während das Isoquantenschema für die gewerbliche Produktion vom rechten oberen Eckpunkt O_G aus "zu lesen" ist.

Die Seitenlängen der Box entsprechen den gesamtwirtschaftlich gegebenen Beständen an Arbeit und Kapital. Würden die gesamten

Faktorbestände nur für die Landwirtschaft genutzt, so würde die durch O_G verlaufende "landwirtschaftliche" Isoquante die maximale landwirtschaftliche Produktion kennzeichnen, so wie umgekehrt die durch O_L verlaufende "gewerbliche" Isoquante die maximale gewerbliche Produktion charakterisiert.

Übersicht III-67 Boxendiagramm der Produktion

X_{Li} = Isoquante für das landwirtschaftliche Gut ($X_{L1}<X_{L2}<X_{L3}$)

X_{Gi} = Isoquante für das gewerbliche Gut ($X_{G1}<X_{G2}<X_{G3}$)

E = Kurve der Faktormarktgleichgewichte (Kurve der effizienten Produktion)

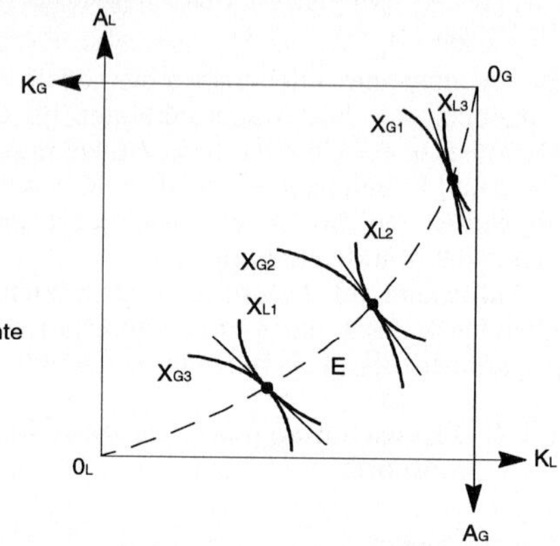

Liegt der landwirtschaftliche Produktionspunkt innerhalb der Box, so werden die gesamtwirtschaftlichen Faktorbestände nicht vollständig von der Landwirtschaft beansprucht, und vom Punkt O_G aus können die für die gewerbliche Produktion verbleibenden Kapazitäten abgelesen werden. Wenn diese verbleibenden Kapazitäten in der gewerblichen Produktion gerade ausgenutzt werden, so herrscht Vollbeschäftigung und der gewerbliche Produktionspunkt deckt sich mit dem landwirtschaftlichen Produktionspunkt. Jeder Punkt des Boxendiagramms läßt sich daher als Vollbeschäftigungssituation interpretieren, wenn man gleichzeitig von O_L aus den landwirtschaftlichen und von O_G aus den gewerblichen Faktoreinsatz abliest. Zusammen mit den Indizes der entsprechenden Isoquanten ist jede Vollbeschäftigungssituation damit durch 6 Werte gekennzeichnet.

Gleichgewichtige Faktormarktsituationen können nur durch Punkte auf der Kurve E gekennzeichnet sein, die sich aus den Punkten zusammensetzt, an denen sich die "landwirtschaftlichen" und die "gewerblichen" Isoquanten gerade tangieren. In diesen Punkten stimmen die Grenzraten der Substitution in Landwirtschaft und Gewerbe überein und kennzeichnen die allgemein gültige Faktorpreisrelation:

$$\text{(III-85)} \quad -\frac{dA_L}{dK_L} = \frac{dA_G}{dK_G} = \frac{i}{l}$$

Gleichzeitig herrscht in diesen Punkten Vollbeschäftigung der Produktionsfaktoren.

Es läßt sich leicht zeigen, daß bei Abweichung der Faktoreinsatzkombinationen von der Kurve E unter den Bedingungen vollständiger Faktormobilität Ungleichgewichtssituationen bestehen und Anpassungsprozesse ausgelöst werden, die zu dieser Kurve hinführen. In Übersicht III-68a ist in dem Punkt P_1 eine Faktoreinsatzkombination dargestellt, bei der zwar die Faktorbestände ausgelastet sind, aber die Grenzraten der Substitution auseinander fallen, so daß sektorspezifische Faktorpreisrelationen bestehen:

Übersicht III-68 Ungleichgewichtige Faktorallokation im Boxendiagramm

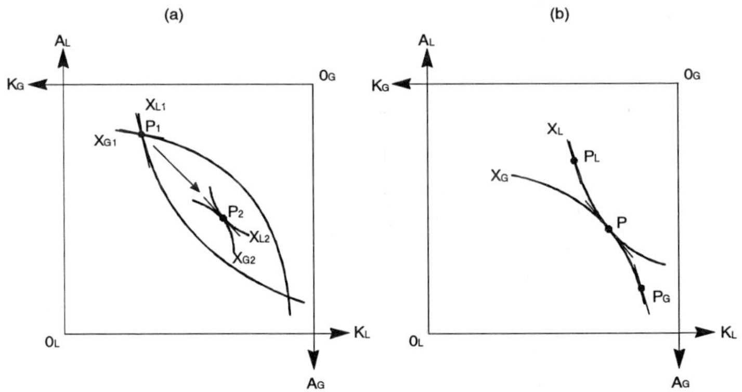

$$\text{(III-86)} \quad -\frac{dA_L}{dK_L} = \frac{i_L}{l_L} > -\frac{dA_G}{dK_G} = \frac{i_G}{l_G}$$

Innerhalb der Landwirtschaft herrscht eine höhere Zins-Lohn-Relation i_L/l_L als im Gewerbe. Dadurch wird in diesem Modell mit vollkommener Faktormobilität (vgl. zu gehemmter Faktormobilität unten 8.1.3) eine Abwanderung von Arbeit und eine Zuwanderung von Kapital in die Landwirtschaft induziert, bis sich die Faktorpreisrelationen einander angleichen (Bewegung von P_1 nach P_2).

In Übersicht III-68b ist eine Situation dargestellt, bei der zwar die Grenzraten der Substitution und damit die Faktorpreisrelationen in den beiden Sektoren übereinstimmen, aber die Produktionspunkte auseinanderfallen,so daß statt (III-84) nun gilt:

$$\text{(III-87)} \qquad \begin{cases} \bar{A} < \Sigma_s A_s^N \\ \bar{K} > \Sigma_s K_s^N \end{cases} \qquad (s = L, G)$$

Während die Kapitalbestände nicht vollständig nachgefragt werden, übersteigt die Nachfrage nach Arbeit die gesamtwirtschaftlich verfügbare Kapazität. Eine derartige Situation kann sich nur auf geplante Größen beziehen, die noch nicht ihre Gleichgewichtswerte erreicht haben. Durch ein Ansteigen der Lohn-Zins-Relation l/i wird der Nachfrageüberschuß bei Arbeit und der Angebotsüberschuß bei Kapital beseitigt (Bewegung von P_L bzw. P_G nach P).

Gleichgewichtige Faktormarktsituationen können also nur durch Punkte auf der Kurve E repräsentiert werden, die man daher auch als "Kurve gleichgewichtiger Produktion" bezeichnen könnte.

Bedingt durch ihre Interpretation in der Wohlfahrtstheorie (vgl. Bd. 2, Kap. IV), die nach der "optimalen" Faktorallokation fragt, hat sich jedoch die Bezeichnung "*Kurve effizienter Produktion*" stärker eingebürgert. Diese Bezeichnung wird verständlich, wenn man nach der Faktorallokation fragt, die bei gegebener Produktionsmenge z.B. für gewerbliche Güter X_G die maximale landwirtschaftliche Produktion X_L ermöglicht. Gesucht ist also der Punkt auf einer (bestimmten) Isoquante für das gewerbliche Gut, der gleichzeitig auf der am weitesten von O_L entfernten Isoquante für die Landwirtschaft liegt. Da dies offensichtlich der Tangentialpunkt zweier Isoquanten ist, stellen die Punkte auf dieser Kurve nicht nur Gleichgewichtssituationen dar, sondern auch Punkte optimaler Faktorallokation, die gleichzeitig die Produktionsmöglichkeiten der Volkswirtschaft beschreiben.

Bevor das Gleichgewicht auf den Produktmärkten betrachtet wird, ist auf zwei Details des Boxendiagramms III-67 einzugehen, die später mehrfach benötigt werden. In der Übersicht III-67 verläuft die Kurve der gleichgewichtigen Produktion unterhalb der Diagonale, so daß für alle Faktorallokationen auf dieser Kurve die Arbeitsintensität in der Landwirtschaft A_L/K_L kleiner ist als die im Gewerbe A_G/K_G (bzw. die Kapitalintensität K_L/A_L größer ist als K_G/A_G). Dieser Verlauf beruht auf der Annahme, daß die Relation der Produktionselastizitäten von Kapital zu Arbeit, γ_L/α_L, in der Landwirtschaft größer als im Gewerbe ist, so daß die höhere Kapitalintensität letzlich technologisch begründet ist.

Man erkennt dies leicht, wenn man zunächst die Grenzproduktivität eines Faktors (z.B. $\partial X_L/\partial A_L$) durch die (außer im Fall der Cobb-Douglas Funktion nicht konstante) Produktionselastizität (z.B. α_L) und die Durchschnittsproduktivität (z.B. X_L/A_L) ausdrückt,

$$\alpha_L = \frac{\partial X_L}{\partial A_L} \cdot \frac{A_L}{X_L} <=> \alpha_L \cdot \frac{X_L}{A_L} = \frac{\partial X_L}{\partial A_L}$$

und anschließend die Gleichgewichtsbedingung (III-85) nach Substitution der Grenzrate der Substitution durch die Relation der Grenzproduktivitäten (vgl. Gleichung (III-9)) umformt zu

$$\text{(III-85)}' \qquad -\frac{dA_L}{dK_L} = \frac{\partial f_L/\partial K_L}{\partial f_L/\partial A_L} = \frac{\gamma_L \cdot X_L / K_L}{\alpha_L \cdot X_L / A_L} = \frac{\gamma_L \cdot A_L}{\alpha_L \cdot K_L} = \frac{i}{l} =$$

$$-\frac{dA_G}{dK_G} = \frac{\partial f_G/\partial K_G}{\partial f_G/\partial A_G} = \frac{\gamma_G \cdot X_G / K_G}{\alpha_G \cdot X_G / A_G} = \frac{\gamma_G \cdot A_G}{\alpha_G \cdot K_G}$$

Bei $(\gamma_L/\alpha_L) > (\gamma_G/\alpha_G)$ kann die Bedingung offenbar nur erfüllt werden, wenn gleichzeitig $(A_L/K_L) < (A_G/K_G)$ gilt, d.h. wenn in der Landwirtschaft kapitalintensiver als im Gewerbe produziert wird.

Die höhere Kapitalintensität in der Landwirtschaft könnte damit begründet werden, daß die moderne Landwirtschaft durch aufwendige Gebäudeanlagen für die Viehhaltung sowie große Maschinenaggregate gekennzeichnet ist, die im Gegensatz zur Industrie in der überwiegenden Zeit des Jahres nicht genutzt werden können, aber in der Zeit ihrer Nutzung eine sehr hohe Produktivität entfalten (z.B. Mähdrescher). Das Verhältnis der Produktionselastizitäten und damit der Verlauf der Kurve der effizienten Produktion ist jedoch letztlich eine empirische Frage, die durch ökonometrische Schätzungen zu klären ist.

Das zweite nachzutragende Detail bezieht sich auf die Veränderung der Zins-Lohn Relation bzw. der Grenzraten der Substitution bei Bewegung entlang der Kurve effizienter Produktion. In Übersicht III-67 sieht man, daß die Zins-Lohn Relation i/l bei Ausdehnung der landwirtschaftlichen Produktion zu Lasten des Gewerbes steigt. Da die Landwirtschaft kapitalintensiver produziert als das Gewerbe (s.o.), steigt die Kapitalnachfrage in der Landwirtschaft stärker als sie (ohne Veränderung der Faktorpreisrelation) im Gewerbe zurückgeht. Im neuen Gleichgewicht muß daher die Zins-Lohn Relation höher sein.

Formal erkennt man dies am einfachsten, wenn man die Relation der Produktionselastizitäten in (III-85)' als angenähert konstant betrachtet. Da die Arbeitsintensitäten A_L/K_L und A_G/K_G bei Bewegung von O_L in Richtung auf O_G steigen, nimmt die Zins-Lohn-Relation bei dieser Bewegung zu.

Damit bestimmt die Zusammensetzung der Produktion, für die wir bisher "gegebene" Produktionsmengen unterstellt haben, auch die sich auf den Faktormärkten herausbildende Faktorpreisrelation, worin die Interdependenz aller Variablen in einem Allgemeinen Gleichgewichtsmodell zum Ausdruck kommt. Wir wenden uns daher nun den Produktmärkten zu, durch die die gleichgewichtigen Produktionsmengen X_L und X_G bestimmt werden.

Produktmärkte

Wie bei den Faktormärkten soll auch bei der Darstellung des Gleichgewichts auf den Produktmärkten (III-83) der Bezug zur mikroökonomischen Fundierung der Funktionen deutlich gemacht werden.

Die Angebotsfunktionen geben entsprechend der oben zu (III-78) gegebenen Erläuterung die Produktionsmengen an, die aus den (sektoral) optimalen Faktoreinsatzmengen in Verbindung mit der jeweiligen sektoralen Produktionsfunktion resultieren. Nachdem wir den gleichgewichtigen Faktoreinsatz soeben mit dem Instrument der Edgeworth-Box untersucht haben, soll nun die Güterangebotsfunktion aus der Kurve der effizienten Produktion hergeleitet werden. Da jeder Punkt auf dieser Kurve nicht nur durch die Faktorallokation, sondern auch durch bestimmte Produktionsmengen des landwirtschaftlichen und gewerblichen Gutes gekennzeichnet ist, kann man die **gesamtwirtschaftliche Transformationskurve** ableiten, indem man die an den Isoquanten ablesbaren Kombinationen von X_L und X_G auf dieser Kurve in ein X_L-X_G Koordinatensystem einträgt.

Wegen der Effizienzeigenschaft auf dieser Kurve gibt eine solche gesamtwirtschaftliche Transformationskurve auch die maximale Produktion von X_L bei gegebener Produktion von X_G an, so daß die zur Mikrotheorie analoge Bezeichnung "Transformationskurve" durchaus gerechtfertigt ist. Die gesamtwirtschaftlichen Faktorkapazitäten (A,K) und der Stand der Technik (f_s) sind hierbei ebenfalls vorgegeben.

Ein konkaver Verlauf der Transformationskurve läßt sich durch unterschiedliche Faktorintensitäten in den beiden Sektoren erklären: Wenn die Produktion des industriellen Gutes eingeschränkt wird, werden Arbeit und Kapital für die Agrarproduktion verfügbar. Ausgehend von einer weitgehenden Spezialisierung der Volkswirtschaft auf den gewerblichen Sektor wird zunächst relativ viel Kapital und wenig Arbeit freigesetzt, da sich der Faktor Arbeit gemäß unseren Annahmen im arbeitsintensiveren gewerblichen Sektor besser verwertet als das Kapital. Dagegen produziert der Agrarsektor kapitalintensiver, so daß die Agrarproduktion zunächst relativ stark zunehmen kann. Je weiter die industrielle Produktion zurückgeht, desto stärker verschiebt sich das Verhältnis der freigesetzten Faktorbestände zugunsten der Arbeit, so daß die zusätzlich mögliche Agrarproduktion immer geringer wird. Analoge Überlegungen zeigen, daß sich auch bei umgekehrten Faktorintensitäten eine konkav zum Ursprung verlaufende Transformationskurve ergibt. Auch wenn die Faktorintensitäten in beiden Sektoren identisch sind, aber in mindestens einem der Sektoren abnehmende Skalenerträge auftreten, ist die Transformationskurve nach außen gekrümmt. Dagegen ist sie eine Gerade, wenn die Skalenelastizitäten konstant und die Faktorintensitäten in beiden Sektoren identisch sind[6].

Zur Darstellung des Gleichgewichts auf den Produktmärkten muß nun die Nachfrageseite ebenfalls in einem X_L-X_G System dargestellt werden. Wenn wir wie oben (in 8.1.1) von dem Konzept des repräsentativen Haushalts ausgehen, ergeben sich die Nachfragemengen aus dem Indifferenzkurvensystem dieses Haushalts in Verbindung mit seiner Budgetrestriktion. Die in Übersicht III-69 angegebenen **"gesellschaftlichen Indifferenzkurven"** dieses repräsentativen Haushalts reflektieren das Engel'sche Gesetz: Je höher das Einkommensniveau ist, um so mehr verändert sich die Konsumstruktur bei konstanten Güterpreisrelationen zugunsten des gewerblichen Produkts X_G.

Übersicht III-69 Gesellschaftliche Indifferenzkurven bei Geltung des Engelschen Gesetzes

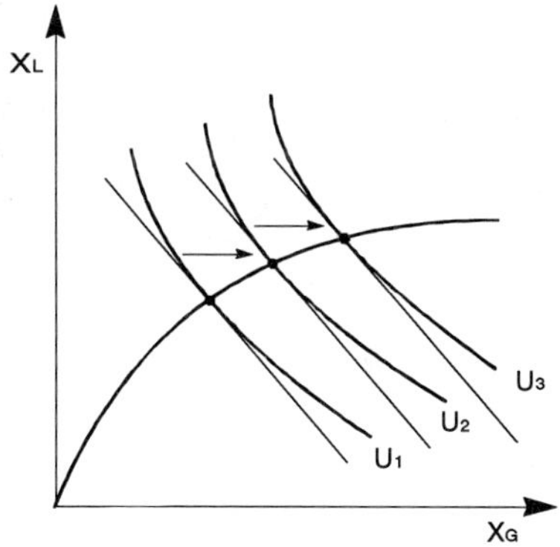

Durch Kombination des Indifferenzkurvensystems mit der oben abgeleiteten gesamtwirtschaftlichen Transformationskurve kann das Gleichgewicht auf den Produktmärkten bestimmt werden, das durch die Tangente der Transformationskurve mit einer gesellschaftlichen Indifferenzkurve bestimmt wird (Punkt G in Übersicht III-70). Dort gilt die Bedingung:

$$\text{(III-88)} \quad GRS \equiv \frac{dX_L^N}{dX_G^N} = \frac{P_G}{P_L} = \frac{dX_L^A}{dX_G^A} \equiv GRT$$

---

6) Eine konvex zum Ursprung verlaufende Transformationskurve kann sich ergeben, wenn in einem oder beiden Sektoren zunehmende Skalenerträge auftreten. Für eine nähere Diskussion dieser Fälle vgl. HESSE und LINDE, S. 64ff.

Die Übereinstimmung der *Grenzrate der Substitution* des repräsentativen Haushalts mit der Preisrelation ergibt sich unmittelbar aus dem Grundmodell der Haushaltstheorie. Dagegen erfordert die Übereinstimmung von *Grenzrate der Transformation* und Preisrelation eine Erläuterung, denn sie resultiert nicht etwa aus den Dispositionen eines einzigen "repräsentativen Unternehmens", das mehrere Produkte (etwa X_L^A und X_G^A) erzeugt und entsprechend der Mikrotheorie seinen Erlös maximiert, sondern aus der koordinierenden Wirkung des Preismechanismus in einer Marktwirtschaft (die in unserem Modell aus zwei repräsentativen Ein-Produkt-Unternehmen für die beiden Sektoren besteht).

Übersicht III-70 Abstimmung von Konsum und Produktion im Zwei-Sektoren-Modell

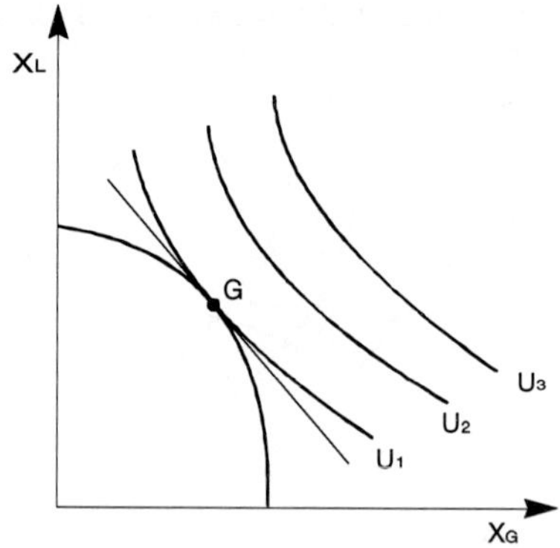

Produktionsausdehnungen und -einschränkungen lassen sich in beiden Sektoren auf Änderungen des Faktoreinsatzes zurückführen, indem man die Produktionsfunktion (III-75) total differenziert:

$$\text{(III-89)} \qquad dX_s^A = \frac{\partial f_s}{\partial A_s} \cdot dA + \frac{\partial f_s}{\partial K_s} \cdot dK \qquad (s = L, G)$$

Da in beiden Sektoren aber die Wertgrenzproduktivitätsbedingungen (z.B. $\partial f_s / \partial A_s = l / P_s$) gelten, kann (III-89) auch geschrieben werden als

$$\text{(III-90)} \qquad dX_s^A = \frac{l}{P_s} \cdot dA + \frac{i}{P_s} \cdot dK \qquad (s = L, G)$$

bzw.

$$\text{(III-91a)} \qquad P_L \cdot dX_L^A = l \cdot dA_L + i \cdot dK_L$$

(III-91b) $P_G \cdot dX_G^A = l \cdot dA_G + i \cdot dK_G$

Weil die Transformationskurve ihrer Konstruktion nach ein Gleichgewicht und damit Vollbeschäftigung auf den Faktormärkten unterstellt, entspricht der Mehreinsatz eines Faktors in dem einen Sektor genau dem Mindereinsatz dieses Faktors in dem anderen Sektor, d.h. $dA_L = -dA_G$ und $dK_L = -dK_G$. Dann ergibt sich aber bei Division von (III-91a) durch (III-91b):

(III-92) $$\frac{P_L \cdot dX_L^A}{P_G \cdot dX_G^A} = \frac{l \cdot dA_L + i \cdot dK_L}{l \cdot dA_G + i \cdot dK_G} = -1 \iff -\frac{dX_L^A}{dX_G^A} = \frac{P_G}{P_L}$$

Bei Gewinnmaximierungsverhalten gilt also tatsächlich die Gleichgewichtsbedingung (III-88), die letztlich besagt, daß sich eine Übereinstimmung von Grenzrate der Substitution und Grenzrate der Transformation ergibt, weil sich Haushalte und Unternehmen nach den gleichen Preisen richten. Ein Punkt auf der Transformationskurve, der von einer Indifferenzkurve geschnitten (und nicht tangiert) würde, kann kein Gleichgewicht darstellen, weil in diesem Fall für Unternehmen und Haushalte unterschiedliche Preise gelten würden, was ohne staatliche Interventionen nicht durchsetzbar wäre. Dagegen würde eine Situation, in der der Produktionspunkt nicht mit dem Konsumpunkt übereinstimmt (ohne Außenhandel), Angebots- und/oder Nachfrageüberschüsse auf den Gütermärkten implizieren .

Bei einem Vergleich dieser graphischen Darstellung des Allgemeinen Gleichgewichts mit der analytischen aus Abschnitt 8.1.1 mag man sich fragen, ob bei der Darstellung der Nachfrageseite durch eine die Transformationskurve tangierende Indifferenzkurve die Budgetrestriktion erfüllt ist, denn offensichtlich nehmen die gesamten Ausgaben je nach Tangentialpunkt recht unterschiedliche Werte an. Dies ist jedoch automatisch der Fall, wenn die Gütermärkte wie in Punkt G im Gleichgewicht sind und das Gleichgewicht der Faktormärkte auf der Transformationskurve garantiert ist, denn

$$\Sigma_s P_s \cdot X_s^N = \Sigma_s P_s \cdot X_s^A = \Sigma_s (P_s \cdot X_s^N - l \cdot A_s^N - i \cdot K_s^N) + l \cdot A^A + i \cdot K^A$$

$$= \Sigma_s \pi_s + l \cdot A^A + i \cdot K^A \equiv Y$$

So wie der 4. Markt in einem walrasianischen System bei Geltung der Budgetrestriktion automatisch im Gleichgewicht ist, wenn die ersten drei Märkte es sind, ist die Budgetrestriktion in einem walrasianischen System automatisch erfüllt, wenn alle vier Märkte im Gleichgewicht sind.

So wie oben die "Kurve der gleichgewichtigen Produktion" normativ als "Kurve der effizienten Produktion" interpretiert werden konnte, kann hier der Punkt G statt als Gleichgewicht auf den Produktmärkten auch als **"optimale Produktionsstruktur"** interpretiert werden. Der Tangentialpunkt G liegt offensichtlich auf der Indifferenzkurve mit dem höchsten Nutzenindex, die noch mindestens einen Punkt mit der Transformationskurve gemeinsam hat, d.h. mit den gesamtwirtschaftlichen Produktionsmöglichkeiten vereinbar ist. Daher repräsentiert dieser Punkt auch die bestmögliche Bedürfnisbefriedigung der Bevölkerung (dargestellt durch den repräsentativen Haushalt).

Rückwirkungen auf die Faktormärkte

Nach der Herleitung des Gleichgewichts auf den Produktmärkten müssen wir zu den Faktormärkten zurückkehren, für die wir oben das Gleichgewicht unter der Prämisse *gegebener* Produktmengen analysiert hatten.

Wie gezeigt wurde, korrespondiert jeder Punkt auf der Transformationskurve mit genau einem Punkt auf der Kurve der effizienten Produktion. Die dem Gütermarktgleichgewicht zugeordneten **Gleichgewichtslagen** auf den Faktormärkten lassen sich somit feststellen, wenn wir zu dem Boxendiagramm der Produktion zurückkehren. Die Faktoreinsatzmengen lassen sich unmittelbar anhand der Kurve ablesen. Die Faktorpreisrelationen bilden sich so heraus, daß sie der Grenzrate der Substitution in dem jeweils realisierten Punkt auf der Kurve efffizienter Produktion entsprechen:

$$\text{(III-85)} \quad \frac{i}{l} = -\frac{dA_L}{dK_L} = -\frac{dA_G}{dK_G}$$

In der graphischen Darstellung (Übersicht III-67) werden die Faktorpreisrelationen durch die Steigungen der Tangenten an den Berührungspunkten der Isoquanten wiedergegeben. Man erkennt: Je mehr von dem kapitalintensiven landwirtschaftlichen Produkt erzeugt wird, desto steiler verlaufen die Tangenten, desto größer wird also die Relation i/l.

Mit den Faktoreinsatzmengen und Faktorpreisrelationen ist gleichzeitig auch die **funktionale Einkommensverteilung** in den Sektoren festgelegt. Der Produktionswert eines Sektors wird bei konstanten Skalenerträgen vollständig auf die zu seiner Erstellung benötigten Faktoren aufgeteilt (vgl. Abschnitt 7.1):

$$\text{(III-93)} \quad X_s \cdot P_s = A_s \cdot l + K_s \cdot i \qquad (s = L, G)$$

Die *sektoralen* Einkommensanteile der Faktoren betragen daher:

$$\text{(III-94)} \quad \frac{A_s \cdot l}{X_s \cdot P_s} + \frac{K_s \cdot i}{X_s \cdot P_s} = 1 \qquad (s = L, G)$$

Es ist zu erkennen, daß unter den Bedingungen vollständigen Wettbewerbs die Unterschiede der funktionalen Einkommensverteilung allein durch unterschiedliche Faktorintensitäten bestimmt sind.

8.1.3. Auswirkungen gehemmter Faktormobilität

Bei der Analyse agrarsektoraler Zusammenhänge haben wir in Abschnitt 7.4 die fundamentalen Ungleichgewichte im Agrarsektor betrachtet, wie sie für die meisten fortgeschrittenen Industrieländer typisch sind. Im folgenden soll im Rahmen des beschriebenen Zwei-Sektoren-Modells geprüft werden, wie sich *Hemmnisse der Faktormobilität* (hier zunächst am Beispiel gehemmter Arbeitsmobilität) auf die *gesamtwirtschaftliche* Faktorallokation, Preisbildung und Einkommensverteilung auswirken.

Gehemmte Arbeitsmobilität äußert sich darin, daß mehr Arbeitskräfte im landwirtschaftlichen Sektor gebunden sind, als dies bei vollkommener Faktormobilität der Fall wäre, ohne daß entsprechende Anpassungsvorgänge (vgl. oben in 8.1.2) ausgelöst werden. Wenn wir zur Analyse der Auswirkungen das Boxendiagramm heranziehen, so bedeutet dies, daß eine **Faktoreinsatzkombination abseits der Kurve der effizienten Produktion** realisiert wird. Nehmen wir zunächst an, daß ein landwirtschaftlicher Arbeitskräftebestand von A_L existiert, und ein Produktionsniveau von X_L=10, d.h. die gleiche Menge wie im Gleichgewichtspunkt A bei vollkommener Faktormobilität, erzeugt werden soll (Übersicht III-71). Die Volkswirtschaft realisiere also die Faktoreinsatzkombination B, so daß verglichen mit einer allokationseffizienten Situation (Punkt A) im Agrarsektor mehr Arbeit und weniger Kapital eingesetzt wird. Man erkennt, daß mit der verzerrten Faktoreinsatzstruktur eine *Einschränkung der Gesamtproduktion (des Sozialprodukts)* verbunden ist: Entweder könnte bei gleichbleibender landwirtschaftlicher Produktion eine größere Menge des gewerblichen Gutes hergestellt (z.B. die Menge X_G = 30 im Punkt A) oder bei gleich hoher gewerblicher Produktion mehr von dem Agrargut produziert werden (z.B. die Menge X_L = 15 im Punkt C). Wenn Faktoreinsatzkombinationen innerhalb der durch die beiden Isoquanten abgegrenzten schraffierten Fläche realisiert werden, kann die Produktion *beider* Güter steigen (schraffierter Bereich der volkswirtschaftlichen Produktionsmöglichkeiten). Die Differenz zwischen den bei Produktionseffizienz maximal produzierbaren Mengen der beiden Güter und den tatsächlich produzierten Mengen kennzeichnet die Höhe des Sozialproduktverlustes. Die anhand des Boxendiagramms erläuterte Ineffizienz des Faktoreinsatzes bedeutet bezüglich der Transformationskurve, daß ein Punkt innerhalb des Möglichkeitsbereichs (Punkt B) realisiert wird, dem ein niedrigeres Nutzenniveau als dem Gleichgewichtspunkt A zugeordnet ist (U_2).

Die eingeschränkte Faktormobilität wirkt sich auch auf die *sektoralen Preisrelationen* aus. In der graphischen Darstellung kommen die sektoralen Terms of Trade (P_G/P_L) in den Steigungen (tan α) der Tangenten an die Indifferenzkurven zum Ausdruck. Offensichtlich gilt: tan α_2 > tan α_1. Das "reale" Agrarpreisniveau ist somit aufgrund des überhöhten Arbeitseinsatzes in der Landwirtschaft niedriger.

Auf den Faktormärkten verändert die gehemmte Arbeitsmobilität gleichzeitig die *sektoralen Faktorproduktivitäten und Faktorpreise*: Im angenommenen Fall B würde in der Landwirtschaft die Grenzproduktivität der (reichlicher verfügbaren) Arbeit abnehmen und im Gewerbe die Grenzproduktivität der (knapperen) Arbeit zunehmen (jeweils im Vergleich zur Gleichgewichtssituation bei vollständigem Wettbewerb). Entsprechend werden sich auf den (Teil-) Arbeitsmärkten für landwirtschaftliche und gewerbliche Beschäftigte unterschiedliche Lohnsätze herausbilden.

Übersicht III-71: Faktorallokation, Preisrelationen und Gütermarktgleichgewicht bei eingeschränkter Faktormobilität

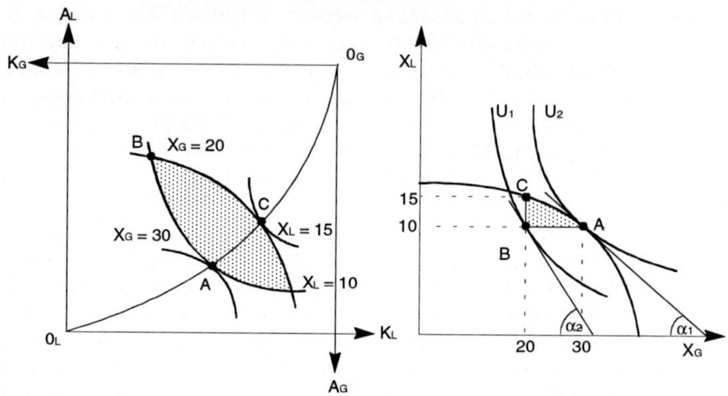

Wenn der Faktor Kapital bei eingeschränkter Arbeitsmobilität *vollkommen beweglich* ist und ein einheitlicher gesamtwirtschaftlicher Zinssatz herrscht, gelten folgende Relationen, die sich graphisch anhand der unterschiedlichen sektoralen Steigungen der Tangenten im Punkt B der Übersicht III-71 im Vergleich zu den Steigungen der Tangenten im Punkt A verdeutlichen lassen:

(III-95)	Agrarproduktion (Punkt B)		Situation ohne Mobilitätshemmnisse (Punkt A)		Gewerbl. Produktion (Punkt B)	
Grenzrate der Substitution	$-\frac{dA_L^B}{dK_L^B}$	$>$	$-\frac{dA_L^A}{dK_L^A} = -\frac{dA_G^A}{dK_G^A}$	$>$	$-\frac{dA_G^B}{dK_G^B}$	<=>
Grenzproduktivitätsrelationen	$\frac{\partial X_L/\partial K_L}{\partial X_L/\partial A_L}$	$>$	$\frac{\partial X_L/\partial K_L}{\partial X_L/\partial A_L} = \frac{\partial X_G/\partial K_G}{\partial X_G/\partial A_G}$	$>$	$\frac{\partial X_G/\partial K_G}{\partial X_G/\partial A_G}$	=>
Zins-Lohnrelationen	$\frac{i_L}{l_L}$	$>$	$\frac{i}{l}$	$>$	$\frac{i_G}{l_G}$	

Man kann sich anhand der Übersicht III-71 leicht klarmachen, daß sich im Agrarsektor immer dann ein niedrigeres Verhältnis der Grenzproduktivitäten von Arbeit zu Kapital und damit eine niedrigere Lohn-Zins-Relation als im gewerblichen Bereich herausbildet, wenn Faktoreinsatzrelationen links von der Kurve der effizienten Produktion realisiert werden. Auch wenn man die Annahme vollkommener Kapitalmobilität aufgibt, kann im allgemeinen davon ausgegangen werden, daß die Anpassungsfähigkeit des landwirtschaftlichen Kapitaleinsatzes tendenziell größer ist als die der Arbeit, so daß die Faktoreinsatzproportionen im Agrarsektor zugunsten der Arbeit verschoben sind. Dementsprechend werden sich die sektoralen Grenzproduktivitäts- und Lohn-Zins-Relationen auch dann tendenziell in der beschriebenen Richtung unterscheiden, wenn man die Annahme einer vollkommenen Kapitalmobilität abschwächt.

Auf die *funktionale Einkommensverteilung* innerhalb der Sektoren wirken entgegengerichtete Kräfte: In der Landwirtschaft steigt der Arbeitseinsatz, während die Lohnsätze fallen; im gewerblichen Bereich herrschen die umgekehrten Tendenzen. Es ist dann von der Kapitalmobilität abhängig, wie sich die funktionale Einkommensverteilung entwickelt. Bei relativ hoher Kapitalmobilität und daher nur geringen Unterschieden in den sektoralen Kapitalrenditen dürfte der Anteil des Kapitaleinkommens in der Landwirtschaft abnehmen und im gewerblichen Bereich zunehmen, da der Kapitaleinsatz in der Landwirtschaft bei weitgehend konstantem Zins zurückgeht.

Bei den Überlegungen zu den Auswirkungen gehemmter Faktormobilität waren wir bislang (wie im ersten Teil von Abschnitt 8.1.2) von der vereinfachenden Annahme ausgegangen, daß der landwirtschaftliche Produktionsumfang (X_L = 10) vorgegeben ist. Um eine allgemeine Gleichgewichtslösung bei eingeschränkter Arbeitsmobilität zu ermitteln, müßte man daher in einem weiteren Schritt den Verlauf der Transformationskurve unter Vorgabe eines bestimmten landwirtschaftlichen Arbeitseinsatzes ableiten (die gegenüber derjenigen bei vollkommener Faktormobilität zum Koordinatenursprung hin verschoben wäre) und dann in einem anschließenden Schritt den Berührungspunkt dieser Transformationskurve mit einer Indifferenzkurve ermitteln. Auf eine graphische Darstellung und Interpretation dieser Gleichgewichtslage bei eingeschränkter Arbeitsmobilität wird hier verzichtet (vgl. dazu die Ergebnisse von Modellrechnungen unten in Abschnitt 8.2.3).

8.1.4. Auswirkungen veränderter Rahmenbedingungen: Komparativ-statische Gleichgewichtsanalysen

Mit Hilfe des beschriebenen graphischen Instrumentariums lassen sich prinzipiell die tendenziellen Auswirkungen veränderter Rahmenbedingungen (Shift-Faktoren) oder wirtschaftspolitischer Einflußnahmen in komparativ-statischer Weise untersuchen[7]. Wir wollen im folgenden kurz aufzeigen, an welchen Stellen und in welcher Weise Veränderungen exogener Rahmenbedingungen wirksam werden und zu welchen Ergebnissen sie führen.

Die wichtigsten Veränderungen exogener Rahmenbedingungen betreffen bei komparativ-statischen Analysen:

(1) Veränderungen der **Faktorbestände**, die - graphisch gesehen - zu einer Erweiterung oder Einengung der "Box" mit entsprechenden Verschiebungen der Isoquanten und der Kurve der effizienten Produktion führen.

Übersicht III-72: Auswirkungen veränderter Faktorbestände im "Boxen-Diagramm"

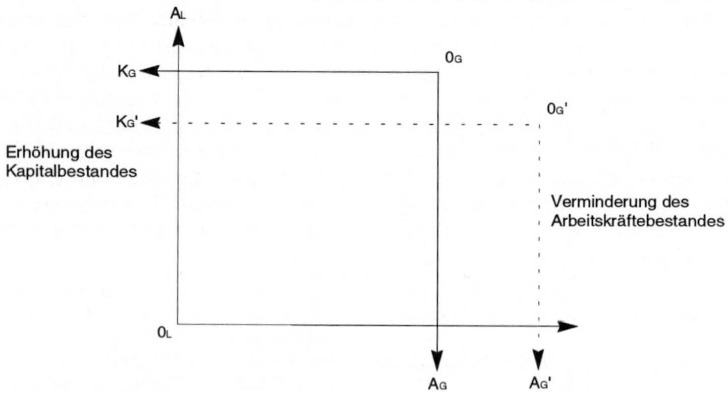

(2) **Technischer Fortschritt** verschiebt die Isoquantensysteme innerhalb einer gegebenen Box zum jeweiligen Ursprung des Koordinationssystems. Die Auswirkungen des technischen Fortschritts auf Faktoreinsatz und -einkommen hängen davon ab,

- mit welchen Faktorintensitäten im landwirtschaftlichen und gewerblichen Sektor produziert wird,
- ob der technische Fortschritt in den beiden Sektoren neutral, arbeits- oder kapitalsparend ist und insbesondere
- ob der technische Fortschritt in beiden Sektoren gleichmäßig oder unterschiedlich stark realisiert wird.

---

7) Insbesondere die Theorie des internationalen Handels hat in starkem Maße von solchen graphischen Analysen Gebrauch gemacht; vgl. z.B. ROSE 1978.

Übersicht III-73: Auswirkungen des technischen Fortschritts in einem gesamtwirtschaftlichen Zwei-Sektoren- Modell

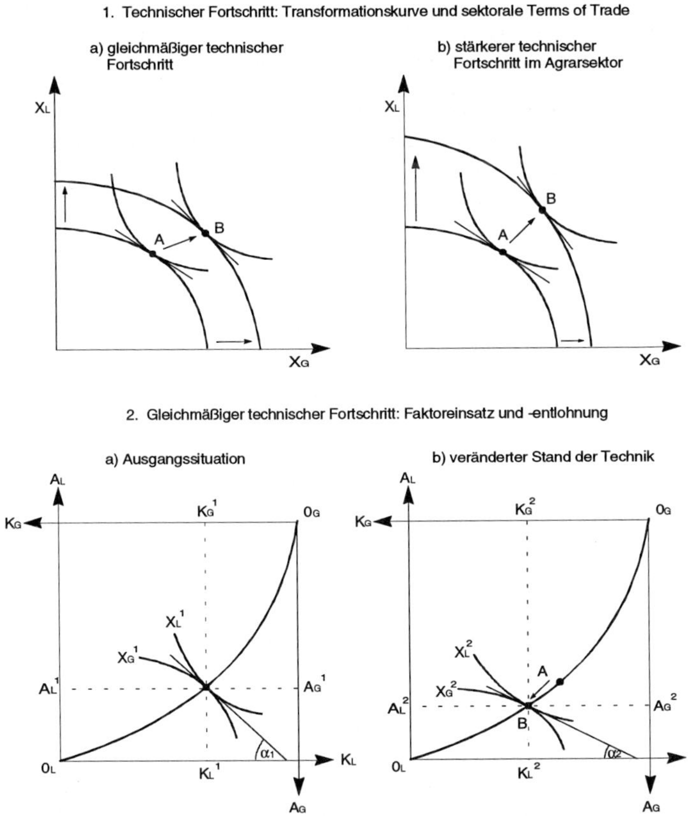

Im folgenden seien nur beispielhaft die Auswirkungen *neutralen technischen Fortschritts* verdeutlicht (Übersicht III-73). Gleich hohe technische Fortschritte in beiden Sektoren verschieben die Transformationskurve "gleichmäßig" nach außen und führen bei den angenommenen Konsumgüterpräferenzen zu einer unterproportionalen Ausdehnung der Agrarproduktion sowie zu einer Verschlechterung der sektoralen Terms of Trade für die Landwirtschaft. Höhere technische Fortschritte in der Landwirtschaft bewirken gleichzeitig eine Drehung der Transformationskurve und damit noch ausgeprägtere Preiseffekte. Auf der Faktoreinsatzseite werden zur Herstellung der alten Produktionsmengen (vor technischem Fortschritt)

Faktorleistungen eingespart und dadurch Produktionsausdehnungen möglich (vgl. die Isoquanten X_L^2 und X_G^2 im Boxendiagramm 2b). Aufgrund der unterproportionalen Ausdehnung der landwirtschaftlichen Produktion und mindestens gleich hoher technischer Fortschritte (im Fall 1b ist der technische Fortschritt in der Landwirtschaft sogar größer) wandern Faktoren von der Landwirtschaft in den gewerblichen Bereich (Verlagerung der Faktoreinsatzkombination von Punkt A nach B in Boxendiagramm 2b). Man erkennt, daß hiermit eine Erhöhung der gesamtwirtschaftlichen Lohn-Zins-Relation verbunden ist, da das Gewerbe arbeitsintensiver produziert.

(3) Veränderungen der **Bedürfnisstruktur der Bevölkerung** bewirken eine Verschiebung des Systems gesellschaftlicher Indifferenzkurven; sie haben dadurch Einfluß auf die Zusammensetzung der Konsumgüter und die Produktpreisbildung sowie damit auch auf die Faktorallokation, Faktorpreisbildung und Einkommensverteilung.

Exkurs: Ergebnisse graphischer Modellanalysen

Mit Hilfe des graphischen Instrumentariums lassen sich auch die Auswirkungen von Veränderungen von anderen Elementen der exogenen Rahmenbedingungen auf Preisbildung, Faktorallokation und Einkommensverteilung bei unterschiedlichen Parameterkonstellationen systematisch herausarbeiten (Übersicht III-74).

Dem Leser dürfte es nach den bisherigen Ausführungen gelingen, die tendenziellen Wirkungszusammenhänge nachzuvollziehen. Die in Übersicht III-73 dargestellten Beziehungen entsprechen den Zeilen 1.12 bzw. 1.32 in Übersicht III-74. Auf der linken Seite der Tabelle sind die jeweils unterstellten Veränderungen exogener Variablen und Konstellationen der Modellparameter angegeben, in den Spalten die zu erklärenden Variablen. Diese sind in den meisten Fällen als Relationen zwischen Preis- bzw. Mengengrößen, bei den Faktoreinsatzmengen auch als absolute Größen definiert. Die Veränderungen sind durch ein < (kleiner werdend), > (größer werdend), = (gleich bleibend) und ein ? (nicht allgemein bestimmbar) gekennzeichnet.

Die Übersicht zeigt einerseits den Bereich gesicherter Aussagen für bestimmte Annahmekonstellationen. Sind z.B. die Einkommenselastizität für landwirtschaftliche Erzeugnisse und die Substitutionselastizität der Indifferenzkurve < 1 und die Relation der Produktionselastizitäten in den Sektoren vorgegeben, so kann man die Auswirkungen von unterschiedlichen Konstellationen sektoralen technischen Fortschritts und von Erhöhungen der volkswirtschaftlichen Faktorbestände auf die betrachteten Variablen in den meisten Fällen eindeutig bestimmen. Nur an einigen Stellen zeigen Fragezeichen an, daß allgemeine Aussagen über die Veränderungsrichtungen der Variablen erst möglich sind, wenn zusätzliche Informationen über die Parameter des Modells vorliegen.

Andererseits läßt die Übersicht jedoch auch das weite Spektrum möglicher Entwicklungen erkennen, wenn man nur jeweils einen oder wenige der Parameter bzw. partiellen Relationen als bekannt voraussetzt. So sind etwa bei Kenntnis allein der Einkommenselastizität der Nachfrage für landwirtschaftliche Produkte oder allein der relativen Raten technischen Fortschritts kaum allgemein gültige Aussagen über die Entwicklung von Produktion, Faktoreinsatz und Preisen möglich. Dies wird z.B. bei Betrachtung der unterschiedlichen Vorzeichen *innerhalb* der Blöcke 1.1 und 1.3 deutlich und ist Ausdruck dafür, daß selbst bei unserem auf nur wenige Grundelemente reduziertem Modell komplizierte wechselseitige Beziehungen bestehen. Die bisher (in den Abschnitten 8.1.3 und 8.1.4) gemachten Aussagen hängen daher entscheidend von unserer Annahme über die sektoralen Faktorintensitäten ab ($\alpha_L/\gamma_L < \alpha_G/\gamma_G$, vgl. Gleichung (III-85)'), so daß diese aus didaktischen Gründen zunächst recht eindeutig dargestellten Ergebnisse bei empirisch begründeten Zweifeln an unserer Annahme, insbesondere hinsichtlich der Faktorpreisrelationen und der Faktorintensitäten, u.U. zu modifizieren sind.

Übersicht III-74: Auswirkungen von technischem Fortschritt und Erhöhung der gesamtwirtschaftlichen Faktorbestände in graphischen Zwei-Sektoren-Modellen mit unterschiedlichen Annahmen

Exogene Größen	Endogene Größen									
	$\frac{X_L}{X_G}$	$\frac{P_L}{P_G}$	A_L	A_G	K_L	K_G	$\frac{A_L}{K_L}$	$\frac{A_G}{K_G}$	$\frac{l}{i}$	$\frac{A \cdot l}{K \cdot i}$
1. Fortschrittsraten										
1.1 $W_{TL} = W_{TG}$										
1.11 $\alpha_L/\gamma_L > \alpha_G/\gamma_G$	<	<	<	>	<	>	>	>	<	<
1.12 $\alpha_L/\gamma_L < \alpha_G/\gamma_G$	<	<	<	>	<	>	<	<	>	>
1.13 $\alpha_L/\gamma_L = \alpha_G/\gamma_G$	<	=	<	>	<	>	=	=	=	=
1.2 $W_{TL} < W_{TG}$										
1.21 $\alpha_L/\gamma_L > \alpha_G/\gamma_G$	<	?	?	?	?	?	?	?	?	?
1.22 $\alpha_L/\gamma_L < \alpha_G/\gamma_G$	<	?	?	?	?	?	?	?	?	?
1.23 $\alpha_L/\gamma_L = \alpha_G/\gamma_G$	<	>	?	?	?	?	=	=	=	=
1.3 $W_{TL} > W_{TG}$										
1.31 $\alpha_L/\gamma_L > \alpha_G/\gamma_G$	?	<	<	>	<	>	>	>	<	>
1.32 $\alpha_L/\gamma_L < \alpha_G/\gamma_G$	?	<	<	>	<	>	<	<	>	>
1.33 $\alpha_L/\gamma_L = \alpha_G/\gamma_G$	?	<	<	>	<	>	=	=	=	=
2. Erhöhung des gesamtwirtschaftlichen Kapitalbestands ($W_K > 0$)										
2.1 $\alpha_L/\gamma_L > \alpha_G/\gamma_G$	<	>	?	?	>	>	<	<	>	?
2.2 $\alpha_L/\gamma_L < \alpha_G/\gamma_G$	?	<	?	?	>	>	<	<	>	?
2.3 $\alpha_L/\gamma_L = \alpha_G/\gamma_G$	<	=	<	>	>	>	<	<	>	?
3. Erhöhung der gesamtwirtschaftlichen Arbeitskapazität ($W_A > 0$)										
3.1 $\alpha_L/\gamma_L > \alpha_G/\gamma_G$	?	<	>	>	?	?	>	>	<	?
3.2 $\alpha_L/\gamma_L < \alpha_G/\gamma_G$	<	>	>	>	?	?	>	>	<	?
3.3 $\alpha_L/\gamma_L = \alpha_G/\gamma_G$	<	=	>	>	<	>	>	>	<	?

Anmerkung: Einkommenselastizität der Nachfrage nach landwirtschaftlichen Produkten $0 < \eta_L < 1$ und Substitutionselastizität der Indifferenzkurve < 1 angenommen.

8.2. Dynamische Zusammenhänge im intersektoralen Strukturwandel

Die bisherige Analyse der intersektoralen Beziehungen im Rahmen eines statischen Zwei-Sektoren-Modells konnte die grundlegenden Wechselbeziehungen im Allgemeinen Gleichgewicht einer Volkswirtschaft offenlegen, die prinzipiellen Wirkungen gehemmter Faktormobilität aufzeigen und die Effekte veränderter exogener Variablen illustrieren. Diese Analyse weist jedoch noch einige Einschränkungen auf und soll im folgenden weiter ausgebaut und ergänzt werden.

So wie wir uns in den Abschnitten 5 und 7 auf der Basis von Modellbetrachtungen mit "kleinem" Agrarsektor (und exogenen gesamtwirtschaftlichen Rahmenbedingungen) nicht nur für das intrasektorale Gleichgewicht zu einem Zeitpunkt, sondern auch für seine Entwicklung interessiert haben, so ist hier die Frage nach der Entwicklung des Systems im Zeitablauf für unser Zwei-Sektoren-Modell zu beantworten. Dabei könnte man daran denken, die bei der statischen Analyse in 8.1.4 vorgegebenen Veränderungen der exogenen Variablen (gesamtwirtschaftliche Kapazitäten an Arbeit und Kapital, technischer Fortschritt) entsprechend ihrer tatsächlichen Entwicklung in den historisch beobachteten Größenordnungen fortzuschreiben und die daraus resultierenden Wirkungen zu untersuchen, so wie wir in Abschnitt 5 die gemeinsame Wirkung aller Shift-Faktoren anhand der Partialmodelle für die landwirtschaftlichen Produkt- und Faktormärkte betrachtet haben.

Für den technischen Fortschritt und den Arbeitskräftebestand erscheint eine exogen bestimmte Entwicklung in erster Annäherung angemessen, dagegen ist die Entwicklung des Kapitalstocks durch Abbildung des Spar- und Investitionsverhaltens zu endogenisieren[8]. Eine exogene Vorgabe des Kapitalstocks (wie in 8.1) wäre unplausibel, da dessen Entwicklung im Gegensatz zum Bevölkerungswachstum im wesentlichen von ökonomischen Größen abhängt. Da der gesamtwirtschaftliche Kapitalstock der Periode t bei seiner endogenen Bestimmung von der Ersparnis und den Investitionen der Vorperiode t-1 abhängt, wird das Modell dynamisch. Abgesehen von einigen weiteren Ergänzungen entspricht das hier vorzustellende dynamische Modell zur Analyse des intersektoralen Strukturwandels im wirtschaftlichen Wachstum jedoch im Prinzip dem in Abschnitt 8.1 beschriebenen statischen Ansatz.

---

8) Diese Annahmen entsprechen den üblichen Prämissen neoklassischer Wachstumsmodelle. In erweiterten Modellansätzen wird u.a. berücksichtigt, daß Art und Ausmaß des technischen Fortschritts auch von den ökonomischen Rahmenbedingungen (induzierter technischer Fortschritt) und von der Höhe der Investitionen ("embodied technical progress") abhängen (siehe etwa: KRELLE 1984).

8.2.1. Ein dynamisches Zwei-Sektoren-Modell

Modellstruktur

Wie bislang werden nur zwei Produktionssektoren unterschieden; es wird jedoch davon ausgegangen, daß im gewerblichen Sektor sowohl Konsum- wie Investitionsgüter hergestellt werden ($X_G = C_G + I$), während das landwirtschaftliche Gut X_L ausschließlich als Konsumgut dient. Als Produktionsfaktoren werden im gewerblichen Sektor Arbeit und Kapital eingesetzt, im landwirtschaftlichen Sektor wird zusätzlich der Boden als gesonderter Produktionsfaktor unterschieden. Der Modellaufbau läßt sich im einzelnen wie folgt kennzeichnen:

Die Technologie der Sektoren wird im Hinblick auf die weitere Modellanalyse konkreter (und einengender) als in 8.1 durch Cobb-Douglas-Produktionsfunktionen mit konstanten Skalenerträgen beschrieben[9].

(III-96) $X_L = T_{0L} \cdot e^{W_{TL} \cdot t} \cdot A_L^{\alpha} \cdot K_L^{1-\alpha-\beta} \cdot LN^{\beta}$

(III-97) $X_G = T_{0G} \cdot e^{W_{TG} \cdot t} \cdot A_G^{1-\gamma} \cdot K_G^{\gamma}$

A_s, K_s, LN = Arbeit, Kapital, landwirtschaftliche Nutzfläche
T_{os} = Niveauparameter für den Stand technischen Wissens
W_{Ts} = Rate technischen Fortschritts im Sektor s
α, β, γ = Produktionselastizitäten

Die Zahl der Arbeitskräfte wächst mit einer exogen vorgegebenen Rate:

(III-98) $A = A_0 \cdot e^{W_A \cdot t}$

A = gesamtwirtschaftlicher Arbeitskräftebestand
W_A = Wachstumsrate der Zahl der Arbeitskräfte

Die landwirtschaftliche Nutzfläche verändert sich ebenfalls mit vorgegebener konstanter Rate W_{LN} (zur Begründung vgl. Abschnitt 6):

(III-99) $LN = LN_0 \cdot e^{W_{LN} \cdot t}$

Der volkswirtschaftlich verfügbare Kapitalstock ergibt sich aus dem Kapitalbestand des Vorjahres und der Höhe der Nettoinvestitionen:

(III-100) $K(t) = K(t-1) + I(t)$

I = Nettoinvestitionen

---

9) Falls nicht ausdrücklich (wie z.B. in Gleichung (III-100)) bezeichnet, beziehen sich alle Variablen auf die Periode t.

Die Nettoinvestitionen stimmen in jeder Periode mit der Höhe der Ersparnis überein, die von den gewerblichen und landwirtschaftlichen Haushalten gebildet wird. Dabei wird unterstellt, daß bei langfristigen Betrachtungen das Keynessche Problem der Abstimmung von Investition und Ersparnis keine Rolle spielt. Wegen der Annahme konstanter Skalenerträge entsprechen außerdem die sektoralen Erlöse den sektoralen Einkommen, vgl. Abschnitt 7.1, Gleichung (III-66).

(III-101) $I = S = s_L \cdot X_L \cdot P_L + s_G \cdot X_G \cdot P_G$

S = Ersparnis
P_L, P_G = Produktpreise
s_L, s_G = durchschnittliche sektorale Sparquoten

Die Gleichungen für das Gleichgewicht auf den Faktormärkten lauten (vgl. oben (III-84)):

(III-102) $A = A_L + A_G$

(III-103) $K = K_L + K_G$

Die sektorale Faktornachfrage genügt den jeweiligen Wertgrenzproduktivitätsbedingungen:

(III-104) $l_L = \frac{X_L}{A_L} \cdot P_L$ (III-105) $l_G = \frac{X_G}{A_G} \cdot P_G$

(III-106) $i_L = \frac{X_L}{K_L} \cdot P_L$ (III-107) $i_G = \frac{X_G}{K_G} \cdot P_G$

(III-108) $r = \frac{X_L}{LN} \cdot P_L$

l_s, i_s, r = sektoraler Lohnsatz, Zinssatz, Bodenrente

Bezüglich der Arbeitsmobilität wird von zwei alternativen Annahmen ausgegangen, die jedoch beide von der unrealistischen "Fiktion" vollkommener Faktormobilität abweichen, um die tatsächliche Entwicklung besser abbilden zu können:

Annahme a: Die Arbeitskräfte wandern von dem schrumpfenden in den expandierenden Sektor in einem solchen Umfang, daß die in der Ausgangslage bestehenden relativen sektoralen Grenzproduktivitäts- und damit Entlohnungsunterschiede gerade aufrechterhalten werden:

(III-109a) $l_L = \delta_l \cdot l_G$

l = Lohnsatz
δ_l = Relation der Faktorentlohnung

Hinter dieser Annahme steht die Vorstellung, daß aufgrund von Mobilitätshemmnissen (und Präferenzen für landwirtschaftliche Tätigkeit) charakteristische Lohnsatzunterschiede zwischen den Sektoren bestehen und im Zeitablauf unverändert bleiben. Bei vollkommener Faktormobilität würde $\delta_l = 1$ gelten.

Annahme b: Die Abwanderungsrate der Arbeitskräfte aus der Landwirtschaft ist exogen bestimmt:

(III-109b) $A_L = A_{L0} \cdot e^{W_{AL} \cdot t}$

A_{L0} = Anfänglicher Arbeitskräftebestand in der Landwirtschaft
W_{AL} = Änderungsrate des landwirtschaftlichen Arbeitskräftebe standes

Hinter dieser Annahme steht die Vorstellung, daß der Umfang der Arbeitsmobilität im wesentlichen durch exogene Größen wie die Altersstruktur der Beschäftigten und die Anzahl der verfügbaren Arbeitsplätze in ländlichen Räumen determiniert wird.

Bezüglich der Kapitalmobilität wird ebenfalls von zwei alternativen Annahmen ausgegangen:

Annahme a: Die in der Ausgangslage bestehenden prozentualen Unterschiede der Kapitalverzinsung bleiben im Zeitablauf unverändert:

(III-110) $i_L = \delta_i \cdot i_G$

Annahme b: Es wird unterstellt, daß die in den einzelnen Sektoren gebildeten Ersparnisse jeweils auch in diesen investiert werden.

Die *Nachfrageseite* wird durch eine einkommens- und preisabhängige Pro-Kopf-Nachfragefunktion für das landwirtschaftliche Gut, X_L, beschrieben, die zusammen mit der Sparfunktion (III-101) und der Einkommensdefinition (III-113, s.u.) auch die Konsumgüternachfrage für das gewerbliche Gut als Restgröße definiert. Da auch in dieser dynamischen Version eines Allgemeinen Gleichgewichtsmodells die Budgetrestriktion (und damit das "Gesetz von Walras", s.o. in 8.1.1) gilt, kann ein Markt, hier derjenige für das gewerbliche Gut, vernachlässigt werden.

(III-111) $X_L = a_0 \cdot P_L^{\varepsilon_L} \cdot P_G^{\varepsilon_G} \cdot (Y/B)^{\eta} \cdot B$

Y = Volkseinkommen
B = Bevölkerungszahl
P_L, P_G = Produktpreise
$\varepsilon_L, \varepsilon_G$ = Eigen- bzw. Kreuzpreiselastizität
η = Einkommenselastizität für Agrargüter

Die Bevölkerung wächst exogen mit konstanter Rate W_B:

(III-112) $B = B_0 \cdot e^{W_B \cdot t}$

Hinzu tritt eine Reihe von Definitionsgleichungen, die der Schließung des Modells dienen:

Definition des Sozialprodukts:

(III-113) $Y = P_L \cdot X_L + P_G \cdot X_G$

Aufteilung des gewerblichen Gutes:

(III-114) $X_G = C_G + I$

Preisniveau:

(III-115) $P = \omega \cdot P_L + (1\text{-}\omega) \cdot P_L = 1$

Das Preisniveau wird gleich eins gesetzt ("normiert", vgl. 8.1.1), so daß die Preise der beiden Güter als reale Größen interpretiert werden können. ω ist ein Wägungsfaktor, der den Sozialproduktanteil des landwirtschaftlichen Gutes in der Vorperiode angibt:

$$\omega = \frac{X_L(t\text{-}1) \cdot P_L(t\text{-}1)}{Y(t\text{-}1)}$$

Mit den Gleichungen (III-96)-(III-115) ergibt sich ein System von 20 Gleichungen, durch das die 20 Variablen des Modells (X_s, A_s, K_s, A, K, LN, I, C_G, Y, B, P_s, l_s, i_s, r) determiniert sind, wenn man die Werte der Variablen für die Vorperiode (in t = 0 die Ausgangsgrößen) als gegeben ansieht. Die Zeitverzögerungen in der Gleichung für den Aufbau des Kapitalstocks (III-100) sowie bei der Definition des Preisindex (III-115) verleihen diesem Gleichgewichtsmodell seinen dynamischen Charakter. Wegen der Zahl der Variablen und ihrer dynamischen Beziehungen ist eine Analyse der Wirkungszusammenhänge statt mit graphischen oder analytischen Mitteln zweckmäßiger mit numerischen Simulationsrechnungen durchzuführen, auf die wir im nächsten Abschnitt eingehen.

Zusammenfassend lassen sich die allgemeinen **Grundzüge der Modellzusammenhänge** schon hier folgendermaßen kennzeichnen: Treibende Kräfte des sektoralen Strukturwandels sind die technischen Fortschritte in den beiden Sektoren, die zusammen mit dem Bevölkerungs- und Arbeitskräftewachstum (bei Konstanz der landwirtschaftlichen Nutzfläche) die

bestimmenden exogenen Größen darstellen. Der Ablauf der sektoralen Anpassungsprozesse wird bestimmt durch:
- die Art der technologischen Bedingungen in den beiden Sektoren (Faktorintensitäten), beschrieben durch die technologischen Strukturparameter (Produktionselastizitäten),
- das Spar- und Nachfrageverhalten der Haushalte, beschrieben durch die sektoralen Nachfrage- und Sparfunktionen (Nachfrageelastizitäten, Sparquoten),
- die unterstellten Hypothesen bezüglich der Faktormobilität, sowie
- die Grundannahme neoklassischer Modelle, daß die (u.U. sektorspezifische) Entlohnung des Faktoreinsatzes entsprechend dem Grenzproduktivitätsprinzip erfolgt.

Durch das Modell werden erklärt (als endogene Variable):
- die Beiträge der Sektoren zum Sozialprodukt
- die Beiträge der Sektoren zur Kapitalbildung und das Wachstum des gesamtwirtschaftlichen Kapitalstocks
- die Aufteilung des Arbeits- und Kapitaleinsatzes auf die beiden Sektoren,
- die Veränderung der sektoralen Preisrelationen (terms of trade)
- die Entwicklung der Lohn- und Zinssätze und der Bodenrente sowie der Sektoreinkommen.

Empirische Spezifizierung

Die numerische Spezifizierung des Modells erfolgte nicht durch geschlossene ökonometrische Schätzung, sondern durch begründete Annahmen (vgl. HENRICHSMEYER 1971, S. 153 ff). Für die beiden betrachteten Zeiträume wurden die in Übersicht III-75 zusammengestelten Parameterwerte und Änderungsraten exogener Variablen unterstellt.

Die Fortschrittsraten beziehen sich auf *Nettoproduktivitäten,* die i.d.R. schneller zunehmen als die in Kap. II überwiegend dargestellten Bruttoproduktivitäten (vgl. Kap. II, 3.2.1).

Die im folgenden Abschnitt beschriebenen Modellrechnungen wurden bereits Ende der 60er Jahre durchgeführt (HENRICHSMEYER 1971). Die Betrachtung einer länger zurückliegenden Untersuchung ist jedoch in diesem Fall besonders instruktiv, da die intersektoralen Wechselbeziehungen wegen der größeren gesamtwirtschaftlichen Bedeutung des Agrarsektors im seinerzeitigen Untersuchungszeitraum stärker zum Ausdruck kommen.

Mit gewissen Einschränkungen wegen der Veränderung von Parametern und Wachstumsraten der exogenen Variablen sowie wegen des in den 70er Jahren aufgetauchten Problems gravierender gesamtwirtschaftlicher Unterbeschäftigung lassen sich die Ergebnisse auch auf die 80er und 90er Jahre übertragen, denn die wesentlichen Bestimmungsgründe der Entwicklung, nämlich hohe technische Fortschritte in der Landwirtschaft und die Geltung des Engelschen Gesetzes, werden auch in der Zukunft ihre Wirkung entfalten.

Übersicht III-75: Unterstellte Modellparameter und Wachstumsraten für die Bundesrepublik Deutschland, 1950-1965

1. Jährliche Wachstumsraten der exogenen Variablen (in%):		
Bevölkerung	W_B	1,1
Arbeitseinsatz (Gesamtwirtschaft)	W_A	1,0
Fläche	W_{LN}	0
Globalproduktivität: Landwirtschaft	W_{TL}	5,4
übrige Volkswirtschaft	W_{TG}	4,5
2. Strukturparameter :		
Elastizität der mengenmäßigen Nachfrage nach Agrarprodukten in Bezug auf:		
Pro-Kopf-Einkommen	η	0,21
landwirtschaftliche Preise	ε_L	-0,21
gewerbliche Preise	ε_L	0
Produktionselastizitäten :		
Landwirtschaftliche Produktion		
Arbeit	α	0,60
Kapital	$1-\alpha-\beta$	0,25
Boden	β	0,15
Gewerbliche Produktion		
Arbeit	$1-\gamma$	0,72
Kapital	γ	0,28
Gesamtwirtschaftliche Sparquote	$s\ (=s_1=s_2)$	0,18

Quelle: HENRICHSMEYER 1971

8.2.2. Numerische Simulationsrechnungen mit einem dynamischen Zwei-Sektoren-Modell

Der Einfluß einzelner Wachstumsfaktoren

In der folgenden Übersicht III-76 ist der Effekt einer 1%igen Änderung einer unabhängigen Variablen auf wichtige endogene Variable angegeben, wobei die Parameter aus der Übersicht III-75 unterstellt sind, die auf die Situation der Bundesrepublik im Jahr 1965 abgestimmt sind. Hinsichtlich der Faktormobilität wurde jeweils von der Mobilitätshypothese *a* sowohl für die Arbeits- wie die Kapitalmobilität ausgegangen.

Übersicht III-76: Einfluß einzelner Wachstumsfaktoren im Zwei-Sektoren-Modell

Änderung der Variablen in %:												
unabhängige	abhängige											
	Y	X_L	X_G	K_L	K_G	A_L	A_G	P_L	P_G	$l_L=l_G$	$i_L=i_G$	r
$W_{TL} = W_{TG} = 1{,}0$	1,05	0,25	1,10	-0,86	0,12	-0,89	0,09	-0,13	0,01	1,02	0,98	0,12
$W_{TL} = 1{,}0$	0,09	0,25	0,08	-0,90	0,07	-0,88	0,09	-1,08	0,06	0,05	0,07	-0,83
$W_{TG} = 1{,}0$	0,96	0,00	1,01	0,04	0,05	-0,01	0,00	0,95	-0,05	0,96	0,92	0,95
$W_A = 1{,}0$	0,76	0,15	0,78	-0,51	0,08	0,46	1,05	0,04	-0,00	-0,28	0,70	0,19
$W_K = 1{,}0$	0,29	0,06	0,31	0,79	1,03	-0,22	0,02	-0,00	-0,00	0,28	-0,73	0,06
$W_B = 1{,}0$	-0,04	0,76	-0,08	0,90	-0,07	0,88	-0,09	0,13	-0,01	-0,00	-0,02	0,88

Quelle: HENRICHSMEYER 1971, Übersicht 10

Die Angaben zu den Effekten eines 1% **technischen Fortschritts in Landwirtschaft und Gewerbe** können als numerische Illustration zu den oben (in Übersicht III-73) graphisch dargestellten Effekten des technischen Fortschritts im statischen Modellzusammenhang gelten. Obwohl das Volkseinkommen bei gleichmäßigem technischen Fortschritt auch um etwa 1% steigt, nimmt die Agrarproduktion wegen der Geltung des Engelschen Gesetzes ($\eta = 0{,}21 < 1$) nur um 0,25%[10] zu. Damit die Produktmärkte geräumt werden, müssen die Agrarpreise real (geringfügig, d.h. um 0,13%) sinken. Die wegen der geringen landwirtschaftlichen Produktionssteigerung freigesetzten Faktoren wandern in die Industrie, wobei es zu einer (geringfügigen) Erhöhung der Lohn-Zins-Relation l/i kommt, da das Gewerbe annahmegemäß arbeitsintensiver produziert als die Landwirtschaft (vgl. die Produktionselastizitäten in der Übersicht III-75 und die Erläuterung ihrer Bedeutung in 8.1.2).

Die Simulationsergebnisse bei 1%igem **technischem Fortschritt ausschließlich in der Landwirtschaft** illustrieren in überspitzter Form die ebenfalls oben in der Übersicht III-73 dargestellten Effekte eines "ausgeprägteren" technischen Fortschritt in der Landwirtschaft: Die kräftige Tendenz zur Angebotsausweitung steht einer fast unveränderten Nachfrage gegenüber, so daß eine reale Preissenkung für Agrargüter von 1,08% resultiert. Diese Preissenkung wäre noch weit größer, wenn der Anstieg der landwirtschaftlichen Produktion nicht durch eine Abwanderung von Arbeit um 0,88% und von Kapital um 0,90% gebremst würde. Durch diese

---

10) Es versteht sich von selbst und wird daher nachfolgend nicht immer ausdrücklich herausgestellt, daß alle Größenangaben entscheidend von der unterstellten Modellstruktur und den angenommenen Parametern abhängen und somit überwiegend illustrativen Charakter haben.

Abwanderung ist gesichert, daß die Faktorpreise in der Landwirtschaft und in der Industrie gleichmäßig entsprechend dem gesamtwirtschaftlichen Produktivitätsfortschritt wachsen. Wegen des geringen Gewichts der Landwirtschaft ist dieser jedoch nicht sehr groß, so daß Löhne, Zinsen und Volkseinkommen nur geringfügig (um 0,05%, 0,07% bzw. 0,09%) steigen. Dieser Effekt des technischen Fortschritts in der Landwirtschaft auf das Volkseinkommen, der in partialen Marktanalysen vernachlässigt wird, mildert durch seine nachfragesteigernde Wirkung (marginal) die Preissenkungstendenz auf den Agrarmärkten. Beim Boden schlagen sich wegen seiner Immobilität die zusammengefaßte Wirkung von Produktpreissenkung und Abwanderung von Arbeit und Kapital (negativ) und technischem Fortschritt (positiv) in der Bodenrente mit einem Rückgang um 0,83% nieder.

Bei **"stärkerem" technischem Fortschritt in der Industrie** kehren sich die soeben beschriebenen Wirkungsrichtungen z.T. um. Die Tendenz zur Angebotsausweitung im Gewerbe führt hier nur zu geringen Realpreissenkungen (von 0,05%), weil die resultierende gesamtwirtschaftliche Einkommenssteigerung von 0,96% eine entsprechende Nachfrageerhöhung induziert. Eine Nachfragesteigerung ist auf den Agrarmärkten wegen der Wirksamkeit des Engelschen Gesetztes nur abgeschwächt spürbar, führt jedoch in Verbindung mit der geringen Preiselastizität zu einer Preissteigerung von 0,95%, die sich auch in den Bodenrenten niederschlägt.

Dem Leser sei es überlassen, auch die aus einer Zunahme der gesamtwirtschaftlichen Faktorbestände und dem Bevölkerungswachstum resultierenden Wirkungsketten nachzuvollziehen. Zur Auflistung des Kapitals unter den "exogenen" Variablen ist zu sagen, daß dessen Änderung durch die bereits *im Vorjahr* endogen bestimmten Investitionen determiniert wird. Die *Entwicklung* des Kapitalbestandes über mehrere Perioden hinweg wird jedoch bei Simulationen für längere Zeiträume nicht exogen vorgegeben, sondern dynamisch endogenisiert.

Der zusammengefaßte Einfluß der Wachstumsfaktoren

In der Realität wirken die in der Übersicht III-76 isoliert analysierten Wachstumsfaktoren gemeinsam und in unterschiedlichen Größenordnungen. Man erhält die in der Übersicht III-77 dargestellten Gesamteffekte, wenn man die Zeilen der Übersicht III-76 mit den durchschnitllichen jährlichen Änderungsraten im Betrachtungszeitraum multipliziert und die Effekte der verschiedenen Wachstumsfaktoren spaltenweise addiert.

Bei Betrachtung der *Spalten* erhält man eine Vorstellung von der Bedeutung der verschiedenen Wachstumsfaktoren für die Veränderung der zu erklärenden Variablen. So läßt sich z.B. in der Spalte "landwirtschaftlicher Arbeitseinsatz" ablesen, daß vor allem technische Fortschritte im landwirtschaftlichen Sektor auf eine Verringerung des landwirtschaftlichen Arbeitseinsatzes hinwirken; die Erhöhung des Kapitaleinsatzes und technische Fortschritte im gewerblichen Sektor wirken in die gleiche Richtung, jedoch in geringerem Maße. Gegenkräfte sind das Bevölkerungs- und das gesamtwirtschaftliche Arbeitskräftewachstum, die die Tendenzen zur Verringerung des Arbeitseinsatzes jedoch keineswegs ausgleichen können, so daß sich insgesamt aus dem Zusammenwirken aller Kräfte eine Abwanderungsrate aus der Landwirtschaft in Höhe von 4,39% im Modell errechnet. Die Gesamtauswirkungen der Veränderungen aller exogenen Variablen auf die endogenen Variablen sind in der Summenzeile angegeben, darunter jeweils zum Vergleich die tatsächlich beobachteten durchschnittlichen jährlichen Veränderungen im Betrachtungszeitraum 1950-1965.

Übersicht III-77: Zusammengefaßte Wirkungen der Wachstumsfaktoren im Zwei-Sektoren Modell

Änderung der Variablen in %:												
unabhängige	abhängige											
	Y	X_L	X_G	K_L	K_G	A_L	A_G	P_L	P_G	$l_L=l_G$	$i_L=i_G$	r
$W_{TL}=5{,}4$	0,49	1,32	0,45	-4,86	0,39	-4,77	0,47	-5,81	0,31	0,28	0,37	-4,49
$W_{TG}=4{,}5$	4,21	0,01	4,56	0,17	0,22	-0,05	0,01	4,27	-0,23	4,33	4,19	4,29
$W_A=1{,}0$	0,75	0,15	0,78	-0,52	0,08	0,46	1,05	0,04	-0,00	-0,28	0,70	0,19
$W_K=4{,}5$	1,32	0,28	1,37	3,54	4,65	-1,01	0,10	-0,01	-0,00	1,27	-3,27	0,27
$W_B=1{,}1$	-0,04	0,83	-0,09	0,99	-0,08	0,97	-0,10	-0,14	-0,01	-0,00	-0,02	0,97
Summe	6,73	2,60	7,07	-0,67	5,25	-4,39	1,53	-1,38	0,07	5,61	1,97	1,22
Tats. Änderung, 50 - 65	7,3	2,6	7,5	2,4	4,7	-5,0	1,8	-1,4	0,1			

Quelle: HENRICHSMEYER 1971, Übersicht 11

Simulationsergebnisse und tatsächliche Entwicklung

Die mit dem Modell ermittelten Wachstumsraten der endogenen Variablen entsprechen insgesamt recht gut der tatsächlichen Entwicklung (Übersicht III-77). Das Grundmodell (Annahmen (a) zur Faktormobilität) gibt somit die Grundtendenzen der agrarsektoralen Entwicklung in einer wachsenden Volkswirtschaft wieder: Bei Gültigkeit des Engelschen Gesetzes und tendenziell höheren Raten des technischen Fortschritts in der Landwirtschaft resultiert eine Verschlechterung der sektoralen Terms of Trade für die Landwirtschaft. Hierdurch wird eine Abwanderung der Produktionsfaktoren aus der Landwirtschaft induziert.

Die Entwicklung des landwirtschaftlichen *Kapitalstocks* zeigt allerdings *erhebliche Abweichungen* von der simulierten, modellmäßigen Entwicklung (die einige kleinere Abweichungen anderer Größen bewirken): In den Modellrechnungen nimmt der landwirtschaftliche Kapitalstock leicht ab (um 0,67%) bzw. stagniert, während der tatsächliche landwirtschaftliche Kapitalstock um 2,4% pro Jahr zunimmt. Verschiedene alternative Modellrechnungen zeigen, daß dieses Ergebnis nur unwesentlich durch Veränderungen der Parameterwerte (insbesondere der Produktionselastizitäten und der Sparquote) innerhalb eines für plausibel anzusehenden Bereichs beeinflußt wird. Daher muß eine der grundlegenden Annahmen für die Abweichung zwischen Modellergebnis und tatsächlicher Entwicklung verantwortlich sein. Im Widerspruch zur Realität scheint insbesondere die Annahme einer konstanten Entlohnungsdisparität (δ_i in (III-110)) zu sein. Hiermit wird (wie auch für den Faktor Arbeit bei Mobilitätshypothese (*a*) unterstellt, daß das Kapital bei Tendenzen zu einer niedrigeren Rendite in der Landwirtschaft solange in das "Gewerbe" abfließt, bis sich die Wachstumsraten der Entlohnungssätze wie bei vollkommener Mobilität wieder angleichen ($W_{iL} = W_{iG}$). Zu vermuten ist jedoch, daß die Landwirte in der Nachkriegszeit mehr in ihren Betrieben investiert haben, als es einer einkommensmaximierenden Mittelverwendung bei vollkommener Transparenz der bestehenden Anlagemöglichkeiten entsprochen hätte. In einer alternativen Modellrechnung wurde daher unterstellt, daß alle im landwirtschaftlichen Sektor gebildeten Ersparnisse auch in diesem Sektor investiert werden (Mobilitätshypothese *b*). Die Ergebnisse zeigen, daß sich unter dieser Annahme annähernd die tatsächliche Wachstumsrate des landwirtschaftlichen Kapitalstocks ergibt, während die Kapitalverzinsung deutlich abnimmt. Präferenzen für Investitionen im Agrarsektor und/oder mangelnde Markttransprarenz haben somit offenbar wesentlich zu den "Überinvestition" und zu der niedrigen Kapitalverzinsung im Agrarsektor beigetragen.

Einfluß veränderter Annahmen über die Arbeitsmobilität

Zentrale Anpassungsvariable des Agrarsektors ist neben der Mobilität des Kapitals der landwirtschaftliche Arbeitskräfteeinsatz. Im folgenden werden entsprechend Mobilitätshypothese (*b*) die Auswirkungen alternativ vorgegebener, hypothetischer Abnahmeraten der landwirtschaftlichen Arbeitskräfte auf den sektoralen Strukturwandel untersucht. In Übersicht III-78 sind die Ergebnisse von Modellrechnungen für alternative jährliche Abwanderungsraten in Höhe von 2%, 4,4% und 6% zusammengestellt.

Die ausgewiesenen Wachstumsraten ergeben sich als Durchschnittswerte für den Zeitraum 1950-65, wenn man die Kapitalbildung entsprechend der oben dargestellten Modellstruktur *endogen* ermittelt. Die Werte der ersten Zeile decken sich weitgehend mit den Angaben aus der Summenzeile der Übersicht III-77, für die die gesamtwirtschaftliche Kapitalbildung *exogen* in ihrer durchschnittlichen Höhe vorgegeben wurde, da das Modell die gesamtwirtschaftliche (nicht die landwirtschaftliche!) Kapitalbildung recht gut beschreibt.

Übersicht III-78: Ergebnisse von Modellrechnungen: Auswirkungen unterschiedlicher Abnahmeraten landwirtschaftlicher Beschäftigung

	Änderung der abhängigen Variablen in %:													
WAL:	Y	X_L	X_G	K	K_L	K_G	A_L	A_G	P_L	P_G	l_L	l_G	$i_L = i_G$	r
-4,39	7,00	2,60	7,33	5,07	-0,63	5,56	-4,39	1,76	-1,31	0,13	5,65	5,65	1,92	1,28
-2,00	6,95	3,35	7,18	5,04	-3,35	5,65	-2,00	1,50	-4,91	0,33	0,45	5,98	1,87	-1,56
-6,00	6,98	2,12	7,41	5,07	1,28	5,43	-6,00	1,92	1,05	-0,07	9,15	5,40	1,87	3,14

Quelle: Errechnet nach HENRICHSMEYER 1971, Übersicht 17

Wird die sich im Grundmodell ergebende "disparitätsneutrale" Abwanderungsrate von 4,4% nicht erreicht, so geht der monetäre Grenzertrag und damit der Lohnsatz für landwirtschaftliche Arbeitskräfte zurück. Entsprechend fallen die Agrarpreise und erhöht sich die Einkommensdisparität (genauer: die Entlohnungsdisparität). Bei einer jährlichen Abnahmerate von nur 2,0% erniedrigt sich das Agrarpreisniveau jährlich im 4,9% und erhöht sich die sektorale Einkommensdisparität jährlich um 5,5% (5,98-0,45). Damit verbunden ist eine kräftige Abnahme der Bodenrente. Bei der sinkenden Lohn-Zins-Relation bleiben die Investitionen im landwirtschaftlichen Bereich hinter dem Ersatzbedarf zurück, so daß der landwirtschaftliche Kapitalstock abnimmt.

Umgekehrt wird durch Abnahmeraten, die über 4,4% hinausgehen, die landwirtschaftliche Einkommensdisparität verringert. Bei einer Abnahmerate von 6% würden die Entlohnungssätze der Arbeit im landwirtschaftlichen Bereich um fast 4% (9,15-5,4) stärker steigen als in der übrigen Volkswirtschaft. Das würde bedeuten, daß eine Einkommensdisparität von 50% ($\delta_1 = 0{,}5$) in weniger als 20 Jahren aufgeholt werden könnte. Die Verbesserung der Entlohnung ergibt sich dabei neben der starken Verringerung der Zahl der landwirtschaftlichen Beschäftigten durch eine Verbesserung der Preisrelationen zugunsten der Landwirtschaft. Gegenüber einer Verschlechterung der sektoralen Terms of Trade für die Landwirtschaft im Grundmodell um jährlich 1,3% steigt bei der erhöhten Abwanderungsrate das Agrarpreisniveau im Vergleich zum Durchschnitt aller Preise spürbar an. Diese Erhöhung der Agrarpreise ist eine Folge der Arbeitsverknappung und der höheren Lohnsätze, die die Preissenkungstendenzen infolge des größeren technischen Fortschritts im Agrarsektor überkompensieren. Mit den höheren Löhnen erhöht sich die Kapitalintensität und mit den Agrarpreisen steigt auch die Bodenrente an (um jährlich 3,1%).

Mitte der 70er Jahre und Anfang der 80er Jahre ist die Verminderungsrate der landwirtschaftlichen Beschäftigten in der Bundesrepublik Deutschland und einigen anderen EG-Ländern infolge der ungünstigen allgemeinen Beschäftigungslage tatsächlich auf etwa 2% pro Jahr zurückgegangen (Übersicht II-19). Durch diesen Mobilitätsstau haben sich die landwirtschaftlichen Anpassungsprobleme wesentlich verschärft und sind die realen Agrareinkommen pro Kopf erheblich gesunken (vgl. Kap. II, 4.3.1). Die hypothetischen Ergebnisse bei einer verminderten Abwanderung von 2% entsprechen somit tendenziell der tatsächlichen Entwicklung in den 70er und 80er Jahren.

8.3. Erweiterung zu empirisch ausgerichteten allgemeinen Gleichgewichtsmodellen

Bei den beschriebenen Modellanwendungen ging es um die Erklärung sektoraler Wechselbeziehungen unter leicht überschaubaren Bedingungen. Im Vordergrund standen vornehmlich didaktische Zwecke, und nicht der Versuch, ein realitätsnahes Verlaufsmodell für die Vorausschätzung sektoraler Entwicklung und wirtschafts- und agrarpolitische Wirkungsanalysen vorzustellen. Der verwendete einfache neoklassische Modellansatz läßt sich jedoch in verschiedener Hinsicht weiter ausbauen, um zu realistischeren Modellen zu gelangen, die dann auch für die Vorausschätzungen brauchbar sind.

Eine grundsätzliche inhaltliche Erweiterung bezieht sich auf die Einbeziehung des Staates und des internationalen Handels, die wir in komparativ-statischem Modellzusammenhang in Bd. 2, Kap. IV vornehmen werden. Schon hier sollen diese Erweiterungen angedeutet werden (vgl. auch ANDERSON 1987): Unter den Bedingungen eines kleinen Landes ergibt sich die Veränderung der sektoralen Terms of Trade nicht aus dem Zusammentreffen von heimischen Produktionsmöglichkeiten und heimischer Nachfrage, sondern sie wird vom Weltmarkt (*exogen*) bestimmt. Die Tatsache, daß das oben skizzierte Zwei-Sektoren-Modell trotz der Vernachlässigung von Außenhandel und staatlichen Maßnahmen die tatsächliche Entwicklung recht gut wiedergeben konnte, liegt im wesentlichen daran, daß sich die *modellendogen* ermittelte Veränderung der sektoralen Preisrelation nicht gravierend von der Entwicklung der Terms of Trade zwischen Landwirtschaft und Gewerbe auf den Weltmärkten unterschied. Staatliche Maßnahmen, die diese Veränderung beeinflussen können, haben den international wirksamen Trend zu einer Verschlechterung der sektoralen Terms of Trade offenbar nicht entscheidend bremsen können (womit eine Beeinflussung des *Niveaus* der Disparität durchaus vereinbar ist).

CAVALLO und MUNDLAK analysierten (1982) die Entwicklung *Argentiniens* (1946-1971) mit einem Zwei-Sektoren-Modell, dessen Struktur weitgehend unserem dynamischen Modell einer geschlossenen Volkswirtschaft aus Abschnitt 8.2.2 entspricht, aber insbesondere die folgenden Erweiterungen enthält:

- "Gewerbe" als Aggregat von "handelbarer" und "nichthandelbarer" Produktion;
- Agrarexporte und gewerbliche Importe werden explizit als Residualmengen der inländischen Produktmärkte bei gegebenen Weltmarktpreisen ("kleines Land") abgebildet;
- (realer) Wechselkurs als Politikinstrument, Zahlungsbilanzausgleich über Kapitalimporte;
- Zölle und indirekte Steuern werden zum Staatskonsum (ausschließlich) gewerblicher Güter verwendet;
- sektorale Aufteilung von Investitionen und Arbeit gesteuert von sektoralen Entlohnungsdifferenzen (Mobilitätshemmnisse);
- ökonometrische Schätzung der benötigten Funktionen auf der Basis realistischer Funktionsformen.

Eine Analyse der *EG-Politik*, die in der politischen Diskussion einige Aufmerksamkeit erregte, wurde von STOECKEL 1985 angestellt. Das kontrovers diskutierte Ergebnis war eine Reduktion der Arbeitslosigkeit um 1 Million in der EG (genauer in Frankreich, Italien, Großbritannien und der BR Deutschland) im Jahre 1983 bei einer Eliminierung der Protektion. Sein Modell kann stichwortartig wie folgt gekennzeichnet werden:

- komparativ-statischer Ansatz;
- Sektoruntergliederung in Landwirtschaft (2 Betriebsgrößenklassen), Nahrungsmittelindustrie, sonstige Industrie und Dienstleistungen;
- Cobb-Douglas Produktionsfunktionen mit Arbeit, Boden, Kapital, Vorleistungen als Inputs;
- "Effektiv" für Produktion oder Konsum verwendete Güter sind über spezielle Transformationsfunktionen aggregierte Mengen aus importierten und inländischen Gütern ("Armington-Ansatz");
- Spezifizierung wie in Abschnitt 8.2.2 mit angenommenen Parametern;
- Exportnachfragefunktionen und Importangebotsfunktionen zur Abbildung des Handels mit der "übrigen Welt" (Modell des "großen Landes"), wobei die Handelsbilanz durch den Wechselkursmechnismus ausgeglichen wird;
- die Differenz von (Wert-) Zolleinnahmen und Exportsubventionen wird vom Staat an den repräsentativen Haushalt weitergegeben;
- flexible Preise bewirken, daß alle Märkte im Gleichgewicht sind bis auf den Arbeitsmarkt, wo wegen eines über dem Gleichgewichtswert fixierten gesamtwirtschaftlichen (für alle Sektoren einheitlichen) Lohnsatzes Arbeitslosigkeit auftritt.

Die beiden als Beispiele (vor allem wegen der gut nachvollziehbaren Modelldokumentation) ausgewählten Studien weisen Gemeinsamkeiten in der Berücksichtigung von Staat und Außenhandel auf. Gleichzeitig zeigen sie aber auch, daß sich Angewandte Allgemeine Gleichgewichtsmodelle in wichtigen Details (Dynamik, Sektoruntergliederung, Zahlungsbilanzausgleich, Staatshaushalt, Flexibilität von Preisen, empirische Spezifizierung) je nach Fragestellung und verfügbaren Ressourcen für die Erstellung des Modells oft erheblich unterscheiden. So ist insbesondere die Analyse von STOECKEL noch stark vereinfacht. Auf komplexere Modelle dieses Typs (z.B. DIXON et al. 1982) soll hier jedoch nur hingewiesen werden.

Theoretisch noch anspruchsvoller als die bisher skizzierten Ansätze sind solche Analysen, in denen derartige Allgemeine Gleichgewichtsmodelle für mehrere Länder bzw. Ländergruppen, im umfassendsten Fall für alle Länder der Welt, erstellt und miteinander verknüpft werden. In derartigen Mehr-Länder-Modellen (z.B. BURNIAUX 1989, FISHER u.a. 1988) werden die Weltmarktpreise durch das Zusammenwirken der einzelnen Handelspartner wie in entsprechenden Partialmarktanalysen (vgl. etwa VALDES, ZIETZ 1980) determiniert und es werden die Auswirkungen einer bestimmten Politik in anderen Ländern sichtbar. Gegenüber den Partialmarktanalysen sichert der theoretische Rahmen allgemeiner Gleichgewichtsmodelle zusätzlich die Konsistenz wichtiger Bilanzgleichungen (z.B. der Zahlungsbilanz). Auch auf diesen noch komplizierteren Modelltyp kann in diesem einführenden Lehrbuch nicht näher eingegangen werden, so daß auf die Literatur zu den Stichworten "Computable General Equilibrium" oder "Applied General Equilibrium" verwiesen wird.

Allgemeine Gleichgewichtsmodelle werden theoretischen Ansprüchen in bezug auf eine umfassende Abbildung komplexer Wechselbeziehungen in hohem Maße gerecht. Ihre Komplexität bewirkt aber auch, daß zahlreiche Parameter benötigt werden, die wegen des damit verbundenen Aufwands nur selten (bei mehrjährigen Projekten mit großen Teams, z.B. DIXON u.a. 1982, FISHER u.a. 1988) auch ökonometrisch geschätzt werden. Häufig sind die Parameter dagegen den z.T. sehr wiedersprüchlichen Angaben in der Literatur entnommen, wodurch die empirische Aussagekraft entsprechender Analysen natürlich eingeschränkt wird. Weitere Einschränkungen können sich ergeben, wenn das Aggregationsniveau sehr hoch ist, z.B. wenn der sehr heterogene, nicht-landwirtschaftliche Teil der Volkswirtschaft zu einem einzigen Sektor aggregiert wird wie in den dem schon genannten "IIASA-Modell" (FISHER u.a. 1988). Für viele Fragen erweisen sich daher einfachere Ansätze als zweckmäßiger.

9. Zusammenfassung: Agrarsektorale Probleme und agrarpolitischer Handlungsbedarf

Der Agrarsektor weist eine Reihe von **produktionsspezifischen und sozialökonomischen Besonderheiten** auf, die häufig für die Begründung einer Sonderstellung der Landwirtschaft im Rahmen eines marktwirtschaftlichen Systems angeführt werden.

Als *produktionsspezifische Besonderheiten* sind vor allem zu nennen: die Naturabhängigkeit der pflanzlichen und tierischen Produktion, starke witterungsbedingte Ertragsschwankungen, rasche Verderblichkeit der Produkte, lange Ausreifungszeiten (Dauerkulturen, Milchkuhhaltung u.a.), ein hoher Anteil immobiler Produktionsfaktoren und begrenzte Möglichkeiten der Ausnutzung von Vorteilen der Massenproduktion.

Als *sozialökonomische Besonderheiten* gelten: eine enge Verzahnung von Unternehmen und Haushalt mit bedeutsamen Konsequenzen insbesondere für die längerfristigen betrieblichen Dispositionen, erhebliche Mobilitätshemmnisse (spezialisierte Ausbildung, ungünstige Altersstruktur, sektorspezifische Kapitalgüter etc.) sowie hohe Transaktionskosten bei der Realisierung von betrieblichem Strukturwandel.

Die aufgeführten produktionstechnischen und sozio-ökonomischen Bedingungen kennzeichnen bestimmte Eigenschaften landwirtschaftlicher Produktion. Diese gelten jedoch nicht allein für den Agrarsektor, sondern jede einzelne von ihnen ist auch in anderen Sektoren anzutreffen. Daher vermag keine der genannten "Besonderheiten" eine *grundsätzliche* Sonderstellung der Landwirtschaft innerhalb eines marktwirtschaftlichen Systems zu begründen. Es wurde jedoch gezeigt, daß sich durch das Zusammenwirken der verschiedenen genannten Faktoren bestimmte Problemschwerpunkte ergeben, die für die Landwirtschaft in den fortgeschrittenen Industrieländern charakteristisch sind und besondere Züge gegenüber den Gegebenheiten in anderen Wirtschaftssektoren aufweisen. Dieses sind vor allem:

- charakteristische Anpassungsprobleme eines schrumpfenden Sektors,
- erhebliche Instabilitäten der Agrarmärkte,
- bedeutsame externe Effekte der Landwirtschaft in bezug auf die natürliche Umwelt.

(1) Die **(relative) Schrumpfung des Agrarsektors** im Verlaufe des wirtschaftlichen Wachstums ist ein *säkulares* Problem, das in diesem Kapitel in seinen verschiedenen Facetten mit Hilfe partialer Marktmodelle und gesamtwirtschaftlicher Zwei-Sektoren-Modelle untersucht wurde.

Die *Grundtendenzen* sind in allen fortgeschrittenen Industrieländern ähnlich: abschwächendes oder stagnierendes Wachstum der Nahrungsmittelnachfrage, fortlaufende Auslagerung von Funktionen aus der Landwirtschaft in vor- und nachgelagerte gewerbliche Bereiche bei gleichzeitig überdurchschnittlichen technischen Fortschritten in der Landwirtschaft, die einen tiefgreifenden Wandel der agrarischen Strukturen und der Funktionen der Landwirtschaft in der modernen Industriegesellschaft bewirken.

Auch das *Grundmuster der agrarpolitischen Problemlagen* weist in den meisten Ländern gemeinsame Züge auf: Zurückbleiben der durchschnittlichen Agrareinkommen gegenüber der allgemeinen Einkommensentwicklung, Zwang zur Aufgabe zu kleiner Betriebe und Abwanderung aus der Landwirtschaft, Notwendigkeit zum fortlaufenden Wachstum der verbleibenden (Vollerwerbs-) Betriebe, tiefgreifende Veränderungen der Sozialstruktur und Lebensgewohnheiten im ländlichen Raum.

Von entscheidender Bedeutung für einen sozialverträglichen Ablauf der strukturellen Wandlungsprozesse ist dabei die Frage der *Angebotselastizität des Agrarsektors*. Die Modellanalysen verdeutlichen, daß es hierbei wichtig ist, kurz- und langfristige Anpassungsmöglichkeiten und daraus resultierende Angebotselastizitäten zu unterscheiden. Auf kurze Sicht sind die Anpassungsformen und -spielräume begrenzt. Drastisch veränderte Rahmenbedingungen und Politikvorgaben führen daher kurzfristig vor allem zu verstärkten Einkommensänderungen und vergleichsweise geringer Anpassungsreaktion. *Längerfristig* bestehen dagegen vielfältige Formen der Anpassung, die den Anpassungsdruck aufnehmen und abmildern können.

Zentrale Steuerungsvariable ist dabei die *Arbeitsmoblität*, die sich bei familienbetrieblichen Strukturen in sehr unterschiedlichen Formen vollziehen kann: von der Aufnahme einer außerlandwirtschaftlichen Teilzeitbeschäftigung eines der Familienmitglieder bis hin zur Übernahme einer außerlandwirtschaftlichen Hauptbeschäftigung und Verwertung der Restarbeitszeit im landwirtschaftlichen Betrieb. Der Ablauf des strukturellen Wandlungsprozesses ist am sozialverträglichsten, wenn die Anpassungen überwiegend im Rahmen des Generationenwechsels stattfinden können.

Angesichts der großen *staatlichen Einflußnahme* auf die strukturellen Anpassungsprozesse im Agrarsektor ist es wichtig, daß die agrarpolitischen Entscheidungsträger die in der Landwirtschaft tätigen Menschen nach dem jeweils verfügbaren Wissensstand offen über die Grundtendenz der langfristig erwartbaren Rahmenbedingungen informieren und durch klare Signale den beabsichtigten Kurs der Agrarpolitik anzeigen. Hierdurch lassen sich nicht nur die Härten der Anpassung für die betroffenen Menschen verringern, dieses ist vielmehr auch - wie schon aus den Ausführungen dieses Bandes ersichtlich - unter allokativen Gesichtspunkten vorteilhaft.

Darüber hinaus läßt sich bereits allgemein schlußfolgern, daß die Grundstrategie staatlicher Einflußnahme darauf abzielen sollte, die im Zuge des wirtschaftlichen Wachstums erforderlichen Faktoranpassungen zu fördern und (im Rahmen eines Systems sozialer Marktwirtschaft) gegebenenfalls sozial abzufedern. Diese Überlegungen werden in Bd. 2 Kapitel IV wieder aufgenommen und weitergeführt, wenn es darum geht, die Bedingungen für eine optimale Allokation der Produktionsfaktoren im Hinblick auf die verfolgten gesellschafts-, wirtschafts- und agrarpolitischen Ziele aufzuzeigen und daraus Grundsätze für eine rationale Politikgestaltung abzuleiten.

(2) Die **Instabilitäten der Agrarmärkte** haben ihre Ursachen vor allem in starken witterungsbedingten Ertragsschwankungen und geringen kurzfristigen Preiselastizitäten des Angebots und der Nachfrage. Die großen Preisschwankungen auf den Weltmärkten sind aber auch in der Agrarprotektion vieler westlicher Industrieländer begründet: Durch die Abschottung gegenüber dem Weltmarkt können die inländischen Preise zwar u.U. (auf höherem Niveau) stabilisiert werden, doch wird die Instabilität auf dem "Restmarkt" dadurch tendenziell erhöht, da sich die Schwankungen nur in einem verkleinerten Wirtschaftsraum verteilen, wobei dieser Effekt von der Art der zur Abschottung gewählten Maßnahme abhängig ist (vgl. dazu Bd. 2).

Bei dem Bemühen um Stabilisierung der heimischen Agrarpreise sind daher stets auch die negativen Auswirkungen auf andere Länder im Auge zu behalten. Preisänderungen sind notwendig, um unvermeidliche, in der Landwirtschaft stark ausgeprägte Schwankungen des Angebots mit der Nachfrageentwicklung abzustimmen. Wenn sich ein Land abkapselt, müssen andere Länder umso größere Schwankungen ertragen.

Ein zentraler Ansatzpunkt einer weltweit ausgerichteten Politik der Marktstabilisierung liegt daher darin, bestehende Protektionsmaßnahmen, insbesondere solche, die Preisschwankungen unterdrücken, "abzurüsten" und das Prinzip der kommunizierenden Röhren auf den Weltmärkten wiederherzustellen. In Bd. 2, Kapitel IV wird zu prüfen sein, unter welchen Bedingungen darüber hinausgehende nationale oder international abgestimmte staatliche Stabilisierungspolitiken (etwa antizyklische Lagerhaltung) in Betracht zu ziehen sind. Auf jeden Fall sollte es eine Aufgabe des Staates sein, durch ordnungspolitische Rahmensetzungen die Funktionsfähigkeit der Märkte zu erhöhen und dadurch zur Preisstabilisierung beizutragen.

Die Stabilisierung von Marktentwicklungen ist sowohl unter allokativen wie unter verteilungspolitischen Gesichtspunkten ein wichtiges agrarpolitisches Ziel, da sprunghaft schwankende Marktpreise falsche Signale für Produktions- und insbesondere Investitionsentscheidungen geben können, und da bei den Erzeugereinkommen und Verbraucherausgaben aus naheliegenden Gründen auf eine Verstetigung hingewirkt werden sollte.

(3) Darüber hinaus wurde gezeigt (Abschnitt II-6), daß die landwirtschaftliche Produktion mit vielfältigen **positiven und negativen externen Effekten** verbunden ist, die sich nicht in den monetären Leistungen bzw. Kosten der einzelnen Wirtschaftseinheiten niederschlagen und daher auch nicht durch die Marktmechanismen berücksichtigt werden.

Art und Bedeutung der externen Effekte sind je nach dem Entwicklungsstand der Landwirtschaft sehr unterschiedlich. Unter den Verhältnissen

traditioneller Landwirtschaft treten *negative externe Effekte* (Belastungen von Umweltmedien) kaum in Erscheinung. Von den weitgehend geschlossenen natürlichen Kreisläufen gehen nur geringfügige Belastungen der Umweltmedien (Wasser, Boden, Luft) aus, und soweit sie auftreten, werden sie kaum als solche wahrgenommen. Wasser und Luft können weitgehend als freie Güter gelten, die Erhaltung der Bodenfruchtbarkeit wird im allgemeinen von den einzelnen Landwirten als eine wichtige Voraussetzung zur langfristigen Existenzsicherung für die eigene Familie verstanden. Gleichzeitig werden *positive Beiträge* der traditionellen Landwirtschaft für das äußere Erscheinungsbild der Agrarlandschaft ("*Kulturlandschaft*"), die Artenvielfalt und die Funktionsfähigkeit der ländlichen Räume als selbstverständliches Nebenprodukt der Landbewirtschaftung angesehen. Darüberhinaus werden auch die kulturellen Werte bäuerlicher Landwirtschaft und historisch gewachsener Siedlungsstrukturen von vielen Menschen als positive (externe) Leistungen empfunden. Unter den Bedingungen traditioneller Landwirtschaft bedarf es daher keiner besonderen Anreize zur Ergänzung der Marktmechanismen, um diesbezügliche Ziele zu erreichen, ebenso wie es andererseits auch kaum staatlicher Maßnahmen bedarf, um Umweltbelastungen durch die Landwirtschaft entgegenzuwirken.

Demgegenüber hat die **moderne Landwirtschaft** in vielen Fällen zu erheblichen Belastungen der Umweltmedien (insbesondere Grundwasser und Boden) geführt, und teilweise auch die oben beschriebenen positiven externen Effekte der Landbewirtschaftung in Frage gestellt oder sogar ins Gegenteil verkehrt (z.B. "Ausräumung" der Landschaft, Artenrückgang). Auslösender Faktor ist dabei die starke Intensivierung (steigender Einsatz von Mineraldünger und Pflanzenschutzmitteln) und teilweise auch regionale Konzentrationen der landwirtschaftlichen Produktion (hoher Gülleanfall) in Verbindung mit der Realisierung rapider technischer Fortschritte. Diese Entwicklungen wurden begünstigt durch die Agrarpreisstützung sowie die Tatsache, daß die Belastungen der Umweltmedien und sonstigen negativen Effekte nicht bei den einzelnen verursachenden Produzenten als private Kosten anfallen und daher auch nicht bei den Dispositionen über Produktion und Faktoreinsatz berücksichtigt werden.

Die Marktmechanismen bedürfen daher bei dem Vorliegen gewichtiger externer Effekte ergänzender bzw. korrigierender staatlicher Maßnahmen, um Fehlallokationen der Ressourcen zu vermeiden und auf eine optimale Versorgung der Bevölkerung mit (marktgängigen) privaten Gütern und (politisch zu entscheidenden) öffentlichen Gütern hinzuwirken. Die Untersuchung dieser Fragen erfolgt im Gesamtzusammenhang der Überlegungen zur rationalen Gestaltung der Agrar- und Umweltpolitik in Band 2, Kap. IV.

Ingesamt läßt sich zusammenfassen: Die Landwirtschaft weist einige charakteristische Eigenschaften, jedoch keine grundsätzliche Sonderstellung im Rahmen des marktwirtschaftlichen System auf. In verschiedener Hinsicht liegen besondere Problemschwerpunkte vor (gravierende strukturelle Anpassungsprobleme, große Instabilitäten, bedeutsame externe Effekte), die die politischen Entscheidungsträger in den meisten Ländern zu einem starken Ausmaß staatlicher Einflußmaßnahme veranlaßt haben und die Gestaltung einer rationalen Agrarpolitk zu einer komplexen Aufgabe werden lassen.

Literaturhinweise zu Kapitel III

Die **mikroökonomischen Grundlagen** auf der Angebots- und Nachfrageseite, die im Kapitel III vielfach verwendet werden, sind mit ansteigendem Schwierigkeitsgrad z.B. bei HENRICHSMEYER, GANS, EVERS 1990, KLAUS, MAUSSNER 1986 und VARIAN 1984 dargestellt. Die beiden letzten Lehrbücher liefern in Anhängen daneben eine (über die Bedürfnisse dieses Lehrbuchs hinausgehende) kompakte Darstellung der für die Mikroökonomie relevanten *mathematischen Hilfsmittel*, für die ansonsten z.B. BECKMANN, KÜNZI 1981 oder CHIANG 1985 empfohlen werden können. Speziell zur **Produktionstheorie und zur Angebotsseite** kann der Leser alllgemeine Grundlagen z.B. mit Hilfe der Lehrbücher, HESSE, LINDE 1976, KRELLE 1969 und BEATTIE, TAYLOR 1985 auffrischen oder erarbeiten. Eine Darstellung der Produktionstheorie mit Anwendungsbezug zur Landwirtschaft bieten STEINHAUSER, LANGBEHN, PETERS 1982 und BRANDES, WOERMANN 1969. *Landwirtschaftliche Besonderheiten* der Technologie und des technischen Fortschritts werden diskutiert bei BRINKMANN 1922, WILLER 1967 und HAYAMI, RUTTAN 1985. Zur Vertiefung in den Bereichen *Ziele und Verhaltensweisen* können BRANDES, WOERMANN 1969, DAY 1976 und insbesondere BRANDES 1985 (zuletzt: 1990) mit einer Fülle weiterer Literaturhinweise herangezogen werden, für eine formalere Darstellung auch KRELLE 1968. Einen Einstieg in die Theorie der *Erwartungsbildung* bietet der zitierte Abschnitt von DE HAEN 1971, wegen der knappen Behandlung rationaler Erwartungen am besten ergänzt durch (z.B.) BRANDES 1990. *Inverses Angebotsverhalten* diskutieren ebenfalls HANF und KÖSTER (1980, S. 122ff). Zum *langfristigen Gleichgewicht* der landwirtschaftlichen Produktion soll HENRICHSMEYER 1977 genannt werden, zu Komplikationen der Anpassung an das langfristige Gleichgewicht DAY 1976. Die Lektüre von HEADY, DILLON 1961, SCHRADER 1973 und BECKER 1976 bietet eine Einführung in Methoden und Probleme bei der *ökonometrischen Quantifizierung* der Agrartechnologie in Theorie und Praxis. Sich ergänzende Übersichten zu den Methoden der landwirtschaftlichen Angebotsanalyse finden sich bei COLMAN 1983 und BAUER 1986.

Die mikroökonomischen Grundlagen von **Nachfrageentscheidungen** der Haushalte werden bei KÖSTER 1981 recht ausführlich dargestellt. Ein anspruchsvolles Standardwerk ist DEATON, MUELLBAUER 1980, wo auch weiterführende Fragen behandelt werden. Einzelgleichungsschätzungen und Systemansätze in der *empirischen Nachfrageanalyse* werden durch den Vergleich von WÖHLKEN 1981 und de HAEN, MURTY, TANGERMANN 1982 illustriert. Besonderheiten der Nachfrage nach einzelnen Nahrungsmitteln werden ausführlich in den Lehrbüchern zur landwirtschaftlichen Marktlehre wie PLATE 1970 und WÖHLKEN 1984 diskutiert.

Die Grundlagen der **Preisbildung** sind in den mikroökonomischen Standarddarstellungen (s.o.) und ausführlicher bei KRELLE 1976 abgehandelt, wobei die hier weitgehend ausgeklammerten Probleme unvollständigen Wettbewerbs oft größeren Raum einnehmen. Die schon genannten Lehrbücher der *landwirtschaftlichen* Marktlehre berücksichtigen auch stärker für den Agrarsektor wichtige Phänomene wie staatliche Interventionen und Außenhandel sowie saisonale und zyklische Schwankungen. Zu letzteren kann außerdem der Überblick bei BUCHHOLZ 1982 empfohlen werden. Eine Gesamtdarstellung der einzelnen landwirtschaftlichen Märkte bietet z.B. WÖHLKEN 1984, wobei Informationen über die aktuelle Marktsituation aus dem jeweiligen Dezemberheft der *Agrarwirtschaft* bezogen werden können. Als Beispiel für eine ausführlich beschriebene, empirische Analyse internationaler Preisbildung mit zahlreichen Marktteilnehmern sei VALDES, ZIETZ 1980 empfohlen.

Da die **Faktornachfrage** das Spiegelbild zu den Angebotsentscheidungen darstellt, sind die entsprechenden Standardwerke auch an dieser Stelle relevant. Speziell zur Theorie *quasifixer Produktionsfaktoren* kann EDWARDS 1959 empfohlen werden, wo die auf JOHNSON 1958 zurückgehenden Gedanken ausführlicher formuliert sind. Die einzelnen landwirtschaftlichen Faktormärkte werden eingehend bei HENZE 1987 behandelt. Zum Arbeitsmarkt kann für theoretische Grundlagen und als Beispiel für eine nach Regionen und Betriebsgruppen differenzierte empirische Analyse VON BRAUN 1979 herangezogen werden, in bezug auf das Gleichgewicht im Raum wieder HENRICHSMEYER 1977.

Die wichtigsten Aspekte hinsichtlich der **Betriebsgrößenfrage** werden bei BRANDES 1978 diskutiert. Zu den Konsequenzen der gesamtwirtschaftlichen Faktorausstattung für die Faktoreinsatzstrukturen in der Landwirtschaft gibt es grundlegende Darstellungen bei HERLEMANN, STAMER 1958 und HAYAMI, RUTTAN 1985, letztere auch mit Berücksichtigung des induzierten technischen Fortschritts und für Entwicklungsländer relevanter Fragen. Der **Zusammenhang von Produkt- und Faktormärkten** ist knapp dargestellt bei KÖSTER 1981 (S. 118ff), ausführlicher dagegen bei GARDNER 1987. Empirische Arbeiten, die explizit den Zusammenhang von Angebot und Faktoreinsatz berücksichtigen, werden meist als gesamtsektorale Analysen durchgeführt. Hier können als Beispiele für Arbeiten mit "kleinem Agrarsektor" genannt werden ROSINE, HELMBERGER 1974 (mit sehr einfacher Modellstruktur), WEISS 1990, oder auch reine Angebotsmodelle (mit exogenen Produktpreisen) TANGERMANN 1974 und differenzierter BAUER 1979.

Einfache Darstellungen zum **Allgemeinen Gleichgewicht** mit n Konsumenten und m Unternehmen geben z.B. HENRICHSMEYER 1966, S. 19ff und HAZELL, NORTON 1986, S. 206ff. In den mikroökonomischen Lehrbüchern, z.B. (recht anspruchsvoll) VARIAN 1984, wird das allgemeine Gleichgewicht i.d.R. in wohlfahrtsökonomischem Zusammenhang (dazu Bd. 2) behandelt. Die *Zwei-Sektoren-Analyse* in Abschnitt 8.2 geht auf HENRICHSMEYER 1971 zurück. KÖSTER untersucht (1972) in einer verwandten Analyse mit exogenem Wachstum des gesamtwirtschaftlichen Kapitalstocks auf analytischem Wege den Einfluß der Produktionsfunktionen auf Faktormobilität und -entlohnung. Beide Analysen werden auf Faktormobilität und -entlohnung ergänzt hinsichtlich außenwirtschaftlicher Effekte durch ANDERSON 1987. Ausführlich beschriebene, *empirisch ausgerichtete* Gleichgewichtsmodelle mit Berücksichtigung von Handel und Staat bei hohem Aggregationsniveau sind STOECKEL 1985 und CAVALLO, MUNDLAK 1982, letzteres aktualisiert und noch stärker gesamtwirtschaftlich ausgerichtet bei MUNDLAK, CAVALLO, DOMENECH 1989. Dazu gibt es den Überblicksartikel von SHOVEN, WHALLEY 1984 und als Beispiel zum "state of the art" der agrarsektoral ausgerichteten allgemeinen Gleichgewichtsmodelle FISCHER u.a. 1988.

Literaturverzeichnis

ABEL, W. (1956): Artikel Agrarpolitik I, Epochen und Bereiche, in: Handwörterbuch der Sozialwissenschaften, Stuttgart-Tübingen-Göttingen.

ABEL, W. (1967): Agrarpolitik, 3. Aufl., Göttingen.

ABEL, W. (1978): Agrarkrisen und Agrarkonjunktur. Eine Geschichte der Land- und Ernährungswirtschaft Mitteleuropas seit dem hohen Mittelalter, Hamburg-Berlin.

AEIKENS, H.O. (1979): Die Entwicklung der Milchproduktion in den Mitgliedsländern der EG in Abhängigkeit von der Leistung je Kuh sowie betrieblichen Auf- und Abstockungsprozessen, Dissertation, Göttingen.

AEREBOE, F. (1928): Agrarpolitik. Ein Lehrbuch, Berlin.

ALBERS, W. (1983): Das einzelbetriebliche Förderungsprogramm als Beispiel für eine staatliche Investitionslenkung, *Agrarwirtschaft* (32), S. 297-301.

ALLANSON, P.F. (1988): The Manchester Policy Simulation Model of U.K. Agriculture, University of Manchester, Department of Agricultural Economics, Bulletin 217, Manchester.

ALLEN (1986): Index Numbers in Theory and Practice, London-Basingstoke.

ANDERSON, J.R. DILLON, J.L., HARDAKER, B. (1977): Agricultural Decision Analysis, Ames (Iowa).

ANDERSON, K. (1987): On Why Agriculture Declines with Economic Growth, *Agricultural Economics* (1), S. 195-207.

ANDREAE, B. (1983): Agrargeographie - Strukturen und Betriebsformen der Weltlandwirtschaft, 2. Aufl., Berlin (u.a.).

ANTLE, J.M., CAPALBO, S.M. (1988): An Introduction to Recent Developments in Production Theory and Productivity Measurement, in: S.M. CAPALBO, J.M. ANTLE (Hrsg.), Agricultural Productivity: Measurement and Explanation, Washington, S. 17-95.

ASKARI, H., CUMMINGS, J.T. (1976): Agricultural Supply Response: A Survey of the Econometric Evidence, New York-Washington-London.

AUERSWALD, K. SCHWERTMANN, U. (1990): Bodenerosion und Bodenfruchtbarkeit - Kenntnisstand und Forschungsdefizite, *Berichte über Landwirtschaft* (68), S. 596-603.

BALE, M.D., LUTZ, E. (1969): Effects of Trade Intervention on International Price Instability, *American Journal of Agricultural Economics* (61), S. 512-516.

BALE, M.D., LUTZ, E. (1978), Trade Restrictions und International Price Instability, *World Bank Staff Working Paper* (303), Washington.

BALL, V.E. (1985): Output, Input and Productivity Measurement in US Agriculture, 1948-79, *American Journal of Agricultural Economics* (67), S. 475-486.

BAN, A.W. VAN DEN, WEHLAND, W.H. (1984): Einführung in die Beratung, Hamburg-Berlin.

BASLER, A. (1985): Der Weltagrarhandel zwischen konjunktureller Erholung und strukturellen Veränderungen, Agrarwirtschaft (34), S. 337-346.

BASLER, A. (1988): Der Weltagrarhandel in den ausgehenden 80er Jahren, *Agrarwirtschaft* (37), S. 173-179.

BASLER, A. (1989): Der Agrarhandel zwischen Industrie und Entwicklungsländern unter besonderer Berücksichtigung des EG-Außenhandels, *IflM-Arbeitsbericht (89/1)*, Braunschweig.

BAUER, S. (1977): Zur Analyse der Preis- und Einkommensentwicklung in der Landwirtschaft, *Berichte über Landwirtschaft* (55), S. 249-275.

BAUER, S. (1979a): Quantitative Sektoranalyse als Entscheidungshilfe für die Agrarpolitik, *Volkswirtschaftliche Schriften* (280), Berlin.

BAUER, S. (1979b): Methodische Grundelemente der quantitiven Sektormodelle des DFG-Schwerpunktprogramms, in: F. BAUERSACHS, W. HENRICHSMEYER (Hrsg.), Beiträge zur quantitativen Sektor- und Regionalanalyse im Agrarbereich, Bd. 1, *Agrarwirtschaft* SH 80, S. 21-54.

BAUER, S. (1986): Zur Analyse von Allokations- und Verteilungsproblemen im Agrarbereich: Theorie, Methoden und empirische Forschung, Kiel.

BAUER, S. ROTHE, M. (1980): Analyse und Prognose der kurzfristigen Einkommensentwicklung in der Landwirtschaft (DIES), in: W. HENRICHSMEYER, (Hrsg.), Prognose- und Prognosekontrolle, *Schriften der GeWiSoLa* (17), S. 191-214.

BAUERSACHS, F. (1979): Ein regional und betriebsgruppenspezifisch differenziertes quantitatives Informations- und Sektoranalysesystem für den Agrarbereich (QUISS): Allgemeine Grundlagen und Modellaufbau, in: F. BAUERSACHS, W. HENRICHSMEYER (Hrsg.), Beiträge zur quantitativen Sektor- und Regionalanalyse im Agrarbereich, Band I, *Agrarwirtschaft* SH 80, S. 55-92.

BAUERSACHS, F., NIEBUHR, J. (1978): Zur Interdependenz von Preispolitik, Marktgleichgewicht, Faktoreinsatz und Einkommen im Agrarsektor, *Agrarwirtschaft* (27), Hannover, S. 109-116

BAUERSACHS, F., NIEBUHR, J. (1979): Anwendung von QUISS zur Analyse und Projektion sektoraler Strukturen, in: F. BAUERSACHS, W. HENRICHSMEYER (Hrsg.), Beiträge zur quantitativen Sektor- und Regionalanalyse im Agrarbereich, Band I, *Agrarwirtschaft* SH 80, S. 247-282.

BEATTIE, B.R. TAYLOR C.R. (1985): The Economics of Production, New York (u.a.).

BECKER, H. (1976) Produktionstheoretische und empirische Analyse des Faktoreinsatzes im Agrarsektor unter besonderer Berücksichtigung der

Beziehungen zwischen Bodennutzungspreisen und technischen Fortschritten, *Agrarwirtschaft* SH 65, Hannover.

BECKER, H. (1977): Aussetzung der Intervention bei Butter und Magermilchpulver und Aufrechterhaltung der Produzenteneinkommen durch Einkommenstransfers, *Landwirtschaft-Angewandte Wissenschaft* (195), Münster-Hiltrup.

BECKER, H. (1989): Productivity Development in the Agricultural Sector of the Federal Republic of Germany, *Arbeitsbericht* (1), Institut für Betriebswirtschaft der Bundesforschungsanstalt für Landwirtschaft, Braunschweig-Völkenrode.

BECKER, H., GYOMARD, H. (1991): Bestimmung deterministischer Faktorproduktivitäten und Schätzung technischer Fortschritte für die Agrarsektoren Frankreichs und der BR Deutschland, *Agrarwirtschaft* (40), S. 20-24.

BECKER, J.W. (1988): Aggregation in landwirtschaftlichen Gesamtrechnungen über physische Maßstäbe - Futtergersteneinheiten als Generalnenner, Gießen.

BECKMANN, M., KUENZI, H.P. (1973a): Mathematik für Ökonomen, Band 1, Berlin-Heidelberg.

BECKMANN, M., KUENZI, H.P. (1973b): Mathematik für Ökonomen, Band 2, Berlin-Heidelberg.

BECKMANN, M., KUENZI, H.P. (1984): Mathematik für Ökonomen, Band 3, Berlin-Heidelberg.

BEHREND, G. (o.J.): Agrarkreditsysteme in der EWG, *Bonner Hefte für Agrarpolitik und Agrarsoziologie* (1), Stuttgart.

BEHRENS, R., HAEN, H. DE (1980): Vergleich der gesamten Produktion, des aggregierten Faktoreinsatzes und der Produktivität in der Landwirtschaft der EG-Länder 1963-1976, *Göttinger Schriften zur Agrarökonomie* (48), Göttingen.

BENDEL, B. (1982): Artikel Landwirtschaftskammern, in: Handwörterbuch des Agrarrechts, Bd. 2, Berlin, Sp. 360 - 366.

BENNET, J.G. (1987): Die Struktur der westdeutschen Ernährungswirtschaft - Erstellung und Auswertung von Input-Output-Tabellen für die Jahre 1970, 1974 und 1978, Dissertation, Bonn.

BESCH, M., KUHLMANN, F., LORENZ, G. (Hrsg.) (1983): Vermarktung und Beratung, *Schriften der GeWiSoLa* (20), Münster-Hiltrup.

BITTERMANN, E., LOHMANN, B. (1977): Produktion und Wertschöpfung der Landwirtschaft in der Bundesrepublik Deutschland - Revidierte Ergebnisse der Landwirtschaftlichen Gesamtrechnung, *Agrarwirtschaft* (26), S. 255-270.

BLANKENBURG, P. VON (1986): Welternährung, Gegenwartsprobleme und Strategien für die Zukunft, München.

BLÄNKER, J., LIPINSKY, E.E. (1990): Problematik von Preisinformation und Wertermittlung auf dem landwirtschaftlichen Grundstücksmarkt, *Grundstücksmarkt und Grundstückswert* (1), S. 83 - 89.

BLEYMÜLLER, J., GEHLERT, G., GÜLICHER, H. (1989): Statistik für Wirtschaftswissenschaftler, 5. Auflage, München.

BLOCK, H.-J. (1982): Artikel Landwirtschaftliches Schul- und Hochschulwesen, in: Handwörterbuch des Agrarrechts, Bd. 2, Berlin, Sp. 312 - 317.

BMELF (Hrsg.) (1981): Beachtung ökologischer Grenzen bei der Landbewirtschaftung, *Berichte über Landwirtschaft* SH 197.

BMELF (Hrsg.) (1985): Pflanzenschutzmittel und Boden, *Berichte über Landwirtschaft* SH 198.

BMELF (Hrsg.) (1989): Bericht des Bundes und der Länder über Nachwachsende Rohstoffe, *Landwirtschaft-Angewandte Wissenschaft*, Sonderheft, Münster-Hiltrup.

BMELF und BMFT (1986): Expertenkolloquium Nachwachsende Rohstoffe, Statements der Experten und Verbände, Band 1 und 2, Bonn.

BMELF, AB (versch. Jgg.): Bundesministerium für Ernährung, Landwirtschaft und Forsten (Hrsg.), Agrar- und ernährungspolitischer Bericht der Bundesregierung (Agrarbericht), mit Materialband (MB).

BMELF, JB (versch. Jgg.): Bundesministerium für Ernährung, Landwirtschaft und Forsten (Hrsg.), Statistisches Jahrbuch über Ernährung, Landwirtschaft und Forsten.

BMRO (1990): Bundesministerium für Raumordnung, Bauwesen und Städtebau (Hrsg.), Raumordnungsbericht 1990, Bonn.

BOECKENHOFF, E. (u.a.) (1970): Short-Term Forecasting of Livestock Numbers and Livestock Production in the Federal Republic of Germany, Denmark, the Netherlands and the United Kingdom, Stuttgart.

BOECKENHOFF, E., LOHNER, M. (1991): Vorausschau auf den Schweinemarkt, *Agrarwirtschaft* (40), S. 253 - 256.

BOECKENHOFF, E., MÜLLER, G. (1991): Vorausschau auf den Rindermarkt, *Agrarwirtschaft* (40), S. 249 - 252.

BOEHLJE, M., EIDMAN,, V. (1983): Financial Stress in Agriculture: Implications for Producers, *American Journal of Agricultural Economics* (65), S. 937-944.

BOESE, CH. u.a. (1991): Auswirkungen der geänderten Rahmenbedingungen auf die Landwirtschaft der neuen Bundesländer - Untersuchungen auf sektoraler Ebene, in: HENRICHSMEYER, SCHMIDT (Hrsg.) 1991, S. 69-96.

BOESE, CH., WELSCHOF, J. (1991): Strukturelle Anpassungsprozesse und Politiken im Bereich der neuen Bundesländer, Vortrag auf der 32. Jahrestagung der *GeWiSoLa*, Göttingen.

BOMBACH, G. (1984): Der Strukturbegriff in der Ökonomie, in: F. NEUMARK (Hrsg.), Strukturwandlungen einer wachsenden Wirtschaft, *Schriften des Vereins für Socialpolitik* (30/I), Berlin, S. 10-17.

BOUSSARD, J.M. (1981): Relationship between milk production and price variation in France and Italy, in: COMMISSION OF THE EUROPEAN COMMUNITIES, Relationship between Milk Production and Price Variation in the EC, Agricultural Studies, Study P. 214, Brüssel.

BRANDES, W. (1978): Zur Konzentration der Agrarproduktion in der Bundesrepublik Deutschland aus betriebswirtschaftlicher Sicht, *Agrarwirtschaft* (27), S. 1-12.

BRANDES, W. (1979): Über das subjektive Element in der Betriebsplanung; in: M. KÖHNE (Hrsg.), Beiträge zur Agrarökonomie, Hamburg-Berlin. S. 15-28.

BRANDES, W. (1985): Über die Grenzen der Schreibtisch-Ökonomie, Tübingen.

BRANDES, W. (1989): Zur Fruchtbarkeit von Maximierungsprinzip und Gleichgewichtskonzept, in: C.H. HANF, W. SCHEPER (Hrsg.), Neuere Forschungskonzepte und -methoden in den Wirtschafts- und Sozialwissenschaften des Landbaus, *Schriften der GeWiSoLa* (25), Münster-Hiltrup, S. 45-57.

BRANDES, W. (1990): Überlegungen und Modellrechnungen zur Fruchtbarkeit von Maximierungsprinzip und Gleichgewichtskonzept, Institut für Agrarökonomie der Universität Göttingen, Diskussionsbeitrag 9001, Göttingen.

BRANDES, W., WOERMANN, E. (1969): Theorie und Planung des landwirtschaftlichen Betriebes, Bd. 1, Allgemeiner Teil, Hamburg-Berlin.

BRANDKAMP, F, LOHMANN, B. (1971): Produktion und Wertschöpfung der Landwirtschaft im Bundesgebiet, *Agrarwirtschaft* (20), S. 45-61.

BRINKMANN, TH. (1922): Die Ökonomik des landwirtschaftlichen Betriebes in: Grundriß der Sozialökonomie, VII. Abteilung, Tübingen.

BStMELF (1990): Bayerisches Staatsministerium für Ernährung, Landwirtschaft und Forsten (Hrsg.), Bayerischer Agrarbericht, München.

BUCHHOLZ, H.E. (1981): Artikel Agrarmarkt: EWG-Marktordnungen, in Handwörterbuch der Wirtschaftswissenschaft, Bd. 1, S. 87-106.

BUCHHOLZ, H.E. (1982): Zyklische Preis- und Mengenschwankungen auf Agrarmärkten, in: H.E. BUCHHOLZ, G. SCHMITT, E. WÖHLKEN (Hrsg.), Landwirtschaft und Markt, Hannover, S. 113-154.

BURNIAUX, J.M. (1989): Intersectoral Effects of CAP Trade Liberalization, in: S. TARDITI, K.J. THOMSON, P. PIERANI, E.CROCI-ANGELINI, Agricultural Trade Liberalization and the European Community, Oxford, S. 47-69.

BURTON, N.P. (1988): Irreversible Supply Functions Revisited, *Journal of Agricultural Economics* (39), S. 113-120.

CAVALLO, D., MUNDLAK, Y. (1982): Agriculture and Economic Growth in an Open Economy: The Case of Argentina, *IFPRI Research Report* (36), Washington.

CHENERY, H.B., CLARK, P.G. (1962): Interindustry Economics, New-York-London.

CHIANG, A.C. (1984): Fundamental Methods of Mathematical Economics, New York (u.a.).

CHRISTEN, P. (1990): Die Bedeutung des PSE/CSE für die internationale Handelsordnung, dargestellt am Beispiel der Agrarpolitik, Dissertation, Grüsch.

CLARK, C. (1957): The Conditions of Economic Progress, 3. Aufl., New York.

COCHRANE. W. (1958): Farm Prices, Myth and Reality, Minneapolis.

COLMAN, D. (1983): A Review of the Arts of Supply Response Analysis, *Review of Marketing and Agricultural Economics* (51), S. 201-231.

COMMISSION OF THE EUROPEAN COMMUNITIES (1981): Relationship between Milk Production and Price Variation in the EC, Agricultural Studies, Study P. 214, Brüssel.

CONRAD, K. (1985): Produktivitätslücken nach Wirtschaftszweigen im internationalen Vergleich, Berlin-Heidelberg-New York-Tokyo.

CONZE, W. (1956): Artikel Agrarverfassung, in: Handwörterbuch der Sozialwissenschaften, Bd. 1, Stuttgart-Tübingen-Göttingen, S. 105-113.

CORDTS, W., DERSBERG, K.H., HANF, C.H. (1983): Intrasektorale Einkommensstreuung in der Landwirtschaft, *Landwirtschaft - Angewandte Wissenschaft* (281), Münster-Hiltrup.

CZYCHOWSKI, M. (1988): § 19 Abs. 4 WHG und sein Ausgleichsanspruch für Beschränkungen der Landwirtschaft in Wasserschutzgebieten, *Agrarrecht* (18), S. 297-302.

DAMS, TH. (1981): Politikberatung im Spannungsfeld theoretischer Erkenntnisse und politischer Bekenntnisse, in: Zum Verhältnis von Wissenschaft und Praxis in der Agrarpolitik, *Schriftenreihe der FAA* (250), Bonn, S. 11-36.

DAVID, E. (1922): Sozialismus und Landwirtschaft, 2. Aufl., Leipzig.

DAY, R.H. (1976a): Notes on adaptive economic theory, *European Review of Agricultural Economics* (3), S. 235-265.

DAY, R.H. (1976b): Some Adaptive Models, *European Review of Agricultural Economics* (3), S. 323-348.

DAY, R.H. (1977): On Economic Optimization: A Non-technical Survey, in: G.G. JUDGE u.a. (Hrsg.), A Survey of Agricultural Economics Literature, Vol. 2, Mineapolis, S. 47-93.

DEATON, A., MUELLBAUER, J. (1980): Economics and Consumer Behaviour, Cambridge (Mass.).

DESELAERS, J. (1986): Nutzungsbeschränkungen in Natur-, Landschafts- und Wasserschutzgebieten, *Agrarrecht* (16), S. 97-104.

DESELAERS, N. (1971): Neue Betriebssystematik für die Landwirtschaft, *Berichte über Landwirtschaft* (49), S. 313-337.

DEUTSCHE BUNDESBANK (Hrsg.) (1991): *Statistische Beihefte zu den Monatsberichen der Deutschen Bundesbank,* Reihe 1, Nr. 7.

DEUTSCHER BUNDESTAG (1986): Antwort der Bundesregierung auf die Große Anfrage (...) Nachwachsende Rohstoffe, Bundestagsdrucksache 10/5558, Bonn.

DIAKOSAVVAS, D., SCANDIZZO, P.L., (1991): Trends in the Terms of Trade of Primary Commodities, 1900 - 1982: The Controversy and its Origins, *Economic Development and Cultural Change* (39), S. 231 - 264.

DIETZE, C. VON (1962): Gedanken und Bekenntnisse eines Agrarpolitikers, Göttingen.

DIETZE, C. VON (1967): Grundzüge der Agrarpolitik, Hamburg-Berlin.

DOLL, H. (1977): Analyse und Prognose der strukturellen Veränderung der Milcherzeugung in den einzelnen Regionen der Bundesrepublik Deutschland, *Landbauforschung Völkenrode* SH 36, Braunschweig.

DOVRING, F. (1964): The Share of Agriculture in a Growing Population, in: C.K. Eicher, L.W. Witt (Hrsg.), Agriculture in Economic Development, New York, S. 72-98.

EDWARDS, C. (1959): Resource Fixity and Farm Organization, *Journal of Farm Economics* (41), S. 747-759.

EGGERS, K.-J. (1980): Agrarsoziale Sicherung im EG-Vergleich, *Landwirtschaft-Angewandte Wissenschaft* (238), Münster-Hiltrup.

EGNER, E. (1952): Der Haushalt, Eine Darstellung seiner volkswirtschaftlichen Gestalt, Berlin.

ENDRES, A. (1985): Umwelt- und Ressourcenökonomie, Darmstadt.

ENQUETE KOMMISSION DES DEUTSCHEN BUNDESTAGES (1989): Schutz der Erdatmosphäre: Eine internationale Herausforderung, Zwischenbericht, Bonn.

EVERS, I. (1974): Input-Output-Projektionen. Meisenheim am Glan.

FAO (versch. Jgg.): FAO Commodity Review and Outlook, Rom.

FEUERSTEIN, H. (1971): Bodenpreis und Bodenmarkt, Bestimmungsgründe der Preise und des Transfers landwirtschaftlich genutzten Bodens, *Agrarwirtschaft* SH 44, Hannover.

FILIP, J., WÖHLKEN, E. (1984): Nachfrage nach Lebensmitteln in privaten Haushalten, Band I u. II, *Landwirtschaft-Angewandte Wissenschaft* (304, 305), Münster-Hiltrup.

FISCHER, G., FROHBERG, K., KEYZER, M., PARIKH, K.S. (1988): Linked National Models: A Tool for International Food Policy Analysis, Dordrecht-Boston-London.

FISHER B.S. (1982): Rational Expectations in Agricultural Economics Research and Policy Analysis. *American Journal of Agricultural Economics* (69), S. 260-265.

FISHER, B.S., TANNER, C. (1978): The Formulation of Price Expectations: An Empirical Test of Theoretical Models, *American Journal of Agricultural Economics* (60), S. 245-248.

FOCK, T., KREITMAIER, S., (1991): Produktion und Wertschöpfung der Landwirtschaft in der BR Deutschland, *Agrarwirtschaft* (40), S. 67-91.

FOURASTIE, J. (1954): Die große Hoffnung des 20. Jahrhunderts, 5. Aufl., dt. Übersetzung, Köln.

FRANKE, P. (1987): Zur Entwicklung des öffentlichen Baurechts für den ländlichen Raum, *Agrarrecht* (17), S. 1-15.

FRAUENDORFER, S., HAUSHOFER, H. (1957): Ideengeschichte der Agrarwirtschaft und Agrarpolitik, Band 1, München-Bonn-Wien.

FRAUENDORFER, S., HAUSHOFER, H. (1958): Ideengeschichte der Agrarwirtschaft und Agrarpolitik, Band 2, München-Bonn-Wien.

FREY, B. (1981): Theorie demokratischer Wirtschaftspolitik, München.

FULPONI, L. (1989): The Almost Ideal Demand System: An Application to Food and Meat Groups for France, *Journal of Agricultural Economics* (40), S. 82 - 92.

GARDNER, B.L. (1987): The Economics of Agricultural Politics, New York.

GEBAUER, R.H. (1982): Zur Problematik intersektoraler Einkommensvergleiche, *Göttinger Schriften zur Agrarökonomie*, (52), Institut für Agrarökonomie, Göttingen.

GEBAUER, R.H. (1988): Sozioökonomische Differenzierungsprozesse in der Landwirtschaft der Bundesrepublik Deutschland, *Volkswirtschaftliche Schriften* (380), Berlin.

GIERSCH, H. (1960), Allgemeine Wirtschaftspolitik, Grundlagen, Wiesbaden.

GOODWIN, T.H., SHEFFRIN, S.M. (1982): Testing the Rational Expectations Hypothesis in an Agricultural Market, *Review of Economics and Statistics* (64), S. 658-667.

GRILICHES, Z. (1957): Hybrid Corn: A Exploration in the Economics of Technological Change, *Econometrica* (25), S. 501-522.

GRILICHES, Z. (1960): Estimates of the Aggregate U.S. Farm Supply Function, *Journal of Farm Economics* (42), S. 282-293.

GRINGS, M. (1985): Ein Angebotsmodell für den Agrarsektor der Bundesrepublik Deutschland, Frankfurt am Main.

GROLIG, H. (1980): Das Investitionsverhalten und staatliche Investitionsförderung - gezeigt am Beispiel der Futterbaubetriebe in der Bundesrepublik Deutschland, *Agrarwirtschaft* (29), S. 298-308.

GROSSKOPF, W., ALTER, R. (1978): Die Marktstruktur im Ernährungssektor unter besonderer Beachtung der landwirtschaftlichen Marktstellung, *Landwirtschaft-Angewandte Wissenschaft* (212), Münster-Hiltrup.

GRUBER, J., RING, J. (1979): Komplettes Ausgabensystem für den Nahrungsmittelsektor, in: F. BAUERSACHS, W. HENRICHSMEYER (Hrsg.), Beiträge zur quantitativen Sektor- und Regionalanalyse im Agrarbereich, Band I, *Agrarwirtschaft* SH 80, S. 217-246.

GULBRANDSEN, O., LINDBECK, L. (1973): The Economics of the Agricultural Sector, Stockholm.

GUTH, D. (1980): Angebots- und Preisschwankungen bei Schlachtrindern in der EG und Möglichkeiten zur Marktstabilisierung, *Agrarwirtschaft* SH 86, Hannover.

GUTH, E. (1973): Analyse des Marktes für Landwirtschaftliche Arbeitskräfte, *Agrarwirtschaft* SH 52, Hannover.

HAEN, H. DE (1971): Dynamisches Regionalmodell der Produktion und Investition in der Landwirtschaft, *Agrarwirtschaft* SH 43, Hannover.

HAEN, H. DE (1982): Theorien ländlicher Entwicklung, in: P. VON BLANKENBURG (Hrsg.), Handbuch der Landwirtschaft und Ernährung in den Entwicklungsländern, Stuttgart, S. 38-52.

HAEN, H. DE (1985): Struktureller Wandel der Landwirtschaft aus ökonomischer und ökologischer Sicht, *Agrarwirtschaft* (34), S. 1-9.

HAEN, H. DE, MURTY, K.N., TANGERMANN, S. (1982), Künftiger Nahrungsmittelverbrauch in der Europäischen Gemeinschaft. Ergebnisse eines simultanen Nachfragesystems, *Landwirtschaft-Angewandte Wissenschaft* (271).

HAGEDORN, K. (1982): Agrarsozialpolitik in der Bundesrepublik Deutschland, Beiträge zur Sozialpolitik und zum Sozialrecht, Berlin.

HAGEDORN, K. (1991): Konzeptionelle Überlegungen zur Transformation der Landwirtschaft in den neuen Bundesländern, in: MERL, SCHINKE 1991, S. 19-34.

HAGEDORN, K. KLARE, K. (1985): Ein Vorschlag zur Einführung einer neuen Landabgaberente, *Agrarwirtschaft* (34), S. 293-304.

HAIMERL, J. (1970): Ein blockrekursives Halbjahresmodell des Rindermarktes der Bundesrepublik Deutschland in der strukturellen Form, *Agrarwirtschaft* SH 41, Hannover.

HANAU, A. (1930): Die Prognose der Schweinepreise, *Vierteljahreshefte zur Konjunkturforschung* SH 18, Berlin.

HANAU, A. (1958): Die Stellung der Landwirtschaft in der Sozialen Marktwirtschaft. *Agrarwirtschaft* (7), S. 1-15.

HANAU, A. RUSTEMEYER, F.C. (1965): Der Produktivitätsbegriff - Definition, Messung und Anwendung, *Agrarwirtschaft* (1), S. 3-11.

HANF, C.H., KOESTER, U. (1980): Milchpreissenkungen und Einkommensübertragung, *Landwirtschaft-Angewandte Wissenschaft* (236), Münster-Hiltrup.

HANSMEYER, K.H. (1963): Subventionen in der Bundesrepublik Deutschland, Berlin.

HARL, N.E. (1990): The Farm Dept Crisis of the 1980s, Ames (Iowa).

HARTWIG, B., TANGERMANN, S. (1987): Die Stellung des Agrarhandels im GATT zu Beginn der Uruguay-Runde, *Agrarwirtschaft* (36), S. 69-80.

HASLINGER, F. (1982): Walras Gesetz, *WiSt Wirtschaftswissenschaftliches Studium* (11), S. 226-229.

HATHAWAY, D.E. (1963): Government and Agriculture: Public Policy in a Democratic Society, New York-London.

HAYAMI, Y., RUTTAN, V.W. (1985): Agricultural Development - An International Perspektive, 2. revidierte und erweiterte Aufl., Baltimore-London.

HAYEK, F.A. VON (1972): Die Theorie komplexer Phänomene, Tübingen.

HAZELL., P.B.R., NORTON, R.D. (1986): Mathematical Programming for Economic Analysis in Agriculture, London.

HEADY, E.O. (1952): Economics of Agricultural Production and Resource Use, New Jersey.

HEADY, E.O. u.a. (1961): Agricultural Supply Functions, Ames (Iowa).

HEADY, E.O., DILLON, J.L. (1961): Agricultural Production Functions, Ames (Iowa).

HEIDHUES, TH. (1972): Ursachen und Ausmaß der unzureichenden Faktormobilität in der Landwirtschaft, in: G. SCHMITT (Hrsg.), Mobilität der landwirtschaftlichen Produktionsfaktoren und regionale Wirtschaftspolitik, *Schriften der GeWiSoLa* (9), München-Bern-Wien, S. 35-68.

HEIDHUES, TH., HOLLSTEIN, D. (1978): Anpassungsmethoden bestimmter Länder oder Ländergruppen an wechselnde Knappheitslagen auf den Weltgetreidemärkten, *Agrarwirtschaft* (27), S. 144-156.

HEINZ, S. (1991): Stand und Ausblick bei der Verarbeitung landwirtschaftlicher Produkte in der ehemaligen DDR, in: MERL, SCHINKE 1991, S. 161-172.

HEMMER (1989): Wirtschaftsprobleme der Entwicklungsländer, München.

HENNING, F.-W. (1978a): Landwirtschaft und ländliche Gesellschaft in Deutschland, Band 1, 800 bis 1750, Paderborn.

HENNING, F.-W. (1978b): Landwirtschaft und ländliche Gesellschaft in Deutschland, Band 2, 1750 bis 1976, Paderborn.

HENRICHSMEYER, W. (1966): Das sektorale und regionale Gleichgewicht der landwirtschaftlichen Produktion, Hamburg-Berlin.

HENRICHSMEYER, W. (1967): Anwendungsmöglichkeit und Aussage von Input-Output-Modellen für den Agrarbereich, *Agrarwirtschaft* (16), S. 105-118.

HENRICHSMEYER, W. (1971): Der landwirtschaftliche Sektor im wirtschaftlichen Wachstum, *Berichte über Landwirtschaft* (44), S. 129-183.

HENRICHSMEYER, W. (1972): Sektorale und regionale Strukturwandlungen in einer wachsenden Volkswirtschaft, in: G. Schmitt, (Hrsg.), Mobilität der landwirtschaftlichen Produktionsfaktoren und regionale

Wirtschaftspolitik, *Schriften der GeWiSoLa* (9), München-Bern-Wien, S. 1-34.

HENRICHSMEYER, W. (1977): Artikel Agrarwirtschaft: räumliche Verteilung, in: Handwörterbuch der Wirtschaftswissenschaft (HdWW), Stuttgart-Tübingen-Göttingen-Zürich, S. 169-185.

HENRICHSMEYER, W. (1988): Workshop Session: Sectoral Production and Income Model (SPEL), Concept and Overview, in: S. BAUER, W. HENRICHSMEYER (Hrsg.): Agricultural Sector Modelling, Kiel, S. 359-363.

HENRICHSMEYER, W. u.a. (1983): Nord-Süd-Gefälle landwirtschaftlicher Einkommen, Struktur und Entwicklung des Nord-Süd-Gefälles landwirtschaftlicher Einkommen in der Bundesrepublik Deutschland sowie agrarpolitische Schlußfolgerungen, *Landwirtschaft - Angewandte Wissenschaft (282),* Münster-Hiltrup.

HENRICHSMEYER, W., GANS, O., EVERS, J. (1990): Einführung in die Volkswirtschaftslehre, 9. Aufl., Stuttgart.

HENRICHSMEYER, W., SCHMIDT, K. (Hrsg.) (1991): Die Integration der Landwirtschaft der neuen Bundesländer in den europäischen Agrarmarkt, *Agrarwirtschaft* SH 129, Frankfurt.

HENZE, A. (1987): Die Produktionsmittel in der Landwirtschaft, Stuttgart.

HENZE, A., ZEDDIES, J. (1979): Nutzen-Kosten-Untersuchung über Angebotskontingentierung in der Landwirtschaft, dargestellt am Beispiel des Milchmarktes, *Landwirtschaft-Angewandte Wissenschaft* (217), Münster-Hiltrup.

HERLEMANN, H.H. (1961): Grundlagen der Agrarpolitik, Die Landwirtschaft im Wirtschaftswachstum, Berlin-Frankfurt.

HERLEMANN, H.H., STAMER, H. (1958): Produktionsgestaltung und Betriebsgröße in der Landwirtschaft unter dem Einfluß der wirtschaftlichen Entwicklung, *Kieler Studien* (44), Kiel.

HESSE, H., LINDE, R. (1976): Gesamtwirtschaftliche Produktionstheorie, Teil 1 und Teil 2, Würzburg-Wien.

HESSELBACH, J., HORLEBEIN, W. (1976): Ziele und Verhaltensweisen von Landwirten, in: C. LANGBEHN, H. STAMER (Hrsg.), Agrarwirtschaft und Wirtschaftliche Instabilität, *Schriften der GeWiSoLa* (13), München-Bern-Wien, S. 447-460.

HICKS, J. (1932): Theory of Wages, London.

HILL, B., (1989): Das Gesamteinkommen landwirtschaftlicher Haushalte (Studienbericht im Auftrag des SAEG), Department of Agricultural Economics, Wye College, University of London, London.

HILLEBRAND, B. (1982): Stand und weitere Entwicklung der Input-Output-Arbeiten des Rheinisch-Westfälischen Instituts für Wirtschaftsforschung, in: KRENGEL, R. (Hrsg.): Die Weiterentwicklung der Input-Output-Rechnung in der Bundesrepublik Deutschland, Göttingen.

HOCKMANN, H. (1990): Ansätze zur Quantifizierung technischer Fortschritte in der Landwirtschaft. Eine Darstellung verschiedener auf primalem Vorgehen basierter Verfahren, in: H.E. BUCHHOLZ, E. NEANDER, H. SCHRADER (Hrsg.), Technischer Fortschritt in der Landwirtschaft - Tendenzen, Auswirkungen, Beeinflussung, *Schriften der GeWiSoLa* (26), Münster-Hiltrup, S. 111-117.

HOCKMANN, H. (1990): Zur Ermittlung der totalen Faktorproduktivität in den Agrarsektoren der EG 1975-1984 - Ein methodischer Vergleich aus theoretischer und empirischer Sicht, *Agrarwirtschaft* (38), S. 242-250.

HOFFMANN, W.G. (1965): Das Wachstum der deutschen Wirtschaft seit der Mitte des 19. Jahrhunderts, Berlin-Heidelberg-New York.

HOPPE, W. (1982): Artikel Städtebaurecht, in: Handwörterbuch des Agrarrechts, Bd.2, Berlin, Sp. 800-809.

HOPPE, W., BECKMANN, M. (1989): Umweltrecht, München.

HÖTZEL, H.J. (1986): Umweltvorschriften für die Landwirtschaft, Stuttgart.

HRUBESCH, P. (1967): Konstruktion eines Input-Index zur Messung der Produktivitätsentwicklung in der westdeutschen Landwirtschaft 1950/51 bis 1964/65, *Berichte über Landwirtschaft* (45), S. 609-657.

HÜBLER, O. (1989): Ökonometrie, Stuttgart-New York.

HUJER, R. CREMER, R. (1978): Methoden der empirischen Wirtschaftsforschung, Verfahren zur Diagnose und Prognose makroökonomischer Prozesse, München.

JANSSEN, G. (1986): Soziale Sicherheit für einen Berufsstand, in: BUNDESVERBAND DER LANDWIRTSCHAFTLICHEN SOZIALVERSICHERUNGSTRÄGER (Hrsg.), Landwirtschaftliche Sozialversicherung und internationale Beziehungen, Festschrift für Kurt Noell, Kassel, S. 12-26.

JEUB, G.F. (1987): Marktchancen pflanzlicher Industrierohstoffe, Frankfurt.

JOHNSON, D.G. (1969): World Agriculture in Disarray. London.

JOHNSON, G.L. (1958): Supply Functions - Some Facts and Notions. In: E. O. HEADY, G.H. DIESSLIN, H.R. JENSEN, G.L. JOHNSON, (eds.), Agricultural Adjustment Problems in a Growing Economy, Ames (Iowa), S. 74-93.

JOHNSON, G.L., QUANCE, C.L. (1972): The Overproduktion Trap in U.S. Agriculture, Baltimore.

JONAS, C., PAASCH, F. (1976): Kredite an die Landwirtschaft, BR Deutschland, KOMMISSION DER EG (Hrsg.), *Mitteilungen über Landwirtschaft* (2), Luxemburg.

JOSLING, T., TANGERMANN, S. (1990): Measuring Levels of Protection in Agriculture: A survey of Approaches and Results, in: A. MAUNDER, A. VALDES (Hrsg.), Agriculture and Governments in an Interdependent

World, Proceedings of the XX. International Conference of Agricultural Economists at Buenos Aires 1988, Worcester.

JUST, R.E. HUETH, D.L., SCHMITZ, A. (1982): Applied Welfare Economics and Public Policy, Englewood Cliffs.

KLAUS, J., MAUSSNER, A. (1986): Grundzüge der mikro- und makroökonomischen Theorie, München.

KLEIN, E.(1969): Geschichte der deutschen Landwirtschaft, Saarbrücken.

KLEINHANSS, W. (1988): Produktion und Nutzungsmöglichkeiten nachwachsender Rohstoffe, *Landwirtschaft-Angewandte Wissenschaft* (353), Münster-Hiltrup.

KLOEPFER, M., (1986): Gemeinwohlanforderungen an die Landwirtschaft als Verfassungsproblem, Beilage I/1986 in *Agrarrecht* (16), S. 3-17.

KNERR, B. (1981): Mindesteinkommenssicherung und Sozialhilfe für die landwirtschaftliche Bevölkerung, Kiel.

KNERR, B. (1985): Die intrasektorale Verteilung direkter staatlicher Transferzahlungen an den Agrarsektor in der Bundesrepublik Deutschland, Kiel.

KNERR, B. (1991): The impact of transfers to agriculture through the German tax system, *European Review of Agricultural Economics* (18), S. 193-208.

KOESTER, U. (1968): Theoretische und empirische Analyse der Nachfrage nach Nahrungs- und Genußmitteln auf der Verbraucher- und Erzeugerstufe, BRD 1950/51-1965/66, Band 1: Allgemeine Analyse der Nachfrage nach Nahrungs- und Genußmitteln, *Agrarwirtschaft* SH 27, Hannover.

KOESTER, U. (1972): Faktormobilität und Faktorentlohnung in einer wachsenden Volkswirtschaft unter besonderer Berücksichtigung des technischen Fortschritts, in: G. SCHMITT (Hrsg.): Mobilität der landwirtschaftlichen Produktionsfaktoren und regionale Wirtschaftspolitik, *Schriften der GeWiSoLa* (9) München-Bern-Wien, S. 161-197.

KOESTER, U. (1981). Grundzüge der landwirtschaftlichen Marktlehre, München.

KOESTER, U., TANGERMANN, S. (1976): Alternativen der Agrarpolitik. Eine Kosten-Nutzen-Analyse im Auftrag des BMELF, *Landwirtschaft - Angewandte Wissenschaft* (182), Münster-Hiltrup.

KOHLER, A. (1989): Beitrag der Landwirtschaft zur Eutrophierung oligotropher Landschaftsteile und -strukturen - Möglichkeiten der Verminderung durch geänderte Nutzung, Arbeits- und Ergebnisbericht im Sonderforschungsbereich 183 "Umweltgerechte Nutzung von Agrarlandschaften", Stuttgart-Hohenheim.

KÖHNE, M. (1969): Ziele, Möglichkeiten und Probleme der langfristigen Vorausschätzung des Angebots von Agrarprodukten, *Berichte über Landwirtschaft* (47), S. 241-267.

KÖHNE, M. (1972):Auswirkungen der Faktormobilität auf den Strukturwandel der Landwirtschaft, in: G. SCHMITT (Hrsg.), Mobilität der landwirtschaftlichen Produktionsfaktoren und regionale Wirtschaftspolitik, *Schriften der GeWiSoLa* (9), München-Bern-Wien, S. 87-110.

KOMMISSION ZUR BEGUTACHTUNG DER EINKOMMENSBESTEUERUNG DER LANDWIRTSCHAFT (1978): Gutachten zur Einkommensbesteuerung der Landwirtschaft, *Schriftenreihe des Bundesministeriums der Finanzen*, Heft 24, Bonn.

KREITMAIER, S., SCHMIDT, M. (1986): Produktion und Wertschöpfung der Landwirtschaft in der BR Deutschland, *Agrarwirtschaft*, S. 97-121.

KRELLE, W. (1959): Volkswirtschaftliche Gesamtrechnung, einschl. Input-Output-Tabellen mit Zahlen für die Bundesrepublik Deutschland, Berlin.

KRELLE, W. (1968): Präferenz- und Entscheidungstheorie, Tübingen.

KRELLE, W. (1969): Produktionstheorie, 2. Auflage, Tübingen

KRELLE, W. (1976): Preistheorie, 2. Auflage, Tübingen.

KRELLE, W. (1988): Theorie des wirtschaftlichen Wachstums, 2. Aufl., Berlin-Heidelberg-New York-Tokyo.

KREUZER, K. (1981): Artikel Anerbenrecht, in: Handwörterbuch des Agrarrechts, Bd.1, Berlin, Sp. 259-284.

KROHN, G., (1986): Entschädigung für Umweltschutzmaßnahmen in der Landwirtschaft, Beilage I/1986 in *Agrarrecht* (16), S. 18-26.

KRÜLL, H. (1984): Wieviel Bauern unterschreiten die amtliche Armutsgrenze?, *Agrarwirtschaft* (33), S. 261-264.

KTBL (Kuratorium für Technik und Bauwesen in der Landwirtschaft e.V.) (1989): Datensammlung für die Betriebsplanung in der Landwirtschaft, Münster-Hiltrup.

KYBURZ, P. (1979): Die sozio-ökonomische Beratung in der Bundesrepublik Deutschland, *Berichte über Landwirtschaft* (57), S. 329 - 348.

LEITMANN, G. (1980): Entwicklung und Prognose des Mineraldüngereinsatzes in der EG-9 und den beitrittswilligen Ländern, *Agrarwirtschaft* (29), S. 141-151.

LEONTIEF, W.W. (1941): The Structure of the American Economy 1919-1929, New York.

LEONTIEF, W.W. (1952): Die Methode der Input-Output-Analyse, *Allgemeines Statistisches Archiv (2).*

LIESENBORGHS, H. (1981): Artikel Hofübergabevertrag, in Handwörterbuch des Agrarrechts, Bd. 1, Berlin. Sp. 892-898.

LIPINSKY, E.E. (1970): Möglichkeiten der Mobilisierung des Bodens im Interesse einer beschleunigten Verbesserung der Betriebsgrößenstruktur in der Landwirtschaft, *Berichte über Landwirtschaft*, SH 186, Hamburg-Berlin.

LIPINSKY, E.E. (1981): Art. Agrarstrukturverbesserung, in: Handwörterbuch des Agrarrechts, Bd. 1, Sp. 134-161.

LIPINSKY, E.E. (1983): Landwirtschaftliches Erbrecht als agrarpolitisches Problem, in: R. WOLFFRAM, J. LINSCHEID (Hrsg.), Vorträge der 36. Hochschultagung der landwirtschaftlichen Universität Bonn, Münster-Hiltrup, S. 241-248.

LIPINSKY, E.E. (1986): Zur Problematik der aktuellen Agrarverfassungspolitik, *Agrarrecht* (16), S. 245 - 249.

LIPINSKY, E.E. u.a. (1982): Bestimmungsgrößen der Eigentums- und Pachtverhältnisse, sowie der Mobilität und Nutzung von Agrarland in der Bundesrepublik Deutschland, *Mitteilungen über Landwirtschaft* (83), Luxemburg.

LÜCKEMEYER, U. (1977): Das interregionale Gleichgewicht auf Getreide- und Futtermittelmärkten der Europäischen Gemeinschaft, Bonn.

MALTHUS, TH.R. (1905): Eine Abhandlung über das Bevölkerungsgesetz oder eine Untersuchung seiner Bedeutung für die menschliche Wohlfahrt in Vergangenheit und Zukunft, nebst einer Prüfung unserer Aussichten auf eine künftige Beseitigung oder Linderung der Übel, die es versucht, dt. Übersetzung des Originals von 1826, Jena.

MANEGOLD, D. (1982): Zusammenhänge zwischen Agrarpreisen, Erzeugereinkommen und Verbraucherausgaben unter den Bedingungen des gemeinsamen Marktes, in: H.E. BUCHHOLZ, G. SCHMITT, E. WÖHLKEN (Hrsg.), Landwirtschaft und Markt, Hannover, S. 61-85.

MARSHALL, A. (1920): Principles of Economics, New York.

MASSANTE, W. (1960): Inverse Produktionsanpassung der Landwirtschaft?, *Landbauforschung Völkenrode* (10), S. 21-27.

MAYDELL, B. von (1987): Weiterentwicklung des landwirtschaftlichen Sozialrechts, *Landwirtschaft - Angewandte Wissenschaft* (352), Münster-Hiltrup.

MC CALLA, A.F., JOSLING, T.E. (1985): Agricultural Policies and World Markets, New York - London.

MEINHOLD, W. (1956): Artikel Agrarkredit, in: Handwörterbuch der Sozialwissenschaften, Bd. 1, Stuttgart - Tübingen - Göttingen, S. 59 - 66.

MELLOR, J.W. (1988): Global Food Balances and Food Security, *World Development* (16), S. 997-1011.

MELLOR, J.W., JOHNSTON, B.F. (1984): The World Food Equation: Interrelations Among Development, Employment, and Food Consumption, *Journal of Economic Literature* (22), S. 531-574.

MERL, S., SCHINKE, E. (Hrsg.) (1991): Agrarwirtschaft und Agrarpolitik in der ehemaligen DDR im Umbruch, Giessen.

MICHALEK, J. (1988): Technological Progress in West German Agriculture - A Quantitative Approach, Kiel.

MICHALEK, J. (1990): Ansätze zur Quantifizierung technischer Fortschritte in der Landwirtschaft, in: H.E. BUCHHOLZ, E. NEANDER, H. SCHRADER, (Hrsg.), Technischer Fortschritt in der Landwirtschaft -

Tendenzen, Auswirkungen, Beeinflussung, *Schriften der GeWiSoLa* (26), Münster-Hiltrup, S. 119-134.

MICHALEK, J., KEYZER, M.A. (1990): Estimation of a Two-Stage LES-AIDS Consumer Demand System for Eight EC-Countries. Vortrag auf dem 6. EAAE Kongress, 3.- 7.9.1990, Den Haag.

MÖKER, U.H. (1989): Gülleverordnung des Landes Schleswig-Holstein, *Agrarrecht* (19), S. 325-331.

MROHS, E. (1982): Landbewirtschafter in der Bundesrepublik Deutschland, *Schriftenreihe der FAA* (256), Bonn.

MUNDLAK, Y., CAVALLO, D., DOMENECH, R. (1989): Agriculture and Economic Growth in Argentina, 1913-1984, *IFPRI Research Report* (76), Washington.

MUTH (1961): Rational Expectations and the Theory of Price Movements, *Econometrica* (29), S. 315-335.

NAKAJIAMA, C. (1986): Subjective Equilibrium Theory of the Farm Household, Amsterdam-Oxford-New York-Tokyo.

NEANDER, E. (1979): Bestimmung und Wertung der landwirtschaftlichen Ertragslage - Rückblick und Ausblick nach 24 Agrarberichten, in: M. KÖHNE (Hrsg.), Beiträge zur Agrarökonomie, Hamburg-Berlin. S. 92-106.

NEANDER, E., PLANKL, R. (1986): Untersuchung der personellen Einkommensverteilung in der Landwirtschaft der Bundesrepublik Deutschland anhand von Daten des Testbetriebsnetzes, *Landbauforschung Völkenrode* SH 78, Braunschweig-Völkenrode.

NERLOVE, M. (1958): The Dynamics of Supply: Estimation of Farmers Response to Price, Baltimore.

NETZER, C. (1981): Artikel Abfallbeseitigungsrecht, in: Handwörterbuch des Agrarrechts, Bd. 1, Berlin, Sp. 1-7.

NICK, TH. (1984): Die Bedeutung des Naßauskiesungsbeschlusses des Bundesverfassungsgerichts für die Landwirtschaft, *Agrarrecht* (14), S. 297-306.

NIEHAUS, H. (1957): Leitbilder der Wirtschafts- und Agrarpolitik in der modernen Gesellschaft, Stuttgart.

NIES, N. (1986): Zur Frage der entschädigungsfähigen Rechtsposition bei der Ausweisung von ökologischer Vorrangflächen, *Agrarrecht* (16), S.93-97.

OECD (1987): National policies and agricultural trade, Paris.

OECD (1989): PSE and CSE Tables 1979-1988, Paris.

OHE, H. VON DER (1985): Landwirte im Entscheidungsprozeß - Verhaltenswissenschaftliche Ansätze und Ergebnisse einer empirischen Untersuchung, *Agrarwirtschaft* SH 105, Hannover.

OHLHOFF, J. (1987): Spezialisierung im Ackerbau aus ökonomischer und ökologischer Sicht - Bestimmungsgründe und Reaktion auf veränderte Preis-Kosten-Verhältnisse, Band 2, Kiel.

OSTERMEYER-SCHLÖDER, A. (1991). Die Entwicklung der Agrarsektoren in den Mitgliedstaaten der EG vor dem Hintergrund der Europäischen Wirtschaftsintegration, Dissertation, Bonn.

PABSCH, E. (1981): Artikel Agrarkredit, in Handwörterbuch des Agrarrechts, Bd. 1, Sp. 26 - 34.

PASCHER, P. (1982): Arbeitseinsatz des Betriebsleiterehepaares unter dem besonderen Aspekt der betrieblichen Belastung der Landfrau - Ergebnisse einer empirischen Untersuchung in 2851 landwirtschaftlichen Betrieben, *Berichte über Landwirtschaft* (60), S. 55-76.

PETIT, M. u.a., (1986): Agricultural Policy Formation in the European Community - the Birth of Milk Quotas and CAP Reform, Amsterdam.

PHILLIP, H.J. (1991): Rollenprobleme von landwirtschaftlichen Offizialberatern in der Bundesrepublik Deutschland, *Berichte über Landwirtschaft* (69), S. 150 - 165.

PHLIPS, L. (1983): Applied Consumption Analysis, 2. Aufl., Amsterdam.

PLANKL, R. (1986: Zur Identifikation und Quantifizierung von Inhabern landwirtschaftlicher Betriebe mit niedrigen Einkommen, *Agrarwirtschaft* (35), S. 237-246.

PLATE, R. (1970): Agrarmarktpolitik, Bd. 2: Die Agrarmärkte Deutschlands und der EWG, München-Bern-Wien.

PLATE, R. BOECKENHOFF, E., (1984): Grundlagen der Agrarmarktpolitik, München-Wien-Zürich.

POPP, H.W.: (1983) Agrarmarktökonomie, Zürich.

PREBISCH, R. (1950): The Economic Development of Latin America and its Principal Problems, New York.

PRIEBE, H. (1985): Die subventionierte Unvernunft, Landwirtschaft und Naturhaushalt, Berlin.

PROFESSORENGUTACHTEN (1962): Wirkungen einer Senkung der Agrarpreise im Rahmen einer gemeinsamen Agrarpolitik der EWG auf die Einkommensverhältnisse der Landwirtschaft in der BR Deutschland, Gemeinsames Gutachten von Mitgliedern des Wissenschaftlichen Beirats beim BML und Wirtschaftswissenschaftlichen Beratern der Kommission der EWG, Brüssel.

PRÜSSE, D. (1983): Der Landwarenhandel in der Bundesrepublik Deutschland, *Landwirtschaft-Angewandte Wissenschaft* (291), Münster-Hiltrup.

RICARDO, D. (1817): Principles of Political Economy and Taxation, London (Deutsche Übers.: Grundsätze der Volkswirtschaft und Besteuerung, Jena 1905).

RITSON, C. (1977): Agricultural Economics, London.

ROGERS, E. (1962): Diffusion of Innovations, New York.

ROMMEL, K. (1989): Trinkwasserbeschaffenheit in den Naturräumen Baden-Württembergs, *Baden-Württemberg in Wort und Zahl*, 9/88.

ROSE, K. (1989): Theorie der Außenwirtschaft, 10. Aufl., München.

ROSINE, J., HELMBERGER, P. (1974): A neoclassical analysis of the U.S. farm sector 1948 - 1970, *American Journal of Agricultural Economics* (56), S. 717-729.

ROSTOW, W.W. (1961): The Stages of Economic Growth, Cambridge.

RÜTHER, W. (1979): Analyse des Rindermarktes der Bundesrepublik Deutschland, *Agrarwirtschaft* (28), S.

RYLL, E. (1973): Milchproduktion 1980 in den Ländern der Bundesrepublik Deutschland, *Agrarmarktstudien* (17), Hamburg-Berlin.

RYLL, E. (1979): Mitverantwortungsabgabe und allgemeine Milchpreissenkung. Eine vergleichende quantitative Analyse aus budget-, verbraucherpolitischer und wohlfahrtsökonomischer Sicht, *Agrarwirtschaft* (28), S. 319 ff.

SAEG (1989): Statistisches Amt der Europäischen Gemeinschaften, Handbuch zur Landwirtschaftlichen und Forstwirtschaftlichen Gesamtrechnung, Luxemburg.

SAEG (1990): Statistisches Amt der Europäischen Gemeinschaften, Landwirtschaftliches Einkommen 1989, Luxemburg.

SAEG (1991): Land- und forstwirtschaftliche Gesamtrechnung 1984 - 1989, Luxemburg.

SBA, FS 18, R 1.3 (1990): Statistisches Bundesamt, Volkswirtschaftliche Gesamtrechnungen (Fachserie 18), Konten und Standardtabellen 1989 (Reihe 1.3), Stuttgart.

SBA, FS 18, R 2 (1984): Statistisches Bundesamt, Volkswirtschaftliche Gesamtrechnungen (Fachserie 18), Input-Output-Tabellen 1980 (Reihe 2), Wiesbaden.

SBA, FS 18, R S8 (1985): Statistisches Bundesamt, Volkswirtschaftliche Gesamtrechnungen (FS 18), Revidierte Ergebnisse 1960 - 1984 (R S8), Stuttgart.

SBA, FS 3, R 2.1.1 (1990): Statistisches Bundesamt, Land- und Forstwirtschaft, Fischerei (Fachserie 3), Betriebsgrößenstruktur (Reihe 2.1.1), Stuttgart.

SBA, FS 3, R 2.1.6 (1989): Statistisches Bundesamt, Land- und Forstwirtschaft, Fischerei, (Fachserie 3), Besitzverhältnisse in den landwirtschaftlichen Betrieben (Reihe 2.1.6), Stuttgart.

SBA, FS M, R 4 (1971): Statistisches Bundesamt, Preise Löhne, Wirtschaftsrechnungen (Fachserie M), Preise und Preisindizes für die Land- und Forstwirtschaft (Reihe 4) Stuttgart-Mainz.

SBA, JB, (versch. Jgg.): Statistisches Bundesamt, Statistisches Jahrbuch für die Bundesrepublick Deutschland, Wiesbaden.

SCHINK, A. (1985): Naturschutzgebietsfestsetzung und Grundeigentum, *Agrarrecht* (15), S. 185-193.

SCHINK, A. (1989): Naturschutz- und Landschaftspflegerecht Nordrhein-Westfalen, Köln (u.a.).

SCHLICHTER, O. (1981): Artikel Immissionsschutzrecht, in: Handwörterbuch des Agrarrechts, Bd. 1, Berlin, Sp. 900-914.

SCHLIEPHAKE, D. u.a. (1985): Nachwachsende Rohstoffe, herausgegeben von der Arbeitsgemeinschaft Nachwachsende Rohstoffe bei der Verbindungsstelle Landwirtschaft-Industrie e.V., Bochum.

SCHLÖDER, H.J. (1988): Einkommenspolitik im Agrarsektor der Bundesrepublik Deutschland - Grundlagen, historische Entwicklung, Ausprägung, Wirkung und Perspektiven einkommenspolitischen Instrumenteneinsatzes, Dissertation, Bonn.

SCHMITT, G. (1972): Landwirtschaft in der Marktwirtschaft: Das Dilemma der Agrarpolitik, in: D. CASSEL, G. GUTMANN, H.J. THIEME (Hrsg.), 25 Jahre Marktwirtschaft in der Bundesrepublik Deutschland, Konzeption und Wirklichkeit, Stuttgart.

SCHMITT, G. (1977): Entwicklung und Stand der wissenschaftlichen Agrarpolitik im Spiegel von 25 Jahren "Agrarwirtschaft", *Agrarwirtschaft*, (26), S. 23-43.

SCHMITT, G. (1983): Vernachlässigte Aspekte der Anpassungsflexibilität der Landwirtschaft und ihre agrarpolitischen Implikationen, *Agrarwirtschaft* (32), S. 1-13.

SCHMITT, G. (1988a): Wie optimal ist eigentlich die "Optimale Betriebsgröße", *Agrarwirtschaft* (37), S. 234 - 245.

SCHMITT, G. (1988b): Landwirtschaft in der Sozialen Marktwirtschaft: Neu betrachtet, *Berichte über Landwirtschaft* (66), S. 210-235.

SCHMITT, G. (1988c): Die Ermittlung der Einkommen in der Landwirtschaft: Methodik und Probleme, in: V.-P. REICH (Hrsg.): Aufgaben und Probleme der Einkommensstatistik, *Allgemeines Statistisches Archiv*, SH 26, S. 97-132.

SCHMITT, G. (1989a): Zum Wandel der Betriebsgrößenstruktur in der BR Deutschland, *Agrarwirtschaft* (38), S. 294-304.

SCHMITT, G. (1989b): Simon Kuznets' "Sectoral Shares in Labour Force": A Different Explanation of His (I+S)/A Ratio, *American Economic Review* (79), S. 1262-1276.

SCHMITT, G. (1990): Die ökonomische Logik der Einheit von Haushalt und Betrieb in der Landwirtschaft - Konstituierende Elemente, Wettbewerbsfähigkeit, und Implikationen der Familienarbeitsverfassung, *Agrarwirtschaft* (39), S. 209-220.

SCHMITT, G. (1991): Können die LPG und VEG in der ehemaligen DDR überleben?, in: MERL, SCHINKE 1991, S. 35-52.

SCHNEEWEISS, H. (1990): Ökonometrie, Würzburg.

SCHNEIDER, D. (1989): Investition und Finanzierung, 6. Aufl., Köln-Opladen.

SCHRADER, H. (1973): Produktionsfunktionen des Agrarsektors - Konzept, Schätzung und Anwendung, Meisenheim am Glan.

SCHRADER, J.V. u.a. (1991): Anpassungsprozesse in der ostdeutschen Landwirtschaft - Analyse und Beurteilung, Gutachten im Auftrag des Bundesministers für Wirtschaft; Kiel.

SCHÜLER, K. (1988): Einkommensverteilung nach Haushaltsgruppen: Methodik und Probleme, in: V.-P. REICH (Hrsg.): Aufgaben und Probleme der Einkommensstatistik, *Allgemeines Statistisches Archiv*, SH 26, S. 37-66.

SCHÜLER, K. u.a. (1990): Verfügbares Einkommen nach Haushaltsgruppen in erweiterter Haushaltsgliederung 1972-1988, *Wirtschaft und Statistik* (3/1990), S. 182-194.

SCHULTZ, T.W. (1945): Agriculture in an Unstable Economy, New York-London.

SCHULTZ, T.W. (1964): Tansforming Traditional Agriculture, New Haven.

SCHULTZ-BORK, H. (1985): Untersuchung der Zeitverwendung landwirtschaftlicher Betriebe in Niedersachsen, *Landbauforschung Völkenrode*, SH 73.

SCHULZ-GREVE, W. (1990): Landwirtschaftliche Haushalte unterhalb der Sozialhilfeschwelle, *Agrarwirtschaft* (39), S. 320-330.

SCHUMANN, J. (1968): Input-Output-Analyse, Berlin-Heidelberg.

SCHWEITZER, R. VON (1990): Einführung in die Wirtschaftslehre des Haushalts, Stuttgart.

SEGGER, V., WEINDLMAIER, J., WEINSCHENCK, G. (1977): Vorausschätzungen für den Agrarsektor - Prognose der Entwicklung der Agrarstruktur und des Faktoreinsatzes in der Landwirtschaft der EG, I. Theoretische Grundlagen und Analyse vorliegender Untersuchungen, *Mitteilungen über Landwirtschaft* (35), Brüssel.

SEIFERT, K. (1982): Artikel Wasserrecht, in: Handwörterbuch des Agrarrechts, Bd. 2, Berlin, Sp. 1030-1041.

SEUSTER, H. (1988): Möglichkeiten und Beispiele des organisatorisch-technischen Fortschritts in der Landwirtschaft, *Berichte über Landwirtschaft* (66), S. 513-542.

SIEBERT, H. (1983): Ökonomische Theorie natürlicher Resourcen, Tübingen.

SIEVERS, S. WEBER, A. (1984): Stability and Instability of Grain Production in Europe and the World, *Zeitschrift für ausländische Landwirtschaft* (23), S. 301-318.

SIMON, H.A. (1957): Models of Man, Social and Rational, New-York-London.

SINGER, H. (u.a.) (1987): Food Aid: The Challenge and the Opportunity, Cambridge.

SINGH, I., SQUIRE, L., SRAUSS, J. (1986): Agricultural Household Models, Baltimore-London.

SKALWEIT, A.(1923): Agrarpolitik, Berlin, Leipzig .

SMITH, A. (1974): Der Wohlstand der Nationen, dt. Übersetzung der 5. Aufl. von 1789, München.

SOHN, H. (1989): Erwerbskombinationen in Haushalten mit Landbewirtschaftung in der Bundesrepublik Deutschland, *Schriftenreihe der FAA* (285), Bonn.

SOLOW, R.M. (1957): Technical Change and the Aggregate Production Function, *Review of Economics and Statistics* (39), S. 312 - 320.

STÄGLIN, R., WESSELS, H. (1973): Input-Output-Rechnung für die Bundesrepublik Deutschland 1954, 1958, 1962, 1966, Berlin.

STEFANO, F. DE, SCANDIZZO, L. (1971): Offerta agricola e prezzi comunitari, Mailand.

STEINHAUSER, H., LANGBEHN, C., PETERS, U. (1982): Einführung in die landwirtschaftliche Betriebslehre, Allgemeiner Teil, 3. Aufl., Stuttgart.

STOBBE, A. (1980): Volkswirtschaftslehre I, Volkswirtschaftliches Rechnungswesen, 5. Auflage, Berlin-Heidelberg-New York.

STOECKEL, A. (1985): Intersectoral Effects of the CAP: Growth, Trade and Unemployment, *Occasional Paper* (95), Canberra.

STRECKER, O., REICHERT, J., POTTEBAUM, P. (1976): Marketing für Lebensmittel, Frankfurt a.M.

STREIT, B. (1979): Theorie der Wirtschaftspolitik, Düsseldorf.

STROTMANN, B. (1991): Die Wirkung einer Stickstoffsteuer auf Agrarproduktion und Nitratbelastung des Grundwassers in den Regionen der alten Bundesländer unter alternativen agrarpolitischen Rahmenbedingungen, Dissertation in Vorbereitung, Bonn.

SUBVENTIONSBERICHT (1989): Bericht der Bundesregierung über die Entwicklung der Finanzhilfen des Bundes und der Steuervergünstigungen (...) für die Jahre 1987 bis 1990 (zwölfter Subventionsbericht), Bundestagsdrucksache 11/5116, Bonn.

SUR (1985) : Sachverständigenrat für Umweltfragen, Umweltprobleme der Landwirtschaft, Stuttgart-Mainz.

TANGERMANN, S. (1974a): Ein ökonometrisches Modell für den Agrarsektor der Bundesrepublik Deutschland, *Agrarwirtschaft* (23), S. 285-295.

TANGERMANN, S. (1974b): Gemeinsame Agrarpreispolitik und nationale Wirtschaftspolitik in der EWG, Tübingen.

TANGERMANN, S. (1975): Landwirtschaft im Wirtschaftswachstum, Rosdorf.

TANGERMANN, S. (1976a): Entwicklung von Produktion, Faktoreinsatz und Wertschöpfung in der deutschen Landwirtschaft seit 1950/51, *Agrarwirtschaft* (25), S. 154-164.

TANGERMANN, S. (1976b): Entwicklung von Produktion, Faktoreinsatz und Wertschöpfung in der deutschen Landwirtschaft seit 1950/51, *Working Paper* (32), Institut für Agrarökonomie der Universität Göttingen, Göttingen.

TANGERMANN, S. (1988): Weltweite ökonomische und politische Rahmenbedingungen für die EG-Agrarpolitik, in: W. HENRICHSMEYER, C. LANGBEHN (Hrsg.), Wirtschaftliche und soziale Auswirkungen unterschiedlicher agrarpolitischer Konzepte, *Schriften der GeWiSoLa* (24), S. 61-72.

THÜNEN, J.H. VON (1826): Der isolierte Staat in Beziehung auf Landwirtschaft und Nationalökonomie, Hamburg (Stuttgart 1966).

THIEDE, G. (1990): Landwirt in Europa, Kontraste in den EG-Regionen, Frankfurt a.M.

TIETZEL, U. (1981): Die Rationalitätsannahme in den Wirtschaftswissenschaften oder der homo oeconomicus und seine Verwandten, *Jahrbuch für Sozialwissenschaft* (32), S. 115-138.

TREDE, K.J. (1983): Agrarpolitik und Agrarsektor in Dänemark, *Agrarpolitische Länderberichte*: *EG-Staaten*, Bd. 4, Kiel.

TWEETEN, L.G. (1979): Foundations of Farm Policy, 2. Aufl., Lincoln-Nebraska.

UHLEMANN, P. (1968): Nachfrage nach industriellen Produktionsmitteln im Agrarbereich. Eine ökonometrische Studie zur Ermittlung empirischer Investitionsfunktionen, *Agrarwirtschaft* SH 32, Hannover.

UHLING, J. (1989): Flurbereinigung - Landwirtschaft - Umweltschutz, *Berichte über Landwirtschaft* (67), S. 426 - 456.

UMHAU, N. (1988): Entwicklungsperspektiven für den landwirtschaftlichen Nebenerwerb - Übergangsfom oder langfristig stabiles Strukturelement, in: W. HENRICHSMEYER, C. LANGBEHN, (Hrsg.), Wirtschaftliche und soziale Auswirkungen unterschiedlicher agrarpolitischer Konzepte, *Schriften der GeWiSoLa*, (24), Münster-Hiltrup, S. 541-552.

UN TRADE YB (1989): International Trade Statistics Yearbook 1987, United Nations, New York.

UN YB (versch. Jgg.): Statistical Yearbook, United Nations, New York.

UNCTAD (1990): United Nations Conference On Trade And Development, UNCTAD Commodity Yearbook 1990, United Nations, New York.

UNGER, R. (1986): Messung und Analyse der totalen Faktorproduktivität in 28 Sektoren der Bundesrepublik Deutschland, Frankfurt.

UPTON, N., HAWORTH, S. (1987): The Growth of Farms, *European Review of Agricultural Economics* (14), S. 351-366.

URFF, W. VON (1982): Die Rolle der Landwirtschaft in der wirtschaftlichen Entwicklung, in: P. VON BLANKENBURG, (Hrsg.), Handbuch der Landwirtschaft und Ernährung in den Entwicklungsländern, Stuttgart S. 19-37.

URFF, W. VON (1990): Bewertung technischer Fortschritte im Hinblick auf Allokations- und Verteilungsziele im Agrarsektor, in: H.E. BUCHHOLZ, E. NEANDER, H. SCHRADER (Hrsg.), Technischer Fortschritt in der

Landwirtschaft - Tendenzen, Auswirkungen, Beeinflussung, *Schriften der GeWiSoLa* (26), Münster-Hiltrup, S. 67-76.

VALDES, A., ZIETZ, J. (1980): Agricultural Protection in OECD Countries: Its Costs to Less-Developed-Countries, *IFPRI Research Report* (21), Washington.

VARIAN, H. (1984): Microeconomic Analysis, 2. Auflage, New York-London.

WAGNER, N., KAISER, M., BEIMDICK, F. (1988): Ökonomie der Entwicklungsländer, Stuttgart.

WALRAS, L. (1954): Elements of Pure Economics, London.

WALTER, H. (1969): Der technische Fortschritt in der neueren ökonomischen Theorie, Berlin.

WEBER, A., SIEVERS, S. (1985): Instability in World Food Production, Kiel.

WEHLAND, W. (1971): Marktinformationen und Entscheidungsverhalten von Landwirten, *Agrarwirtschaft* (20), S. 217-224.

WEHNER, B. (1987): Die Bestimmungsgründe der Entwicklung der Landpacht unter besonderer Berücksichtigung der die Pacht beeinflussenden agrarpolitischen Maßnahmen, Dissertation, Bonn.

WEINSCHENCK, G. (1964): Probleme der quantitativen Angebotsanalyse auf Agrarmärkten, *Zeitschrift für die gesamte Staatswissenschaft* (120), S. 264-295.

WEINSCHENCK, G. (1967): Marktwirtschaft und Betriebswirtschaft, Möglichkeiten und Grenzen der Verknüpfung von Makro- und Mikroanalyse in der quantitativen Forschung, in: G. SCHMITT (Hrsg.), Landwirtschaftliche Marktforschung in Deutschland, München-Basel-Wien, S. 51-84.

WEINSCHENCK, G. (1977): Artikel Agrarpolitik, II. Strukturpolitik, in: Handwörterbuch der Wirtschaftswissenschaft, Bd. 1, S. 128-147.

WEINSCHENCK, G., G. KAULE und B. OHNESORGE (1989): Bedeutung von Kleinstrukturen für den Artenschutz und die Anbauflächen in einer Ackerlandschaft (Beispiel Kraichgau). Arbeits- und Ergebnisbericht im Sonderforschungsbereich 183: Umweltgerechte Nutzung von Agrarlandschaften, Stuttgart-Hohenheim.

WEINSCHENCK, G., HENRICHSMEYER, W. (1966): Zur Theorie und Ermittlung des räumlichen Gleichgewichts der landwirtschaftlichen Produktion, *Berichte über Landwirtschaft* (44), S. 201-242.

WEISS, CH. (1990): Empirische Sektoranalyse als Grundlage der Politikberatung. Ein ökonometrisches Modell der österreichischen Landwirtschaft, Arbeitspapier Nr. 9024, Institut für Volkswirtschaftslehre der Johannes-Kepler Universität Linz, Linz.

WELTBANK (versch. Jgg.): Weltentwicklungsbericht, Washington.

WENDT, H. (1990): Maßnahmen und Instrumente zur Marktstrukturverbesserung und Absatzförderung in der Bundesrepublik Deutschland, *Landbauforschung Völkenrode* (40), S. 93 - 105.

WERNER, W. (1989): Landwirtschaft und Gewässerschutz, *Agra-Europe* (38/39), Markt und Meinung, S. 1-7.

WICKE, L. (1989): Umweltökonomie, München.

WILLER, H. (1967): Technischer Fortschritt und Landwirtschaft, Hamburg-Berlin.

WINDHORST, H.W. (1986): Die sozio-ökonomische Struktur des US-amerikanischen Farmsektors in der Mitte der achziger Jahre, *Berichte über Landwirtschaft* (64), S. 322-338.

WINKLER, W. (1982): Artikel Landwirtschaftliches Eigentum in: Handwörterbuch des Agrarrechts, Bd.2, Berlin, Sp. 275-306.

WISSENSCHAFTLICHER BEIRAT DES BUNDESMINISTERIUMS FÜR ERNÄHRUNG, LANDWIRTSCHAFT UND FORSTEN (1979): Agrarsozialpolitik - Situation und Reformvorschläge, *Landwirtschaft - Angewandte Wissenschaft* (223), Münster-Hiltrup.

WITZKE, H. VON (1975): Zur Aussagefähigkeit inter- und intrasektoraler Einkommensvergleiche in den Agrarberichten, *Agrarwirtschaft* (24), S. 173-180.

WITZKE, H. VON (1980): Grundzüge einer Mindesteinkommenssicherung für die Landwirtschaft der EG, *Agrarwirtschaft* (29), S. 172-181.

WOHLGENANT, M.K. (1989): Demand for Farm Output in a Complete System of Demand Equations, *American Journal of Agricultural Economics* (71), S. 241 - 252.

WÖHLKEN, E. (1981): Nahrungsmittelverbrauch im Mehrländervergleich, *Landwirtschaft-Angewandte Wissenschaft* (249), Münster-Hiltrup.

WÖHLKEN, E. (1984): Einführung in die landwirtschaftliche Marktlehre, 2. Aufl., Stuttgart.

WÖHLKEN, E., MEYER, H. (1977): Elastizitäten der Mengennachfrage nach der Gesamtheit der Nahrungsmittel, *Agrarwirtschaft* (26), S. 139-146.

WORLD BANK (1988): World Bank Commodity Trade and Price Trends, Washington.

YEATS, A.J. (1979); Trade Barriers facing Developing Countries, London-Basingstoke.

ZILLIEN, F. (1991): Flurbereinigung im Wandel, *Recht der Landwirtschaft* (43), S. 113 - 115.

ZUREK, M. (1972): Die Input-Output-Verflechtungen der westdeutschen Agrar- und Ernährungswirtschaft, Bonn.

Sachregister